国际刑法学原理

〔德〕格哈德·韦勒 著
王世洲 译

商务印书馆
2009年·北京

Gerhard Werle

PRINCIPLES OF INTERNATIONAL CRIMINAL LAW

本书由作者授权根据2005年英文版译出。

争取世界和平的刑法

（代序言）

在一国范围内，人们早已习惯了使用刑法来维持基本的社会秩序和社会安宁。在世界范围内，使用刑法来维持国际间最基本的秩序和安宁，现在也已经不是一种想法，而是一种实践了。远的不说，第二次世界大战之后著名的纽伦堡审判和东京审判，就曾经令世界饱受法西斯蹂躏的人民极大地感受到正义的伸张；目前仍然还在进行的南斯拉夫和卢旺达审判，也表现了国际社会试图运用刑法争取长久世界和平的最新努力。在最近已经建立并且得到全世界大多数国家支持的国际刑事法院，更彰显了国际社会使用刑法保卫世界和平的决心。

国际刑法，正在按照自己的成长规律，逐步地从胜利者的正义走向国际的正义。这是近二十年来国际社会在刑事法学领域中发生的一个重大事件。国际刑法学作为说明和探讨国际刑法规则和原理的学科，正在迅速地成长。加快了解和研究目前国际刑法的发展状况，对于发展我国的国际刑法事业，无疑是有重要意义的。

德国柏林洪堡大学的格哈德·韦勒教授写的这本《国际刑法学原理》，正好对我国了解现代国际刑法学的状况，有着重要的帮助。韦勒教授是具有国际声誉的德国国际刑法学专家，曾经在南非、日本和澳大利亚的许多学校中担任过客座教授，是德国联邦司法部组建的“在德国法中贯彻《罗马规约》的工作小组”的成员，也是德国红十字会“关于国际人道法的专家委员会”成员。他撰写的这部书具有以下显著的特点：

第一，这是目前唯一一部由德国学者撰写的英文国际刑法专著。这本专著虽然是以德文版教科书为基础写成的，但是，作者在英文版中作了大量的增补。我的翻译基本上是以英文版为基础的，同时，在本书付印之前，作者又提供了自己的德文第二版，使我得以对本书的内容作了相当数量的补充。这本书，包括作为其基础的德文教科书，在德国具有很高的学术声誉，不仅反映了德国在国际刑法方面的基本立场，而且，其中包括的详尽的参考书目和注释，为我国读者开展对国际刑法特定问题的研究，具有特别重要的参考价值。

第二，这是一部反映大陆法系刑法思维方式的典型国际刑法学专著。在目前的国际刑法学界，由于语言的关系，中国学者接触的主要是反映英美法系思维方式的论著。这种以问题性研究方法为主要特征的思维方式，在理论和实践中存在着有利于创制规则的优点，但也存在着不易掌握的缺点。大陆法系以体系性研究方法为主要特征的思维方式，正好能够弥补这个缺陷。从我国急切地想要了解世界国际刑法学研究的全貌，以便开展教学和研究的愿望看来，这部专著和这种思维方式，正好解决了我们的燃眉之急！

第三，这是一部具有明显"刑法"特征的国际刑法学专著。国际刑法的学科分类，现在虽然属于国际法，但是，实事求是地说，从国际法角度和从刑法角度对国际刑法进行观察，无论在关注点和所得出的结论方面，都是有一些差异的。目前，至少国际刑法学界已经认识到，"在选择国际刑事法院的法官时，要保证'使各庭在刑法和刑事诉讼以及在国际法方面的专长搭配得当'"。[①] 这本明显从刑法角度对国际刑法学原理所作的探讨，无疑对中国刑法学界开展对国际刑法的研究，具有特别珍贵的价值。

目前，仅仅依靠国际刑法来实现世界和平，当然还很不现实，但是，国际刑法在争取世界永久和平的努力中，的确已经表现出了重要的作用。从本书中，读者可以清晰地看到国际刑法在近现代发展中，主要在实体刑法相关联的领域中所取得的主要成就。仅仅从刑法的角度上看来，这些成就对国内刑法也将产生相应的重要影响。同时，作者对国际刑法发展成就的梳理、概括和讨论，对于国际法的研究和实践，也会产生积极的影响。

本书的迅速译出，我应当感谢我的女儿王夏楠，她作为对外经济贸易大学信息专业的学生所掌握的优秀信息处理技术，大大加快了本书的翻译速度和翻译质量。

本书的迅速出版，我应当感谢商务印书馆的支持，该社关心法学翻译事业、推动我国学术发展的热情，使我特别感动。

是为序。

王世洲

2007年国庆节前于北京椿树园

---

① 参见阿尔宾·埃泽尔，"国际刑事法院之路：《罗马规约》的产生和基本内容"，载南京大学——哥廷根大学中德法学研究所编，《中德法学论坛》，第1辑，2002年，第110页。

目　　录

中文版序言

自从1993年建立南斯拉夫国际刑事法庭以来,国际刑法已经得到了飞速的发展。尽管在20世纪90年代初期,国际刑法是否存在还是一个有人怀疑的问题,但是在今天,最后的结论已经完全清楚了:国际刑法不仅在许多国际刑事法庭中已经得到了运用,并且也稳固地积累起了自己的法律材料。前南斯拉夫和卢旺达的特别刑事法庭,以及塞拉利昂的特殊刑事法庭都在努力工作,以完成自己的使命;同时,国际刑事法院也正在日益加快自己的前进步伐。另外,在过去几年中还产生了一些实施国际刑法的新方式,特别是"混合式"法庭。国际刑法在国家刑法中移植(贯彻)的趋势,也得到了加强。在过去几年里,有关出版物的数量明显地迅速增长了,这表明全世界对国际刑法都产生了强烈的兴趣。因此,今天很多人认为,国际刑法的发展正在朝着成为未来保卫国际和平的工具这个方向迈进。

这本书提供了一个对实体国际刑法有体系的完整说明,涉及与国际刑法、国际刑事法院或者国际人道法有关的所有方面。本书的对象是根据国际刑法应当确立个人直接刑事可罚性的所有规范,也就是灭绝种族、危害人类罪、战争罪和以侵略战争为内容的侵略罪。在本书中,不仅包括了《国际刑事法院规约》(法规性刑法),而且还有国际习惯法性的刑法。特别值得注意的是,本书还使用了国际刑事法庭的全部判例性文件。

本书的文本是以我2003年首次在德国出版的《国际刑法》教科书(莫尔·西贝克出版社,蒂宾根,2003第1版,2007第2版)为基础的。原书到处都受到了友好的欢迎,目前已经有了英文版和西班牙文版("*Principles of International Criminal Law*",T. M. C. Asser Press,The Hague,Netherlands,2005 和"*Tratado de Derecho Penal Internacional*",Tirant lo Blanch,Valencia,Spain,2005)。不过,为了本书的这个中文版,我对全书进行了彻底的加工修订,以满足人们对一部国际性著作的期望。本书对国际性文献和司法判决的关注,截至2006年为止。

本书能够以中文出版,满足了我一个长期以来所抱有的重大愿望。我首先要衷心感谢北京大学的王世洲教授,没有他非常出色的翻译工作,本书中文版的出版是完全不可能的。我与王教授在他2005年访问德国期间第一次讨论了这个计划,现在,经过不懈的努力,本书被非常精确地翻译成中文了。另外,我还要感谢为冲突研究协会的贝格霍夫基金会(Berghof Stiftung für Konfliktforschung e. V.)和柏林洪堡大学对这个项目的完成所提供的支持。

格哈德·韦勒

2007年11月于柏林

英文版序言

自从 1993 年南斯拉夫国际法庭创立之后，一直到 2003 年开始工作的国际刑事法院的建立，在最近的几年里，国际刑法已经取得了巨大的进步。虽然在 20 世纪 90 年代初期，国际刑法本身的存在还经常引起人们的怀疑，然而，这条基本的界限在今天已经清楚了：国际刑法是国际法不可分割的一部分，而不是一种正处于制定过程之中的法。国际刑法得到了国际法院的适用，各国都需要通过自己的贯彻工作来提供帮助，在许多国家中，正在进行国内的融合工作。研究国际刑法的结果很明显：今天所需要的，已经不再是单纯地展示这个主题的历史演变过程，而是对这个法律整体进行整理和分析。在这个精神下，本书承担的任务是：系统性地观察实体国际刑法的基础和一般原则，有体系地研究核心犯罪——也就是说，灭绝种族、危害人类罪、战争罪和侵略罪的基本原理。

本书的主题是那些在国际法项下形成的作为个人刑事责任基础的规范。这个讨论不仅包括了《国际刑事法院规约》，而且包括了习惯性国际刑法。的确，这部规约在实质上体现的是习惯法，但是，它并没有穷尽这些法；习惯性国际刑法超出了这部规约，尤其是在将违反国际人道法加以犯罪化方面。本书也从头至尾地包括了各种国际法庭的法理学*，这是一种权威性的来源，尤其是南斯拉夫国际法庭和卢旺达国际法庭的判例法，这些判例法对国际刑法的发展已经作出了重大的贡献。

本书的读者是法律学生，以及与国际刑法、国际人道法和人权法有关的，或者在国内背景下运用国际刑法的学者和实际工作者。现在这个版本是以我 2003 年在德国出版的德文著作《国际刑法》（*Völkerstrafrecht*）（出版者是蒂宾根的莫尔·西贝克出版社）为基础的。我对这个版本进行了完全的补充和修改，以符合国际的、英语读者的需要，不过，与国际背景有关的对德国和德语文献的参考仍然保留着。本书包括了 2004 年 8 月以前的学术文献和法理学；在那之后的各种决定和出版物，在编辑过程中允许的范围内，本书也加以包括了。

我衷心地感谢慷慨资助了这个项目的“为冲突研究协会的贝格霍夫基金会（Berghof Stiftung für Konfliktforschung e. V.）”。我也衷心地感谢现在和过去在柏林洪堡大学的许

* 原文是 jurisprudence，指的是有关国际法庭作出的判决及其所说明的根据，也就是通过判决形成的理论。——译者注

多研究者们所作出的杰出贡献。首先，我要感谢弗洛里安·杰斯博格（Florian Jessberger）博士，不仅为他积极地参与了写作前两章（基础和一般原则），而且为他对本书的整体概念所作出的重大贡献。我也感谢福尔克尔·内利希（Volker Nerlich）博士（战争罪和侵略）和武尔夫·布尔夏德斯（Wulf Burchards）博士（侵犯人员和使用禁止性战争方法的战争罪）的重要贡献。布尔夏德斯博士还负责修改了第三章和第四章（灭绝种族和危害人类罪）；斯特凡·梅泽克（Stephan Meseke）博士和芭芭拉·吕德斯（Barbara Lüders）博士还对这些章节的德文版作出了宝贵的贡献。贝林德·库珀（Belinda Cooper）对德文版的翻译，为这个文本提供了重要的基础。在解决修改过程中产生的许多问题时，她是一名称职的和严格的（critical）对话者，尽管其中有许多问题都超出了语言的范围。我还要向霍斯特·菲舍尔（Horst Fischer）教授表示感谢，在国际人道法的许多事项中，与他的讨论是十分有成果的。

格雷戈里亚·帕洛莫·祖阿里兹（Gregoria Palomo Suarez），伊内斯·彼得松（Ines Peterson），卡米尔·桑德尔（Camill Sander），鲍里斯·布格哈特（Boris Burghardt），斯特凡·朗拜因（Stefan Langbein）和安雅·舍普克（Anja Schepke），在寻找和分析案件和文献，以及处理各种技术性任务中，提供了无法估价的支持。附录是由伊内斯·彼得松和格雷戈里亚·帕洛莫·祖阿里兹（案例表，国际规约和国际文件一览表），还有武尔夫·布尔夏德斯博士（索引）编辑的。

格哈德·韦勒

2005年1月于柏林

缩略语一览表

Additional Protocol I	1977 年 6 月 8 日《1949 年 8 月 12 日日内瓦四公约关于保护国际武装冲突受难者的附加议定书》,1125 *UNTS*(1977),p.3
Additional Protocol II	1977 年 6 月 8 日《1949 年 8 月 12 日日内瓦四公约关于保护非国际武装冲突被害人的附加议定书》,1125 *UNTS*(1977),p.609
Bundesgesetzblatt	(德国)《联邦法律公告》
BGHSt	(德国)《联邦最高法院刑事判例集》
BT-Drs.	德国国会的官方文件(Bundestags-Drucksache)
Biotoxin Weapons Convention	1972 年 4 月 10 日《禁止细菌(生物)及毒素武器的发展、生产及储存以及销毁这类武器的公约》,1015 *UNTS*(1972),p.163
CCL No.10	《管制理事会法》第 10 号,《驻德国管制理事会官方公报》第 3 号,1945 年 1 月 31 日,pp.50 et seq.
Chemical Weapons Convention	1993 年 1 月 13 日《禁止发展、生产、储存和使用化学武器及销毁此种武器的公约》,1975 *UNTS* (1997),p.469
Draft Code 1954	《关于反和平和危害人类安全之犯罪的法典草案》,《国际法委员会关于第 6 次会议工作的报告》(1954 年 7 月 28 日),UN Doc. A/2693,载《国际法委员会年鉴》,1954 年,第二卷,第 149 页
Draft Code 1991	《关于反和平和危害人类安全之犯罪的法典草案》,《国际法委员会关于第 43 次会议工作的报告》(1991 年 4 月 29 日至 7 月 19 日),UN Doc. A/46/10,载《国际法委员会年鉴》,1991 年,第二卷,第 79 页
Draft Code 1996	《关于反和平和危害人类安全之犯罪的法典草案》,《国际法委员会关于第 48 次会议工作的报告》(1996

	年5月6日至7月26日),UN Doc. A/51/10,载《国际法委员会年鉴》,1996年,第二卷,第15页
Draft ICC Statute(1998)	《国际刑事法院规约草案》,《关于建立国际刑事法院的预备委员会1998年4月14日的报告》,UN Doc. A/CONF. 183/2/Add. 1,p. 14
EU	欧洲联盟
ETS	欧洲条约系列(European Treaty Series)
fn.	注释
GAOR	联合国大会官方记录
Geneva Convention I	1864年8月12日《改善战地武装部队伤者病者境遇的日内瓦公约》,75 *UNTS*(1949),pp. 31 et seq.
Geneva Convention II	1864年8月12日《改善海上武装部队伤者病者及遇船难者境遇的日内瓦公约》,75 *UNTS*(1949),pp. 85 et seq.
Geneva Convention III	1949年8月12日《关于战俘待遇的日内瓦公约》,75 *UNTS*(1949),pp. 135 et seq.
Geneva Convention IV	1949年8月12日《关于战时保护平民的日内瓦公约》,75 *UNTS*(1949),pp. 287 et seq.
Genocide Convention	1948年12月9日《防止及惩治灭绝种族罪公约》,78 *UNTS*(1949),p. 277
Hague Regulations	1907年10月18日《〈关于陆地战争的法律和习惯的公约(四)〉的附件:关于陆地战争的法律和习惯的规则》,该条约的文本见 http:///www. icrc. org/ihl
ICC	国际刑事法院
ICC Statute	1998年7月17日《国际刑事法院规约》,37 *ILM*(1998),pp. 999 et seq.
ICJ	国际法院(International Court of Justice)
ICJ Rep.	国际法院,判决报告,咨询意见和命令
ICRC-Study on Art. 8 ICC Statute	红十字国际委员会准备的关于罗马规约第8条的文本,UN Doc. PCNICC/1999/WGEC/INF/2 and Add. 1—Add. 3
ICTR	为了起诉1994年1月1日至1994年12月31日期间在卢旺达领土内对实施灭绝种族和其他严重违反国际

	人道法行为负责的人员和在邻国领土上对实施灭绝种族和其他这种违反行为负责的卢旺达公民的国际刑事法庭
ICTR Statute	《卢旺达国际法庭规约》,UN Doc. S/RES/955(1994)
ICTY	为了起诉1991年以来在前南斯拉夫领土内对实施严重违反国际人道法行为负责的人员的国际刑事法庭
ICTY Statute	《前南斯拉夫国际刑事法院规约》,UN Doc. S/RES/808(1993)
ILA	国际法协会
ILC	国际法委员会
ILM	国际法律材料
ILO	国际劳工组织
ILR	国际法报告
IMT	纽伦堡国际军事法庭
IMT Charter	《纽伦堡国际军事法庭宪章》,载:39 *American Journal of International Law*(1945),Suppl. pp. 257 et seq.
LNTS	国际联盟条约系列
NATO	北大西洋公约组织
Nuremberg Charter	《纽伦堡国际军事法庭宪章》,载:39 *American Journal of International Law*(1945),Suppl. pp. 257 et seq.
Nuremberg Principles	在纽伦堡国际法庭宪章和该法庭判决中承认的国际法原则,国际法委员会关于第2次会议工作的报告(1950年6月5日至7月29日),UN Doc. A/1316,载:《国际法委员会年鉴》,1950年,第二卷,第374页
Nuremberg Tribunal	纽伦堡国际军事法庭
OGHSt.	在英国占领区的最高法院的判例集
para. (s.)	段,款
Poison Gas Protocol	1925年6月17日《关于禁用毒气或类似毒品及细菌方法作战议定书》,见 http://www.icrc.org/ihl
Preparatory Commission	国际刑事法院预备委员会
Preparatory Committee	关于建立国际刑事法院的预备委员会
Res.	决议
Reichsgesetzblatt	《德意志帝国法律公报》

Rwanda Tribunal	为了起诉1994年1月1日至1994年12月31日期间在卢旺达领土内对实施灭绝种族和其他严重违反国际人道法行为负责的人员和在邻国领土上对实施灭绝种族和其他这种违反行为负责的卢旺达公民的国际刑事法庭
Supp(1).	补充
TIAS	(美国)条约和其他国际法案
Tokyo Charter	《远东国际军事法庭宪章》,重印于:J. Pritchard and S. M. Zaide (eds.), *The Tokyo War Crimes Trial* (1981), Vol. 1
Tokyo Tribunal	远东国际军事法庭
UN	联合国
UN Apartheid Convention	1973年11月30日《禁止并惩治种族隔离罪行国际公约》
UN Definition of Aggression	1974年12月14日《联合国大会第3314(XXIX)号决议》
UN Doc.	联合国文件
UN GA	联合国大会
UN SCOR	联合国安全理事会官方记录
UNTAET	联合国驻东帝汶过渡政府
UNTS	联合国条约系列
UNWCC	联合国战争委员会
Yugoslavia Tribunal	为了起诉1991年以来在前南斯拉夫领土内对实施严重违反国际人道法行为负责的人员的国际刑事法庭

第一章　基础

参考书目：

Heiko Ahlbrecht: *Geschichte der völkerrechtlichen Strafgerichtsbarkeit im 20. Jahrhundert* (1999); Kai Ambos/Mohamed Othman (Hrsg.), *New Approaches to International Criminal Justice* (2003);* Gary Jonathan Bass: *Stay the Hand of Vengeance, The Politics of War Crimes Tribunals* (2000), pp. 147 et seq.; M. Cherif Bassiouni: International Criminal Investigations and Prosecutions: From Versailles to Rwanda, in M. Cherif Bassiouni (ed.), *International Criminal Law*, Vol. 3, 2nd edn. (1999), pp. 31 et seq.; M. Cherif Bassiouni: *The Legislative History of the International Criminal Court, Band* 1 (2005), 41 ff.; Adriaan Bos: From the International Law Commission to the Rome Conference (1994 – 1998), in Antonio Cassese, Paola Gaeta and John R. W. D. Jones (eds.), *The Rome Statute of the International Criminal Court: A Commentary*, Vol. 1 (2002), pp. 35 et seq.; Antonio Cassese: *International Criminal Law* (2003), pp. 327 et seq.; Antonio Cassese: From Nuremberg to Rome: International Military Tribunals to the International Criminal Court, in Antonio Cassese, Paola Gaeta and John R. W. D. Jones (eds.), *The Rome Statute of the International Criminal Court: A Commentary*, Vol. 1 (2002), pp. 3 et seq.; Lee A. Casey: The Case Against the International Criminal Court, 25 *Fordham International Law Journal* (2002), pp. 840 et seq.; Roger S. Clark: : Mixed National and International Courts for the Adjudication of (Mostly) International Crimes, *Criminal Law Forum* 15 (2004), 467 ff.; James Crawford: The Work of the International Law Commission, in Antonio Cassese, Paola Gaeta and John R. W. D. Jones (eds.), *The Rome Statute of the International Criminal Court: A Commentary*, Vol. 1 (2002), pp. 23 et seq.; Fredrick Egonda-Ntende: *Justice after Conflict: Challenges Facing Hybrid Courts: National Tribunals with International Participation, Humanitäres Völkerrecht-Informationsschriften* 2005, 24 ff.; Robin Geiß/Noëmi Bulinckx: International and internationalized criminal tribunals: A synopsis, *International* 1

* 本书中的下划线部分，不论是在参考书目、正文还是注释中，均是作者在德文第2版中所作的最重要的修改。另外，在本书中原有的少量着重号，根据作者的意见，全部删除，译者也不作相应的标注。本书的边码为原书边码。——译者注

Review of the Red Cross 88 (2006),49 ff.; Gerd Hankel: *Die Leipziger Prozesse* (2003); Robert Herde: *Command Responsibility, Die Verfolgung der "Zweiten Garde" deutscher und japanischer Generäle im alliierten Prozeßprogramm nach dem Zweiten Weltkrieg* (2001); Chihiro Hosoya et al. (eds.): *The Tokyo War Crimes Trial, An International Symposium* (1986); Hans-Heinrich Jescheck: *Die Verantwortlichkeit der Staatsorgane nach Völkerstrafrecht, Eine Studie zu den Nürnberger Prozessen* (1952), pp. 19 et seq.; Hans-Heinrich Jescheck: The General Principles of International Criminal Law Set Out in Nuremberg as Mirrored in the ICC Statute, 2 *Journal of International Criminal Justice* (2004), pp. 38 et seq.; Susanne Jung: *Die Rechtsprobleme der Nürnberger Prozesse, dargestellt am Verfahren gegen Friedrich Flick* (1992); Hans-Peter Kaul: Der Aufbau des Internationalen Strafgerichtshofs, Schwierigkeiten und Fortschritte, *Vereinte Nationen* 2001, pp. 215 et seq.; Hans-Peter Kaul: Auf dem Weg zum Weltstrafgerichtshof, Verhandlungsstand und Perspektiven, *Vereinte Nationen* 1997, pp. 177 et seq.; Gabrielle Kirk McDonald: Contributions of the International Criminal Tribunals to the Development of Substantive International Humanitarian Law, in Sienho Yee and Wang Tieya (eds.), *International Law in the Post-Cold War World, Essays in Memory of Li Haopei* (2001), pp. 446 et seq.; Philippe Kirsch and Darryl Robinson: Reaching Agreement at the Rome Conference, in Antonio Cassese, Paola Gaeta and John R. W. D. Jones (eds.), *The Rome Statute of the International Criminal Court: A Commentary*, Vol. 1 (2002), pp. 67 et seq.; Dominic McGoldrick/Peter Rowe/Eric Donnelly (Hrsg.), *The Permanent International Criminal Court* (2004); Philippe Kirsch and Valerie Oosterveld: The Post-Rome Conference Preparatory Commission, in Antonio Cassese, Paola Gaeta and John R. W. D. Jones (eds.), *The Rome Statute of the International Criminal Court: A Commentary*, Vol. 1 (2002), pp. 93 et seq.; Geert-Jan Alexander Knoops: International and Internationalized Criminal courts: the new face of international peace and security?, *International Criminal Law Review* 4 (2004), 527 ff.; Matthew Lippman: The Other Nuremberg: American Prosecution of Nazi War Criminals in Occupied Germany, *Indiana Internationaland Comparative Law Review* 1992, pp. 1 et seq.; Reinhard Merkel: Das Recht des Nürnberger Prozesses, Gültiges, Fragwürdiges, Überholtes, in Nürnberger Menschenrechtszentrum (ed.), *Von Nürnberg nach Den Haag; Menschenrechtsverbrechen vor Gericht, Zur Aktualität des Nürnberger Prozesses* (1996), pp. 68 et seq.; Virginia Morris and Michael P. Scharf: *An Insider's Guide to the International Criminal Tribunal for the Former Yugoslavia*, Vol. 1 (1995), pp. 17 et seq.; Virginia Morris and Michael P. Scharf: *The International Criminal Tribunal for Rwanda*, Vol. 1 (1998), pp. 2 et seq.; Kai Müller: Oktroyierte Siegerjustiz nach dem Ersten Weltkrieg, 39 *Archiv des Völkerrechts* (2001), pp. 202 et seq.; Wolfgang

Naucke: Bürgerliche Kriminalität, Staatskriminalität und Rückwirkungsverbot, in Andreas Donatsch (ed.), *Festschrift für Trechsel* (2002), pp. 505 et seq.; Karin Oellers-Frahm: Das Statut des Internationalen Strafgerichtshofs zur Verfolgung von Kriegsverbrechen im ehemaligen Jugoslawien, 54 *Zeitschrift für ausländisches öffentliches Recht und Völkerrecht* (1994), pp. 416 et seq.; Philipp Osten: *Der Tokioter Kriegsverbrecherprozeß und die japanische Rechtswissenschaft* (2003); Philip R. Piccigallo: *The Japanese on Trial Allied War Crimes Operations in the East*, 1945 – 1951 (1979); Bernhard V. A. Röling/Antonio Cassese: *The Tokyo Trial and Beyond: Reflections of a Peacemonger* (1993); Herwig Roggemann: *Die internationalen Strafgerichtshöfe*, 2nd edn. (1998); Cesare P. R. Romano/André Nollkaemper/Jann K. Kleffner (Hrsg.), *Internationalized Criminal Courts, Sierra Leone, East Timor, Kosovo, and Cambodia* (2004); William A. Schabas: *The UN International Criminal Tribunals* (2006); Michael P. Scharf: Balkan Justice (1997); Walter Schwengler: *Völkerrecht, Versailler Vertrag und Auslieferungsfrage, Die Strafverfolgung wegen Kriegsverbrechen als Problem des Friedensschlusses* 1919/20 (1982); Dirk von Selle: Prolog zu Nürnberg – Die Leipziger Kriegsverbrecherprozesse vor dem Reichsgericht, *Zeitschrift für Neuere Rechtsgeschichte* 1997, pp. 193 et seq.; Yuval Shany: Does One Size Fit All?: Reading the Jurisdictional Provisions of the New Iraqi Special Tribunal Statute in the Light of the Statutes of International Criminal Tribunals, *Journal of International Criminal Justice* 2 (2004), 338 ff.; Carsten Stahn: Justice Under Transitional Administration: Contours and Critique of a Paradigm, *Houston Journal of International Law* 27 (2005), 311 ff.; Telford Taylor: *The Anatomy of the Nuremberg Trials: A Personal Memoir* (1993); Christian Tomuschat: Das Statut von Rom für den Internationalen Strafgerichtshof, 73 *Die Friedens-Warte* (1998), pp. 335 et seq.; Christian Tomuschat: Die Arbeit der ILC im Bereich des materiellen Völkerstrafrechts, in Gerd Hankel and Gerhard Stuby (eds.), *Strafgerichte gegen Menschheitsverbrechen, Zum Völkerstrafrecht 50 Jahre nach den Nürnberger Prozessen* (1995), pp. 270 et seq.; Christian Tomuschat: The Legacy of Nuremberg, *Journal of International Criminal Justice* 4 (2006), 830 ff.; Otto Triffterer: Der ständige Internationale Strafgerichtshof-Anspruch und Wirklichkeit, Anmerkungen zum "Rome Statute of the International Criminal Court" vom 17. Juli 1998, in Karl Heinz Gössel and Otto Triffterer (eds.), *Gedächtnisschrift für Zipf* (1999), pp. 493 et seq.; Otto Triffterer: Der lange Weg zu einer internationalen Strafgerichtsbarkeit, 114 *Zeitschrift für die gesamte Strafrechtswissenschaft* (2002), pp. 321 et seq.; United Nations (ed.): *The United Nations and Rwanda* 1993 – 1996 (1996); Ruth Wedgwood: The International Criminal Court: An American View, 10 *European Journal oflnternational Law* (1999), pp. 93 et seq.; Gerhard Werle: Von der Ablehnung zur Mitgestaltung: Deutschland und das

Völkerstrafrecht, in: Pierre-Marie Dupuy et al. (Hrsg.), *Völkerrecht als Wertordnung, Festschrift für Christian Tomuschat* (2006), 655 ff.; Harald Wiggenhorn: *Verliererjustiz, Die Leipziger Kriegsverbrecherprozesse nach dem Ersten Weltkrieg* (2005); J. F. Willis: *Prologue to Nuremberg, The Politics and Diplomacy of Punishing War Criminals of the First World War* (1982); Andreas Zimmermann: Die Schaffung eines ständigen Internationalen Strafgerichtshofes, Perspektiven und Probleme vor der Staatenkonferenz in Rom, 58 *Zeitschrift für ausländisches öffentliches Recht und Völkerrecht* (1998), pp. 47 et seq.; Andreas Zimmermann and Holger Scheel: Zwischen Konfrontation und Kooperation, Die Vereinigten Staaten und der Internationale Strafgerichtshof, *Vereinte Nationen* 2002, pp. 137 et seq.; Andreas Zimmermann: Das juristische Erbe von Nürnberg – Das Statut des Nürnberger Internationalen Militärtribunals und der Internationale Strafgerichtshof, in: Herbert R. Reginbogin/Christoph J. M. Safferling (Hrsg.), *The Nuremberg Trials-International Criminal Law Since 1945/Die Nürnberger Prozesse-Völkerstrafrecht seit 1945* (2006), 266 ff.

第一节 历史演进

2 世界性刑事司法的想法,可以在人类历史的早期找到自己的根源。但是,只有在20世纪,这样的想法才开始作为法律问题形成概念。① 在建立个人刑事责任的过程中,国际刑法曾经面临两个主要的障碍:一是,在古典的国际法中,国家,而不包括个人,是唯一的主体。因此,在国际法中建立刑事规范就首先要求承认个人是国际法的主体。二是,有必要克服国家对外部干涉的防卫性态度,这种态度根源于主权的概念。

3 这两个障碍最终都被克服了。现代国际法加强了个人的地位,这个一般性趋势加快了国际刑法的发展过程。但是,第一次使人们接受国际刑事责任的是纳粹造成的可怕罪行。不惩罚那些制造暴行的纳粹罪犯是人们所不能接受的,国际社会要求采取共同行动。在第二次世界大战中取得胜利的几个大国,通过创设了几个国际刑事法院来回应人们的要求。

4 在第二次世界大战中发生了可怕的罪行,欧洲的犹太人遭到灭绝种族之灾。在那之后的几十年里,国际公众又一再被各种为政府所命令或者所掩盖的重大犯罪而震惊。然

---

① 关于国际刑法的形成,参见 M. C. Bassiouni, in M. C. Bassiouni (ed.), *International Criminal Law*, Vol. 3, 2nd edn. (1999), pp. 31 et seq.; A. Cassese, *International Criminal Law* (2003), pp. 15 et seq.; 也见: H. Albrecht, *Geschicht der völkerrechtlichen Strafgerichtsbarkeit im 20. Jahrhundert* (1999), pp. 19 et seq.; H.-H. Jescheck, *Die Verantwortlichkeit der Staatsorgane nach Völkerstrafrecht* (1952), pp. 19 et seq.。

而,在冷战时期,由于缺乏政治意愿,因此无法使用刑事惩罚来防止由国家支持的暴行。冷战结束之后,联合国在前南斯拉夫和卢旺达发生了令人感到恐怖的犯罪刺激下,才表现出了新的政治意愿,在南斯拉夫和卢旺达创设了刑事审判庭。因此,国际刑法的演进,是人类历史一些最黑暗篇章的结果。然而,除了这些灾难之外,在世界性司法成为现实之前,还需要一些有利的政治条件。

5 在国际刑法的发展道路上,有三块重要的里程碑。在第二次世界大战刚刚结束之后不久,国际刑法就在《纽伦堡原则》(*Nuremberg Principles*)中得到了显著的发展。这些原则不仅详细规定在《纽伦堡国际军事法庭宪章》(*the Charter of the International Military Tribunal at Nuremberg*)中,而且在纽伦堡法庭中得到适用,最后还得到了联合国大会的确认。20 世纪 90 年代以来,联合国为前南斯拉夫和卢旺达创设的特别法庭,重新确认了习惯法作为国际刑法的地位。国际刑法最明亮的结晶,是现在供签署的《国际刑事法院罗马规约》(*the Rome Statute of the International Criminal Court*)(简称《国际刑事法院规约》,ICC Statute)。这部规约于 2002 年生效。《国际刑事法院规约》代表了国际刑法的第一次综合性的法典化,确认并明确了习惯性国际刑法。

一 《凡尔赛和平条约》

6 在国际法中,建立个人刑事责任的努力,最早可以在 1919 年 6 月 28 日的《凡尔赛和平条约》(*the Versailles Peace Treaty*)②中见到:“协约国及其盟国公开控告前德国皇帝,霍亨索伦王朝的威廉二世(William II of Hohenzollern),犯有违反国际道德和国际条约圣洁性的极大罪行。”③

7 为了审判这个皇帝,协约国计划成立一个国际法庭。④ 另外,这部和平条约还规定,协约国各国可以在自己的军事法庭上审判个人“违反战争的法律和习惯”的罪行。⑤ 为了

② 11 *Martens Nouveau Récueil Général de Traités* (ser. 3[1923],pp. 323 et seq.)。更多的详情,参见:M. C. Bassiouni, in M. C. Bassiouni (ed.), *International Criminal Law*, Vol. 3, 2nd edn. (1999), pp. ,33 et seq.; W. Schwengler, Versailler, *Vertrag und Auslieferungsfrage* (1982), pp. 71 et seq.; D. Von Selle, *Zeitschrift für Neuere Rechtsgeschichte* 1997, pp. 193 et seq.; J. F. Willis, *Prologue to Nuremberg* (1982), pp. 65 et seq.。在战争期间,在协约国的军事法庭上已经进行了一些对德国士兵的审判,适用的是“万国法”(Law of Nations),依据的是属地原则和属人原则,参见:T. L. H. McCormack, in T. L. H. McCormack and G. J. Simpson (eds.), *The Law of War Crimes* (1997), p. 31 and p. 44。

③ 参见《凡尔赛条约》第 227 条第 1 款。

④ 参见《凡尔赛条约》第 227 条第 2 款。这个法庭本身计划有五名法官,美国、英国、法国、意大利和日本各任命一名。

⑤ 参见《凡尔赛条约》,第 228 条第 1 款与第 229 条第 1 款和第 2 款为国际军事法院作出了规定,如果犯罪的实施侵害了许多国家的平民。

实现这个计划，这部条约要求德国政府交出战争罪犯，[⑥]为起诉提供帮助。[⑦]

8 “战争发动人责任与对违反战争的法律和惯例的行为加以惩罚的执行委员会”（the Commission des Responsabilités des Auteurs de la Guerre et Sanctions），这个由1919年1月25日第一次巴黎和会建立的组织，做了许多重要的准备工作。[⑧] 它的使命包括：建立这场战争发动者的责任，决定德国军事力量及其盟友实施的违反战争法和战争惯例的行为，分配这些违反行为所应承担的责任，并且草拟组成法庭审判这些责任人的方案。[⑨] 这个委员会发展出来的各种犯罪要素，包括了四类犯罪：[⑩]危害条约神圣性罪（crimes against the sanctity of treaties），违反国际道德罪（crimes against international morality），危害人类的法律罪（violations of the laws of humanity），以及“真正的”战争罪——也就是，违反《海牙规定》（the Hague Regulations）、《1864年日内瓦红十字公约》（the Geneva Red Cross Convention of 1864）和海上战争的公认规则。对国际刑法进一步发展有关键性意义的，首先是详细指出了具体的战争犯罪，包括谋杀和大屠杀、有系统的恐怖（systematic terror）、残忍地对待平民群众、故意饿死大量平民、驱逐平民、故意轰炸医院，以及掠夺。违反国际人道法的这些犯罪后来被像《纽伦堡宪章》（Nuremberg Charter）第6条第2款这样的条文所收入。

9 然而，在《凡尔赛条约》中建立个人刑事责任的这个新模式虽然雄心勃勃，却从来也没有执行过。国际法庭甚至从来也没有创建起来。那位前德国皇帝在荷兰获得避难权，[⑪]从来也没有站在一个刑事法庭上受过审判。另外，由于德国顽固地拒绝转交协约国提出的那些人，协约国军事法庭对战争罪犯的起诉也失败了。[⑫]

---

⑥ 参见《凡尔赛条约》第228条第2款。在当时德国法律的情况下（《帝国刑法典》第9条禁止引渡德国公民），德意志帝国能够履行自己的条约性义务的程度，无论如何都是有问题的。

⑦ 参见《凡尔赛条约》第230条。

⑧ 这个委员会的报告，公布在14 *American Journal of International Law*（1920），pp. 95 et seq.；*Walter Schwengler* 值得为综合分析这些资料而获得表彰，这些资料并不容易获得，尤其是在 *Versailler Vertrag und Auslieferungsfrage*（1982），pp. 90 et seq.；关于这个委员会的使命和发现的成果，参见 H. Ahlbrecht, *Geschichte der völkerrechtlichen Strafgerichtsbarkeit im 20. Jahrhundert*（1999），pp. 28 et seq.。

⑨ 参见 W. Schwengler, *Versailler Vertrag und Auslieferungsfrage*（1982），p. 91。

⑩ 关于细节，参见 H. Ahlbrecht, *Geschichte der völkerrechtlichen Strafgerichtsbarkeit im 20. Jahrhundert*（1999），pp. 32 et seq.。

⑪ 荷兰，今天一个强烈主张国际刑法的国家以及南斯拉夫国际法庭和国际刑事法院的所在地，在拒绝引渡德国皇帝时宣称：“如果国际联盟（the League of Nations）将来创设一种国际法律制度，授权在战争的情况下，对已经通过先前设计的规约盖上犯罪印章的行为进行审理和对作为犯罪进行惩罚的事情进行管理，那么，荷兰将参加这种司法的新秩序。”参见：“Antwortnote der niederländischen Regierung auf das Auslieferungsverlangen der Alliierten und Assoziierten Mächte betreffend den ehemaligen Deutschen Kaiser” of 21 January 1920, reprinted in W. G. Grewe（ed.），*Historiae Iuris Gentium*, Vol. 3/2（1992），No. 95。

⑫ 1920年2月3日在巴黎向德国代表团提交的引渡名单中，提到了大约900名应当对“最严重的违反战争的法律和习惯”负责的人的名字，他们包括了许多官员和军队的指挥官，参见 M. C. Bassiouni, in M. C. Bassiouni（ed.），*International Criminal Law*, Vol. 3, 2nd edn.（1999），p. 31 and p. 34。有待讨论的，尤其是关于国内的政治背景，参见 W. Schwengler, *Versailler Vertrag und Auslieferungsfrage*（1982），pp. 233 et seq.；也见 D. von Selle, *Zeitschrift für Neuere Rechtsgeschichte* 1997, p. 193 at p. 194。

在莱比锡（“莱比锡战争罪审判”[13]）德国帝国法院（帝国最高法院）进行的那些审判， 10
虽然是协约国勉强同意的，[14]但也不过是一些表演性的审判，目的是为了满足战胜国，而不是为了严肃追究战争罪而进行的努力。[15] 这些审判所取得的结果因此相应地就很贫乏了。

1919 年 12 月，德国国会（the German National Assembly）通过了 1919 年 12 月 18 日的《关于起诉战争 11
重罪和轻罪法》（Gestz zur Verfolgung von Kriegsverbrechen und Kriegsvergehen）。[16] 这部法律规定，帝国法院是负责起诉德国人 1919 年 6 月 28 日之前于战争期间在国内或者国外实施的侵犯敌国国民或者敌国财产的重罪和轻罪的唯一场所（第 1 节）。在帝国法院中，以引渡名单为基础，总共提起了 907 起诉讼程序；帝国法院自己又另外提起了 837 起诉讼程序。[17] 然而，只有 13 个案件进入了审判阶段。在作出判决的 9 个审判中，10 个人* 被认定为有罪，6 个人被宣告无罪。即使在这些案件中，也没有一个案件是完全得到执行的。随着战胜国失去了兴趣，其他所有的审判就都被停止了，其中有 2 名被认定为有罪的被告在可疑的重审中又被宣告无罪。[18]

这场莱比锡战争罪审判对国际刑法的发展仅仅具有间接的影响，[19]因为在帝国法院进行审判的基 12
础是德国刑法。在最终定罪的很少的案件中，帝国法院适用的是《帝国刑法典》（Reich Criminal Code）中的各种犯罪定义*。然而，帝国法院还是参考了国际法来证明这些行为的非法性。

最终，对德国人在第一次世界大战中实施的国际犯罪，在实质上就没有提起刑事起 13
诉。[20] 不过，在《凡尔赛条约》中规定的模式所具有的意义却不应当低估。在国际法中，这是第一次在一部国际条约中明确承认了个人的刑事责任。这里提供了一项基础性工作，在经历了第二次世界大战的恐怖之后，这个工作才有可能进行进一步的建设。

---

⑬ 更详细的情况，参见 G. Hankel, Die Leipziger Prozesse (2003); W. Schwengler, Versailler Vertrag und Auslieferungsfrage (1982), p. 317 and pp. 322 et seq.。

⑭ 参见：H. -H. Jescheck, *Die Verantwortlichkeit der Staatsorgane nach Völkerstrafrecht* (1952), pp. 64 et seq.; K. Müller, 39 *Archiv des Völkerrechts* (2001), pp. 202 et seq.。

⑮ 也见 D. von Selle, *Zeitschrift für Neuere Rechtsgeschichte* 1997, p. 193 at p. 201。

⑯ *Reichsgesetzblatt* 1919, p. 2125.

⑰ 参见 H. Ahlbrecht, *Geschichte der völkerrechtlichen Strafgerichtsbarkeit im 20. Jahrhundert* (1999), pp. 42 et seq.。

* 原文为 6 人，作者已订正。——译者注

⑱ 特别关注的是对 U 86 潜艇击沉的英国医院船“蓝多佛城堡”（Llandovery Castle）号，以及两条载满从沉船上逃出来的人的救生船，这些人本来是能够活下来的。这个帝国法院以普通杀人罪（manslaughter）的从犯判处了两名正在值班的官员 4 年监禁。但是，在重审中，在潜艇艇长“独自承担起责任”之后，他们也就被无罪释放了。参见 D. von Selle, *Zeitschrift für Neuere Rechtsgeschichte* 1997 p. 193 at p. 199 and p. 201; H. -H. Jescheck, *Die Verantwortlichkeit der Staatsorgane nach Völkerstrafrecht* (1952), pp. 65 et seq.。

⑲ 详细情况，参见 D. von Selle, *Zeitschrifift für Neuere Rechtsgeschichte* 1997, p. 193 at pp. 203 et. seq.。

* 在英文中的“犯罪定义（the definitions of crimes）”，根据德文原文就是“犯罪构成（Straftatbestände）”。——译者注

⑳ 也见 H. Ahlbrecht, *Geschichte der völkerrechtlichen Strafrerichtsbarkeit im 20. Jahrhundert* (1999), p. 44。

14 另外，对 1915 年初在土耳其大规模驱逐和谋杀成千上万亚美尼亚基督教徒的事件进行刑事起诉的努力，也基本上不成功。[21] 1915 年，协约国以毫不含糊的语言宣布："鉴于土耳其实施的这些新的反人类和反文明的犯罪，协约国各国政府公开向土耳其政府（the Sublime-Porte）宣布，奥托曼政府（the Ottoman government）的全体成员和那些牵涉这些大屠杀的帮凶们，都将为这些犯罪承担个人的责任。"[22]根据这个宣告，在 1920 年签署但从来没有生效的《塞夫勒条约》（the Treaty of Sèvres）[23]中，明确设定了一种义务，规定将把那些应当对这些行为负责的人转交给非特定的协约国或者国际法院。[24] 然而，协约国这份有力的宣言书最后还是无果而终。[25] 由于法律方面的担心[26]和政治上的考虑，[27]战胜国没有采取共同行动，也没有创设一个国际法院。

二 纽伦堡和东京的法律

15 《纽伦堡国际军事法庭宪章》（简称《纽伦堡宪章》或者《军事法庭宪章》），是由第二次世界大战的四个战胜国根据 1945 年 8 月 8 日订立的《伦敦协议》（the London Agreement）共同签订的。[28] 这部宪章可以被认为是国际刑法的诞生证书。在这部宪章中，主要的声明是：危害和平罪、战争罪和危害人类罪在国际法中会产生个人的责任。这个立场是革命性的，因为这是个人第一次在国际法中实际上被认为具有犯罪的责任。在国际军事法庭判决书那个也许是最有名的段落中，对这一点作了这样的评论："违反国际法的各种犯罪，是由人实施的，不是由抽象的实体实施的，并且只有通过惩罚实施了这些犯罪的个

㉑ 详细情况，参见 V. N. Dadrian, 14 *Yale Journal of International Law* (1989), pp. 221 et seq; R. Herde, *Command Responsibility* (2001), pp. 58 et seq.。

㉒ 参见 J. F. Willis, *Prologue to Nuremberg* (1982), p. 26。

㉓ 重印于 15 *American Journal of International Law* (1921), Suppl. 179。

㉔ 参见第 230 条。

㉕ 相比而言，土耳其自己进行的审判刚开始时还显得很有前途，参见 T. Akqam, *Armenien und der Völkermord* (1996), pp. 77 et seq.。对前政府官员的第一次审判（所谓的 Talaat Pasha 审判）于 1919 年 4 月 28 日在伊斯坦布尔的战争罪法院（the War Crimes Court）举行。审判和指控的基础是奥托曼刑法项下的各种一般罪行。在审判中，为参与针对亚美尼亚人的暴行一共判处了 17 个死刑，其中执行了三个死刑。在对驱逐和谋杀 Yozgat 地区三万多名亚美尼亚人的三名政治官员进行所谓的 Yozgat 审判中，一人被判处死刑，一人被判处 15 年监禁，第三名被告却逃跑了。然而，在土耳其进行刑事起诉的努力，却由于 20 世纪 20 年代初土耳其民族运动的复苏而突然结束了。

㉖ 对于探讨这个主题的法律专家们来说，一个特别有争议的问题是：这种大屠杀在事实上是否就是战争罪；广泛流传的一个观点是：这是一个土耳其的内部事务，是不能由外人来进行审判和进行惩罚的。有关报告参见 J. F. Willis, *Prologue to Nuremberg* (1982), p. 157。

㉗ 参见 J. F. Willis, *Prologue to Nuremberg* (1982), pp. 156 et seq.。也见 V. N. Dadrian, 14 *Yale Journal of International Law* (1989), p. 221 at pp. 281 et seq.。

㉘ 《关于起诉和惩罚欧洲轴心国主要战争罪犯的协议》；《纽伦堡国际军事法庭宪章》就是这部协议的一个附件。这个文件重新刊登在 39 *American Journal of International Law* (1945), Suppl. 257。甚至在纽伦堡对主要战犯的审判结束之前，就又有 19 个国家签署了这部协议，参见 K. Ipsen, in K. Ipsen, *Völkerrecht*, 5th edn. (2004), § 42 边码 13。

人,才能执行国际法的这些条款。"㉙

《纽伦堡宪章》的这些原则,不仅适用于纽伦堡,而且适用于在东京对战争罪的审判。㉚ 在被占领区随后进行的大批审判中,这些原则也受到了检验和强化。今天,这些纽伦堡原则已经被承认为是习惯法,它们组成了实体国际刑法的核心。 16

(一)《纽伦堡宪章》和审判

1. 纽伦堡法庭的创立

1945 年,在四个战胜国签订的《伦敦协议》中规定,创立一个国际军事法庭,"审判那些所实施的罪行没有特别地理性地点的战争罪犯。"㉛这些主要的战争罪犯将在作为该协议附件的《纽伦堡宪章》的基础上进行审判。对于那些罪行可以确定在特定国家领土上的战争罪犯,将由各个国家进行起诉。同盟国占领区法院(Besatzungsgerichte)对德国人在德意志帝国边境之内实施的战争罪具有管辖权。㉜ 17

同盟国吸取了第一次世界大战之后不能成功起诉战争罪犯的教训。这一次,各种国际法院的起诉工作事先准备得很好,必要的活动也准备得很细致。㉝ 同盟国在第二次世界大战之后进行的审判所依赖的一个重要根据,是"联合国战争罪委员会"(UNWCC)提供的调查结果。㉞ 这个委员会的名字容易使人误解,因为它创立于 1942 年。㉟ 这个由国际人士组成的委员会被委任收集实施战争罪的证据。另外,在《对德国暴行的莫斯科宣言》(the Moscow Declaration of German Atrocities)㊱中,英国、美国和苏联已经 18

㉙ 纽伦堡国际军事法庭,1946 年 10 月 1 日的判决,载 *The Trial of German Major War Criminals, Proceedings of the International Military Tribunal Sitting at Nuremberg, Germany*, Part 22, p. 447。

㉚ 《远东国际军事法庭宪章》(《东京宪章》)几乎是逐字逐句地追随了《纽伦堡国际军事法庭宪章》。这部宪章可以在 J. Pritchard and S. M. Zaide (eds.), *The Tokyo War Crimes Trial* (1981), Vol. 1 中找到。

㉛ 《伦敦协议》第 1 条。关于这个国际军事法庭的有争议的法律性质,参见 H. Ahlbrecht, *Geschichte der völkerrechtlichen Strafgerichtsbarkeit im 20. Jahrhundert* (1999), pp. 69 et seq.; H.-H. Jescheck, *Die verantwortlichkeit der Staatsorgane nach Völkerstrafrecht* (1952), pp. 148 et seq. and p. 168。

㉜ 根据波茨坦会议 1945 年 8 月 2 日的最后宣言,四大占领国总司令被授权在各自的德国占领区中行使政府权力。一个联合的同盟国管制委员会也成立了,参见 Control Council Proclamation No. 1, 30 August 1945。

㉝ 关于在战争期间的发展状况,参见 H.-H. Jescheck, *Die Verantwortlichkeit der Staatsorgane nach Völkerstrafrecht* (1952), pp. 121 et seq.。

㉞ 这个名字可以归因于 1942 年在华盛顿举行的一次会议,参加这次会议的盟国称自己是联合国。参见 H. Ahlbrecht, *Geschichte der völkerrechtlichen Strafgerichtsbarkeit im 20. Jahrhundert* (1999), p. 62。

㉟ 参见 M. C. Bassiouni, in M. C. Bassiouni (ed.), *International Criminal Law*, Vol. 3, 2nd edn. (1999), p. 31 at pp. 39 et seq.; H.-H. Jescheck, *Die Verantwortlichkeit der Staatsorgane nach Völkerstrarecht* (1952), pp. 128 et seq.。

㊱ 再版于 38 *American Journal of International Law* (1944), Suppl. 7。

宣布了自己起诉敌人罪行的坚定意图:"那些德国官员和德国人,那些纳粹党的成员,只要他们是负责或者同意地参加了上述暴行、大屠杀和执行死刑的,就将被送回那些实施了这些可恶事实的国家,以便根据这些得到解放国家的法律,对他们进行审判和惩罚。"对于主要的犯罪实行人,这些即将获得胜利的国家也毫无疑问地表达了自己的意愿:"上述宣言毫无偏见地适用于那些所实施的罪行没有特定地理地点的主要罪犯的案件,他们将根据同盟国政府的共同决定加以惩罚。"

2.《纽伦堡宪章》的条款

19 危害和平罪是《纽伦堡宪章》第6条规定的犯罪中的第1条。这个犯罪涉及到侵略战争的计划、预备和进行。这部宪章把违反战争的法律和习惯规定为战争罪。对战争罪的犯罪化是为保护外国国民的权利服务的,而危害人类罪包括的罪行是反对本国国民的。这样,国内舞台也被包括在国际法之中了。危害人类罪所依据的思想是,对个人的一些严重的攻击,在有系统地针对一种特定的平民人口时,就获得了一种国际的重要性。这种新类型犯罪的最重要的例子,就是灭绝种族,虽然在这部宪章和纽伦堡法庭的判决书中都不是这样称呼它的。

20 相反,难以站住脚的是惩罚参加一些组织的身份,虽然这些组织的犯罪特征被国际军事法庭确立了(《纽伦堡宪章》第10条)。但是,在任何情况下,这种做法都是很可疑的,因为这倾向于忽视个人责任的问题。*

21 这部宪章明确强调,一项犯罪在国内所具有的合法性,并不能使其免受起诉。个人的刑事责任,并不依赖于这个行为是否违反了行为实施地国家的法律。因此,符合逻辑的是,就像《纽伦堡宪章》第7条规定的那样,行为人的官方身份并不能阻止惩罚。进一步的结论是,根据命令的行为并不能保护自己免受惩罚,但是,最多只能减轻惩罚。[37]

3. 纽伦堡判决

22 在国际军事法庭前对"戈林(Göring)等人"的审判,在柏林开庭之后,于1945年11月20日在纽伦堡开始了。[38] 一共有24人被正式起诉,其中只有21人在事实上能够到庭接受审判。罗伯特·莱(Robert Ley)通过自杀逃脱了起诉,古斯塔夫·克虏伯(Gustav Krupp)被发现无法接受审判,马丁·博尔曼

* 在当时以及现在德国刑法的理论和法律中,法人和单位都不能成为犯罪主体。——译者注

[37] 《纽伦堡宪章》第8条。

[38] 整个审判被正式记录并发表在一套23卷的文件中,参见 *The Trial of German Major War Criminals, Proceedings of the International Military Tribunal Sitting at Nuremberg, Germany* (1950)。另见 G. Ginsburgs and V. N. Kudriavtsev (eds.), *The Nuremberg Trial and International Law* (1990); T. Taylor, *The Anatomy of the Nuremberg Trials* (1993)。

(Martin Bormann)不得不被缺席起诉。这个法庭由四个战胜国各派出一名法官组成,另外还各有一名候补法官(《纽伦堡宪章》第2条);这个法庭的决定要求全体成员的多数通过,因此,三票是有罪裁判的必要票数。检察官也由四个国家各派出一名成员组成(《纽伦堡宪章》第14条)。对法庭的决定不可能上诉(《纽伦堡宪章》第26条)。

这个国际军事法庭在1946年9月30日和10月1日宣布了自己的判决书。即使在今天,它的结论对一般历史和国际法也具有至高无上的重要意义。[39] 在广泛证据的基础上,这份判决书提供了一份第三帝国历史的梗概,尤其是对所实施暴行的概述。同时,这份判决书更准确地解释和提炼出了在《纽伦堡宪章》中规定的国际刑法规则。这份判决书的一个焦点——同时也是一个弱点——在于建立自己追究侵略战争犯罪的正当性,这主要是来自1928年8月27日的《关于放弃战争作为国家政策工具的条约》(the Treaty Providing for the Renunciation of War as an Instrument of National Policy)(所谓的《白里安-凯洛格公约》[Kellogg-Briand Pact])。[40] 在危害人类罪方面,这个法庭表明,纳粹的政治对手甚至在战前就被谋杀和监禁了,在诉讼过程中,也提到了对犹太人的起诉。但是,根据《纽伦堡宪章》第6条第3款的用语("在执行或者联系任何处于本法庭管辖范围之内的犯罪"),这个法庭要求在危害人类罪和战争罪或者侵略罪之间存在一种联系。通常,这种联系不能由发生在战争开始之前的行动来证明。 23

总的来说,12名被告被判处死刑(戈林,冯·里宾特洛普[von Ribbentrop],凯特尔[Keitel],卡尔滕布鲁纳[Kaltenbrunner],罗森贝格[Rosenberg],弗兰克[Frank],弗里克[Frick],施特赖歇尔[Streicher],绍克尔[Sauckel],约德尔[Jodl],赛斯-因夸特[Seyss-Inquart],博尔曼),3名被判处无期徒刑(赫斯[Hess],丰克[Funk],雷德[Raeder]),4名被判处10—20年的监禁(邓尼茨[Dönitz],冯·希拉赫[von Schirach],施佩尔[Speer],冯·诺伊拉特[von Neurath]);3名被告被宣告无罪(沙赫特[Schacht],冯·巴本[von Papen],弗里切[Fritsche])。四个团体被宣告为犯罪组织。[41] 24

4. 当时和现代的评价

在法律与政治评价中,对战胜国在第二次世界大战之后的行动过程是有争议的。[42] 25

---

[39] 这个判决的正式文本出版在 *The Trial of German Major War Criminals*, *Proceedings of the International Military Tribunal Sitting at Nuremberg Germany*。

[40] 这个条约的文本出版在 http://www.yale.edu/lawweb/avalon/imt/kbpact.htm 。

[41] 这包括纳粹党的政治领导团体及它们的成员,"盖世太保"、"保安处"(SD)和"党卫队"(SS)。

[42] 关于这些问题的讨论,参见 H.-H. Jescheck, *Die Verantwortlichkeit der Staatsorgane nach Völkerstrafrecht* (1952), pp. 149 et seq.; 也见 M. C. Bassiouni, *Introduction to International Criminal Law* (2003), pp. 404 et seq.。从今天的眼光看,对《伦敦协议》和纽伦堡判决的有害效果的批判性观点,参见 H. Ahlbrecht, *Geschichte der völkerrechtlichen Strafgerichtsbarkeit im 20. Jahrhundert* (1999), p. 96。

对纽伦堡模式有两个中心反对意见，一个是质疑它的政治合理性，另一个是质疑它的法律基础。胜利者正义的控诉被完全不对同盟国战争罪起诉的事实所吞没。[43] 轴心国方面的人在这个法院面前，是由于他们发动并进行了一场侵略战争，还是仅仅由于他们已经输掉了这场战争，才要承担起首要的责任？从法律的观点看来，这份判决受到的批评主要是违反了禁止溯及性惩罚的原则，这个原则也是纽伦堡法庭本身所接受的基础。[44]

26 在这个国际军事法庭起诉的全部犯罪，是否在实施时就已经成为国际法上的犯罪？在这个方面存在着意见分歧。[45] 不容置疑，对战争罪的惩罚是建立在一个牢固的法律基础上的，这个基础在犯罪实施时就已经存在了。关于危害人类罪，没有争论的至少是，像谋杀、奴役状态（enslavement）、酷刑和强奸这些犯罪，在当时的所有法律制度中，实际上都是应受刑事惩罚的。因此，不是这些行为的犯罪性本身，而是在危害人类罪这个法律标题下对它们的起诉和在国际法下对它们的直接犯罪化，才成为攻击的目标。然而，人们在这里也能够争辩，一个国际法上公认的渊源——法律的一般原则——就能够对惩罚危害人类罪提供正当化根据。[46]

27 危害和平罪遇到了最猛烈的各种反对意见。[47] 这个法庭有说服力地证明了国际法项下的侵略战争所具有的违法性，但是，从违法性到犯罪化的飞跃，本来还需要一种更坚固的基础。然而，这个法院仅仅指出：

> "在本法庭的意见中，庄严地拒绝战争作为国家政策的一个工具，就必须涉及战争在国际法上是违法的这个主张；并且，那些计划和进行这种战争的人，随着战争不可避免地造成的可怕后果，在行为时就

---

[43] 也见 M. C. Bassiouni, in M. C. Bassiouni (ed.), *International Criminal Law*, Vol. 3, 2na edn. (1999), p. 31 and p. 45。

[44] 参见 K. Ipsen, in K. Ipsen, *Völkerrecht*, 5th edn. (2004), § 42 marginal no. 22; R. Merkel, in Nürnberger Menschenrechtszentrum (ed.), *Von Nürnberg nach Den Haag* (1996), p. 68 at pp. 80 et seq.。

[45] 也见 M. C. Bassiouni, *Introduction to International Criminal Law* (2003), pp. 408 et seq.; K. Kittichaisaree, *International Criminal Law* (2001), p. 44 中的讨论。

[46] 在纽伦堡审判中，英国和法国的检察官指出："如果谋杀、强奸和抢劫根据我们国家的普通城市法律是可以起诉的，那么，那些仅仅在其罪行的范围和有系统方面的性质而与普通罪犯不同的这些人，就应当逃脱控诉吗？"参见 International Military Tribunal at Nuremberg，载 *The Trial of German Major War Criminals*, *Proceedings of the International Military Tribunal Sitting at Nuremberg*, *Germany*, Part 2, p. 46。"我想……这一些反人类的犯罪，在最后的分析中，完全构成了为了政治目的和以有系统方式实施的普通法犯罪，就像盗窃、劫掠、虐待、奴隶、谋杀和暗杀这些所有文明国家都规定应当受到刑事惩罚的犯罪"；参见 International Military Tribunal at Nuremberg，载 *The Trial of German Major War Criminals*, *Proceedings of the International Military Tribunal Sitting at Nuremberg Germany*, Part 4, p. 34。

[47] 参见 H.-H. Jescheck, *Die Verantwortlichkeit der Staatsorgane nach Völkerstrafrecht* (1952), p. 190："危害人类罪和危害和平罪是真正的国际刑法的初始阶段，也就是占领法对违反法律而被国际法本身承认的犯罪化。"也见 K. Kittichaisaree, *International Criminal Law* (2001), p. 44。批评性的评论，参见 K. Ipsen, in R. D. Herzberg (ed.), *Festschrift für Oehler* (1985), p. 505 at p. 512。

是在实施犯罪。”[48]

至少，在支持这个结论时，可以进一步指出：对战争的国际法的严重违反，在传统上就一直被认为是犯罪的，而不需要再进行任何对犯罪性的明确宣告，同时，进行侵略战争由于在国际法项下的违法性，因此就是犯罪。[49]

在随后的期间里，纽伦堡法庭适用和发展的各项原则被不断地确认为国际法的一部分。因此，纽伦堡是简单地确认了现存的法律还是创设了新的法律，这个问题在今天就仅仅是研究国际法历史的人感兴趣的。在可能违反对溯及既往的禁止方面，从今天的眼光看来，人们同意，不溯及既往原则不是以保护滥用违反国际法的权力而免受惩罚为目的的。[50] 28

今天，毫无疑问，纽伦堡的各项原则都牢固地作为习惯性国际法建立起来了。纽伦堡完成了第一次世界大战之后没有完成的使命。最严重的违反国际法所具有的犯罪性，从现在起，已经成为国际法律制度的一个牢固组成部分。 29

(二)《东京宪章》和审判

纽伦堡使用的国际刑法，在对第二次世界大战主要战争罪犯的第二次审判中，就得到了确认。这次审判从1946年到1948年在东京举行。[51] 30

这次审判的主题是日本在1945年之前的侵略政策。受到审判的被告人是日本的政治和军事精英，一共28名，都是前日本的将军和政治家。然而，由于政治原因，没有对日本天皇提起诉讼。 31

东京战争罪犯审判的基础，来自盟军总司令道格拉斯·麦克阿瑟1946年1月19日

---

[48] 纽伦堡国际军事法庭，1946年10月1日的判决，载 *The Trial of German Major War Criminals, Proceedings of the International Military Tribunal Sitting at Nuremberg, Germany*, Part 22, p. 445。同意的，参见 G. Dahm, J. Delbrück and R. Wolfrum, *Völkerrecht*, Vol. I/3, 2nd edn. (2002), p. 1035：“对侵略战争的刑事起诉，最终是对战争的禁止的逻辑性结果。”

[49] 参见边码1161以下。

[50] 参见 W. Naucke, in A. Donatsch (ed.), *Festschrift für Trechsel* (2002), p. 505 at p. 511; G. Werle, *Neue Juristische Wochenschrift* 2001, pp. 3001 et seq.。

[51] 审判记录和判决见一套22卷的文件，参见 J. Pritchard and S. M. Zaide (eds.), *The Tokyo War Crimes Trial*, Vol. 1 (1981)。关于审判本身，参见 A. Brackman, *The Other Nuremberg* (1989); K. Ipsen, in R. D. Herzberg (ed.), *Festschrift für Oehler* (1985), pp. 505 et seq.; P. R. Piccigallo, *The Japanese on Trial* (1979); J. Pritchard, in M. C. Bassiouni (ed.), International *Criminal Law*, Vol. 3, 2nd edn. (1999), pp. 109 et seq.; B. V. A. Röling and A. Cassese, *The Tokyo Trial and Beyond* (1993)；对于概述，参见：P. Osten, *Der Tokioter Kriegsverbrecherprozeß und die japanische Rechtswissenschafi* (2003), pp. 22 et seq.。

32 发布的一项指令(directive)。根据这项指令,创设了这个法庭和建立了它的法律(《远东国际军事法庭宪章》[Charter of the International Military Tribunal for the Far East],《东京宪章》[Tokyo Charter]或者《远东法庭宪章》[IMTFE Charter])。[52]《纽伦堡宪章》是《东京宪章》的蓝本;纽伦堡犯罪——危害和平罪、战争罪和危害人类罪——是这部宪章的核心部分。[53] 东京法庭的结构在许多地方与纽伦堡法庭的结构不同;尤其是,在法官席上有更多国家的代表。[54]

33 对这个法律基础和这个法庭的各种意见的反对意见,在这次审判中就得到了许多法官的赞同,[55]并且与那些在纽伦堡审判中已经提出来的反对意见相一致。[56] 东京审判以认定所有被告人有罪而告终。除了7个死刑判决之外,还判处了16个无期徒刑,以及一个20年监禁刑和一个7年监禁刑。[57]

(三)《管制理事会法》第10号

34 战后时期,在纽伦堡和东京适用的法律,更准确地在许多国内法院和军事法庭的审判中得到了确认和说明。[58] 其中一些审判被记录在广泛的文件集中,后来由联合国战争罪委员会出版了。[59]

在占领区也进行了一些审判。由同盟国管制理事会于1945年11月20日发布的《关

---

[52] 这份宣言确定:"本法庭的组成、管辖和功能规定在《远东国际军事法庭宪章》之中,由盟国于本日批准",参见1946年1月19日同盟国最高司令官宣言,重印于J. Pritchard and S. M. Zaide (eds.), *The Tokyo War Crimes Trial*, Vol. 1 (1981)。

[53] 《远东国际军事法庭规约》第5条,几乎完全与《纽伦堡国际军事法庭规约》第6条相同。关于区别点,参见H. Ahlbrecht, *Geschichte der völkerrechtlichen Strafgerichtsbarkeit im 20. Jahrhundert* (1999), pp. 107 et seq.。

[54] 全部接受日本投降的国家(除了美国和英国,还有苏联、澳大利亚、中国、法国、加拿大、荷兰和新西兰),连同遭受日本扩张最严重蹂躏的印度和菲律宾一起。这个法院的主席,与纽伦堡不同,不是由全体成员选举的,而是由盟军总司令指定的(第3条)。同样的还有总检察官,根据第8条。

[55] 法国、印度和荷兰的法官不同意大多数人的判决。尤其是,他们的反对意见涉及少数人所相信的国际法缺乏对这种判决的法律基础的承认。特别的还有,他们发现危害和平罪是不能根据现行法律进行惩罚的。详细内容,参见H. Ahlbrecht, *Geschichte der völkerrechtlichen Strafgerichtsbarkeit im 20. Jahrhundert* (1999), pp. 120 et seq.。

[56] 概述参见M. C. Bassiouni,载M. C. Bassiouni (ed.), *International Criminal Law*, Vol. 3, 2nd edn. (1999), p. 31 at pp. 47 et seq.; A. Cassese, *International Criminal Law* (2003), pp. 329 et seq.; P. Osten, *Der Tokioter Kriegsverbrecherprozeß und die japanische Rechtswissenschaft* (2003), pp. 129 et seq.。

[57] 这份判决再版于J. Pritchard and S. M. Zaide (eds.), *The Tokyo War Crimes Trial*, Vol. 20 (1981)。

[58] 也见A. Rückerl, *NS-Verbrechen vor Gericht*, 2nd edn. (1984), pp. 98 et seq; R. Herde, *Command Responsibility* (2001); 关于在其他东亚国家中的起诉战争罪,参见P. Osten, *Der Tokioter Kriegsverbrecherprozeß und die japanische Rechtswissenschaft* (2003), pp. 22 et seq.。

[59] 参见United Nations War Crimes Commission, *Law Reports of Trials of War Criminals*, 15 Volumes (1947–1949)。

于惩罚犯有战争罪、危害和平罪和危害人类罪人员的第10号法律》(Law No. 10 on the Punishment of Persons Guilty of War Crimes, Crimes Against Peace and Against Humanity)(《管制理事会法》第10号[CCL No. 10]),为这些审判提供了一个共同的法律基础。[60] 这部法律也具有极其重要的意义。借助这部法律,同盟国管制委员会接受并改进了纽伦堡战争罪审判的模式。这部法律的目的在于,保证在四个占领区中随后进行的审判将以一个统一的法律依据为基础。 35

以《纽伦堡宪章》为蓝本,《管制理事会法》第10号第2条包括了危害和平罪,战争罪和危害人类罪。对于危害人类罪来说,应当强调的是,《管制理事会法》第10号包括了一项迄今为止仍有影响的改进:《纽伦堡宪章》对战争罪或者危害和平罪所要求的联系被取消了。[61] 当同盟国军队在英战区、法战区和苏战区根据《管制理事会法》第10号第3条授予德国法院时,这部法律也在德国法院中适用。 36

在数量众多的国内审判中,美国军事法庭进行了12个所谓的纽伦堡后续审判,[62]这些审判一直进行到1949年中期,今天也应当得到重视。这十二个审判中的每一个都集中在一个特别的行为人集团上;在这些被告人中,有医学、法学、军事、经济、工业界的最高代表人物,以及国家和党的高级官员。这些判决已经发表在一个单独的集子中,[63]并且直到今天仍在影响着国际刑法。 37

很特别的是,这些审判包括了所谓的医学审判(勃兰特[Brandt]等人),对菲尔德将军[General Field]和埃哈德·米尔希元帅(Marshal Erhard Milch)参加重整军备项目的审判,所谓的司法审判(阿尔特施托特尔[Altstötter]等人),对党卫军经济和行政部门成员的审判,包括集中营的管理人员(波尔[Pohl]等人),对工业家的审判(弗利克[Flick]等人),所谓的法本公司(IG Farben)审判(克劳赫[Krauch]等人),所谓的人质审判(利斯特[List]等人),对人种和安置总局(RuSHA*)的成员(格赖费尔特[Greifelt]等人)的审判,所谓的特别工作组审判(奥伦多尔夫[Ohlendorf]等人),对工业家克虏伯和其他人的审判,所谓的对纳粹国家高级官员的部委审判(冯·魏茨泽克[von Weizsäcker]等人),以及所谓的对高级军队官员的高级指挥员审判(冯·莱布[von Leeb]等人)。 38

另外,在英战区的最高法院的判决对于国际刑法的发展也是十分重要的;在1948年 39

---

[60] 《管制理事会法》第10号(管制理事会对德国的正式法律,第3号,1945年1月31日,第50页以下)服务于"实施《莫斯科宣言》……和《伦敦协议》……和根据这些文件发布的《宪章》的条款……以便在德国为起诉战争罪犯和其他类似罪犯建立一个统一的法律基础,但是,那些由国际军事法庭处理的除外"。为了适用这部法律,在各个占领区都建立了各种军事法庭,例如,在美占区的军事政府,参见1946年10月18日,第7号法令。

[61] 参见边码637。

[62] 参见 M. Lippman, 3 *Indiana Internationaland Comparative Law Review* (1992), pp. 1 et seq; 也见 H. Ahlbrecht, *Geschichte der völkerrechtlichen Strafgerichtsbarkeit im 20. Jahrhundert* (1999), pp. 98 et seq.。

[63] *Trials of War Criminals Bofore the Nuremberg Military Tribunals Under Control Council Law No. 10.*

* RuSHA 的德文全称是 Rasse-und Siedlungshauptamt。——译者注

至1950年期间,这个法院在数量众多的决定中,对《管制理事会法》第10号的解释以及对国际刑法的发展作出了很大的贡献。[64]

三 冷战时期的国际刑法

在纽伦堡得到公式化的各种犯罪和各项原则,在随后的几年和几十年中,得到了数量
40 众多的联合国大会决议、国际法院的决定、联合国国际法委员会的报告和草案的确认。

41 1946年11月11日,联合国大会通过第95号决议,承认了规定在《纽伦堡宪章》中并适用于纽伦堡法庭判决中的国际刑法的各项原则。[65] 在1947年12月21日的第177号决议中,国际法委员会[66]被委托起草一部法典,包括在纽伦堡的宪章和判决中的国际犯罪和各项原则。国际法委员会在所谓的纽伦堡原则的报告中,特别强调承认这些原则为习惯性国际法。[67] 1954年,国际法委员会提出了《关于反和平和危害人类安全之犯罪的法典》的第一份草案。其他草案又分别在1991年、1994年和1996年提出。[68]

42 在此期间,习惯性国际刑法的各种因素都被采纳入国际条约法之中。其中,特别重要的是1948年12月9日的《防止及惩治灭绝种族罪公约》[69]和1949年8月12日的日内瓦四公约,[70]包括1977年6月8日的两个附加议定书。[71]

---

[64] 关于这一点的更多说明,参见 H. Rüping, *Neue Zeitschrift für Strafrecht* 2000, pp. 355 et seq.。

[65] 参见 UN Doc. A/RES/1/95 (1946)("[联合国]大会……肯定了《纽伦堡法庭宪章》承认的国际法原则和这个法庭的判决")。

[66] 根据《联合国宪章》第13条第1款第1项,联合国大会授权进行调查,并且建议"鼓励国际法的不断进步及其法典化"。联合国在1947年创设的国际法委员会的使命是,对国际法进行法典化并且进一步发展国际法。国际法委员会的34个成员国是由联合国大会选举出来的。参见:C. Tomuschat, *Vereinte Nationen* 1988, pp. 180 et seq.。

[67] International Law Commission, Principles of International Law Recognized in the Charter of the Nuremberg Tribunal and in the Judgment of the Tribunal, *Yearbook of the International Law Commission* 1950 II, pp. 374 et seq.

[68] 对国际法委员会在国际法发展中所作贡献的讨论,参见 J. Crawford, in A. Cassese, P. Gaeta and J. R. W. D. Jones (eds.), *The Rome Statute of the International Criminal Court*, Vol. 1 (2002), pp. 23 et seq.; C. Tomuschat, in G. Hankel and G. Stuby (eds.), *Strafgerichte gegen Menschheitsverbrechen* (1995), pp. 270 et seq.。

[69] 78 *UNTS* (1949), p. 277。这部公约在1951年1月12日生效。一般公认的观点认为,这部灭绝种族公约体现了习惯性国际法。参见 ICJ, Advisory Opinion of 28 May 1951 (Reservations to the Convention on the Prevention and Punishment of the Crime of Genocide), *ICJ Rep.* 1951, p. 15 at p. 23。

[70] 《改善战地武装部队伤者病者境遇的日内瓦公约》(*Geneva Convention for the Amelioration of the Condition of the Wounded and Sick in Armed Forces in the Field*)(Geneva Convention I; 75 *UNTS* [1949], p. 31);《改善海上武装部队伤者病者及遇船难者境遇的日内瓦公约》(*Geneva Convention for the Amelioration of the Condition of Wounded, Sick and Shipwrecked Members of Armed Forces at Sea*)(Geneva Convention II; 75 *UNTS* [1949], p. 85);《关于战俘待遇的日内瓦公约》(*Geneva Convention Relative to the Treatment of Prisoners of War*)(Geneva Convention III; 75 *UNTS* [1949], p. 135);《关于战时保护平民的日内瓦公约》(*Geneva Convention Relative to the Protection of Civilian Persons in Time of War*)(Geneva Convention IV; 75 *UNTS* [1949], p. 287)。

[71] 《1949年8月12日日内瓦四公约关于保护国际性武装冲突受难者的附加议定书》(*Protocol Ad-*

在纽伦堡和东京发出的信号，至少在各国和国际社会的实践中没有引起什么反响。[72] 43
国际刑事法院在几十年中都没有建立，国内法院对国际刑法的适用也相当罕见。[73]

总而言之，在上个世纪90年代初期之前，有关情况非常自相矛盾。一方面，国际刑法 44
的法律基础在很大程度上得到了保障，纽伦堡的法律得到了加强。另一方面，各国和国际社会还缺乏适用这些原则的意愿和能力。

四 联合国的各种特别法庭

90年代初期，随着冷战的结束，联合国又启动了它的和平执行机制。这个发展触发 45
了国际刑法的复兴，在此之前，许多人认为国际刑法不过是一纸空文。在实践中重新启动纽伦堡法律的原因，是90年代初期发生在前南斯拉夫境内的对国际人道法的严重违反和1994年在卢旺达对少数民族图西族的大屠杀。

这一次，推动国际刑法执行的是联合国，而不是在军事冲突结束时的胜利方。联合国 46
安全理事会在采取"维持和恢复国际和平和国际安全"[74]的措施这个标题下，创设了两个

---

ditional to the Geneva Conventions of 12 August 1949 and Relating to the Protection of Victims of International Armed Conflicts)(Protocol I; 1125 *UNTS* [1977], p. 3);《1949年8月12日日内瓦四公约关于保护非国际性武装冲突受难者的附加议定书》(*Protocol Additional to the Geneva Conventions of 12 August 1949 and Relating to the Protection of Victims of Non-international Armed Conflicts*)(Protocol II; 1125 *UNTS* [1977], p. 609)。

[72] 参见C. van den Wyngaert的冷静的回顾，载M. C. Bassiouni (ed.), *International Criminal Law*, Vol. 3, 2nd edn. (1999), pp. 217 et seq.。关于越南战争之后，对美国战争犯罪进行审判的案件很少，例如，参见H. Ahlbrecht, *Geschichte der völkerrechtlichen Strafgerichtsbarkeit im 20. Jahrhundert* (1999), pp. 152 et seq.。

[73] 这种例外，例如，包括在耶路撒冷对Adolf Eichmann的审判(*Attorney General of the Government of Israel v. Adolf Eichmann*, District Court of Jerusalem, judgment of 12 December 1961, in 36 *ILR* (1968), pp. 5 et seq. and Supreme Court, judgment of 29 May 1962, in 36 *ILR* (1968), pp. 277 et seq.)，在法国对Klaus Barbie (*Féderation Nationaldes Déportées et Internés Resistants et Patriots et al. v. Barbie*, Cour de Cassation, judgments of 6 October 1983, 26 January 1984, 20 December 1985, in 78 *ILR* (1988), pp. 124 et seq. and Cour de Cassation, judgment of 3 June 1988, in 100 *ILR* (1995), pp. 331 et seq.)，在加拿大对Imre Finta (*Regina v. Finta*, Ontario Court of Appeal, judgment of 20 April 1992, in 98 *ILR* (1994), pp. 520 et seq., Ontario High Court of Justice, judgment of 25 May 1990, in 82 *ILR* (1990), pp. 424 et seq., and Canada, Supreme Court, judgment of 24 March 1994, in 104 *ILR* (1997), pp. 284 et seq.)，以及在澳大利亚对Polyukhovich的审判(*Polyukhovich v. Commonwealth of Australia and Another*, Australian High Court, judgment of 14 August 1991, in 91 *ILR* (1993), pp. 1 et seq; 172 Commonwealth Law Repons (1991), p. 501)。

[74] 参见《联合国宪章》第39条。

国际刑事法庭作为自己的"辅助性机构"。[75] 这样,这些法庭的法律基础,就与在纽伦堡的特别法庭的法律基础不同,不是一部国际条约,而是联合国安全理事会以《联合国宪章》(the UN Charter)第7章为基础做出的一项决议。[76] 这个方法的一个直接结果是,这些法院面对各国时就具有强大的地位:《联合国宪章》第25条要求各个成员国承担与这些法院进行合作的义务,并且允许在必要的时候使用武力。同时,在它们的宪章之中明确规定:这些法庭具有高于国内司法制度的地位,尤其是高于那些行为人所在国家的司法制度的地位。[77]

47 南斯拉夫和卢旺达国际法庭的规约,重申了国际刑法的习惯法特征。[78] 两部规约都宣称自己反映了现存国际刑法的"最坚定的核心"(hard cord)。[79]

(一)南斯拉夫国际法庭

48 在1980年约瑟普·布罗兹·铁托(Josip Broz Tito)死后,居住在南斯拉夫联邦共和国的种族群体之间日益严重的紧张关系就逐步升级,随着周边社会主义国家的垮台,更演变成了一场上个世纪发生在欧洲土地上的最严重冲突。在克罗地亚和斯洛文尼亚于1991年宣布独立之后,波斯尼亚的多数人在一次全民公决中也投票赞成从南斯拉夫联邦共和国中独立出来。1995年《代顿和平协议》(Dayton Peace Ac-

---

[75] 参见《联合国宪章》第39条以下,第29条和第7条第2款。在联合国的庇护下创立国际特别法庭的模式,继续成为潮流。这表现在为塞拉里昂(参见 *Report of the Secretary-General on the Establishment of a Special Court for Sierra Leone*, UN Doc. S/2000/915 [2000], and M. Frulli, 11 *European Journal of International Law* [2000], pp. 857 et seq.),东帝汶(参见 UNTAET, Reg. 2000/13, UN Doc. UNTAET/REG/2000/15, and K. Ambos and S. Wirth, 13 *Criminal Law Forum* [2002], pp. 1 et seq.),柬埔寨(参见 *Group of Experts for Cambodia established Pursuant to GA Resolution 52/145*, UN Doc. A/53/850 [1999], Annex; *Draft Agreement between the United Nations and the Royal Government of Cambodia Concerning the Prosecution under Cambodian Law of Crimes Committed During the Period of Democratic Kampuchea* of 17 March 2003, UN Doc. A/57/806)创设特别法庭的努力。有关的概述参见 A. Cassese, *International Criminal Law* [2003], pp. 343 et seq.。也见 C. Kress, 13 *Criminal Law Forum* (2002), pp. 409 et seq.; S. Linthon, 84 *International Review of the Red Cross* (2002), pp. 93 et seq.; A. McDonald, 84 *International Review of the Red Cross* (2002), pp. 121 et seq.; P. F. Trotter, 7 *New England International and Comparative Law Annual* (2001), pp. 31 et seq.。关于为缅甸创设国际法庭的计划,参见 L. Rotroff, 9 *New England Journal of International and Comparative Law* (2003), pp. 491 et seq.。

[76] 关于这个法律基础的可持续性,参见 *Prosecutor v. Tadić*, ICTY (Trial Chamber), decision of 10 August 1995, paras. 1 et seq.; *Prosecutor v. Tadić*, ICTY (Appeals Chamber), decision of 2 October 1995, paras. 9 et seq; 也见 A. Cassese, *International Criminal Law* (2003), pp. 337 et seq.; C. Tomuschat, *Europa-Archiv* 1994, p. 61 at p. 64。

[77] 参见《南斯拉夫国际法庭规约》第9条和《卢旺达国际法庭规约》第8条:"应当处于高于国内法院的主要地位。"也见 *Prosecutorv. Tadić*, ICTY (Trial Chamber), decision of 10 August 1995, para. 41。

[78] 参见 G. Werle, 109 *Zeitschrift für die gesamte Strafrechtswissenschaft* (1997), p. 808 at p. 814。

[79] 根据1993年5月3日联合国秘书长关于《南斯拉夫国际法庭规约》的报告,(仅仅)"毫无疑问地是习惯法一部分的国际人道法的规则"就成为《南斯拉夫国际法庭规约》的各种要素,参见 UN Doc. S/25704 (1993), para. 29; 但是,也见 H. Ahlbrecht, *Die Geschichte der völkerrechtlichen Strafgerichtsbarkeit im 20. Jahrhundert* (1999), p. 329。

cord)签订之前,前南斯拉夫境内发生了大规模的违反国际法的行为;"种族清洗"这个可怕的短语与萨拉热窝(Sarajevo)和斯雷布雷尼卡(Srebrenica)这两座城市,都成了悲惨的代名词。[80] 1998 年之后,冲突蔓延到科索沃(Kosovo)地区,一个主要聚居着阿尔巴尼亚族群众的地区。

在 1993 年 2 月 22 日的第 808 号决议中,联合国安全理事会确定:在前南斯拉夫的事件威胁了国际和平。随后,联合国授权北约军队进行军事干涉。在安理会中,有一种意见迅速占了上风:面对实施的暴行,在这个地区中的长久稳定,只有在采取军事措施恢复和平的同时,通过惩罚国际法项下的犯罪的行为人才能实现。1993 年 5 月 3 日,联合国秘书长应安全理事会的要求,提交了一份关于由联合国创设一个刑事法院可能性的报告。[81] 49

在 1993 年 5 月 25 日的第 827 号决议中,联合国安全理事会决定:"为了起诉从 1991 年 1 月 1 日起至有待由安全理事会根据恢复和平而决定的日期期间,对在前南斯拉夫领土上实施的严重违反国际人道法行为负责的人之单一目的……通过本国际法庭规约。"[82] 50

《南斯拉夫国际法庭规约》(the ICTY Statute)第 2 条至第 5 条列出了该法庭被授权起诉和审判的国际法项下的犯罪。这些犯罪包括战争罪、灭绝种族罪和危害人类罪;在所谓的国际法项下的核心犯罪[83]中,只有危害和平罪被省略了。在一般原则中,《南斯拉夫国际法庭规约》大量采纳了《纽伦堡宪章》的规定。 51

这个南斯拉夫国际法庭对明确和推进国际刑法的发展做出了实质性的贡献。应当强调的最重要之点,是融合了适用于国际武装冲突和非国际武装冲突的刑法范围。[84] 在这个背景下,战争的国际法在很大程度上也适用于国内的战争。[85] 对于危害人类罪,这个法庭确认了在《纽伦堡宪章》中所要求的与战争罪的联系,在习惯性国际法项下就不需要了。[86] 另外,这个南斯拉夫国际法庭在许多方面对危害人类罪和 52

---

[80] 关于这种冲突的背景和过程,例如,参见综述,载 V. Morris and M. P. Scharf, *An Insider's Guide to the International Criminal Tribunal for the Former Yugoslavia*, Vol. 1 (1995), pp. 17 et seq. 。

[81] UN Doc. S/25704 (1993).

[82] 在这个决定中,安全理事会指出"发生在前南斯拉夫领土上的广泛而恶劣地违反国际人道法……包括大规模杀人,大规模地、有组织地和有系统地羁押和强奸妇女,以及持续实施种族清洗的报告"。关于南斯拉夫国际法庭的创设和工作,参见 J. E. Ackerman and E. O'Sullivan, *Practice and Procedure of the International Criminal Tribunal for the Former Yugoslavia* (2000); M. C. Bassiouni and P. Manikas, *The Law of the International Criminal Tribunal for the Former Yugoslavia* (1996); J. R. W. D. Jones, *The Practice of the International Criminal Tribunals for the Former Yugoslavia and Rwanda* (1997); H. Roggemann, *Die internationalen Strafgerichtshöfe*, 2nd edn. (1998), pp. 60 et seq.; M. P. Scharf, *Balkan Justice* (1997)。

[83] 关于这个概念,参见边码 74。

[84] 主要的案件是 *Prosecutor v. Tadić*, ICTY (Appeals Chamber), decision of 2 October 1995, paras. 96 et seq. 。

[85] 关于讨论,参见边码 813。

[86] 《南斯拉夫国际法庭规约》第 5 条的文字提出了新的怀疑,根据是这个法院只有"在武装冲突中实施时",才对侵犯人道的犯罪具有管辖权。根据这个法院的决定,这个补充应当被理解为"这种行为在地理上以及在时间上是与武装冲突相联系的"。参见 *Prosecutor v. Kupreš-kić* et al., ICTY (Trial Chamber), judgment of 14 January 2000, para. 546; 也见 *Prosecutor v. Tadić*, ICTY (Appeals Chamber), judgment of 15 July 1999, para. 249。

灭绝种族罪的定义也作出了准确的补充。[87]

53 在纽伦堡法庭的程序性和证据性规则[88]中,仅仅包含了起码的——并且在一定范围内从法律上看是有问题的——规则(死刑,不得上诉,缺席审判),然而,这个南斯拉夫国际法庭拥有一组根据法治原则很好发展起来的程序法。这规定在《南斯拉夫国际法庭规约》中,并且在大量的程序性和证据性规则中得到了明确。[89]

(二)卢旺达国际法庭

54 1995年,联合国安全理事会通过第955号决议建立了卢旺达国际法庭。这个法庭,与南斯拉夫国际法庭一样,是作为“维持(和)恢复国际和平和安全”的一项措施根据《联合国宪章》第7章而创立的。[90] 这是国际社会对1994年发生在卢旺达的灭绝种族做出的反应,在那场浩劫中,几个月内就夺走了80余万人的生命。[91] 南斯拉夫国际法庭不仅是创设卢旺达国际法庭的蓝本,而且在制度上也与之有着许多联系。一直到2003年,两个法庭还只能共用一个检察官办公室,[92]*[93]自从2003年9月15日以来,哈桑·布巴卡尔·贾洛就一直担任卢旺达刑事法庭的首席检察官。在上诉庭中,现在总是由两个特别法庭的法官进行工作的。

55 卢旺达国际法庭的管辖权扩展到对发生在从1994年1月1日至12月31日期间实施的灭绝种族、危害人类罪和战争罪的起诉。这个法院也做出了开创性的工作,尤其是在发展灭绝种族罪的定义方面。[94]

---

[87] 参见 B. Lüders, in M. Chiavario (ed.), *La Justice Pénale Internationale entre Passé et Avenir* (2003), pp. 223 et seq. and S. Meseke, in M. Chiavario (ed.), *La Justice Pénale Internationale entre Passé et Avenir* (2003), pp. 173 et seq.。也见 G. Kirk McDonald, in S. Yee and W. Tieya (eds.), *International Law in the Post-Cold War World* (2001), pp. 446 et seq.。

[88] 参见《纽伦堡国际军事法庭宪章》第16条以下和1945年10月29日《纽伦堡国际军事法庭的程序规则》。

[89] 《南斯拉夫国际法庭规约》第15条以下。然而,程序的角色缺乏一种合理性,因为它们是由这个法院本身建立的并且不断修改的。

[90] 关于卢旺达国际法庭的创设和工作,参见 V. Morris and M. P. Scharf, *The International Criminal Tribunal for Rwanda* (1998); H. Roggemann, *Die Internationalen Strafgerichtshöfe*, 2nd edn. (1998), pp. 156 et seq.。

[91] 参见 Human Rights Watch (ed.), *Leave None to Tell the Story, Genocide in Rwanda* (1999)。

[92] 参见《南斯拉夫国际法庭规约》第15条第3款。

* 作者在德文第2版中删除了“同时,南斯拉夫国际法庭的上诉庭成员也是卢旺达国际法庭上诉庭的成员”一句以及其原注释93:“参见《南斯拉夫国际法庭规约》第13条第4款。根据《卢旺达国际法庭规约》第13条第3款,卢旺达国际法庭的主席指定了两名卢旺达国际法庭的法官作为南斯拉夫国际法庭上诉庭的成员。”——译者注

[93] 原注释已经删除,参见前注释。——译者注

[94] 主要案件是 *Prosecutor v. Akayesu*, ICTR (Trial Chamber), judgment of 2 September 1998。详见边码555以下。

五 《国际刑事法院规约》和国际刑事法院

《国际刑事法院规约》(the ICC Statute)的生效和常设国际刑事法院的创设,现在构成了国际刑法发展中的最后一块里程碑。[95] 56

(一)过去创设永久性国际刑法的努力

创设永久性国际刑法的努力可以追溯到第二次世界大战之前的时期。在国际联盟(the League of Nations)的框架下创设一个国际刑事法院以起诉恐怖主义犯罪的最初努力,在1937年失败了。1937年11月16日,《关于创设国际刑事法院的公约》(Convention pour la Création d'une Cour Pénale Internationale)得到了13个国家的签署,但是从来未生效。[96] 只有在第二次世界大战之后,在纽伦堡和东京成功完成了对战争罪的审判之后,创设国际刑事法院的努力才重新获得了推动力。 57

1948年《禁止灭绝种族公约》(the Genocide Convention)在犯罪实施国进行起诉之外,还规定了一个国际刑事法院的管辖权。因此,随着《禁止灭绝种族公约》的通过,联合国大会授权国际法委员会"研究为了审判被控灭绝种族的人而建立一个国际司法机构的意愿性和可能性"。[97] 1951年,随着国际法委员会的肯定性投票,[98]联合国大会法律委员会的一个分委员会提交了一份《国际刑事法院规约草案》(Draft Statute for an International Criminal Court)。[99] 这个法院将负责起诉缔约国通过各种国际条约一般性地向它提交的 58

---

[95] 在大量关于《国际刑事法院规约》和国际刑事法院的文献中,参见 A. Cassese 的评论,载 P. Gaeta and J. R. W. D. Jones (eds.), *The Rome Statute of the International Criminal Court* (2002) and O. Triffterer (ed.), *Commentary on the Rome Statute of the International Criminal Court* (1999)。也见 A. Cassese, *International Criminal Law* (2003), pp. 340 et seq.; L. N. Sadat, *The International Criminal Court and the Transformation of International Law* (2002); W. A. Schabas, *An Introduction to the International Criminal Court*, 2nd edn. (2004); C. Tomuschat, 73 *Die Friedens-Warte* (1998), pp. 335 et seq.; O. Triffterer, 114 *Zeitschrift für die gesamte Strafrechtswissenschaft* (2002), p. 321 at pp. 345 et seq.。

[96] 这个公约的基础是由一名罗马尼亚国际律师 Vespasian Pella 发展起来的一份草案,其中规定选择性管辖权首先仅仅适用于恐怖主义行为,这个法院适用的首先是行为地国家的法律。参见 H.-H. Jescheck, *Die Verantwortlichkeit der Staatsorgane nach Völkerstrafrecht* (1952), pp. 117 et seq.。在两次世界大战之间,主要是学术性的协会,尤其是国际法协会和国际刑法协会,推动了创设一个永久性国际刑事法院的运动。对于纽伦堡之前的详细发展情况,参见 H. Ahlbrecht, *Geschichte der völkerrechtlichen Strafgerichtsbarkeit im 20. Jahrhundert* (1999), pp. 46 et seq.; M. C. Bassiouni, *Introduction to International Criminal Law* (2003), p. 393。

[97] UN Doc. A/RES/3/260 (1948).

[98] UN Doc. GAOR, 5th Session, Suppl. 12 (A/1316, 1950).

[99] 参见 United Nations Committee on International Criminal Jurisdiction, *Draft Statute for an International Criminal Court*, reprinted in 46 *American Journal of International Law* (1952), Suppl. 1 et seq. and in M. C. Bassiouni (ed.), *The Statute of the International Criminal Court* (1998), pp. 741 et seq.。

任何案件,或者个别提出的案件。1954 年,这个草案的一个修改文本提交给了联合国大会。但是,迅速恶化的国际政治气候使得这项工作无法继续进行下去。[100] 1957 年 12 月 11 日,联合国大会决定推迟讨论国际刑法的法典化和国际刑事法院的规约,直到找到侵略的定义为止。[101] 然而,这一点一直到 1974 年才做到。[102] 国际法委员会据此重新开始自己在实体性国际刑法方面的工作。1989 年,根据特立尼达和多巴哥的提议,联合国大会授权该委员会重新考虑一个常设国际刑事法院的创设。[103]

59 在国际政治气候随着冷战的结束而改善之后,创设永久性国际刑法的努力才有可能取得重要的进步。国际法委员会很快就准备了一份《国际刑事法院规约草案》(Draft Statute for an International Criminal Court),[104]于 1994 年提交给联合国大会。[105] 然后,联合国大会任命了一个特别委员会。[106] 1995 年,这个委员会提交了一份报告。在这份报告中,这个法院的程序和组成规定(在"规约"中)与实体法(在"法典"中)之间的区别,第一次被放弃了。从那时起,关于这个国际刑事法院的创设和管辖权的条文与各种犯罪的定义,将被全部包括在一个单独的文件之中。随着这个特别委员会提交了这份报告,联合国大会就创设了一个预备委员会(a preparatory committee),负责为一次各国大会起草各种文件。[107] 这个委员会在 1996 年提交了自己的报告。[108]

---

[100] 参见 H. Ahlbrecht, *Geschichte der völkerrechtlichen Strafgerichtsbarkeit im 20. Jahrhundert* (1999), pp. 143 et seq.。

[101] UN Doc. A/RES/12/1186 (1957)指出:"联合国大会,考虑到'关于反和平和危害人类安全之罪行的法典'草案…… 提出了与侵略的定义有关的问题…… 1. 决定推迟考虑'关于反和平和危害人类安全之罪行的法典'草案的问题,直到联合国大会重新开始考虑定义侵略这个问题时为止。"同日,在 Res. 12/1187 之中,联合国大会因此在趋向创设国际刑事管辖权的工作方面作出了决定("推迟考虑国际刑事管辖权的问题")。

[102] UN Doc. A/RES/29/3314 (1974), Annex, esp. Art. 3。也见边码 1160。

[103] UN Doc. A/RES/44/39 (1989):联合国大会"要求国际法委员会,在其第 42 次会议上考虑以'关于反和平和危害人类安全之犯罪的法典草案'为题的事项,以处理建立一个国际法院或者其他国际刑事审判机制的问题,负责对被指控为已经实施了可以规定在这样一个法典中各种犯罪的个人行使管辖权,包括从事非法跨国的毒品交易,以及在该会议上特别关注在其报告中提出的问题"。也见 UN Doc. A/RES/47/33 (1992) and A/RES/48/31 (1993)。

[104] 这份草案的文本在 1994 年 11 月 23 日的国际法委员会的第 46 次会议上通过了;参见 Report of the Commission to the General Assembly, *Yearbook of the International Law Commission* 1994 II, Part 2, pp. 18 et seq.;关于细节,参见 J. Crawford, in A. Cassese, P. Gaeta and J. R. W. D. Jones (eds.), *The Rome Statute of the International Criminal Court*, Vol. 1 (2002), pp. 23 et seq.。

[105] 参见 *Yearbook of the lnternational Law Commission* 1994 II, Part 2, pp. 26 et seq.。

[106] UN Doc. A/RES/49/53 (1994); 50/46 (1995) and 51/207 (1996)。参见特别委员会关于建立国际刑事法院的报告, UN Doc. A/50/22 (1995) and A. Bos, in A. Cassese, P. Gaeta and J. ILW. D. Jones (eds.), *The Rome Statute of the International Criminal Court*, Vol. 1 (2002), pp. 35 et seq.。

[107] 这个预备委员会不应当与那个预备委员会(the Preparatory Commission,简称预委会,"PrepCom")相混淆,关于预委会参见边码 67。

[108] *Report of the Preparatory Committee on the Establishment of an International Criminal Court*, A/RES/51/207 (1996), Annex。参见 H. -P. Kaul, *Vereinte Nationen* 1997, pp. 177 et seq.。在后来的两年中,在将作为罗马大会基础的最后文本完成之前,这个文本经常被修改(Draft ICC Statute [1998], UN Doc. A/CONF. 183/2/Add. 1)。1998年1月,为了准备预备委员会的最后一次会议而制定出来的这个所谓的Zupthen draft

(二)罗马全权大使大会

联合国于1998年6月16日到7月17日在罗马举行一次国际会议,为国际刑事法院锻造出一部规约。[109]160多个国家派出代表到罗马;17个国际组织和250多个非政府组织参加并观察了各项议程。谈判的主题是预备委员会准备的草案文本(《国际刑事法院规约草案》)。[110]在这份草案中,为创设一个永久性国际刑法规定了116个条文,带有1400个置于括号内的附加内容和大约200个选择。 60

从一开始,就出现了两个相互对立的阵营。[111]一边是所谓的观点相似国(like-minded states),这是一个包括澳大利亚、加拿大和德国这些国际法院友好国家的团体,号召迅速创设一个强大的、尽可能独立的法院。另一边是包括美国、印度和中国的团体。这些国家担心自己的主权和对自己公民的保护,寻求的是一个软弱和更具有象征意义的法院;根据这个团体的意见,这个法院应当是一种时刻准备的特别刑事法庭,由联合国安理会在紧急情况下启动。 61

在谈判的过程中,实体性问题,尤其是犯罪定义的形成,证明是较少争论的。主要原因是先前把实体性问题限制在核心犯罪上了。[112]很幸运的是,纽伦堡宪章与南斯拉夫和卢旺达国际法庭的规约提供了经过实践检验的模式。同时,也不可能在各种罪行的定义上达成完全一致的协议。因此,在侵略罪的定义上达成一致的各种努力都失败了。[113] 62

(UN Doc. A/AC. 249/1998/L. 13),是应当被提到的。在这个预备委员会工作之时,一个松散的私人机构的组织,尤其是国际刑法协会(the Association International de Droit Pénal)和在弗莱堡的马普外国与国际刑法研究所,就发展出了一个替代性草案,即所谓的Siracusa draft(《国际刑事法院规约草案》——对1994年国际法委员会草案的修改性建议,1995年7月31日的"Siracusa-Draft"),参见K. Ambos, *Zeitschrift für Rechtspolitik* 1996, pp. 269 et seq.。

[109] UN Doc. A/RES/52/160 (1997)。关于在罗马谈判的细节,参见P. Kirsch and D. Robinson, in A. Cassese, P. Gaeta and J. R. W. D. Jones (eds.), *The Rome Statute of the International Criminal Court*, Vol. 1 (2002), pp. 67 et seq.。

[110] UN Doc. A/CONF. 183/2/Add. 1 of 14 April 1998.

[111] 参见H. -P. Kaul, *Vereinte Nationen* 1998, pp. 126 et seq.。

[112] 关于在这个法院的管辖权中增加其他犯罪的讨论,参见A. Zimmermann, 58 *Zeitschrift für ausländisches öffentliches Recht und Völkerrecht* (1998), p. 47 at pp. 78 et seq.。在*the Final Act of the United Nations Diplomatic Conference of Plenipotentiaries on the Establishment of an International Criminal Court*, Annex I, E (UN Doc. A/CONF. 183/10 [1998]),代表们很遗憾自己不能对国际毒品犯罪和恐怖主义的定义达成一致意见。在初期的各个草案中,已经包括了核心犯罪之外的其他犯罪;参见,例如,国际法委员会草案中的第20条第e款,就包括了违反1984年12月10日的《禁止酷刑和其他残忍、不人道或有辱人格的待遇或处罚公约》(1465 UNTS [1987], p. 112)和1988年12月20日的《联合国禁止非法贩运麻醉药品和精神药物公约》(28 *ILM* [1989], p. 493)。

[113] 侵略罪被包含在这个法院的管辖权之中,但是,在一个条文被规定在"定义这个犯罪和规定这个法院应当在这个犯罪方面行使司法管辖权的条件"这部公约中之前,被置于一种过渡地位,《国际刑事法院规约》第5条第2款,参见边码1184。

63 争论的主要领域涉及到对该法院管辖权的定义,尤其是这个法院是否具有自动管辖权的问题,另外还涉及检察官的角色和地位,以及这个法院与联合国的关系,尤其是与安全理事会的关系。

64 关于这个法院管辖权的范围,支持法院的那些国家不可能实现自己扩大该法院管辖权的目的,根据普遍管辖原则,[114]该法院对所有国际法项下的犯罪都有管辖权,不管这些犯罪是在什么地方、由谁、或者在危害谁时实施的。属地原则和属人原则最终作为一种妥协被规定在《国际刑事法院规约》之中,然而,这个方向在这个法院的管辖权中创设了一些很敏感的空隙。[115]

65 一直争论到最后的还有这个问题:谁应当有权在这个法院中提起审判(启动机制);在这里,支持法院的联盟至少取得了部分的成功。[116] 根据《国际刑事法院规约》最后通过的条款,检察官与安理会和本条约的成员国一样,有权开始进行调查。[117] 在安全理事会方面,现在由五个有否决权的国家控制着,人们存在着许多担心,害怕给予它太强大的地位将导致法院工作的两极分化,并且会使人怀疑这个法院的整体可信性;另一方面,各个谈判方都希望有否决权的国家可能同意这部规约。检察官自行开始调查的权利与南斯拉夫国际法庭和卢旺达国际法庭的检察官权力一样,被看成是该法院独立性的一种不可缺少的保障。

66 1998 年 7 月 17 日《国际刑事法院罗马规约》(the Rome Statute of the International Criminal Court)(简称《国际刑事法院规约》)[118]在全体会议上以 120 票通过了。只有 7 个国家,即美国、[119]中国、以色列、伊拉克、利比亚、也门和卡塔尔,投票反对了这部规约;21 个国家弃权。

---

[114] 参见边码 171。

[115] 参见《国际刑事法院规约》第 12 条和第 13 条。这样,国际法项下的犯罪在非成员国的领土上由其国民实施的就是一种典型案件。在这种情况下,犯罪处于这个法院的管辖权之下的条件是,安理会根据《联合国宪章》第 7 章通过一个决议报告了这个事项(《国际刑事法院规约》第 13 条第 2 款和第 12 条第 2 款),或者——这种情况在实践中是很不可能的——犯罪发生地国家接受这个法院对这个案件的管辖权。支持国际法院国家的要求是,如果羁押国是本条约的成员国,那么,这个空白就应当通过允许这个法院行使管辖权来弥补。但是,这个要求没有成功。然而,这些国家成功地确立了《国际刑事法院规约》第 12 条,要求每个成员国自动接受这个法院的管辖权。大多数国家无法同意更严格的模式;例如,它们本来可以要求受影响国家对每一个审判的同意("国家同意"),或者对特定犯罪的管辖权提供选择性同意或者拒绝("选择加入/选择退出")。关于整个讨论,参见 H.-P. Kaul, in A. Cassese, P. Gaeta and J. ILW. D. Jones (eds.), *The Rome Statute of the International Criminal Court*, Vol. 1 (2002), pp. 583 et seq.。

[116] 参见 C. Kress, in H. Grützner and P. G. Pötz (eds.), *Internationaler Rechtshilfeverkehr in Strafsachen*, Vol. 4, 2nd edn. (2002), Vor III 26, marginal nos. 18 et seq.。

[117] 《国际刑事法院规约》第 15 条第 1 款。

[118] 37 *ILM* (1998), p. 999; 这个文本的原文有联合国的官方文字。

[119] 美国的保留被总结在 L. A. Casey, 25 *Fordham International Law Journal* (2002), pp. 840 et seq. und R. Wedgwood, 10 *European Journal of International Law* (1999), pp. 93 et seq.。罗马大会以来,美国多次试图弱化国际刑事法院的效率,有关情况的总结参见 A. Zimmermann and H. Scheel, *Vereinte Nationen* 2002, pp. 137 et seq.。在这种背景下,美国阻碍主义政策的三个主要因素应当得到强调。在美国提议下通过的安理会第 1422 号决议要求,根据《国际刑事法院规约》第 16 条,"如果一个案件涉及非《罗马规约》成员国的贡献国(a contributing State)所属的现任官员或者过去官员或者人员在联合国进行或者批准的行动中实施的作为或者不作为,国际刑事法院就应当在 2002 年 7 月 1 日开始之后的 12 个月内,不对任何这类案件开始或者进行调查或者起诉",参见边码 202。在 2003 年 6 月 12 日的第 1487 号决议中,安理会延长第 1422 号决议一年。然而,2004 年 6 月,由于在安理会中面临强烈的反对,美国放弃了自己第二次延长该决议的努

仅仅4年之后，在2002年4月11日，波斯尼亚和黑塞哥维那、保加利亚、柬埔寨、刚果民主共和国、爱尔兰、约旦、蒙古、尼日尔、罗马尼亚和斯洛伐克，在纽约交存了批准文件，这样就超过了《国际刑事法院规约》第126条所要求的60个国家的批准；因此，这部规约就于2002年7月1日生效了。截至2007年7月*，已经有139个国家签署了这部规约，105个**国家批准了这部规约。[120]从2003年2月4日至7日，成员国大会选出了18位法官。2003年3月11日，国际刑事法院开始在荷兰的海牙工作。2003年4月21日，阿根廷人路易斯·莫雷诺·奥坎坡(Luis Moreno Ocampo)被成员国大会选为检察官。

在这次大会的最后行动中，预备委员会(简称"预委会")授权向成员国大会[121]提出与该法院的创设和工作有关的对实际问题的各项建议。[122]其中包括，财政规则以及该法院工作的其他重要基础，在《国际刑事 67

力。美国对国际刑事法院政策的第二个因素涉及美国政府的(仅仅部分成功的)努力，通过签署双边协议不向国际刑事法院进行引渡，参见边码524。第三，2002年8月2日的《美国军人保护法》(the American Servicemembers' Protection Act)(登载在23 *Human Rights Law Journal* [2002], pp. 275 et seq.)生效，这部法律的目的是使美国公民免受国际刑事法院的管辖权。

* 原文是"2004年8月"，作者作了最新的更新。——译者注

** 原文是"97个国家"，作者作了最新的更新。——译者注

[120] 这些国家包括了所有欧洲联盟的国家和许多南美与非洲的国家。迄今为止，亚洲的代表性一直是比较弱。已经批准的国家有：阿富汗、阿尔巴尼亚、安道尔、安提瓜和巴布达、阿根廷、澳大利亚、奥地利、巴巴多斯、比利时、伯利兹、贝宁、玻利维亚、波斯尼亚和黑塞哥维那、博茨瓦纳、巴西、保加利亚、布基纳法索、布隆迪、柬埔寨、加拿大、中非共和国、哥伦比亚、科摩罗、刚果、哥斯达黎加、克罗地亚、塞浦路斯、刚果民主共和国、丹麦、吉布提、多米尼加、多米尼加共和国、东帝汶、厄瓜多尔、爱沙尼亚、斐济、芬兰、法国、加蓬、冈比亚、格鲁吉亚、德国、加纳、希腊、几内亚、圭亚那、洪都拉斯、匈牙利、冰岛、爱尔兰、意大利、约旦、肯尼亚、莱索托、立陶宛、利比亚、列支敦士登、拉脱维亚、卢森堡、马拉维、马里、马耳他、马绍尔群岛、毛里求斯、墨西哥、蒙古、黑山、纳米比亚、荷兰、新西兰、尼日尔、尼日利亚、挪威、巴拿马、巴拉圭、秘鲁、波兰、葡萄牙、韩国、罗马尼亚、圣文森特和格林纳丁斯、萨摩亚、圣马力诺、塞内加尔、塞尔维亚(原文还有"和黑山"，作者作了更新——译者注)、塞拉里昂、斯洛文尼亚、南非、西班牙、圣基茨和尼维斯、圣文森特和格林纳丁斯、瑞典、瑞士、塔吉克斯坦、坦桑尼亚、前南斯拉夫共和国的马其顿、特立尼达和多巴哥、乍得、乌干达、英国、乌拉圭、委内瑞拉、赞比亚。已经仅仅签署的国家有：阿尔及利亚、安哥拉、亚美尼亚、巴哈马、巴林、孟加拉、喀麦隆、佛得角、乍得、智利、科摩罗、科特迪瓦、捷克共和国、多米尼加共和国、埃及、厄立特里亚、几内亚比绍、海地、伊朗、以色列、牙买加、肯尼亚、科威特、吉尔吉斯斯坦、马达加斯加、墨西哥、摩纳哥、莫桑比克、阿曼、菲律宾、莫尔瓦多共和国、俄罗斯、圣卢西亚、圣多美和普林西比，塞舌尔群岛、所罗门群岛、苏丹、叙利亚阿拉伯共和国、泰国、乌克兰、阿拉伯联合酋长国、乌兹别克斯坦、也门、津巴布韦。美国撤销了克林顿总统的签署。当前的情况，参见 http://www.icc-cpi.int/asp/statesparties.html(访问时间：2007年4月)(原文的网址是 http://www.un.org/law/icc，作者作了更新——译者注)。

[121] 《国际刑事法院规约》第112条。参见 D. Mundis, 97 *American Journal of International Law* (2003), pp. 132 et seq.。

[122] 参见 Final Act, Annex I, F., UN Doc. A/CONF. 183/10 (1998)。根据这部文件，"预委会"的工作是"为这个法院的建立和进行工作准备有关实际安排的建议，包括下列文件的草案：(1)《程序和证据规则》；(2)《犯罪要件》；(3)这个法院与联合国的关系协议；(4)这个法院与驻在国之间有待谈判的关于大本营协议(a headquarters agreement)的基本原则；(5)财政规定和规则；(6)关于这个法院的特权和豁免权的协议；(7)第一财政年度的预算；(8)成员国大会的程序性规则；以及6.《程序和证据规则》草案和《犯罪要件》草案应当在2000年6月30日之前完成；7.这个委员会应当为侵略的条文准备各种建议，包括侵略罪的定义、侵略罪的要件，以及国际刑事法院应当对这个犯罪行使管辖权的条件。这个委员会应当向成员国大会审查委员会提交这些建议，目的是在侵略罪上达成一个可以接受的条款，以便写入这部规约之中。与侵略罪有关的各个条文应当根据这部规约的有关条文，对成员国生效；8.这个委员会应当保持存在，直到第一次成员国大会结束为止。"

法院规约》第9条中规定的《程序和证据规则》与《犯罪要件》。[123] 在2002年9月的第一次会议上，成员国大会批准了预委会的这些建议。在2007年1月29日至2月1日，成员国大会第5次会议在纽约举行，在其处理的各项事情中有财政的技术问题和法官的选举。

尽管国际刑事法院在此期间在国际社会内部得到了广泛的支持，但是，它离真正成为一个得到世界承认的能负起责任的世界法院还很远。* 这个国际法院为世界所接受，是以美国、中国 ** 、俄罗斯 *** 、印度 **** 和其他重要的亚洲国家参加国际刑事法院为条件的，创造这个条件是将来的一项中心任务。

(三)《国际刑事法院规约》的意义

68 在128个条文中，《国际刑事法院规约》规范了国际刑事法院的创设（第一部分），其组成、管理和财政（第四、十一、十二部分），该法院的程序和与该法院的合作（第五至十部分）。这部规约也列举了自己对其有管辖权的各种犯罪，并且包括了刑法的一般原则（第二和第三部分）。

69 《国际刑事法院规约》是今天国际刑法的核心文件。它提出了这个国际刑事法院的法律基础，并且发展了它在程序上的新标志。《国际刑事法院规约》也是迈向实体性国际刑法的一个重要步骤。国际刑法项下的四个核心犯罪，“古典的”纽伦堡定义加上灭绝种族罪，被包含在第5条之中。在这部规约中，仍然没有侵略罪的定义，然而，灭绝种族、危害人类罪和战争罪被细分为大约70个具体的犯罪，规定在《国际刑事法院规约》第6、7和8条之中。在这里，《国际刑事法院规约》的价值主要在于收集和整理了散布于各处的法律条文。[124]

70 《国际刑事法院规约》在刑法的一般原则方面具有特别的创新性影响力。在这部规约

---

[123] 参见，例如，2002年9月9日《关于国际刑事法院的特权和豁免权的协议》(*Agreement on the Privileges and Immunities of the International Criminal Court* of 9 September 2002)，2004年7月22日生效(ICC-ASP/1/3)。关于预备委员会的详细工作，参见 P. Kirsch and V. Oosterveld, in A. Cassese, P. Gaeta and J. R. W. D. Jones (eds.), *The Rome Statute of the International Criminal Court*, Vol. 1 (2002), pp. 93 et seq. 。

* 对在包括不同文化的观点下也实现普遍性的批评，参见 Pastor, *El poder penal international* (2006), 60 ff. 。（作者在德文第2版中新增加的注释。——译者注）

** 中国对国际刑事法院的立场与美国的观点非常相似，综述见 Lu/Wang, *Journal of International Criminal Justice* 3 (2005), 608 ff. 。（作者在德文第2版中新增加的注释。——译者注）

*** 关于对拒绝态度的宪法性根据，参见 Tuzmukhamedov, *Journal of International Criminal Justice* 3 (2005), 621 ff. 。（作者在德文第2版中新增加的注释。——译者注）

**** 对印度的观点，参见 Ramanathan, *Journal of International Criminal Justice* 3 (2005), 627 ff. 。（作者在德文第2版中新增加的注释。——译者注）

[124] 参见综合性简述，载 C. Tomuschat, 73 *Die Friedens-Warte* (1998), p. 335 at pp. 337 et seq. 。关于制定性刑法和习惯性国际法之间的关系，参见边码139。

之前的文件仅仅规定了一些零碎的条款，然而，这部《国际刑事法院规约》第一次包含了关于国际刑法的"一般原则"的各种综合性规则。[125]

第二节 概念、任务和合理性

参考书目：

Payam Akhavan: Beyond Impunity: Can International Criminal Justice Prevent Future Atrocities?, 95 *American Journal of International Law* (2001), pp. 7 et seq.; Kai Ambos and Christian Steiner: Vom Sinn des Strafens auf innerstaatlicher und supranationaler Ebene, *Juristische Schulung* 2001, pp. 9 et seq.; M. Cherif Bassiouni: The Philosphy and Policy of International Criminal Justice, in Lal Chand Vohrah et al. (eds.), *Man's Inhumanity to Man* (2003), pp. 65 et seq.; M. Cherif Bassiouni: The Sources and Content of International Criminal Law: A Theoretical Framework, in M. Cherif Bassiouni (ed.), *International Criminal Law*, Vol. 1, 2nd edn. (1999), pp. 3 et seq.; Aline Bruer-Schäfer: *Der Internationale Strafgerichtshof, Die Internationale Strafgerichtsbarkeit im Spannungsfeld von Recht und Politik* (2001), pp. 21 et seq.; Antonio Cassese: *International Criminal Law* (2003), pp. 15 et seq.; Tom J. Farer: Restraining the Barbarians: Can International Criminal Law Help?, 22 *Human Rights Quarterly* (2000), pp. 90 et seq.; Herbert Jäger: Makroverbrechen als Gegenstand des Völkerstrafrechts, Kriminalpolitisch-kriminologische Aspekte, in Gerd Hankel and Gerhard Stuby (eds.), *Strafgerichte gegen Menschheitsverbrechen, Zum Völkerstrafrecht 50 Jahre nach den Nörnberger Prozessen* (1995), pp. 325 et seq.; Hans-Heinrich Jescheck: *Die Verantwortlichkeit der Staatsorgane nach Völkerstrafrecht, Eine Studie zu den Nünberger Prozessen* (1952), pp. 190 et seq.; Hans-Heinrich Jescheck: International Crimes, in Rudolf Bernhardt (ed.), *Encyclopedia of Public International Law*, Vol. 2 (1995), pp. 1119 et seq.; Kriangsak Kittichaisaree: *International Criminal Law* (2001), pp. 3 et seq.; Kai-Michael König: *Die völkerrechtliche Legitimation der Strafgewalt internationaler Strafjustiz* (2003), pp. 149 et seq.; Otto Lagodny: Legitimation und Bedeutung des Ständigen Internationalen Strafgerichtshofes, 113 *Zeitschrifi für die gesamte Strafrechtswissenschaft* (2001), pp. 800 et seq.; Christina Möller: *Völkerstrafrecht und Internationaler Strafgerichtshof-kriminologische, straftheoretische und rechtspolitische Aspekte* (2003), pp. 413 et seq.; Patrick Robinson: The Missing 71

[125] 参见边码 270。

Crimes, in Antonio Cassese, Paola Gaeta and John R. W. D. Jones (eds.), *The Rome Statute of the International Criminal Court, A Commentary*, Vol. 1 (2002), pp. 497 et seq.; William A. Schabas: *An Introduction to the International Criminal Court*, 2nd edn. (2004), pp. 26 et seq.; Georg Schwarzenberger: The Problem of an International Criminal Law, 3 *Current Legal Problems* (1950), pp. 263 et seq.; Sandra Szurek: Historique, La Formation du Droit International Pénal, in Hervé Ascensio, Emmanuel Decaux and Alain Pellet (eds.), *Droit International Pénal* (2000), pp. 7 et seq.; Otto Triffterer: *Dogmatische Untersuchungen zur Entwicklung des materiellen Völkerstrafrechts seit Nürnberg* (1966), pp. 25 et seq.; Otto Triffterer: Der ständige Internationale Strafgerichtshof-Anspruch und Wirklichkeit, in Karl Heinz Gössel and Otto Triffterer (ed.), *Gedächtnisschrift für Zipf* (1999), pp. 493 et seq.; Christian Tomuschat: Das Statut von Rom für den Internationalen Strafgerichtshof, 73 Die Friedens-Warte (1998), pp. 335 et seq.; Gerhard Werle: Menschenrechtsschutz durch Völkerstrafrecht, 109 *Zeitschrift für die gesamte Strafrechtswissenschaft* (1997), pp. 808 et seq.; Peter Wilkitzki: Die völkerrechtlichen Verbrechen und das staatliche Strafrecht (Bundesrepublik Deutschland), 99 *Zeitschrift für die gesamte Strafrechtswissenschaft* (1987), pp. 455 et seq.

一 "国际刑法"的观念和"国际法项下的犯罪"

72 国际法项下的犯罪是指所有涉及直接个人刑事责任的国际法项下的犯罪。国际刑法包括了所有建立、排除或者以其他方式调整国际法项下犯罪的责任的规范。

73 在这里使用的术语中，国际刑法与"Völkerstrafrecht"、[126]"droit international penal"[127]和"derecho internacional penal"[128]的意思相同。有些学者在广义上使用国际刑法这个概念，[129]不仅包括国际法的刑事方面，尤

[126] 参见 G. Werle, *Völkerstrafrecht* (2003)，边码 71。

[127] 参见 S. Szurek, in H. Ascensio, E. Decaux and A. Pellet (eds.), *Droit International Pénal* (2000), p. 7 at pp. 10 et seq.。

[128] 参见 A. Quintano Ripollès, *Tratado de Derecho Penal Internacional e Internacional Penal*, Vol. 1 (1955) and Vol. 2 (1957)。

[129] 参见 M. C. Bassiouni, *Introduction to International Criminal Law* (2004), pp. 1 et seq. and K. Kittichaisaree, *International Criminal Law* (2001), p. 3。这样作出的解释，就使得国际刑法这个词与德文中"Internationales Strafrecht"这个词相一致；参见 G. Werle, *Völkerstrafrecht* (2003)，边码 106。这里作为基础采用的是在广义解释和更狭窄的解释之间的中间解释，参见 A. Cassese, *International Criminal Law* (2003), p. 15（"国际刑法是一组国际规则，不仅用来规定国际犯罪，而且用来使各国承担起至少起诉和惩罚一些这类犯罪的义务"）。G. Schwarzenberger, 3 *Current Legal Problems* (1950), p. 263 at pp. 264 et seq.，区别了"国际刑法"这个说法的六种含义。对在这里使用的国际刑法这个词的解释，与"在世界实体意义上的国际刑法"的意思是相一致的（"这些规则将具有禁止性的特征，并且必须得到它们自身所具有的惩罚性制裁的加强"）。

其是国际法项下的犯罪，而且包括了国内刑法的国际方面，尤其是关于对具有外国因素犯罪管辖权的国内规则。[130] 在这里选择的解释，为各种国际法院起诉国际法项下的犯罪这个重要领域提供了一个单一和便利的术语：国际刑法。

国际法项下的犯罪是战争罪、危害人类罪、灭绝种族和侵略罪。[131] 这些所谓的核心犯罪[132]是“国际社会所关心的最严重的犯罪”，[133]并且处于国际刑事法院的管辖权之下。[134] 其他犯罪，例如毒品运输或者恐怖主义，是否也涉及国际法项下的直接个人刑事责任，是有争论的；在这里，国际法的发展处在不断变动之中。最重要的是，恐怖主义的行为是否以及在什么情况下可以作为国际犯罪审判的问题，已经重新得到了广泛的讨论。然而，恐怖主义本身并不是一个国际法项下的犯罪。[135] 把国际刑事法院的管辖权扩展到包括恐怖主义行为的努力，在罗马大会上并没有赢得多数的支持。[136] 但是，恐怖主义犯罪会经常满足诸如危害人类 74

---

[130] 对于这里在这个意义上使用的国际刑法和带有国际方面的刑法其他领域之间的区别，参见边码105以下。

[131] 参见 I. Brownlie, *Principles of Public International Law*, 6th edn. (2003), pp. 559 et seq.; H.-H. Jescheck, in R. Bernhardt (ed.), *Encyclopedia of Public International Law*, Vol. 2 (1995), p. 1119 at pp. 1120 et seq.; O. Triffterer, in T. Vogler (ed.), *Fesuchrift für Jescheck* (1985), p. 1477 at p. 1485(“国际刑法的古典罪行”)。另外，A. Cassese, *International Criminal Law* (2003), p. 24，使用一种更广阔的国际刑法概念，除了本文中提到的各种犯罪之外，还包括了在武装冲突之外和对平民进行有系统攻击中的酷刑，以及国家支持的国际恐怖主义的各种形式。

[132] 关于“核心犯罪”这个概念，参见 C. Kress, in H. Grützner and P. G. Pötz (eds.), *Internationaler Rechtshilfeverkehr in Strafsachen*, Vol, 4, 2nd edn. (2002), III 27 marginal no. 8，还有 A. Zimmermann, 58 *Zeitschrift für ausländisches öffentliches Recht und Völkerrecht* (1998), p. 47 at p. 48。

[133] 参见《国际刑事法院规约》，序言第4句和第9句、第5条。

[134] 相反，国际刑事法院对审判违反其自己的司法管理行为的管辖权（《国际刑事法院规约》第70条），看来是一种附属的权力，可以扩展到并且保证自己的核心管辖权；在程序和责任的标准方面，国际刑事法院在实质上是遵循着其他的规则，参见 K. IC Harris in O. Triffterer (ed.), *Commentary on the Rome Statute of the International Criminal Court* (1999), Art. 70 marginal nos. 2 et seq.。对于《南斯拉夫国际法庭规约》中的相关规则（第77条、第91条），参见 *Prosecutor v. Tadić*, ICTY (Appeals Chamber), judgment of 31 January 2000, paras. 13 et seq.：“然而，本法庭的确拥有一种固有的管辖权，这种管辖权来自其司法功能，以保证其在行使这种由《规约》明确授予的管辖权时不会遭到挫败，并且，保证了其基本司法功能得到保障。”根据《国际刑事法院规约》的一些早期的草案，这个法院在主题事项（subject matter）上的管辖权，除了核心犯罪之外，本来是还包括其他犯罪的，参见，例如，*Draft Code* 1991, Arts. 15 et seq.（“殖民统治”，“招募、使用、资助和训练雇佣兵”，“国际恐怖主义”，“非法运输麻醉品”，参见 C. Tomuschat, in G. Hankel and G. Stuby (eds.), *Strafgerichte gegen Menschheitsverbrechen* (1995), p. 270 at pp. 278 et seq.）。在罗马大会上，在管辖目录中包括恐怖主义和麻醉品运输是得到了讨论，但是，有关的建议最终并没有成功。最后的行动仅仅是宣称：扩大这个法院的管辖权，应当是将来根据《国际刑事法院规约》第123条召开的“审查会议（review conference）”中进行谈判的主题，参见 P. Robinson, in A. Cassese, P. Gaeta and J. R. W. D. Jones (eds.), *The Rome Statute of the International Criminal Court*, Vol. 1 (2002), pp. 497 et seq.; A. Zimmermann in O. Triffterer (ed.), *Commentary on the Rome Statute of the International Criminal Court* (1999), Art. 5, marginal nos. 3 et seq.。

[135] 参见 S. Oetet, 76 *Die Friedens-Warte* (2001), pp. 11 et seq.; F. Jessberger, in Deutsches Institut für Menschenrechte (ed.), *Menschenrechtliche Erfordernisse bei der Bekämpfung des Terrorismus* (2002), pp. 22 et seq.; D. F. Vagts, 14 *European Journal of International Law* (2003), pp. 313 et seq.。

[136] 参见注释[134]。

罪或者战争罪这样的国际核心犯罪的前提条件,[137]这取决于具体案件的各种情况。[138]

75 在《国际刑事法院规约》中的犯罪定义之外,还存在着涉及直接个人刑事责任的习惯性国际法项下的特定行为。[139]《国际刑事法院规约》明确认为,行为的性质能够"在不依赖于本规约的情况下作为国际法项下的犯罪"被标示(第22条第3款)。然而,这并不是指其他犯罪群组,而是指战争罪或者危害人类罪中的特定小组群或者个别行为。例如,那些在这部《国际刑事法院规约》中没有包括的发生在内战期间的特定行为,在习惯法项下的犯罪性就是这种情况。[140]

76 国际法规范典型地必须具有世界的有效性(validity);这些核心犯罪是关于这一点的一个例子。但是,根据国际法的一般原则,国际刑法的一条规范在地域上有限的适用能力也是可以想象的。[141]

二 保护的利益

77 国际刑法保护"世界的和平、安全和(那种)福祉(well-being)",[142]这些是国际社会的基础性价值。[143]

78 世界的和平、安全和福祉这三种受保护的价值,是不能严格地相互区分开的。[144] 世界和

---

[137] 参见 P. Robinson, in A. Cassese, P. Gaeta and J. R. W. D. Jones (eds.), *The Rome Statute of the International Criminal Court*, Vol. 1 (2002), p. 497 at pp. 520 et seq.; O. Triffterer, 114 *Zeitschrift für die gesamte Strafrechtswissenschaft* (2002), p. 321 at p. 371。

[138] 对于把2001年9月11日对世界贸易中心的恐怖攻击定义为危害人类罪,是有充分理由的;也见 A. Cassese, 12 *European Journal of International Law* (2001), pp. 993 et seq.; C. Tomuschat, *Europäische Grundrechte-Zeitschrift* 2001, pp. 535 et seq.。

[139] 也见 O. Triffterer, in K. H. Gössel and O. Triffterer (eds.), *Gedächtnisschrift für Zipf* (1999), p. 493 at p. 532 ("[《国际刑事法院规约》分派给这个法院的]一些国际刑法项下的犯罪")。

[140] 参见边码815。

[141] 这一点也被正确地指出了,参见 O. Triffterer, in T. Vogler (ed.), *Festschrift für Jescheck* (1985), p. 1477 at p. 1502。

[142] 《国际刑事法院规约》,序言第3句("la paix, la sécurité et le bien-être du monde"),更详细的情况,参见 T. N. Slade and R. S. Clark, in R. S. Lee (ed.), *The International Criminal Court, The Making of the Rome Statute* (1999), p. 421 at p. 426。国际法委员会在第一稿中就已经提到了国际和平和安全,在那里,"反人类和平和安全"的犯罪被犯罪化了,参见,例如, *Draft Code* 1954, Art. 1 and *Draft Code* 1996, Art. 1 (1)。

[143] 参见 O. Triffterer, in O. Triffterer (ed.), *Commentary on the Rome Statute of the International Criminal Court* (1999), Preamble, marginal no. 9 ("国际刑法是……各国社会的刑法,功能是保护这个社会的最高法律价值")。也见 K. Ambos and C. Steiner, *Juristische Schulung* 2001, p. 9 at p. 13; M. C. Bassiouni, in L. C. Vohrah et al. (eds.), *Man's Inhumanity to Man* (2003), pp. 65 et seq.。

[144] 对于《联合国宪章》的目的来说,也是同样真实的,见 R. Wolfrum, in B. Simma (ed.), *The Charter of the United Nations*, Vol. 1, 2nd edn. (2002), Art. 1, marginal nos. 4 et seq.。

平和国际安全,这两个处于国际刑法心脏中的国际社会的价值,同时也是联合国的主要目标。[145] 因此,国际刑法是基于一种广义的和平概念,不仅意味着在国家间没有军事冲突,而且意味着一国之内的各种条件。[146] 因此,在一国之内对人权的大规模侵犯,甚至可以在结果上被认为是对世界和平的一种威胁。在《国际刑事法院规约》的序言中,世界的福祉是作为另一个保护的对象,在和平和安全之外出现的;在这种方式中,对生存所必需的各种利益进行分配的观点,就包括在作为适用和解释这部规约的一种额外指南之中。[147]

对国际社会的这些基础性价值的攻击,为一个犯罪提供了一种国际的维度,使其转变为一种国际法项下的犯罪。国际法项下的这类犯罪影响了"作为整体的国际社会"。[148] 对这些国际犯罪的惩罚因此是国际社会的任务,并且由于这个原因,国际刑法的规范可以穿透"国家主权的铠甲"。[149] 这样,刑罚与国际社会的利益之间的联系为国际刑法提供了自己特别的合理性。 79

国际刑法是否以及在什么程度上也保护个人的权利,一直是有争论的。[150] 在这里,人们将不得不在各种国际犯罪之间作出区别。[151] 80

---

[145] 《联合国宪章》第 1 条第 1 款;也见《联合国宪章》第 2 条第 6 款,第 11 条,第 12 条,第 18 条,第 39 条以下。这部宪章在威胁国际和平和安全的情况下,规定了许多集合性措施,第 39 条。这些也可以包括刑事起诉的各种措施,参见上文边码 46。

[146] 参见 UN Doc. S/RES/808 (1993), Security Council resolution on creation of the ICTY; UN Doc. S/RES/955 (1994), Security Council resolution on creation of the ICTR:"对于在卢旺达发生灭绝种族和其他有系统、广泛和明目张胆地违反国际人权法的报告,再次表示严重关切,[决定] 这种情况继续构成了一种对国际和平和安全的威胁"; UN Doc. S/RES/1373 (2001), Security Council resolution on measures against the attacks of 11 September 2001; 也见 C. Tomuschat, in G. Hankel and G. Stuby (eds.), *Strafgerichte gegen Menschheitsverbrechen* (1995), p. 270 at p. 291。

[147] 参见 O. Triffterer, in O. Triffterer (ed.), *Commentary on the Rome Statute of the International Criminal Court* (1999), Preamble, marginal no. 11。

[148] 《国际刑事法院规约》,序言第 4 句和第 9 句,第 5 条第 1 款("整个国际社会关注的最严重犯罪")。在不脱离这个问题的情况下,《国际刑事法院规约》第 1 条指出"国际关注的犯罪"。也见 *Prosecutor v. Tadić*, ICTY (Appeals Chamber), decision of 2 October 1995, para. 59:这些"……犯罪,人们一直要求国际法庭予以审判,影响了全体人类并且震撼了世界所有国家的良知。因此,对于以国际社会的名义在一个恰当建立的国际法庭中审判这些犯罪的做法,并不存在着任何反对意见。"也见 K. M. König, *Die völkerrechtliche Legitimation der Strafgewalt internationaler Strafjustiz* (2003), p. 26; M. C. Bassiouni, in L. C. Vohrah et al. (eds.), *Man's Inhumanity to Man* (2003), pp. 65 et seq.。

[149] "Panzer der staatlichen Souveränität";参见 H.-H. Jescheck, *Die Verantwortlichkeit der Staatsorgane nach Völkerstrafrecht* (1952), p. 11; M. C. Bassiouni, in L. C. Vohrah et al. (eds.), *Man's Inhumanity to Man* (2003), pp. 65 et seq.。

[150] 根据 O. Lagodny, 113 *Zeitschrift für die gesamte Strafrechtswissenschaft* (2001), p. 800 at pp. 803 et seq.,国际法项下的犯罪明显地应当仅仅保护超越个人的价值。相反,O. Triffterer, in O. Triffterer (ed.), *Commentary on the Rome Statute of the International Criminal Court* (1999), Preliminary Remarks, marginal no. 21,认为自始至终也保护个人的权利。从这个角度,也见 C. Tomuschat, in H. J. Cremer et al. (eds.), *Festschrift für Steinberger* (2002), p. 315 at p. 329:"灭绝种族肯定是既危害人类尊严又危害国际和平和安全的所有罪行中最严重的一个。"

[151] 从这个角度,也见 A. Gil Gil, 112 *Zeitschrift für die gesamte Strafrechtswissenschaft* (2000), p. 381 at pp. 382 et seq.; H. Vest, 113 *Zeitschrift für die gesamte Strafrechtswissenschaft* (2001), p. 457 at pp. 463 et seq.。

三 国际法项下的犯罪所具有的“国际因素”

81 国际法项下的所有犯罪都是通过一个共同的特征，来建立起与国际社会最重要的价值之间的联系的，这就是所谓的国际因素：所有的国际犯罪都具有一种有系统或者大规模地使用暴力的背景。作为一项规则，对这种暴力的使用承担责任的是一个集体，典型地说是一个国家。[152]

82 对于危害人类罪来说，这种有组织暴力的背景，是由一种广泛或者有系统地对平民人口的攻击组成的。这个背景性因素[153]由许多具体行为的总和合成。对于灭绝种族来说，有组织的暴力这个背景，是由故意全部或者部分毁灭一个受保护的团体组成的。在这里，这个背景性因素就转到行为人的故意上了。

83 对于战争犯罪来说，有组织的暴力这个背景，是由一种武装冲突组成的。在这个冲突过程中，这种犯罪行为就一定已经发生。武装冲突由犯罪的或者非犯罪的使用暴力组成。对于侵略罪来说，有组织暴力的使用本身就被犯罪化了。[154] 因此，在其直接的意义上，侵略就是一种“危害和平罪”。[155]

84 国际社会的这种基础性价值——和平、安全和福祉——受到国际刑法的保护，以免受到来自各个方向的攻击。对于灭绝种族来说，破坏世界和平就存在于一种对一个特别团体的身体性或者社会性存在的（故意）攻击之中。对于危害人类罪来说，对世界和平、安全和福祉的威胁，是由对平民人口的基本人权进行有体系或广泛的侵犯所构成的。[156] 对违反战争法律的犯罪化，目的在于把武装冲突的影响尽可能地减少到最低，以及帮助防止武装冲突

---

[152] 也见 K. Marxen, in K. Lüderssen (ed.), *Aufgeklärte Kriminalpolitik oder Kampf gegen das Böse*, Vol. 3 (1995), p. 220 at pp. 227 et seq.; H. Vest, 113 *Zeitschrift für die gesamte Strafrechtswissenschaft* (2001), p. 457 at pp. 458 et seq. (“集合性实施”)。国际法项下的犯罪典型地涉及了“国家支持的”罪行（W. Naucke），这个事实是它们广泛得到豁免的一个主要原因。它们通常被结合进国家权力的组织机构和国家主权中，就一直保护着行为人免受惩罚。

[153] “背景性因素”（contextual element）这个词，与德文中的“总体构成行为”（Gesamttat）这个词是相一致的，参见 G. Werle, *Völkerstrafrecht* (2003), marginal no. 80。这个德文词使得有可能清楚地区分像一名士兵杀害一名平民这样的个别的行为（“Einzeltat”），与例如攻击平民群众这样的犯罪背景（“总体构成行为[Gesamttat]”）之间的区别。对“总体构成行为”的字面翻译将会是“背景性行为”或者“总的行为”；然而，“背景性行为”这个词看来更合适。不过，应当注意，在这里被称为“背景性因素”的，并不一定是犯罪定义中的一个因素，例如，在灭绝种族罪中。

[154] 关于侵略罪的习惯法根源，参见边码 1161 以下。

[155] 参见《纽伦堡国际军事法庭宪章》第 6 条第 1 款。

[156] 参见 G. Werle, 109 *Zeitschrift für die gesamte Strafrechtswissenschaft* (1997), p. 808 at pp. 814 et seq.。

的进一步升级。[157] 国家之间的武装冲突一般就破坏了世界和平;在这里,犯罪性就取决于是否能够找到引起侵略战争的行为。

四 刑罚的目的

与国际社会最重要的价值之间的关系,就创设了与国际法律秩序的联系,与此同时,国际刑法从刑罚的目的中获得了自己作为刑法的合理性。这些刑罚目的可以从国内刑法中转移过来。[158] 南斯拉夫国际法庭明确肯定了刑罚的传统目的所具有的重要性: 85

"本审判庭具有如下观点:一般说来,报应和威慑是本国际法庭作出刑罚判决时考虑的主要目的……根据所实施犯罪的严重性质,对违反国际人道法的行为进行惩罚,是一个恰当和重要的考虑。对于后者来说,目的是为了威慑特别的被告人以及其他人,这意味着……在类似情况下违反国际人道法实施了犯罪的全世界范围内的人。本审判庭还具有如下观点:另一个重要的判处刑罚的目的,是表明不仅前南斯拉夫人民,而且还有全世界全部人民的这个意志:对这类犯罪绝不宽恕。这是应当做的,以加强所有有关人员的决心,不允许危害国际人道法的犯罪再次发生,同时创设对国际刑事司法制度的发展的信任和尊敬。本审判庭也支持对被定罪人矫正(rehabilitation)的目的……"[159]

初步的正义要求惩罚国际法项下的犯罪。还有,报应的思想具有自己的位置,这也是无法否认的。[160] 然而,国际刑法的预防效果甚至是更重要的(威慑;规范稳定性)。人们相信:不惩罚侵犯人权的实践(一种"不惩罚的文化"),是这些犯罪顽固地一再发生的重要原因, 86

---

[157] 也见边码 818 和 C. Tomuschat, in N. J. Cremer et al. (eds.), *Festschrift für Steinberger* (2002), p. 315 at p. 344("内部的暴力很容易像传染病一样,迅速蔓延到其他国家中去")。

[158] 参见,例如,T. J. Farer, 22 *Human Rights Quarterly* (2000), p. 90 at p. 91; G. Werle, 109 *Zeitschrift für die gesamte Strafrechtswissenschaft* (1997), p. 808 at pp. 821 et seq.。不用说,合理性(legitimacy)的概念应当服从不能在这里继续讨论的与在国内法中同样的基本目的。但是,对于反对能转移性(transferrability)的观点,参见 H. Jäger, in G. Hankel and G. Stuby (eds.), *Strafgerichte gegen Menschheitsverbrechen* (1995), p. 325 at pp. 339 et seq.,根据这种观点,"这种理论上的正当性,迄今是完全不能(对国际法项下的犯罪)适用的,或者,只能在作出重大修改的形式下才可以被转移"。对于综合性的讨论,参见 C. Möller, *Völkerstrafrecht und Internationaler Strafgerichtshof* (2003), pp. 413 et seq.。

[159] *Prosecutor v. Kupreškić et al.*, ICTY (Trial Chamber), judgment of 14 January 2000, paras. 848 et seq. with additional notes; *Prosecutor v. Naletilić and Martinović*, ICTY (Trial Chamber), judgment of 31 March 2003, para. 739; most recently *Prosecutor v. Deronjić*, ICTY (Trial Chamber), judgment of 30 March 2004, paras. 142 et seq., and *Prosecutor v. Jokić*, ICTY (Trial Chamber), judgment of 18 March 2004, paras. 30 et seq.

[160] 参见 G. Werle, 109 *Zeitschrift für die gesamte Strafrechtswissenschaft* (1997), p. 808 at p. 821; 但是,参见 H. Jäger, in G. Hankel and G. Stuby (eds.), *Strafgerichte gegen Menschheitsverbrechen* (1995), p. 325 at p. 339; H.-H. Jescheck, *Die Verantwortlichkeit der Staatsorgane nach Völkerstrafrecht* (1952), p. 195,从补偿的角度观察到了一种正当性;也见 O. Lagodny, 113 *Zeitschrift für die gesamte Strafrechtswissenschaft* (2001), p. 800 at p. 806,他从一种"嵌入人权的强调被害人的报应性概念"中,观察到了国际刑法的正当性。

对于这种信念,可以说的有很多。[161] 在这种精神下,联合国安全理事会在创设南斯拉夫国际法庭时宣告,起诉和惩罚那些有罪的人将对防止将来的侵犯人权作出贡献。[162]

87 《国际刑事法院规约》也强调,惩罚那些应当对国际法项下的犯罪负责的人,将对"预防这些犯罪"[163]作出贡献。这不仅仅是指——甚至也不是首先指——国际刑法的威慑效果。[164]更重要的是,创设和增强了对法律的一种国际性认识:国际刑法对稳定国际法规范具有作出贡献的能力。[165] 惩罚国际法项下最严重的犯罪,应当"使人类意识到这个事实:国际法是法,并且,将得到执行以反对法律的破坏者"。[166] 最后,国际刑法对具体(潜在的)行为人具有特别的预防效果。[167]

88 惩罚国际法项下的犯罪所具有的两种特别效果也应当得到强调。[168] 一是,审判所具有的承认功能和发现真相的功能。确定一个犯罪本身,就具有独立的深远意义。各种压迫性制度的代表人都会典型地否认系统性地发生侵犯人权的行为。在司法上确定国际法项下的犯罪已经实施,就能驳斥这种抵赖。定罪就代表了正式承认过去的不正义和被害人遭受的痛苦。它们摧毁了抵赖暴行的基础,并且防止了历史被伪造。二是,责任能力得到了个别化。具体的责任能力就明确了不是一个抽象的实体,例如国家,实施了国际法项下的犯罪。一些特殊的个人在一起工作。他们确定了被害人,并且计划、组织和实施了对暴力的使用。

---

[161] 参见 M. C. Bassiouni, in L. C. Vohrah et al. (eds.), *Man's Inhumanity to Man* (2003), p. 65 at pp. 119 et seq.; G. Werle, 109 *Zeitschrift für die gesamte Strafrechtswissenschaft* (1997), p. 808 at p. 821。

[162] UN Doc. S/RES/827 (1993).

[163] 《国际刑事法院规约》,序言第5句。

[164] 根据国际刑法消极的一般预防的观点,国际刑法长期得不到执行就创设了许多困难。因为国际法项下的一种犯罪而实际地在一个法庭中承担责任的可能性,仍然是很小的(H.-H. Jescheck, *Die Verantwortlichkeit der Staatsorgane nach Völkerstrafrecht* (1952), pp. 194 et seq.,很早就说到这一点:"现在,刑罚仍然依赖于军事上的失败。")The International Law Association, *Final Report* (2000), pp. 3 et seq.,准确地指出:不是同盟国在所谓的《莫斯科宣言》中宣布所有的国际罪犯都将受到审判,也不是1990年南斯拉夫国际法庭检察官作出的相应宣告,使得纳粹或者在科索沃的行为人不去实施国际法项下的犯罪。相反,T. J. Farer, 22 *Human Rights Quarterly* (2000), p. 90 at p. 92 and p. 117,认为,"刑事责任的风险能够起到比主犯作出进行内部武装冲突的决定更重要的作用。"

[165] 今天,在这一点上已经有了一致意见,参见 H.-H. Jescheck, *Die Verantwortlichkeit der Staatsorgane nach Völkerstrafrecht* (1952), p. 195. 也见 P. Akhavan, 95 *American Journal of International Law* (2001), p. 7 at p. 30; N. Roht-Arriaza, in N. Roht-Arriaza (ed.), *Punishment, Redress and Pardon* (1995), p. 13 at pp. 16 et seq.。

[166] H.-H. Jescheck, *Die Verantwortlichkeit der Staatsorgane nach Völkerstrafrecht* (1952), p. 195; H. Jäger, in G. Hankel and G. Stuby (eds.), *Strafgerichte gegen Menschheitsverbrechen* (1995), p. 325 at p. 347,表示同意。根据 *Prosecutor v. Aleksovski*, ICTY (Appeals Chamber), judgment of 24 March 2000, para. 185,刑罚应当,与其他事情一起,表明"国际社会对这些犯罪的痛恨"。这清楚地反映在这个法院在积极性一般预防的观点上,如果刑罚也应当服务于"清楚地表明国际社会对所面临的举止行为的谴责上,并且显示出国际社会不准备容忍严重违反国际人权法和人权法的态度"。也见 *Prosecutor v. Niyitegeka*, ICTR (Appeals Chamber), judgment of 16 May 2003, para. 484。

[167] 参见 O. Triffterer, 114 *Zeitschrift für die gesamte Strafrechtswissenschaft* (2002), p. 321 at pp. 334 et seq.; G. Werle, 109 *Zeitschrift für die gesamte Strafrechtswissenschaft* (1997), p. 808 at p. 821。

[168] 参见 G. Werle, 109 *Zeitschrift für die gesamte Strafrechtswissenschaft* (1997), p. 808 at p. 822。

对于被害人和他们的亲属来说，这种个别化很重要，因为他们有权知道全部真相。个别化也以他们个人在有系统的犯罪中所作出的贡献，驳斥了那些行为人，并且因此给予他们一个机会来面对自己的责任。

国际刑法的合理性主要来自其稳定国际法的规范性框架的能力（所谓的积极性一般预防），这个事实对于实体性和程序性国际刑法都具有直接的影响。[169] 只有在一个刑罚被认为是正义的，并且是在被认为是公正的审判之后判处和执行的，人们所期望的这种教育性后果才能实现。 89

五　国际刑法中的无法无罪与无法无罚 *

参考书目：

Kai Ambos：*Nulla Poena Sine Lege* in International Criminal Law，in：Roelof Haveman/Olaoluwa Olusanya（Hrsg.），*Sentencing and Sanctioning in Supranational Criminal Law*（2006），17 ff.；M. Cherif Bassiouni：*Introduction to International Criminal Law*（2003），178 ff.；Machteld Boot：*Genocide，Crimes Against Humanity，War Crimes，Nullum Crimen Sine Lege and the Subject Matter Jurisdiction of the International Criminal Court*（2002）；Bruce Broomhall：Commentary on Art. 22 of the ICC Statute，in Otto Triffterer（ed.），*Commentary on the Rome Statute of the International Criminal Court，Observers' Notes，Article by Article*（1999），pp. 447 et seq.；Antonio Cassese：*International Criminal Law*（2003），pp. 139 et seq.；Mauro Catenacci：Nullum Crimen Sine Lege，in Flavia Lattanzi（ed.），*The International Criminal Court，Comments on the Draft Statute*（1998），pp. 159 et seq.；Kai-Michael König：*Die völkerrechtliche Legitimation der Strafgewalt internationaler Strafjustiz*（2003），pp. 185 et seq.；Susan Lamb：Nullum Crimen，Nulla Poena Sine Lege in International Criminal Law，in Antonio Cassese，Paola Gaeta and John ILW. D. Jones（eds.），*The Rome Statute of the International Criminal Court，A Commentary*，Vol. 1（2002），pp. 733 et seq.；Raul C. Pangalangan：Commentary on Art. 24 of the ICC Statute，in Otto Triffterer（ed.），*Commentary on the Rome Statute of the International Criminal Court，Observers' Notes，Arti-* 90

[169] 这个准确的建议参见 H.-H. Jescheck，*Die Verantwortlichkeit der Staatsorgane nach Völkerstrafrecht*（1952），p. 196。

* 这个标题的英文原来是“The Principle of Legality in International Criminal Law（Nullum Crimen，Nulla Poena Sine Lege）”，中文翻译为“国际刑法中的合法性原则（无法无罪，无法无罚）”；现在英文的标题是“Nullum crimen，nulla poena sine lege in International Criminal Law”。——译者注

cle by Article (1999), pp. 467 et seq.; Per Saland: International Criminal Law Principles, in Roy S. Lee (ed.), *The International Criminal Court, The Making of the Rome Statute* (1999), pp. 189 et seq.; William A. Schabas: Commentary on Art. 23 of the ICC Statute, in Otto Triffterer (ed.), *Commentary on the Rome Statute of the International Criminal Court, Observers' Notes, Article by Article* (1999), pp. 463 et seq.; William A. Schabas: Perverse Effects of the Nulla Poena Principle: National Practice and the *Ad Hoc* Tribunals, 11 *European Journal of International Law* (2000), pp. 521 et seq.; Mohamed Shahabuddeen: Does the Principle of Legality Stand in the Way of Progressive Development of Law?, *Journal of International Criminal Justice* 2 (2004), 1007 ff.; Otto Triffterer: *Dogmatische Untersuchungen zur Entwicklung des materiellen Völkerstrafrechts seit Nürnberg* (1962), pp. 92 et seq.

91 在犯罪实施时,成文的或不成文的[170]规范必须已经存在,在此基础上才能建立起国际法项下的犯罪性。[171] 合法性原则(无法无罪)是习惯性国际法的一部分。[172] 这项原则特别要求:犯罪性举止行为必须尽可能清楚地规定在犯罪的定义中;然而,这项标准与欧洲大陆法律通常要求的相比,并不那么严格。除此之外,合法性原则禁止溯及既往的刑罚,或者禁止把类推作为刑罚的基础。[173] 这项原则也就扩展到刑罚上去了(无法无罚),[174]在这里,与一些国内

---

[170] 关于使用不成文的习惯法和法律的一般原则的详细情况,参见 O. Triffterer, *Dogmatische Untersuchungen zur Entwicklung des materiellen Völkerstrafrecht seit Nürnberg* (1962), p. 124; 也见 S. Lamb, in A. Cassese, P. Gaeta and J. ILW. D. Jones (eds.), *The Rome Statute of the International Criminal Court*, Vol. 1 (2002), p. 746 at pp. 749 et seq.。

[171] 详细情况,参见 A. Cassese, *International Criminal Law* (2003), pp. 139 et seq.。

[172] 参见 M. C. Bassiouni, *Introduction to International Criminal Law* (2003), pp. 198 et seq.; B. Broomhall, in O. Triffterer (ed.), *Commentary on the Rome Statute of the International Criminal Court* (1999), Art. 22, marginal no. 15; H.-H. Jescheck, 2 *Journal of International Criminal Justice* (2004), p. 38 at pp. 40 et seq.; S. Lamb, in A. Cassese, P. Gaeta and J. R. W. D. Jones (eds.), *The Rome Statute of the International Criminal Court*, Vol. 1 (2002), p. 734 at p. 756; D. L. Wade, in E. G. Schaffer and R. J. Snyder (eds.), *Contemporary Practice of Public International Law* (1997), p. 210。人们有时认为,这个原则的有效性(validity)不是从习惯法中产生的,而是从法律的一般原则中产生的,参见,例如,*Prosecutor v. Mucić*, ICTY (Trial Chamber), judgment of 16 November 1998, para. 402; O. Triffterer, *Dogmatische Untersuchungen zur Entwicklung des materiellen Völkerstrafrecht seit Nürnberg* (1962), pp. 125 et seq.; 另外,参见 *Report of the Secretary-General Pursuant to Paragraph* 2 *of the Security Council Resolution* 808, UN Doc. S/25704 (1993), para. 34。这个原则已经建立在许多协议之中,参见 *International Covenant on Civil and Political Rights* of 16 December 1966 (6 ILM (1967), p. 368), Art. 15; *European Convention on Human Rights and Fundamental Freedoms* of 4 November 1950 (*ETS* No. 5 [1950]), Art. 7; Geneva Convention III, Art. 99。

[173] 有关讨论的情况,参见 A. Cassese, *International CriminalLaw* (2003), pp. 145 et seq.。关于发展情况,参见 K. M. König, *Die völkerrechtliche Legitimation der Strafgewalt internationaler Strafjustiz* (2003), pp. 186 et seq.。

[174] 但是,参见 A. Cassese, *International Criminal Law* (2003), p. 157, 他相信,在这个原则的一个过分狭窄的概念之下,无罚(nulla poena)并不适用于国际刑法。

法律制度[175]相比，国际刑法的限制性也不那么强，因为一些国内法律制度要求的惩罚框架相当狭窄，例如，可以见到的是在严格合法性的德国概念下的刑事惩罚。[176]

在纽伦堡审判中，合法性原则发挥了主要的作用。国际刑事法庭把辩护方提出的事后法的抗辩理由，当成一次检验（并且确认）危害和平罪在被告人实施时所具有的犯罪性质的机会。[177] 南斯拉夫和卢旺达国际法庭也经常确认这个原则的有效性。[178] 92

合法性原则现在已经规定在《国际刑事法院规约》第22条至第24条，在一般原则的标题之下。这些规范是与习惯性国际法相一致的。[179] 93

《国际刑事法院规约》第22条依靠了无法无罪原则。这说明：只有在实施时，有关行为就符合《国际刑事法院规约》第5条项下的一个犯罪的定义时，这个行为才是犯罪的。第22条第2款进一步明确了这个原则。它禁止使用类推来定义犯罪。对于必要的和允许的解释来说，第22条第2款规定：各种犯罪的定义应当作狭义的解释。第22条第3款明确了该规约之外的国际犯罪的特征，尤其是习惯性法律项下的那些犯罪，不受该规约的犯罪定义的影响。 94

《国际刑事法院规约》第23条包含了无法无罚原则。第24条调整的是刑事责任在时间上的限制，这是无法无罪原则的一个组成部分。[180] 溯及既往性的刑罚是不允许的。决定性的问题是该规约生效的日期，这个日期应当根据《国际刑事法院规约》第11条和第126条确定。对于该国际刑事法院起诉一项罪行来说，在时间上的相关点通常是2002年7月1日。[181] 根据第24条第2款，如果在实施犯罪和惩罚行为人的时间之间发生法律情况的变化，那么，就应当适用对被告人更有利的法律（*lex mitior*，轻法）。[182] 95

---

[175] 例如，《国际刑事法益规约》威胁的监禁高达30年或者终身在监狱之中；除此之外，国际刑事法院可以判处罚金或者命令没收从犯罪中获得的财产，参见《国际刑事法院规约》第77条。然而，例如，《国际刑事法院规约》第23条拒绝判处40年监禁（就像南斯拉夫国际法庭对Jelisić判处的那样，参见 *Prosecutor v. Jelisić*, ICTY [Appeals Chamber], judgment of 5 July 2001），或者拒绝判处《国际刑事法院规约》没有规定的其他惩罚。

[176] 参见，例如，H.-H. Jescheck and T. Weigend, *Lehrbuch des Strafrechts*, 5th edn. (1996), pp. 133 et seq.。

[177] IMT, judgment of 1 October 1946, in *The Trial of German Major War Criminals, Proceedings of the International Military Tribunal Sitting at Nuremberg, Germany*, Part 22, p. 444（"处于第一位的是，人们应当观察到：法无明文规定不为罪的格言并不是对主权的一种限制，而是总的（in general）一种正义的原则。"）关于在纽伦堡军事法庭上的争论，参见边码27。

[178] 参见，例如，*Prosecutor v. Tadić*, ICTY (Appeals Chamber), decision of 2 October 1995, para. 92; *Prosecutor v. Jelisić*, ICTY (Trial Chamber), judgment of 14 December 1999, para. 61。综述见 S. Lamb, in A. Cassese, P. Gaeta and J. R. W. D. Jones (eds.), *The Rome Statute of the International Criminal Court*, Vol. 1 (2002), p. 734 at pp. 742 et seq.。

[179] 关于谈判历史的详细情况，参见 S. Lamb, in A. Cassese, P. Gaeta and J. R. W. D. Jones (eds.), *The Rome Statute of the International Criminal Court*, Vol. 1 (2002), p. 734 at pp. 746 et seq.。

[180] 关于《国际刑事法院规约》第22条第1款和第24条之间的关系，参见 B. Broomhall, in O. Triffterer (ed.), *Commentary on the Rome Statute of the International Criminal Court* (1999), Art. 22, marginal no. 51。

[181] 对于审判在2002年7月1日之后批准这部条约的国家领土上或者由其国民实施的国际犯罪，这部条约生效的日期，对于那个国家是决定性的。

[182] 也见 *Prosecutor v. Deronjić*, ICTY (Trial Chamber), judgment of 30 March 2004, paras. 167 et seq. and *Prosecutor v. Nikolić*, ICTY (Trial Chamber), judgment of 18 December 2003, paras. 157 et seq.。

第三节 国际刑法和国际法律秩序

参考书目：

96 M. Cherif Bassiouni: The Prescribing Function of International Criminal Law in the Processes of International Protection of Human Rights, in Theo Vogler (ed.), *Festschrift für Jescheck*, Part 2 (1985), pp. 1453 et seq.; Jacob Katz Cogan: International Criminal Trials: Difficulties and Prospects, 27 *Yale Journal of International Law* (2002), pp. 111 et seq.; James Crawford: Revising the Draft Articles on State Responsibility, 10 *European Journal of International Law* (1999), pp. 435 et seq.; Vladimir-Djuro Degan: Responsibility of States and Individuals for International Crimes, in Sienho Yee and Wang Tieya (eds.), *International Law in the Post-Cold War World, Essays in Memory of Li Haopei* (2001), pp. 202 et seq.; Giorgio Gaja: Should all References to International Crimes Disappear from the ILC Draft Articles on State Responsibility?, 10 *European Journal of International Law* (1999), pp. 365 et seq.; Rainer Hofmann: Zur Unterscheidung von Verbrechen und Delikt im Bereich der Staatenverantwortlichkeit, 45 *Zeitschrift für ausländisches öffentliches Recht und Völkerrecht* (1985), pp. 195 et seq.; Hans-Heinrich Jescheck: Gegenstand und neueste Entwicklung des Internationalen Strafrechts, in Friedrich-Chtistian Schroeder and Heinz Zipf (ed.), *Festschrift für Maurach* (1972), pp. 579 et seq.; Richard B. Lillich: *International Human Rights, Problems of Law, Policy and Practice*, 2nd edn. (1991); Dominic McGoldrick: *The Human Rights Committee, Its Role in the Development of the International Covenant on Civil and Political Rights* (1994); Theodor Meron: The Convergence between Human Rights and Humanitarian Law, in Daniel Warner (ed.), *Human Rights and Humanitarian Law, The Quest for Universality* (1997), pp. 97 et seq.; Manfred Mohr: Strafrechtliche Verantwortlichkeit und Staatenverantwortlichkeit für internationale Verbrechen—Wechselwirkung statt Konfusion, in Gerd Hankel and Gerhard Stuby (ed.), *Strafgerichte gegen Menschheitsverbrechen, Zum Völkerstrafrecht 50 Jahre nach den Nürnberger Prozessen* (1995), pp. 401 et seq.; Manfred Nowak: *U. N. Covenant on Civil and Political Rights (CCPR Commentary)* (1993); Karl Josef Partsch: Human Rights and Humanitarian Law, in Rudolf Bernhardt (ed.), *Encyclopedia of Public International Law*, Vol. 2 (1995), pp. 910 et seq.; Fausto Pocar: The Rome Statute of the International Criminal Court and Human Rights, in Mauro Politi and Giuseppe Nesi (ed.), *The Rome Statute of the*

International Criminal Court, A Challenge to Impunity (2001), pp. 67 et seq.; Christoph Safferling: *Towards an International Criminal Procedure* (2001); Marco Sassòli: State Responsibility for Violations of International Humanitarian Law, 84 *International Review of the Red Cross* (2002), pp. 401 et seq.; Christian Tomuschat: *Gegenwartsprobleme der Staatenverantwortlichkeit in der Arbeit der Völkerrechtskommission der Vereinten Nationen* (1994); Andreas Zimmermann: Role and Function of International Criminal Law in the International System After Entry into Force of the Rome Statute of the International Criminal Court, 45 *German Yearbook of International Law* (2002), pp. 35 et seq.

一 国际刑法与国家责任

国际刑法的适用对象是个人,[183]而不是国家。因此,国际刑法就偏离了国际法的传统模式。根据国际法的传统模式,在所谓的国家责任的规则下,[184]违反国际法的行为所产生的后果,只能影响到国家,而不能是个人。国际刑法"具体体现了国际法的这种新性质,不再局限于真正的国家间事务的规则之内,而是深入到国家的国内领域之中"。[185] 97

国际法项下的犯罪是由个人实施的;违反国际法从而会产生国家责任的行为是由国家实施的。[186] 这两个概念,"国家责任"和"国际刑法",都具有执行国际法的目标;然而,它们用 98

---

[183] 在国际法中没有公司责任(corporate liability)。因此,国际刑事法院的属人管辖就限制在对自然人的管辖(《国际刑事法院规约》第25条第1款)。详细情况,参见 M. C. Bassiouni, in M. C. Bassiouni (ed.), *International Criminal Law*, Vol. 1, 2nd edn. (1999), pp. 17 et seq.; O. Triffterer, in ICH. Gössel and O. Triffterer (eds.), *Gedächtnisschrift für Zipf* (1999), p. 493 at pp. 505 et seq.。公司责任的开端见于《纽伦堡宪章》第9条。根据这个规定,这个国际军事法庭就能够宣布各种联合体是"(犯罪)组织"。然而,这个结构的目的不是为了惩罚这个组织,而是为了创设一个途径,在后来的审判中,根据在犯罪组织中的身份把(自然)人送交司法,而不必在每一个案件中证明一个犯罪组织的存在(参见《纽伦堡宪章》第10条)。

[184] 在国家责任的基础上,参见 Art. 1 of the International Law Commission's *Draft Articles on Responsibility of States for Internationally Wrongful Acts* (UN Doc. A/CN. 4/L. 602/Rev. 1 [2001]):"国家的各种国际性违法行为(wrongful act)引起了那个国家的国际责任。"但是,国际法委员会从那时起就一直不再坚持自己在早期草案中为严重违反国际法规定的"国家刑事责任"的概念,以及不再坚持把"国际违法行为"区分为"国际犯罪"和"国际不法行为(international delicts)"(参见1976年《关于国际不法行为的国家责任条款草案》,第19条第4款)。关于全部问题,参见 I. Brownlie, *Principles of Public International Law*, 6th edn. (2003), pp. 419 et seq.; J. Crawford, 10 *European Journal of International Law* (1999), pp. 435 et seq.; M. Sassòli, 84 *International Review of the Red Cross* (2002), pp. 401 et seq.; C. Tomuschat, *Gegenwartsprobleme der Staatenverantwortlichkeit in der Arbeit der Völkerrechtskommission der Vereinten Nationen* (1994)。

[185] C. Tomuschat, 73 *Die Friedens-Warte* (1998), p. 335 at p. 347 (author's translation)。也见 A. Zimmermann, 45 *German Yearbook of International Law* (2002), p. 35 at pp. 37 et seq.。

[186] 关于这个区别,参见 A. Cassese, *International Law* (2003), pp. 271 et seq.; V. D. Degan, in S. Yee and W. Tieya (eds.), *International Law in the Post-Cold War World* (2001), pp. 202 et seq.; H.-H. Jescheck, in R. Bernhardt (ed.), *Encyclopedia of Public International Law*, Vol. 2 (1995), pp. 1119 et seq.。

来实现这个目标的机制是不同的。国际刑法考虑的事实是,每一种对国际法的违反最终都可以归咎于一个个人,国际刑法要防止个人——甚至是在作为国家的一个机构那样行为时——躲藏在国家主权的庇护后面。相比之下,国家责任的原则仅仅适用于国际法中通过连带性结构组织起来的各种主体。所有可以归责于国家的对国际法的违反,就创设了国家责任。国家责任的法律和刑法之间的区别也表现在它们的惩罚上:国家责任项下的法律后果,目的仅仅在于恢复符合国际法的一种情况,[187]然而,国际刑法中的制裁是具有惩罚和预防的性质。

99 国际法项下的犯罪典型地,虽然不是必然地,以国家的参与为前提。因此,在国家部分的责任,并不会从它的公民或者代理人实施了国际法项下的犯罪中自动地产生出来。《国际刑事法院规约》第25条第4款明确规定:"本规约关于个人刑事责任的任何规定,不影响国家依照国际法所负的责任。"相反,国家根据国家责任的法律所承担的责任,也不会自动地导致它的任何有关代理人在国际法项下的个人刑事责任。[188]但是,国际法项下的犯罪和国家的不法行为经常是彼此重合的。例如,国家支持的灭绝一个族群,就同时为刑事起诉进行灭绝种族的人和国家承担赔偿被害人或其家属的义务,提供了法律根据。[189]

二 国际法项下的犯罪与其他国际犯罪

100 国际法项下的犯罪是我们在这里称为国际犯罪的一部分。[190] 国际法项下的犯罪与其他

---

[187] 参见 M. Sassòli, 84 *International Review of the Red Cross* (2002), p. 401 at pp. 418 et seq.; M. N. Shaw, *International Law*, 5th edn. (2003), pp. 715 et seq.。根据《关于国际不法行为的国家责任条款草案》(简称《条款草案》)第30条以下(注释184),国家责任的概念主要是创设了结束违反国际法的行为或者情形和作出赔偿的义务。

[188] 《条款草案》第58条(注释184)明确了这一点。它指出,国家责任的原则"并不损害关于代表国家行为的任何个人在国际法项下所应当承担的个人责任中的任何问题"。

[189] 参见,例如,*Bosnia and Herzegovina v. Yugoslavia*, ICJ, judgment of 11 July 1996 (Case Concerning Application on the Prevention and Punishment of the Crime of Genocide), ICJ Rep. 1996, paras. 13 et seq.。严重违反《日内瓦公约》也创设了国家责任法项下的国家责任和刑法项下的个人责任;关于国际刑事规范的"双重性质",参见:M. Mohr, in G. Hankel and G. Stuby (eds.), *Strafgerichte gegen Menschheitsverbrechen* (1995), pp. 401 et seq.; O. Triffterer, 30 *Zeitschrift für Rechtsvergleichung* (1989), p. 83 at p. 109。

[190] 这种语言符合《国际刑事法院规约》的语言,也就是说,对于应当对"国际犯罪"负责的人行使管辖权是各国的责任。这些犯罪是指处于国际刑事法院管辖权之外的其他犯罪,国际法项下的犯罪;参见《国际刑事法院规约》,序言第5句。谈判的记录表明,各方都在首先考虑恐怖主义犯罪和毒品交易犯罪;参见 O. Triffterer, in O. Triffterer (ed.), *Commentary on the Rome Statute of the International Criminal Court* (1999), Preamble, 边码17。Bassiouni 调查了国际条约中提到刑法的情况。他识别了与刑法有关系的260部条约;其中,57部明确宣告了应当是(国际)犯罪的行为;183部使国家承担起诉或者惩罚这种行为的义务;85部明确规定对这种行为进行犯罪化;32部明确提到国际管辖权,参见 M. C. Bassiouni (ed.), *International Criminal Law*, Vol. 1, 2nd edn. (1999), p. 47。

国际犯罪的不同之处,在于它们是可以直接根据国际法进行刑事惩罚的。[191] 相比之下,起诉和惩罚其他国际犯罪的根据不是国际法,而是国内(执行性)立法;在这种情况下,国际法,尤其是国际协议,就仅仅是使国家承担起宣布特定罪行是犯罪的义务。[192] 在这些情况中,人们最多可以说国际法项下的间接犯罪性,也就是以国内法律制度为中介。[193] 与国际法项下的犯罪相比,这些其他国际犯罪可以被归类为以条约为基础的犯罪。[194] 这包括,例如,危害空中交通[195]和海上航运罪、[196]毒品犯罪的特定形式、[197]恐怖主义行为、[198]伪造、[199]还有酷刑[200]。[201]

---

[191] 就像这个文本,下面的学者也区分了狭义的国际刑法(国际法项下的犯罪)和广义的国际刑法:H. Ascensio, E. Decaux and A. Pellet (eds.), *Droit International Pénal* (2000), pp. 249 et seq. ("les crimes contre la paix et la sécurité de l'humanité" and "les autres infractions internationalement définies");也见 H. Ahlbrecht, *Geschichte der völkerrechtlichen Strafgerichtsbarkeit* (1999), p. 11, fn. 14; L. Condorelli, in H. Ascensio, E. Decaux and A. Pellet (eds.), *Droit International Pénal* (2000), p. 241; C. Nill-Theobald, "*Defences*" *bei Kriegsverbrechen am Beispiel Deutschlands und der USA* (1998), p. 24; similarly, O. Triffterer, 30 *Zeitschrift für Rechtsvergleichung* (1989), p. 83 at pp. 95 et seq. ("international crimes *sensu lato*"); H. -H. Jescheck, in R. Bernhardt (ed.), *Encyclopedia of Public International Law*, Vol. 2 (1995), pp. 1119 et seq.。

[192] 参见,例如,1984 年 12 月 10 日《禁止酷刑和其他残忍、不人道或有辱人格的待遇或处罚公约》第 4 条第 1 款(1465 *UNTS* [1987], p. 112):"每个成员国应当保证,酷刑的所有行为都是自己刑法中的犯罪。"

[193] 也见 A. Verdross and B. Simma, *Universelles Völkerrecht*, 3rd edn. (1984), § 430; G. Schwarzenberger, 3 *Current Legal Problems* (1950), p. 264 at pp. 266 et seq. ("在国际性规定/授权的国内刑法含义中的国际刑法。")。

[194] 参见,例如,W. A. Schabas, *Introduction to the International Criminal Court*, 2nd edn. (2004), p. 21; C. Kress, 114 *Zeitschrift für die gesamte Strafrechtswissenschaft* (2002), p. 818 at p. 829。

[195] 参见 1963 年 9 月 14 日(所谓的东京)《关于在航空器内犯罪和其他某些行为的公约》(704 *UNTS* [1969], p. 219);1970 年 12 月 16 日(海牙)《关于制止非法劫持航空器的公约》(10 *ILM* [1971], p. 133);1971 年 9 月 23 日(蒙特利尔)《关于制止危害民用航空安全的非法行为的公约》(10 *ILM* [1971], p. 1151);关于整个问题,参见 J. Dugard, *International Law*, 2nd edn. (2000), p. 146。

[196] 参见 1958 年 4 月 29 日(日内瓦)《公海公约》(450 *UNTS* [1958], p. 11);1982 年 12 月 10 日《联合国海洋法公约》(21 *ILM* [1982], p. 1261);1988 年 3 月 10 日《制止危及海上航行安全非法行为公约》(27 *ILM* [1988], p. 668)。与其他大多数国际犯罪不同,海盗罪不是建立在国际条约法的基础之上的,而是建立在习惯法之上的。参见 J. Dugard, *International Law*, 2nd edn. (2000), p. 143; H. -H. Jescheck, in R. Bernhardt (ed.), *Encyclopedia of Public International Law*, Vol. 2 (1995), p. 1119 at p. 1122。

[197] 参见 1961 年 3 月 30 日《麻醉品单一公约》(520 *UNTS* [1961], p. 151),1971 年 2 月 21 日《精神药物公约》(10 *ILM* [1971], p. 261);1988 年 12 月 20 日《联合国禁止非法贩运麻醉药品和精神药物公约》(28 *ILM* [1989], p. 493)。参见 J. Dugard, *International Law*, 2nd edn. (2000), p. 149。

[198] 参见 1973 年 12 月 14 日《关于防止和惩处侵犯受国际保护人员包括外交代表的罪行的公约》(13 *ILM* [1974], p. 41);对于纯粹地区性的以增进合作为目的的公约,参见 1977 年 1 月 27 日《制止恐怖主义的欧洲公约》(*ETS* No. 90 [1977])。关于通过实施国际法项下的犯罪来传播恐怖的更多情况,参见边码 74 和 S. Oeter, 76 *Die Friedens-Warte* (2001), pp. 11 et seq.;关于欧盟层面上的最新发展,参见 T. Stein and C. Meiser, 76 *Die Friedens-Warte* (2001), pp. 33 et seq.。

[199] 参见 1929 年 4 月 20 日《取缔伪造货币国际公约》(112 *LNTS*, p. 371)。

[200] 参见 1984 年 12 月 10 日《反酷刑和其他残忍、非人道或侮辱性处遇或惩罚公约》(1465 *UNTS* [1987], p. 112);也见 J. Dugard, *International Law*, 2nd edn. (2000), p. 146。

[201] 参见 M. C. Bassiouni, in M. C. Bassiouni (ed.), *International Criminal Law*, Vol. 1, 2nd edn. (1999), pp. 32 et seq.,作者区分了 25 种"国际犯罪":除了核心犯罪之外,还包括了反联合国、未经许可持有或者使用武器、盗窃核材料、雇佣兵行为、奴隶制、酷刑、海盗、劫持人质、毒品交易和淫秽图像交易等犯罪。

101 正是与国际社会的一种特殊连接,使一种犯罪转变成一种国际犯罪——一种国际法项下的犯罪或者其他国际犯罪。这个连接要么是通过攻击"国际的"利益而创设的,要么是通过犯罪所具有的跨越国界的性质而创设的。作为一项规则,这种跨越国界的性质使得各国的合作性行动成为必要的,或者至少是适当的。[202]

102 与国际社会的连接和对保护性机制进行国际化的需求,首先可以从受影响的利益所具有的性质中产生,在这里,所有(或者许多)国家的共同利益都处在危险之中。例如,在攻击国际和平或者有系统地侵犯基本人权时,这就是真实的。这个类别首先包括了那些影响了各国社会最重要利益的国际法项下的犯罪。

103 国际化也可以植根于实践的需要。在单个国家对特定犯罪提起单独的起诉没有成功希望时,便利性的考虑就可以要求在刑法执行上的国际化。[203] 在这里,这种犯罪的特殊之点,特别是它的实施跨越了国境,就使得各国有必要进行合作,才能进行有效的起诉。这个方面对于像跨境毒品交易这样的犯罪是极其重要的。

104 最后,第一组和第二组的前提条件可以相互重合。对于"典型的"由国家支持的巨大的犯罪性来说,这是真实的。这种犯罪通常都不能得到本身就卷入该犯罪的国家所进行的令人满意的调查或者起诉。如果国际社会把起诉交给这种国家,那么,就等于让行为人去起诉行为人。[204] 在这里,受影响的利益和行为的特殊模式这两者,共同使国际法发挥了作用。

三 国际刑法,超国际刑法,刑事事项合作与域外管辖权

国际刑法必须与一些特定的相邻学科进行区分。这些学科也具有国际的和犯罪的特
105 征,虽然是在不同的方面。这些学科包括:超国际刑法,在刑事事项上的国际司法协助和合作法,以及域外管辖权的规则。

国际刑法与超国际刑法有着最密切的联系。然而,后者不是基于国家之间的协议或者习惯性国际法,
106 而是直接由超国际的机构创设的。面对自己有法律上的权威和能力创设刑事规范的少数真正超国际机构,[205]超国际刑法在今天很不发达就不奇怪了。这种刑法的真正开始,可以在"刑法的欧洲化"的框架中看出来。[206]

---

[202] 参见 W. A. Schabas, *Introduction to the International Criminal Court*, 2nd edn. (2004), p. 21。

[203] 参见 B. Yarnold, in M. C. Bassiouni (ed.), *International Criminal Law*, Vol. 1, 2nd edn. (1999), p. 127 at pp. 131 et seq.。

[204] 参见 O. Lagodny, 113 *Zeitschrift für die gesamte Strafrechtswissenschaft* (2001), p. 800 at p. 804。

[205] 关于超国际机构的概念,参见 V. Epping, in K. Ipsen, *Völkerrecht*, 5th edn. (2004), § 6, marginal no. 15 et seq.。

[206] 然而,在超国际刑法的意义上,现在还没有欧洲刑法。关于这个问题的全貌,参见 G. Corstens and J. Pradel, *European Criminal Law* (2002); H. Satzger, *Europäisierung des Strafrechts* (2001), pp. 57 et seq.。

在刑事事项上的国际司法协助和合作法，包括这些规则：刑法的跨境执行，尤其是引渡、执行协助、程序转移和司法协助的其他方式，例如在收集证据方面的相互支持。[207] 与国际刑法不同，这些规则纯粹是程序性的，并不会创设个人的刑事责任。不过，它们与国际刑法在许多要点上都存在着相互交叉。由于没有自己的执行机构，各种国际刑事法庭尤其要依赖于各国的合作（所谓的垂直型合作）。[208] 然而，在大多数情况下都与国家之间的合作有关（所谓的水平型合作）。在这种情况下，法律互助的基础，经常是为国际性合作提供国内规则补充的各国之间的协议。 107

与此相比较，域外管辖权的规则在性质上就纯粹是国内性的。它们确定一个涉及外国因素的案件，是否处于国内刑事管辖权之下，以及应当适用哪一种规范。[209] 域外管辖权的许多原则都具有各自的特点：国籍原则或者主动属人原则，被动属人原则，保护原则，代理管理司法原则和普遍性原则。[210] 在国际刑法的背景下，普遍性原则也具有重要意义，因为它建立了国内法庭的管辖权，以起诉和惩罚国际法项下的各种犯罪。[211] 108

四　国际刑法与人权保护

国际刑法的出现和发展与人权保护是紧密相连的。它们共同植根于国际人道法之中。[212] 提供个人权利基础的人权，与规定了个人责任的国际刑法的规范，在本源上与传统的、以国家为中心的国际法不同。作为第二次世界大战灾难的一种结果，国际刑法和人权法两者都已经实现了各自的突破。在个人作为主体的地位方面，国际刑法和人权保护是同一个问题的两个方面：单个的个人成为国际（人的）权利和义务的接受者，而其中的义务就包括了对各种作为或者不作为的刑事责任。 109

---

[207] 参见 M. C. Bassiouni, D. Poncet, P. Gully-Hart, E. Muller-Rappard and D. Spinellis 的文章，载 M. C. Bassiouni (ed.), *International CriminalLaw*, Vol. 2, 2nd edn. (1999), pp. 191 et seq.。

[208] 参见，例如《国际刑事法院规约》第 86 条以下。

[209] 参见 D. Oehler, Internationales Strafrecht, 2nd edn. (1983), esp. marginal nos. 111 et seq.。

[210] 详细情况，参见 C. L. Blakesley, in M. C. Bassiouni (ed.), *International Criminal Law*, Vol. 2, 2nd edn. (1999), pp. 33 et seq.; A. Cassese, *International Criminal Law* (2003), pp. 277 et seq.。

[211] 参见边码 169 以下。

[212] 关于迄今尚未得到明确的人权保护和人权国际法之间的关系，参见 T. Meron, *The Convergence between Human Rights and Humanitarian Law* (1997), pp. 97 et seq.; K. J. Partsch, in R. Bernhardt (ed.), *Encyclopedia of Public International Law*, Vol. 2 (1995), pp. 910 et seq.。

(一)通过国际刑法保护人权

110 除了其他意义之外,国际刑法也是保护人权的一种工具。它回应了对基本人权的大规模侵犯。[213] 面对传统机制的失败,国际刑法为保护人权提供了一个答案。

111 尊重和推行人权主要是各国的任务:人权是在国内而不是在各国之间得到保护的。[214] 虽然各国在这个过程中适用刑法,并且虽然在特定情况下,各国甚至被要求适用刑法,[215]但是,这并没有改变这样一个事实:被害人经常没有得到保护,尤其是在面对最严重的侵犯人权行为时。当侵犯人权是由国家自己进行的时候,这一点就更真实了。在这种情况下,在国内层面上的保护失败了。人权保护的国际化——例如通过创设国际性的监督制度——是结束这种不幸事件的一个步骤。[216]

112 在国家主权和人权保护之间的冲突中,国际刑法的干涉是站在人类一边的。在这方面,它补充和捍卫[217]了其他人权保护机制,并在这个范围内帮助了对人权的保护。[218] 在这里,国际刑法在两方面是辅助性的——一是,面对国家的机制;二是,面对刑法之外的机制。

---

[213] 关于国际刑法的人权方面,参见 C. Tomuschat, in G. Hankel and G. Stuby (eds.), *Strafgerichte gegen Menschheitsverbrechen* (1995), p. 270 at p. 283("大规模侵犯人类的核心价值"); G. Werle, 109 *Zeitschrift für die gesamte Strafrechtswissenschaft* (1997), p. 808 at pp. 815 et seq.。

[214] U. Fastenrath, in U. Fastenrath (ed.), *Internationaler Schutz der Menschenrechte* (2000), p. 9 at p. 39.

[215] 今天,人们广泛接受,人权保护文件不仅使国家产生了调查严重侵害人权的义务(参见 F. Jessberger, *Kritische Justiz* 1996, p. 290),而且产生了惩罚行为人的义务,参见 K. Ambos, *Straflosigkeit von Memchenrechtsverletzungen* (1997), pp. 163 et seq.。关于这一点的更多情况,参见边码 181。

[216] 参见,关于非司法性的、准司法性的和司法性保护制度并列的一般情况,C. Pappa, *Das Individualbeschwerdeverfahren des Fakultativprotokolls zum Internationalen Pakt über Bürgerliche und Politische Rechte* (1996), pp. 6 et seq.。值得注意的是,首先,联合国人权委员会的普遍保护机制,包括报告(1966 年 12 月 16 日联合国《公民权利和政治权利国际公约》,6 *ILM* [1967], p. 368, 第 28 条以下)和个人请求(参见 1966 年 12 月 16 日联合国《公民权利和政治权利国际公约任择议定书》(999 *UNTS* [1967], p. 171)。另外,还有地区性保护机制,尤其是《欧洲人权法院》(1950 年 11 月 4 日《欧洲保护人权和基本自由公约》,第 32 条以下, *ETS* No. 5 [1950]), p. 14:国家请求程序和个人请求程序)和美洲人权法院(1969 年 11 月 22 日《美洲人权公约》,9 *ILM* [1970], p. 673, 第 33 条,第 44 条以下)。

[217] 然而,国际刑法和国际刑事司法不仅是对现存保护机制的补充。更准确地说,现有的监管机制本身,由于可能将自己的结果提交给一个刑事法院,因此就赢得了新的重要性和"牙齿"。从这个角度,参见 F. Pocar, in M. Politi and G. Nesi (eds.), *The Rome Statute of the International Criminal Court* (2001), p. 67 at p. 73。

[218] 参见 M. C. Bassiouni, in T. Vogler (ed.), *Festschrift für Jescheck* (1985), p. 1453("保护的最后手段[*ultima ratio*]形态"); T. Buergenthal, *International Human Rights* (1995), p. 271("给它一幅牙齿"); F. Pocar, in M. Politi and G. Nesi (eds.), *The Rome Statute of the International Criminal Court* (2001), p. 67 at p. 70; O. Triffterer, 114 *Zeitschrift für die gesamte Strafrechtswissenschaft* (2002), p. 321 at pp. 341 et seq.。对于一种怀疑的眼光,参见 M. Köhler, in F. Jessberger and C. Kress, 113 *Zeitschrift für die gesamte Strafrechtswissenschaft* (2001), p. 827 at p. 866。

国际刑法保护人权的功能,对于危害人类罪来说特别清楚。[219] 这个罪对系统地攻击诸如生命权和身体的完整性、迁徙自由和人的尊严这样的基本人权进行了犯罪化。人类作为人权保护和国际刑法的基础这个思想,在这里可以看得很清楚。[220] 国际刑法所根据的和平这个广阔的概念,[221]也表达了人权与国际法项下的其他犯罪之间的联系。 113

应当注意到,保护人权的任务,并没有随着实体性国际刑法的执行而结束——也就是说,并没有随着对行为人的定罪而结束。人们应当考虑,例如,在一个国际法院的审判中,对被害人提供程序上的保护,或者考虑在国际刑法项下的审判过程中,确定赔偿或者补偿措施的可能性。[222] 114

然而,这并不意味着对每一种侵害人权,或者甚至对每一种严重侵害,都可以根据国际法直接进行刑事惩罚。[223] 相反,在人权中,只有一小部分样品(sample)能够保证得到国际刑法的保护。对国际法项下的违反直接进行犯罪化,是人权可以获得的保护的最高等级。[224] 在国际法中,刑罚的使用也只有在作为最后手段时才是允许的,也就是说,当所有其他(国内的和国际的)保护机制都失败时,才是允许的。 115

然而,把人权和国际刑法之间的关系看成是一种单行线,是很不够的。[225] 国际刑法的发展对人权保障的内容和地位都具有重要影响。因此,国际刑法对加强和进一步发展对人权的保护作出了重大贡献。[226] 116

---

[219] 在 1991 年的法典草案中,危害人类罪仍然是在"第 21 条——有系统地或者大规模地侵犯人权"的标题下。

[220] 参见 T. Meron, *The Convergence between Human Rights and Humanitarian Law* (1997), p. 97 and p. 100。

[221] 参见边码 78。

[222] 参见 M. B. Dembour and E. Haslam, 15 *European Journalof International Law* (2004), pp. 151 et seq.; E.-C. Gillard, 85 *International Review of the Red Cross* (2003), pp. 529 et seq.; F. Rigaux, in L. C. Vohrah et al. (eds.), *Man's Inhumanity to Man* (2003), pp. 771 et seq.; C. Safferling, 115 *Zeitschrift für die gesamte Strafrechtswissenschaft* (2003), pp. 352 et seq.。

[223] 参见 K. Kittichaisaree, *International Criminal Law* (2001), p. 4. M. C. Bassiouni, in T. Vogler (ed.), *Festschrift für Jescheck* (1985), p. 1453 at pp. 1466 et seq., 为判断人权是否应当得到刑法的保护,发展出了各种各样的标准。

[224] 参见 M. C. Bassiouni, in T. Vogler (ed.), *Festschrift für Jescheck* (1985), p. 1453 at p. 1455, 他区分了人权保护的各种等级。现在,在刑法下的保护限制在所谓的第一代人权上(关于这个概念,参见 V. Herdegen, *Völkerrecht* (2000), § 47, 边码 6)。关于对人权的等级性的一种批评观点,与一种不公正的犯罪化相联系,参见 F. Pocar, in M. Politi and G. Nesi (eds.), *The Rome Statute of the International Criminal Court* (2001), p. 67 and p. 72。

[225] 关于国际刑法和人权保护之间的相互作用,也见 K. Kittichaisaree, *International Criminal Law* (2001), pp. 56 et seq.。

[226] 参见 F. Pocar, in M. Politi and G. Nesi (ed.), *The Rome Statute of the International Criminal Court* (2001), pp. 67; C. Tomuschat, 73 *Die Friedens-Warte* (1998), p. 335 at p. 347("人们[可以]考虑《罗马规约》的通过,对于加强法治和人权的国际努力来说是一个伟大的胜利"),也见 T. Buergenthal, *International Human Rights in a Nutshell*, 2nd edn. (1995), pp. 271 et seq. ("[卢旺达国际法庭]的判例法将……加强国际人权法这个领域的规范性框架")。

(二)人权在限制国际刑法中的功能

117 人权保护对国际刑法提供了合理性,同时,也限制了它的适用。与国内刑法一样,[227]国际刑法也要服从各种人权的限制。这对于刑罚权(penal authority)的扩张来说,一般是真实的。但是,人权的限制功能,主要是在程序性设计中开始生效:即使是一名国际法项下的犯罪嫌疑人,也享有接受符合各项人权原则和标准的公正审判的权利。

五 国际刑法与国际刑事程序法

118 与国内刑法一样,国际法也区分实体性规范和程序性规范。实体性国际刑法为应受谴责性和刑罚以及量刑建立了条件,而国际刑事程序法规定了在确定一个人是否应当为一个国际法项下的犯罪负责时所应当遵循的规则。[228] 南斯拉夫国际法庭和卢旺达国际法庭的程序规则,大部分是采取了对抗制程序的模式;[229]然而,为《国际刑事法庭规约》发展起来的程序,明显地拥有审问制模式的重要因素。[230]

119 在实体性国际刑法的贯彻中,国际刑事程序提供了帮助,但是,实体性国际刑法绝不是仅仅通过国际刑事程序来贯彻的。实体性国际刑法的执行首先是各国的任务。[231] 调查事实、决定罪责、量刑和执行刑罚,都只能通过适用有效的国内规则才能完成。在这里,国际刑事程序规则所起的仅有的直接作用,最多只涉及到权限的分配,例如,就像《国际刑事法院规约》第1条规定的补充性原则。真正意义上的国际刑事程序在事实上可以适用的唯一领域,就是在各种国际法院中的审判。

120 《国际刑事法院规约》在程序法中也带来了重要的进步。程序法[232]和实体法联合成一个统一的规则整体。程序和证据的综合性规则不仅补充了,而且更好地定义了这部规约的许

---

[227] 参见,例如,H. -H. Jescheck and T. Weigend, *Lehrbuch des Strafrechts*, 5th edn. (1996), pp. 11 et seq.。

[228] 关于国际刑事程序,参见 A. Bruer-Schäfer, *Der Internationale Strafgerichtshof* (2001), pp. 128 et seq.; A. Cassese, *International Criminal Law* (2003), pp. 389 et seq.; C. Safferling, *Towards an International Criminal Procedure* (2001); J. K. Cogan, 27 *Yale Journal of International Law* (2002), pp. 111 et seq.。

[229] 对于这种模式的特点的讨论,以及它在国际刑事司法中的采纳,参见 A. Cassese, *International CriminalLaw* (2003), pp. 65 et seq.。

[230] 参见 A. Cassese, *International Criminal Law* (2003), pp. 386 et seq.。

[231] 参见边码 195 及 199 以下。

[232] 这个规则涉及程序的所有方面:法院的组成(例如,第1条、第5条、第34条以下),调查(第14条以下,第53条以下),审判(第62条以下),上诉(第81条以下),法律帮助和合作(第86条以下)和执行(第103条以下)。

多条文。在国际刑事程序法中,我们能够区分法院的组织和管理的领域,支配调查、起诉和审判程序的法律,以及可以适用于判决的执行的法律。最后,在刑事事项上的国际合作法,说到底也是程序性的——在可以预见的将来,这方面的法律对于发挥国际刑法的执行功能,也具有决定性的意义。[233]

区分国际刑法中的实体性规范和程序性规范,并不总是一件容易的事情。例如,在《国际刑事法院规约》中的各种犯罪定义,与南斯拉夫和卢旺达国际法庭规约中相应的规则一样,就是通过它们的文本用语来成为管辖性规范的。[234] 不过,它们被正确地看成是定义了这些犯罪,因为在建立管辖权的基础中,这种被规定的行为所具有的实体犯罪性,已经得到了认同。[235] 121

第四节　渊源与解释

参考书目:

Ian Brownlie: *Principles of Public International Law*, 6th edn. (2003), pp. 1 et seq.; Antonio Cassese: The Contribution of the International Criminal Tribunal for the former Yugoslavia to the Ascertainment of General Principles of Law Recognized by the Community of Nations, in Sienho Yee and Wang Tieya (eds.), *International Law in the Post-Cold War World, Essays in Memory of Li Haopei* (2001), pp. 43 et seq.; Antonio Cassese: *International Criminal Law* (2003), pp. 25 et seq.; Ida Caracciolo: Applicable Law, in Flavia Lattanzi and William A. Schabas (eds.), *Essays on the Rome Statute of the International Criminal Court*, Vol. 1 (1999), pp. 211 et seq.; Mireille Delmas-Marty/Emanuela Fronza/Elisabeth Lambert-Abdelgawad (Hrsg.), *Les Sources du Droit International Pénal* (2004); Ulrich Fastenrath: *Lücken im Völkerrecht, Zu Rechtscharakter, Quellen, Systemzusammenhang; Methodenlehre und Funktionen des Völkerrechts* (1991); Bing Bing Jia: Judicial Decisions as a Source of International Law and the Defence of Duress in Murder or Other Cases Arising from Armed Conflict, in Sienho Yee and Wang Tieya (eds.), *Interna-* 122

[233] 参见《国际刑事法院规约》第86条以下。

[234] 《国际刑事法院规约》第5条第1款第2句,把"本法院的管辖权"扩展到"下列犯罪",也见《国际刑事法院规约》第1条、第2条和第3条:"应当有权行使其对人的管辖权。"

[235] 关于在《国际刑事法院规约》中各种犯罪定义的分类,一方面参见:C. Tomuschat, 73 *Die Friedens-Warte* (1998), p. 335 at p. 337:"对这些犯罪的描述不仅(决定了)本法院的管辖权,而且被认为是实体刑法";另一方面参见:O. Triffterer, in K. H. Gössel and O. Triffterer (eds.), *Gedächtnisschrift für Zipf* (1999), p. 493 at p. 532:"《罗马规约》没有创设实体性国际刑法。它为永久性国际刑事法院提供了'法院的组织法'。"

tional Law in the Post-CoM War World Essays in Memory of Li Haopei (2001), pp. 77 et seq.; Kriangsak Kittichaisaree: *International Criminal Law* (2001), pp. 44 et seq.; Claus Kress: Zur Methode der Rechtsfindung im Allgemeinen Teil des Völkerstrafrechts, Die Bewertung von Tötungen im Nötigungsnotstand durch die Rechtsmittelkammer des Internationalen Straftribunals für das ehemalige Jugoslawien im Fall Erdemovic, 111 *Zeitschrifz für die gesamte Strafgechtswissenschaft* (1999), pp. 597 et seq.; Theodor Meron: Crimes under the Jurisdiction of the International Criminal Court, in Herman von Hebel, Johan G. Lammers and Jolien Schukking (eds.), *Reflections on the International Criminal Court* (1999), pp. 47 et seq.; Theodor Meron: *Human Rights and Humanitarian Norms as Customary Law* (1989), pp. 1 et seq., pp. 136 et seq.; Theodor Meron: The Continuing Role of Custom in the Formation of International Humanitarian Law, 90 *American Journal of International Law* (1996), pp. 238 et seq.; Jordan Paust: Customary International Law: Its Nature, Source and Status as Law of the United States, 12 *Michigan Journal of International Law* (1990), pp. 59 et seq.; Alain Pellet: Applicable Law, in Antonio Cassese, Paola Gaeta and John R. W. D. Jones (eds.), *The Rome Statute of the International Criminal Court, A Commentary*, Vol. 2 (2002), pp. 1051 et seq.; Per Saland: International Criminal Law Principles, in Roy S. Lee (ed.), *The International Criminal Court, The Making of the Rome Statute* (1999), pp. 189 et seq.; William A. Schabas: *An Introduction to the International Criminal Court*, 2nd edn. (2004), pp. 90 et seq.; William A. Schabas: *The UN International Criminal Tribunals* (2006); Bruno Simma and Andreas Paulus: Le Role Relatif Des Differentes Sources Du Droit International Pénal, in Hervé Ascensio, Emmanuel Decaux and Alain Pellet (eds.), *Droit International Pénal* (2001), pp. 55 et seq.; Alfred Verdross and Bruno Simma: *Universelles Völkerrecht*, 3rd edn. (1984), pp. 321 et seq.; Daniel L. Wade: A Basic Guide to the Sources of International Criminal Law, in Ellen G. Schaffer and Randall J. Snyder (eds.), *Contemporary Practice of Public International Law* (1997), pp. 189 et seq.

一 法律渊源

123 作为国际法律秩序的一部分，国际刑法产生于与国际法一样的那些法律渊源。[236] 这包

[236] 参见 A. Cassese, *International Criminal Law* (2003), p. 26; C. Kress, 111 *Zeitschrift für die gesamte Strafrechtswissenschaft* (1999), p. 597; B. Simma and A. Paulus, in H. Ascensio, E. Decaux and A. Pellet (eds.), *Droit International Pénal* (2001), p. 55; O. Triffterer, *Dogmatische Untersuchungen zur Entwicklung des materiellen Völkerstrafrechts seit Nürnberg* (1962), p. 35 and p. 128。也见 *Prosecutor v. Furundžija*, ICTY (Trial Chamber), judgment of 10 December 1998, paras. 190 et seq.。

括国际条约、习惯性国际法和世界主要法律体系承认的法律的一般原则。[237] 国际法庭的决定和国际法律学说不能用作法律的渊源，但可以用作确定法律的辅助手段。[238] 国内法院适用国际法院的决定也可以归入这一类。[239]

随着《国际刑事法院规约》的生效，对国际刑法的规则在事实上是否满足合法性原则项 124
下的明确性和透明性要求的怀疑，就已经丧失了影响力。今天，在《国际刑事法院规约》中的国际刑法规则，从一开始就是从民法法系的明确性角度提出来的。这部规约的条文已经被《犯罪要件》(the Elements of Crimes)和《程序和证据规则》(the Rules of Procedure and Evidence)进一步明确了。通过这种方法，国际刑法在渊源方面，能够粗略地被说成是习惯性国际法和由条约部分法典化的一种相互混合体，并且已经达到了一个新的巩固水平。

对于规范的明确性和透明性来说，不成文习惯性刑法的法典化标志着一种相当的进步。[240] 现在可以 125
确定的成文刑事规范的内容和界限所带来的更加放心，补偿了在《国际刑事法院规约》中由于规范的混合而可能对国际刑法的发展带来的损害。[241]

（一）国际条约

在《国际刑事法院规约》生效之前，国际条约对于国际刑法仅仅具有较弱的重要性。126
今天，《国际刑事法院规约》这个多边国际条约，是国际刑法的主要渊源。

在国际刑法中，条约法和习惯法之间存在着一种紧密的联系。在国际刑法范围内，许多条约都明确 127

---

[237] 《国际法院规约》(the ICJ Statute)第38条第1款列出了国际法的渊源。它规定，国际法院应当适用“1)国际公约……2)国际习惯，作为已经被接受成为法律的一般实践的证明，3)被文明国家接受为法律的一般原则(和)4)……司法决定和各国具有最高资格的国际法学者的学说作为对决定法律规则的辅助手段。”参见 I. Brownlie, *Principles of International Law*, 6th edn. (2003), pp. 4 et seq.; W. Heintschel von Heinegg, in K. Ipsen, *Völkerrecht*, 5th edn. (2004), before § 9, 边码2。根据一些已经被结束的观点，作为国际法渊源的各种一般原则是对条约和习惯法的补充，并且，只有在这些渊源没有提供有关的指导时，才会被使用，参见 I. Brownlie, *Principles of Public International Law*, 6th edn. (2003), p. 15; 关于争论的状况，参见 G. Dahm, J. Delbrück and R. Wolfrum, *Völkerrecht*, Vol. I/1, 2nd edn. (1989), p. 63 and J. Kammerhofer, 15 *European Journal of International Law* (2004), p. 523 at pp. 541 et seq.。

[238] 参见《国际刑事法院规约》第38条第1款第4项。

[239] 参见，例如，*Prosecutor v. Kupreškić et al.*, ICTY (Trial Chamber), judgment of 14 January 2000, para. 541。

[240] 然而，A. Verdross and B. Simma, *Universelles Völkerrecht*, 3rd edn. (1984), § 593 看来相当正当地指出，通过“采纳在法律政策上毫无价值的甚至是威胁的拖延性妥协用语”，这种法典化只具有有限的效果。尤其是在《国际刑事法院》的一些条文方面，这被认为是真实的。对习惯性国际法的法典化所具有的优点和缺点的一般性讨论，参见 W. Heintschel von Heinegg, in K. Ipsen, *Völkerrecht*, 5th edn. (2004), § 16, 边码49以下。也见 A. Cassese, *International Law* (2003), pp. 136 et seq.。

[241] 特别是自《国际刑事法院规约》第10条以来，根据这条规定，这部规约的条文并没有触动“国际刑法为了本规约之外的目的而保存和发展的规则”，除此之外，降低了国际刑法的“一种包装”所具有的危险。

地或者附带性地对习惯法进行了法典化；例如，在《国际刑事法院规约》中对各种犯罪的定义就是一例。[242] 这些条约的条文明确了习惯性法律规则的轮廓；在许多事例中，国际条约是形成习惯法规范的出发点。例如，日内瓦公约共同第3条就是一例。[243] 由于条约和习惯法之间的这种相互联系，在适用国际刑法时，必须记住这两种渊源。

（二）习惯性国际法

128 在缺乏一个全球性机构来创设法律的情况下，习惯法在国际刑法中继续发挥着决定性作用，甚至在《国际刑事法院规约》生效之后也是这样。[244] 根据古典的定义，如果能够找到事实上的实践（有法律效力的习惯[consuetudo]），基于一种法律义务的意义（国际法治所需要的行为[opinio juris]*），习惯性国际法就存在。[245]

129 习惯法的出现，在客观上的组成部分是国家的实践。这能够从国家官方行为的整体得到确定。[246] 立法性措施必须得到考虑，同时还必须考虑法院的决定和国家代表人的官方行为和宣言。有关的条约性实践也会具有重大意义。实践必须是统一的、广泛的和长期的。[247] 国际法院的决定和国际组织的实践，也为这种实践提供了非直接的证据和有关国家的信念，并且因此对习惯性国际法的形成做出了贡献。[248]

---

[242] 参见边码135。

[243] 参见 *Prosecutor v. Tadić*, ICTY (Appeals Chamber), decision of 2 October 1995, para. 98。

[244] 参见 A. Cassese, *International Criminal Law* (2003), p. 28; T. Meron, 90 *American Journal of International Law* (1996), p. 238 at pp. 244 et seq.。一个重要的例子是在战争的国际法中，有一大部分是可以对国内战争适用的，这在 *Prosecutor v. Tadić*, ICTY (Appeals Chamber), decision of 2 October 1995 中得到了确立。法无明文规定不为罪的原则不是在习惯法中建立犯罪性的基础的障碍，参见边码91。对于一个非常批评性的观点，参见 S. Estreicher, 44 *Virginia Journal of International Law* (2003), pp. 5 et seq.。

* opinion juris 这个拉丁词的完整意思，根据 Bryan A. Garner (Editor in Chief), *Black's Law Dictionary*, 8th Edition 的解释，是国际法上所说的"关于一个行为是法治所需要的意见"，是"对于行为或者一种实践，如果要成为习惯性国际法的原则，必须表明：各国相信是国际法在命令这种行为或者实践"。——译者注

[245] 《国际法院规约》，第38条第1款第2项："已经被接受为法律的一般实践"；参见 A. Verdross and B. Simma, *Universelles Völkerrecht*, 3rd edn. (1984), §§ 549 et seq.; A. E. Roberts, 95 *American Journal of International Law* (2001), p. 757，对于法律理论的各种趋势是非常有启发意义的，有些强调了其出现的客观组成因素，有些关注了各国的法律信念。

[246] 在这里，任何国家当局的行为都必须得到考虑，原则性参见 I. Brownlie, *Principles of Public International Law*, 6th edn. (2003), p. 6。关于在习惯性国际法出现在国际法的非国家主体的地位，参见 *Prosecutor v. Tadić*, ICTY (Appeals Chamber), decision of 2 October 1995, paras. 108 et seq.。

[247] 参见 I. Brownlie, *Principles of Public International Law*, 6th edn. (2003), pp. 6 et seq. and J. Kammerhofer, 15 *European Journal of International Law* (2004), p. 523 at pp. 525 et seq.。

[248] 参见 *Prosecutor v. Tadić*, ICTY (Appeals Chamber), decision of 2 October 1995, para. 133："在国际法治所需要的行为的形成中具有重要意义的……是安理会一致通过的特定的决议。"也见 I. Brownlie, *Principles of Public International Law*, 6th edn. (2003), p. 15："通过多数票接受就构成了各国政府在表达这种意见的最广阔论坛上已经表达的意见的证据"；J. A. Frowein, 49 *Zeitschrift für ausländisches öffentliches Recht und Völkerrecht* (1989), pp. 78 et seq.; J. Paust, 12 *Michigan Journal of International Law* (1990), p. 59 at pp. 70 et seq.。

国家的实践必须在国际法治所需要的行为的意义上才能加以考虑。[249] 在国际法治所需要的行为和国家事件之间的边界线，一直是很容易变动的。在许多情况下，国家的行为可以被看成是一种不仅指明实践而且指明相应的国际法治所需要的行为。当国家实践是从国家与一种国际法治所需要的行为的连接中推断出来时，客观和主观的组成部分也会混淆在一起。[250] 130

司法实践对于国际刑法领域中的习惯法的形成，自然具有重大意义。除此之外，国家表现在正式宣判中的文字性行为，也发挥了重要的作用。[251] 南斯拉夫国际法庭在其对塔迪奇(Tadić)的案件中所作的里程碑式的决定，强调了这一点。[252] 131

文字性行为具有重要意义的原因是，国际刑法继续忍受各国长期缺乏承认并且执行其刑事规范的意愿。在各国经常对国际刑法友好的宣言与一般比较犹豫地进行的国家起诉实践之间，还一直存在着相当大的差距。对一个规范承担的诺言，在真正的实践中伴随着对它的广泛轻视，并不是很少见的。然而，人们不应当过早地从这一点中得出这个结论：在国际刑法中，因为缺乏国家实践，所以还没有创设出习惯法。甚至一个与一条规则相矛盾的国家行为，也能够确认这条规则——例如，只要这个国家行为伴随着在正当化方面的各种尝试。[253] 在这种情况中，有关国家就确认了这个规范的有效性，并且表明自己的举止行为是对该规范的一种违反。 132

对于确定国际刑法的习惯性特征所使用的一种证实程序，可以在南斯拉夫国际法庭对克尔斯蒂奇(Krstić)案件所做的决定中找到。该审判庭讨论的第一步，是国际条约中习惯法原则的法典化。作为第二步，它考虑了国际案例法，例如，卢旺达国际法庭的案例，国际法委员会的有关草案（“对解释《国际刑事法院规约》第4条特别有关的渊源”），像联合国人权委员会这样的其他国际机构的报告，《国际刑事法院规约》中的《犯罪要件》（这部《罗马规约》(the Rome Statute)对解释各国实施的国际法治所需要的行为是一把很有 133

---

[249] 国际法治所需要的行为的一个例子，是美国政府在南斯拉夫国际法庭中审判 Tadić时作为法庭之友(amicus curiae)所表示的意见：“那个声明清楚地表达了一个安理会常任理事国在一个敏感的法律问题上的法律观点；由于这个理由，它提供了各国在国际法治所需要的行为方面可能发生一种变化的第一个标志”；参见 *Prosecutor v. Tadić*, ICTY (Appeals Chamber), decision of 2 October 1995, para. 83。也见 J. Kammerhofer, 15 *European Journal of International Law* (2004), p. 523 at pp. 532 et seq. 。

[250] 参见 V. Herdegen, *Völkerrecht* (2000), § 16, 边码 3。

[251] 参见 C. Kress, 111 *Zeitschrift für die gesamte Strafrechtswissenschaft* (1999), p. 597 at p. 602; T. Meron, 90 *American Journal of International Law* (1996), p. 238 at p. 240; N. Roht-Arriaza, in N. Roht-Arriaza (ed.), *Impunity and Human Rights in International Law and Practice* (1995), p. 40; D. L. Wade, in E. G. Schaffer and R. J. Snyder, *Contemporary Practice of Public International Law* (1997), p. 208。然而，对文字性行为的考虑，本身并不一般地足以证明相应的国家实践，参见 G. M. Danilenko, *Law-Making in the International Community* (1993), p. 91。

[252] 参见 *Prosecutor v. Tadić*, ICTY (Appeals Chamber), decision of 2 October 1995, para. 99:“在评价习惯性规则或者一般原则的形成时，人们因此应当清楚，由于这个主题事由所具有的内在性质，首先依靠的必须是像各国的官方表示、军事手册和司法决定这样的因素。”

[253] 参见 I. Gross, *Humanitäres Völkerrecht-Informationsschriften* 2001, p. 162 at p. 166。

用的钥匙),最后,还有相关的国内立法。[254]

(三)法律的一般原则

134 法律的一般原则也对国际刑法具有相当的意义。[255] 这些是世界主要法律体系承认的法律原则。[256] 然而,并不是在几个或者全部法律制度中找到的每一条法律,都能够自动成为一个法律的一般原则,并且,都能够因此成为国际法律执行的一个组成部分。这里的双重条件是,这个法律代表了一个法律原则和它是可以转移到国际法律秩序中去的。[257] 南斯拉夫国际法庭在这方面已经说明了这样的意见:

> "每当国际刑事规则没有定义一个刑法观念,依赖国内立法的做法就是正当的,不过要遵守下列条件:(1)……各种国际法院必须依靠世界所有主要法律体系(不仅是普通法法系国家或者是民法法系国家)共同使用的一般概念和法律制度……;(2)……在使用国内法律观念时,必须考虑国际法律程序的特点。在这种方法中,就避免了机械地把国内法输入或者转入国际刑事程序之中。"[258]

135 因此,国际刑法的要素不是主要法律体系所同意的全部法律规范,而仅仅是这些规范所基于的那些一般原则。[259] 在习惯性国际法和法律的一般原则之间作出区分,经常是很困难的,因为国家实践的发展处于不断的变动之中。[260]

二 确定法律的辅助手段

136 确定国际刑法的辅助手段,首先是各种国际法院的决定和法律学者的意见。关于

---

[254] 参见 *Prosecutor v. Krstić*, ICTY (Trial Chamber), judgment of 2 August 2001, paras. 541 et seq.。

[255] 参见 A. Cassese, in S. Yee and W. Tieya (eds.), *International Law in the Post-Cold War World* (2001), pp. 43 et seq.。

[256] 参见 *Prosecutor v. Furundžija*, ICTY (Trial Chamber), judgment of 10 December 1998, para. 177; A. Cassese, *International Law* (2003), pp. 155 et seq.; K. Kittichaisaree, *International Criminal Law* (2001), pp. 46 et seq.。通常,盎格鲁-美利坚的普通法和大陆性欧洲民法是受到咨询的主要法系,参见 K. Ambos, *Der Allgemeine Teil des Völkerstrafrechts* (2002), p. 46。

[257] 参见 A. Verdross and B. Simma, *Universelles Völkerrecht*, 3rd edn. (1984), § 3 602; A. Cassese, *International Law* (2003), p. 158, and C. Kress, 111 *Zeitschrift für die gesamte Strafrechtswissenschaft* (1999), p. 597 at p. 609, fn. 58。

[258] *Prosecutor v. Furundžija*, ICTY (Trial Chamber), judgment of 10 December 1998, para. 178.

[259] 参见 A. Verdross and B. Simma, *Universelles Völkerrecht*, 3rd edn. (1984), § 602; G. Dahm, J. Delbrück and R. Wolfrum, *Völkerrecht*, Vol. I/1, 2nd edn. (1989), p. 64("一个统治着整个法律体系的一般原则")。

[260] 参见 O. Kimminich and S. Hobe, *Einführung in das Völkerrecht*, 7th edn. (2000), p. 185。

"最高级国际法学者的学说"的信息,可以主要从国际法律协会(例如,国际法学院[the Institut de Droit International]和国际法协会)和联合国国际法委员会的报告和声明中获得。国内法院的决定也可以参考。[261]

三 具体渊源

在国际刑法中,最重要的法律渊源和确定法律规则的手段,有以下这些。 137

(一)《国际刑事法院规约》,《犯罪要件》,《程序和证据规则》

《国际刑事法院规约》是国际刑法的中心渊源。这是一部国际条约,应当适用解释的 138 一般规则。这部规约的条文得到了《犯罪要件》[262]和《程序和证据规则》[263]的补充。《犯罪要件》明确了第6条到第8条中的各种犯罪的定义。它帮助这个国际刑事法院解释和适用这些条文(第9条第1款规定,"本法院在解释和适用第6条、第7条和第8条时,应由《犯罪要件》辅助")。[264]《程序和证据规则》补充并明确了包含在这部规约本身中的程序规则。《程序和证据规则》对这个法院和所有成员国都具有拘束力。[265] 如果《犯罪要件》或者《程序和证据规则》的规定与这部规约发生冲突,这部规约就具有优先权。[266]

《国际刑事法院规约》在很大程度上肯定并明确了存在于习惯性国际法中的刑法。 139 但是,这部规约在某些范围内也有发展,而不是对习惯法简单地加以反映和进行系统化,因此,对国际刑法的发展也作出了自己独立的贡献。[267] 另一方面,这部规约也有一部分是

---

[261] 关于国内决定的权威性,参见 I. Brownlie, *Principles of Public International Law*, 6th edn. (2003), p. 22; U. Fastenrath, *Lücken im Völkerrecht* (1991), p. 122。

[262] 对这些条文的评论,参见 R. S. Lee (ed.), *The International Criminal Court, Elements of Crimes and Rules of Procedure and Evidence* (2001)。

[263] 对这些条文的评论,参见 R. S. Lee (ed.), *The International Criminal Court, Elements of Crimes and Rules of Procedure and Evidence* (2001)。

[264] 这些犯罪有约束力的和无约束力的因素之间的这种不寻常的联系,是在罗马大会上对由法无明文规定不为罪原则所要求的定义准确性程度,出现意见分歧的结果,在《规约》中用各种犯罪的各种因素来补充各种犯罪的定义这个方案,可以追溯到美国代表团的提议上去,参见 E. Gadirov, in O. Triffterer (ed.), *Commentary on the Rome Statute of the International Criminal Court* (1999), Art. 9, marginal nos. 1 et seq.。

[265] 参见 B. Broomhall, in O. Triffterer (ed.), *Commentary on the Rome Statute of the International Criminal Court* (1999), Art. 51, marginal nos. 34 et seq.。

[266] 参见《国际刑事法院规约》第51条第3款(关于程序性和证据性制度)和《国际刑事法院规约》第9条第3款。

[267] 也见 R. S. Clark, in M. Politi and G. Nesi (eds.), *The Rome Statute of the International Criminal Court* (2001), p. 75 at p. 79。

滞后于习惯法现在的状况,尤其在对非国际性武装冲突中对禁止性战争手段的犯罪化方面。[268]

140 南斯拉夫国际法庭甚至在《国际刑事法院规约》生效之前,就对这部规约的重要意义作出如下总结:

> "在许多领域中,这部规约可以被看成是指明了这种法律观点,也就是说,许多国家实施的国际法治所需要的行为。尽管这部规约第10条的目的,是保证这部规约的条文不'限制'或者'歧视'现行的法律或者法律的发展,然而,可以打折扣地(cum grano salis)诉诸这些条文,以帮助阐明习惯性国际法。根据所讨论的问题,可以使用《罗马规约》来重述、反映或者明确习惯性规则或者将其具体化,这样,在某些领域中,它就创设了新的法律或者修改了现存的法律。在任何情况下,《罗马规约》大体上可以被用来构成大量国家所具有的法律观点的一种权威性表述。"[269]

141 这部规约的条文是否以及在什么程度上创设了原始的以条约为基础的国际法,或者仅仅是对事先存在的习惯法的一种宣告性确定,[270]并不仅仅具有学术上的意义。如果这些规范具有习惯法的特征,那么,它们就代表了一般的国际法,甚至可以适用于非成员国了。在这里,必须作出一个区分:在《国际刑事法院规约》的规则可以被认为是事先存在的习惯法之处,人们就可以认为,这些规则是那种宣告性的确定;这反映了缔约国的意志。有关的条文主要是各种犯罪的定义和一般原则的各个方面。在这里,这些规约的规则是表明成员国相信有习惯性国际法的证据。另一方面,在习惯性国际法中不存在例子之处,这部规约就具有创设法律的特征;对于程序方面的条文,情况尤其是这样。还有,那些直接影响这个国际刑事法院的管辖权和组织的条文,也是构成性的。

(二)《南斯拉夫国际刑事法庭规约》与《卢旺达国际法庭规约》

142 南斯拉夫和卢旺达国际法庭规约都不是由国际条约,而是由联合国安全理事会确定的规则。它们都宣称要具体体现习惯性国际法,虽然它们并没有完全实践自己所说的那些说法。这些规约的首要意义,自然是它们作为两个特别法庭作出的司法决定的基础性功能。然而,它们另外还能被看成是对习惯性国际法的确定,也就是说,作为从联合国安全理事会方面作出的对国际法治所需要的行为的表述。

---

[268] 更多信息,参见边码815以下。

[269] *Prosecutor v. Furundžija*, ICTY (Trial Chamber), judgment of 10 December 1998, para. 227.

[270] 在国际条约中采纳习惯法规范并不是不寻常的,这个事实,与其他规则一起,可以在1899年和1907年的《海牙公约》和1949年的《日内瓦公约》中见到例子。参见 A. Verdross and B. Simma, *Universelles Völkerrecht*, 3rd edn. (1984), §§ 589 et seq.。

《联合国和塞拉里昂政府关于建立塞拉里昂特别法院的协议》(The Agreement between the United States and the Government of Sierra Leone on the Establishment of a Special Court for Sierra Leone)是一部双边条约,以国际法作为自己的主题。[271] 在其内容中,这份协议——与《国际刑事法院规约》一样——可以部分地归入对习惯性国际法的确认这一类,[272]部分地归入原始的以条约为基础的法律之中。 143

(三)纽伦堡和东京宪章

在涉及到实体性国际刑法的范围之内,《纽伦堡国际军事法庭宪章》和《远东国际军事法庭宪章》的条文都具体体现了习惯性国际法的规范(《纽伦堡原则》)。[273] 144

与由占领当局单方面强加的《东京宪章》不同,《伦敦协议》附录的《纽伦堡宪章》是一部国际条约的一部分。[274] 把《纽伦堡宪章》中的规则作为国际条约法的分类,应当区别于那个有争论的问题,也就是说,德国没有包括在该条约的成员之中这个事实,是否使得这个国际军事法庭仅仅表现为一个"占领"法院,而不是一个真正的"国际"法院?[275] 145

(四)《管制理事会法》第10号

《管制理事会法》第10号是一部占领法。[276] 不过,它的条文在其所涉及的实体性国际刑法的范围内,被承认为是习惯法的一种表述。[277] 146

(五)各种日内瓦公约,《防止及惩治灭绝种族罪公约》,《海牙规定》

1907年10月18日《海牙规定》,1948年12月9日《防止及惩治灭绝种族罪公约》和

---

[271] UN-Doc. S/2000/915, Annex I.

[272] 在这里,对于各种犯罪的定义来说,这也是真实的;参见 *the Report of the Secretary-General an the Establishment of a Special Courter Sierra Leone* of 4 October 2000, UN Doc. S/2000/915, 3:"在认识法治原则中,列举的这些国际犯罪,被认为是在所指称的实施犯罪时,就已经具有了习惯性国际法的特征的犯罪"。但是,参见 A. McDonald, 84 *International Review of the Red Cross* (2002), pp. 121 et seq.。

[273] 这个南斯拉夫国际法庭把《纽伦堡宪章》和《东京宪章》作为"有关实践"加以引用,参见 *Prosecutor v. Tadić*, ICTY (Appeals Chamber), judgment of 15 July 1999, paras. 288 et seq.; *Prosecutor v. Furundžija*, ICTY (Trial Chamber), judgment of 10 December 1998, paras. 190 et seq.。也见 H.-H. Jescheck, *Die Verantwortlichkeit der Staatsorgane nach Völkerstrafrecht* (1952), p. 415。在南斯拉夫国际法庭的意见中,《纽伦堡国际军事法庭宪章》和《管制理事会法》第10号是"处于习惯性过程刚刚开始中的条约性条文",参见 *Prosecutor v. Tadić*, ICTY (Appeals Chamber), judgment of 15 July 1999, para. 290。

[274] 参见边码15。

[275] 参见边码17中的注释㉛。

[276] 参见 H.-H. Jescheck, *Die Verantwortlichkeit der Staatsorgane naeh Völkerstrafrecht* (1952), p. 178。

[277] 参见 *Prosecutor v. Tadić*, ICTY (Appeals Chamber), judgment of 15 July 1999, paras. 288 et seq.; *Prosecutor v. Furundžija*, ICTY (Trial Chamber), judgment of 10 December 1998, paras. 190 et seq.。

147 1949年8月12日日内瓦四公约的有关条文，包括它们的附加议定书，也是国际刑法的重要渊源。在这些条约中包含的数量众多的刑事规范，例如，在《防止及惩治灭绝种族罪公约》中的刑事规范，今天都被承认为习惯性国际法了。[278]

（六）各种国际法院和法庭的决定

148 各种国际法院的决定，在现行国际刑法的形成中，留下了难以磨灭的影响。[279] 这特别包括了纽伦堡国际军事法庭、远东国际军事法庭、南斯拉夫和卢旺达国际法庭作出的决定。这些法院的决定，都是确定国际法的重要手段。[280]

149 各个法院受自己决定约束的程度很不相同。这个国际刑事法院能够"就像在自己先前决定中所做的解释一样，以对法律的原则和规则"[281]所做的决定为根据，但是，它不是必须这样做。南斯拉夫和卢旺达国际法庭更牢固地受着先例的制约。南斯拉夫国际法庭的上诉庭已经确定，"（在）确定性和可预见性的利益中，本上诉庭应当遵循自己先前作出的决定，但是，为了在正义利益中有说服力的利益，应当可以自由地偏离这些决定。"[282]这个审判庭认为，在所有法律体系中的法院，都处于一种在可能的情况下不脱离自己早先作出的决定这个趋势之中。[283] 因此，作为一项规则，这个上诉庭将遵循自己早先作出决定的根据（ratio decidendi）。但是，这个上诉庭的决定对各个审判庭也有拘束力。[284] 接着，审判庭并不受其他审判庭的决定的约束。[285] 其他国际法院的决定，例如纽伦堡国际军事法庭[286]或者国际法院（the International Court of Justice）[287]的决定，对南斯拉夫和卢旺达国际法庭也不具有拘束效力。

---

[278] 参见边码562。

[279] 对这一点的强调，参见 A. Cassese, *International Criminal Law*（2003），pp. 36 et seq.。对当前活跃的各种法庭作出的决定，可以在互联网上对完整性作出评价，参见 http://www.un.org/law/icc；http://www.un.org/icty；http://www.ictr.org。

[280] 参见 K. Ambos, *Der Allgemeine Teil des Völkerstrafrechts*（2002），p. 48；B. B. Jia, in S. Yee and W. Tieya（eds.），*International Law in the Post-Cold War World*（2001），p. 77 at pp. 93 et seq.；C. Kress, 111 *Zeitschrift für die gesamte Strafrechtswissenschaft*（1999），p. 597 at p. 603。

[281] 《国际刑事法院规约》第21条第2款。

[282] *Prosecutor v. Aleksovski*, ICTY（Appeals Chamber），judgment of 24 March 2000, para. 107。参见 A. Cassese, *International Criminal Law*（2003），p. 37。

[283] *Prosecutor v. Aleksovski*, ICTY（Appeals Chamber），judgment of 24 March 2000, para. 97："在普通法系和民法法系中都存在的一种一般性趋势是，最高级的法院，无论是在信条上还是在实践上，通常都将遵循它们先前作出的决定。"

[284] *Prosecutor v. Aleksovski*, ICTY（Appeals Chamber），judgment of 24 March 2000, para. 113.

[285] *Prosecutor v. Aleksovski*, ICTY（Appeals Chamber），judgment of 24 March 2000, para. 113；*Prosecutor v. Kordig and Cerkez*, ICTY（Trial Chamber），judgment of 26 February 2001, para. 163.

[286] *Prosecutor v. Kupreškić* et al., ICTY（Trial Chamber），judgment of 14 January 2000, para. 540.

[287] *Prosecutor v. Mucić* et al., ICTY（Appeals Chamber），judgment of 20 February 2001, para. 24："虽然上诉庭有必要考虑各种国际法庭的其他决定，但是，它可在经过仔细考虑之后，作出一个不同的结论。"

(七)联合国大会和联合国安全理事会的决议与联合国秘书长的报告

各种国际组织的决定,表达了缔约国确认的国际法治所需要的行为,并且因此对习惯性国际法的产生和确认作出了贡献。[288] 1946 年 12 月 11 日,联合国大会肯定《纽伦堡原则》的第 95 号决议,是一个重要的例子。[289] 安全理事会的决议也是其成员对国际法治所需要的行为的表达。对于国际刑法来说,联合国安全理事会通过的南斯拉夫国际刑事法庭和卢旺达国际法庭的规约,都是特别值得注意的。安理会各个成员国在与通过《南斯拉夫国际刑事法庭规约》相联系的陈述,在准备性文件(travaux preparatoires)中,在解释这部规约的条文时可以参考。[290] 150

另外,联合国秘书长与创设这些特别法庭[291]有关的报告,应当被认为是在适用这些规约中的可靠解释,只要它们没有与规约的条文发生冲突。[292] 151

(八)国际法委员会的草案和评论

联合国国际法委员会的报告和草案[293]是确定习惯性国际法和法律一般原则的助手,因此,在国际刑法的发展中具有重大的影响力。《危害人类和平与安全罪法典草案》(Draft Codes of Crimes against the Peace and Security of Mankind)的各个修改文本,已经证明了对实体性国际刑法具有特别的影响。用南斯拉夫国际法庭的话说,这是 152

"一份权威性的国际文件,在有关的特别问题方面,可以(1)构成习惯法的证据,或者(2)解释具有不确定内容或者处于形成过程中的习惯性规则,或者,至少,(3)表示了代表世界主要法律体系著名的高级国际法学者的法律观点。"[294]

---

[288] 参见边码 129。

[289] 参见边码 41 中的注释⑥5。

[290] 参见 *Prosecutor v. Tadić*, ICTY (Appeals Chamber), judgment of 15 July 1999, para. 303; *Prosecutor v. Mucić* et al., ICTY (Appeals Chamber), judgment of 20 February 2001, para. 131。

[291] 参见,例如,*Report of the Secretary-General* of 3 May 1993 (UN Doc. S/25704) and *Report of the Secretary-General* of 4 October 2000 (UN Doc. S/2000/915); 也见边码 47。

[292] 详细情况,参见 *Prosecutor v. Tadić*, ICTY (Appeals Chamber), judgment of 15 July 1999, paras. 294 et seq. ("权威性解释")。

[293] 关于国际法委员会的使命,参见边码 41 中的注释⑥6。

[294] *Prosecutor v. Furundgija*, ICTY (Trial Chamber), judgment of 10 December 1998, para. 227; 这些评论具体是指 1996 年的《法典草案》。

(九)国际学者协会的草案和评论

153 在确定这种法律中的另一种重要的助手,是在国际法和刑法领域内的私人学者协会的成果,例如国际刑法协会(the Association International de Droit Pénal),国际法协会和国际法学院。

(十)国内法院的决定

154 国内法院在确定国际刑法中的功能是两方面的。一个方面是,作为国际法治所需要的行为的表述和作为国家的实践,它们可以确认或者创设习惯法并且对法律的一般原则的形成做出贡献。另一个方面是,国内法院的决定可以用作承认法律,帮助确定国际刑法规范的内容的助手。[295]

155 对于国际刑法规范的出现来说,最重要的是国内法院明确指向国际刑法的少数刑事审判。值得注意的是,在这其中,有在战后刚结束时期在英占区的占领法院和最高法院根据《管制理事会法》第10号做出的决定。[296] 后来对艾克曼(Eichmann)、巴比(Barbie)、德米洋鲁克(Demjanjuk)、杜维耶(Touvier)和芬塔(Finta)的审判也应当注意。[297]

(十一)国内立法

156 国内的立法性行为也能够影响国际刑法,不仅作为国际法治所需要的行为的表述,而

---

[295] 参见 *Prosecutor v. Furundžija*, ICTY (Trial Chamber), judgment of 10 December 1998, paras. 190 et seq.。然而,这个法院的确注意到:“在使用国内案例法以决定国际刑法的习惯规则是否已经在特别的事项中得到了发展时,人们应当一刻也不忘记自己需要保持特别的警惕”(para. 194)。

[296] 参见边码34以下。

[297] 这些审判的主题是在第三帝国时期实施的犯罪:*Attorney-General of the Government of Israel v. Eichmann*, Israel, District Court of Jerusalem, judgment of 12 December 1961, in 36 *ILR* (1968), pp. 1 et seq., Supreme Court, judgment of 29 May 1962, in 36 *ILR* (1968), pp. 277 et seq.; *Féderation National des Déportés et Internés Resistants et al. v. Barbie*, France, Cour de Cassation, judgment of 6 October 1983, judgment of 26 January 1984, judgment of 20 December 1985 in 78 *ILR* (1988), pp. 125 et seq., Cour de Cassation, judgment of 3 June 1988 in 100 *ILR* (1995), pp. 330 et seq.; *Petrovsky v. Demjanjuk*, USA, Court of Appeals, decision of 31 October 1983 in 79 *ILR* (1989), pp. 534 et seq.; *Advocate General v. Touvier*, France, Cour d'Appel de Paris, judgment of 13 April 1992 in 100 *ILR* (1995), pp. 338 et seq., Cour de Cassation, judgment of 27 November 1992 in 100 *ILR* (1995), pp. 357 et seq.; *Regina v. Finta*, Canada, Ontario Court of Appeal, judgment of 29 April 1992 in 98 *ILR* (1994), pp. 520 et seq., Canada, Supreme Court, judgment of 24 March 1994 in 104 *ILR* (1997), pp. 284 et seq.。

且作为国家的实践——例如，在通过国际刑事规范作为国内法律的一部分这种形式中，就像 2002 年 6 月 26 日的《(德国)违反国际法犯罪法典》(Völkerstrafgesetzbuch, VStGB)。[298]

(十二)军事手册

在国际刑法的领域中，在许多国家使用的军事手册，不仅是国际法治所需要的行为的 157
重要表述，而且是国家的实践。[299]

四　解释

国际条约法的适用总是要求对有待适用的条文进行解释。在这个范围内，国际法与 158
国内法律制度中的制定法并没有什么不同。对于国际条约的解释来说，核心要求规定在 1969 年 5 月 23 日《维也纳条约法公约》(the Vienna Convention on the Law of Treaties)第 31 条和第 32 条之中。[300] 作为条约法的表述，[301]这些解释规则必须不仅适用于解释《国际刑事法院规约》，而且适用于"任何其他创设规范的文件"，[302]包括南斯拉夫军事法庭和卢旺达军事法庭的规约。[303]

---

[298] 参见 *Prosecutor v. Tadić*, ICTY (Appeals Chamber), decision of 2 October 1995, para. 132："应当注意的还有用来执行各种日内瓦公约的国家立法。"

[299] 参见 *Prosecutor v. Tadić*, ICTY (Appeals Chamber), decision of 2 October 1995, para. 83("德国军事手册"), paras. 130 et seq.，关于这种军事手册所具有的法律拘束力性质，参见 L. Green, 27 *Canadian Yearbook of International Law* (1989), p. 167 at pp. 180 et seq.。

[300] 1155 *UNTS* (1969), pp. 331 et seq. 第 31 条："1. 一部条约应当根据上下文给予该条约中这些词语的普通含义和这部条约的对象(object)和目的(purpose)而得到善意的(in good faith)解释。2. 在解释一部条约的目的背后的上下文时，除了文本之外，还应当包括这部条约的序言和附录：1)在所有当事方之间与本协议的签订相联系的和与订立这部条约有关的任何协议；2)由一方或者多方制定的与本协定的签订相联系并且得到其他方接受的作为与本协定有关的一份文件的任何文件……"；第 32 条："可以求助于解释的辅助性手段，包括这部条约的准备性工作及其签订时的各种情况，以便确认从适用第 31 条中而产生的意思，或者决定在根据第 31 条进行解释出现下列问题时的意思：1)留下了模糊或者不清楚的意思；或者 2)导致一种明显荒谬或者不合理的结果。"

[301] 关于习惯法的意义，参见 *Iran v. USA*, ICJ, judgment of 12 December 1996 (关于石油平台的案件) *ICJ* Rep. 1996, p. 803 para. 23。

[302] *Prosecutor v. Tadić*, ICTY (Appeals Chamber), judgment of 15 July 1999, para. 303. K. Kittichaisaree, *International Criminal Law* (2001), p. 46.

[303] 参见，例如，*Prosecutor v. Aleksovski*, ICTY (Appeals Chamber), judgment of 24 February 2000, para. 98; A. Cassese, *International Criminal Law* (2003), pp. 26 et seq.。

159 这样古典的[304]解释性方法在实质上就也适用于国际刑法。[305] 解释的开始之点是用于,也就是说,“普通的意识”。体系性的背景必须要考虑;也就是说,在该条约的缔约各方之间签订的其他协议或者协定,以及这些条约性规则和该条约的总的目标和目的(《维也纳条约法公约》第32条)。在解释《国际刑事法院规约》时,例如,就必须考虑《犯罪要件》。历史性解释——也就是说,包括谈判中的各种材料,这些材料在国际法中典型地是具有相当的实质性的——被分类作为一种“解释的补充手段”,也就是对语法解释、目的解释和系统解释的辅助(《维也纳条约法公约》第32条)。只有在解释的其他手段导致一种含糊、明显荒谬或者不合理的结果时,它才具有独立的意义。

160 除了 effet utile 这个更一般的解释标准,也就是根据条约及其发展的目的进行解释之外,[306]国际刑法还有两种特别的解释规则:第一,条约条文,在它们可以被归类为一种习惯法规范的范围内,应当根据习惯法的这种相关规范加以解释(所谓的与习惯法一致的解释)。[307] 用南斯拉夫国际法庭的话说,“在有怀疑的情况下和每当与法定条文或者条约条文的文本之间的矛盾不是很明显时,这个条文就必须根据并且符合习惯性国际法进行解释。”[308]

161 第二,对于战争罪的法律来说,最重要的是考虑一个刑事规范可以归类其中的国际法中的禁止。国际人道法及其禁止性规定在解释战争犯罪法中,具有重要意义。国际法的其他方面,例如人权法,对于其他犯罪也会是很重要的。[309]

162 禁止性规定和形式性规范之间的紧密联系并不总是平等的。危害人类罪与其所依据的人权之间的联系就仅仅是模糊可以辨认的。相反,战争罪与国际人权法的紧密联系却是很明显的:有许多战争犯罪(以及所产生的禁止性规定)很久以来就已经成为制定法的因素。现在加以补充的只有犯罪结果。[310]

---

[304] 参见 H.-H. Jescheck and T. Weigend, *Lehrbuch des Strafrechts*, 5th edn. (1996), pp. 150 et seq.; W. R. LaFave, *Criminal Law*, 4th edn. (2003), pp. 85 et seq.。

[305] 因此,例如,*Prosecutor v. Tadić*, ICTY (Appeals Chamber), decision of 2 October 1995, paras. 71 et seq.,区分了“字面的”、“目的的”和“逻辑的和有系统的解释”。*Prosecutor v. Mucić*, ICTY (Trial Chamber), judgment of 16 November 1998, paras. 158 et seq.,使用了解释的“字面规则”、“黄金规则”和“不确切文字规则(the mischief rule)”。

[306] 参见 V. Herdegen, *Völkerrecht* (2000), § 15 marginal no. 32。

[307] 也见 K. Kittichaisaree, *International Criminal Law* (2001), p. 45。

[308] *Prosecutor v. Tadić*, ICTY (Appeals Chamber), judgment of 15 July 1999, para. 287。《南斯拉夫国际法庭规约》的作者想要在自己没有明确偏离的任何情况下,都保持在习惯性国际法的框架之内。*Prosecutor v. Tadić*, ICTY (Appeals Chamber), judgment of 15 July 1999, paras. 287, 296; K. Kittichaisaree, *International Criminal Law* (2001), p. 45。

[309] 在国际刑法和人权保护之间的紧密关系(参见边码109以下)已经得到了确认,虽然在《国际刑事法院规约》第21条第3款中带有轻微的不同区别。该条文规定:国际刑法(或者更准确地说,“根据本条文的法律”)的适用和解释,“必须与得到国际认可的人权相一致”。这个条文对于被告人的权利具有特别重要的意义,参见 W. A. Schabas, *Introduction to the International Criminal Court* (2001), p. 74。

[310] 详细情况,参见边码504以下。

解释是在挑战条约法所涉及的地方在哪里，同时，在运用（不成文的）习惯性国际法 163
中的困难，首先存在于在事实上识别法律规范本身。[311]

五 通过国际刑事法院确定法律

《国际刑事法院规约》第21条为通过该国际刑事法院确定法律作出了特别的规定。164
这一条建立了将由法院适用的渊源所具有的优先地位的种类和次序。[312] 第21条把一般国际法的法律渊源引入一个等级之中，并且作了一些准确的补充。[313]

第21条包含一个双重的等级。第一，在其对适用的指示中，区分了"应当"和"可以" 165
适用的两种情况。第二，在第1款中，根据等级列出了三组法律渊源。最后，在第3款中可以看到为解释和适用规定了一项基本规则。

根据第21条，法律的主要渊源是《国际刑事法院规约》本身，由《犯罪要件》和《程序 166
和证据规则》加以补充。[314] 作为其他渊源，国际刑法由国际条约和其他国际法组成（"国际法的规则和原则"），[315]包括武装冲突法。[316] 在这个意义上的其他国际法，首先包括习惯性国际法，[317]但不包括法律的一般原则。只有在《国际刑事法院规约》和其他国际条约以及

---

[311] 这种习惯性规范也服从于解释，参见 U. Fastenrath, *Lücken im Völkerrecht* (1991), pp. 206 et seq.，带有额外的注解。

[312] 关于其由来，参见 P. Saland, in R. S. Lee (ed.), *The International Criminal Court, The Making of the Rome Statute* (1999), p. 189 at pp. 213 et seq.。然而，《国际刑事法院规约》第21条是否以《国际法院规约》第38条同样的方式体现了习惯性国际法，也就是说，是否包含了对国际刑法整体有权威性的规则，还是很有问题的。然而，采取这个观点的，参见 M. McAuliffe de Guzman, in O. Triffterer (ed.), *Commentary on the Rome Statute of the International Criminal Court* (1999), Art. 21, marginal no. 6："国际刑法渊源的第一部法典化。"根据 A. Cassese, *International Criminal Law* (2003), p. 26，在《国际刑事法院规约》第21条中建立的渊源次序，反映了一般适用于国际刑法的等级。

[313] 参见 A. Pellet, in A. Cassese, P. Gaeta and J. R. W. D. Jones (eds.), *The Rome Statute of the International Criminal Court*, Vol. 2 (2002), p. 1051 at pp. 1076 et seq.。

[314] 然而，《国际刑事法院规约》对《犯罪要件》和《程序和证据规则》所具有的主要地位，并不是从《国际刑事法院规约》第21条第1款中产生出来的，而是从全部文本中产生出来的，参见《国际刑事法院规约》第9条第3款和第51条第5款；也见 I. Caracciolo, in F. Lattanzi and W. A. Schabas (eds.), *Essays on the Rome Statute of the International Criminal Court* (1999), p. 211 at p. 226; W. A. Schabas, *Introduction to the International Criminal Court* (2001), p. 72。

[315] 在这里提到的国际法原则，必须与《国际法院规约》第38条第1款第3项说的"所有文明国家认可的法律的原则"加以区分。

[316] 参见 W. A. Schabas, *Introduction to the International Criminal Court* (2001), p. 73。

[317] 相类似的，A. Pellet, in A. Cassese, P. Gaeta and J. R. W. D. Jones (eds.), *The Rome Statute of the International Criminal Court*, Vol. 2 (2002), p. 1051 at pp. 1071, 1073："专门对习惯性国际法"，但是，参见 I. Caracciolo, in F. Lattanzi and W. A. Schabas (eds.), *Essays on the Rome Statute of the International Criminal Court* (1999), p. 211 at p. 227 and K. Ambos, *Der Allgemeine Teil des Völkerstrafrechts* (2002), p. 41，根据他们的说法，一般原则是包括在《国际刑事法院规约》第21条第1款第2项之中的。

习惯法证明无法提供帮助的情况下（“无法适用”），第21条第1款第3项也允许参考国内法。这发生在“本法院从世界各法系的国内法中”得出的一般法律原则的形式之中。[318]它特别强调了“通常对该犯罪行使管辖权”的国家的法律。[319] 对于这里所说的国家的特征，[320]包含在初步的草案中，但是在第21条的文本中却没有包括。因此，根据在刑事管辖权方面一般承认的规则，犯罪发生地国的法律，以及行为人和被害人居住国的法律，应当得到利用。根据普遍管辖原则的刑事权威是不够的。[321]

167 《国际刑事法院规约》第21条第2款明确拒绝了在盎格鲁-美利坚法中很普遍的严格依靠先例（遵循先例）。根据这一条，这个法院可以，但不是必须依靠早先的决定。因此，这个法院的决定在严格的意义上并不具有作为先例的效果。[322]

第五节 普遍管辖，起诉义务和赦免

参考书目：

168 Ademola Abass：The International Criminal Court and Universal Jurisdiction，*International Criminal Law Review* 6（2006），349 ff.；Kai Ambos：*Straflosigkeit von Memchenrechtsverletzungen，Zur"impunidad" in südamerikanischen Ländern aus völkerstrafrechtlicher Sicht*（1997），pp. 161 et seq.；Kai Ambos：Völkerrechtliche Bestrafungspflichten bei schweren Menschenrechtsverletzungen，*AVR* 37（1999），318 ff.；M. Cherif Bassiouni：Universal Jurisdiction for International Crimes：Historical Perspectives and Contemporary Practice，42 *Virginia Journal of International Law*（2001），pp. 81 et seq.；M. Cherif Bassiouni and Edward M. Wise：*Aut Dedere Aut Judicare，The Duty to Extradite or Prosecute in International Law*（1995）；William Burke-White：Re-

[318] 参见 M. McAuliffe de Guzman，in O. Triffterer（ed.），*Commentary on the Rome Statute of the International Criminal Court*（1999），Art. 21，marginal nos. 15 et seq.。国内法对国际刑事法院判决的意义，在罗马的全权大使会议上，就是激烈争论的题目。参见 P. Saland，in R. S. Lee（ed.），*The International Criminal Court，The Making of the Rome Statute*（1999），p. 189 at pp. 213 et seq.。

[319] 通过这个补充而产生的与这些原则所具有的假设性“一般性质”之间的不一致，是《国际刑事法院规约》的妥协性特征的一个典型例子，迄今为止，这种特征一直是以缺乏逻辑和体系的说服力为代价的。

[320] 参见 M. McAuliffe de Guzman，in O. Triffterer（ed.），*Commentary on the Rome Statute of the International Criminal Court*（1999），Art. 21，marginal no. 19。

[321] 否则，任何国家将“通常”会被授权进行起诉，《国际刑事法院规约》第21条第1款第3项将归于无效；这样，M. McAuliffe de Guzman，in O. Triffterer（ed.），*Commentary on the Rome Statute of the International Criminal Court*（1999），Art. 21，marginal no. 19 就是不正确的。

[322] 关于南斯拉夫国际法庭的决定所具有的拘束力，参见边码149。

framing Impunity: Applying Liberal International Law Theory to an Analysis of Amnesty Legislation, 42 *Harvard International Law Journal* (2001), pp. 467 et seq.; Antonio Cassese: *International Criminal Law* (2003), pp. 284 et seq.; John Dugard: Dealing with Crimes of a Past Regime. Is Amnesty still an Option?, 12 *Leiden Journal of International Law* (1999), pp. 1001 et seq.; Carla Edelenbos: Human Rights Violations: A Duty to Prosecute?, 7 *Leiden Journal of International Law* (1994), pp. 5 et seq.; Colleen Enache-Brown and Ari Fried: Universal Crime, Jurisdiction and Duty: The Obligation of Aut Dedere Aut Judicare in International Law, 43 *McGill Law Journal* (1998), pp. 613 et seq.; Albin Eser: National Jurisdiction over Extraterritorial Crimes within the Framework of International Complementarity, in Lal Chand Vohrah et al. (eds.), *Man's Inhumanity to Man* (2003), pp. 279 et seq.; Geoff Gilbert: *Transnational Fugitive Offenders in International Law, Extradition and Other Mechanisms* (1998), pp. 320 et seq.; Bernhardt Graefrath: Universal Jurisdiction and an International Criminal Court, 1 *European Journal of International Law* (1990), pp. 67 et seq.; Marc Henzelin: *Le Principe de l'Universalité en Droit Pénal International* (2000); International Law Association, Committee on International Human Rights Law and Practice: *Final Report on the Exercise of Universal Jurisdiction in Respect of Gross Human Rights Offences* (2000); Florian Jessberger: Von der Pflicht des Staates, Menschenrechtsverletzungen zu untersuchen, *Kritische Justiz* 1996, pp. 290 et seq.; Menno T. Kamminga: Lessons Learned from the Exercise of Universal Jurisdiction in Respect of Gross Human Rights Offenses, 23 *Human Rights Quarterly* (2001), pp. 940 et seq.; * Claus Kreß: Universal Jurisdiction over International Crimes and the *Institut de Droit International*, *Journal of International Criminal Justice* 4 (2006), 561 ff.; Stephen Macedo (ed.): *Universal Jurisdiction* (2004); Roger O'Keefe: Universal Jurisdiction, *Journal of International Criminal Justice* 2 (2004), 735 ff.; Diane F. Orentlicher: Settling Accounts: The Duty to Prosecute Human Rights Violations of a Prior Regime, 100 *Yale Law Journal* (1991), pp. 2537 et seq.; Keith Randall: Universal Jurisdiction under International Law, 66 *Texas Law Review* (1988), pp. 785 et seq.; Luc Reydams: *Universal Jurisdiction* (2002); Luc Reydams: *Universal Jurisdiction* (2003); Naomi Roht-Arriaza (Hrsg.): *Impunity and Human Rights in International Law and Practice* (1995); Leila N. Sadat: International Criminal Law and Alternative Modes of Redress, in Andreas Zimmermann (ed.), *International Criminal Law and the Current Development of Public International Law* (2003), pp. 161 et seq.; Michael P. Scharf: The Amnesty

---

* 作者在德文第2版中删除了这里的"Claus Kress: Völkerstrafrecht und Weltrechtspflegeprinzip im Blickfeld des Internationalen Gerichtshofs, 114 *Zeitschrift für die gesamte Strafrechtswissenschaft* (2002), pp. 818 et seq."。——译者注

Exception to the Jurisdiction of the International Criminal Court, 32 *Cornell International Law Journal* (1999), pp. 507 et seq.; Angelika Schlunck: *Amnesty versus Accountability, Third Party Intervention Dealing with Gross Human Rights lolations in Internal and International Conflicts* (2000); Christian Tomuschat: The Duty to Prosecute International Crimes Committed by Individuals, in Hans-Joachim Cremer et al. (eds.), *Festschrift für Steinberger* (2002), pp. 315 et seq.; Gerhard Werle: Alternativen zur Strafjustiz bei der Aufarbeitung von Systemunrecht-Die Amnestieverfahren der südafrikanischen Wahrheits- und Versöhnungskommission, in Hagen Hof and Martin Schulte (eds.), *Wirkungsforschung zum Recht*, Vol. III (2001), pp. 291 et seq.; Gerhard Werle: Neue Wege. Die südafrikanische Wahrheitskommission und die Aufarbeitung von schweren Menschenrechtsverletzungen, in Petra Bock and Edgar Wolfrum (eds.), *Umkämpfe Vergangenheit* (1999), pp. 269 et seq.; Rüdiger Wolfrum: The Decentralized Prosecution of International Offences Through National Courts, in Yoram Dinstein and Mala Tabory (eds.), *War Crimes in International Law* (1996), pp. 233 et seq.

一 普遍管辖与起诉和惩罚的权力

169 国际法项下的犯罪以危害作为整体的国际社会的利益为指向。从国际犯罪所具有的这种普遍性质中，可以得出结论：国际社会获得了起诉和惩罚这些犯罪的权力，不管是谁实施了这种犯罪，也不管这些犯罪是危害了谁。每一种法律制度都可以使用刑事制裁来保护自己，反对对自己根本价值的攻击。

170 因此，在国际法方面，这个国际刑事法院本来能够很容易地在普遍管辖原则的基础上，装备上世界范围的管辖权。但是，德国代表团根据这个思路所提出的一项建议，在罗马大会上并没有成功。[323] 对于拒绝这项建议来说，起决定作用的是政治动机，而不是法律动机。

171 但是，在作为整体的国际社会方面，不单单是起诉的权力来自国际法项下的犯罪所具有的性质及其与国际法律秩序的直接关系。每个国家都可以不受限制地在任何案件中起诉罪犯；行为是在什么地方发生的，被害人是谁，或者与起诉国之间的其他任何联系[324]能

[323] 参见 S. A. Williams, in O. Triffterer (ed.), *Commentary on the Rome Statute of the International Criminal Court* (1999), Art. 12, marginal nos. 6 et seq.; 也见边码 64。

[324] 普遍管辖权并不要求这名行为人处在行使管辖权的国家的羁押之中。关于这个有争论的问题，参见 C. Kress, 114 *Zeitschrift für die gesamte Strafrechtswissenschaft* (2002), p. 818 at pp. 840 et seq., 分析了在 *DR Congo v. Belgium*, ICJ, judgment of 14 February 2002 中的单独意见（涉及 2000 年 4 月 11 日逮捕令状的案件）。

够得以建立,[325]都是不重要的。在这里,惩罚的权力来自这种犯罪本身("刑事管辖权仅仅以这种犯罪的性质为根据"[326])。以危害各国社会最重要的利益为指向的行为所产生的效果,从定义上说,并不仅仅局限于该犯罪实施地国的国内领域。国际犯罪不是国内事项。在起诉国际刑法方面,国际法对国内刑事管辖权的扩张所设定的限制,尤其是在禁止干涉时,并没有受到影响。因此,普遍管辖原则适用于国际法项下的各种犯罪。[327]

从本质上说,国际刑事管辖权的范围,存在于各国作为国家权威的产物而进行决定的主权权力。各国基本上是可以自由地建立自己刑法的适用领域和范围的。[328] 在这样做时,各国必须遵守国际义务,这种义务在两个主要方面会发挥作用。一方面,国内刑事管辖的扩张受到国际法的限制,尤其是受到禁止 172

---

[325] 参见,例如,在 S. Macedo (ed.), *Universal Jurisdiction* (2004), pp. 39 et seq. 中的论文;A. Cassese, *International Criminal Law* (2003), p. 284; G. de La Pradelle, in H. Ascensio, E. Decaux and A. Pellet (eds.), *Droit International Pénal* (2000), pp. 905 et seq.; C. Kress, 30 *Israel Yearbook on Human Rights* (2001), p. 103 at p. 168; International Law Association, *Final Report* (2000), pp. 2 et seq.; G. Werle and F. Jessberger, *Juristische Schulung* 2001, p. 141 at p. 142; 对于普遍管辖权基础的讨论,参见 M. C. Bassiouni, 42 *Virginia Journal of International Law* (2001), p. 81 at pp. 96 et seq.。在 1995 年 10 月 2 日的决定中,南斯拉夫国际法庭上诉庭的决定,批准性地引用了意大利最高军事法庭的一个决定:"禁止它们(违反战争的法律和习惯)的规范具有普遍的特征,不是一个简单的属地问题。(违反战争的法律和习惯)涉及所有的文明国家,只要它们得到实施,就应当受到反对和惩罚。"参见 *Prosecutor v. Tadić*, ICTY (Appeals Chamber), decision of 2 October 1995, para. 57。国际法院没有利用这个机会的便利来表示一种关于普遍管辖权有效性的意见,参见 *DR Congo v. Belgium*, ICJ, judgment of 14 February 2002 (涉及 2000 年 4 月 11 日逮捕令状的案件)。但是,在其他意见中可以见到评论;关于讨论,参见 C. Kress, 114 *Zeitschrift für die gesamte Strafrechtswissenschaft* (2002), pp. 818 et seq.。

[326] "与犯罪在什么地方实施无关,被指称的或者被定罪的行为人的国籍、被害人的国籍、或者任何其他与行使这种管辖权的国家有关的关系",在"关于普遍管辖的普林西顿原则"(*the Princeton Principles* on Universal Jurisdiction)第 1 条第 1 款中,这一点得到了正确的说明,载 S. Macedo (ed.), *Universal Jurisdiction* (2004), p. 21。

[327] 人们必须注意,那些会根据普遍管辖权被起诉的犯罪的范围,超出了国际法项下的犯罪。例如,世界范围内各种权威当局,长期以来一直根据习惯法认可对海盗和奴隶贸易的惩罚。普遍管辖权也适用于酷刑,参见 C. L. Blakesley, in M. C. Bassiouni (ed.), *International Criminal Law*, Vol. 2, 2nd edn. (1999), p. 33 at pp. 71 et seq.; D. Oehler, *Internationales Strafrecht*, 2nd edn. (1983), marginal nos. 878 et seq.。换句话说,普遍管辖权适用于所有的国际法项下的犯罪,但是,不是所有普遍管辖权适用的犯罪都是国际法项下的犯罪。对于一种概述,参见 M. C. Bassiouni, 42 *Virginia Journal of International Law* (2001), p. 81 at pp. 107 et seq.。

[328] 自从国际常设法院(the Permanent Court of Justice)在莲花号案件(the Lotus case)中作出决定以来(PCIJ Ser. A, No. 10 [7 September 1927]),这就一直被认可为是国家的"规定的管辖权"(jurisdiction to prescribe):"然而,并不能得出这样的结论:在任何与发生在国外的行为有关的案件方面,以及在案件不能依靠国际法中的某种允许性规则方面,国际法就禁止国家在自己的领土上行使管辖权。""(对)国家能够要求的一切,就是它不应当越过国际法对它规定的管辖权的界限;在这些界限之内,它行使管辖权的权利就处在它的主权范围之内。"也见 L. Reydams, *Universal Jurisdiction* (2002), pp. 11 et seq. and p. 21。但是,更新近引起的发展,对这种国内刑事管辖权的范围所具有的国际法地位提出了问题,参见 C. Kress, 114 *Zeitschrift für die gesamte Strafrechtswissenschaft* (2002), p. 818 at pp. 831 et seq.,引用了在 the *DR Congo v. Belgium*, *ICJ*, judgment of 14 February 2002(涉及 2000 年 4 月 11 日逮捕令状的案件)一案中的许多单独的意见。

干涉的限制。[329] 根据国际法,这个国家可以将自己的刑事管辖权扩张到那些它能够展示出某种联系的事项上去,例如,通过有关行为的发生地,行为人或者被害人的国籍,或者受保护的有关利益而产生的联系。[330] 另一方面,各国会被要求扩展自己的国内刑事管辖权——例如,由于提起起诉的一种国际义务。[331]

173 在这个框架之内,附属于国内刑事管辖权的特别国际义务,可以更清楚地通过两个步骤予以定义。第一个步骤是,确定对国际法项下的犯罪行使国内刑事管辖权的范围。在第二个步骤中必须提出的问题是,是否存在着一项额外的起诉和惩罚国际犯罪的义务。在这个背景下,在处理国际法项下的犯罪时,必须确定可选择模式是否可以被接受。

174 习惯性国际法项下的普遍管辖原则的有效性,通常在灭绝种族、国际武装冲突中的战争罪和危害人类罪[332]中得到承认,并且在国内战争的犯罪方面也得到了接受。[333] 这甚至是在授权第三国——也就是说,与该犯罪不具有特别关系的国家——来起诉这些犯罪。但是,在侵略罪方面,仍然存在着一些疑问。[334]

175 从政策的角度出发,普遍管辖原则的适用是受到欢迎的。甚至在国际刑事法院创设之后,通过各种国际法院直接执行国际刑法毕竟将成为例外。普遍管辖不受限制的适用能力,就提高了由第三国来分散地起诉国际犯罪的可能性。这将为国际犯罪创设一种完整地主张管辖权的网络,并且使结束国际犯罪广泛不受惩罚的机会得到显著的改善。然而,不能忽视一些危险:一是,随着开放第三国对国内法律制度的干涉,带来了滥用的重大可能性。[335] 二是,世界范围内的起诉权会导致大量竞争性起诉主张的提出。

---

[329] 《联合国宪章》,第 2 条第 7 款。

[330] 参见 D. Oehler, *Internationales Strafrecht*, 2nd edn. (1983), marginal nos. 111 et seq.。

[331] 参见边码 177 以下。

[332] 参见 I. Brownlie, *Principles of Public International Law*, 6th edn. (2003), pp. 303 et seq. and p. 565; C. Kress, 114 *Zeitschrift für die gesamte Strafrechtswissenschaft* (2002), p. 818 at p. 836; C. Tomuschat, in H. J. Cremer et al. (eds.), *Festschrift für Steinberger* (2002), p. 315 at p. 340; G. Werle, 109 *Zeitschrift für die gesamte Strafrechtswissenschaft* (1997), p. 808 at p. 824; R. Wolfrum, in Y. Dinstein and M. Tabory (eds.), *War Crimes in International Law* (1996), p. 233 at pp. 237 et seq.。对各国法律的概述,参见 Amnesty International, *Universal Jurisdiction* (2001)。《防止及惩治灭绝种族罪公约》明确地把起诉灭绝种族的管辖权,仅仅给了"在其领土上实施了这种行为的国家中的一个有资格的法庭",或者"诸如那种对应当已经接受其管辖权的缔约方方面具有管辖权的(有待创设的)国际刑事法庭"(《防止及惩治灭绝种族罪公约》,第 6 条),这个事实并不是一种对灭绝种族进行习惯法性适用的原则所具有的障碍,参见 *Bosnia and Herzegovina v. Yugoslavia*, ICJ, judgment of 11 July 1996(在防止和惩罚灭绝种族罪中适用该公约), *ICJ* Rep. 1996, p. 595, para. 31。

[333] 在这里,怀疑产生于这个事实:这些日内瓦公约明确规定,普遍管辖权只适用于在国际武装冲突中的战争罪。但是,对于根据习惯法对国内战争的可适用性,参见 C. Kress, 30 *Israel Yearbook on Human Rights* (2001), p. 103 at pp. 169 et seq.; G. Werle 109 *Zeitschrift für die gesamte Strafrechtswissenschaft* (1997), p. 808 at pp. 818 et seq.。

[334] 参见 C. Tomuschat, in H. J. Cremer et al. (eds.), *Festschrift für Steinberger* (2002), p. 315 at pp. 341 et seq.。

[335] 参见 C. Tomuschat, in H. J. Cremer et al. (eds.), *Festschrift für Steinberger* (2002), p. 315 at p. 339 and p. 342。人们一直建议,即使对于今天处于普遍管辖权之下的情况来说,也应当要求与管辖国之间的一种额外的联系。A. Cassese, *International Criminal Law* (2003), pp. 289 et seq., 也要求对普遍管辖权的适用进行限制。也见 N. Roth-Arriaza, 17 *Leiden Journal of International Law* (2004), pp. 375 et seq.。

面对这些至少在理论上与普遍管辖相联系的问题(例如,法庭选择),这不是一个理想的解决方案; 176
然而,在这个世界上,不追究国际犯罪的责任还是一项规则而不是一种例外,这样一种情况应当被看成是进步。从一种政策的角度看来,这个问题,现在,一直是在第一个地点就把那些应当负责的人缉拿归案,而不是敏感地开辟各国竞争性地提出主张的渠道。因此,上述的保留意见就不应当是放弃普遍管辖的理由,它们其实是在争辩:使用这个原则时必须小心。

二 起诉义务

国际法不仅允许国际社会和各国通过普遍管辖权起诉国际犯罪,而且甚至在特定情 177
况下使它们承担起这样做的义务。

在《国际刑事法院规约》的序言中,缔约国强调:"与国际社会整体有利害关系的最严 178
重的犯罪,一定不能在不受惩罚的情况下逃脱,并且……必须在国内层面采取措施和提供国际合作来保证对它们提起有效的起诉。"各成员国忆及"各国有义务对犯有国际罪行的人行使刑事管辖权,"并且强调它们"最终……建立一个独立的常设国际刑事法院"的决心。[336]

(一)国家承担的起诉义务

今天,习惯性国际法承认,国际法项下的犯罪实施国有起诉的义务。[337] 根据条约法, 179
对于灭绝种族和国际武装冲突中的战争罪来说,也存在着这个义务。[338]

---

[336] 《国际刑事法院规约》,序言,第4句和第6句。这已经包含在International Law Commission,*Principles of International Law Recognised in the Charter of the Nuremberg Tribunal and the judgment of the Tribunal*,Principle I,*Yearbook of the International Law Commission* 1950 II,p.364之中了:"危害人类罪无论在何地实施,都应当接受调查,并且,有证据反对自己的人……应当受到追查、逮捕、审判,并且在发现有罪时,受到惩罚。"

[337] 参见C. Kress,30 *Israel Yearbook on Human Rights* (2001),p.103 at p.163 fn.237; N. Roht-Arriaza, in D. Shelton (ed.),*International Crimes,Peace and Human Rights* (2000),p.77 at p.78; C. Tomuschat,in H. J. Cremer et al. (eds.),*Festschrift für Steinberger* (2002),p.315 at pp.342 et seq.; 也见A. Schlunck,*Amnesty versus Accountability* (2000),p.27; O. Triffterer,in O. Triffterer (ed.),*Commentary on the Rome Statute of the International Criminal Court* (1999),Preamble,marginal no.17。

[338] 参见《防止及惩治灭绝种族罪公约》第4条。《日内瓦公约》(三)第129条和《日内瓦公约》(四)第146条。除此之外,还存在着以条约为基础的起诉义务,只要国际法项下的犯罪是以酷刑为基础的;这是从《禁止酷刑和其他残忍、不人道或有辱人格的待遇或处罚公约》第7条中派生出来的。关于这个领域的详细情况,参见M. Schmidt,*Externe Strafpflichten* (2002),pp.136 et seq.; 也见A. Cassese,*International Criminal Law* (2003),pp.302 et seq.; A. Eser,in L. C. Vohrah et al. (eds.),*Man's Inhumanity to Man* (2003),pp.279 et seq.; C. Kress,30 *Israel Yearbook on Human Rights* (2001),p.103 at p.162; N. Roht-Arriaza,in N. Roht-Arriaza (ed.),*Impunity and Human Rights* (1995),pp.24 et seq.; M. P. Scharf,32 *Cornell International Law Journal* (1999),p.507 at p.526。

180 日内瓦四公约规定的"严重违反"的条文,使每个成员国都承担起对特定严重违反行为的起诉义务。有关的行为包括对"受保护的人"实施杀人、严重身体伤害或者非法监禁。这些受保护的人,一般仅仅包括外国人。但是,《日内瓦公约》共同第3条(Common Article 3)也保护非国际武装冲突中的本国人,因此,实际上把他们也归入了受保护的人之中。只有对这个公约的这种解释,在1949年以来,才是公平对待了在国内武装冲突中的人权保护的发展。因此,《日内瓦公约》的"严重违反"的条文也包括了《日内瓦公约》共同第3条列出的在国内武装冲突中的犯罪。[339]

181 在上个世纪90年代,由美洲人权法院[340]于1988年作出的一个决定所引发的一场学术讨论,在表明各种起诉义务中也是有帮助的。在这场讨论中的参加者都认为,对任何严重侵犯基本人权的起诉义务是存在的。[341] 这个美洲法院决定,一个国家有法律上的义务防止侵犯人权,认真调查这种侵犯的证据,认定应当负责的人,适用恰当的刑罚,并且保证对被害人提供适当的补偿。对人权文件的这种解释,一直得到欧洲人权法院和联合国人权委员会的肯定。[342] 根据这种解释,起诉的义务来自国家保障人权和提供有效法律保护的义务。[343] 对于保障人权来说,一个重要的工具就是对侵犯人权进行这种犯罪化。因此,在有效法律保护的利益和保障人权的义务中,上述公约产生了由国家方面承担起诉的义务,虽然,对于成员国来说还有属人理由(ratione personae)的限制。[344]

(二)"第三国"有起诉的义务吗?

182 由国家方面承担起诉义务,在实践中取得的效果很有限。在国际法项下的犯罪是典

---

[339] 参见 K. Ambos, *Neue Zeitschrift für Strafrecht* 1999, p. 226 at pp. 228 et seq.; O. Triffterer, in G. Hankel and G. Stuby (eds.), *Strafgerichte gegen Menschheitsverbrechen* (1995), p. 169 at p. 181; R. Wolfrum, in D. Fleck (ed.), *The Handbook of Humanitarian Law in Armed Conflicts* (1999), no. 425; 搁置情况参见(德国)联邦最高法院(Bundesgerichtshof), judgment of 21 February 2001, *BGHSt* 46, p. 292 at p. 302。

[340] *Velázquez Rodriguez*; Inter-American Court of Human Rights, judgment of 29 July 1988, Series C No. 4.

[341] 一个标准的工作参见 D. F. Orentlicher, 100 *Yale Law Journal* (1991), pp. 2537 et seq.。也见 M. C. Bassiouni, *Crimes Against Humanity* (1992), p. 503; C. Edelenbos, 7 *Leiden Journal of International Law* (1994), pp. 5 et seq.。

[342] 详细情况,并且带有对当前案例法的引注,参见 C. Tomuschat, in H. J. Cremer et al. (eds.), *Festschrift für Steinberger* (2002), p. 315 at pp. 320 et seq.。

[343] 这些基础首先是在各种人权公约中的"尊重和保障"条款(例如,1950年11月4日《欧洲保护人权与基本自由公约》, *ETS* No. 5 [1950], 第1条)和有效法律保护的保障(例如,1950年11月4日《欧洲保护人权与基本自由公约》, *ETS* No. 5 [1950], 第13条);详细情况,参见 K. Ambos, *Straflosigkeit von Menschenrechtsverletzungen* (1997), pp. 163 et seq.; N. Roht-Arriaza, in N. Roht-Arriaza (ed.), *Impunity and Human Rights* (1995), p. 24 at pp. 29 et seq.; A. Schlunck, *Amnesty versus Accountability* (2000), pp. 39 et seq.。

[344] 对于讨论调查侵犯人权的相关的义务,参见 F. Jessberger, *Kritische Justiz* 1996, p. 290 at pp. 293 et seq.。

型的国家犯罪；把起诉国际犯罪完全交给国家承担，经常就意味着由行为人自己对自己作出判决。因此，在第三国方面是否以及在什么程度上存在着起诉的义务这个问题，就具有最高的法律和实践的重要性。

普遍管辖原则仅仅给予了起诉的权限。对外国人在一国领土之外实施的国际法项下 183
的犯罪进行起诉，是一种更广阔的义务（所谓的委托的[mandatory]普遍管辖权）。[345] 这种义务迄今仅仅在国际武装冲突中的战争罪方面得到了承认。几部日内瓦公约构成了这种习惯法原则的基础；这些公约规定，缔约国必须要么自己起诉"严重违反"，不管它们是在哪里、由谁、针对谁实施的，要么"把这种人交给其他有关缔约国进行审判"。[346] 这个规则以对严重侵害进行最大可能的完整起诉为目的。任何关押国有义务自己审判这些行为人，或者将他们交给愿意起诉的国家（或引渡或审判）。[347] 的确，在这两种选择性之间，存在着一种真正的权利。[348] 在这方面，如果在关押国与该犯罪之间，除了嫌疑人的存在之外，不存在其他特殊的联系时，关押国甚至有义务这样做。日内瓦四公约在"严重违反"上的条文范围，也正确地包括了在国内战争中实施的犯罪。[349]

第三国是否也有习惯法义务来起诉灭绝种族罪和危害人类罪，还存在着争论。[350] 在 184
任何情况下，都不存在以条约为根据的要求。[351]《国际刑事法院规约》有目的地留下这个

---

[345] 关于这个概念，参见 C. Tomuschat, in H. J. Cremer et al. (eds.), *Festschrift für Steinberger* (2002), p. 315 at pp. 32 et seq.（这里意味的是这种案件，在其中，"各国……，不仅被授权，而且享有在自己的司法区中起诉和审判被指称的罪犯的权利，不管有关犯罪是否被实施"）。

[346] 《日内瓦公约（四）》，第 146 条，参见 G. Dahm, J. Delbrück and R. Wolfrum, *Völkerrecht*, Vol. I/3, 2nd edn. (2002), p. 1008。

[347] 对于讨论，参见 M. C. Bassiouni and E. M. Wise, *Aut Dedere Aut Judicare* (1995)，提供了许多包含这个原则的国际条约。

[348] 参见 G. Gilbert, *Transnational Fugitive Offenders* (1998), pp. 322 et seq.（"真正的选择"）。在所谓的洛克比案件（Lockerbie case）中，利比亚用这种精神在国际法院争辩说，《蒙特利尔公约》允许关押国在起诉和引渡之间作出选择。国际法院并没有决定这个问题（*Libyan Arab Jamahiriya v. United Kingdom*, ICJ, judgment of 14 April 1992，[这个案件涉及从在洛克比发生的航空事件而产生的对 1971 年《蒙特利尔公约》的适用和解释的问题]，*ICJ* Rep. 1992, p. 3 at pp. 6 et seq.）。

[349] 参见 G. Werle, 109 *Zeitschrift für die gesamte Strafrechtswissenschaft* (1997), p. 808 at pp. 818 et seq., with additional notes and marginal nos. 811 et seq.。

[350] 对于反对存在习惯性国际法项下的义务的观点，参见 J. Dugard, in A. Cassese, P. Gaeta and J. R. W. D. Jones (eds.), *The Rome Statute of the International Criminal Court*, Vol. 1 (2002), p. 693 at p. 698; G. Gilbert, *Transnational Fugitive Offenders* (1998), p. 322; C. Tomuschat, in H. J. Cremer et al. (eds.), *Festschrift für Steinberger* (2002), p. 315 at pp. 337 et seq.。相反，M. C. Bassiouni 争辩说，或引渡或审判原则一直成为习惯性国际法的一部分，并且适用于国际法项下的所有犯罪，参见 M. C. Bassiouni and E. M. Wise, *Aut Dedere Aut Judicare* (1995), p. 21 at p. 24; M. C. Bassiouni, 42 *Virginia Journal of International Law* (2001), p. 81 at pp. 148 et seq.，对于类似的观点，参见 C. Enache-Brown, 43 *McGill Law Journal* (1998), p. 613 at pp. 625 et seq.。

[351] 关于根据《防止及惩治灭绝种族罪公约》起诉的义务范围，参见，例如，C. Tomuschat, in H. J. Cremer et al. (eds.), *Festschrift für Steinberger* (2002), p. 315 at p. 332。也见 A. Eser, in L. C. Vohrah et al. (eds.), *Man's Inhumanity to Man* (2003), p. 279 at pp. 281 et seq.。

问题：第三国是否有义务根据普遍管辖原则起诉国际犯罪。[352]

185 或引渡或审判原则是在国际法委员会的草案中，为所有反对国际法的犯罪规定的，但是，对侵略罪作了习惯法上的限制。[353]

186 然而，在草案中的有关规则，并没有被《国际刑事法院规约》所接受和反映。从序言中只能得出这个结论：起诉国际犯罪必须得到"在国内层面采取措施和提供国际合作"的保证，并且，"各国有义务对犯有国际罪行的人行使刑事管辖权"。但是，这仅仅是加强了惩罚在自己领土上实施的犯罪的义务。[354] 另一方面，这个国际刑事法院不具有普遍管辖权的事实，也由于各国对此不能同意，不能作为一个理由来对抗第三国起诉的义务。[355]

187 人们也不能从人权条约中得出第三国的起诉义务。[356] 这个条约与受侵害人权之间的附属关系，反对这种义务。[357] 从这种三合一的"人权－保护义务－起诉义务"中为起诉义务能够得出的全部结论是，这个国家，在它必须保障人权的范围内，也有义务通过适当的刑事规范，为反对侵犯这种权利的最严重行为提供保护。但是，这种起诉的义务不能扩展得比保护的义务更远，并且，保护义务应当止于领土主权的边界之处。对于这个理由，从人权条约中为严重侵犯人权能够得出的全部结论就是：由国家方面承担起诉义务。[358]

三　赦免和真相委员会

188 起诉义务的范围具有巨大的实践意义，尤其是因为这种起诉义务就意味着对赦免的禁止。因此，不惩罚国际法项下的犯罪的决定，是一种从宏观刑法体系转变到以法治为基础的体系中的典型现象。

---

[352] 参见 A. Eser, in L. C. Vohrah et al. (eds.), *Man's Inhumanity to Man* (2003), p. 279 at pp. 281 et seq.; C. Kress, 30 *Israel Yearbook on Human Raghts* (2001), p. 103 at p. 163; T. N. Slade and R. S. Clark, in R. S. Lee (ed.), *The International Criminal Court, The Making of the Rome Statute* (1999), p. 421 at p. 427 ("可爱的含糊"); O. Triffrerer, in O. Triffterer (ed.), *Commentary on the Rome Statute of the International Criminal Court* (1999), Preamble, marginal no. 17("有意留下的含糊")。

[353] 参见 *Draft Code* 1991, Art. 6(1)："对于处于一个国家领土之上的被指称实施了危害人类和平和安全的个人，这个国家应当要么审判他，要么引渡他。"也见 *Draft Code* 1996, Art. 9。

[354] 参见 O. Triffterer, in O. Triffterer (ed.), *Commentary on the Rome Statute of the International Criminal Court* (1999), Preamble, marginal no. 17。

[355] 但是，这个观点参见 C. Tomuschat, in H. J. Cremer et al. (eds.), *Festschrift für Steinbewger* (2002), p. 315 at p. 339："根据这些情况，解释起诉的义务就是非常矛盾的。"

[356] 对于这些观点，参见边码 181。

[357] 参见 C. Tomuschat, in H. J. Cremer et al. (eds.), *Festschrift für Steinberger* (2002), p. 315 at p. 326 ("第二位的义务"); F. Jessberger, *KritischeJustiz* 1996, p. 290 at p. 298("附属的义务")。

[358] C. Tomuschat 对这个观点作了有说服力的说明，参见 H. J. Cremer et al. (eds.), *Festschrift für Steinberger* (2002), p. 315 at p. 326："没有一个国家能够承担保障在其他国家的领土上享有人权的责任。"

然而,在国际(刑事)法律中,在这一点上已经出现了不清楚的立场。[359] 至少,确定的是,在国际法创设的起诉和惩罚的义务范围内,跨境免除刑事责任的做法是不可接受的。[360] 这意味着对国际法项下的犯罪进行一般赦免,根据习惯性国际法,这是不能允许的。[361] 作为一种结果,在违反国际法中的赦免,并不能阻止第三国的起诉。[362] 189

另一方面,国际(刑事)法律也不能完全阻止对恢复和平所必要的赦免。[363] 190

作为一个事实问题,阻止惩罚国际法项下的犯罪,在个别案件中,对于恢复国内和平会是必要的,并且将能使国内和解成为可能。[364] 例如,如果国内战争能够以放弃惩罚为代价而得到结束,就是这种情况。在这种情况中,决定不惩罚能够从紧急避险的观点中获得合理性。[365] 这里的困难在于找到可以依靠的允许赦免的标准。[366] 191

在《国际刑事法院规约》中,并没有提到以起诉为一方面和以赦免和真相委员会为另一方面之间的关系。[367] 在这个国际刑事法院中,是否能够在一个案件中接受国内的赦免, 192

---

[359] 详细情况,参见 G. Dahm, J. Delbrück and R. Wolfrum, *Völkerrecht*, Vol. I/3, 2nd edn. (2002), pp. 1014 et seq.; J. Dugard, in A. Cassese, P. Gaeta and J. R. W. D. Jones (eds.), *The Rome Statute of the International Criminal Court*, Vol. 1 (2002), p. 693 at pp. 695 et seq.。也见 J. M. Kamatali, 16 *Leiden Journal of International Law* (2003), pp. 115 et seq.。

[360] 参见 C. Tomuschat, in H. J. Cremer et al. (eds.), *Festschrift für Steinberger* (2002), p. 315 at p. 344; 也见 L. N. Sadat, in A. Zimmermann (ed.), *International Criminal Law and the Current Development of Public International Law* (2003), pp. 161 et seq.; 对于一个更加小心的观点,参见 A. Cassese, *International Criminal Law* (2003), pp. 313 et seq. Seen correctly, Art. 6(5) of Protocol Additional II("在敌对行动结束时,掌权的当局应当努力给予参加军事冲突的人以最大可能的大赦……")仅仅涉及了对合法军事行动的免除刑罚,参见 C. Tomuschat, in H. J. Cremer et al. (eds.), *Festschrift für Steinberger* (2002), p. 315 at p. 348。

[361] 参见 International Law Association, *Final Report on the Exercise of Universal Jurisdiction in Respect of Gross Human Raghts Offences* (2000), pp. 15 et seq.; 也见《塞拉里昂特别法庭规约》,第 10 条, UN Doc. S/2000/915, Annex:"在(危害人类罪,违反共同第三条,其他严重违反国际人道法)方面,授予任何处于这个特别法庭管辖权之内的人一种大赦,不应当成为起诉的一种障碍。"参见 Principle 7 of *the Princeton Principles on Universal Jurisdiction*, in S. Macedo (ed.), *Universal Jurisda'ction* (2004), p. 22:"1. 大赦一般与国家为(战争罪、危害和平罪、危害人类罪、灭绝种族罪)提供责任的义务不相一致。"

[362] 相反,根据国际法作出的大赦,必须得到第三国以及国际社会的尊重,也就是说,得到国际刑事法院的尊重,正确提到这一点的,参见 C. Tomuschat, in H. J. Cremer et al. (eds.), *Festschrift für Steinberger* (2002), p. 315 at p. 347。

[363] 在这里,有趣的与其说是各种可选择的反应机制的有效性和"社会政治的愿望"(desirability),不如说是国际法留给各国的灵活性的数量。

[364] 参见,例如, J. Dugard, 12 *Leiden Journal of lnternational Law* (1999), pp. 1001 et seq.。

[365] 参见 G. Werle, in H. Hof and M. Schulte (eds.), *Wirkungsforschung zum Recht*, Vol. III (2001), p. 291 at pp. 302 et seq. and G. Werle, in P. Bock and E. Wolfrum (eds.), *Umkämpfte Vergangenheit* (1999), p. 269 at pp. 274 et seq.。

[366] 有关建议,参见 I. Gross, *Humanititres Völkerrecht-Informationsschriften* 2001, p. 162 at pp. 168 et seq.; M. P. Scharf, 32 *Cornell International Law Journal* (1999), pp. 507 et seq.。

[367] 关于这些谈判的历史,参见 J. T. Holmes, in R. S. Lee (ed.), *The International Crimihal Court, The Making of the Rome Statute* (1999), p. 41 at pp. 52 et seq.; N. Roht-Arriaza, in D. Shelton (ed.), *International Crimes, Peace and Human Rights* (2000), p. 77 at pp. 79 et seq.; M. P. Scharf, 32 *Cornell International Law Journal* (1999), pp. 507 et seq.。

仍然是有争论的。[368] 在这里,人们必须正确地做出一种区分:对于国际法项下的犯罪所给予的一般赦免,并不影响国际刑事法院受理一个案件,参见第17条第1款第2项,第2款第1项。在所有其他情况中,尤其是在给予一个真相委员会"处理历史"的任务时,国际刑事法院是否受理一个案件,就必须在具体案件具体分析的基础上加以考虑了。

第六节 执行

参考书目:

193 Heiko Ahlbrecht: *Geschichte der völkerrechtlichen Strafgerichtsbarkeit im 20. Jahrhundert, Unter besonderer Berücksichtigung der völkerrechtlichen Straftatbestände und der Bemühungen um einen Ständigen Internationalen Strafgerichtshof* (1999), pp. 232 et seq.; Payam Akhavan: The International Criminal Tribunal for Rwanda: The Politics and Pragmatics of Punishment, 90 *American Journal of International Law* (1996), pp. 501 et seq.; M. Cherif Bassiouni: The Philosophy and Policy of International Criminal Justice, in Lal Chand Vohrah et al. (eds.), *Man's Inhumanity to Man* (2003), pp. 65 et seq.; M. Cherif Bassiouni and Peter Manikas: *The Law of the International Criminal Tribunal for the Former Yugoslavia* (1996), pp. 775 et seq.; Paolo Benvenuti: Complementarity of the International Criminal Court to National Jurisdictions, in Flavia Lattanzi and William A. Schabas (eds.), *Essays on the Rome Statute of the International Criminal Court*, Vol. 1 (1999), pp. 21 et seq.; Paolo Benvenuti: The Repression of Crimes Against Humanity, War Crimes, Genocide Through National Courts, 46 *Jus Rivista di Scienze Giuridiche* (1999), pp. 145 et seq.; Bartram S. Brown: Primacy or Complementarity: Reconciling the Jurisdiction of National Courts and International Criminal Tribunals, 23 *Yale Journal of International Law* (1998), pp. 383 et seq.; Aline Bruer-Schäfer: *Der Internationale Straf-*

---

[368] 参见 M. Bennouna, in L. C. Vohrah et al. (eds.), *Man's Inhumanity to Man* (2003), pp. 127 et seq.; G. Hafner et al., 10 *European Journal of International Law* (1999), pp. 108 et seq.; D. Momtaz, 78 *Die Friedens-Warte* (2003), pp. 53 et seq.; Y. Naqvi, 85 *International Review of the Red Cross* (2003), pp. 583 et seq.; F. Orrego Vicuna, in L. C. Vohrah et al. (eds.), *Man's Inhumanity to Man* (2003), pp. 641 et seq.; M. C. W. Pinto, in L. C. Vohrah et al. (eds.), *Man's Inhumanity to Man* (2003), pp. 481 et seq.; W. A. Schabas, 25 *Human Rights Quarterly* (2003), pp. 1035 et seq.; IL Wedgwood, 10 *European Journal of International Law* (1999), p. 93 at p. 95; 对于详细的讨论,参见 J. Dugard, in A. Cassese, P. Gaeta and J. ILW. D. Jones (eds.), *The Rome Statute of the International Criminal Court*, Vol. 1 (2002), npd. 693 at pp. 700 et seq.; 也见 G. Dahm, J. Delbrück and R. Wolfrum, *Völkerrecht*, Vol. I/3, 2 edn. (2002), pp. 1017 et seq.。

gerichtshof, *Die Internationale Strafgerichtsbarkeit im Spannungsfeld von Recht und Politik* (2001), pp. 128 et seq.; Antonio Cassese: *International Criminal Law* (2003), pp. 348 et seq.; Antonio Cassese: On the Current Trend Towards Criminal Prosecution and Punishment of Breaches of International Humanitarian Law, 10 *European Journal of International Law* (1998), pp. 1 et seq.; Robert Cryer: *Prosecuting International Crimes* (2005), 124 ff.; Florian Jessberger: Prosecuting International Crimes in Domestic Courts: A Look Back Ahead, 11 *Finnish Yearbook of International Law* (2002), pp. 281 et seq.; Florian Jessberger and Cathleen Powell: Prosecuting Pinochets in South Africa – Implementing the Rome Statute of the International Criminal Court, in 14 *South African Journal of Criminal Justice* (2001), pp. 344 et seq.; Hans-Peter Kaul: Der Internationale Strafgerichtshof-Eine Bestandsaufnahme, 78 *Die Friedens-Warte* (2003), pp. 11 et seq.; Madeleine Morris: Complementarity and its Discontents: States, Victims, and the International Criminal Court, in Dinah Shelton (ed.), *International Crimes, Peace and Human Rights* (2000), pp. 177 et seq.; Herwig Roggemann: *Die Internationalen Strafgerichtshöfe*, 2nd edn. (1998); Naomi Roht-Arriaza: *The Pinochet Effect-Transnational Justice in the Age of Human Rights* (2005); Leila N. Sadat: *The International Criminal Court and the Transformation of lnternational Law* (2002), pp. 225 et seq.; Jeremy Sarkin: The Necessity and Challenges of Establishing a Truth and Reconciliation Commission in Rwanda, 21 *Human Rights Quarterly* (1999), pp. 767 et seq.; Jeremy Sarkin: Promoting Justice, Truth and Reconciliation in Transitional Societies: Evaluating Rwanda's Approach in the New Millenium of Using Community Based Gacaca Tribunals to Deal With the Past, in *International Law Forum* (2000), pp. 112 et seq.; William A. Schabas: *An Introduction to the International Criminal Court*, 2nd edn. (2004), pp. 67 et seq.; Christian Tomuschat: Das Statut von Rom für den Internationalen Strafgerichtshof, 73 *Die Friedens-Warte* (1998), pp. 335 et seq.; Otto Triffterer: Der ständige Internationale Strafgerichtshof – Anspruch und Wirklichkeit, in Karl Heinz GiSssel and Otto Triffterer (eds.), *Gedächtnisschrift für Zipf* (1999), pp. 493 et seq.; Ruth Wedgwood: National Courts and the Prosecution of War Crimes, in Gabrielle Kirk McDonald and Olivia Swaak-Goldman (eds.), *Substantive and Procedural Aspects of International Criminal Law*, Vol. 1 (2000), pp. 393 et seq.; Thomas Weigend: Völkerstrafrecht-Grundsatzfragen und aktuelle Probleme, in Günter Kohlmann et al. (eds.), *Entwicklungen und Probleme des Strafrecht an der Schwelle zum 21. Jahrhundert* (2003), pp. 11 et seq.; Rüdiger Wolfrum: Internationale Verbrechen vor internationalen und nationalen Gerichten, in: Arnold, Jörg et al. (Hrsg.), *Menschengerechtes Strafrecht* (2005), 977 ff.; Christine Van den Wyngaert: War Crimes, Genocide and Crimes Against Humanity-Are States Taking National Prosecutions Seriously?, in M. Cherif Bassiouni (ed.), *International Criminal Law*, Vol. 3, 2nd edn. (1999), pp. 227 et seq.

一 直接执行和间接执行

194 国际刑法在直接执行和间接执行的机制之间做出区分,[369]这是指一方面由各种国际法院对国际法项下的犯罪进行起诉,另一方面由国内法院进行这种起诉。

195 直到不久之前,国际刑法还总是完全依赖间接执行机制。由于没有常设国际刑事法院,起诉国际犯罪,在一旦发生时,就总是在国内法院中进行。[370] 在直接执行国际刑法的情况发生时,主要是通过国际军事法庭和特别的联合国法庭来进行的,法院在属时理由(ratione temporis)、地点(loci)和主题(materiae)方面的管辖权很有限。

196 随着《国际刑事法院规约》在2002年7月1日生效,并且随着国际刑事法院的创设,对于国际刑法的直接执行就已经有了一个常设的机构。这个法院的确不是作为一个具有普遍责任的世界刑事法院来加以构想的,而是作为在紧急情况下可供使用的法院来构想的。[371] 因此,通过国内起诉来间接执行国际刑法,就将继续具有极其明显的重要性。

二 国内和国际刑事司法制度

197 直接和间接执行机制的并行存在,就能导致国内和国际法院同时主张提起起诉的管辖权这些情况。国内和国际刑事司法制度的这种关系,可以在许多方面加以规范。[372]

---

[369] 参见 M. C. Bassiouni, *International Criminal Law: A Draft International Criminal Code* (1980), p. 187; M. C. Bassiouni: *The Philosophy and Policy of International Criminal Justice*, in L. C. Vohrah et al. (eds.), *Man's Inhumanity to Man* (2003), p. 65 at p. 69。也见 F. Jessberger and C. Powell, 14 *South African Journal of Criminal Justice* (2001), p. 344 at pp. 347 et seq.; T. Weigend, in G. Kohlmann et al. (eds.), *Entwicklungen und Probleme des Strafrechts an der Schwelle zum 21. Jahrhundert* (2003), p. 11 at p. 12。

[370] 例如,冷静的结论参见 C. Van den Wyngaert, in M. C. Bassiouni (ed.), *International Criminal Law*, Vol. 3, 2nd edn. (1999), pp. 341 et seq.; R. Wedgwood, in G. Kirk McDonald and O. Swaak-Goldman (eds.), *Substantive and Procedural Aspects of International Criminal Law*, Vol. 1 (2000), p. 393 at p. 404; 也见 F. Jessberger, 12 *Finnish Yearbook of International Law* (2001), pp. 307 et seq., T. Weigend, in G. Kohlmann et al. (eds.), *Entwicklungen und Probleme des Strafrechts an der Schwelle zum 21. Jahrhundert* (2003), p. 11 at p. 12。

[371] 更详细的讨论,参见边码199。

[372] 参见 A. Cassese, *International Criminal Law* (2003), pp. 348 et seq. and O. Triffterer, in K. H. Gössel and O. Triffterer (eds.), *Gedächmisschrift für Zipf* (1999), p. 493 at pp. 516 et seq.。围绕着各国起诉违反国际法犯罪的共有管辖权,还存在着大量尚未解决的问题,这些问题都是特别敏感的。

在审判第二次世界大战主要的德国战争罪犯方面,《纽伦堡宪章》根据专属原则(the principle of exclusivity)规定了国际军事法院的管辖权。[573] 对于其他行为人来说,管辖权给予各国行使。[574] 与此相比,南斯拉夫国际法庭和卢旺达国际法庭的规约接受了国内法院的并存管辖权。[575] 在这里,根据国际法院具有优先权的原则来解决冲突问题:"本国际法庭应当处于高于国内法院的主要地位。在程序的任何阶段,本国际法庭都可以正式要求国内法院服从本国际法庭的权限……"[576] 198

即使在国际刑事法院创设之后,国际刑法通过国际法院的直接执行也仍然是一种例外,这种说法已经成为一种现实的评价。这种现实的评价也引导着《国际刑事法院规约》。[577] 该规约的序言强调,对于"关系到国际社会整体的最严重的犯罪"来说,有效的起诉必须由"在国内层面采取措施和提供国际合作来保证";[578]同时,应当忆及:"对犯有国际罪行的人行使刑事管辖权"是各国的义务。对于国际和国内刑事司法之间的关系,这部规约因此在这个国际刑事法院辅助性的意义上,[579]适用了补充性原则。国际管辖权不能代替国内管辖权,甚至对于核心犯罪来说也是如此,而仅仅是补充了国内管辖权。国内管辖权具有优先权是一个规则,除非这个国家不愿意或者不能够真正地进行调查或者起诉。[580] 在一个具体案件中,这些前提是否存在,就只能完全由这个国际刑事法院自己决定了。[581] 199

---

[573] 参见《伦敦协议》第 1 条:"那些罪行不具有特别地理位置的主要罪犯";《纽伦堡国际军事法庭宪章》,第 6 条;对于讨论,参见边码 17。

[574] 参见《伦敦协议》第 4 条。

[575] 参见《南斯拉夫国际法庭规约》,第 9 条第 1 款;《卢旺达国际法庭规约》,第 8 条第 1 款。

[576] 《南斯拉夫国际法庭规约》,第 9 条第 2 款;同样的用语可见《卢旺达国际法庭规约》,第 8 条第 2 款。对国内和国际刑事管辖权之间关系所进行的一个历史性调查,参见 P. Benvenuti, in F. Lattanzi and W. A. Schabas (eds.), *Essays on the Rome Statute of the International Criminal Court* (1999), p. 21 at pp. 35 et seq. 。对于联合国的各种法庭对国内法庭所处的主要地位,参见 B. S. Brown, 23 *Yale Journal of International Law* (1998), p. 383 at pp. 394 et seq. 。但是,对于当前的相反趋势,参见 M. Bohlander, 14 *Criminal Law Forum* (2003), pp. 59 et seq. 。

[577] 卢旺达国际法庭的活动戏剧性地展示了国际刑事司法能力的界限。自从这个法庭创设以来,它仅仅完成了 11 个案件的审判;同时,在卢旺达的监狱中还有 12 万以上的嫌疑人被关押在"调查性拘留"之中。有关讨论参见 J. Sarkin, 21 *Human Rights Quarterly* (1999), pp. 767 et seq. 。也见 A. Cassese, 9 *European Journal of International Law* (1998), pp. 1 et seq. ; F. Jessberger and C. Powell, 14 *South African Journal of Criminal Justice* (2001), p. 344 at p. 347。

[578] 《国际刑事法院规约》,序言,第 4 句和第 6 句;对国内法的影响,参见 A. Cassese, P. Gaeta and J. R. W. D. Jones (eds.), *The Rome Statute of the International Criminal Court*, Vol. 2 (2002), pp. 1849 et seq. 。

[579] 参见《国际刑事法院规约》,第 1 条,第 2 句后半句;《国际刑事法院规约》,序言,第 10 句;对于讨论,参见 P. Benvenuti, in F. Lattanzi and W. A. Schabas (eds.), *Essays on the Rome Statute of the International Criminal Court* (1999), pp. 21 et seq. ; J. T. Holmes, in A. Cassese, P. Gaeta and J. R. W. D. Jones (eds.), *The Rome Statute of the International Criminal Court*, Vol. 1 (2002), pp. 667 et seq. ; M. Morris, in D. Shelton (ed.), *International Crimes, Peace and Human Rights* (2000), pp. 177 et seq. ; O. Solera, 84 *International Review of the Red Cross* (2002), pp. 145 et seq. 。

[580] 参见《国际刑事法院规约》,第 17 条。

[581] 关于对各国的"主要地位"的重要限制,参见 O. Triffterer, in K. H. Gössel and O. Triffterer (eds.), *Gedächmisschrift für Zipf* (1999), p. 493 at p. 517。

200 执行国际刑法的主要任务,在将来不会是由这个国际刑事法院来承担,可能也不是由各国来承担,而是由愿意起诉的第三国来承担。[82]

三 国际刑法在行动

(一)国际刑事法院

201 国际刑事法院于2002年7月1日建立,《国际刑事法院规约》同时生效。2003年3月11日,国际刑事法院在海牙开始工作。这个法院负责审理2002年7月1日[83]之后在一个成员国的领土上[84]或者由一个成员国国民[85]实施的灭绝种族罪、危害人类罪和战争罪。如果"显示出"这些犯罪已经实施的情况,是由联合国安全理事会根据《联合国宪章》第7章向检察官提出时,那么,该法庭对这些犯罪也具有管辖权,不管实施的地方在哪里或者行为人的国籍是什么。[86]

202 安全理事会已经利用自己在《国际刑事法院规约》第16条项下的权威,以《联合国宪章》第7章为根据推迟了这个国际刑事法院的起诉工作12个月(可以再延期)。联合国安理会根据美国的提议通过的第1422号决议要求,该法院,"如果出现一个案件,涉及来自不是罗马规约成员国的贡献国(contributing state)的现职或先前的官员或人员做出的与联合国建立或授权的行动有关的作为或者不作为,就应当在从2002年7月1日开始的12个月的期间内,不开始或不进行任何这种案件的调查或者起诉,除非安理会做出其他决定。"[87]在这个决议中,安理会同时宣布了自己在每年7月1日延展这个请求12个月的意愿。这一点,第一次在2003年6月12日由第1487号决议完成了。2004年6月,由于安理会中强大的反对意见,美国放弃了第二次延展这个决议的努力。

---

[82] 对于讨论,参见,例如,F. Jessberger and C. Powell, 14 *South African Journal of Criminal Justice* (2001), pp. 347 et seq.; P. Sands, 16 *Leiden Journal of International Law* (2003), pp. 40 et seq.。

[83] 在这部规约生效之后加入的国家来说,关键之点是这部规约何时对这个国家有效。

[84] 对于缔约国的概述,参见边码66中的注释120。

[85] 参见《国际刑事法院规约》第5条到第8条、第11条、第12条和第13条。这些缔约国因此与那些已经接受这个法院管辖权的国家,根据《国际刑事法院规约》第12条第3款,在对待特别犯罪方面是平等的。在《国际刑事法院规约》第5条第2款规定的要求得到满足之前,这个法院将不行使授予自己的对侵略罪的管辖权。《国际刑事法院规约》第26条规定,这个法院对所指称的实施犯罪是不满18岁的人,没有管辖权。

[86] 参见《国际刑事法院规约》第13条第2款。对于国际刑事法院的法律性质,参见 S. R. Lüder, 84 *International Review of the Red Cross* (2002), pp. 79 et seq., and K. S. Gallant, 16 *Leiden Journal of International Law* (2003), pp. 553 et seq.。

[87] UN Doc. S/RES/1422 (2002); 关于讨论,参见 R. Lavalle, 14 *Criminal Law Forum* (2003), pp. 195 et seq.; J. Mayerfeld, 25 *Human Rights Quarterly* (2003), pp. 93 et seq.。

这个法院由一个主席职位和一个登记处、检察官办公室、上诉部、审判部和审前部组成。[388] 这个法庭的院长是加拿大的菲利普·克施(Philippe Kirsch),首席检察官是阿根廷的路易斯·莫雷诺·奥坎坡。两个副检察官是冈比亚的法图·班苏达(Fatou Bensouda)和比利时的泽格·布拉默茨(Serge Brammertz)。18 位法官已经选出,任期从3 年到9 年。2004 年10 月,该法庭有250 名工作人员,它在2005 年的预算大约是6700 万欧元。国际刑事法院在2007 年的预算是8900 万欧元,还有647 个以上的工作岗位。* 203

在这个法庭中的审判,可以通过三种途径开始(所谓的起动机制)。[389] 任何成员国都能够向检察官指出一种情况,在这种情况中,"显示出"一个处于该法院管辖权范围之内的犯罪已经实施。[390] 联合国安全理事会通过以《联合国宪章》第 7 章为根据所作出的决议,也可以做同样的事。[391] 最后,检察官还能够自主决定开始调查。在随后的审前程序中,指控的有效性首先是由检察官进行审查的,然后,由审前庭进行审查;最重要的是关于一个案件在这个法院中可受理性的决定,[392]以及在逮捕措施和其他制裁措施方面的决定。[393] 在一种中间程序中,这个审前庭必须确认起诉书中的起诉。[394] 随后,在审判庭中进行公开审判。[395] 审判庭可以接受任何它认为必要的和能够支持适用监禁刑的证据;除此之外,他可以命令罚金或者没收。[396] 如果需要,这可以上诉。量刑由法院决定在一个该条约的成员国的领土上执行。[397] 204

在几年之内,这个国际刑事法院已经发展成一个国际司法的功能性机构。** 在迄今为止的实践中, 205

---

[388] 参见《国际刑事法院规约》,第 34 条,L. N. Sadat, *The International Criminal Court and the Transformation of International Law* (2002), pp. 286 et seq. ,对于个别机关的功能是有启发意义的。

* 参见:IStGH, Presseerklärung v. 1. Dezember 2006: Assembly of States Parties concludes its deliberations of the Fifth Session,参见 < http://www.icc-cpi.int/press/pressreleases/214.html >(访问日期:2007 年 4 月)。(作者在德文第 2 版中新增加的注释。——译者注)

[389] 关于起动机制和国际刑事法院的检察官,参见 A. Marston Danner, 97 *American Journal of International Law* (2003), pp. 510 et seq. 也见 C. K. Hall, 17 *Leiden Journal of International Law* (2004), pp. 121 et seq. 。

[390] 《国际刑事法院规约》,第 13 条第 1 款,第 14 条。

[391] 《国际刑事法院规约》,第 13 条第 2 款。

[392] 《国际刑事法院规约》,第 17 条。

[393] 关于详细情况,参见《国际刑事法院规约》,第 53 条以下,以及《国际刑事法院程序与证据规则》。综述参见 A. Cassese, *International Criminal Law* (2003), pp. 416 et seq. ; L. N. Sadat, *The International Criminal Court and the Transformation of International Law* (2002), pp. 294 et seq. 。

[394] 《国际刑事法院规约》,第 61 条。

[395] 《国际刑事法院规约》,第 62 条以下。

[396] 《国际刑事法院规约》,第 77 条。

[397] 《国际刑事法院规约》,第 103 条以下。

** 参见 Kaul, *AJIL* 99 (2005), 370 ff. ; 也见 Bassiouni, *Journal of International Criminal Justice* 4 (2006), 421 ff. ; Cassese, *Journal of International Criminal Justice* 4 (2006), 434 ff. 。(作者在德文第 2 版中新增加的注释。——译者注)

值得关注的是那些国际刑事法院在程序中需要依靠的:行为地国家的提出("自我提出"),安全理事会和非成员国对国际刑事法院管辖权的特别承认。*

三个国家——民主刚果共和国、**乌干达*** 和中非共和国****——已经根据《国际刑事法院规约》第13条第1款,提出了它们的情势(Situation)。在所有三个案件中,都涉及到所谓的自我提出,也就是说,是由行为地国提出的。在法律上,这种实践会对根据例如《国际刑事法院规约》第17条以下所规定的可受理性程序发生什么作用,还是不清楚的。***** 在其中的两个情势——刚果和北乌干达——中,国际刑事法院的检察官已经进行了调查,****** 并且发出了逮捕令。2006年3月,第一位被告人,刚果的托马斯·卢邦哥·迪亚罗(Thomas Lubanga Dyilo)被转交给国际刑事法院了。他将受到强迫承担义务和使用儿童战士的指控。2007年1月29日,预审法庭(die Vorverfahrenskammer)作出了允许起诉的决定。*******

联合国安全理事会已经向国际刑事法院提出了苏丹达尔富尔的情势。******** 在这里,检察官也进行了调查。此外,象牙海岸也根据《国际刑事法院规约》第12条第3款承认了国际刑事法院的管辖权;因此,这个国际法院也可以管辖在这块西非土地上实施的行为,虽然这个国家(还)不是《国际刑事法院

* 对迄今为止的程序性实践的批评,参见 Cassese, *Journal of International Criminal Justice* 4 (2006), 434 ff.。(作者在德文第2版中新增加的注释。——译者注)

** 关于民主刚果共和国的情势,参见 Kalere, *International Criminal Law Review* 5 (2005), 463 ff.。(作者在德文第2版中新增加的注释。——译者注)

*** 关于乌干达的情势,参见 Apuuli, *Journal of International Criminal Justice* 4 (2006), 128 ff.。(作者在德文第2版中新增加的注释。——译者注)

**** 参见 IStGH, Presseerklärung v. 7. Januar 2005: Prosecutor receives referral concerning Central African Republic,见 < http://www.icc-cpi.int/pressrelease_details&id=87&l=en.html >(访问日期:2007年4月)。(作者在德文第2版中新增加的注释。——译者注)

***** 对此参见 Arsanjani/Reisman *AJIL* 99, 385 ff.; Gaeta, *Journal of International Criminal Justice* 2 (2004), 949 ff.; Kreß, *Journal of International Criminal Justice* 2 (2004), 944 ff.; 关于这种提出是否能够被提出国收回的问题,参见 Maged, *International Criminal Law Review* 6 (2006), 419 ff.; 对此进行批评的,参见 Ambos, *Internationales Strafrecht* (2006), § 8 Rn. 14; 也见 Rn. 250。(作者在德文第2版中新增加的注释。——译者注)

****** 参见 IStGH, Presseerklärung v. 23. Juni 2004: The Office of the Prosecutor of the International Criminal Court opens its first investigation,见 < http://www.icc-cpi.int/pressrelease_details&id=26&l=en.html >(访问时间:2007年4月); IStGH, Presseerklärung v. 29. Juli 2004: Prosecutor of the International Criminal Court opens an investigation into Nothern Uganda,见 < http://www.icc-cpi.int/pressrelease_details&id=33&l=en.html >(访问时间:2007年4月)。(作者在德文第2版中新增加的注释。——译者注)

******* 参见 IStGH, Beschl. v. 29. Januar 2007 (Lubanga, PTC)。(作者在德文第2版中新增加的注释。——译者注)

******** 在这里,也参见:Zimmermann, in: Dupuy et al. (Hrsg.), *Festschrift für Tomuschat* (2006), 681 ff.; 批评性的评论,参见 Condorelli/Ciampi, *Journal of International Criminal Justice* 3 (2005), 590 ff. 以及 Cryer, *Leiden Journal of International Law* 19 (2006), 195 ff.。(作者在德文第2版中新增加的注释。——译者注)

规约》的成员国。然而，象牙海岸还没有向国际刑事法院提出一种情势，* 也没有自己进行调查。

（二）南斯拉夫国际法庭

南斯拉夫国际法庭是在安全理事会第 827 号决议的基础上创设的，它位于海牙。[398]它的管辖权是起诉 1991 年 1 月 1 日之后在南斯拉夫领土上实施的战争罪、灭绝种族和危害人类罪。[399]直至现在，这个法庭活动的主要重点，一直是在波斯尼亚和黑塞哥维那以及科索沃实施的犯罪。 206

这个法庭由一个检察官办公室、三个审判庭和一个上诉庭，还有一个登记处组成。[400]法庭的主席，在 2005 年 11 月 17 日以来，是意大利人福奥斯托·波卡尔（Fausto Pocar）。现在，法庭有 16 名常设法官，以及 12 名在特别审判时才加入的所谓代理（ad litem）法官。自从 1999 年以来，检察官办公室的领导人一直是瑞士的卡拉·德尔·庞特（Carla del Ponte）。** 登记处的领导人是荷兰的汉斯·霍尔特胡依斯（Hans Holthuis），这个登记处发挥了各种重要的管理性功能。现在，法庭有来自 80 多个国家的1100 名工作人员。它在 2006 至 2007 年度的预算是 2.764 亿欧元以上。 207

审判过程是在《南斯拉夫国际法庭规约》第 18 条以下的各条中建立的，并且在《南斯拉夫国际法庭程序和证据规则》中得到了明确。[401]检察官办公室领导着调查、提出起诉书和代表起诉方出庭。在经过一个中间程序确认起诉书之后，在审判庭中开始进行公开审判；上诉向上诉庭提出。[402] *** 208

截至 2007 年初，这个国际法庭起诉了 161 人。目前，对 100 人的程序已经结束。对 48 人判处了监禁，在这里，有 18 人——在被告人中一个令人瞩目的很高的数字——表示认罪（guilty plea）。刑罚从 2 年到无期徒刑不等。**** 有 5 名被告人被宣布无罪；对 11 名

---

* 问题是，象牙海岸在“自己提出情势”的范围内，是否有权自己要求检察官进行调查。相反，在《国际刑事法院规约》第 13 条第 1 款的文字中提到，只有成员国才有这项权利。（作者在德文第 2 版中新增加的注释。——译者注）

[398] 参见边码 48 以下。

[399] 《国际刑事法院规约》第 1 条至第 8 条。参见边码 47 以下。

[400] 《国际刑事法院规约》第 11 条。

** 卡拉·德尔·庞特在 2007 年 1 月 30 日宣布，自己不再延长在 2007 年 9 月到期的检察长职责，对此参见：<http://www.nachrichten.ch/detail/265636.htm>（访问日期：2007 年 4 月）。（作者在德文第 2 版中新增加的注释。——译者注）

[401] 《国际刑事法院规约》第 15 条。

[402] 《国际刑事法院规约》第 25 条。

*** 作者在德文第 2 版中删除了边码为 209、210 的段落。因此，正文缺少边码 209、210 以及注释[403]。——译者注

**** 迄今为止，获得最低监禁刑（2 年）的是 Naser Orić；在这个案件中，他的判决在上诉过程中就结束了。对此参见：Blumenstock/Pittmann, *Leiden Journal of International Law* 19 (2006), 1077 ff.。（作者在德文第 2 版中新增加的注释。——译者注）

被告人的判决转交给前南斯拉夫的法庭进行。对36名被控告人的程序,由于撤销起诉或者被控告人死亡而终结。

对最著名的被告人,前南斯拉夫总理斯洛博丹·米洛舍维奇(Slobodan Milošević)的程序,由于他在2006年3月突然死亡,仅仅在规定的第一审程序期限届满之前几个月而不得不终止了。*

目前,有16名被判刑人根据命令被重新释放了,他们在不同的欧洲国家服刑,其中有两名(杜斯科·塔迪奇[Dusko Tadić]和德拉戈留布·库纳拉奇[Dragoljub Kunarac])在德国。目前,有13名处于上诉程序中,25名被告人正由第一审程序审理,17名的程序还处于审前程序阶段。在逃的被告人数目,目前已经减低到6名。在南斯拉夫刑事法庭有时非常复杂和枯燥的程序中,有一部分是由很长的主审判程序日所占据了。**

在这个国际法庭建立几乎14年之后,现在才出现了结束它的任务。根据法官的提议,已经制定出了关闭这个国际法庭的计划,也就是所谓的“完成战略”(completion strategy)。*** 这个计划在2002年提交给联合国安全理事会,****并且得到了它的批准。

(三)卢旺达国际法庭

211 卢旺达国际法庭由联合国安全理事会第955号决议创设,位于坦桑尼亚的阿鲁沙,对1994年1月1日至12月31日在卢旺达实施的灭绝种族、危害人类罪以及违反《日内瓦公约》共同第3条和第2议定书的行为具有管辖权。此外,它的管辖权还扩展到卢旺达公民在此期间在相邻国家的领土上实施的犯罪。[404]

---

* 关于米洛舍维奇的案件,参见 Ambos JZ 2004,965 ff.;Fairlie,*Criminal Law Forum* 16(2005),107 ff.;Steinitz,*Journal of International Criminal Justice* 3(2005),103 ff.。(作者在德文第2版中新增加的注释。——译者注)

** 在审判科尔蒂奇和采尔凯兹的程序中,就需要240个主审判程序日;参见 JStGH,Urt. v. 26. Februar 2001(Kordić und Čerkez,TC)。对斯洛博丹·米洛舍维奇的程序,就从2002年2月12日一直持续到2006年3月14日。(作者在德文第2版中新增加的注释。——译者注)

*** 对于“完成战略”的详细情况,参见 Johnson, AJIL 99(2005),158 ff.;Mundis, AJIL 99(2005),142 ff.;Raab,*Journal of International Criminal Justice* 3(2005),82 ff.;Williams,*Criminal Law Forum* 17(2006),177 ff.。(作者在德文第2版中新增加的注释。——译者注)

**** *Report on the Judicial Status of the International Criminal Tribunal for the Former Yugoslavia and the Prospects for Referring Certain Cases to National Courts*,UN Doc. S/2002/678.(作者在德文第2版中新增加的注释。——译者注)

[404] 参见《卢旺达国际法庭规约》,第1条。也见 H. Ahlbrecht,*Geschichte der völkerrechtlichen Strafgerichtsbarkeit im 20. Jahrhundert*(1999),pp. 302 et seq.;H. Roggemann,*Die Internationalen Strafgerichtshöfe*,2nd edn.(1998),pp. 156 et seq.。

这个法庭的组织和程序是以南斯拉夫国际法庭为蓝本的。* 此外,在这两个法庭之间,还存在着各种组织上的联系。[405] 现在,法庭雇佣了来自 85 个国家的1000 名工作人员,包括16 名法官和 9 名代理法官。在 2006 年至 2007 年期间,它的预算大约为 2.7 亿美元。主席是挪威的埃里克·莫泽(Erik Møse);登记处主任是塞内加尔的阿达马·迪昂(Adama Dieng);首席检察官自 2003 年 9 月 15 日起是冈比亚的哈桑·布巴卡尔·贾洛(Hassan Bubacar Jallow)。** 212

迄今为止,该国际法庭起诉了 94 人。目前,对其中 32 人的刑事程序已经结束,在 6 个案件中是通过认罪实现的。5 名被告人被宣布无罪释放,其他被判处从 6 年到无期徒刑不等的监禁。对 2 名被告人撤回了起诉;一名被控告人在主审判程序结束前死亡。目前,在第一审程序中一共有 12 个案件 28 名被告人;在上诉庭中有 6 名被控告人的程序。在这个国际法庭监管下的这些被告人中,还有 9 人在等待开始自己的程序。除此之外,还有 18 名被告人在逃。*** 特别重要的是对让·保罗·阿卡耶苏(Jean Paul Akayesu)的审判,[407]在这个案件中,一个国际法庭第一次断定一名被告犯了灭绝种族罪,特别重要的还有认定卢旺达前总理让·坎班达(Jean Kambanda)有罪。[408] 在主审判程序中的天数,有些也很高;因此,在对于布塔雷(Butare)程序中,主审判程序就需要几乎 500 天时间。**** 214

对于卢旺达国际刑事法庭来说,在 2003 年 7 月,一项与南斯拉夫国际刑事法庭相似的"完成战略"也已经生效了。***** 自从 2005 年以来,就没有新的起诉提出了。****** 这个国际法庭已经多次向卢旺达以及欧洲各国转交调查结果,******* 相反,南斯拉夫国际

* 参见边码 260 以下。(作者在德文第 2 版中新增加的注释。——译者注)

[405] 参见边码 54。

** 作者在德文第 2 版中删除边码为 213 的段落,因此正文缺少边码 213 以及注释[406]。——译者注

*** 《卢旺达国际法庭程序规则》第 53 条第 2 款规定,可以对被控告人进行不公开的起诉;如果被控告人潜逃,这种方式就不应当使用。目前,还有三个起诉是不公开的。(作者在德文第 2 版中新增加的注释。——译者注)

[407] *Prosecutor v. Akayesu*, ICTR (Trial Chamber), judgment of 2 September 1998.

[408] *Prosecutor v. Kambanda*, ICTR (Trial Chamber), judgment of 4 September 1998,得到肯定的是 *Prosecutor v. Kambanda*, ICTR (Appeals Chamber), judgment of 19 October 2000。

**** 参见 RStGH, *Prosecutor v. Nyiramasuhuko* et al. (ICTR – 98 – 42)。(作者在德文第 2 版中新增加的注释。——译者注)

***** 参见边码 275。(作者在德文第 2 版中新增加的注释。——译者注)

****** 但是,关于对卢旺达爱国阵线(Rwandan Patriotic Front [RPF])成员的持续调查,参见卢旺达国际法庭检察官哈桑·布巴卡尔·贾洛法官 2006 年 12 月 15 日向联合国安全理事会所作的声明,见 < http://69.94.11.53/ENGLISH/speeches/jallow151206sce.htm >(访问日期:2007 年 4 月)。(作者在德文第 2 版中新增加的注释。——译者注)

******* 关于在卢旺达起诉国际刑事犯罪和试图通过所谓的盖卡卡法庭的普通刑事司法来减免刑罚的,参见 Buckley-Zistel, Die Friedens-Warte 80 (2005), 113 ff.; Fierens, *Journal of International Criminal Justice* 3 (2005), 896 ff.; Oomen, in: Haveman/Olusanya (Hrsg.), *Sentencing and Sanctioning in Supranational Criminal Law* (2006), 161 ff.; Sarkin, *Human Rights Quarterly* 21 (1999), 767 ff.; Sarkin, *International Law Forum* 2 (2000), 112 ff.; Schabas, *Journal of International Criminal Justice* 3 (2005), 879 ff., 以及边码 287。(作者在德文第 2 版中新增加的注释。——译者注)

法庭还没有完成任何第 11bis 条规则*规定的程序。** 目前,向卢旺达提出程序的请求,一直面临着一个阻碍,这就是在卢旺达法律中规定了死刑;“完成战略”的结果也取决于这个阻碍是否能够被成功地克服。*** 因此,卢旺达国际法庭是否能够完成自己的任务,真正在 2010 年最终结束自己的工作,还是——与南斯拉夫国际法庭相似——有待观察的。****

第七节　国内的贯彻

参考书目:

215 Bruce Broomhall: The International Criminal Court: A Checklist for National Implementation, 13 *Nouvellesétudes Pénales* (1999), pp. 148 et seq.; Douglass Cassel: The ICC's New Legal Landscape: The Need to Expand United States Domestic Jurisdiction to Prosecute Genocide, War Crimes, and Crimes Against Humanity, 23 *Fordham International Law Journal* (1999), pp. 378 et seq.; Antonio Cassese: On the Current Trend towards Criminal Prosecution and Punishment of Breaches of International Humanitarian Law, 9 *European Journal of International Law* (1998), pp. 1 et seq.; Katherine L. Doherty and Timothy L. H. McCormack: Complementarity as a Catalyst for Comprehensive Domestic Penal Legislation, 5 *UC Davis Journal of International Law and Policy* (1999), pp. 147 et seq.; John Dugard: *International Law-A South African Perspective*, 2nd edn. (2000); Florian Jessberger and Cathleen Powell, Prosecuting Pinochets in South Africa, Implementing the Rome Statute of the International Criminal Court, 14

* 这是指《卢旺达国际刑事法庭程序规则》第 11bis 条规定的向其他法院移交案件的程序。——译者注

** 向挪威移交 Michel Bagaragaza 案件的请求,被提出方法院(Überweisungskammer)拒绝了,理由是:在挪威法律中缺乏灭绝种族罪的行为构成,就使得挪威不具有《卢旺达国际刑事法院程序规则》第 11bis 条规定的刑事起诉管辖权,RStGH, Beschl. v. 19. Mai 2006 (Bagaragaza, RB), para. 16。上诉庭已经确认了这个观点,比较 RStGH, Beschl. v. 30. August 2006 (Bagaragaza, AC)。现在,起诉机关在这个案件中已经提出了一个新的第 11bis 条的申请,提出向荷兰转交。参见卢旺达国际法庭检察官哈桑·布巴卡尔·贾洛法官 2006 年 12 月 15 日向联合国安全理事会所作的声明,见 <http://69.94.11.53/ENGLISH/speeches/jallow151206sce.htm>(访问日期:2007 年 4 月)。(作者在德文第 2 版中新增加的注释。——译者注)

*** 由于这个原因,卢旺达政府已经宣布,在最近的将来废除死刑。参见卢旺达国际法庭检察官哈桑·布巴卡尔·贾洛法官 2006 年 12 月 15 日向联合国安全理事会所作的声明,见 <http://69.94.11.53/ENGLISH/speeches/jallow151206sce.htm>(访问日期:2007 年 4 月)。(作者在德文第 2 版中新增加的注释。——译者注)

**** 对此,参见 S/2006/358, paras. 60 ff. sowie Johnson, AJIL 99 (2005), 158, 159 ff.。(作者在德文第 2 版中新增加的注释。——译者注)

South African Journal of Criminal Justice（2001），pp. 344 et seq.；Claus Kress：*Vom Nutzen eines deutschen Völkerstrafgesetzbuchs*（2000），pp. 18 et seq.；Claus Kress and Flavia Lattanzi（eds.）：*The Rome Statute and Domestic Legal Orders*，Vol. 1（2000）；Matthias Neuner（ed.）：*National Codes on International Crimes*（2003）；Kimmo Nuotio：Transforming International Law and Obligations into Finnish Criminal Legislation，10 *Finnish Yearbook of International Law*（1999）pp. 325 et seq.；J. Peglau：Die Vorschriften zu Strafen und Strafzumessung für den Internationalen Strafgerichtshof und ihre Bedeutung für das nationale Strafrecht，*Humanitäres Völkerrecht-Infbrmationsschriften* 2001，pp. 247 et seq.；Luc Reydam：Universal Criminal Jurisdiction：The Belgian State of Affairs，11 *Criminal Law Forum*（2000），pp. 183 et seq.；William A. Schabas：Follow up to Rome：Preparing for Entry into Force of the International Criminal Court Statute，20 *Human Rights Law Journal*（1999），pp. 157 et seq.；Hans Vest：Zum Handlungsbedarf auf dem Gebiet des Völkerstrafrechts-Elemente eines Gesetzgebungsvorschlags，121 *Schweizerische Zeitschrift für Strafrecht*（2003），pp. 46 et seq.；Gerhard Werle：Völkerstrafrecht und geltendes deutsches Strafrecht，*Juristenzeitung* 2000，pp. 755 et seq.；Gerhard Werle：Konturen eines deutschen Völkerstrafrechts，*Juristenzeitung* 2001，pp. 885 et seq.；Gerhard Werle and Florian Jessberger：Das Völkerstrafgesetzbuch，*Juristenzeitung* 2002，pp. 725 et seq.；Andreas Zimmermann：Auf dem Weg zu einem deutschen Völkerstrafgesetzbuch，*Zeitschrift für Rechtspolitik* 2002，pp. 97 et seq.

在批准《国际刑事法院规约》的过程中，一些国家审查了自己的国内法，以评估是否 216
需要加以修改。结果，许多国家利用这个机会制定了新的立法或者修改了现存的法律，加入了《国际刑事法院规约》的犯罪，并且使本国能够行使域外管辖权。[409]

一　贯彻的必要性

让国内刑法适应国际刑法尤其是适应《国际刑事法院规约》的努力，考虑到了对国际 217

[409] 关于《国际刑事法院规约》在欧洲的执行状况，参见 http://www.legal.coe.int/criminal/icc/；也见 D. Cassel，23 *Fordham International Law Journal*（1999），pp. 378 et seq.；K. L. Doherty and T. L. H. McCormack，5 *UC Davis Journal of International Law and Policy*（1999），pp. 147 et seq.；F. Jessberger and C. Powell，14 *South African Journal of Criminal Justice*（2001），pp. 344 et seq.；C. Kress and F. Lattanzi（eds.），*The Rome Statute and Domestic Legal Orders*，Vol. 1（2000）；M. Neuner（ed.），*National Codes on International Crimes*（2003）；K. Nuotio，10 *Finnish Yearbook of International Law*（1999），pp. 325 et seq.；L. Reydams，11 *Criminal Law Forum*（2000）pp. 183 et seq.；W. A. Schabas，20 *Human Rights Law Journal*（1999），pp. 157 et seq.。

法项下的犯罪提起国内起诉,对于国际刑事司法制度来说是至关重要的。[410]《国际刑事法院规约》明确承认了这个分散司法管理的思想。根据第1条,国际刑事法院"对于国内刑事管辖权来说,应当是补充性的"。[411] 国际刑事法院不是代替而是补充了国内制度把那些应当对国际法项下的犯罪负责的人缉拿归案的努力。因此,甚至在国际刑事法院建立之后,国际刑法通过国内法院的(间接)执行,将仍然是国际刑事司法制度的脊梁。

218 然而,《国际刑事法院规约》并没有建立任何把该规约的实体性刑法加入国内法的义务。[412] 在这方面,它与刑法领域的大多数其他国际条约不同。[413] 无论是这部规约的条文还是作为基础的补充性原则,都没有使成员国承担义务,制定刑事立法或者甚至"复制"《国际刑事法院规约》。事实上,甚至在成为《国际刑事法院规约》的成员之后,国内制度也保留着自己在各自刑法条文方面的自主权。该规约建立的入门检验,是一个国家愿意和有能力进行起诉。[414] 在国内实体法的质量方面,很明显,在国内法律对一个犯罪的定义偏离了《国际刑事法院规约》的相应定义时,这本身并不会阻止这个国家提起起诉。[415] 因此,这部规约允许各国在其国内法中加入这些犯罪定义时,享有灵活性。然而,如果根据国内法,惩罚将是不可能的或者不恰当的,那么,可能的"制裁"就是由这个国际刑事法院接管这个案件。[416]

---

[410] 参见 F. Jessberger and C. Powell, 14 *South African Journal of Criminal Justice* (2001), p. 344 at p. 347。

[411] 关于补充性原则,参见边码 199。

[412] 对于这个对危害《国际刑事法院规约》第70条规定的司法管理的罪行的规则,存在着一种例外。第70条第4款规定:各成员国"应当扩展自己的刑法……,到本条文提到的危害司法管理罪。"除此之外,《国际刑事法院规约》仅仅包含了与这个法院的合作和法律帮助的义务。具体参见《国际刑事法院规约》第九部分。

[413] 参见,例如,《日内瓦公约(四)》,第146条("各方保证制定任何必要的提供有效刑事惩罚的立法")和1984年12月10日的《禁止酷刑和其他残忍、不人道或有辱人格的待遇或处罚公约》1465 *UNTS* (1987), p. 85,第4条。

[414] 参见《国际刑事法院规约》第17条。

[415] 一眼看来,国家"仅仅"以谋杀的指控来起诉一个被指称的战争罪犯这个单纯的事实,看来不是一个把这个国家看成"不能"或者甚至"不愿意"起诉这名罪犯的恰当原因。然而,南斯拉夫国际法庭和卢旺达国际法庭的法律和实践看来为相反的方向提出了某种指示。根据《南斯拉夫国际法庭规约》第10条第2款第1项和《卢旺达国际法庭规约》第9条第2款第1项,如果这个他或者她因此受到审判的行为具有一种普通犯罪的特征,那么,即使一个人已经受到了一个国内法庭的审判,一事不再理原则也不适用。在这种案件中,这个人可以由这些法庭再次审判。V. Morris and M. P. Scharf, *The International Criminal Tribunal for Rwanda* (1998), p. 344,提到的一个例子是,"构成国内法项下的谋杀这种普通犯罪以及更严重的国际法项下的灭绝人类犯罪"的行为。国际法委员会的评论解释了在1996年《法典草案》第12条中的规则,指出"在这样一种犯罪中,这个人还没有为同样的犯罪受到审判或者惩罚,而是为并没有全部包含他的犯罪行为的犯罪的'较轻的犯罪'而受到审判或者惩罚",参见 International Law Commission, Draft Code of Crimes Against the Peace and Security of Mankind [Commentary], 18 *Human Rights Law Journal* (1997), p. 102 at p. 119。然而,重要的是注意到,在《国际刑事法院规约》第20条中的相应规则,并没有为这些案件中的一事不再理原则规定一个例外。

[416] 参见《国际刑事法院规约》第17条。

《国际刑事法院规约》并没有使各国根据该规约的规定承担起制定国内立法的义务，而是鼓励它们这样做。[417] 事实上，该规约的最后目的，不是造成由国际刑事法院审判这些犯罪的结果，而是提供一个规范的渊源和法律的标准，从而为各国提供一个能够自己有效地调查和起诉这些国际法项下的最严重犯罪的基础。[418]《国际刑事法院规约》在国内刑事立法的质量方面的使命是，各国应当既愿意又能够（通过自己的国内立法），以类似国际刑事法院的能力，来起诉灭绝种族罪、危害人类罪和战争罪。 219

二　贯彻的选择性

各国在决定如何适应实体性国际刑法中，具有广阔的余地。 220

（一）完整加入

至少，一眼看来，对国际法最友好的解决方式在于使国内法完全符合《国际刑事法院规约》这种实体法。这种完全加入能够通过许多途径得以实现：通过直接适用习惯性国际法（参见后文1），通过参考《国际刑事法院规约》（参见后文2），或者通过一字不改地复制《国际刑事法院规约》的条文（参见后文3）。 221

1. 直接适用

如果像在普通法法系一样，犯罪性可以不仅以成文法而且以不成文（习惯）法为基础，那么，习惯性国际法项下的各种犯罪定义就可以直接适用于国内法。[419] 由于在《国际刑事法院规约》中的罪行都具体体现了习惯性国际法，因此，在第6条至第8条中被犯罪化的行为，根据现行国内法，就是可以受到刑事惩罚的，不管这部规约是否得到批准，只要 222

---

[417] 参见 B. Broomhall, 13 *Nouvelles Études Pénales* (1999), p. 113 at pp. 148 et seq.; D. Cassel, 35 *New England Law Review* (2001), p. 421 at p. 423; F. Jessberger and C. Powell, 14 *South African Journal of Criminal Justice* (2001), p. 344 at pp. 348 et seq.; H. Satzger, *Neue Zeitschrift für Strafrecht* 2002, p. 125 at p. 127; W. A. Schabas, 20 *Human Rights Law Journal* (1999), p. 157 at p. 160; G. Wede and F. Jessberger, *Juristenzeitung* 2002, p. 725 at p. 726; G. Werle, *Juristenzeitung* 2001, p. 885 at p. 886; A. Zimmermann, *Zeitschrift für Rechtspolitik* 2002, p. 97 at p. 98。

[418] 参见 B. Broomhall, 13 *Nouvelles Études Pénales* (1999), p. 113 at p. 159。

[419] 因此，例如，根据南非法律，并不是所有的严重罪行都是普通法犯罪，参见 J. Burchell and J. Milton, *Principles of Criminal Law*, 2nd edn. (1999), p. 28。

习惯性国际法能够在没有执行性立法的情况下直接适用于国内。[420] 尽管如此,在这些法律制度中的法院,仍然极其不愿意适用习惯法。在休眠的习惯法中存在的各种犯罪定义,未经立法活动,极少重新苏醒过来。[421]

2. 参考

223 完全采纳国际刑法,也能够通过参考国际刑法的相关条文和原则得以实现。国内法能够在与国内规定相联系时,共同在想象上参考《国际刑事法院规约》的条文。[422] 这种参考也会扩展到包括诸如习惯性国际法项下所承认的所有刑法。[423] 然而,在要求书面国内立法以建立个人刑事责任的宪法中,在法律制度中是排斥这种参考的。

3. 复制

224 如果全球性地参考习惯性国际刑法和有目标地参考规约中的罪行都被排除,那么,完整加入的工作还能通过一字不差地在国内法中采纳这些罪行得以实现。这样,国内法就成为国际刑法的一种反映。这种方法在国内的限制,就只会发生在一部宪法不允许不加修改地采纳国际刑法的特定规范这种情况下,例如,如果这部宪法包含了法律确定性的特殊要求。

(二)不加入——适用"普通的"刑法

225 第二种选择完全不把国际刑法加入国内法之中。在这种"零处理"之中,各国依赖普

---

[420] 根据《南非宪法》第 232 条,习惯性国际法,包括习惯性国际刑法,是南非法律的一部分,也见《(德国)基本法》(Grundgesetz,简称 GG)第 25 条第 1 句。

[421] 关于南非,参见 J. Dugard, *International Law*, 2nd edn. (2000), p. 141:"大多数国家,包括南非,将不为国际犯罪而审判一个个人,除非这个行为已经根据国内法被犯罪化了";也见 S. Maqungo, in C. Kress and F. Lattanzi (eds.), *The Rome Statute and Domestic Legal Orders*, Vol. 1 (2000), p. 183 at p. 186。

[422] 新西兰在其 2000 年《国际犯罪和国际刑事法院法》中就朝这个方向发展;例如,第 9 条规定:"每个人都对起诉后的定罪负责……,只要他在新西兰或者其他任何地方实施了灭绝种族…… 为了本条的目的,灭绝种族是指在(国际刑事法院)的《(罗马)规约》第 6 条中的一种行为。"这部法律的文本,参见 http://www.legislation.govt.nz。

[423] 采取这个方向的是《加拿大危害人类罪和战争罪法》, *Canada Gazette*, Part III (2000), Vol. 23 No. 3, Ch. 24. Sec. 4(3) 对战争罪的定义是:"战争罪是指在武装冲突中实施的任何作为或者不作为,在其实施的时间和地点,根据可以适用于各种武装冲突的习惯性国际法或者条约性国际法,构成了一个战争罪。" Sec 4(4) 规定:"规定在《罗马规约》第 6 条、第 7 条和第 8 条第 2 款中的犯罪,在 1998 年 7 月 17 日,是根据习惯性国际法的犯罪。"

通刑法来恰当地对付国际法项下的犯罪,例如根据谋杀、剥夺自由等定义。在国际法项下的犯罪是否以及在什么程度上能够恰当地受到惩罚,将取决于每一种法律制度的结构。

如同指出的那样,这种处理并不被《国际刑事法院规约》所排除,因为在这里不存在什么条约性义务。因此,对于不使国内刑法适应规约标准的做法来说,无"制裁"是可以预见到的。然而,一个国家,如果在实体刑法中不对国际法项下的犯罪规定适当的惩罚,那么,它就必须在必要的时候,期待由国际刑事法院来进行起诉工作。如果国内法在与《国际刑事法院规约》的关系中留下巨大的空隙,从而导致"无能力"真正进行起诉,那么,这样的事情就会发生了。[424] 226

这种"零处理"在国际法项下的合法性,已经毫无疑问地促进了对《国际刑事法院规约》的批准,并且,这种合法性可能也鼓励了罗马大会采纳这样一种相对"柔软的"方法。批准国不是在面对压力的情况下改变自己的实体刑法的;至少,在现在,它们可以在不违反条约的情况下保留现有的法律观点。然而,从长远的角度看来,不在国内法中加入国际刑法是一个不值得推荐的方法。为了完全遵守《国际刑事法院规约》的精神和计划,各国应当修改自己的实体刑法。 227

(三)修正的加入

第三种方法是通过合并内容,把国际刑法加入国内刑法体系。[425] 在这种情况中,国际法律规范在原则上被采纳了;然而,在这个加入的过程中,可以考虑国内法律文化的独特特征。另外,修正的加入提供了一个机会,以便正式证明国际刑法在范围和解释上所具有的特定国家方案,例如,通过在国内法中包括特定犯罪,虽然这些犯罪是习惯法的一部分,但是并没有包括在《国际刑事法院规约》之中。[426] 228

(四)联合

在国内的加入过程中,上述选择经常是同时发挥作用的。因此,一个国家可以在想象中把普通国内刑法适用于刑法的一般原则和战争罪(不加入),逐字采纳灭绝种族(完整加入),以及在作出某种修改之后把危害人类罪的定义加入(修正的加入)。 229

---

[424] 参见《国际刑事法院规约》第17条第1款第1项、第3款。

[425] 例如,在《芬兰刑法典》第11章中,灭绝种族罪、危害人类罪和战争罪,自1995年以来,一直是可以受到刑事惩罚的——虽然处于一个与《国际刑事法院规约》中的规定不同的文本之中。参见 K. Nuotio, 10 *Finnish Yearbook of International Law* (1999), pp. 325 et seq.。

[426] 可适用的习惯性国际法并不受到《国际刑事法院规约》的限制,参见,例如,《国际刑事法院规约》第10条。

三 加入的形式

230 如果需要立法行动来贯彻一个国家添加国际刑法的决定,还会产生应当采用什么立法形式来加入的问题。可能的做法有修改现行法,或者创设一个专门的法律(法典化)。

(一)修改现行法律

231 在技术上说,通过立法加入国际刑法的最简单的方法,是在现行刑法典中增加相关的规定。根据有待增加的条文的范围和结构,各种方法的应用范围可以很不同,从有选择地修改特别的条文到增加一个特别的章节,都是可能的。

232 如果一个国家对加入国际刑法还很谨慎,但是,又认为有必要对国内法进行一些特别的改变,那么,有选择地改变现行法律的方法就会被特别地加以考虑。另外,为了填补国际和国内刑法之间的空隙,也有必要把国际法项下的一个单独的罪行或者一部分罪行加入到现行法中去。联邦德国在 1954 年使用了这种贯彻的方法,把灭绝种族罪作为《(德国)刑法典》(Strafgesetzbuch,简称 StGB)第 220a 条加以补充。类似地,危害人类罪也被加入到刑法典之中。作为一种在现行刑法典中隔离这些改变的明显的选择方式,国际刑法的条文可以一起放在一章中,名称就叫做"国际法项下的犯罪"。

(二)独立的法典化

233 贯彻性立法的第二种形式,是对国际刑法的内容进行自我包含的(self-contained)法典化。这样一种国际刑法的法案或者法典就包含了国际法项下的全部有关的犯罪,并且,有可能收容与一般原则有关的必要的特别条文。那种通过一字不改地在国内法中采纳实体国际刑法的方法得以实现的完全加入,使得这个程序得到了典型的考虑,因为一个专门的法律部分把国际法的基础特别鲜明地凸现出来了。但是,甚至是一种对国际法友好的修改过的加入,也能够毫无问题地采用这种方法。

234 法典化的优点包括有可能对法律这个综合性的和有时是含混的部分进行紧密的整理和明确。[427] 一个特定的缺点存在于通常法典之外的法典化之中,这会产生这种印象:国际法项下的犯罪法典,并不包

[427] 对于讨论,参见 C. Kress, *Vom Nutzen eines deutschen Völkerstrafgesetzbuchs* (2000), pp. 18 et seq.。

括"刑法的核心之核心",而不过是一些"辅助性刑法"的规则,或者甚至会产生这种印象:这是一种以政治为动机的"特别法"。然而,这种危险必须与独立的法典化所具有的更显著的象征性价值进行权衡。在一种国际的角度上,也存在着一种重要的额外优点:一种独立的法律增加了国内刑法的国际可接近性,因此,这种修改各种方法的可能性,在一个国家自己的法律制度之外,将特别得到承认。这也增加了对国际刑法不断的明确和整理的进步工作,作出贡献的机会。

四 在国内背景下解释国际刑法

在实践中,国际刑法产生了一大堆新奇和极其复杂的法律问题,[428]在贯彻的过程中,这些问题对国内法院具有日益增强的意义。对这一点最应当负责的是国际和国内刑法在规则和原则之间的冲突,在各种法律制度和法律文化相互作用之间的冲突,以及国际和国内管辖权平行存在所产生的冲突。《国际刑事法院规约》的生效,一些国家以此为契机修改自己国内刑法的事实,都极大地加强了国内和国际刑事司法在"纵向上"的相互作用,以及不同国家中刑事司法管理在"横向上"的相互作用。[429] 235

在这个领域中,在解释加入国内法律制度之中的规范时,国际刑法发挥了自己的首要影响力。[430] 虽然被采纳进国内立法之中的国际刑法规则是国内法的一个正式部分,但是,它们在实体上的本源存在于国际法之中。在贯彻性立法明确指向国际法之处,可以最清楚地看到这一点。[431] 但是,更一般地说来,各种公认的解释方法使得在解释贯彻性立法 236

---

[428] 例如,参见 the report on the work of the Yugoslavia Tribunal by A. Cassese, 9 *European Journal of International Law* (1998), p. 1 at pp. 10 et seq. 。

[429] 作为德国国家实践和国际法治所需要的行为的一种表达,例如,《(德国)违反国际法的犯罪法典》就直接有助于澄清和统一了现行的国际刑法。也见 Explanatory Memorandum of the (German) Code of Crimes Against International Law, *BT-Drs.* 14/8524, p. 12。各种国际法院的法理实践包括了参考了德国刑法和德国法院意见的数量众多的决定,也包括《(德国)违反国际法的犯罪法典》的各个草案,参见,例如,*Prosecutor v. Krstić*, ICTY (Trial Chamber), judgment of 2 August 2001, para. 579; *DR Congo v. Belgium*, ICJ, judgment of 14 February 2002(涉及 2000 年 4 月 11 日逮捕令状的案件), Higgins, Kooijmans 和 Buergenthal 三位法官的单独意见,第 20 段:"然而,应当注意的是,德国政府 2002 年 1 月 16 日已经向德国国会提交了一份立法建议,其中,第 1 条规定:'《(德国)违反国际法的犯罪法典》的文本,第 1 条。'"

[430] 正确的是, the Explanatory Memorandum of the (German) Code of Crimes Against International Law 强调,对于解释,需要咨询有关国际法和各个国际法院的决定。因此,例如,它规定:"(为了)解释一种'攻击平民人口'的因素,我们必须看到在《国际刑事法院规约》第 7 条第 2 款第 1 项中的法律定义",参见 Explanatory Memorandum of the (German) Code of Crimes Against International Law, *BT-Drs.* 14/8524, p. 20。在解释《(德国)违反国际法的犯罪法典》(*Völkerstrafgesetzbuch*, 简称 *VStGB*)第 7 条第 1 款第 3 项中奴役在事实上的可选择性时,"就需要考虑 1956 年 9 月 7 日《废止奴隶制、奴隶贩卖及类似奴隶制的制度与习俗补充公约》(226 *UNTS* (1956), p. 3)和前南斯拉夫国际刑事法庭的先例",参见 Explanatory Memorandum of the (German) Code of Crimes Against International Law, BT-Drs. 14/8524, p. 20。

[431] 参见,例如,《(德国)违反国际法的犯罪法典》第 7 条第 1 款第 5 项("在国际上允许的惩罚")和第 9 条第 1 款("违反了国际法")。

中,有必要考虑《国际刑事法院规约》和习惯性国际法的各种规范。[432]

237 总之,从有利于国际刑法的贯彻性立法的解释开始,是有必要的。[433] 国内法院必须考虑国际法的"母规范",以及国际的和相关的外国法院对它们的解释。

五 《(德国)违反国际法的犯罪法典》

参考书目:

238 Kai Ambos and Steffen Wirth: Genocide and War Crimes in the Former Yugoslavia before German Criminal Courts, in Horst Fischer, Claus Kress and Sascha R. Lüder (eds.), *International and National Prosecution of Crimes under International Law, Current Developments* (2001), pp. 769 et seq.; Kai Ambos: *Völkerrechtliche Kernverbrechen, Weltrechtsprinzip und § 153f. StPO, NStZ* (2006), 434 ff.; Denis Basak:: Die Deformation einer Verfahrensnorm durch politische Rücksichtnahmen, in: Institut für Kriminalwissenschaften und Rechtsphilosophie Frankfurt A. M. (Hrsg.), *Jenseits des rechtsstaatlichen Strafrechts* (2007), 499 ff.; Bundesministerium der Justiz (ed.): *Arbeitsentwurf eines Gesetzes zur Einführung des Völkerstrafgesetzbuchs mit Begründung* (2001); Christoph Burchard: The Nuremberg Trial and its Impact on Germany, *Journal of International Criminal Justice* 4 (2006), 800 ff.; Frank Dietmeier: Völkerstrafrecht und deutscher Gesetzgeber – Kritische Anmerkungen zum Projekt eines "Deutschen Völkerstrafgesetzbuchs", in Eva Graul and Gerhard Wolf (Hrsg.), *Gedächtnisschrift für Meurer* (2002), pp. 333 et seq.; Albin Eser: Völkermord und deutsche Strafgewalt, in Albin Eser et al. (eds.), *Festschrift für Meyer-Gossner* (2001), pp. 3 et seq.; Helmut Gropengiesser und

---

[432] 对于更详细的细节,参见 G. Werle and F. Jessberger, *Juristenzeitung* 2002, p. 725 at pp. 733 et seq.。(德国)联邦最高法院(Bundesgerichtshof)已经不断引用了这个南斯拉夫国际法庭的决定,参见 Bundesgerichtshof, judgment of 30 April 1999, *BGHSt* 45, p. 64 at p. 69; Bundesgerichtshof, judgment of 21 February 2001, *BGHSt* 46, p. 292 at pp. 299 et seq. (关于武装冲突的性质和酷刑的概念)。也见(德国)联邦宪法法院(Bundesverfassungsgerichof), decision of 12 December 2002, *Neue Juristische Wochenschrift* 2001, pp. 1848 et seq.。

[433] 对于详细情况,参见 G. Werle and F. Jessberger, *Juristenzeitung* 2002, p. 725 at pp. 733 et seq.; 也见 J. Peglan, *Humanitäres Völkerrecht-Informatiomschriften* 2001, p. 247 at p. 248; A. Zimmermann, *Zeitschrift für Rechtspolitik* 2002, p. 97 at p. 99。根据(德国)联邦宪法法院的决定,法律应当根据德国的国际义务来解释和适用,"因为不能认为,这个立法机关,如果没有清楚地宣布这一点,会想要偏离德国的国际义务或者使违反这些义务成为可能",参见 Bundesverfassungsgericht, decision of 31 March 1987, *BVerfGE* 75, p. 1 at p. 18。关于这个"支持国际法的解释"的原则,参见 C. Tomuschat, in J. Isensee and P. Kirchhof (eds.), *Handbuch des Staatsrechts der Bundesrepublik Deutschland*, Vol. 7 (1992), § 172, marginal nos. 27 et seq.。

Helmut Kreicker: Deutschland, in Albin Eser und Helmut Kreicker (eds.), *National Prosecution of International Crimes*, Vol. 1 (2003), pp. 21 et seq.; Andreas Fischer-Lescano: *Weltrecht als Prinzip*, KJ 2005, 72 ff.; Helmut Gropengießer/Helmut Kreicker: Deutschland, in: Albin Eser/Helmut Kreicker (Hrsg.), *Nationale Strafverfolgung völkerrechtlicher Verbrechen*, Band 1 (2003), 21 ff.; Willibald Hermsdörfer: Auswirkungen der Errichtung des Internationalen Strafgerichtshofs auf das deutsche Recht, *Deutsche Richterzeitung* 2000, pp. 70 et seq.; Florian Jessberger: Prosecuting International Crimes in Domestic Courts, A Look Back Ahead, 12 *Finnish Yearbook of International Law* (2001), pp. 307 et seq.; Florian Jeßberger: Universality, Complementarity, and the Duty to Prosecute Crimes Under International Law in Germany, in: Wolfgang Kaleck et al. (Hrsg.), *International Prosecution of Human Rights Crimes* (2007), 213 ff.; Florian Jeßberger: Universelle Strafgerichtsbarkeit zwischen Anspruch und Wirklichkeit, in: Hans J. Münk (Hrsg.), 60 *Jahre Vereinte Nationen*, im Erscheinen; Wolfgang Kaleck: German International Criminal Law in Practice, in: Wolfgang Kaleck et al. (Hrsg.), *International Prosecution of Human Rights Crimes* (2007), 93 ff.; Claus Kress: Völkerstrafrecht in Deutschland, *Neue Zeitschrift für Strafrecht* 2000, pp. 617 et seq.; Claus Kress: *Vom Nutzen eines deutschen Völkerstrafgesetzbuchs* (2000); Jan MacLean: Gesetzentwurfüber die Zusammenarbeit mit dem Internationalen Strafgerichtshof, *Zeitschrift für Rechtspolitik* 2002, pp. 260 et seq.; Claus Kreß: Versailles – Nürnberg – Den Haag: Deutschland und das Völkerstrafrecht, JZ 2006, 981 ff.; Jörg Meissner: Die Zusammenarbeit Deutschlands mit dem Internationalen Strafgerichtshof, *Humanitäres Völkerrecht-Informationsschriften* 2002, pp. 35 et seq.; Helmut Satzger, Internationales und Europäisches Strafrecht (2005), pp. 220 et seq.; Helmut Satzger: Das neue Völkerstrafgesetzbuch, Eine kritische Würdigung, Neue Zeitschrift für Strafrecht 2002, pp. 125 et seq.; Stephanie Scholz: *Die Zuliferung an den Jugoslawien-StraJgerichtshof* (1998), pp. 97 et seq.; Wolfgang Schomburg/Jan Christoph Nemitz: Gesetz über die Zusammenarbeit mit dem Internationalen Strafgerichtshof für das ehemalige Jugoslawien, in Wolfgang Schomburg and Otto Lagodny (eds.), *Internationale Rechtshilfe in Strafsachen*, *Kommentar*, 4th edn. (2006), VI A3.(原文是:3rd edn. (1998), pp. 1187 et seq., 译者注); Wolfgang Schomburg: Jugoslawien-Strafgerichtshof-Gesetz, *Neue Zeitschrift für Strafrecht* 1995, pp. 428 et seq.; Hans Vest: Zum Handlungsbedarf auf dem Gebiet des Völkerstrafrechts-Elemente eines Gesetzgebungsvorschlags, 121 *Schweizerische Zeitschrifi für Strafrecht* (2003), pp. 46 et seq.; Thomas Weigend: Das Völkerstrafgesetzbuch, in: Otto Triffterer (Hrsg.), *Gedächtnisschrift für Theo Vogler* (2004), 197 ff.; Gerhard Werle: Anmerkung zum Urteil des BGH vom 30. April 1999,

Juristenzeitung 1999, pp. 1181 et seq.; Gerhard Werle: Der Holocaust als Gegenstand der bundesdeutschen Strafjustiz, *Neue Juristische Wochenschrift* 1992, pp. 2529 et seq.; Gerhard Werle: Völkerstrafrecht und geltendes deutsches Strafrecht, *Juristenzeitung* 2000, pp. 755 et seq.; Gerhard Werle: Konturen eines deutschen Völkerstrafrechts, *Juristenzeitung* 2001, pp. 885 et seq.; Gerhard Werle and Florian Jessberger: Das Völkerstrafgesetzbuch, *Juristenzeitung* 2002, pp. 725 et seq.; Gerhard Werle and Florian Jessberger: International Criminal Justice is Coming Home: The New German Code of Crimes Against International Law, 13 *Criminal Law Forum* (2002), pp. 191 et seq.; Gerhard Werle and Volker Nerlich: Die Strafbarkeit von Kriegsverbrechen nach deutschem Recht, *Humanitäres Völkerrecht- Informationsschriften* 2002, pp. 124 et seq.; Gerhard Werle: Von der Ablehnung zur Mitgestaltung: Deutschland und das Völkerstrafrecht, in: Pierre-Marie Dupuy et al. (Hrsg.), *Völkerrecht als Wertordnung*, *Festschrift für Christian Tomuschat* (2006), 655 ff.; Peter Wilkitzki: The Contribution of the Federal Republic of Germany and the German Laender to the Work of the ICTY, in Lal Chand Vohrah (ed.), et al. (eds.), *Man's Inhumanity to Man* (2003), pp. 923 et seq.; Salvatore Zappalà: The German Federal Prosecutor's Decision not to Prosecute a Former Usbek Minister, *Journal of International Criminal Justice* 4 (2006), 602 ff.; Andreas Zimmermann: Die Auslieferung Deutscher an Staaten der Europäischen Union und intemationale Strafgerichtshöfe, *Juristenzeitung* 2001, pp. 233 et seq.; Andreas Zimmermann: Auf dem Weg zu einem deutschen Völkerstrafgesetzbuch, *Zeitschrift für Rechtspolitik* 2002, pp. 97 et seq.; Andreas Zimmermann: Role and Function of International Criminal Law in the International System After the Entry into Force of the Rome Statute of the International Criminal Court, 45 *German Yearbook of International Law* (2002), pp. 35 et seq.; Andreas Zimmermann: Bestrafung völkerrechtlicher Verbrechen durch deutsche Gerichte nach Inkrafttreten des Völkerstrafgesetzbuches, *Neue Juristische Wochenschrift* 2002, pp. 3068 et seq.

(一)历史背景

239 国际刑法的产生和发展与德国和德国人有着密切的关系。尤其是,纽伦堡的法律只能被理解为是一种对纳粹在德国的名义下实施的犯罪的反应,《纽伦堡宪章》对这种犯罪提供了一个法律上的回应。西德,以及后来的联邦德国,对国际刑法的态度,一开始如果不是敌意的，也是怀疑的。[434] 由胜利者的司法单方面提起的控诉，在公开争论中发挥了最重要的作用。可以说明问题的是，西德刑事司法制度对纳粹犯罪的起诉，就不是以《纽伦堡原则》为基础的。[435]

然而，除了在根本上持有这种普遍的怀疑态度之外，其实在早期的联邦德国，就已经存在着对国际刑法的友好趋势，例如，德国加入了日内瓦各个公约，加入了《防止及惩治灭绝种族罪公约》，并且把灭绝种族罪加入了刑法典之中。 240

从那时起，对国际刑法的抵制态度就已经让位于积极倡导和参加"全球化"的刑法。今天，德国的态度是支持国际刑法的。德意志联邦共和国坚决支持国际刑法的执行。 241

德国刑事司法制度得到了一个机会，通过起诉在前南斯拉夫境内实施的国际法项下的犯罪，来表现自己对执行国际刑法作出贡献的新决心。[436] 自从1996年以来，* 德国司法机关回应了600件以上 ** 来自南斯拉夫国际法庭要求司法协助的请求；在同一时期，在德国进行了100多件与前南事件有关的调查。[437] 德国法院认定了许多犯罪，包括一些灭绝种族罪。[438] 242

---

[434] 参见 G. Werle and F. Jessberger, *Juristenzeitung* 2002, pp. 725 et seq.; A. Zimmermann, 45 *German Yearbook of International Law* (2002), p. 35 at pp. 49 et seq.。相反，在前德意志民主共和国，《纽伦堡原则》(the Nuremberg Principles)被毫无保留地接受了，审判是在那个基础上进行的。在取消《管制理事会法》第10号之后，这些纽伦堡犯罪就首先被直接适用了。后来，国际法项下的犯罪的定义被前德意志民主共和国《刑法典》所采纳。与此同时，纽伦堡的法律被东德政权滥用，去实施新的侵犯人权了。这是真的，例如，在1951年所谓的Waldheim审判中，露骨地无视基本的程序性规则。参见 K. Marxen, in K. Marxen, K. Miyazawa and G. Werle (eds.), *Der Umgang mit Kriegs- und Besatzungsunrecht in Japan und Deutschland* (2001), p. 159 at pp. 169 et seq.。

[435] 综述参见 G. Werle, in K. Marxen, K. Miyazawa and G. Werle (eds.), *Der Umgang mit Kriegs-und Besatzungsunrecht in Japan und Deutschland* (2001), pp. 137 et seq.。

[436] 与刑事起诉东德的犯罪相联系，1995年，(德国)联邦最高法院第一次作出对国际刑法的一项明确承诺，参见 Bundesgerichtshof, judgment of 20 March 1995, *BGHSt* 41, p. 101 at p. 109。在这个案件中，这个法院决定：它关于在柏林墙开枪的决定，"把其所依据的纽伦堡法庭判决的实体性法律基础，进一步发展到了一个特别案件上去了。"

* 原文为"在1996年到2001年之间"，作者作了订正。——译者注

** 原文为"大约500件"，作者作了订正。——译者注

[437] (德国)联邦司法部2005年4月12日至2007年6月7日的信息。另见 K. Ambos and S. Wirth, in H. Fischer, C. Kress and S. R. Lüder (eds.), *International and National Prosecution of Crimes under International Law* (2001), pp. 769 et seq.; P. Wilkitzki, in L. C. Vohrah (ed.), *Man's Inhumanity to Man* (2003), p. 923 at pp. 926 et seq.。

[438] 参见，例如，Bundesgerichtshof, judgment of 21 February 2001, *BGHSt* 46, p. 292; Bundesgerichtshof, judgment of 30 April 1999, *BGHSt* 45, p. 64, and Bundesverfassungsgericht, decision of 12 December 2000, *Neue Juristische Wochenschrift* 2001, p. 1848; Bundesgerichtshof, decision of 11 December 1998, *Neue Zeitschrift für Strafrecht* 1999, p. 236; Bayerisches Oberstes Landesgericht, judgment of 23 May 1997, *Neue Juristische Wochenschrift* 1998, p. 392; Bundesgerichtshof, decision of 13 February 1994, *Neue Zeitschrift für Strafrecht* 1994, pp. 232 et seq.。

243 在《国际刑事法院规约》的谈判过程中，德国属于"观点相似国"的团体，并且，德国的许多建议都被《国际刑事法院规约》所采纳。[439] 德国在1998年12月9日签署了《国际刑事法院规约》，并且在2000年12月11日批准了这部公约。[440] 2000年12月4日的《〈国际刑事法院规约〉批准法》（Gesetz zum Römischen Statut des Internationalen Strafgerichtshofes）规定了《国际刑事法院规约》在德国生效的步骤。[441] 在作为德国宪法的《基本法》第16条第2款中的一项修改，保证了德国可以把自己的公民移交给这个国际刑事法院。[442] 2002年7月1日，2002年6月21日的《〈国际刑事法院规约〉执行法》（Gesetz zur Ausführung des Römischen Statuts des Internationalen Strafgerichtshofes）与《国际刑事法院规约》同时生效了。[443] 这部法律包含了与国际刑事法院合作所需要的一些规定。

244 2002年6月26日的《（德国）违反国际法的犯罪法典》（Völkerstrafgesetzbuch，简称VStGB）[444]于2002年6月30日生效，比《国际刑事法院规约》早了一天。[445] 这部法律根据《国际刑事法院规约》的条文修改了德国的实体法。

245 当德国政府签署《国际刑事法院规约》时，就已经宣布了自己要根据该规约的条文来修改现存的德国刑法的意愿。为了完成这项工作，1999年10月，联邦司法部建立了一个专家工作小组。2001年5月，这个小组提交了一份"关于一部引导反国际法犯罪法典的法律工作草案"。[446] 2002年3月22日，紧密地根据这份工作草案提出的一份政府法律草案，在联邦议会中经过一读。在考虑了法律委员会提出的一点细小修改之后，联邦议会于2002年4月25日一致通过了这部法律。

---

[439] 参见 H.-P. Kaul, in G. Baum, E. Riedel and M. Schaefer (eds.), *Menschenrechtsschutz in der Praxis der Vereinten Nationen* (1998), pp. 273 et seq.。

[440] 执行情况的简述，参见 C. Kress, in H. Grützner and P. G. Pötz (eds.), *Internationaler Rechtshilfeverkehr in Strafsachen*, Vol. 4, 2nd edn. (2002), Vor III 26, marginal nos. 266 et seq.。

[441] *Bundesgesetzblatt* 2000 II, p. 1393.

[442] *Bundesgesetzblatt* 2000 I, p. 1633；参见 H. Satzger, *Internationales und Europäsches Strafrecht* (2005), pp. 220 et seq.；A. Zimmermann, *Juristenzeitung* 2001, pp. 209 et seq.。

[443] *Bundesgesetzblatt* 2002 I, p. 2144。参见 J. MacLean, *Zeitschrift für Rechtspolitik* 2002, pp. 260 et seq.；J. Meissner, *Humanitäres Völkerrecht-Informationsschriften* 2002, pp. 35 et seq.。

[444] *Bundesgesetzblatt* 2002 I, p. 2254.

[445] 对于进一步的讨论，参见 G. Werle and F. Jessberger, 13 *CriminalLaw Forum* (2002), p. 191 at pp. 214 et seq.；也见 H. Gropengiesser and H. Kreicker, in A. Eser and H. Kreicker (eds.), *National Prosecution of International Crimes*, Vol. 1 (2003), pp. 21 et seq.；G. Werle and F. Jessberger, *Juristenzeitung* 2002, pp. 725 et seq.；A. Zimmermann, *Neue Juristische Wochenschrift* 2002, pp. 3068 et seq.；关于预备性工作，参见 C. Kress, *Vom Nutzen eines deutschen Völkerstrafgesetzbuchs* (2000)；H. Satzger, *Neue Zeitschrift für Strafrecht* 2002, pp. 125 et seq.；G. Werle, *Juristenzeitung* 2001, pp. 885 et seq.。

[446] Bundesministerium der Justiz (ed.), *Arbeitsentwurf eines Gesetzes zur Einführung des Völkerstrafgesetzbuchs mit Begründung* (2001). 参见 G. Werle, *Juristenzeitung* 2001, pp. 885 et seq.。

(二)目的

《违反国际法的犯罪法典》具有四个目的。[447] 第一,它意味着完整包括了“违反国际法的各种犯罪中所具有的特殊不法”;同时,它的目的在于避免德国刑法和国际刑法之间出现空隙。 246

德国刑法在《违反国际法的犯罪法典》创设之前,在包含国际法项下的犯罪方面存在着重大的缺陷。[448] 在大多数情况下,国际法项下的犯罪在德国法中也都是犯罪,但是,那种导致这些犯罪具有一种国际规模的国际因素,[449]并不是显而易见的。除此之外,一些空隙也会可想而知地导致这种结果:使一个在国际法项下可以得到犯罪化的行为,在德国法项下却不能得到犯罪化。在德国刑法的域外领域方面,还能找到其他一些重要的缺陷。 247

第二,把各种国际犯罪全部收集到一个统一的法典之中,是为了促进“法律的明确性和实际应用性”。第三,在补充性原则方面,目的是为了保证“德国总是处于一种起诉国际刑事法院具有管辖权的犯罪的位置上”。[450] 第四,这个法典的创设,目的是为促进和传播国际人道法作出贡献。 248

(三)结构

这部法典的第一部分,包含了可以对这些犯罪适用的一些一般原则。国际法项下的犯罪,尤其是灭绝种族,危害人类罪,战争和内战犯罪,都包含在第二部分。除了特别刑事规范之外,普通刑法项下的各种犯罪定义,在本质上仍然是可以适用的;然而,作为一个规则,根据较弱地加以包括的罪行这个原则,它们通常在《违反国际法的犯罪法典》的规范 249

---

[447] 关于下文,参见 Explanatory Memorandum of the (German) Code of Crimes Against International Law, *BT-Drs.* 14/8524, p. 12。

[448] 对于具体情况,参见 G. Werle, *Juristenzeitung* 2000, p. 755 at pp. 756 et seq.; 也见 F. Jessberger, 12 *Finnish Yearbook oflnternational Law* (2001), pp. 307 et seq.; H. Satzger, *Internationales und Europäisches Strafrecht* (2005), pp. 222 et seq.。如果最晚在50年代初期,把《纽伦堡宪章》中的犯罪,即在《管制理事会法》第10号也加以规定的犯罪,都合并入德国刑法之中,那本来就会是有意义的。1953年,联邦政府在解释一部关于德国加入日内瓦四公约的法律草案时就已经声明,“这些公约中的关键的刑法规定,使得有必要部分修改德国的国内法”。然而,这个立法机关并没有做什么事情。在1980年,司法部才提交了一份法律的初步草案,惩罚违反关于战争的国际法的行为,如此而已。详细情况,参见 C. Kress, *Vom Nutzen eines deutschen Völkerstrafgetzbuchs* (2000), pp. 4 et seq.。

[449] 参见边码79。

[450] Explanatory Memorandum of the (German) Code of Crimes Against International Law, *BT-Drs.* 14/8524, p. 12.

中只占有第二位的地位。

(四)一般原则

250 《违反国际法的犯罪法典》包含的一般原则(第 1 条至第 5 条)仅仅集中在那些最本质的方面。这部法典第 2 条规定,在《违反国际法的犯罪法典》没有创设特别规则时,适用普通刑法,尤其是《(德国)刑法典》。因此,诸如那些对心理要素,错误,自我防卫,参加的模式,以及不作为规定的一般原则,都是可以适用的。

251 第 2 条反映了德国立法者的一个基本决定:把违反国际法的犯罪的条文,加入到德国刑法的审判和检验制度以及现行的信条性框架之中。建立第二套或者平行的一套一般原则——第一套是为普通犯罪,第二套是为国际法项下的犯罪——在法律的适用中,将会导致许多无法预见的困难。这里的基本思想是,作为一个规则,德国法律一般原则的适用,将导致产生不仅对《国际刑事法院规约》适当的结果,而且会产生与之一致的结果。这样,在《国际刑事法院规约》第 22 条至第 33 条中规定了大多数一般原则的情况下,《违反国际法的犯罪法典》就没有再制定其他特别的条文了。只有在《国际刑事法院规约》的规范与一般德国刑法有重要不同之处,在《违反国际法的犯罪法典》中,才会包括一些跟随《国际刑事法院规约》规定的特别条文。它们之间是否存在不同,在一些情况下是会产生争论的。

252 一个重要的例子与心理因素有关。根据德国的信条,间接故意(dolus eventualis)是符合《(德国)刑法典》规定罪过(mens rea)的第 15 条的要求的。根据《违反国际法的犯罪法典》第 2 条,第 15 条是可以适用于《违反国际法的犯罪法典》中的各种犯罪的。然而,间接故意是否符合在《国际刑事法院规约》第 30 条第 1 款中建立的标准,却是一个有争议的问题。[451] 另一个问题与不作为的犯罪化有关。在这里,《刑法典》第 13 条的可适用性,[452]却产生了对没有行为的一般性犯罪化。[453]

253 在《违反国际法的犯罪法典》中包含的一些特别规定,与军队指挥员和其他处于权威位置人的责任有关(第 4 条、第 13 条和第 14 条),对国际法项下的犯罪(第 5 条)和根据命令行为没有规定法定的时效。在这些方面,《违反国际法的犯罪法典》的条文就优先于《刑法典》中相应的条文。

(五)灭绝种族罪

254 在《违反国际法的犯罪法典》第 6 条中,第二部分的第一章从《刑法典》(过去的第 220a 条)中加入了灭绝种族罪。对它所作的轻微修改起了明确的作用。《国际刑事法院

---

[451] 参见边码 331 以下。

[452] 《(德国)刑法典》第 13 条(通过不作为实施的行为)是这样规定的:“任何人没有避免属于刑法规定的行为构成的结果发生,只有在他对这个结果的不发生负有法律上的责任时,以及在这个不作为等同于通过作为来实现这个犯罪的法定要素时……,才应当根据本法进行惩罚。”

[453] 对于国际刑法的位置,参见边码 503。

规约》第6条第1款、第2款和第5款,要求有一个团体的"一些成员"受到了影响,同时,《违反国际法的犯罪法典》第6条要求有一个团体的"一名成员"受到了影响。这个用词是符合对这个规范的国际性解释的。

(六)危害人类罪

第7条定义了危害人类罪;这个条文紧密跟随了《国际刑事法院规约》第7条。[454] 在 255
表达这种具体罪行时,立法机关试图维持这种国际"原来规范"的内容,同时,公平对待合法性原则的宪法性要求。这样,与《国际刑事法院规约》相比,有一些说明在一定范围内就缩小了犯罪举止行为的范围。[455]

(七)战争罪

第二章(第8条至第12条)统治着战争罪和国内战争罪,也就是说,与国际或者非国 256
际武装冲突相联系的犯罪。[456]

在这里,这部法典不仅加入了包含在《国际刑事法院规约》第8条第2款中的罪行,而且还另外履行 257
了1991年德国在批准《第一附加议定书》时所承担的把其中所列的严重违反行为加以犯罪化的义务。[457] 除此之外,关于战争罪的这一章,与《国际刑事法院规约》相比,在结构上也完全改变了。相关的罪行都尽可能地合并在一个条文之中。[458] 对于有着相同或者类似攻击目标的战争罪和国内战争罪来说,情况尤其是这样:对于这些犯罪来说,一场冲突是具有国际特征还是不具有国际特征,都是不重要的。[459] 各

---

[454] 对于更详细的情况,参见边码644以下。

[455] 关于在对国际刑法的友好和法治原则之间的紧张关系,参见H. Satzger, *Neue Zeitung für Strafrecht* 2002, p. 125 at p. 131; G. Werle and F. Jessberger, *Juristenzeitung* 2002, p. 725 at p. 730。

[456] 对于讨论,参见G. Werle and V. Nerlich, *Humanitäres Völkerrecht-Informationsschriften* 2002, pp. 124 et seq.; 也见边码811以下。

[457] 参见与《日内瓦公约(一)》第49条第1款,《日内瓦公约(二)》第50条第1款,《日内瓦公约(三)》第129条第1款,《日内瓦公约(四)》第146条第1款相联系的《(日内瓦公约)第一附加议定书》第85条第1款,因为并不是《(日内瓦公约)第一附加议定书》中的所有严重违反行为,都合并入《国际刑事法院规约》之中了。德国在1991年2月14日批准了《(日内瓦公约)第一附加议定书》和《(日内瓦公约)第二附加议定书》。对于讨论,参见A. Zimmermann, *Zeitschrift für Rechtspolitik* 2002, p. 97 at pp. 98 et seq.。

[458] 对于在《(德国)违反国际法的犯罪法典》和基本国际法律规则中包括的关于战争的国际刑法规范,有一个很有帮助的表格式一览表,参见the Explanatory Memorandum of the (German) Code of Crimes Against International Law, *BT-Drs.* 14/8524, p. 24。

[459] 因此,作为一项规则,只要这个冲突是一种武装冲突,就不需要确定它在性质上是国际性的还是非国际性的;关于这个区别,参见*Prosecutor v. Tadić*, ICTY (Appeals Chamber), judgment of 15 July 1999, paras. 83 et seq.; H. Fischer, in G. Kirk McDonald and O. Swaak-Goldman (eds.), *Substantive and Procedural Aspects of International Criminal Law*, Vol. 1 (2000), p. 67 at pp. 78 et seq.。如果这种冲突仅仅达到较轻的程度,那么,这个区别就会是很重要的;参见边码816。

种罪行通过统一的用语而更加紧凑了。在对《国际刑事法院规约》所作的德文翻译中，有一些不同点被掩饰过去了。[60] 在一些地方，德国立法机关重新使用《国际刑事法院规约》中的类似用语作为它们共同的核心。

258 然而，这部法典并不局限于从《国际刑事法院规约》中收集关于国际和非国际武装冲突的相同或者类似的规则。在许多情况下，一些根据《国际刑事法院规约》只适用于国际武装冲突的罪行，已经被扩展到非国际武装冲突之中。结果，包括在《违反国际法的犯罪法典》中的大多数行为，就不仅在国际性战争而且在国内性战争中，都是犯罪了。只有在现行习惯性国际法不允许对国际性和国内性武装冲突平等对待之处，才会在不同冲突种类之间的单独条文中作出区别。

259 第二章的标题是侵犯人员的战争罪（war crime against persons）。第 8 条第 1 款适用于国际的和非国际的武装冲突，并且，作为个别行为，包括了杀人（第 1 目）、劫持人质（第 2 目）、残酷或者不人道待遇（第 3 目）、性暴力（第 4 目）、强迫征集和使用儿童士兵（第 5 目）、驱逐（第 6 目）、未经适当审判的惩罚（第 7 目）、医学试验和切除器官（第 8 目）、侮辱性和屈辱性待遇（第 9 目）。为了进一步使战争罪的法律更加紧凑，《违反国际法的犯罪法典》第 8 条第 1 款和第 3 款使用了"在国际人道法项下受保护的人"这个短语。这个短语的定义包括在第 8 条第 6 款之中。[61] 第 8 条第 3 款包含了只能在国际武装冲突中实施的很少一些行为。它们包括拖延遣返战俘（第 1 目），运用占领权力转移平民群众（第 2 目），强迫征集为敌人武装力量服务（第 3 目），强迫对自己的祖国实施战争行为（第 4 目）。第 9 条和第 10 条是关于侵犯财产的和其他权利的战争罪，以及危害人道主义行动和标志的战争罪。

260 海牙法律的一个重要部分被规定在第 11 条之中，在这里，对被禁止的战争方式进行了犯罪化。第 1 段平等地使用于国际和非国际的冲突，不仅对攻击平民（第 1 目）和民用目标（第 2 目），而且对导致不相称的平民伤亡（第 3 目）进行了犯罪化。还包括在其中的有使用人作为人肉盾牌（第 4 目），饿死平民人口（第 5 目），命令或者威胁不给予定量配给（第 6 目），以及背信弃义地杀死或者伤害敌方战斗人员和斗争者（第 7 目）。与使用禁

---

[60] 因此，例如，《国际刑事法院规约》第 8 条第 2 款第 1 项第 1 目（"故意杀害"/"l'homocide intentionnel"/"vorsätzliche Tötung"），第 8 条第 2 款第 2 项第 6 目（"杀害"/"le fait de tuer"/"Tötung"）和第 8 条第 2 款第 3 项第 1 目（"谋杀"/"le meurtre"/"vorsätzliche Tötung"），就被结合在《（德国）违反国际法的犯罪法典》第 8 条第 1 款第 1 项的"töte（n）"（杀害）中了。

[61] 《（德国）违反国际法的犯罪法典》第 8 条第 6 款第 1 项，包含了对受各种日内瓦公约和《第一议定书》保护的人的考虑。这就保证了德国法根据国际法规定而形成的完整性。《（德国）违反国际法的犯罪法典》第 8 条第 6 款第 2 项的目的，是紧随在国际武装冲突中受保护的人的类别之后，定义了在非国际武装冲突中受保护的人的类别；参见 Explanatory Memorandum of the（German）Code of Crimes Against International Law，*BT-Drs.* 14/8524，p. 30。这包括了受伤、生病、沉船，以及所有没有直接参加敌对行动而落入敌方之手的人。《（德国）违反国际法的犯罪法典》第 8 条第 6 款第 3 项保护失去战斗力的人。对于彻底的讨论，一般情况，参见 G. Werle and V. Nerlich，*Humanitäres Völkerrecht-Informationsschriften* 2002，p. 124 at pp. 130 et seq.。

止的战争手段有关的战争罪，是海牙法律的另一个核心方面，在第12条中得到了包括。不管在具体案件中是否产生损害，使用毒物和毒物武器（第1目）、使用生物和化学武器（第2目）和达姆弹（dum dum bullets）（第3目）都被犯罪化了。

（八）违反监管义务

在第13条和第14条中，违反监管义务和没有报告犯罪都被规定为可以受到刑事惩 261
罚。这两个条文与第4条一起，是为贯彻《国际刑事法院规约》第28条规定的上级责任的规则服务的。

《国际刑事法院规约》第28条一直被分成3个单独的条文。[462]《违反国际法的犯罪法典》第13条考 262
虑了在上级不知道下级即将实施犯罪的这种情况中所具有的各种罪过等级，规定了一种违反监管义务的单独定义。第14条对上级没有报告下级实施了国际法项下的犯罪规定了刑事惩罚。第4条明确了，被授予适当监管权力的上级，没有阻止下级实施灭绝种族、危害人类罪或者战争罪的，应当与作为行为人实施了该罪行的下级一样，受到同样的刑事惩罚。

（九）侵略

侵略罪没有被包括在《违反国际法的犯罪法典》之中。然而，《（德国）刑法典》第80 263
条对准备侵略战争作了犯罪化。[463] 第80条没有规范国际法项下的犯罪，但是包含了一个所谓的国家保护罪，以便保护联邦德国与其他国家的和平关系及其内部的安全。[464] 没有包括的还有德国没有参加的侵略战争。德国作为第三国对侵略战争罪的刑事起诉，因此是不可能的。迄今为止，这种刑事罪行在实践中并没有什么意义。[465]

（十）普遍管辖权

《违反国际法的犯罪法典》第1条命令可以适用普遍原则，这在当时仅仅适用于灭绝 264

---

[462] 对于原因，参见 T. Weigend, in B, Schünemann et al. (eds.), *Festschrift für Roxin* (2001), p. 1375 at p. 1397。

[463] 对于详细情况，参见 G. Werle, *Völkerstrafrecht* (2003), marginal nos. 1179 et seq.。

[464] 参见，例如，K. Lackner and K. Kühl, *Strafgesetzbuch mit Erläuterungen*, 24th edn. (2001), Sec. 80, marginal no. 1。

[465] 迄今为止唯一的决定，the Landgericht Köln, *Neue Zeitschrift für Strafrecht* 1981, p. 261 解释说：侵略战争，就像在《（德国）刑法典》第80条、第80a条，以及在《（德国）基本法》第26条第1款中所使用的，是指“与国际法相反的武装侵略。”然而，这个法院并没有回答这个更基础的问题：即什么构成侵略行为。

种族罪和战争罪，[466]但是，现在对该法典中定义的所有犯罪都适用了，[467]“甚至在这种罪行是在国外实施的并且与德国没有关系”。这样，德国刑法就总是可以对国际法项下的犯罪适用了，不管这些行为是在哪里、由谁或者对谁实施的。对于适用德国刑法所需要的唯一“连接”就是这种犯罪本身，它影响了国际社会整体。这样，（德国）联邦最高法院根据《（德国）刑法典》第 6 条第 1 款[468]在普遍管辖权方面的不同意见，对于《违反国际法的犯罪法典》的适用性来说，就是没有关系的。

265　《违反国际法的犯罪法典》第 1 条规定的“纯粹的”普遍管辖权，伴随着一条新奇的程序性规则：[469]《刑事诉讼法》（Strafprozessordnung，简称 StPO）第 153f 条[470]规定了一种调查和起诉的义务，甚至是那些在国外实施的国际犯罪。只有与该行为之间不存在国内联系时，或者只有在诸如国际刑事法院这样的上级管辖权进来发挥作用时，才能够不考虑这一点。

---

[466] 《（德国）刑法典》，先前的《（德国）刑法典》第 6 条第 1 款和第 9 款，与各个日内瓦公约相联系。关于在《（德国）刑法典》第 6 条第 9 款包括了在国内战争中实施的犯罪的范围，参见 G. Werle，*Juristenzeitung* 2000，p. 755 at p. 759。对于过去法律情况的不充分性的讨论（就是在《（德国）违反国际法的犯罪法典》生效之前，一直可以在起诉已实施的国际犯罪中适用的情况），参见 F. Jessberger，12 *Finnish Yearbook of International Law*（2001），p. 307 at pp. 320 et seq.。

[467] 《（德国）违反国际法的犯罪法典》第 1 条并不适用于在《（德国）违反国际法的犯罪法典》第 13 条和第 14 条中规定的罪行。

[468] 参见 Bundesgerichtshof，judgment of 30 April 1999，*BGHSt* 45，p. 64 at p. 66。带有 A. Eser 的拒绝性讨论，参见 A. Eser et al.（eds.），*Festschrift für Meyer-Gossner*（2001），pp. 3 et seq.，and G. Werle，*Juristenzeitung* 1999，p. 1181 at p. 1182；也见 G. Werle and F. Jessberger，*Juristische Schulung* 2001，p. 141 at p. 142。

[469] 参见 2002 年 6 月 26 日《（德国）违反国际法犯罪法典的引导法》（Gesetz zur Einführung des Völkerstrafgesetzbuchs）第 3 条，*Bundesgesetzblatt* 2002 I，2254。参见 W. Beulke，in Löwe-Rosenberg，*Die Strafprozeßordnun* 25th edn.（2002），Nachtr. § 153f marginal nos. 1 et seq.；G. Werle and F. Jessberger，*Juristenzeitung* 2002，p. 725 at pp. 732 et seq.，边码 315 以下。

[470] 《（德国）刑事程序法典》（Strafprozessordnung，简称 StPO）第 153f 条作了如下规定：

“（1）在第 153c 条第 1 款第 1 项和第 2 项下提到的案件中，如果被告人不在德国并且不能期待他出现在德国，那么，检察院可以免予起诉根据《违反国际法的犯罪法典》第 6 条至第 14 条可以予以惩罚的罪行。然而，如果在第 153c 条第 1 款第 1 项下提到的案件中，被告人不是德国人，那么，只有在这项罪行正在一个国际法院中被起诉，或者正在一个该犯罪在其领土上实施或者损害了其国民的国家中被起诉时，才应当适用。

（2）在第 153c 条第 1 款第 1 项和第 2 项下提到的案件中，检察院可以免予起诉根据《违反国际法的犯罪法典》第 6 条至第 14 条可以予以惩罚的罪行，特别是，如果

1. 不存在对德国人实施了这种罪行的怀疑，

2. 这种罪行的实施没有损害德国人，

3. 这种罪行的嫌疑人不是居住在德国，并且这种居住是不能被期待的，还有

4. 这项罪行正在一个国际法院中被起诉，或者正在一个该犯罪在其领土上实施、其国民被怀疑进行了这种实施或者其国民受到了损害的国家中被起诉。如果一名在国外实施了一项罪行的外国被告人出现在德国，但是，根据第 1 句、第 2 项和第 4 项的各种要求已经得到满足，并且转移到一个国际法院或者引渡给起诉国是允许的和所打算的（is intended），那么，也同样适用。”

第二章　一般原则

《国际刑事法院规约》生效之前，在将国际刑法加以法典化的努力中，一般原则只具有第二位的重要性。在实践中具有优先地位的是，对国际法项下的犯罪所具有的犯罪行为的定义。 266

只要观察一下《纽伦堡宪章》和联合国安理会创设的各种国际刑事法庭的规约，就可以看到一般原则处于次要地位的各种表现。那些被置于各种犯罪定义“括号之外”的少数特殊规则，既不具有与国内法律制度中归责的一般规范在实体上的相似性，又像它们一样，也不主张综合性地规定一般原则。相反，只有在面对集合性的、很典型地由国家支持的行为所具有的特色，显示出分配刑事责任的传统规则将遭到失败的危险时，才会有对这种特殊规则的需要。事实上，这些规约中的条文，仅仅指出了根据命令的行为或者以官员身份的行为（一般）是不重要的，以及关于上级对下级的犯罪举止行为应当承担的刑事责任。[①] 267

这个角度，不仅在早期阶段不妨碍国际刑法随着刑事责任一般规则的制定而形成一个实体，而且在国际实践中也证明是不复杂的。对这种实践的调查确认，对于国际刑法来说，首先并不存在着发展出一套完整的一般原则的需求。在必要之处，各种国际刑事法庭都会求助于各国的法律制度所通用的那些规则。[②] 由于国内法院反正都要对贯彻国际刑法负责，因此，适用国内的“一般原则”就是可以期待的。 268

现在，《国际刑事法院规约》第三部分包含了关于“刑法一般原则”的各种综合性条文，组成了一套独立的国际刑法一般规则的核心。[③] 这些条文部分仿效了习惯性国际法和文明国家承认的法律的一般原则（《国际法院规约》第38条第1款第2项，第3项）；不过，在其他情况下，这部规约标志了新领域。在这个背景之下，《国际刑事法院规约》毫无疑问是在对国际刑法一般原则进行法典化的努力中，所取得的最精彩的成就。在这里，法律的一般问题第一次与犯罪的定义区分开来了。因此，法定的刑法，不仅得到了南斯拉夫 269

---

① 详细情况，参见边码455以下，372。也见 H. -H. Jescheck, 2 *Journal of International Criminal Justice* (2004), pp. 38 et seq.。

② 对于这些判例法的综述，参见 K. Ambos, *Der Allgemeine Teil des Völkerstrafgechts* (2002), pp. 125 et seq., pp. 159 et seq., and pp. 253 et seq.。

③ 《国际刑事法院规约》第三部分包含了许多国际刑事法院能够适用的一般原则的规则，但不是全部。它们尤其应当由作为一般国际法部分的规则加以补充，参见《国际刑事法院规约》第21条。

和卢旺达国际法庭丰富的判例法的补充,而且构成了以后讨论的出发点。这也说明了在《国际刑事法院规约》中规定的法律和习惯性国际法之间的关系。

270 最近对刑事责任一般规则进行法典化的直接结果,就是使《国际刑事法院规约》中的一些一般规则产生了有限的"信条性成熟"。其中一个最核心的挑战,就是使这些一般原则变得更加明确了。[4] 在一般原则领域中,规范的创制和法律的确定,与犯罪的定义相比,是发生在一些平行的国内法屏障之内的,这个事实又使明确一般原则的任务变得更加困难了。每一个法律制度都有一些涉及刑法一般原则的成文的或者不成文的规则;每一个法律工作者都首先并且主要是通过自己熟悉的国内术语和信条来阅读国际刑法的条文。除此之外,在《国际刑事法院规约》第三部分中的大部分条文,也组成了一个"来自多种法律传统的非体系性的堆积"。[5] 各种因素经常能够追溯到国内的法律制度上去。有时,相对于国内法律的各种模式,国际刑事规则所具有的在概念上的(并且在现实中经常难得清晰的)相似性,却会被证明是靠不住的。因此,在讨论国际刑法的一般原则时,就必须要求自己从自己国内法的思维方式和信条概念中解放出来。[6] 在罗马大会上已经表现出,这会有多么困难![7]

第一节　趋向于国际法项下的犯罪的一般理论

参考书目:

271 Kai Ambos: General Principles of Criminal Law in the Rome Statute, 10 *Criminal Law Forum* (1999), pp. 1 et seq.; Kai Ambos: *Der Allgemeine Teil des Völkerstrafrechts* (2002), pp. 539 et seq.; Kai Ambos: *Internationales Strafrecht* (2006), § 7 marginal nos. 1 et seq.; Kai Ambos: Remarks on the General Part of International Criminal Law, 4 *Journal of International*

④ 关于在信条化("Dogmatisierung")方面开始进行的尝试,参见 K. Ambos, *Der Allgemeine Teil des Völkerstrafrechts* (2002)。

⑤ A. Eser, in K. Schmoller (ed.), *Festschrift für Triffterer* (1996), p. 755 at p. 775。

⑥ 这个南斯拉夫国际法庭正确地指出:"(一个)简单的语义方法……,只能导致困惑或者对一种难以琢磨的共同性(an elusive commonality)进行毫无结果的寻找。在任何国内法律制度中,各种条款都是在特定的法律背景中使用的,并且只能由那个制度的法理学(jurisprudence)说明它们自己独特的含义。当这些条款在国际性管辖权中适用时,这个含义并不一定是有关系的。"参见 *Prosecutor v. Mucić et al.*, ICTY (Trial Chamber), judgment of 16 November 1998, para. 431。

⑦ 在 R. S. Clark, 12 *Criminal Law Forum* (2001), p. 291 at p. 302, fn. 37 中的描述是很有代表性的(通讯中的崩溃);也见 M. Kelt and H. von Hebel, in R. S. Lee (ed.), *The International Criminal Court, Elements of Crimes and Rules of Procedure and Evidence* (2001), p. 19 at p. 22。

Criminal Justice (2006), pp. 660 et seq.; Kai Ambos: 100 Jahre Belings„ Lehre vom Verbrechen“: Renaissance des kausalen Verbrechensbegriffs auf internationaler Ebene?, *Zeitschrift für Internationale Strafrechtsdogmatik* 2006, pp. 464 et seq.; Antonio Cassese: *International Criminal Law* (2003), pp. 135et seq., p. 222; Roger S. Clark: The Mental Element in International Criminal Law: The Rome Statute of the International Criminal Court and the Elements of Offences, 12 *Criminal Law Forum* (2001), pp. 291 et seq.; Yoram Dinstein: Defences, in Gabrielle Kirk McDonald and Olivia Swaak-Goldman (eds.), *Substantive and Procedural Aspects of International Criminal Law, The Experience of International and National Courts*, Vol. 1 (2000), pp. 371 et seq.; Albin Eser: Die Unterscheidung von Rechtfertigung und Entschuldigung: Ein Schlüsselproblem des Verbrechensbegriffs, in Raimo Lahti and Kimmo Nuotio (eds.), *Strafrechtstheorie im Umbruch, Finnische und vergleichende Perspektiven* (1992), pp. 301 et seq.; Albin Eser: "Defences" in Strafverfahren wegen Kriegsverbrechen, in Kurt Schmoller (ed.), *Festschrift für Triffterer* (1996), pp. 755 et seq.; Albin Eser: Commentary on ICC Statute, Article 31, in Otto Triffterer (ed.), *Commentary on the Rome Statute of the International Criminal Court, Observers' Notes, Article byArticle* (1999), pp. 537 et seq.; Maria Kelt and Herman von Hebel: General Principles of Criminal Law and Elements of Crimes, in Roy S. Lee (ed.), *The International Criminal Court, Elements of Crimes and Rules of Procedure and Evidence* (2001), pp. 19 et seq.; Claus Kreß: Die Kristallisation eines Allgemeinen Teils des Völkerstrafrechts: Die Allgemeinen Prinzipien des Strafrechts im Statut des Internationalen Strafgerichtshofs, *Humanitäres Völkerrecht-Informationsschriften* 1999, pp. 4 et seq.; Claus Kreß: Kommentierung III 26, in Heinrich Grützner and Paul-Günter PiStz (eds.), *Internationaler Rechtshilfiverkehr in Strafiachen*, Vol. 4 (2006); Otto Lagodny: Legitimation und Bedeutung des Ständigen Internationalen Strafgerichtshofes, 113 *Zeitschrift für die gesamte Strafrechtswissenschaft* (2001), pp. 800 et seq.; Stefano Manacorda: Die allgemeine Lehre von der Straftat in Frankreich, Besonderheiten oder Lücken in der französischen Strafrechtswissenschaft, *Goltdammer's Archiv für Strafrecht* 1998, pp. 124 et seq.; Marco Mansdörfer (ed.): *Die allgemeine Straftatlehre des common law* (2005); Klaus Marxen: Beteiligung an schwerem systematischen Unrecht, Bemerkungen zu einer völkerstrafrechtlichen Straftatlehre, in Klaus Lüderssen (ed.), *Aufgekärte Kriminalpolitik oder Kampf gegen das "Böse"*, Vol. 3: Makrokriminalitüt (1998), pp. 220 et seq.; Reinhard Merkel: Gründe für den Ausschluss der Strafbarkeit im Völkerstrafrecht, 114 *Zeitschrift für die gesamte Strafrechtswissenschaft* (2002), pp. 437 et seq.;

Christiane Nill-Theobald: "*Defences*" *bei Kriegsverbrechen am Beispiel Deutschlands und der USA*, *Zugleich ein Beitrag zum Allgemeinen Teil des Völkerstrafrechts* (1998), pp. 57 et seq.; Donald K. Piragoff: Commentary on ICC Statute, Article 30, in Otto Triffterer (ed.), *Commentary on the Rome Statute of the International Criminal Court*, *Observers' Notes*, *Article by Article* (1999), pp. 527 et seq.; Leila N. Sadat: *The International Criminal Court and the Transformation of International Law*, *Justice for the New Millenium* (2002), pp. 192* et seq.; Massimo Scaliotti: Defences before the International Criminal Court: Substantive grounds for excluding criminal responsibility, Part 1, 1 *International Criminal Law Review* (2001), pp. 111 et seq.; Part 2, 2 *International Criminal Law Review* (2002), pp. 1 et seq.; William A. Schabas: Commentary on ICC Statute, Article 66, in Otto Triffterer (ed.), *Commentary on the Rome Statute of the International Criminal Court*, *Observers' Notes*, *Article by Article* (1999), pp. 833 et seq.; John C. Smith and Brian Hogan: Criminal Law, 9th edn. (1999), pp. 28 et seq., pp. 189 et seq.; Joachim Vogel: Elemente der Straftat, Bemerkungen zur französischen Straftatlehre und zur Straftatlehre des common law, *Goltdammer's Archiv für Strafrecht* 1998, pp. 127 et seq.; Thomas Weigend: Zur Frage eines "internationalen" Allgemeinen Teils, in Bernd Schünemann et al. (eds.), *Festschrift für Roxin* (2001), pp. 1375 et seq.

一 国际法项下的犯罪概念

272 迄今为止,在国际犯罪所特有的信条方面,出现的还仅仅是粗略的大纲。这样一种信条,需要通过有系统性地记录和为这些犯罪所共有的所有结构性因素进行分类,来为国际法项下的犯罪⑧规定责任的一般标准。

各种国际刑事法庭的实践,已经顺利地适应了一种犯罪概念。这种概念有着两个方面,并且在普通法中很普遍。⑨ 这个概念先区分了罪行和辩护。一方面,罪行是为刑事责

273

* 原文是"213",作者作了订正。——译者注

⑧ 在刑法一般信条的任务中,参见 G. Jakobs, *Strafrecht Allgemeiner Teil*, 2nd edn. (1993), pp. 125 et seq.; H.-H. Jescheck and T. Weigend, *Lehrbuch des Strafrechts*, *Allgemeiner Teil*, 5th edn. (1996), p. 194; 并且特别对国际法项下的犯罪,参见 K. Marxen, in K. Lüderssen (ed.), *Aufgeklärte Krimimalpolitik oder Kampf gegen das* "*Böse*", Vol. 3 (1998), pp. 220 et seq.。

⑨ 参见 K. Ambos, *Der Allgemeine Teil des Völkerstrafrechts* (2002), p. 361 and pp. 539 et seq.; 从民法法系角度对普通法犯罪信条的讨论,参见 J. Vogel, *Goltdammer's Archiv für Strafrecht* 1998, p. 127 at pp. 136 et seq.。这个模式有时也被描述为一种有着三个突出要点的犯罪概念(危害行为,主观心理态度和辩护),参见 J. C. Smith and B. Hogan, *Criminal Law*, 9th edn. (1999), pp. 28 et seq. and p. 189。

任创设根据的，由物质性因素*（危害行为［actus reus］）和心理性因素（罪过［mens rea］）⑩组成。另一方面，辩护是一些排除责任的规则，⑪不仅包括排除刑事责任的实体性根据（例如，自我防卫和紧急避险），而且包括对起诉的程序性障碍（例如，无能力和时效规定）。⑫

南斯拉夫国际法庭和卢旺达国际法庭都在犯罪和被告人的个人刑事责任之间作了区分。个人的刑事责任看来是一个单独的范畴，尤其与建立参加的模式有关。犯罪和个人的刑事责任这两个范畴，都具有物质性因素和心理性因素。 274

《国际刑事法院规约》强调国际刑法的独立性，并且将其置于一个自己所独有的基础上。这个概念包括了普通法和民法法系信条学中的各种因素，但是，又把这些因素连结在一个国际法项下的犯罪的特别概念之中。⑬ 275

在很大程度上，《国际刑事法院规约》避免使用那些在主要法律制度中已经很好地建立起来的术语。⑭ 这个角度是正确的，在使用那些已经“被采纳的”技术用语中，也经常会引向那些在其“所带来的” 276

---

* 物质性因素的原文是 material element，德文原文是 Äußere Tatseite，指的是国际法项下犯罪的全部外部条件的总和。本书对这个词的翻译参考了《犯罪要件》中的提法。——译者注

⑩ “*Actus non facit reum nisi mens sit rea.*”参见 Y. Dinstein，in G. Kirk McDonald and O. Swaak-Goldman（eds.），*Substantive and Procedural Aspects of International Criminal Law*，Vol. 1（2000），p. 371。

⑪ 这个趋势首先在刑事程序中变得很清楚。在普通法传统中的犯罪概念所具有的真正特征在于，证明的不同标准是与罪行和辩护相联系的，参见 J. Herrmann，93 *Zeitschrift für die gesamte Strafrechtswissenschaft*（1981），p. 615 at pp. 653 et seq.；J. Vogel，*Goltdammer's Archiv für Strafrecht* 1998，p. 127 at p. 137。非常粗略地说，这取决于检察方对犯罪要件的证明，同时，被告人必须表明辩护条件的存在，参见 W. R. LaFave，*Criminal Law*，4th edn.（2003），pp. 55 et seq.。在 *Prosecutor v. Mucić et al.*，ICTY（Trial Chamber），judgment of 16 November 1998，paras. 1157 et seq. 之中，这个审判庭提到的“一般原则是：举证责任……，在于这个人……，他提出了这个辩护”。也见《南斯拉夫国际法庭程序规则》第 67 条第 1 款第 2 项第 2 目：“（这个）辩护人应当告知检察官自己提出 …… 任何特别辩护的意图，包括减少或者缺乏主观责任的意图；在这个案件中，这种告知应当特别说明证人的姓名和地址，以及任何被告人意图赖以建立该种特别辩护的证据。”

⑫ 参见 A. Ashworth，*Principles of Criminal Law*，3rd edn.（1999），p. 209；Y. Dinstein，in G. Kirk McDonald and O. Swaak-Goldman（eds.），*Substantive and Procedural Aspects of International Criminal Law*（2000），p. 371 at pp. 372 et seq.；W. R. LaFave，*Criminal Law*，4th edn.（2003），p. 57；M. Scaliotti，1 *International Criminal Law Review*（2001），p. 111 at p. 112。

⑬ 也见 C. Kress，*Humanitäres Völkerrecht-Informationsschriften* 1999，p. 4 at p. 5。在第三部分的题目（“刑法总则”）表明了与普通法在语言上的一种确定而密切关系的同时，表明排除刑罚的各种理由（“排除刑事责任的理由”，《国际刑事法院规约》第 31 条）与欧洲大陆的概念性术语更密切，参见 A. Eser，in O. Triffterer（ed.），*Commentary on the Rome Statute of the International Criminal Court*（1999），Art. 31，边码 15。在《国际刑事法院规约》第 30 条中使用的“élément materiel”和“élément psychologique”这些概念，也撤销了使用欧洲大陆的，尤其是普通法文的术语，参见 S. Manacorda，*Goltdammer's Archiv für Strafrecht* 1998，p. 124 at p. 125。

⑭ 例如，这部《规约》不使用危害行为/主观罪过这对概念。在联合国国际法委员会原来的草案中，指的是普通法中的概念，并没有谈论危害行为和主观罪过（参见 1994 年《法典草案》），在罗马大会上，

国内法中对这些概念的解释。在避免使用这些现存的、经过检验的法律概念中所付出的代价，是许多规则还需要在实践中进一步得到明确。

277 《国际刑事法院规约》首先在犯罪、个人刑事责任的根据与排除犯罪的根据之间做出了区分。犯罪的定义规定在《国际刑事法院规约》第6条、第7条和第8条。每一个定义都包含了各种物质性因素和一个心理性因素。对于心理性因素来说，《国际刑事法院规约》第30条规定了可以适用的一般要求，但是，适用其他规则的除外。个人刑事责任的根据规定在《国际刑事法院规约》第25条和第26条之中。第25条第2款处理的是个人刑事责任的一般原则。第25条第3款列出了参与的各种模式。第28条把这个列表扩展到了包括上级的责任。然而，即使是在国际刑事法院规约的结构之中，并且即使有作出进一步明确的要求，刑事责任的形式是如何与各种犯罪的定义相联系的，仍然并不清楚。第31条列举了排除刑事责任的各种根据。

二 有组织暴力的背景(国际性因素)

278 在国际法项下的犯罪所具有的三个要素方面，对广义犯罪性的特征进行考虑是可能的。除了具体行为("任何下面的行为")[15]之外，这个分类还要求一个有组织暴力的背景(背景性因素或者背景性情节)。[16]与这个背景发生了联系，才能使一个普通的犯罪转变为一个国际法项下的犯罪。[17]这个背景性因素作用的发挥，取决于这个犯罪在物质性因素或者心理性因素方面的情况。对于灭绝种族来说，这个背景，也就是毁灭一个受保护的团体，是包括在这个犯罪的心理因素之中的；[18]毁灭这个团体的一部分，必须是这个行为人的目的。与此相对照，对于危害人类罪、战争罪和侵略罪来说，背景性因素就涉及了各种

首先用了"物质性因素"和"客观性因素"来加以代替。参见 R. S. Clark, 12 *Criminal Law Forum* (2001), p. 291 at p. 299, fn. 25。最后，正是编辑委员会(the editing committee)使用"物质性因素"来代替"实质性因素"，参见 K. Ambos, *Der Allgemeine Teil des Völkerstraftechts*(2002), p. 762。罪行/辩护的概念也没有被使用。在这里，普通法术语的使用，本来会被误解地指向在对抗式刑事审判的证明责任的分配上，实用性程序的模式所具有的可适用能力。但是，这特别地不反映在《国际刑事法院规约》之中，参见《国际刑事法院规约》第54条第1款第1项："检察官应当……在进行调查时，同等地调查证明有罪和证明无罪的情节"；第66条第2款："证明被告人有罪是检察官的责任。"第67条第1款第9项："(被告人应当有权)不承担任何反置的举证责任或任何反驳责任。"关于讨论，参见 W. A. Schabas, in O. Triffterer (ed.), *Commentary on the Rome Statute of the International Criminal Court* (1999), Art. 66, 边码 18 et seq.。

⑮ 《国际刑事法院规约》第6条，第7条第1款，第8条第2款第2项和第3项"任何下列行为"。

⑯ 为《国际刑事法院规约》规定的《犯罪要件》，一般引言(General Introduction)，第7目。也见为《国际刑事法院规约》第7条规定的《犯罪要件》，引言，第2目："对各种危害人类罪的最后两个要件，说明了这种行为必须在其中发生的背景。"关于"背景性因素"的讨论，参见边码82，注释⑬。

⑰ 参见边码81。

⑱ 参见边码82。

客观性条件。对于危害人类罪来说,对平民人口广泛的或者有系统的攻击,就像战争罪的武装冲突一样,是这种犯罪身体性要素的一部分。对暴力的有组织的使用,是侵略罪的一个物质性因素。

三　国际法项下的犯罪的结构

对国际刑法项下的责任进行检验,可以根据下述三步计划来进行:[19] 279

(一)第一步:物质性因素

作为第一步,必须考察嫌疑人是否满足了一个犯罪的物质性因素("element materiel du crime")。[20] 这包括行为、结果和包括在这个国际法项下的犯罪定义中所具有的任何伴随性情节。[21] 对于危害人类罪和战争罪来说,对平民人口的攻击或者武装冲突,必须强调为关键性情节。[22] 行为、结果和各种情节也是犯罪心理性因素的参考要点。[23] 280

(二)第二步:心理性因素

心理性因素要求行为人在实施这个行为的物质性因素时,是"以故意和知道"(《国际刑事法院规约》第30条)进行的。对于国际法项下的某些犯罪来说,这些要求并不那么严格;对于其他犯罪来说,条件会更严格,或者还需要增加一些其他主观因素。 281

---

[19] 也见 C. Kress, *Humanitäres Völkerrecht-Informationsschriften* 1999, p. 4 at p. 5。

[20] 这个用语见《国际刑事法院规约》第30条和为《国际刑事法院规约》的《犯罪要件》,一般引言。它说明了《国际刑事法院规约》"第5条至第8条中规定的犯罪定义的特殊要件"。参见 D. K. Piragoff, in O. Triffterer (ed.), *Commentary on the Rome Statute of the International Criminal Court* (1999), Art. 30, 边码6。关于讨论,参见 K. Ambos, *Der Allgemeine Teil des Völkerstrafrechts* (2002), pp. 762 et seq.。

[21] 各种实质性因素是否不仅包括在各种犯罪定义中的客观特征,而且包括了刑事责任的所有其他实质性条件,尤其是(缺乏)排除性根据,对这个问题的回答必须是否定性的。从《国际刑事法院规约》第30条第2款中能够得出这样的推论:责任的各种客观条件不仅包括行为、结果和各种情节,参见 K. Ambos, *Der Allgemeine Teil des Völkerstrafrechts* (2002), pp. 762 et seq.。

[22] 参见边码202。

[23] 参见《国际刑事法院规约》第30条;参见 M. Kelt and H. von Hebel, in R. S. Lee (ed.), *The International Criminal Court, Elements of Crimes and Rules of Procedure and Evidence* (2001), p. 19 at p. 26。

(三)第三步:排除责任的根据

282 作为第三步,必须询问的是在这名行为人方面,是否具有排除个人刑事责任的情节。在技术上,《国际刑事法院规约》区分了三种排除刑事责任的根据。在《国际刑事法院规约》第 31 条第 1 款中,排除责任的理由是精神疾病、醉态(intoxication)、自我防卫、紧急避险和被迫(duress)。在另一个条文中规定的排除责任的理由是:错误或者根据上级命令的行动(《国际刑事法院规约》第 32 条和第 33 条)。[24] 排除责任的其他理由,还可以从该部规约之外的国际法律渊源中产生。[25] 如果存在排除责任的条件,这个人就"在刑法上不应当承担责任"(《国际刑事法院规约》第 31 条第 1 款)。[26]

283 在正当化(对行为而言)和免责(对行为人而言)的区别,在此之前,是国际刑法所没有的。[27] 然而,我们必须注意到,在民法法系背景下的刑法学学者们,对在国际刑法中固定违法性和罪责的区别所作的不懈努力。[28]

(四)起诉的要求

284 这个三步测试法建立了是否存在国际法项下的个人刑事责任。然而,这名行为人虽然在犯罪上可以具有完全的责任,但是,惩罚仍然有可能会不对他适用,因为存在着起诉的障碍。对刑事起诉的这种障碍,是处于犯罪定义之外的,因为它们与行为的犯罪性无关,而仅仅与起诉的可受理性有关;这里的问题是审判的要求和程序法上的因素。有关的条文是《国际刑事法院规约》第 20 条第 1 款所禁止的双重危险,第 26 条关于未成年人,第 27 条第 2 款关于赦免,以及第 29 条关于时效的规定。[29]

㉔ 从《国际刑事法院规约》第 31 条可以明确地得出这个结论,这个规则不是唯一的(exclusive):"除本规约规定的其他排除刑事责任的理由外……"。

㉕ 参见《国际刑事法院规约》第 31 条第 3 款:"审判时,除可以考虑第一款所列的排除刑事责任的理由外,本法院还可以考虑其他排除刑事责任的理由,但这些理由必须以第 21 条规定的适用的法律为依据。"

㉖ 在这个背景下,这部《规约》使用了各种用语,虽然这并没有构成实体性区别:"排除刑事责任";"个人不应当承担刑事责任"(第 31 条);第 22 条第 1 款,第 24 条第 1 款,"免除刑事责任"(第 27 条第 1 款);"解除那个人的刑事责任"(第 33 条)。

㉗ 对于细节,参见 A. Cassese, *International Criminal Law* (2003), p. 222。

㉘ 参见 K. Ambos, *Der Allgemeine Teil des Völkerstrafrechts* (2002), pp. 826 et seq.; A. Eser, in O. Triffterer (ed.), *Commentary on the Rome Statute of the International Criminal Court* (1999), Art. 31, marginal no. 2; L. N. Sadat, *The International Criminal Court and the Transformation of International Law* (2002), pp. 213 et seq.; 关于正当化和免责的区别,一般情况参见 A. Eser, in Raimo Lahti and Kimmo Nuotio (eds.), *Strafrechtstheorie im Umbruch, Finnische und vergleichende Perspektiven* (1992), pp. 301 et seq.。

㉙ 也见边码 545 以下。

第二节　物质性因素

参考书目：

K. Ambos: *Der Allgemeine Teil des Völkerstrafrechts, Ansätze einer Dogmatisierung* (2002), pp. 764 et seq.; Maria Kelt and Herman von Hebel: General Principles of Criminal Law and Elements of Crimes, in Roy S. Lee (ed.), *The International Criminal Court, Elements of Crimes and Rules of Procedure and Evidence* (2001), pp. 13 et seq.; Geert-Jan Knoops: *Defenses in Contemporary International Criminal Law* (2001), pp. 9 et seq.; Claus Kreß: Die Kristallisation eines Allgemeinen Teils des Völkerstrafrechts: Die Allgemeinen Prinzipien des Strafrechts im Statut des Internationalen Strafgerichtshofs, *Humanitäres Völkerrecht-Informationsschriften* 1999, pp. 4 et seq.; Donald K. Piragoff: Commentary on ICC Statute, Article 30, in Otto Triffterer (ed.), *Commentary on the Rome Statute of the International Criminal Court, Observers' Notes, Article by Article* (1999), pp. 527 et seq.; Per Saland: International Criminal Law Principles, in Roy S. Lee (ed.), *The International Criminal Court, The Making of the Rome Statute* (1999), pp. 189 et seq. 285

国际法项下的犯罪所具有的物质性因素，包括了确定一个行为外部表现的全部条件。这些客观因素可以是描述性的或者规范性的，涉及了行为或者与行为人有关。与心理性因素不同，在《国际刑事法院规约》中没有关于犯罪所具有的物质性因素的一般规定。[30] 286

《国际刑事法院规约》对物质性因素的三个方面作了区分。[31] 开始是犯罪定义所描述 287

---

[30] 《国际刑事法院规约草案（1998）》第 28 条，虽然仍然包含在会议文件中（尽管一般地"被包括在括号之中"），最终由于在其第 2 段中规定的不作为责任的有效性和范围存在着意见分歧，而被删除了。参见边码 507 以下。

[31] 《国际刑事法院规约》第 30 条第 2 款，参见 K. Ambos, *Der Allgemeine Teil des Völkerstrafrechts* (2002), pp. 764 et seq.; R. S. Clark, 12 *Criminal Law Forum* (2001), p. 291 at pp. 306 et seq.; M. Kelt and H. von Hebel, in R. S. Lee (ed.), *The International Criminal Court, Elements of Crimes and Rules of Procedure and Evidence* (2001), p. 13 at p. 14, p. 19 and p. 26; D. K. Piragoff, in O. Triffterer (ed.), *Commentary on the Rome Statute of the International Criminal Court* (1999), Art. 30, marginal no. 6。关于从普通法信条中产生的在行为、结果和情节之间的区别，参见 A. Eser, in A. Cassese, P. Gaeta and J. R. W. D. Jones (eds.), *The Rome Statute of the International Criminal Court*, Vol. 1 (2002), p. 889 at pp. 911 et seq.，这个区别具有巨大的重要意义，主要是由于它们都要求某种不同于主观要件的内容，参见《国际刑事法院规约》第 30 条第 2 款，详见边码 299 以下。

的行为；然后，是大多数犯罪定义额外要求的出现这种行为所需要的一种特别结果，以及其他与行为和结果都没有关系的情节。

一 行为

288 在客观上，每一种国际犯罪都意味着某种[32]在犯罪定义中更准确地加以界定的行为。这种行为可以是一个作为，或者是——在定义规定的范围之内[33]——一种不作为。[34]

二 结果和因果关系

289 国际刑法项下的大多数犯罪，不仅要求了应当加以犯罪化的举止行为，而且要求这种举止行为所具有的一种特殊结果。在这种意义上的结果，包括这个犯罪行为产生的所有影响；[35]甚至所谓的行为犯罪也会具有"结果"。这种结果可以由已经实际发生的危害组成（例如，造成了被害人的巨大物质性损害），[36]或者仅仅由对受保护的权利所造成的危险组成（例如，严重威胁了被害人的健康[37]）。[38]

290 如果国际法项下的一种犯罪要求一种特殊的结果，那么，构成这种犯罪就需要在行为人的行为和这种结果之间存在一种因果性的联系，以便可以在这种具体结果中看到，它是由这名行为人造成的。[39] 在习惯法中，行为和结果之间存在一种因果性联系的要求，被承

---

[32] 原先的各个草案仍然说的是"作为或者不作为"（act or omission）参见《国际刑事法院规约草案（1998）》，第 28 条。参见 P. Saland, in R. S. Lee (ed.), *The International Criminal Court, The Making of the Rome Statute* (1999), p. 189 at p. 212。

[33] 参见边码 503 以下。例子有《国际刑事法院规约》第 28 条（命令责任）和第 8 条第 2 款第 2 项第 25 目（"故意以断绝平民粮食作为战争方法，使平民无法取得其生存所必需的物品"）。

[34] 参见 K. Ambos, *Der Allgemeine Teil des Völkerstrafrechts* (2002), p. 765（"作为和不作为"）；A. Eser, in A. Cassese, P. Gaeta and J. R. W. D. Jones (eds.), *The Rome Statute of the International Criminal Court*, Vol. 1 (2002), p. 889 at p. 913； M. Kelt and H. von Hebel, in R. S. Lee (ed.), *The International Criminal Court, Elements of Crimes and Rules of Procedure and Evidence* (2001), p. 13 at p. 19 and p. 26。

[35] 参见 A. Eser, in A. Cassese, P. Gaeta and J. R. W. D. Jones (eds.), *The Rome Statute of the International Criminal Court*, Vol. 1 (2002), p. 889 at p. 914："所有会从禁止性行为中产生的确定性效果。"

[36] 参见《国际刑事法院规约》第 8 条第 2 款第 1 项第 2 目。

[37] 参见《国际刑事法院规约》第 8 条第 2 款第 2 项第 10 目。

[38] 参见 M. Kelt and H. von Hebel, in R. S. Lee (ed.), *The International Criminal Court, Elements of Crimes and Rules of Procedure and Evidence* (2001), p. 13 at p. 15。

[39] 然而，根据《国际刑事法院规约》，行为和结果之间的因果联系"本身"不是一个因素；正确地说，它必须在讨论结果的联系中加以审查，参见 R. S. Clark, 12 *Criminal Law Forum* (2001), p. 291 at p. 372 and p. 304。

认为是犯罪性的一种前提条件。在纽伦堡判决中可以见到,提到了对一种因果关系的要求。[40] 在英占区的最高法院详细考虑了因果关系的问题,[41]并且,南斯拉夫国际法庭的意见也包括了对因果关系的意见。[42] 虽然在《国际刑事法院规约》的草案中对因果关系的要求作了规定,但是,这部规约最终还是没有作出明确的条文规定;[43]然而,因果关系还是默示地出现在《国际刑事法院规约》第 30 条之中。[44] 除此之外,从犯罪本身的定义中还经常可以得出对它的要求。[45]

三 各种情节

除了行为和结果之外,国际法项下的各种犯罪还通常要求出现一些额外的情节。[46] 291
客观性情节可以是具有一种事实的特征,例如被害人不满十五岁,[47]也可以与一些规范性的特征有关,例如,被害人是一名受《日内瓦公约》[48]保护的人。[49]

在把行为分类在国际法项下的犯罪中时,情节在侵略罪、危害人类罪和战争罪中发挥 292
了关键性的作用。[50] 在这里,所谓的背景性情节[51]或者因素,[52]构成了导致具体行为具有国

---

[40] 对于更多的细节,参见 K. Ambos, *Der Allgemeine Teil des Völkerstrafrechts* (2002), pp. 87 et seq. and pp. 125 et seq. 。

[41] 参见,例如,Supreme Court in the British Occupied Zone, *OGHSt* 2, p. 291 at pp. 295 et seq. ,关于戈培尔(Goebbels)委托制作的种族主义电影"犹太人吉斯(Jud Süss)",与后来被评价为危害人类罪的对犹太人的攻击之间的因果性质问题。详细情况,参见 K. Ambos, *Der Allgemeine Teil des Völkerstrafrechts* (2002), pp. 167 et seq. 。

[42] 参见,例如,*Prosecutor v. Mucić et al.*, ICTY (Trial Chamber), judgment of 16 November 1998, para. 424:"被告人的行为必须是被害人死亡的一种实质性原因。"

[43] 《国际刑事法院规约草案(1998)》第 28 条第 3 款指出:"一个人只能根据本规约对实施了犯罪承担刑事责任,只要实施这种犯罪所要求的损害是由他或者她的作为或者不作为造成的,并且是可以由他或者她的作为或者不作为(承担责任)(可以归咎的)。"

[44] 参见《国际刑事法院规约》第 30 条第 2 款第 2 项:"该人有意造成该结果,或者意识到事态的一般发展会产生该结果";也见 G. -J. Knoops, *Defenses in Contemporary International Criminal Law* (2001), p. 11。

[45] 参见,例如,《国际刑事法院规约》第 7 条第 1 款第 11 项:"造成严重伤害的其他性质相同的不人道行为……"。

[46] 在普通法中,"情节"(circumstances)通常被理解为指从法律确定的事实性要求中产生的各种事实,并且不描述行为本身或者该行为的结果,参见 K. Ambos, *Der Allgemeine Teil des Völkerstrafrechts* (2002), p. 766。

[47] 参见《国际刑事法院规约》第 8 条第 2 款第 2 项第 26 目。

[48] 参见《国际刑事法院规约》第 8 条第 2 款第 1 项。

[49] M. Kelt and H. von Hebel, in R. S. Lee (ed.), *The International Criminal Court, Elements of Crimes and Rules of Procedure and Evidence* (2001), p. 13 at p. 15, p. 19 and p. 27。

[50] 关于在罗马大会上对背景性因素的分类进行的讨论,参见边码 326。

[51] 参见,对《国际刑事法院规约》的《犯罪要件》,序言,第 7 目。

[52] 参见 M. Kelt and H. von Hebel, in R. S. Lee (ed.), *The International Criminal Court, Elements of Crimes and Rules of Procedure and Evidence* (2001), p. 13 at p. 15。

际性质的那种客观性要求。[53] 对于侵略罪来说，暴力的有组织性使用，就构成了犯罪性的核心因素。对危害人类罪和战争罪来说，各种背景性因素都直接产生于各种犯罪的定义之中：危害人类罪要求，实际的行为必须发生在广泛或者有系统地攻击平民人口这个背景之中；战争罪要求"行为发生在国际武装冲突这个背景之中和与国际武装冲突有关"。[54] 与此相对照，灭绝种族罪并不要求在客观上存在有组织的暴力这个背景；在这里，这个背景就完全转移到主观性要素上去了。在《犯罪要件》根据同等模式在客观上要求进一步具有灭绝种族的行为背景这个范围之中，[55]根据一种正确的解释，这一点影响的仅仅是国际刑事法院的管辖权，但是并不影响灭绝种族的实体犯罪性。[56]

第三节 心理性因素

参考书目：

293 Kai Ambos：*Internationales Strafrecht* (2006), § 7 marginal nos. 65 et seq.；Kai Ambos：Some Preliminary Reflections on the Mens Rea Requirements of the ICC Statute and the Elements of Crimes, in Lal Chand Vohrah et al. (eds.), *Man's Inhumanity to Man* (2003), pp. 11 et seq.；Kai Ambos：*Der Allgemeine Teil des Völkerstrafrechts, Ansätze einer Dogmatisierung* (2002), pp. 757 et seq.；K. Ambos：General Principles of Criminal Law in the Rome Statute, 10 *Criminal Law Forum* (1999), pp. 1 et seq.；Roberta Arnold：The Mens Rea of Genocide under the Statute of the International Criminal Court, 14 *Criminal Law Forum* (2003), pp. 127 et seq.；Mohamed Elewa Badar：Drawing Boundaries of *Mens Rea* in the Jurisprudence of the International Criminal Tribunal for the Former Yugoslavia, 6 *International Criminal Law Review* (2006), pp. 313 et seq.；Antonio Cassese：International Criminal Law (2003), pp. 159 et seq.；Roger S. Clark：The Mental Element in International Criminal Law：The Rome Statute of the International Criminal Court and the Elements of Offences, 12 *Criminal Law Forum* (2001), pp. 291 et seq.；Catherine Elliott：The French Law of Intent and Its Influence on the Development of International Criminal Law, 11 *Criminal Law Forum* (2000), pp. 35 et seq.；

[53] 对于背景性因素（"Gesamttat"）的说法，参见边码 81 以下。

[54] 参见，例如，对《国际刑事法院规约》第 8 条第 2 款第 1 项第 1 目的《犯罪要件》以及第 5 目。

[55] 参见，对《国际刑事法院规约》第 6 条第 1 款的《犯罪要件》，第 4 目："发生在一种明显地指向那个团体的类似行为类型这种背景之中，或者是本身会造成这种毁灭效果的行为。"

[56] 对于讨论，参见边码 609。

Albin Eser: Mental Elements-Mistake of Fact and Mistake of Law, in Antonio Cassese, Paola Gaeta and John R. W. D. Jones (eds.), *The Rome Statute of the International Criminal Court: A Commentary*, Vol. 1 (2002), pp. 889 et seq.; George Fletcher: *Rethinking Criminal Law* (2000), pp. 443 et seq.; Hans-Heinrich Jescheck: *Die Verantwortlichkeit der Staatsorgane nach Völkerstrafrecht, Eine Studie zu den Nürnberger Prozessen* (1952), pp. 375 et seq.; Kirsten Keith: The Mens Rea of Superior Responsibility as Developed by ICTY Jurisprudence, 14 *Leiden Journal of International Law* (2001), pp. 617 et seq.; Maria Kelt and Herman von Hebel: General Principles of Criminal Law and Elements of Crimes, in Roy S. Lee (ed.), *The International Criminal Court, Elements of Crimes and Rules of Procedure and Evidence* (2001), pp. 13 et seq.; Claus Kress: Die Kristallisation eines Allgemeinen Teils des Völkerstrafrechts: Die Allgemeinen Prinzipien des Strafrechts im Statut des Internationalen Strafgerichtshofs, *Humanitäres Völkerrecht-Informationsschriften* 1999, pp. 4 et seq.; Wayne R. LaFave: *Criminal Law*, 4th edn. (2003), pp. 239 et seq.; Donald K. Piragoff: ICC Statute, Article 30, in Otto Triffterer (ed.), *Commentary on the Rome Statute of the International Criminal Court, Observers' Notes, Article by Article* (1999), pp. 527 et seq.; Ulrich Rosskopf: *Die innere Tatseite des Völkerrechtsverbrechens – Ein Beitrag zur Auslegung des Art. 30 IStGH-Statut*, Humboldt-Universität zu Berlin: Dissertation 2007; Leila N. Sadat: *The International Criminal Court, and the Transformation of International Law: Justice for the New Millenium* (2002), pp. 208 et seq.; Per Saland: International Criminal Law Principles, in Roy S. Lee (ed.), *The International Criminal Court, The Making of the Rome Statute* (1999), pp. 189 et seq.; William A. Schabas: *Introduction to the International Criminal Court*, 2nd edn. (2004), pp. 108 et seq.; William A. Schabas: General Principles of Criminal Law in the International Criminal Court Statute (Part III), 4 *European Journal of Crime, Criminal Law and Criminal Justice* (1998), pp. 400 et seq.; Elies van Sliedregt: *Criminal Responsibility of Individuals for Violations of International Humanitarian Law* (2003), pp. 48 et seq.; Ellies van Sliedregt, *The Criminal Responsibility of Individuals for Violations of International Humanitarian Law* (1985), pp. 48 et seq.; Otto Triffterer: Bestandsaufnahme zum Völkerstrafrecht, in Gerd Hankel and Gerhard Stuby (eds.), *Strafgerichte gegen Menschheitsverbrechen, Zum Völkerstrafrecht 50 Jahre nach den Nürnberger Prozessen* (1995), p. 169 et seq.; Otto Triffterer: ICC Statute, Article 32, in Otto Triffterer (ed.), *Commentary on the Rome Statute of the International Criminal Court, Observers' Notes, Article by Article* (1999), pp. 555 et seq.; Otto Triffterer: Kriminalpolitische Obedegungen zum

Entwurf gleichlautender "Elements of Crimes" für alle Tatbestände des Völkermordes, in Bernd Schünemann et al. (eds.), *Festschrift für Roxin* (2001), pp. 1415 et seq.; Hans Vest: Humanitätsverbrechen-Herausforderung für das Individualstrafrecht?, 113 *Zeitschrift für die gesamte Strafrechtswissenschaft* (2001), pp. 457 et seq.; Thomas Weigend: Zwischen Vorsatz und Fahrlässigkeit, 93 *Zeitschrift für die gesamte Strafrechtswissenschaft* (1981), pp. 657 et seq.; Thomas Weigend: Zur Frage eines "internationalen" Allgemeinen Teils, in Bernd Schünemann et al. (eds.), *Festschrift für Roxin* (2001), pp. 1375 et seq.; Thomas Weigend: Harmonization of General Principles of Criminal Law: The Statutes and Jurisprudence of the ICTY, ICTR and ICC: An Overview, 19 *Nouvelles Études Pénales* (2004), pp. 319 et seq.; Johan D. van der Vyver, 23 *Fordham International Law Journal* (1999), pp. 286 et seq.; Gerhard Werle and Florian Jessberger: Das Völkerstrafgesetzbuch, *Juristenzeitung* 2002, pp. 725 et seq.

294 根据国际刑法,个人的刑事责任要求行为人具有一种确定的心理状态。这种心理状态必须伴随着在犯罪定义中规定的作为或者不作为。心理因素的要求是刑事责任的前提,这已经得到了一般的承认。

295 在习惯法中的国际法项下的各种犯罪的定义之内,每一种犯罪的主观要素都是分别地单独明确的。[57] 在《纽伦堡宪章》和南斯拉夫或者卢旺达国际法庭的规约中,都没有包括对主观要素要求的一般条文。然而,对犯罪性所必须具有的主观前提条件,却可以在各种犯罪的定义中见到,例如,在灭绝种族罪中("为了消灭……一个团体……的故意",《南斯拉夫国际法庭规约》第4条第2款),或者,在一些特定的战争罪中("蓄意杀人"或者"蓄意造成巨大损失",《南斯拉夫国际法庭规约》第2条第1款和第3款)。[58] 除此之外,作为法律的一般原则得到承认的还有:一个行为的物质性因素和一个与行为人的意识相联系的主观性因素(心理性因素)必须同时存在,才能构成一个犯罪。在这一点上,南斯拉夫国际法庭指出:

"很明显,法律的一般原则是:建立犯罪的应受谴责性要求对两个方面进行分析。第一方面可以被

---

[57] 参见 R. S. Clark, 12 *Criminal Law Forum* (2001), 291 at pp. 295 et seq.; A. Eser, in A. Cassese, P. Gaeta and J. R. W. D. Jones (eds.), *The Rome Statute of the International Criminal Court*, Vol. 1 (2002), p. 889 at pp. 893 et seq.:"在国际犯罪中的罪过(mens rea)的概念,虽然没有明确在《纽伦堡宪章》或者其他公约中提到,但却可以被有关犯罪的这种性质所要求。" W. A. Schabas, 4 *European Journal of Crime, Criminal Justice and Criminal Law* (1998), p. 400 at p. 419。

[58] 如果认为,在那些犯罪的这些定义没有明确包括一种主观因素的地方,这可以被免除的,那就是错误的。在犯罪的这些定义中,有选择地提到主观因素的原因,特别地存在于国际人道法的规则中体现的刑事规范之中。

称为危害行为——一项罪行所需要的身体性行为……第二方面……与必需的心理性因素，或者说是罪过相联系。”⑲

现在，《国际刑事法院规约》第30条在犯罪性的主观性要求上规定了一个一般规则，原则上对国际法项下的全部犯罪都可以适用。

一　国际判例法

在国际判例法中，犯罪性的主观性要求一直是在具体案件具体分析的基础上发展的，在必要时，还是在各种犯罪中进行发展的。⑳ 主观性要求的范围很广。一些犯罪要求对事实性情况的目的或者知道，另一些犯罪只要轻率就足够了。㉑ 过失只有在例外的情况下才能构成刑事责任的基础。㉒ 另外，在一般故意，也就是对所有犯罪的一种普遍要求，与特殊故意之间的区别，已经得到了广泛的承认。㉓ 特殊故意要求一种额外的心理态度，不仅限于简单地反映犯罪的物质性因素。对于特定的国际犯罪来说，㉔例如灭绝种族，必须具有这种特殊故意。 296

对罪过这个范畴的比较分析。在国内背景下的心理性因素或者过错（fault）有时显示出一种令人困惑的概念和用语上的多样性。㉕ 人们将会看到，《国际刑事法院规约》第30条中的语言加剧了这种困惑。在必要之处，本书使用《模范刑法典》中使用的语言，把心理性因素划分为四个层次（“应受谴责性 297

---

⑲ *Prosecutor v. Mucić et al.*，ICTY（Trial Chamber），judgment of 16 November 1998，paras. 424 et seq.。也见 IMT，judgment of 1 October 1946，in *The Trial of German Major War Criminals. Proceedings of the International Military Tribunal Sitting at Nuremberg Germany*，Part 22，p. 507。纽伦堡国际军事法庭宣告了被告人沙赫特（Schacht）无罪，因为“这种必要的推论（沙赫特已经知道进行攻击的计划）并没有排除合理怀疑地建立起来”。也见 US Military Tribunal，Nuremberg，judgment of 10 April 1948（*Ohlendorf et al.*，所谓的特别行动组审判），*Trials of War Criminals* IV，p. 470：“故意对于犯罪的责任是一个基本的前提条件”；也见 A. Cassese，*International Criminal Law*（2003），pp. 159 et seq.。

⑳ 详细的对纽伦堡判决和纽伦堡之后的审判的分析，参见 H.-H. Jescheck，*Die Verantwortlichkeit der Staatorgane nach Völkerstrafrecht*（1952），pp. 375 et seq.；也见 K. Ambos，*Der Allgemeine Teil des Völkerstrafrechts*（2002），pp. 107 et seq.；A. Cassese，*International Criminal Law*（2003），pp. 159 et seq.。

㉑ 例如，《南斯拉夫国际法庭规约》第5条第1款项下的危害人类罪中的杀人，要求“杀人的故意”，或者至少要求“在轻率中不顾人类的生命而进行严重伤害的故意”，参见 *Prosecutor v. Kupreškić et al.*，ICTY（Trial Chamber），judgment of 14 January 2000，para. 561。此外，根据第2条第2款，酷刑这种战争罪认为，这种伤害是“故意”造成的，*Prosecutor v. Mucić et al.*，ICTY（Trial Chamber），judgment of 16 November 1998，para. 494。也见边码334。

㉒ 参见边码381以下。

㉓ 参见 A. Cassese，*International Criminal Law*（2003），pp. 167 et seq.。

㉔ 参见边码615。

㉕ 参见，例如，A. Ashworth，*Principles of Criminal Law*，4th edn.（2003），pp. 198 et seq.。

的最低要求"):⑥目的,明知,* 轻率和过失。传统的民法法系中的概念无条件故意第一级(dolus directus in the first degree)(目的),无条件故意第二级(知道),以及有条件故意(dolus eventualis)(轻率)** 可以交换地使用。⑥

二 《国际刑事法院规约》第30条

298 现在,《国际刑事法院规约》第30条确立了个人刑事责任的主观性要求,原则上适用于在《国际刑事法院规约》中包含的所有犯罪。⑧

(一)结构

299 《国际刑事法院规约》第30条由三款构成。第1款包含了一般原则。根据这个一般原则,刑事责任要求犯罪的身体性要素必须以故意和知道实施,除非另有规定。这个"故意和知道"要素,对犯罪性的认识条件和自愿条件进行了区分;在行为时,⑨它们的累积性出现,对于刑事责任是必要的。这两个基本因素——故意和知道——的参考点,是犯罪的物质性因素。第2款和第3款进一步详细说明了这个原则的各个因素,尤其是定义了故意和知道的含义。如果把《国际刑事法院规约》第30条的第1款与第2款和第3款放在

---

⑥ 参见 Sec. 2.02(1) Model Penal Code。实践和学术的贡献典型地依赖于盎格鲁-美利坚法的种类;也见 A. Ashworth, *Principles of Criminal Law*, 4th edn.(2003), pp. 173 et seq.; T. Weigend, 93 *Zeitschrift für die gesamte Strafrechtswissenschaft*(1981), pp. 673 et seq.,以及各种概述:A. Cassese, *International Criminal Law*(2003), p. 161, and A. Eser, in A. Cassese, P. Gaeta and J. R. W. D. Jones(eds.), *The Rome Statute of the International Criminal Court*, Vol. 1(2002), p. 889 at pp. 905 et seq.。

* 英文原文是"knowledge"。在美国的《模范刑法典》中,"knowledge"作为一种罪过形式,属于"故意",因此,中文的通常译法是"明知"。但是,在本书和国际刑法的语境下,"knowledge"所指向的不一定是一种单独的罪过形式,参见《国际刑事法院规约》第30条以及下文。为了避免误解,本书在其他地方,将"knowledge"全部译为"知道"。——译者注

** 无条件故意也可以译为直接故意,有条件故意也可以译为间接故意。在国际刑法语境下,大陆法系刑法中的有条件故意和普通法系中的轻率定义之间,可能存在着部分交叉或者重合的关系。——译者注

⑥ 对于这些概念,参见,H.-H. Jescheck and T. Weigend, *Lehrbuch des Strafiechts, Allgemeiner Teil*, 5th edn.(1996), pp. 297 et seq.。关于有条件故意和轻率之间的类似和区别,特别参见边码330。

⑧ <u>*IStGH*, Beschl. v. 29. Januar 2007(Lubanga, PTC), para. 350</u>。关于这个规则的历史,参见 R. S. Clark, 12 *Criminal Law Forum*(2001), p. 291 at pp. 296 et seq.; A. Eser, in A. Cassese, P. Gaeta and J. R. W. D. Jones(eds.), *The Rome Statute of the International Criminal Court*, Vol. 1(2002), p. 889 at pp. 894 et seq.。

⑨ 这两个条件必须在行为实施时存在;事前故意(dolus antecedens)或者事后故意(dolus subsequens)是不够的,参见 A. Eser, in A. Cassese, P. Gaeta and J. R. W. D. Jones(eds.), *The Rome Statute of the International Criminal Court*, Vol. 1(2002), p. 889 at p. 930。

一起完整地看待，就能得出三个关键的要点。

第一，《国际刑事法院规约》第 30 条第 1 款不能被解释成要求所有的身体性要素都必须以故意和知道来实施。这可以从第 2 款和第 3 款中得出这个结论；根据这些条文，故意的要求仅仅与行为和结果相联系，而知道的要求仅仅与情节和结果相联系。因此，行为人的故意不需要涵盖犯罪的情节，而他的知道不需要涵盖犯罪行为。必须由故意和知道两者同时涵盖的唯一的物质性因素，是犯罪的结果。 300

这个解释符合对“《犯罪要件》的介绍”，在这个介绍中指出：“在《犯罪要件》中不指出对任何特殊行为、结果或者列明情节的心理性因素之处，就可以理解为规定在第 30 条中的有关心理性因素，也就是故意、知道，或者两者，都可以适用”。与《国际刑事法院规约》第 30 条第 1 款一起，这种用语只能理解成这个意思：根据物质性因素的要求，第 30 条要求“故意”或者“知道”或者两者。此外，第 30 条第 1 款的用语在最后的时刻从“故意或者知道”改变为“故意和知道”这个事实，也与我们的解释并不冲突。[70] 这个“或者”本来是在建议罪过的两个可选择的标准，这个“和”看来是在指在民法法系中公认的故意和知道的概念：也就是，在一种自愿性（voluntative）因素和一种认识性（cognitive）因素之间的区别。这完全符合我们的理解：这名行为人必须在事实上同时拥有故意和知道。 301

第二，根据需要讨论的物质性因素的不同，故意和知道具有进行区分的意思。这要求在各种物质性因素[71]——也就是说，在行为、结果和任何情节之间进行仔细的区分。[72] 302

第三，《国际刑事法院规约》第 30 条明确地允许区分性或者补充性的规则（“除非另有规定”），对于在第 30 条本身中建立的心理性因素来说，这些规则具有优先性。由此产生的结论就是：由《国际刑事法院规约》第 30 条第 1 款至第 3 款建立的罪过的这种标准，必须与从“其他条款”中产生的那些罪过的要求加以区分。 303

---

[70] “故意和知道”这个用语，一直到罗马谈判结束时，都是遭到激烈反对的主题，参见 D. K. Piragoff, in O. Triffterer (ed.), *Commentary on the Rome Statute of the international Criminal Court* (1999), Art. 30, 边码 10; P. Saland, in R. S. Lee (ed.), *The International Criminal Court, The Making of the Rome Statute* (1999), p. 189 at p. 205。主要是在法国的鼓动下，“和”这个词被接受了，代替了“或者”，包含进入这个草案，参见 R. S. Clark, 12 *Criminal Law Forum* (2001), p. 291 at p. 302。关于这个规则的起草历史，一般情况参见 R. S. Clark, 12 *Criminal Law Forum* (2001), p. 291 at p. 296; A. Eser, in A. Cassese, P. Gaeta and J. R. W. D Jones (eds.), *The Rome Statute of the International Criminal Court*, Vol. 1 (2002), p. 889 at pp. 894 et seq.。

[71] 对于各种物质性因素之间的区别，参见 K. Ambos, *Der Allgemeine Teil des Völkerstrafrechts* (2002), pp. 764 et seq.; R. S. Clark, 12 *Criminal Law Forum* (2001), p. 291 at p. 306; M. Kelt and H. von Hebel, in R. S. Lee (ed.), *The International Criminal Court, Elements of Crimes and Rules of Procedure and Evidence* (2001), p. 13 at p. 14 and p. 26; D. K. Piragoff, in O. Triffterer (ed.), *Commentary on the Rome Statute of the International Criminal Court* (1999), Art. 30, 边码 6; 在行为、结果和情节之间的区别，产生于普通法的信条，参见 A. Eser, in A. Cassese, P. Gaeta and J. R. W. D. Jones (eds.), *The Rome Statute of the International Criminal Court*, Vol. 1 (2002), p. 889 at pp. 911 et seq.。

[72] 因此，例如，在开枪杀死他人构成危害人类罪的杀人中，《国际刑事法院规约》第 30 条第 2 款第 1 项下要求的行为，(仅仅)发生在扣动武器的扳机，同时，被告人被子弹打中并作为一种结果的死亡这个事实，是一个“结果”，对此适用不同的主观性要求，参见 R. S. Clark, 12 *Criminal Law Forum* (2001), p. 291 at p. 306。对于各种物质性因素，参见边码 286 以下。

(二)标准性要求:"故意和知道"

304 《国际刑事法院规约》第30条为国际法项下的各种犯罪所具有的心理性因素规定了一个标准,可以适用于所有没有特别规定罪过规则的案件。

1. 作为犯罪行为的故意

305 根据《国际刑事法院规约》第30条第1款和第2款第1项,一个人只有在自己"意思是(means)从事"规定于犯罪定义中的"这项行为"时,才在刑法上是有责任的。因此,这个行为在行为人方面必须是一个自愿性行动的结果。[73] 无意识行为,* 例如在受到蜂群的攻击时实施的举动,就避免了国际法项下的犯罪应当承担的刑事责任。

2. 作为行为的各种结果的故意和知道

306 如果一个犯罪定义要求,行为人的行为必须造成一种特别的结果,例如被害人的死亡,那么,这名行为人就必须要么"意思是造成那个结果",或者[74]至少,在实施这种行为时,必须"知道在事件的通常过程中会发生这个结果"。从《国际刑事法院规约》第30条第1款、第2款第2项和第3款中,可以得出这个结论。根据这个定义,刑事责任的最低要求是知道这个结果的可能发生。[75] 这意味着在行为人行为时的知觉中,实施这个行为将造成这个结果,除非受到了非常特别情况的干涉。因此,行为人仅仅预见到自己行为会造成这种结果的可能性就是不够的。从"会发生"(will occur)这个用语上,可以得出这个结论;无论如何,这里说的都不是"可能会发生"(may occur)。[76]

---

[73] 参见 A. Eser, in A. Cassese, P. Gaeta and J. R. W. D. Jones (eds.), *The Rome Statute of the International Criminal Court*, Vol. 1 (2002), p. 889 at p. 913; D. K. Piragoff, in O. Triffterer (ed.), *Commentary on the Rome Statute of the International Criminal Court* (1999), Art. 30, marginal no. 19。但是,参见 K. Ambos, *Der Allgemeine Teil des Völkerstrafrechts* (2002), p. 767。

* 原文是 automatism,也可以被翻译为自动行为。——译者注

[74] 但是,参见,K. Ambos, *Der Allgemeine Teil des Völkerstrafrechts* (2002), p. 770,他主张,行为人必须有意造成这个结果,并且知道这个结果将要发生。

[75] 例如,一个士兵的目标是摧毁一座大楼,但是不想杀死他所知道的处于大楼之内的平民。如果这座大楼在事实上被摧毁,里面的平民被杀死,那么,这名士兵就可以为《国际刑事法院规约》第8条第2款第1项第1目项下的战争罪负责。

[76] 事实上,《国际刑事法院规约》第30条第2款第2项的用语,与英国法律委员会1989年向英国议会提交但从来没有得到执行的《刑法典草案》(English Draft Criminal Code Bill)的英文文本相一致。根据这个草案文本第18条第2款第2项,当一个人对于一种结果,要么准备造成它,要么知道它在事件的通常过程中会发生时,他的行为就是"故意的"——与"轻率的"不同;参见 The Law Commission, *A Criminal Code for England and Wales*, *Vol 1: Report and Draft Criminal Code Bill* (1989)。

对《国际刑事法院规约》第30条第2款第2项和第3款的这种解释，看来得到了大多数注释者的赞同。[77] 这种解释具有一种关键性的效果：它建立了罪过的一种标准，很明显，这个标准比在国内法院和国际法院中适用的还要严格。[78] 在那里，在轻率或者有条件故意的概念下，行为人仅仅知道一种特定的结果可能会发生的风险，一般就足以建立起刑事责任了。[79] 事实上，执行《国际刑事法院规约》规定的国内立法通常都会扩展罪过的这个标准，使其适用于"普通的"犯罪，其中包括把轻率或者有条件故意适用于灭绝种族罪、危害人类罪和战争罪。[80]《国际刑事法院规约》项下的罪过标准，为什么应当比南斯拉夫国际法庭、卢旺达国际法庭或者起诉国际法项下的犯罪的国内法院所适用的标准更严格？解决这种紧张关系的一种可能性，是对《国际刑事法院规约》第30条进行更扩大的解释；在这里，出发点是"在事件的通常过程中"（着重号是新加的）这个用语。然而，对《国际刑事法院规约》第30条第2款第2项和第3款的这种扩大解释，由于有可能很容易与严格解释的原则发生冲突，[81]因此，只要——我们很快就会看到[82]——有一种更顺畅的把《国际刑事法院规约》项下的法律与习惯性国际法和国内立法相一致的法律方法，就会是不必要的。* 307

3. 作为犯罪情节的知道

在犯罪除了行为和特殊的结果之外还有其他客观因素的范围里，如果行为人"知道存在着一种情节"，对于责任来说，这就足够了。[83] 308

在《国际刑事法院规约》第30条要求知道一种物质性因素之处，只要这是一种结果或者一种情节，就必须作出区别。在犯罪的描述性标准方面，知道意味着行为人感性的知 309

---

[77] 参见边码331，注释[134]。令人瞩目的是，主张在《国际刑事法院规约》第30条的标准中包括轻率和有条件故意的评论者们，很少对自己的立场提出理由。

[78] 详见边码330。

[79] 详见边码330。

[80] 参见，例如，Sec. 2 of the (German) Code of Crimes against International Law [*Völkerstragesetzbuch*, *VStGB*]以及边码250，330；关于讨论，参见 G. Werle and F. Jessberger, 13 *Criminal Law Forum* (2002), p. 191 at p. 202。

[81] 参见，《国际刑事法院规约》第22条第2款。

[82] 参见，边码252。

* 相反，这个国际刑事法院的预审庭在Lubanga案件中，最近提出了这个观点：《国际刑事法院规约》第30条在狭义的观点中（"dol direct de premier degré"）和直接故意中（"dol direct de deuxième degré"），也包括这样的案件，在这里，行为人仅仅认识到这种风险：自己的举止行为将满足犯罪的客观特征，但是，自己对此却加以容忍或者赞同（"[Le suspect] accepte ce résultat en s'y résignant ou en l'admettant [...]，《dol éventuel》"），参见 *IStGH*, Beschl. v. 29. Januar 2007 (Lubanga, PTC), paras. 349 ff., insbes. 352。（作者在德文第2版中新增加的注释。——译者注）

[83] 参见《国际刑事法院规约》第30条第3款。

觉。在规范性标准方面,也就是说,在出现就意味着价值评价的那些标准方面,如果这名行为人知道这些基础性的事实情节,并且了解这些标准所描述的应受指控的行为所具有的重要意义,那么,在原则上就足够了。[84] 在原则上,这名行为人在法律上的判断是否正确,并不重要。[85] 对于在《国际刑事法院规约》第 8 条第 2 款第 1 项中的"受保护的人"这个标准,这意味着以下几点:对于这名行为人来说,当时不需要正确地评价一个人具有受国际人道法保护的身份,例如,他是一名"平民"或者"受伤的作战人员";他当时已经认识了那些这种在法律上受保护的身份所根据的事实性情节,就足够了,例如没有参加战斗(对平民来说),或者没有能力继续参加战斗(对受伤的作战人员来说)。[86] 行为人也不需要已经正确地把武装冲突归类于国际性的或者非国际性的。[87]

(三)偏离标准性要求

310 《国际刑事法院规约》第 30 条建立的对主观性因素的要求,仅仅在"除非另有规定"时才适用。在《国际刑事法院规约》第 30 条第 1 款中使用的"另有规定",可以包括从这部规约本身中产生的各种规定,也可以包括来自《犯罪要件》中产生的各种规定,还可以包括来自《国际刑事法院规约》第 21 条中规定的其他国际法渊源,尤其是习惯性国际法产生的各种规定。关于心理性因素的这类规定可以通过各种途径发挥作用。[88] 它们可以

---

[84] 也见对《国际刑事法院规约》的《犯罪要件》,序言,第 4 目:"在涉及价值评价的心理性因素方面,就像那些使用'不人道'或者'严重的'用语的心理性因素,不需要行为人自己来完成一种特别的价值判断,除非另有规定。"参见 M. Kelt and H. von Hebel, in R. S. Lee (ed.), *The International Criminal Court, Elements of Crimes and Rules of Procedure and Evidence* (2001), p. 13 at p. 34。也见 K. Ambos, *Der Allgemeine Teil des Völkerstrafrechts* (2002), pp. 786 et seq.; A. Eser, in A. Cassese, P. Gaeta and J. R. W. D. Jones (eds.), *The Rome Statute of the International Criminal Court*, Vol. 1 (2002), p. 889 at p. 925; O. Triffterer, in O. Triffterer (ed.), *Commentary on the Rome Statute of the International Criminal Court* (1999), Art. 32, marginal no. 16, 32。

[85] 然而,这个原则有一些例外;例如,《国际刑事法院规约》第 8 条第 2 款第 2 项第 4 目要求的是,这名行为人认识到自己造成的损害,毫无错误地超过所期望的军事好处所具有的比例之外。关于这一点,这些要件这样指出:"与规定在《一般序言》第 4 段中的一般性规则相对立,这个知道性因素要求这名行为人作出了规定在其中的价值判断",参见对《国际刑事法院规约》第 8 条第 2 款第 2 项第 4 目的《犯罪要件》,第 3 目,注释 37。

[86] 这在《犯罪要件》中得到了肯定:"这名行为人知道这些构成这种人受保护状态的事实性因素",参见对《国际刑事法院规约》第 8 条第 2 款第 1 项第 1 目的《犯罪要件》,第 3 目。

[87] 参见 M. Kelt and H. von Hebel, in R. S. Lee (ed.), *The International Criminal Court, Elements of Crimes and Rules of Procedure and Evidence* (2001), p. 13 at p. 35。对于批判性评价,参见 K. Ambos, *Der Allgemeine Teil des Völkerstrafrechts* (2002), p. 788。

[88] 也见 K. Ambos, *Der Allgemeine Teil des Völkerstrafrechts* (2002), p. 805; R. S. Clark, 12 *Criminal Law Forum* (2001), p. 291 at p. 321; A. Eser, in A. Cassese, P. Gaeta and J. R. W. D. Jones (eds.), *The Rome Statute of the International Criminal Court*, Vol. 1 (2002), p. 889 at p. 898; D. K. Piragoff, in O. Triffterer (ed.), *Commentary on the Rome Statute of the International Criminal Court* (1999), Art. 30, marginal no. 14。

确认或者澄清在《国际刑事法院规约》第30条中为一种特定犯罪建立的主观性要求；但是，它们也会通过扩展或者限制刑事责任而造成对这些标准性要求的偏离。

1. 在第30条意义中的其他规定的渊源

(1)在《国际刑事法院规约》中的“另有规定”

《国际刑事法院规约》本身包含了一些涉及行为人知觉的因素，尤其是在各种犯罪的定义之中。“故意”、“故意的”、“故意地”、[89]“蓄意的”、“蓄意地”，[90]以及“恣意地”(wantonly)[91]这些词经常被用到。[92] 不同的用语是否与偏离规定在《国际刑事法院规约》第30条中的标准有关，必须根据具体案件进行决定。[93] 311

这种特殊规则的多重性，与其说是这部规约的创始者们有意识地对犯罪性所具有的主观要求进行变化性评价的产物，还不如说是“母规范”在这部规约中的文字性体现的结果。在战争罪领域中，这些 312

---

[89] “毁灭的故意”(灭绝种族，《国际刑事法院规约》第6条)；“故意造成重大痛苦”(危害人类罪中的不人道待遇，《国际刑事法院规约》第7条第1款第10项)；“故意施加生活条件”(危害人类罪中的消灭，《国际刑事法院规约》第7条第2款第2项)；“故意施加严重痛苦”(危害人类罪中的酷刑，《国际刑事法院规约》第7条第2款第5项)；“故意影响民族人口”(危害人类罪中的强迫怀孕，《国际刑事法院规约》第7条第2款第6项)；“故意维持那种制度”(危害人类罪中的种族隔离，《国际刑事法院规约》第7条第2款第8项)；“故意使人失去法律保护”(危害人类罪中的强制消失，《国际刑事法院规约》第7条第2款第9项)；“故意指令攻击”(战争罪中的攻击平民人口、民用目标、受保护的建筑物和人道主义使团，《国际刑事法院规约》第8条第2款第2项第1、2、3、9、24目，以及第5项第1、2、3、4目)；“故意发动攻击”(战争罪中的不相称损害，《国际刑事法院规约》第8条第2款第2项第4目)；“故意使用饥荒”(战争罪中的饿死人口，《国际刑事法院规约》第8条第2款第2项第24目)。

[90] “蓄意杀害”(战争罪中的杀人，《国际刑事法院规约》第8条第2款第1项第1目)；“蓄意造成重大痛苦”(战争罪中的造成重大痛苦，《国际刑事法院规约》第8条第2款第1项第3目)；“蓄意剥夺一名……受保护人员受到正当和正常审判的权利”(剥夺正当审判的权利，《国际刑事法院规约》第8条第2款第1项第6目)；“蓄意阻碍救济物品”(战争罪中的饿死人口，《国际刑事法院规约》第8条第2款第2项第25目)。

[91] “非法地和恣意地进行……毁坏”(战争罪中的毁坏和侵占财产，《国际刑事法院规约》第8条第2款第1项第4目)。

[92] 在《国际刑事法院规约》中的其他主观特征的例子是：“应当已经知道”，第28条第1款第1项；“为了……目的”，《国际刑事法院规约》第25条第3款第3项；“背信弃义地杀害或者伤害”，《国际刑事法院规约》第8条第2款第2项第11目，第5项第9目。

[93] 类似的，参见 K. Ambos, *Der Allgemeine Teil des Völkerstrafrechts* (2002), pp. 797 et seq.; A. Eser, in A. Cassese, P. Gaeta and J. R. W. D. Jones (eds.), *The Rome Statute of the International Criminal Court*, Vol. 1 (2002), p. 889 at p. 901。太过一般化的是，在这部规约中使用的“故意”，总是仅仅作为对故意这种一般要求所做的宣告性肯定，但是，从这个角度上，参见 D. K. Piragoff, in O. Triffterer (ed.), *Commentary on the Rome Statute of the International Criminal Court* (1999), Art. 30, marginal no. 12; T. Weigend, in B. Schünemann et al. (eds.), *Festschrift für Roxin* (2001), p. 1375 at p. 1389, fn. 57; 也见 M. Kelt and H. von Hebel, in R. S. Lee (ed.), *The International Criminal Court, Elements of Crimes and Rules of Procedure and Evidence* (2001), p. 13 at p. 33。

额外因素的频繁使用来自这个事实:《国际刑事法院规约》已经吸收了国际人道法的相关规则。这个规定性技术在原则上不能搞错。它避免扩大在处理中存在的细微差别,并且避免给这种处理留下空间,同时也避免了诉诸像《日内瓦公约》这样的"母规范"。然而,在偶然情况下,在文本上会出现值得注意的不同点:例如,"造成巨大痛苦"必须在"蓄意地"发生时才能构成战争罪(《国际刑事法院规约》第8条第2款第1项第3目)时,构成危害人类罪是"故意的"(《国际刑事法院规约》第7条第1款第11项)。在《国际刑事法院规约》中有主观因素的各种类型的原因,还可能是由于一般原则,包括《国际刑事法院规约》第30条,以及各种犯罪的定义这些不同的工作,是由不同的工作组制定的,因为在这些工作组之间,并不总能进行必要的联系。[94]

(2)在《犯罪要件》和习惯性国际法中的"另有规定"

313 《犯罪要件》也包含了与罪犯的心理状态有关的许多规定。其中,使用的用语有以下这些:"已经知道或者应当已经知道",[95]"认识到",[96]"故意的"[97]和"为了"。[98] 另外,关于心理因素的规则在习惯性国际法中也可以找到,尤其是南斯拉夫和卢旺达国际法庭使用过的规则。[99] 然而,这些规则是不是《国际刑事法院规约》第30条第1款意义上的"另有规定",是一个有争论的问题。[100]

---

[94] 参见 R. S. Clark, 12 *Criminal Law Forum* (2001), p. 291 at pp. 313 et seq.。

[95] 例如,对《国际刑事法院规约》第6条第5款的《犯罪要件》,第6目(用强迫转移儿童实施的灭绝种族);对《国际刑事法院规约》第8条第2款第2项第7目的《犯罪要件》,之一、之二、之四,第3目(战争罪中的不当使用标识);对《国际刑事法院规约》第8条第2款第5项第7目的《犯罪要件》,第3目(战争罪中的使用儿童士兵)。

[96] 在这里,经常使用这种用语:"这名行为人已经知道构成……的事实情节",例如,指向"行为的严重性"(对《国际刑事法院规约》第7条第1款第5项的《犯罪要件》,第3目;危害人类罪中的剥夺自由);"行为的特征"(对《国际刑事法院规约》第7条第1款第11项的《犯罪要件》,第3目;危害人类罪中的不人道待遇);"(被害人)的受保护状态"和"武装冲突的存在"(对《国际刑事法院规约》第8条第2款第1项第1目的《犯罪要件》,第3目和第5目;战争罪中的杀人;一大批对战争罪的其他《犯罪要件》与此相一致)。

[97] 例如,对《国际刑事法院规约》第8条第2款第2项第1、2、3目的《犯罪要件》,都是第3目(通过攻击非军事目标实施的战争罪);对《国际刑事法院规约》第8条第2款第2项第16目的《犯罪要件》,第2目(战争罪中的掠夺);对《国际刑事法院规约》第8条第2款第2项第23目的《犯罪要件》,第2目(使用人体盾牌的战争罪)。

[98] 例如,对《国际刑事法院规约》第8条第2款第2项第7目的《犯罪要件》,之一,第2目(不当使用休战旗的战争罪);对《国际刑事法院规约》第8条第2款第2项第12目的《犯罪要件》,第2目(不纳降)。

[99] 参见边码322、334、613、676、878的例子。

[100] 对此,参见 A. Cassese, *International Criminal Law* (2003), p. 176; R. S. Clark, 12 *Criminal Law Forum* (2001), p. 291 at p. 321; M. Kelt and H. von Hebel, in R. S. Lee (ed.), *The International Criminal Court, Elements of Crimes and Rules of Proeedure and Evidence* (2001), p. 19(原文是13——译者注) at pp. 29 et seq.; D. K. Piragoff, in O. Triffterer (ed.), *Commentary on the Rome Statute of the International Criminal Court* (1999), Art. 30, marginal no. 14; M. Politi, in A. Cassese, P. Gaeta and J. R. W. D. Jones (eds.), *The Rome Statute of the International Criminal Court* Vol. 1 (2002), p. 443 at p. 461。但是,参见, K. Ambos, *Der Allgemeine Teil des Völkerstrafrechts* (2002), p. 789 (从第30条的出发只能直接从第6-8条中产生); A. Eser, in A. Cassese, P. Gaeta and J. R. W. D. Jones (eds.), *The Rome Statute of the International Criminal Court*, Vol. 1 (2002), p. 889 at p. 898 and p. 933; T. Weigend, 19 *Nouvelles Etudes Pénales* (2004), p. 319 at pp. 326 et seq.。

在考虑《国际刑事法院规约》第 21 条第 1 款时，人们将正确地得出结论：这个“除非另有规定”条款，允许通过《犯罪要件》和习惯性国际法对规定在《国际刑事法院规约》第 30 条中的主观性要求进行修改。根据第 21 条第 1 款，这个法院应当适用这部规约和《犯罪要件》，但是，作为第二位，也应当适用习惯性国际法。[101] 从《国际刑事法院规约》第 30 条中，不能得出这样的结论：与这个一般规则相比较，只有这部规约本身的规定才算是“另有规定”。相反，与这部规约中的其他用语进行的比较也说明，这里指出的各种规范的范围要宽广得多。因此，在《国际刑事法院规约》第 31 条第 1 款中，一个关于排除刑罚的根据的类似条款就明确指出了“本规约规定的其他排除刑事责任的理由”。[102] 国际刑事法院的预审庭最近已经确认了这种观点。* 314

应当承认，人们会争论说，根据法治原则的要求，对《国际刑事法院规约》第 30 条中的心理因素进行任何扩展，都必须是这部规约本身规定的，而不是外部渊源规定的。[103] 但是，在国内法律条文中可能有的基本原则，不一定要在文字上转移到国际刑法之中。毫无疑问，习惯性国际法是国际刑法的一个渊源。[104] 还有，没有理由认为，为什么在原则上真的不应当与国际法项下的犯罪所具有的心理因素相联系。另外，还可以提出一种强大的论点来支持统一解释和适用《国际刑事法院规约》和习惯性国际法。[105] 这就保证了对《国际刑事法院规约》中的规定所做的解释，将尽可能地符合习惯性国际法。结果，习惯性国际法经常会是很重要的，甚至在解释其他明确包括在《国际刑事法院规约》中的规定时也一样。例如，在决定《国际刑事法院规约》第 8 条第 2 款第 1 项第 1 目对“蓄意杀人”所要求的罪过是什么时，像《日内瓦公约(四)》第 147 条这样的国际人道法的相应规则，以及由国际法院对其所做的解释，就发挥着关键的作用。 315

最后，我们的理由并没有由于《国际刑事法院规约》第 9 条要求《犯罪要件》必须与这部规约相一致的事实而被改变。根据这个规定，重要的是《犯罪要件》与这些犯罪定义之间的一致性。但是，《国际刑事法院规约》第 30 条明确允许了不同的规定。因此，从第 30 条的观点看，《犯罪要件》中的不同规定应当与这部规约本身中的不同规定同等对待。这个一致性的问题，因此只能在这部规约中的犯罪定义包含了一个被《犯罪要件》修改的主观性因素时，才会提出来。 316

---

[101] 对于详细情况，以及对于《国际刑事法院规约》第 21 条作为国际刑法渊源的权威规则的地位，参见边码 164 以下。

[102] 着重号是新增加的。

* *IStGH*, Beschl. v. 29. Januar 2007 (Lubanga, PTC), paras. 357 f.（作者在德文第 2 版中新增加的注释。——译者注）

[103] 参见 T. Weigend, 19 *Nouvelles Études Pénales* (2004), p. 319 at p. 327。

[104] 参见边码 128 以下。

[105] 参见边码 127。

2. 在第30条意义中的其他规定的效果

317 在《国际刑事法院规约》第30条第1款意义之内的其他条文,可以在各种途径中发挥作用。[106] 其他条文在事实上是否造成偏离第30条确立的罪过的标准,必须在各个条文中分别加以考察。

(1)确认和澄清

318 首先,"其他规定"的效果可以是确认在《国际刑事法院规约》第30条中建立的各种主观因素。例如,《国际刑事法院规约》第7条第1款明确规定,在危害人类罪的案件中,行为人必须"以知道攻击"平民群众进行行为;如果没有对这个犯罪定义进行这样的补充,那么,这种知道攻击的要求将从《国际刑事法院规约》第30条第3款中产生。[107]

(2)刑事责任的扩展

319 根据《国际刑事法院规约》第30条第1款含义中的一些其他规定,在与第30条标准的比较中,对这个心理因素的要求就降低了。范围的分布就从轻率和有条件故意降到了过失。

320 对规定在第30条中的心理因素进行意义重大的降低标准性要求,在《国际刑事法院规约》第28条中实现了。[108] 根据第28条第1款第1项,如果一名军事指挥员,"根据当时的情况,应当已经知道"下级正在实施或者将要实施犯罪,那么,使他对下级的犯罪承担刑事责任,就存在着足够的理由。这个经常使用的词"恣意",也降低了这些要求,例如,对《国际刑事法院规约》第8条第2款第1项第4目对破坏财产这种战争罪中的要求;在这里,轻率就足够了。[109] 同样,对于"蓄意"也是这样,这经常是对战争罪的要求;在这个范

---

[106] 也见 T. Weigend, 19 *Nouvelles Études Pénales* (2004), p. 319 at p. 327。

[107] 参见 K. Ambos, *Der Allgemeine Teil des Völkerstrafrechts* (2002), p. 774; T. Weigend, in B. Schünemann et al. (eds.), *Festschrift für Roxin* (2001), p. 1375 at p. 1389, fn. 57; 也见边码326。

[108] 参见 M. Kelt and H. von Hebel, in R. S. Lee (ed.), *The International Criminal Court, Elements of Crimes and Rules of Procedure and Evidence* (2001), p. 19(原文是"13"。——译者注)at p. 21。关于上级责任的罪过所具有的习惯性国际法标准,参见 *Prosecutor v. Mucić et al.*, ICTY (Appeals Chamber), judgment of 20 February 2001, para. 241, and K. Keith, 14 *Leiden Journal of International Law* (2001), pp. 617 et seq.。

[109] 参见 J. Allain and J. R. W. D. Jones, 8 *European Journal of International Law* (1997), p. 100 at p. 106; A. Eser, in A. Cassese, P. Gaeta and J. R. W. D. Jones (eds.), *The Rome Statute of the International Criminal Court*, Vol. 1 (2002), p. 889 at p. 899。关于轻率的更多分析,参见边码330。

围里,轻率的行为通常就足够了。[110]

在《犯罪要件》中,也有许多规定,可以看到《国际刑事法院规约》第 30 条项下的责任扩展到过失责任的领域之中。例如,在适用《国际刑事法院规约》第 30 条第 3 款时,使用儿童作为战士这种战争罪的行为人,根据《国际刑事法院规约》第 8 条第 2 款第 2 项第 26 目,必须有肯定性地知道("知道意味着认识一种存在的情节")战士的未成年身份;但是,根据《犯罪要件》,他"应当已经知道"他们是未成年人就够了。在同样的方式中,根据《犯罪要件》,只要《国际刑事法院规约》第 8 条第 2 款第 2 项第 7 目项下的战争罪(不适当地使用停战的旗帜、敌方的旗帜或者联合国的旗帜)的行为人,"应当已经知道"这样使用旗帜是不允许的,这就足够了。 321

最后,重要的偏离《国际刑事法院规约》第 30 条建立的罪过,是根据习惯性国际法出现的。[111] 主要在杀人中,这是真实的,达到了它们满足了国际法项下的一个犯罪的其他要求这个程度。在这里,如果这名行为人,带着轻率而不管他人的生命,有意识地造成了危害,那么,就足够了。[112] 322

(3)刑事责任的缩小

通过加强主观因素或者增加进一步的主观性要求,"另有规定"也能具有限制责任的效果。 323

《国际刑事法院规约》的许多规定都包括了额外的主观性要求——与《国际刑事法院规约》第 30 条项下的"故意和知道"不同——这些要求并不需要指向这种犯罪的物质性因素,诸如行为、结果或者情节。[113] 最重要的例子与《国际刑事法院规约》第 6 条规定的灭绝种族罪中的"毁灭故意"这个因素有关。在这里,行为人必须不仅以与这种犯罪的物质性因素相联系的故意和知道进行行为,例如杀死被保护团体中的一名成员,而且他或者她 324

---

[110] 这种降低是否影响了所有可以作为严重违反国际人道法来进行刑事惩罚,还没有明确地得到决定;对于讨论,参见边码 857 以下;从南斯拉夫国际法庭的不一致法理学,一方面,参见 *Prosecutor v. Blaškić*,ICTY (Trial Chamber),judgment of 3 March 2000,para. 152:"构成这部规约第 2 条所有违反行为的罪过,包括有罪故意和可以与严重犯罪过失相连结的轻率",和 para. 181;但是注意到,这个审判庭的决定已经在主要部分被 *Prosecutor v. Blaškić*,ICTY (Appeals Chamber),judgment of 29 July 2004,paras. 34 et seq. 推翻;另一方面,*Prosecutor v. Aleksovski*,ICTY (Trial Chamber),judgment of 25 June 1999,para. 56:"轻率是不够的",还有 *Prosecutor v. Vasiljevic*,ICTY (Trial Chamber),judgment of 29 November 2002,para. 194。但是,A. Eser,in A. Cassese,P. Gaeta and J. R. W. D. Jones (eds.),*The Rome Statute of the International Criminal Court*,Vol. 1 (2002),p. 889 at p. 899 不正确地指出,额外的"蓄意的"应该稳定地增加了主观性的要求。

[111] 详细情况,参见边码 334 以下。

[112] 详细情况,参见边码 334、613、676、878。

[113] 也见 K. Ambos,*Der Allgemeine Teil des Völkerstrafrechts* (2002),pp. 789 et seq.。

还必须指向毁灭这个团体本身。[114] 这种根据《国际刑事法院规约》第7条第1款第8项对危害人类罪进行起诉的要求，有着特别和区别对待的根据，也能缩小责任。[115] 其他例子包括影响任何人口的种族组成的故意，这个要求适用于《国际刑事法院规约》第7条第1款第7项、第2款第6项规定的强迫怀孕的危害人类罪，以及《国际刑事法院规约》第8条第2款第2项第11目和第3项第9目规定的背信弃义地杀害或者伤害敌军人员。其他案件包括了便利实施《国际刑事法院规约》第25条第3款第3项项下犯罪的故意（"以便利的目的"）。对责任的限制也从《犯罪要件》中产生。因此，例如，根据《犯罪要件》，对于第8条第2款第1项第8目和第3项第3目，劫持人质的战争罪要求胁迫的故意，而这种故意并没有（明确地）规定在这部规约的文本之中——也就是说，这名行为人"故意地强迫一个国家……行为或者不去行为"。[116]

（四）犯罪的背景和心理性因素

325 一个重要和有争议的问题，涉及到把一个犯罪提高到一个国际犯罪上的特殊背景，[117] 例如，一种"广泛的或者有系统的攻击"或者一种"军事冲突"，是否以及在什么程度上必须反映在这名罪犯的主观心理状态之中。

326 在罗马大会上，在第7条危害人类罪中，以及在战争罪要求的武装冲突范围下，对这个问题发生了激烈的争论。[118] 有人主张，这些特征只是所谓的管辖性因素，[119]仅仅涉及这个法院的管辖权，而没有对行为人提出任何关于知道的要求。然而，这个观点不能与个人的责任和个人的应受谴责性的原则协调一致。因此，人们将正确地不得不认为，危害人类罪和战争罪的背景性因素涉及的"各种情节"，在《国际刑事法院规约》第30条范围内，在

---

[114] 参见 K. Ambos, in L. C. Vohrah et al. (eds.), *Man's Inhumanity to Man* (2003), p. 11 at pp. 18 et seq.; J. van der Vyver, 23 *Fordham International Law Journal* (1999), p. 286 at p. 308。这也明确地得到了这些国际法庭的法理学的保障，综述参见 C. Aptel, 13 *Criminal Law Forum* (2002), p. 273 at pp. 277 et seq.; R. Arnold, 14 *Criminal Law Forum* (2003), p. 127 at pp. 138 et seq.。但是，参见 O. Triffterer, 14 *Leiden Journal of International Law* (2001), p. 399 at pp. 404 et seq.，以及边码 615。

[115] 对于"歧视的特别故意"，参见 *Prosecutor v. Blaškić*, ICTY (Appeals Chamber), judgment of 29 July 2004, para. 164，也见边码 745 以下。

[116] 其他例子参见 M. Kelt and H. von Hebel, in R. S. Lee (ed.), *The International Criminal Court, Elements of Crimes and Rules of Procedure and Evidence* (2001), p. 19（原文是"13"。——译者注）at p. 32。

[117] 对于背景性因素（"总体构成行为[Gesamttat]"），参见边码 278。

[118] 详细情况，参见 K. Ambos, *Der Allgemeine Teil des Völkerstrafrechts* (2002), pp. 774 et seq.; M. Kelt and H. von Hebel, in R. S. Lee (ed.), *The International Criminal Court, Elements of Crimes and Rules of Procedure and Evidence* (2001), p. 13 at pp. 34 et seq.。

[119] 参见，例如，L. N. Sadat, *The International Criminal Court and the Transformation of International Law* (2002), p. 208, fn. 140（"管辖性要求"）。

原则上就是心理性因素的主题。[120] 经过长时间的讨论,在罗马达成了一个有着细微区别的解决方案。在技术上,这个解决方案使得通过在《犯罪要件》中对每一个犯罪作出单独的规定成为可能。[121]

对于危害人类罪来说,《国际刑事法院规约》第 7 条第 1 款明确规定,行为人必须“以 327
知道攻击”来实施危害平民群众的行为。[122] 这涉及对《国际刑事法院规约》第 30 条已经要求的罪过进行澄清和确认。[123] 罪犯当时知道与犯罪有关的背后(背景)事实就足够了;他或她不需要得出一种规范性的结论,也就是这种攻击的确是广泛的或者是有系统的。[124] 对于战争罪来说,与危害人类罪不同,在《国际刑事法院规约》本身,并没有提到这个意思:行为人的知觉必须包含这种有组织暴力的背景,也就是说,一种武装冲突的存在。然而,在这里,可以从第 30 条中得出结论:行为人必须认识到一种武装冲突的存在。[125] 这个结果得到了《犯罪要件》的确认;其中普遍要求,这名行为人“当时认识的事实性情节,构成了一种武装冲突的存在”。[126]

与此相对照,在《国际刑事法院规约》第 8 条第 1 款中的门槛条款仅仅涉及了一个管辖因素,这就是 328
一种不需要存在于行为人头脑中的对管辖权的要求。[127] 根据这个规定,国际刑事法院对战争罪具有管辖权,“特别是作为一个计划或者政策的一部分或者作为这类犯罪大规模实施一部分来实施时。”在这里,战争罪的一个特殊性质是由对这个国际刑事法院的管辖和起诉的要求所组成的。然而,这个门槛条款并不是对责任所具有的实质性要求的限制。

---

[120] 也见 T. Weigend, in B. Schünemann et al. (eds.), *Festschrift für Roxin* (2001), p. 1375 at p. 1389, fn. 57。

[121] 参见 T. Weigend, 19 *Nouvelles Études Pénales* (2004), p. 319 at pp. 327 et seq.。

[122] 在对这些犯罪的不同种类的《犯罪要件》中,这个要求前后一致地这样说明:“行为人已经知道这个行为是或者想要其是一种广泛或者有体系的对平民人口攻击的一部分。”然而,这个要求通过下面的强调而直接成为恰当的(qualified),这里强调的是,这个要求“不应当被解释成要求证明这名行为人已经知道这场攻击的所有特征,或者已经知道这个国家或者组织的计划或者政策的准确细节。在出现对平民人口广泛或者有系统的攻击时,这个最后因素的故意条款表明,如果这名行为人意图推进这样一种攻击,那么,这个心理性因素就得到了满足”。参见对《国际刑事法院规约》第 7 条的《犯罪要件》,序言。这部规约项下的法律情况符合习惯法,参见 *Prosecutor v. Tadić*, ICTY (Trial Chamber), judgment of 7 May 1997, para. 656:“行为人必须知道更宽广的背景”;也见 H. Vest, 113 *Zeitschrift für die gesamte Strafrechtswissenschaft* (2001), p. 457 at p. 475。

[123] 也见 R. S. Clark, 12 *Criminal Law Forum* (2001), p. 291 at p. 315;以及边码 669。

[124] 参见 T. Weigend, in B. Schünemann et al. (eds.), *Festschrift für Roxin* (2001), p. 1375 at p. 1389。

[125] 参见 K. Ambos, *Der Allgemeine Teil des Völkerstrafrechts* (2002), pp. 778 et seq.; A. Eser, in A. Cassese, P. Gaeta and J. R. W. D. Jones (eds.), *The Rome Statute of the International Criminal Court*, Vol. 1 (2002), p. 889 at p. 898, pp. 928 et seq.。

[126] 这个要求通过三种方式得到了明确:“不要求行为人对存在一种武装冲突或者其特征是国际性的或者非国际性的法律评价;在这个背景中,不要求行为人知道建立这场冲突是国际性的或者非国际性的事实;仅仅要求认识这样一些事实性情节,这些情节建立了一场隐含在这些词中、在这些情节的背景下发生或者与其相联系的武装冲突。”

[127] 也见 K. Ambos, in L. C. Vohrah et al. (eds.), *Man's Inhumanity to Man* (2003), p. 11 at pp. 32 et seq.。

329 与危害人类罪和战争罪不同，灭绝种族罪并不要求行为客观地发生在有组织暴力的更广阔的背景之中。[128] 相反，根据《国际刑事法院规约》第6条，行为人的行为必须带有毁灭一个团体的目的。[129]《犯罪要件》建立的要求指出，灭绝种族的具体行为必须发生在一种可比较的行为背景之中（“发生在一种类似行为的明显模式的背景之中”），但是，这个要求并没有对灭绝种族罪增加一个物质性因素。这个要求仅仅影响了这个法院的管辖权；因此，行为人不需要认识自己的行为发生在一种可比较的行为背景之中。[130]

（五）轻率和有条件故意

330 如果不是在大多数，也是在许多的国内制度中，一种低于直接故意或者目的和知道的罪过，就能使罪犯承担起完全的刑事责任。普通的标准是轻率和有条件故意。[131] 一个人的行为是有条件故意的——一方面不同于直接故意，另一方面不同于过失——如果他知道包含在一个犯罪定义中的一个物质性因素（例如一个人的死亡），可以从他的行为中产生和“与他协调一致”或者与这个事实“和平共处”。[132] 轻率，特别是在普通法的传统中，也处于（直接）故意和过失之间的某种地方。在这个概念之下，一名罪犯被认为对有意识地创设了一种通过这种犯罪的实施而得以实现的风险负有责任。[133]

---

[128] 详见边码606以下。

[129] 对《国际刑事法院规约》第6条的《犯罪要件》明确指出：“尽管对一个心理性因素的通常要求规定在第30条之中，并且承认了认识到这些情节通常将会提到对灭绝种族故意的证明，关于对这种情节的一个心理因素的恰当要求，只要有这种要求，就需要由本法院在具体问题具体分析的基础上加以决定。”

[130] 也见 R. S. Clark, 12 *Criminal Law Forum* (2001), p. 291 at p. 326，以及边码609。

[131] 关于有条件故意和轻率之间的类似点和区别点，参见 T. Weigend, 93 *Zeitschrift für die gesamte Strafrechtswissenschaft* (1981), p. 657 at pp. 688 et seq.。一些作者和法院把轻率和有条件故意置于应受谴责性的一种可比较的水平之上，参见，例如，B. Huber, in A. Eser et al. (eds.), *Einzelverantwortung und Mitverantwortung im Strafrecht* (1998), p. 79 at p. 80; D. Neressian, 37 *Texas International Law Journal* (2002), p. 231 at p. 263; *Prosecutor v. Stakić*, ICTY (Trial Chamber), judgment of 31 July 2003, para. 587；也见边码294；其他人把轻率更紧密地置于民法制度中很普通的一种过失的加重类型（“有意识的过失”）上，参见，例如，G. Fletcher, *Rethinking Criminal Law* (2000), p. 443；对于类似的观点，参见 *Prosecutor v. Blaškić*, ICTY (Appeals Chamber), judgment of 29 July 2004, para. 152：“可以与严重的犯罪过失相连结的轻率。”

[132] 对于有条件故意的各种要求进行的讨论，参见 H.-H. Jescheck and T. Weigend, *Lehrbuch des Strafrechts, Allgemeiner Teil*, 5th edn. (1996), pp. 299 et seq.。

[133] 参见，例如，《模范刑法典》第2.02(2)(c)条：“当有意识地不顾（一个犯罪的）物质性因素的存在或者不顾从其行为中会发生危害结果的实质性和不能加以正当化的风险时，一个人就是在轻率地行为……这种风险必须具有这样一种性质和达到这样一个等级，在考虑这名行为人的行为所具有的性质和目的及其所知道的情节时，这种不顾就涉及了严重偏离一名尊重法律的人在其情况下将会遵守的行为标准。”参见 W. LaFave, *Criminal Law*, 4th edn. (2003), pp. 261 et seq., p. 267。也见 Sec. 18(c) of the (English) Draft Criminal Code Bill (1989)：“一名行为人的行为是‘轻率的’，只要（1）一种情节表明，他知道存在着这种风险或者将会存在这种风险；（2）一个结果表明，他知道其将会发生的风险；并且，在这些他所知道的情节中，不合理地承担了这个风险。”

轻率或者有条件故意是否和在什么范围内,可以充分地建立起《国际刑事法院规约》规定的刑事责任,是一个有争议的问题。[134] 无论如何,规定在《国际刑事法院规约草案》之中的轻率定义在罗马的谈判过程中被取消了,[135]这个事实并不能起到反对把轻率包括在内的作用。[136] 取消这个条文的简单理由是,这个概念并没有出现在这部规约的最后文本之中,尤其是没有出现在各种犯罪的定义之中;因此,采纳这个定义就会没有意义。[137] 331

为了回答这个处于争论之中的问题,必须作出一个区别。在这两个概念不是"另有规定"的范围内,《国际刑事法院规约》第 30 条没有为有条件故意或者过失留下余地。前面提到过,行为人必须知道一个结果将在事件的通常过程中发生,或者必须知道自己的意思是造成那个后果(《国际刑事法院规约》第 30 条第 2 款第 2 项),这个要求就排除了在主观上承担责任的能力(accountability)所具有的两种形式。[138] 因此,从第 30 条第 2 款 b 项的用语可以得出这个结论:轻率和有条件故意都不符合这些条件。 332

然而,在这两个概念属于对心理因素所做的另有规定方面,有条件故意或者过失可以合理地成为个人刑事责任的基础。有条件故意或者轻率是否适用的问题,必须由每一种"其他条文"来分别加以决定。在这部规约和《犯罪要件》中,能够找到适当的条文;但是,就像前面争论的那样,在习惯性国际法中的"其他条文"也必须加以考虑。在习惯性国际法项下的责任的主观条件的一个主要渊源,是在南斯拉夫和卢旺达国际法庭中形成的法理学。根据它们的判例法,轻率和有条件故意就可以充分地符合许多犯罪的心理性因素 333

---

[134] 对于主张包括有条件故意的主张,参见 H. -H. Jescheck,2 *Journal of International Criminal Justice* (2004),p. 38 at p. 45; G. -J. Knoops,*Doeenses in Contemporary International Criminal Law* (2001),pp. 11 et seq.; F. Mantovani,1 *Journal of International Criminal Justice* (2003),p. 26 at p. 32; D. IC Piragoff,in O. Triffterer (ed.),*Commentary on the Rome Statute of the International Criminal Court* (1999),Art. 30,marginal no. 22;对于一种有着更轻微区别的观点,A. Eser,in A. Cassese,P. Gaeta and J. R. W. D. Jones (eds.),*The Rome Statute of the International Criminal Court*,Vol. 1 (2002),p. 767 at pp. 932 et seq.;反对包括的,参见 K. Ambos,*Der Allgemeine Teil des Völkerstrafrechts* (2002),p. 804; C. Kress,in H. Grützner and P. Pötz (eds.),*Internationaler Rechtshilfeverkehr in Strafsachen*,Vol. 4,2nd edn. (2002),Vor III 26,marginal no. 52; L. N. Sadat,*The International Criminal Court and the Transfbrmation of International Law* (2002),pp. 208 et seq.; W. Schabas,*Introduction to the International Criminal Court*,2nd edn. (2004),pp. 108 et seq.; T. Weigend,in B. Schünemann et al. (eds.),*Festschrift für Roxin* (2001),p. 1375 at p. 1390,fn. 58。

[135] 《国际刑事法院规约草案(1998)》第 29 条第 4 款规定:"为了本规约的目的,除非另有规定,在本规约规定一种犯罪可以轻率地实施之处,一个人对于一种情节或者一个结果就是轻率的,只要(1)他知道存在着这种情节或者将会发生这种结果;(2)他知道承担这个风险是高度(highly)不合理的;(并且)[(3) 他容忍了这种情节存在或者这种结果将会发生的可能性]。"有条件故意的概念甚至在罗马大会开始之前,就在书面文件中消失了,参见 R. S. Clark,12 *Criminal Law Forum* (2001),p. 291 at p. 301。

[136] 虽然,这很明显是 K. Ambos,10 *Criminal Law Forum* (1999),p. 1 at p. 21 中的观点。

[137] 也见 W. Schabas,4 *European Journal of Crime,Criminal Justice and Criminal Law* (1998),p. 400 at p. 420。

[138] 参见边码 313 以下和 T. Weigend,19 *Nouvelles Études Pénales* (2004),p. 319 at pp. 326 et seq.; A. Eser,in A. Cassese,P. Gaeta and J. R. W. D. Jones (eds.),*The Rome Statute of the International Criminal Court*,Vol. 1 (2002),p. 889 at pp. 898,945 et seq.。

的要求。

334 这些法庭经常指向轻率的概念，有时是明确的，有时不是。例如，如果一个人以“不顾生命的轻率”对被害人造成了相当严重的伤害，那么，以杀人实施的战争罪在主观方面的要求，就得到了满足。[139] 在杀人作为危害人类罪中，也同样是这样。[140] 在一种武装冲突或者一种广泛的或者有系统的对平民人口的攻击过程中，为故意杀人发展出来的这种考虑，能够通过习惯性国际法的解释这种途径，明显地转移到故意杀人的其他形式上去，例如，转移到灭绝人类过程中的类似的具体行为。另外一个例子是在参加一种犯罪行业过程中的责任。这是在假定，这个团体的成员会实施犯罪是可以预见的，并且，行为人是“愿意地接受了那个风险”。[141] 最近，在布拉斯基奇（Blaškić）的上诉判决中，在广泛讨论这个问题的同时，还指出了《南斯拉夫国际刑事法庭规约》第 7 条第 1 款项下的命令犯罪所要求的罪过。[142] 在对一些普通法和民法法系的罪过标准进行比较研究之后，这个上诉庭得出结论：为了建立《南斯拉夫国际刑事法庭规约》第 7 条第 1 款的责任，前提性罪过要求：这个“人……在命令一个作为或者不作为时，知道在执行命令的过程中具有实施一种犯罪的实质可能性”，还有，“带着这种认识下达命令，就必须认为是接受了这个犯罪”。[143]

335 有条件故意的概念在审判斯塔蒂奇（Stakić）的判决中，第一次在国际刑法的法理学中被提到。审判庭认为，“直接故意和有条件故意都足以建立”《南斯拉夫国际刑事法院规约》“第 3 条项下的谋杀罪”。[144] 这个审判庭明确指出德国法对普通杀人罪（homicide）所要求的罪过标准。这个审判庭也注意到：“在美国被定为轻率谋杀的大规模杀人，将符合有条件故意的大陆标准。”[145]然而，这个审判庭强调，行为人方面的过失并不足以符合战争罪中的谋杀对心理因素的要求。这个审判庭为危害人类罪中的根除设定了同样的标准——有条件故意是最低的标准。[146] 在这里，这个观点得到了卡伊舍马（Kayishema）判决的赞同。在那个案件中，卢旺达国际法庭规定：“这种作为或者不作为可以通过故意、轻

---

[139] 还有边码 878。

[140] 参见 *Prosecutor v. Kupreškić et al.*，ICTY（Trial Chamber），judgment of 14 January 2000，para. 561；*Prosecutor v. Musema*，ICTR（Trial Chamber），judgment of 27 January 2000，para. 215：“在杀人时，这名被告人或者一名下级就已经有了杀人的故意，或者有了对被害人施加严重的身体性伤害的故意，同时知道这种身体性伤害可能造成被害人的死亡，并且对随后是否发生死亡是轻率的。”另见边码 676。

[141] *Prosecutor v. Tadić*，ICTY（Appeals Chamber），judgment of 15 July 1999，paras. 227 et seq.；也见 A. Cassese，*International Criminal Law*（2003），p. 169。

[142] *Prosecutor v. Blaškić*，ICTY（Appeals Chamber），judgment of 29 July 2004，paras. 34 et seq.

[143] *Prosecutor v. Blaškić*，ICTY（Appeals Chamber），judgment of 29 July 2004，para. 42.

[144] *Prosecutor v. Stakić*，ICTY（Trial Chamber），judgment of 31 July 2003，para. 587.

[145] *Prosecutor v. Stakić*，ICTY（Trial Chamber），judgment of 31 July 2003，para. 587.

[146] *Prosecutor v. Stakić*，ICTY（Trial Chamber），judgment of 31 July 2003，para. 642.

率或者严重过失来完成。”[147]

很明显，国际法理学还没有为习惯性国际法项下的心理因素的要求，发展出前后一致的和一般性的指南。然而，在考虑上述决定时，看来人们可以很安全地说，这些国际法庭经常适用一种比《国际刑事法院规约》第30条要求更低的罪过标准——这就是轻率或者有条件故意。[148] 通过这个“除非另有规定”条款，这个判例法也决定了对《国际刑事法院规约》第6条到第8条项下的犯罪在主观方面的要求。考虑到特别是在习惯性国际法中“其他条文”所具有的相当数量，这个包含在《国际刑事法院规约》第30条中的例外规则关系，事实上就被完全倒转了。 336

第四节　个人的刑事责任

参考书目：

Kai Ambos: *Internationales Strafrecht* (2006), §7; Kal Ambos: *Der Allgemeine Teil des Völkerstrafrechts, Ansätze einer Dogmatisierung* (2002), pp. 543 et seq.; K. Ambos: General Principles of Criminal Law in the Rome Statute, 10 *Criminal Law Forum* (1999), pp. 1 et seq.; Kai Ambos: ICC Statute, Art. 25, in Otto Triffterer (ed.), *Commentary on the Rome Statute of the International Criminal Court, Oberservers' Notes, Article by Article* (1999), pp. 475 et seq.; Antonio Cassese: *International Criminal Law* (2003), pp. 179 et seq.; Andrew Clapman: On Complicity, in Marc Henzelin and Robert Roth (eds.), *Le Droit PenalA L'Epreuve de L'Internationalisation* (2002), pp. 241 et seq.; Albin Eser: Individual Criminal Responsibility, in Antonio Cassese, Paola Gaeta and John R. W. D. Jones (eds.), *The Rome Statute of the International Criminal Court: A Commentary*, Vol. 1 (2002), pp. 767 et seq.; Verena Haan: The Development of the Concept of Joint Criminal Enterprise at the International Criminal Tribunal for the Former Yugoslavia, *International Criminal Law Review* 5 (2005), 167 ff.; Günter Heine: Täterschaft und Teilnahme in staatlichen Machtapparaten, NS-und DDR-Unrecht im Vergleich der Rechtsprechung, *Juristenzeitung* 2000, pp. 920 et seq.; Herbert Jäger: Men- 337

[147] *Prosecutor v. Kayishema and Ruzindana*, ICTR (Trial Chamber), judgment of 21 May 1999, para. 146.

[148] 也见 E. van Sliedregt, *The Criminal Respomibility of Individuals for Violatiom of International Humanitarian Law* (1985), p. 48 at p. 49。

schheitsverbrechen und die Grenzen des Kriminalitätskonzeptes, Theoretische Aspekte der Einsetzung eines UN-Kriegsverbrechertribunals, 76 *Kritische Vierteljahresschrift für Gesetzgebung und Rechtswissenschaft* (1993), pp. 259 et seq.; Hans-Heinrich Jescheck: *Die Verantwortlichkeit der Staatsorgane nach Völkerstrafrecht, Eine Studie zu den Nürnberger Prozessen* (1952), pp. 268 et seq.; Kriangsak Kittichaisaree: *International Criminal Law* (2001), pp. 233 et seq.; Guénaël Mettraux: *International Crimes and the ad hoc Tribunals* (2005), 269 ff.; Steven Powles: Joint Criminal Enterprise, *Journal of International Criminal Justice* 2 (2004), 606 ff.; Claus Roxin: Probleme von Täterschaft und Teilnahme bei der organisierten Kriminalität, in Erich Samson et al. (eds.), *Festschrift für Gerald Grünwald* (1999), pp. 549 et seq.; Per Saland: International Criminal Law Principles, in Roy S. Lee (ed.), *The International Criminal Court, The Making of the Rome Statute* (1999), pp. 189 et seq.; William A, Schabas: *An Introduction to the International Criminal Court*, 2nd edn. (2004), pp. 101 et seq.; Jan Schlösser: *Mittelbare individuelle Verantwortlichkeit im Völkerstrafrecht* (2004); Kurt Seelmann: *Kollektive Verantwortung im Strafrecht* (2002); Elies van Sliedregt: *The criminal responsibility of individuals for violations of International Humanitarian Law* (2003); Otto Triffterer: Bestandsaufnahme zum Völkerstrafrecht, in Gerd Hankel and Gerhard Stuby (eds.), *Strafgerichte gegen Menschheitsverbrechen, Zum Völkerstrafrecht 50 Jahre nach den Nürnberger Prozessen* (1995), pp. 169 et seq.; Hans Vest: *Genozid durch organisatorische Machtapparate, An der Grenze von individueller und kollektiver Verantwortlichkeit* (2002); Hans Vest: Verantwortlichkeit für wirtschaftliche Betätigung im Völkerstrafrecht, 119 *Schweizerische Zeitschrift für Strafrecht* (2001), pp. 238 et seq.; Joachim Vogel: Individuelle Verantwortlichkeit im Völkerstrafrecht, Zugleich ein Beitrag zu den Regelungsmodellen der Beteiligung, 114 *Zeitschrift für die gesamte Strafrechtswissenschaft* (2002), pp. 404 et seq.; Thomas Weigend: Article 3: Responsibility and Punishment, in M. Cherif Bassiouni (ed.), *Commentaries on the International Law Commission's* 1991 *Draft Code of Crimes against the Peace and Security of Mankind* (1993), pp. 113 et seq.

338 在实施国际法项下的犯罪中，有大量的人进行合作，这是很典型的。一般来说，这或多或少是利用已经建立起来的网络方式发生的。这种网络经常是国家或者军队的一部分，无论如何，这种网络都是有组织的。然而，国际法项下的犯罪所具有的这种集合性质，并没有使我们不再需要决定个人的责任。[149] 在这个过程中,国际刑法面临的任务,不仅仅是确定个人在一个集体行动的网络中,是否对所实施的犯罪作出了贡献。一个主要的挑战,还是确定个人对这个犯罪作出了什么贡献。我们必须牢记,刑事责任的等级并没有随着时间的消逝而消除;事实上,它经常是增长了。[150] 一个典型的例子是,那个电椅杀手阿道夫·艾克曼的案件,他杀害了成千上万的人,但是,自己甚至没有碰过其中的一名被害人。南斯拉夫国际法庭生动地总结了这个问题:

> "这些犯罪中的大多数,都不是从单独个人的犯罪倾向中产生的,而是由集体性犯罪的表现来构成的:这些犯罪经常是由那些根据一个共同的犯罪设计进行行动的个人组成的团体实施的。虽然这个团体中的一些成员可以在身体上实施这种犯罪行为(谋杀……),但是,参加这个团体和对这个团体的其他成员作出的贡献,经常在便利这个罪行的实施中具有关键的意义。由此得出的结论是,这种参加在道德上的严重性,经常不亚于——或者的确无异于——那些实际实施这个行为的人。"[151]

一 趋向于国际刑法中的一种参加模式的信条

(一)国际判例法和习惯法

对于国际刑法项下的参加模式,情况与国际刑法一般原则这个整体一样:支配各种参加模式的规则,首先都是初步的和不完整的。[152] 339

《纽伦堡宪章》包含了听起来相当古老的关于共同犯罪(complicity)的规定。[153] 参加 340

---

[149] 这提出一个问题,传统的参加模式是否在国际刑法领域中不适用;在各种建议中,包括了用区分主犯和从犯的责任来代替共同犯罪的三重模式(首犯[leading perpetrator],组织犯、执行犯[execution perpetrator])。对于彻底的讨论,参见 H. Vest, *Genozid durch organisatorische Machtapparate* (2002), pp. 240 et seq.; K. Ambos, *Der Allgemeine Teil des Völkerstrafrechts* (2002), pp. 614 et seq.; K. Hamdorf, *Beteiligungsmodelle im Strafrecht* (2002), pp. 359 et seq.; K. Marxen and G. Werle, *Die strafrechtliche Aufarbeitung von DDR-Unrecht* (1999), p. 243; K. Seelmann, *Kollektive Verantwortung im Strafrecht* (2002); J. Vogel, 114 *Zeitschrift für die gesamte Strafrechtswissenschaft* (2002), p. 403 at p. 420; G. Werle, 109 *Zeitschrift für die gesamte Strafrechtswissenschaft* (1997) p. 808 at p. 822。

[150] 因此,对于《国际刑事法院程序与证据规则》第145条第2款第2项,建立"[滥]用权力或者官方身份作为从重处罚的根据",就是前后一致的。

[151] *Prosecutor v. Tadić*, ICTY (Appeals Chamber), judgment of 15 July 1999, para. 191.

[152] 参见 K. Ambos, *Der Allgemeine Teil des Völkerstrafrechts* (2002), p. 615; A. Cassese, *International Criminal Law* (2003), p. 180; A. Eser, in A. Cassese, P. Gaeta and J. R. W. D. Jones (eds.), *The Rome Statute of the International Criminal Court*, Vol. 1 (2002), p. 767 at pp. 784 et seq.。也见 A. Clapman, in M. Henzelin and R. Roth (eds.), *Le Droit Penal A L'Epreuve de L'Internationalisation* (2002), pp. 241 et seq.。

[153] 详细情况,参见 A. Eser, in A. Cassese, P. Gaeta and J. R. W. D. Jones (eds.), *The Rome Statute of the International Criminal Court*, Vol. 1 (2002), p. 767 at p. 784; O. Triffterer, in G. Hankel and G. Stuby (eds.), *Strafgerichte gegen Menschheitsverbrechen* (1995), p. 169 at p. 227。

的一些模式被直接包含在各种犯罪的定义之中。例如,“参加共同计划或者共谋”以进行侵略战争是一种犯罪。[154] 根据《纽伦堡宪章》第6条第3款,参加制定或者执行一个共同计划,或者共谋实施违反国际法犯罪的“领导人、组织者、唆使者和同谋者”,甚至应当对其他人在执行这个计划中所实施的行为承担责任。[155] 国际法委员会的《纽伦堡原则》指出,在违反国际法犯罪中的共同犯罪本身,就是一种违反国际法的犯罪。[156]

341 在《管制理事会法》第10号第2条第2款中,有一个条文对“主犯”(principals)和“从犯”(accessories)做了相当精细的区别。从犯是指协助、命令或者唆使、同意参加实施犯罪的人,他要么与犯罪的计划和实施相联系,要么属于一个与犯罪的实施有联系的组织。另外,危害和平罪的责任扩展到在德国或者其同盟国、共同参战国或者卫星国中具有高级政治、民事或者军事地位的人,或者是在这种国家的财政、工业或者经济生活中具有高级地位的人。过去国际刑法的裁判者不愿意作出这种区分。[157] 纽伦堡审判和随后审判的明显目的,就是要追究这些有责任人的刑事责任,并且尽可能完整地进行这项工作。

342 在国际刑法项下有着不同的参加模式,这个粗略的概念首先在国际法委员会的各个草案和各个特别法庭的规约中得到了细化。[158] 在南斯拉夫国际法庭中最终实现了一种更精细信条的突破。[159] 今天,犯罪性参加的各种模式已经在习惯法项下得到了承认。[160] 其他

---

[154] 《纽伦堡宪章》,第6条第1款;《东京宪章》,第5条第1款。

[155] 参见 IMT, judgment of 1 October 1946, in *The Trial of German Major War Criminals. Proceeding of the International Military Tribunal Sitting at Nuremberg, Germany*, Part 22, p. 449。

[156] 《纽伦堡原则》第7条。

[157] 在纽伦堡法庭的审判中和在随后的审判中,根据所谓的统一行为人的模式,在参加的各种形式之间没有作出区别。主导的原则是,任何在实际上和法律上提供的支持或者对行为的促进,都将被视为犯罪性参加。因此,在战争罪和危害人类罪中,如果在一个行为和这些罪存在着一种“直接的联系”,那么,就存在着参加。如果许多人在实施犯罪时一起共同工作,只要对犯罪的贡献在一个共同目的或者计划的基础上(“共同设计”)功能性地联系在一起,那么,他们相互之间的责任就被认定了。详细情况,参见 K. Ambos, *Der Allgemeine Teil des Völkerstrafrechts* (2002), pp. 362 et seq.。

[158] 《南斯拉夫国际法庭规约》第7条第1款和《卢旺达国际法庭规约》第6条第1款规定:“1. 一个人,计划、教唆、命令、实施,或者以其他方式在计划、准备或者实施在本规约……中提到的犯罪时帮助和唆使的,应当对这个犯罪承担个人的责任。”也见1991年法典草案第3条;参见 A. Eser, in A. Cassese, P. Gaeta and J. R. W. D. Jones (eds.), *The Rome Statute of the International Criminal Court*, Vol. 1 (2002), p. 767 at pp. 785 et seq.。

[159] 参见 *Prosecutor v. Tadić*, ICTY (Appeals Chamber), judgment of 15 July 1999, paras. 185 et seq.。

[160] 参见 *Prosecutor v. Mucić et al.*, ICTY (Trial Chamber), judgment of 16. November 1998, para. 321:“根据《南斯拉夫国际法庭规约》第7条第1款,个人可以对他们以任何几种身份参加实施这些罪行承担刑事责任,这清楚地符合刑法的一般原则的……毫无疑问,这是符合习惯性国际法项下的立场的。”对于“刑事参加的基本形式”所做的彻底讨论,参见 K. Ambos, *DerAllgemeine Teil des Völkerstrafrechts* (2002), pp. 543 et seq.。对于与不同参加形式之间的区别相联系的“扩展行为人的范围”的批评意见,参见 C. Tomuschat, in G. Hankel and G. Stuby (eds.), *Strafgerichte gegen Menschheitsverbrechen* (1995), p. 270 at pp. 286 et seq.。

形式也已经建立起来了，作为对单独性责任的补充，[161]包括共同实施、通过命令或者激励造成第三方实施国际法项下的犯罪以及教唆第三方实施国际法项下的犯罪。参加的习惯法模式已经提供了许多更准确的轮廓，主要通过南斯拉夫国际法庭创造的法理学。

（二）《国际刑事法院规约》

《国际刑事法院规约》第 25 条第 3 款现在详细地规范着个人刑事责任的形态，并且 343
区分了犯罪性参加的几种模式；一些特别规则也适用于侵略罪，也就是一种“领导性犯罪”，因此也要服从一些与行为人和行为有关的限制。[162] 第 25 条第 3 款几乎完整地体现了习惯性国际法。[163] 这个条文第一次把习惯性国际法项下的参加形态加以体系化，同时有意识地进行了补充和修改。它肯定了个人的实施，共同的实施，以及在命令、引诱或者教唆实施国际法项下的犯罪形式中的参加。与此相比，在习惯性国际法中，没有间接行为人（perpetration-by-means）这个概念的直接基础，但是，这个概念现在已经包括在《国际刑事法院规约》第 25 条第 3 款第 1 项之中；[164]同样，习惯性国际法也没有规定在集体（collectivity）中的参加，[165]但是现在已经作为一种被伪装的“共谋”规则加以包括了。[166] 不过，通过第 25 条的从犯责任，例如引诱或者支持，是从实行人的刑事责任中派生出来的这个事实，在习惯法中是否也存在着基础，这一点还不清楚。[167] 尤其是，对于引诱或者支持其他人的犯罪而存在刑事责任的那些案件中，《国际刑事法院规约》第 25 条要求，这个犯罪本身必须在事实上已经被实施，或者至少是被试图实施的。[168]

---

[161] 关于《南斯拉夫国际法庭规约》中并不总是统一的语言问题，参见 *Prosecutor v. Mucić et al.*, ICTY (Trial Chamber), judgment of 16 November 1998, para. 351, and *Prosecutor v. Kvočka et al.*, ICTY (Trial Chamber), judgment of 2 November 2001, para. 242。在普通的术语中，一名同谋是指任何没有作为主要罪犯或者实行人参加犯罪的人，也就是说，例如，共同实行人和从犯，参见 G. Fletcher, *Rethinking Criminal Law* (2000), p. 637。进一步的区别，参见 *Prosecutor v. Krnojelac*, ICTY (Trial Chamber), judgment of 15 March 2002, para. 76。

[162] 在同意《国际刑事法院规约》第 25 条第 3 款中规定的关于犯罪性参加信条时，在罗马大会上造成了相当大的困难。关于详细情况，参见 P. Saland, in R. S. Lee (ed.), *The International Criminal Court, The Making of the Rome Statute* (1999), p. 189 at p. 198。关于侵略罪，参见边码 1176 以下。

[163] 关于《国际刑事法院规约》偏离《南斯拉夫国际法庭规约》的相关规定，参见 K. Kittichaisaree, *International Criminal Law* (2001), pp. 235 et seq. 。

[164] 参见《国际刑事法院规约》第 25 条第 3 款第 1 项第三选择。对于间接行为人的概念，参见 G. Fletcher, *Rethinking Criminal Law* (2000), p. 639。

[165] 参见《国际刑事法院规约》第 25 条第 3 款第 4 项。

[166] 共谋实施国际法项下的犯罪，相比之下，并没有采纳在这部规约的规则之中。对于更多信息，参见边码 488 以下。

[167] 对于彻底的讨论，参见 K. Ambos, *Der Allgemeine Teil des Völkerstrafrechts* (2002)，第 616 页以下。

[168] 例外只有《国际刑事法院规约》第 25 条第 3 款第 5 项中的教唆灭绝种族；但是，这种独立的犯罪，从一种结构性的观点看来，是不正确地被包括在关于参加形式的规定之中；参见边码 623 以下。

344 如果对一种参加形式所做的要求都存在了，那么，第25条第3款项下的法律后果就是，这名行为人“在刑事上应当是有责任的，同时，应当受到刑事惩罚”。[169] 在第25条中没有规定刑事责任等级的层次，但是，在量刑时可以考虑这些因素。[170]

二　实施犯罪

（一）作为个人实施的犯罪

345 一个人在《国际刑事法院规约》第25条第3款第1项项下，作为第一种选择，亲自满足了违反国际法的一种犯罪的要求，因此“实施了一种作为个人的犯罪”，在国际刑法项下是明显应当承担责任的。[171] 这符合习惯性国际法。[172]

（二）共同实施的犯罪

346 如果许多人共同行为，实施了一种国际法项下的犯罪（“共同与他人”），那么，每个人都应当分别承担责任。[173] 这一点，在《国际刑事法院规约》第25条第3款第1项中，作为

---

[169] 《国际刑事法院规约》第25条第3款并没有明确地在行为人和（简单的）从犯责任。在这个范围内，这部规约——就像《纽伦堡国际法庭宪章》和南斯拉夫和卢旺达国际法庭的规约一样——看来是基于一种确定的与统一行为人模式的密切关系，关于统一行为人模式（the unified perpetrator model）这个概念，参见 A. Eser, in A. Cassese, P. Gaeta and J. R. W. D. Jones (eds.), *The Rome Statute of the International Criminal Court*, Vol. 1 (2002), p. 767 at pp. 781 et seq.。在对从犯（accessority）的要求方面，能够承认一种有细微差别的对参加模式的模仿。在文献中，这个规则并没有被统一地归类：Ambos 看到了一种朝向不同模式的倾向，参见 K. Ambos, *Der Allgemeine Teil des Völkerstrafrechts* (2002), pp. 543 et seq.，以及可能还有 H. Vest, *Genozid durch organisatorische Machtapparate* (2002), p. 181。相比之下，一种在统一体系精神下的解释，参见 C. Kress, *Humanitäres Völkerrecht-Informationsschriften* 1999, p. 4 at p. 9, and K. Hamdorf, *Beteiligungsmodelle im Strafrecht* (2002), p. 396。

[170] 参见，《国际刑事法院规约》第78条第1款；根据《国际刑事法院程序和证据规则》第145条第1款第3项，国际刑事法院将特别考虑“被定罪人的参加等级”。

[171] 参见 A. Eser, in A. Cassese, P. Gaeta and J. R. W. D. Jones (eds.), *The Rome Statute of the International Criminal Court*, Vol. 1 (2002), p. 767 at p. 789。根据南斯拉夫国际法庭的判例法，国际法项下犯罪的实施，是“由罪犯本人亲自实行的犯罪，或者应受谴责地不实施一种行为”，参见 *Prosecutor v. Tadić*, ICTY (Appeals Chamber), judgment of 15 July 1999, para. 188; *Prosecutor v. Kvočka et al.*, ICTY (Trial Chamber), judgment of 2 November 2001, para. 243; *Prosecutor v. Kajelijeli*, ICTR (Trial Chamber), judgment of 1 December 2003, para. 764。

[172] 也见《纽伦堡宪章》第6条；《东京宪章》第5条；《南斯拉夫国际法庭规约》第1条第1款；《卢旺达国际法庭规约》，第1条第1款和《防止及惩治灭绝种族罪公约》第2条。

[173] 详见 K. Ambos, *Der Allgemeine Teil des Völkerstrafrechts* (2002), pp. 548 et seq.; A. Cassese, *International Criminal Law* (2003), pp. 181 et seq.; K. Kittichaisaree, *International Criminal Law* (2001), p. 237。

第二种选择得到了确立,也符合习惯性国际法。[174] 共同实施的基本轮廓已经首先在南斯拉夫国际法庭的案例法中得到了发展。[175]

这个南斯拉夫国际法庭把共同责任置于参加一种“共同犯罪行业”(joint criminal enterprise)的法律概念之上。[176] 在这个法庭看来,这是以战后的法理学为基础的,而这种法理学又已经成为习惯性国际法的一部分。[177] 共同犯罪行业的信条对于这个南斯拉夫国际法庭具有重大的意义。它也已经被其他一些国际刑事法院所采纳。[178] 347

在共同实施和单纯参加之间的区别,大多处于主观领域之中。共同参加的要点是“共同的计划、设计或者目的”。这必须是指向实施一个或者几个国际法项下的犯罪。[179] 然而,这个计划不需要在行为实施之前形成;它也可以在一时冲动的情况下发生。从几个 348

---

[174] 参见 *Prosecutor v. Tadić*, ICTY (Appeals Chamber), judgment of 15 July 1999, paras. 194 et seq.; K. Ambos, *Der Allgemeine Teil des Völkerstrafrechts* (2002), p. 363。尽管在世界许多法律制度之中存在着共同责任模式这个根基,然而,南斯拉夫国际法庭上诉庭仍然明确地看到了不充分的证据,从而允许它相信法律的这样一个一般原则,参见 *Prosecutor v. Tadić*, ICTY (Appeals Chamber), judgment of 15 July 1999, paras. 224 et seq.。

[175] 参见 *Prosecutor v. Tadić*, ICTY (Appeals Chamber), judgment of 15 July 1999, paras. 194 et seq., 概要参见 para. 227。也见 *Prosecutor v. Vasiljević*, ICTY (Trial Chamber), judgment of 29 November 2002, paras. 63 et seq.; *Prosecutor v. Furundžija*, ICTY (Appeals Chamber), judgment of 21 July 2000, para. 119; *Prosecutor v. Kvočka et al.*, ICTY (Trial Chamber), judgment of 2 November 2001, paras. 265 et seq., 312。这些原则的发展还在继续,但是,并没有在《南斯拉夫国际法庭规约》中正在提供的共同责任。在南斯拉夫国际法庭的判例法项下,共同实行人是默示地包括在《南斯拉夫国际法庭规约》第 7 条第 1 款之中,参见 *Prosecutor v. Tadić*, ICTY (Appeals Chamber), judgment of 15 July 1999, paras. 188 et seq., 引用了目的性和历史性的解释:“实施一种这样的犯罪……,也可以通过参加实现一项共同设计或者目的而发生。”

[176] 参见 *Prosecutor v. Vasiljević*, ICTY (Trial Chamber), judgment of 29 November 2002, para. 67:“……所有参加一个共同犯罪行业的人,都对所实施的犯罪同等地有罪,不管各自在实施中所起的作用是什么。”

[177] 共同犯罪行业的信条能够追溯到 *Prosecutor v. Tadić*, ICTY (Appeals Chamber), judgment of 15 July 1999, paras. 194 et seq.。也见 *Prosecutor v. Vasiljević*, ICTY (Trial Chamber), judgment of 29 November 2002, paras. 63 et seq.; *Prosecutor v. Furundiija*, ICTY (Appeals Chamber), judgment of 21 July 2000, para. 119; *Prosecutor v. Kvočka et al.*, ICTY (Trial Chamber), judgment of 2 November 2001, paras. 265 et seq., 312。

[178] 参见,例如,*RStGH*, Urt. v. 13. Dezember 2005 (Simba, TC), paras. 385 ff. 和在塞拉里昂特别法庭的起诉书中,*Prosecutor v. Charles Ghankay Taylor*, indictment of 7 March 2003, paras. 23 et seq.:“革命联合阵线(RUF)和武装力量革命委员会(AFRC)拥有一个共同的计划、目的或者设计(共同犯罪行业),要采取一切必要的行动,赢得政治权力并在塞拉里昂的领土上行使控制权,尤其是在钻石地区……在这份起诉书中指称的犯罪,包括非法杀人、诱拐、强迫劳动、身体和性暴力、使用儿童战士、抢掠和烧毁民用建筑,要么是共同犯罪行业中的行动,要么是这种共同犯罪行业可以合理预见到的结果……被指控人参加了这个共同犯罪行业。”共同犯罪行业的信条,迄今为止,还很难在卢旺达国际法庭上得到运用。这主要是由于这个事实:《卢旺达国际法庭规约》第 2 条第 3 款第 2 项包含了实施灭绝种族的共谋,因此,在许多情况下,就不再需要求助于共同犯罪行业的原则了。

[179] *Prosecutor v. Tadić*, ICTY (Appeals Chamber), judgment of 15 July 1999, para. 188; *Prosecutor v. Kupreškić et al.*, ICTY (Appeals Chamber), judgment of 14 January 2000, para. 772:“共同行为人要求两人以上的人员,存在一个共同计划,等同于或者涉及实施该规约所规定的一种犯罪的设计或者目的,并且,被指控人参加到这个共同设计之中。”

人合作进行一项犯罪性承诺(a criminal undertaking)中,可以推断出它的存在。[180]

349 根据南斯拉夫国际法庭的判决,共同犯罪行业的观念有三个类型。[181] 第一个类型包括的案件是,一个团体中的人拥有实施一个国际法项下犯罪的共同目的,并且,这个犯罪是根据一项"共同设计"来实施的。共同行为人可以发挥各种不同的作用。对于每一名行为人来说,不需要寻找实施这种犯罪的共同理由。[182] 为了建立共同的责任,必需有一项对共同计划的完成有重要意义的和有因果关系的贡献。对犯罪的贡献不需要与执行行为有关系,[183]但是,可以由任何种类的协助行为("对共同计划或者目的的执行进行协助或者作出贡献")组成。[184] 在计划阶段的贡献,甚至就足够了。[185] 对于共同行为人来说,不需要组织在一个军事的、政治的或者军事的单位之中。[186]

350 所谓集中营案件构成了第二个类型的共同犯罪行业。这包括由许多人实施的犯罪,尤其是军事或者行政单位的成员,作为"恶劣的对待制度"(systems of ill-treatment)的一部分。在查明共同实施时,从一种客观性观点看来,有必要表明存在着一个虐待囚犯和实施国际法项下犯罪的制度。行为人必须积极地参加到这个镇压性制度的执行中去。这种参加通常能够从被告人的地位和所承担的特殊任务中推断出来。[187] 在主观上,行为人必须知道这个制度的性质,并且,以推进这个虐待性制度的故意进行行为。这种故意也能够一般地从这名被告人的权威性地位中推导出来。[188]

---

[180] *Prosecutor v. Tadić*, ICTY (Appeals Chamber), judgment of 15 July 1999, para. 227:"这种计划、设计或者目的,不需要事先安排或者制定出来。共同的计划或者目的可以在当场成为现实,并且可以从这样的事实中推论出来:两人以上的人员协调一致地实行一个共同犯罪行业。"

[181] *Prosecutor v. Tadić*, ICTY (Appeals Chamber), judgment of 15 July 1999, para. 195。

[182] *Prosecutor v. Krnojelac*, ICTY (Appeals Chamber), judgment of 17 September 2003, para. 100:"上诉庭同意检察官的意见,共同具有的犯罪目的不要求共同行为人具有满足感或者热情,或者在对这个共同行业作贡献时具有个人的主动性。"

[183] A. Eser, in A. Cassese, P. Gaeta and J. R. W. D. Jones (eds.), *The Rome Statute of the International Criminal Court*, Vol. 1 (2002), p. 767 at pp. 791 et seq.

[184] 参见 *Prosecutor v. Tadić*, ICTY (Appeals Chamber), judgment of 15 July 1999, paras. 196 et seq., 227。在这些原则项下,这名高级官员 Krstić,例如,就作为一名共同行为人被定有罪,虽然他"并没有想出这个杀人的计划,也没有自己亲手杀死这些人。然而,他在进行这个杀人战斗中,发挥了一个关键性的协调作用",参见 *Prosecutor v. Krstić*, ICTY (Trial Chamber), judgment of 2 August 2001, para. 644。

[185] *Prosecutor v. Tadić*, ICTY (Appeals Chamber), judgment of 15 July 1999, para. 192:"在这些情况之下,要作为行为人承担刑事责任的仅仅是在实际上(materially)实施了这个犯罪行为的人,不管所有这些以某种方式使行为人在身体上实施那种犯罪行为成为可能的人,作为共同行为人发挥的作用是什么。同时,依靠这些情形,使后者仅仅作为帮助人和教唆人承担责任,就不能充分地说明他们刑事责任的等级。"

[186] *Prosecutor v. Tadić*, ICTY (Appeals Chamber), judgment of 15 July 1999, para. 227。关于把这种形式标记为"基本的"、"有体系的"和"扩展的形式",参见 *JStGH*, Urt. v. 25. Februar 2004 (Vasiljević, AC), paras. 97 ff.。关于这个判决的一个综述,也见 *JStGH*, Urt. v. 17. September 2003 (Krnojelac, AC), paras. 29 ff.。

[187] *Prosecutor v. Tadić*, ICTY (Appeals Chamber), judgment of 15 July 1999, paras. 202 et seq.

[188] *Prosecutor v. Tadić*, ICTY (Appeals Chamber), judgment of 15 July 1999, para. 203.

351 在共同犯罪行业的这两个种类之下，参加人应当对包含在共同计划框架之内的所有犯罪负责。[189] 相比之下，第三个也是最广阔的类型（“扩展的共同犯罪行业”），[190]涉及到的是这样的案件：一名共同行为人实施的案件，超越了共同计划的框架之外。在犯罪性承诺中的一名参加人，希望参加的是一个以共同计划为基础的方案，然而，他却能够被认为应当对没有包括在这个计划中的结果承担责任，只要这些结果是执行这个计划所产生的“自然的和可以预见的结果”。在主观上，这名参加人必须已经有意识地接受或者容忍发生这种结果的风险。[191]

352 虽然南斯拉夫国际法庭在自己关于共同犯罪行业的决定中参考了《国际刑事法院规约》第25条第3款第4项，[192]但是，这个国际刑事法院是否采纳这个信条，仍然是有待观察的。这个问题是特别地由于这个事实产生的：南斯拉夫国际法庭最近在斯塔蒂奇判决中指出，共同犯罪行业这个法律概念只是解释共同实施的许多方法中的一个。但是，这个法庭补充说，对其规约进行更字面性的解释，以及一种更倾向于国内法律制度的解释，就必须优先遵守，因为存在着一种危险，会把共同犯罪行业错误地看成是在定义一种新的犯罪。[193]

（三）通过其他人实施的犯罪

353 如果行为人使用另一个人作为工具来实施国际法项下的犯罪，也就是说，如果他实施的犯罪是“通过其他人”进行的，那么，这就是《国际刑事法院规约》第25条第3款第1项第三种选择中的刑事责任的基础。在这种参加的形式中，间接行为人典型地处于一个上级的地位。[194]

---

[189] 南斯拉夫国际法庭把第二类共同犯罪行业定义为第一类中的一种：它指出，这些被告人被认为是共同实行人，因为他们掌握着客观上的“权威位置”，并且，没有充分地参加对俘虏的战争行动，虽然这些俘虏就在他们的手中。参见 *Prosecutor v. Tadić*, ICTY (Appeals Chamber), judgment of 15 July 1999, para. 203。

[190] *Prosecutor v. Stakić*, ICTY (Trial Chamber), judgment of 31 July 2003, para. 436.

[191] *Prosecutor v. Tadić*, ICTY (Appeals Chamber), judgment of 15 July 1999, paras. 204, 206, 228：“……对与一个人在共同计划中同意的犯罪不同的犯罪的责任，根据案件的不同情况，只有产生在(1)可以预见到，这种犯罪可能由这个团体中的一个人或者其他成员实施的，以及(2)被指控人愿意承担那种风险的。”

[192] *Prosecutor v. Tadić*, ICTY (Appeals Chamber), judgment of 15 July 1999, paras. 222 et seq.

[193] *Prosecutor v. Stakić*, ICTY (Trial Chamber), judgment of 31 July 2003, para. 441：“本审判庭知道，共同实行人的这个定义所具有的最终结果，接近了前面所述的共同犯罪行业的结果，甚至有一部分是与之重合的。然而，本审判庭的意见是，这个定义更接近大多数法律制度作为‘实施’来理解的那种情况，并且避免了一种误解性的印象，好像一种在本法庭规约中没有预见的新犯罪已经通过后门被引进来了。”

[194] 因此，现在强调的，参见 *IStGH*, Beschl. v. 29. Januar 2007 (Lubanga, PTC), para. 332。也见 A. Eser, in A. Cassese, P. Gaeta and J. R. W. D. Jones (eds.), *The Rome Statute of the International Criminal Court*, Vol. 1 (2002), p. 767 at p. 793。

354 间接行为人的主意得到了世界主要法律制度的承认。[195] 然而，在《国际刑事法院规约》生效之前，它既没有在国际刑法中加以规定，也没有被各种国际法院处理过。因此，这部规约中的规定在习惯法中就缺乏蓝本。

355 《国际刑事法院规约》第25条第3款第1项第三种选择项下的刑事责任，不依赖于直接行为人本身是否有责任（“不管这个其他人是否在刑法上应当承担责任”）。这个补充从两个方面明确了事情：第一，它承认了“行为人之后的行为人”（“Täter hinter dem Täter”）这个概念，[196]因为这个补充明确地不排除这种可能性：这名直接行为人也能够被人操纵，即使在他或者她也对这个犯罪承担完全的责任。第二，它确立了：一名间接行为人也会是有责任的——的确这是很可能的——如果这名直接行为人是不负责任的，例如，如果他或者她还没有达到法定年龄（《国际刑事法院规约》第26条），或者因为一个排除责任的理由会发挥有利于他或者她的作用。

三　鼓励犯罪

356 根据《国际刑事法院规约》第25条第3款第2项，一个本身没有实施国际法项下的犯罪，但是却鼓励其他人这样做的人，也要承担国际法项下的责任。[197] 在命令实施国际法项下的犯罪和激励他人实施这种犯罪之间进行区分是可能的。对灭绝种族加以激励，被不恰当地规定在《国际刑事法院规约》第25条第3款第5项中，不是参加的一种类型，而本身就是一个犯罪。[198]

---

[195] 例如，《模范刑法典》第2.06(2)节指出：“当(1)……一个人使另一个无辜或者无责任的人参与了这种行为……这个人在法律上就应当为这个其他人的行为承担责任。”详见 K. Ambos, *Der Allgemeine Teil des Völkerstrafrechts* (2002), pp. 568 et seq.; G. Fletcher, *Rethinking Criminal Law* (2000), p. 639；也见边码356以下。

[196] 也见 A. Eser, in A. Cassese, P. Gaeta and J. R. W. D. Jones (eds.), *The Rome Statute of the International Criminal Court*, Vol. 1 (2002), p. 767 at pp. 794 et seq.; J. Vogel, 114 *Zeitschrift für die gesamte Strafrechtswissenschaft* (2002), p. 404 at p. 427。因此，由 C. Roxin, *Goltdammer's Archiv für Strafrecht* 1963, pp. 193 et seq.，在与艾克曼的审判相联系——也就是说，在国际刑法的背景下——发展起来的“行为人背后的行为人”这个原则，自那时以来已经相当大地影响了德国刑法的法理学，并且已经在国际刑法中得到了肯定。然而，德国关于通过一个组织结构的力量进行行为这个原则能够转化到国际刑法之中，是否在同时也建立起来了，是有怀疑的；但是，参见 K. Ambos, in O. Triffterer (ed.), *Commentary on the Rome Statute of the International Criminal Court* (1999), Art. 25, marginal no. 8；一种怀疑的观点，参见 H. Vest, *Genozid durch organisatorische Machtapparate* (2002), p. 185。

[197] 参见 K. Ambos, *Der Allgemeine Teil des Völkerstrafrechts* (2002), pp. 644 et seq.。

[198] 对于更多，参见边码623以下。

(一)命令

任何命令实施违反国际法的犯罪的人,都应当承担刑法上的责任。[199]《国际刑事法院规约》第25条第3款第2项第一个选择中的条文,体现了习惯性国际法。[200] 一个命令的前提条件是,存在着一种——典型的军事性——上下级关系,这种关系处于发布命令和接受命令的人之间。行为人使用自己的权威造成他人实施一种犯罪。[201] 357

(二)教唆

一个"诱惑"或者"诱导"其他人实施违反国际法的犯罪的人,也应当承担国际法项下的刑事责任的。[202]《国际刑事法院规约》第25条第3款第2项的第二个选择反映了习惯法。根据南斯拉夫国际法庭的法理学,一个人,通过作为或者不作为,[203]"激起"其他人实施违反国际法的犯罪的,是一名教唆犯。[204] 作为规则,这是从精神性压力中产生的;然而,身体性诱导也是可以想象的。[205] 甚至一名原本已经决定行为的行为人,也可以引诱行 358

---

[199] 参见 A. Cassese, *International Criminal Law* (2003), p. 194; A. Eser, in A. Cassese, P. Gaeta and J. R. W. D. Jones (eds.), *The Rome Statute of the International Criminal Court*, Vol. 1 (2002), p. 767 at p. 796。

[200] 也见《南斯拉夫国际法庭规约》第7条第1款;《卢旺达国际法庭规约》第6条第1款;《日内瓦公约(三)》第129条第1款;《日内瓦公约(四)》第146条第1款。

[201] 参见 *Prosecutor v. Krstić*, ICTY (Trial Chamber), judgment of 2 August 2001, para. 601:"处于一个权威位置上的人,使用那个位置说服其他人实施犯罪";*Prosecutor v. Naletilić and Martinović*, ICTY (Trial Chamber), judgment of 31 March 2003, para. 61; *Prosecutor v. Stakić*, ICTY (Trial Chamber), judgment of 31 July 2003, paras. 444 et seq.; *Prosecutor v. Semanza*, ICTR (Trial Chamber), judgment of 15 May 2003, para. 382; *Prosecutor v. Kamuhanda*, ICTR (Trial Chamber), judgment of 22 January 2004, para. 594。关于上级的责任,也见边码368以下。

[202] 在不改变内容的情况下,《国际刑事法院规约》第25条第3款第2项的第二和第三选择,使用教唆和引诱("sollicite au encourage")这些词。也见 K. Ambos, *Der Allgemeine Teil des Völkerstrafrechts* (2002), p. 664; A. Eser, in A. Cassese, P. Gaeta and J. R. W. D. Jones (eds.), *The Rome Statute of the International Criminal Court*, Vol. 1 (2002), p. 767 at p. 796。

[203] 参见 *Prosecutor v. Blaškić*, ICTY (Trial Chamber), judgment of 3 March 2000, para. 280, 339; *JStGH*, Urt. v. 31. März 2003 (Naletilić und Martinović, TC), para. 66; *JStGH*, Urt. v. 30. November 2005 (Limaj et al., TC), para. 514. Vgl. dazu Rn. 599 ff.

[204] 参见 *JStGH*, Urt. v. 17. Dezember 2004 (Kordić und Čerkez, AC), para. 27; *Prosecutor v. Krstić*, ICTY (Trial Chamber), judgment of 2 August 2001, para. 601; *Prosecutor v. Kvočka et al.*, ICTY (Trial Chamber), judgment of 2 November 2001, para. 243, 带有额外的说明;最近的是 *Prosecutor v. Naletilić and Martinović*, ICTY (Trial Chamber), judgment of 31 March 2003, para. 60; *Prosecutor v. Akayesu*, ICTR (Appeals Chamber), judgment of 1 June 2001, paras. 478 et seq.; *JStGH*, Urt. v. 30. November 2005 (Limaj et al., TC), para. 514; *Prosecutor v. Semanza*, ICTR (Trial Chamber), judgment of 15 May 2003, para. 381。

[205] 参见 K. Ambos, in O. Triffterer (ed.), *Commentary on the Rome Statute of the International Criminal Court* (1999), Art. 25, marginal no. 13。

为。[206] 各种引诱的链条是可能的。[207] 这名教唆者对于超过自己教唆进行行为的人,不承担责任。[208]

359 在主观上,教唆要求这名行为人希望"引起或者引诱"实施犯罪,或者他或者她知道一种"重大可能性",这就是,自己的行为将会导致犯罪的实施。[209]

四 协助犯罪

360 另外,协助(assisting)这名(原本的)行为人也足以作为刑事责任的基础。[210] 这得到了习惯性国际法的承认,并且在《国际刑事法院规约》第25条第3款第3项和第4项中得到了确认。

(一)协助(原本的)行为人

361 任何人,"帮助,唆使或者以其他方式协助"实施或者试图实施一种国际法项下的犯罪,应当承担刑事上的责任。[211] 协助原本行为人的责任已经在南斯拉夫国际法庭的判决中得到了明确。[212]

---

[206] 参见 *Prosecutor v. Kvočka et al.*, ICTY (Trial Chamber), judgment of 2 November 2001, para. 252; *Prosecutor v. Kordić and Čerkez*, ICTY (Trial Chamber), judgment of 26 February 2001, para. 387。但是参见 *Prosecutor v. Blaškić*, ICTY (Trial Chamber), judgment of 3 March 2000, para. 278,在这里,在刺激行为和犯罪的实施之间的因果联系,必须表现出来。

[207] 参见 A. Eser, in A. Cassese, P. Gaeta and J. R. W. D. Jones (eds.), *The Rome Statute of the International Criminal Court*, Vol. 1 (2002), p. 767 at p. 796。

[208] 参见 A. Eser, in A. Cassese, P. Gaeta and J. R. W. D. Jones (eds.), *The Rome Statute of the International Criminal Court*, Vol. 1 (2002), p. 767 at p. 798。

[209] 参见 *Prosecutor v. Kvočka et al.*, ICTY (Trial Chamber), judgment of 2 November 2001, para. 252,带有额外的说明; *Prosecutor v. Naletilić and Martinović*, ICTY (Trial Chamber), judgment of 31 March 2003, para. 60; A. Eser, in A. Cassese, P. Gaeta and J. R. W. D. Jones (eds.), *The Rome Statute of the International Criminal Court*, Vol. 1 (2002), p. 767 at p. 797,要求教唆人具有双重故意。

[210] 参见 A. Eser, in A. Cassese, P. Gaeta and J. R. W. D. Jones (eds.), *The Rome Statute of the International Criminal Court*, Vol. 1 (2002), p. 767 at pp. 798 et seq.。

[211] 在这里,"帮助"包括了支持的行为,"唆使"是对其他人表示同情,参见 *Prosecutor v. Akayesu*, ICTR (Trial Chamber), judgment of 2 September 1998, para. 484; *Prosecutor v. Semanza*, ICTR (Trial Chamber), judgment of 15 May 2003, para. 384; *Prosecutor v. Kvočka et al.*, ICTY (Trial Chamber), judgment of 2 November 2001; para. 254。

[212] 对于这些要求的概述,参见 *Prosecutor v. Vasiljević*, ICTY (Appeals Chamber), judgment of 25 February 2004, para. 102; *Prosecutor v. Blaškić*, ICTY (Appeals Chamber), judgment of 29 July 2004, para. 45; *Prosecutor v. Naletilić and Martinović*, ICTY (Trial Chamber), judgment of 31 March 2003, para. 63; *Prosecutor v. Krnojelac*, ICTY (Trial Chamber), judgment of 15 March 2002, paras. 88 et seq.; *Prosecutor v. Kvočka et al.*, ICTY (Trial Chamber), judgment of 2 November 2001, paras. 253 et seq.。也见 K. Ambos, *Der Allgemeine Teil des Völkerstrafrechts* (2002), pp. 619 et seq.; 一个彻底的对习惯法状态的分析,参见 *Prosecutor v. Furundžija*, ICTY (Trial Chamber), judgment of 10 December 1998, paras. 192 et seq.。

这种协助不需要在主要犯罪的实施地和实施时[213]提供；对于这种协助来说，便利这种犯罪或者以其他方式对这种犯罪发生实质性[214]的影响（“对犯罪的实施具有实质性影响的实践性协助、鼓励或者道德性支持”），[215]就足够了。鼓励行为人或者提供其他道德性支持，在一些情况下甚至仅仅出现在犯罪现场，就足够了。[216] 对于这种协助来说，不需要与犯罪具有因果关系上的联系。[217] 协助的一种典型方式，明确地在《国际刑事法院规约》第 25 条第 3 款第 3 项中提到了，是“为犯罪的实施提供各种手段”。 362

从主观方面看，提供协助的人必须认识，自己的贡献是在支持这种犯罪的实施。[218] 363
《国际刑事法院规约》第 25 条第 3 款第 3 项另外要求，这种协助应当是用于“便利实施犯

---

[213] 参见 *Prosecutor v. Blaškić*, ICTY (Trial Chamber), judgment of 3 March 2000, para. 285，带有额外的引文，以及 *Prosecutor v. Semanza*, ICTR (Trial Chamber), judgment of 15 May 2003, para. 385。然而，《国际刑事法院规约》并没有明确决定，即使在犯罪完成之后，唆使也能够导致责任。对《国际刑事法院规约草案（1998）》第 23 条的一条脚注指出：“这种假定（后续的协助对责任就足以了）在《国际刑事法院规约》的背景下受到了怀疑。如果帮助等，溯及既往性地被认为对于犯罪化是必须的，那么，就需要有一个明确的条文规定。” A. Eser, in A. Cassese, P. Gaeta and J. R. W. D. Jones (eds.), *The Rome Statute of the International Criminal Court*, Vol. 1 (2002), p. 767 at p. 807，也支持了包括“后续的协助”。

[214] 参见 *JStGH*, Urt. v. 24. März 2000 (Aleksovski, AC), para. 162; *JStGH*, Urt. v. 29. Juli 2004 (Blaškić, AC), para. 45; *JStGH*, Urt. v. 10. Dezember 1998 (Furundžija, TC), paras. 235, 249; *RStGH*, Urt. v. 22. Januar 2004 (Kamuhanda, TC), para. 597。这项要求，是由几个特别法庭在 1996 年根据 1996 年《法典草案》发展起来的，并且，从那时起就一直在它们的案件中适用。但是，这项要求并不在《国际刑事法院规约》第 25 条第 3 款第 3 项之中。然而，在事实上，排除相当远的协助是合理的。也见 A. Eser, in A. Cassese, P. Gaeta and J. R. W. D. Jones (eds.), *The Rome Statute of the International Criminal Court*, Vol. 1 (2002), p. 767 at p. 800。

[215] 参见 *Prosecutor v. Krnojelac*, ICTY (Trial Chamber), judgment of 15 March 2002, para. 88; 也见 J. Vogel, 114 *Zeitschrift für die gesamte Strafrechtswissenschaft* (2002), p. 404 at pp. 426 et seq.。

[216] 参见 *JStGH*, Urt. v. 29. Juli 2004 (Blaškić, *AC*), para. 48; *Prosecutor v. Kvočka et al.*, ICTY (Trial Chamber), judgment of 2 November 2001, para. 257; *JStGH*, Urt. v. 10. Dezember 1998 (Furundžija, TC), paras. 231 ff.; *Prosecutor v. Kamuhanda*, ICTR (Trial Chamber), judgment of 22 January 2004, para. 600，也见 K. Ambos, *Der Allgemeine Teil des Völkerstrafrechts* (2002), p. 363。Tadić，这名被定罪的被告人，在第三人实施国际法项下的犯罪时，就在现场。与早先的情况相比较，Tadić 自己并没有在事实上参加，参见 *Prosecutor v. Tang*, ICTY (Trial Chamber), judgment of 7 May 1997, para. 690。当 Aleksovski 的下属在他的办公室不远的地方很糟糕地虐待被抓获的人时，他什么也没有做，参见 *Prosecutor v. Alekaovski*, ICTY (Trial Chamber), judgment of 25 June 1999, para. 88。也见 A. Clapman, in M. Henzelin and R. Roth (eds.), *Le Droit PenalA L'Epreuve de L'Internationanisation* (2002), p. 241 at pp. 252 et seq.。

[217] 参见 *Prosecutor v. Blaškić*, ICTY (Appeals Chamber), judgment of 29 July 2004, para. 48; *Prosecutor v. Kvočka et al.*, ICTY (Trial Chamber), judgment of 2 November 2001, para. 255，带有额外的引文：“不要求在帮助人和唆使人与主犯的行为之间具有因果关系”；*Prosecutor v. Blaškić*, ICTY (Trial Chamber), judgment of 3 March 2000, para. 285。也见 A. Eser, in A. Cassese, P. Gaeta and J. R. W. D. Jones (eds.), *The Rome Statute of the International Criminal Court*, Vol. 1 (2002), p. 767 at pp. 799 et seq.; K. Kittichaisaree, *International Criminal Law* (2001), p. 243。

[218] 参见 *Prosecutor v. Aleksovski*, ICTY (Appeals Chamber), judgment of 24 March 2000, para. 162; *Prosecutor v. Vasiljević*, ICTY (Trial Chamber), judgment of 29 November 2002, para. 71; 近期的 *Prosecutor v. Vasiljević*, ICTY (Appeals Chamber), judgment of 25 February 2004, para. 102。*RStGH*, Urt. v. 1. Juni 2001 (Kayishema und Ruzindana, AC), para. 186。这是对共同责任最重要的限制性标准，参见 *Prosecutor v. Tadić*, ICTY (Appeals Chamber), judgment of 15 July 1999, para. 229; A. Clapman, in M. Henzelin and R. Roth (eds.), *Le Droit Penal A L'Epreuve de L'Internationanisation* (2002), p. 241 at p. 250; K. Kittichaisaree, *International Criminal Law* (2001), p. 245。

罪的目的”。[219] 但是,提供协助的人不需要具有原本行为人方面所具有的特别故意,例如,像灭绝种族所要求的毁灭故意。[220] 知道原本行为人的故意就足够了。

(二)协助团体实施犯罪

364 《国际刑事法院规约》第25条第3款第4项对犯罪性参加规定了一个新的形式:对团体实施的犯罪或者未遂犯罪所作出的贡献,创设了刑事责任。这个条文把原来规定在1997年《制止恐怖主义爆炸事件的国际公约》中的规则,合并入一般性国际刑法之中了。[221] 在习惯性国际法中,在这一点上并不存在着模式。这个条文是罗马大会在共谋范围方面进行了复杂谈判的结果。[222]

365 作为客观性要求,责任是与团体实施国际法项下的犯罪或者未遂犯罪相联系的。一个团体是指任何至少有三个人的联合体,[223]他们在一起行为,以推进一个“共同的目的”。对这个团体的犯罪作出的任何贡献(“以任何其他方式作出贡献”),虽然没有被参加的其他形式所涵盖,尤其是不包含在协助之中,但是也建立了这名从犯的刑事责任。[224] 这个无所不包的规则(catch-all rule)包括为违反国际法的各种犯罪提供武器、财政,以及间接性支持的其他各种形式。[225]

366 对心理因素的其他要求,对这里较少的客观性要求提供了一些具有平衡性质的因素。尤其是,对犯罪的贡献必须以推进这个团体的犯罪活动或者共同目的为目标作出的,只要这些贡献与实施这个国际法项下的犯罪相联系,或者是知道这个团体具有实施这种犯罪的故意。[226]

---

[219] 这个要求也是从《模范刑法典》第2.06条中借鉴来的。

[220] 参见 *Prosecutor v. Vasiljević*, ICTY (Trial Chamber), judgment of 29 November 2002, para. 71; *Prosecutor v. Krnojelac*, ICTY (Appeals Chamber), judgment of 17 September 2003, para. 52:帮助人和唆使人“不需要分享这种故意,但是,他必须知道这种犯罪将在其中实施的歧视性背景,并且知道自己的支持或者鼓励具有一种实质性的效果”。K. Kirtichaisaree, *International Criminal Law* (2001), p. 244,带有额外的引文。

[221] Art. 2 (3) (c) of the 15 December 1997 Convention (UN Doc. A/RES/52/164).

[222] 参见 P. Saland, in R. S. Lee (ed.), *The International Criminal Court, The Making of the Rome Statute* (1999), p. 199; A. Eser, in A. Cassese, P. Gaeta and J. R. W. D. Jones (eds.), *The Rome Statute of the International Criminal Court*, Vol. 1 (2002), p. 767 at p. 802。也见边码490。

[223] 参见 A. Eser, in A. Cassese, P. Gaeta and J. R. W. D. Jones (eds.), *The Rome Statute of the International Criminal Court*, Vol. 1 (2002), p. 767 at p. 802。

[224] 但是,参见 J. Vogel, 114 *Zeitschrift für die gesamte Strafrechtswissenschaft* (2002), p. 404 at p. 421,根据他的观点,《国际刑事法院规约》第25条第3款第4项,与首先组成包括超出部分责任基础的共同责任的特别情况相联系。

[225] 参见 J. Vogel, 114 *Zeitschrift für die gesamte Strafrechtswissenschaft* (2002), p. 404 at p. 421。

[226] 对犯罪的贡献必须是“故意的”这个事实,仅仅是一种对《国际刑事法院规约》第30条项下的一般主观性要求的宣示性暗示;也见 K. Ambos, in O. Triffterer (ed.), *Commentary on the Rome Statute of the International Criminal Court* (1999), Art. 25, marginal no. 22。

第五节　上级的责任

参考书目：

Kai Ambos：*Der Allgemeine Teil des Völkerstrafrechts*, *Ansätze einer Dogmatisierung*（2002），pp. 666 et seq.；Kai Ambos：Superior Responsibility, in Antonio Cassese, Paola Gaeta and John R. W. D. Jones（eds.），*The Rome Statute of the International Criminal Court*：*A Commentary*, Vol. 1（2002），pp. 823 et seq.；Ilias Bantekas：The Contemporary Law of Superior Responsibility, 93 *American Journal of International Law*（1999），pp. 573 et seq.；Sonia Boelaert-Suominen：Prosecuting Superiors for Crimes Committed by Subordinates：A Discussion of the First Significant Case Law Since the Second World War, 41 *Virginia Journal of International Law*（2001），pp. 747 et seq.；Boris Burghardt：*Die Vorgesetztenverantwortlichkeit im völkerrechtlichen Straftatsystem-Eine Untersuchung zur Rechtsprechung der Internationalen Strafgerichtshöfe für das ehemalige Jugoslawien und für Ruanda*, Humboldt-Universität zu Berlin：Dissertation 2007；Antonio Cassese：*International Criminal Law*（2003），pp. 203 et seq.；Mirjan Damaška：The Shadow Side of Command Responsibility, *AJIL* 49（2001），455 ff.；William J. Fenrick：Kommentierung zu Art. 28 IStGH-Statut, in：Triffterer, Otto（Hrsg.），*Commentary on the Rome Statute of the International Criminal Court*, *Observers' Notes*, *Article by Article*（1999），515 ff.；Thomas Henquet：Convictions for Command Responsibility Under Articles 7（1）and 7（3）of the Statute of the International Criminal Tribunal for the Former Yugoslavia, *Leiden Journal of International Law* 15（2002），805 ff.；Kirsten Keith：Superior Responsibility applied before the ICTY, *Humanitäres Völkerrecht-Informationsschriften* 2001, pp. 98. et seq.；Maria Nybondas：Civilian Responsibility in the Kordić Case, 50 *Netherlands International Law Review*（2003），pp. 59 et seq.；Elies van Sliedregt：*The Criminal Responsibility of Individuals for Violations of International Humanitarian Law*（2003），118 ff.；Otto Triffterer：Command Responsibility, Article 28 Rome Statute, an Extension of Individual Criminal Responsibility for Crimes Within the Jurisdiction of the Court-Compatible with Article 22, *nullum crimen sine lege?*, in：Triffterer, Otto（Hrsg.），*Gedächtnisschrift für Theo Vogler*（2004），213 ff.；Otto Triffterer：Command Responsibility "*crimen sui generis* or participation as otherwise provided" in Article 28 Rome Statute, in：Arnold, Jörg et al.（Hrsg.），*Menschengerechtes Strafrecht-Festschrift für Albin Eser*（2005），901 ff.；Greg R. Vetter：Command Responsibility of Non-Military 367

Superiors in the International Criminal Court (ICC), 25 *Yale Journal of International Law* (2000), pp. 89 et seq.; Thomas Weigend: Bemerkungen zur Vorgesetztenverantwortlichkeit im Völkerstrafrecht, *ZStW* 116 (2004), 999 ff. Thomas Weigend: Zur Frage eines "internationalen" Allgemeinen Teils, in Bernd Schünemann et al. (eds.), *Festschrift für Claus Roxin* (2001), pp. 1375 et seq.; Zhu Wenqi: The Doctrine of Command Responsibility as Applied to Civilian Leaders: The ICTR and the Kayishema Case, in Sienho Yee and Wang Tieya (eds.), *International Law in the Post-Cold War World: Essays in Memory of Li Haopei* (2001), pp. 373 et seq.; Jamie A. Williamson: Command Responsibility in the Case Law of the International Tribunal for Rwanda, 13 *Criminal Law Forum* (2002), pp. 365 et seq.

368 上级责任(superior responsibility)的概念是"国际刑法的一个原创物",[227]因为在各种国内法律制度中都没有这种范例(paradigm)。根据上级责任,军事指挥官或者民事上级能够对其下级实施的国际法项下的犯罪承担刑事上的责任。上级如果应受谴责地违反了分配给自己的控制责任,就必须对下级的犯罪负责。[228]

369 这个基本思想也扩展到了非军事背景之中,[229]并且这种扩展在此期间也得到了一般的承认,因此,"上级责任"的思想与"命令性责任"(command responsibility)这个更狭义的概念相比,现在会更好一些。[230] 这个术语也反映在《国际刑事法院规约》第28条之中("指挥员和其他上级的责任")。

370 对上级刑事责任需要进行这种扩展的原因,根植于等级性组织结构之中,这典型地表明了发生国际法项下犯罪的环境所具有的特征。这种环境首先使得证明直接参与犯罪更加困难,虽然一个人离犯罪的实际实施越远,罪行的责任等级就越小。在这里,当缺乏上级方面的直接刑事责任的证据时,上级责任的概念就起了一个安全网的作用。其次,在直接参加犯罪门槛之下的行为,也代表了一种严重的潜在性危险,尤其是在拥有命令权威的上级方面处于"视而不见"或者"见而不管"这种形式之中时。

---

[227] 参见 K. Ambos, *Der Allgemeine Teil des Völkerstrafrechts* (2002), p. 667。

[228] 参见 K. Ambos, *Der Allgemeine Teil des Völkerstrafrechts* (2002), p. 667,生动地称这个先决条件是一种"基本犯罪";也见 S. Boelaert-Suominen, 41 *Virginia Journal of International Law* (2001), p. 747 at pp. 760 et seq., p. 772,进一步指出不需要对下属进行定罪。

[229] 参见*JStGH*, Urt. v. 20. Februar 2001 (Mucić et al., AC), paras. 195 f.; *Prosecutor v. Mucić et al.*, ICTY (Trial Chamber), judgment of 16 November 1998, para. 333; W. J. Fenrick, in O. Triffterer (ed.), *Commentary on the Rome Statute of the International Criminal Court* (1999), Art. 28, marginal no. 1; K. Kittichaisaree, *International Criminal Law* (2001), p. 252; 也见 K. Ambos, *Der Allgemeine Teil des Völkerstrafrechts* (2002), p. 666。

[230] 也见 K. Ambos, *Der Allgemeine Teil des Völkerstrafrechts* (2002), p. 666; S. Boelaert-Suominen, 41 *Virginia Journal of International Law* (2001), p. 747 at p. 750。

在信条学上,上级责任概念的位置在于不作为和共同犯罪之间。这有时会产生在特定的参加模式之间划分界限的困难问题。《国际刑事法院规约》第 28 条,从字面上说,适用于“另外的其他理由”;因此,这个条文特别考虑了这部规约的第 25 条第 2 款和第 3 款。如果上级参加了下级的犯罪,那么,这名上级是否根据共同实施犯罪、命令犯罪或者教唆犯罪的概念承担责任,或者根据上级责任的原则承担责任,就会出现问题。根据南斯拉夫国际法庭的判决,以直接参加犯罪为根据的责任就会优先于根据上级责任的信条所产生的责任。[231] 371

今天,上级责任的原则坚定地依靠着习惯法。[232] 虽然《纽伦堡宪章》和《东京宪章》都没有包括这个规则,但是,这两个国际法院很早就开始依靠这个原则作为基础,来追究军事领导人以及民事上级的刑事责任。[233] 这个原则在实践中的重要意义,也已经在两个特别法庭的判例法中得到了确认。[234] 这两个法庭一直能够依赖它们宪章中的相应条文。[235] 在《国际刑事法院规约》第 28 条中,上级责任现在被综合性地加以规定,进一步明确了先前的那些条文。这个条文大多反映了习惯法的现在状态。 372

在决定上级责任时,必须区分四个因素:必须存在着上下级关系(见下文一);上级必须知道或者过失地不知下级将要实施或者已经实施了国际法项下的犯罪(见下文二);最后,上级必须没有采取必要的和合理的措施来防止犯罪的实施,或者对行为人没有提起刑 373

---

[231] 参见 *Prosecutor v. Naletilić and Martinović*, ICTY (Trial Chamber), judgment of 31 March 2003, paras. 78 et seq.; *Prosecutor v. Krstić*, ICTY (Trial Chamber), judgment of 2 August 2001, para. 605。

[232] 参见,例如, *Prosecutor v. Mucić et al.*, ICTY (Appeals Chamber), judgment of 20 February 2001, para. 195。对于在国际武装冲突中的上级责任,参见最近的 *Prosecutor v. Hadžihasanović et al.*, ICTY (Appeals Chamber), decision on Interlocutory Appeal Challenging Jurisdiction in Relation to Command Responsibility of 16 July 2003, paras. 11 et seq.。

[233] 这个概念随着美国在马尼拉军事法庭对日本将军山下奉文的定罪赢得了一个突破,重印于 United Nations War Crimes Commission, *Law Reports of Trials of War Criminals IV*, pp. 1 et seq.。参见 O. Triffterer, in C. Prittwitz et al. (eds.), *Festschrift für Lüderssen* (2002), p. 437 at p. 439。也见 US Military Tribunal, Nuremberg, judgment of 20 August 1947 (*Brandt* al., so-called Medical Trial), in *Trials of War Criminals* II, pp. 171 et seq., p. 212; US Military Tribunal, Nuremberg, judgment of 19 February 1948 (*List* et al., so-called Hostages Trial), in *Trials of War Criminals* XI, pp. 1230, 1236 et seq.; US Military Tribunal, Nuremberg, judgment of 28 October 1948 (*von Leeb* et al., so-called High Command Trial), in *Trials of War Criminals* X, pp. 462, 542 et seq.。参见 G. R. Vetter, 25 *Yale Journal of International Law* (2000), p. 89 at pp. 105 et seq.。

[234] 参见 *Prosecutor v. Mucić et al.*, ICTY (Trial Chamber), judgment of 16 November 1998, paras. 330 et seq.; *Prosecutor v. Aleksovski*, ICYY (Trial Chamber), judgment of 25 June 1999, paras. 90 et seq.; *Prosecutor v. Blaškić*, ICTY (Trial Chamber), judgment of 3 March 2000, paras. 289 et seq.; *Prosecutor v. Aleksovski*, ICTY (Appeals Chamber), judgment of 24 March 2000, paras. 69 et seq.; *Prosecutor v. Mucić et al.*, ICTY (Appeals Chamber), judgment of 20 February 2001, paras. 182 et seq.; *Prosecutor v. Akayesu*, ICTR (Trial Chamber), judgment of 2 September 1998, paras. 487 et seq.; *Prosecutor v. Kambanda*, ICTR (Trial Chamber), judgment of 4 September 1998, para. 40; *Prosecutor v. Serushago*, ICTR (Trial Chamber), judgment of 5 February 1999, paras. 28 et seq.; *Prosecutor v. Kayishema and Ruzindana*, ICTR (Trial Chamber), judgment of 21 May 1999, paras. 209 et seq.; *Prosecutor v. Semanza*, ICTR (Trial Chamber), judgment of 15 May 2003, paras. 399 et seq.。

[235] 《南斯拉夫国际法庭规约》第 7 条第 3 款;《卢旺达国际法庭规约》,第 6 条第 3 款。

事起诉(见下文三)。《国际刑事法院规约》第28条第1款和第2款中要求,犯罪必须"作为(上级)没有对(下级)实施恰当控制的结果"实施的。不过,如何对这个要求进行分类,还不清楚(见下文四)。

一 上下级关系

374 这种刑事责任的基本要求是必须存在着一种上下级关系。上级对下级的行为应当承担责任。今天,这种责任已经不再仅仅限于军事指挥员,而是也涉及到其他所有的人,尤其是行使相同控制权的民事上级。

375 上下级关系的核心要素,是上级面对下级处于有效控制的位置。[236] 这种控制的证据,根据南斯拉夫国际法庭的判决,是这个人"实质性的防止和惩罚实施犯罪的能力。"[237]这种控制能够根据法律而存在,并且能够被转移,例如,通过一种法律上的联系进行转移;但是,如果这名上级仅仅行使了一种事实上的有效控制,这就足够了。

376 作为一项规则,上级不能通过把自己的控制和监管义务委托给他人来限制自己的责任。如果这种委托只是形式上的,并不影响这名上级的有效控制,那么,就当然是这种情况。[238]

(一)军事指挥员

377 军事指挥员是在军事组织中具有命令权威的人。[239] 如果这个人基于授予自己的权

[236] 参见 *Prosecutor v. Mucić et al.*, ICTY (Appeals Chamber), judgment of 20 February 2001, para. 196; *Prosecutor v. Blaškić*, ICTY (Appeals Chamber), judgment of 29 July 2004, para. 67; *Prosecutor v. Semanza*, ICTR (Trial Chamber), judgment of 15 May 2003, para. 402; *Prosecutor v. Ntagerura et al.*, ICTR (Trial Chamber), judgment of 25 February 2004, para. 628; K. Ambos, *Der Allgemeine Teil des Völkerstrafrechts* (2002), p. 676。

[237] 参见 *Prosecutor v. Mucić et al.*, ICTY (Trial Chamber), judgment of 16 November 1998, para. 378; *Prosecutor v. Mucić et al.*, ICTY (Appeals Chamber), judgment of 20 February 2001, para. 256。也见 *Prosecutor v. Semanza*, ICTR (Trial Chamber), judgment of 15 May 2003, para. 402。

[238] 参见 I. Bantekas, 93 *American Journal of International Law* (1999), p. 573 at p. 585:"上级责任不能被规避"; K. Ambos, *Der Allgemeine Teil des Völkerstrafrechts* (2002), p. 681。

[239] 在判例法或者文献中,还没有简洁的定义。符合这里所说的人的定义,尤其开始于 *Prosecutor v. Mucić et al.*, ICTY (Trial Chamber), judgment of 16 November 1998, paras. 354, 365 et seq.。也见 *Prosecutor v. Blaškić*, ICTY (Trial Chamber), judgment of 3 March 2000, paras. 300 et seq.; *Prosecutor v. Mucić et al.*, ICTY (Appeals Chamber), judgment of 20 February 2001, para. 196; *Prosecutor v. Musema*, ICTR (Trial Chamber), judgment of 27 January 2000, para. 148; W. J. Fenrick, in O. Triffterer (ed.), *Comrnentary on the Rome Statute of the International Criminal Court* (1999), Art. 28, marginal no. 4; S. Boelaert-Suominen, 41 *Virginia Journal of International Law* (2001), p. 747 at pp. 761 et seq.。

威，或者由于自己的实际地位，在事实上有资格通过命令来影响下级的行为，那么，这种命令权威就存在了。[240] 因此，作为指挥员的地位，一方面是通过法律授予这个人的权威来创设的，但是，另一方面，缺乏形式上的权威，本身并不排除上级责任，[241]因为定位为上级的理由，在特殊案件中，也能够通过考虑这种事实上的命令关系而得以建立。[242] 对事实性上下级关系中的责任所提出的要求，是不依赖于具体情况的命令和控制的稳定性所具有的等级。

（二）民事上级

上级责任的基本概念，可以适用于所有非军事性的上级，只要他们拥有监管性权威，378
一种等同于——也就是说，与一种军事组织中的命令权威一样有效的权威。[243] 这一点在《国际刑事法院规约》第 28 条第 2 款中得到了明确的承认。[244] 但是，第 28 条第 2 款在把民事上级和军事指挥员的责任进行区分的同时，还提出了新的规则，并且对责任建立了有些不同的要求，特别是在心理性方面。[245]

---

[240] 参见 *Prosecutor v. Mucić et al.*, ICTY (Trial Chamber), judgment of 16 November 1998, para. 378; *Prosecutor v. Blaškić*, ICTY (Trial Chamber), judgment of 3 March 2000, para. 302; K. Ambos, *Der Allgemeine Teil des Völkerstrafrechts* (2002), p. 677; I. Bantekas, 93 *American Journal of International Law* (1999), p. 573 at pp. 580, 582 et seq.; W. J. Fenrick, in O. Triffterer (ed.), *Commentary on the Rome Statute of the International Criminal Court* (1999), Art. 28, marginal no. 7。也见 US Military Tribunal, Nuremberg, judgment of 10 April 1948 (Ohlendorf et al., so-called Einsatzgruppen Trial), in *Trials of War Criminals* IV, p. 480。

[241] 特别是，上级责任概念的可适用性并不限制于特定的等级层次。很好的说明参见 I. Bantekas, 93 *American Journal of International Law* (1999), p. 573 at pp. 578 et seq.。也见 *Prosecutor v. Celić*, ICTY (Trail Chamber), judgment of 11 March 2004, para. 37。

[242] 对于这个基本原则，参见 *Prosecutor v. Mucić et al.*, ICTY (Trial Chamber), judgment of 16 November 1998, para. 354。类似地，*Prosecutor v. Mucić et al.*, ICTY (Appeals Chamber), judgment of 20 February 2001, para. 193。也见 I. Bantekas, 93 *American Journal of International Law* (1999), p. 573 at pp. 578, 581 et seq.，在这里，试图把那些构成事实上的命令权威基础的因素加以体系化。也见 *Prosecutor v. Kamuhanda*, ICTR (Trial Chamber), judgment of 22 January 2004, para. 607。

[243] 参见 *Prosecutor v. Mucić et al.*, ICTY (Trial Chamber), judgment of 16 November 1998, paras. 356, 363; *Prosecutor v. Aleksovski*, ICTY (Appeals Chamber), judgment of 24 March 2000, para. 76; *Prosecutor v. Ntakirutimana*, ICTR (Trial Chamber), judgment of 21 February 2003, paras. 819 et seq.; M. Nybondas, 50 *Netherlands International Law Review* (2003), p. 59 at p. 63; J. A. Williamson, 13 *Criminal Law Forum* (2002), p. 365 at pp. 366 et seq.; W. J. Fenrick, in O. Triffterer (ed.), *Commentary on the Rome Statute of the International Criminal Court* (1999), Art. 28, marginal no. 15, 18; US Military Tribunal, Nuremberg, judgment of 11 April 1949 (*von Weizsäcker* et al., so-called Ministries Trial), in *Trials of War Criminals* XIV, pp. 308 et seq.。

[244] 参见 S. Boelaert-Suominen, 41 *Virginia Journal of International Law* (2001), p. 747 at pp. 765, 769; K. Ambos, *Der Allgemeine Teil des Völkerstrafrechts* (2002), pp. 675 et seq., W. J. Fenrick, in O. Triffterer (ed.), *Commentary on the Rome Statute of the International Criminal Court* (1999), Art. 28, marginal no. 15; G. R. Vetter, 25 *Yale Journal of International Law* (2000), p. 89 at p. 104; K. Kittichaisaree, *International Criminal Law* (2001), p. 251。

[245] 参见边码 384 以下。

379 必要的有效控制可以出现在一个国家的政府之中，在法庭判决和文学作品中特别提到的例子有：政府成员、市长和警察首脑。[246] 但是，在非政府领域中，这也是可以想象的，例如在党派和工会中，或者在商业或者公司中拥有地位的人。[247] 对于民事上级来说，这种控制性权威也不需要是法律性的，但是，也可以是基于通过发布指示从而在事实上影响下级的能力。[248] 但是，在民事上级的情况下，也需要表明，这种事实上的控制具有永久性的特征。

380 对于民事上级来说，《国际刑事法院规约》第28条第2款第2项进一步限制了上级能够对下级行为承担责任的范围。这样的行为必须是："处于上级的有效责任和控制之内。"这个用语的目的是明确民事上级的控制权威，与军事指挥员的控制权威不同，通常局限于他或者她的官方职能的地点和时间之内。[249] 因此，在民事上级方面，如果下级是在其职责之外实施犯罪的，那么，就没有第28条项下的刑事责任。[250]

二 心理性因素

381 根据习惯性国际法，[251]上级仅仅能够根据《国际刑事法院规约》第28条对下级的犯罪承担责任，如果他已经知道或者"本来应当知道"这种犯罪。这就清楚地降低了第30条

---

[246] 参见 *Prosecutor v. Kayishema and Ruzindana*, ICTR (Trial Chamber), judgment of 21 May 1999, paras. 217 et seq. (Prefect); *Prosecutor v. Kambanda*, ICTR (Trial Chamber), judgment of 4 September 1999, para. 39 (Prime Minister); 也见 K. Kittichaisaree, *International Criminal Law* (2001), p. 252; G. R. Vetter, 25 *Yale Journal of International Law* (2000), p. 89 at p. 95; S. Boelaert-Suominen, 41 *Vivginia Journal of International Law* (2001), p. 748。

[247] *Prosecutor v. Musema*, ICTR (Trial Chamber), judgment of 27 January 2000, paras. 868 et seq. (一家茶叶工厂的经理); *Prosecutor v. Nahimana*, ICTR (Trial Chamber), judgment of 3 December 2003, paras. 970 et seq. (在一个电台管理层中的领导职位); W. J. Fenrick, in O. Triff-terer (ed.), *Commentary on the Rome Statute of the International Criminal Court* (1999), Art. 28, marginal no. 15 et seq.

[248] 参见 K. Ambos, *Der Allgemeine Teil des Völkerstrafrechts* (2002), pp. 675 et seq.; W. J. Fenrick, in O. Triffterer (ed.), *Commentary on the Rome Statute of the International Criminal Court* (1999), Art. 28, marginal no. 15, 18; M. Nybondas, 50 *Netherlands International Law Review* (2003), p. 59 at pp. 64 et seq.; J. A. Williamson, 13 *Criminal Law Forum* (2002), p. 365 at pp. 368 et seq. An example for the basis of such control authority is found in *Prosecutor v. Musema*, ICTR (Trial Chamber), judgment of 27 January 2000, paras. 878 et seq.。

[249] 然而，一个可疑的观点，参见 G. R. Vetter, 25 *Yale Journal of International Law* (2000), p. 89 at pp. 119 et seq.，也提出了把这解释成一种因果性要求的可能性。

[250] 参见 W. J. Fenrick, in O. Trifirterer (ed.), *Commentary on the Rome Statute of the International Criminal Court* (1999), Art. 28, marginal no. 19, 22。

[251] 参见边码381以下，尤其是注释[252]以下的信息。

对心理因素的要求。[252]

上级对过失的责任可以在纽伦堡之后的审判中找到,[253]后来,可以在第一《附加议定书》第86条第2款,最后,在《南斯拉夫国际法庭规约》第7条第3款和《卢旺达国际法庭规约》第6条第3款中找到。虽然,它们大多在本质上是一致的,但是,每一部规约也从《国际刑事法院规约》第28条中选择了不同的用语。《南斯拉夫国际法庭规约》第7条第3款和《卢旺达国际法庭规约》第6条第3款使用的用语是“有理由知道”。[254] 382

各种法院判决一直使用不同的标准,来决定上级本来应当知道实施犯罪的紧迫性所必须具备的条件。在南斯拉夫国际法庭看来,如果这名上级已经拥有那种“本来会使他知悉下级实施的罪行”的信息,那么,现有的习惯性国际法就允许假定一种过失性的缺乏知道。[255] 383

过失的标准在《国际刑事法院规约》中更精确地得到了明确。根据第28条第1款第1项,对于军事指挥员来说,这名上级,“根据当时的情节,本来应当知道”下级将会实施犯罪,这就足够了。因此,关键在于决定这名上级在恰当地行使自己的义务时,是否本来会得知自己的下级实施了犯罪。[256] 384

对于民事上级来说,《国际刑事法院规约》第28条第2款第1项也提出了一些比第 385

[252] 参见,例如,*Prosecutor v. Kordić and Čerkez*, ICTY (Trial Chamber), judgment of 26 February 2001, para. 427; M. Nybondas, 50 *Netherlands International Law Review* (2003), p. 59 at pp. 67 et seq.; J. A. Williamson, 13 *Criminal Law Forum* (2002), p. 365 at pp. 373 et seq., 也见边码320。相比之下,还不清楚的是,应当适用的其他主观性因素是什么,尤其是与违反监督义务和没有采取必要的和合理的措施有关的。

[253] 参见 US Military Tribunal, Nuremberg, judgment of 19 February 1948 (*List* et al, so-called Hostages Trial), in *Trials of War Criminals* XI, pp. 1230, 1236 et seq.; US Military Tribunal, Nuremberg, judgment of 3 November 1947 (*Pohl* et al.), in *Trials of War Criminals* V, pp. 958, 1054 et seq.。

[254] 《第一附加议定书》第86条第2款要求,上级能够“根据自己掌握的信息,从现有的情况中推论出这一点”。关于这个用语的各种解释,参见 K. Ambos, *Der Allgemeine Teil des Völkerstrafrechts* (2002), pp. 697 et seq.; I. Bantekas, 93 *American Journal ofInternational Law* (1999), p. 573, pp. 589 et seq.; G. R. Vetter, 25 *Yale Journal of International Law* (2000), p. 89 at pp. 109 et seq.。对于从卢旺达国际法庭上诉庭获得的一个关于过失这个术语的批评性观点——“在上级责任的背景下指出过失可能导致思想的混乱”——参见 *Prosecutor v. Bagilishema*, ICTR (Appeals Chamber), judgment of 3 July 2002, para. 35。

[255] *Prosecutor v. Mucić et al.*, ICTY (Appeals Chamber), judgment of 20 February 2001, para. 241:“例如,一名军事指挥员得到消息,自己指挥的一些士兵具有暴力或者不安分的特点,或者在派出执行任务前已经喝了酒,这些都可以被看成是已经具有必要的知道。”也见 *Prosecutor v. Krnojelac*, ICTY (Appeals Chamber), judgment of 17 September 2003, para. 59:“…… 他从被关押人那里接到的信息已经足以构成‘警告性信息’,这就要求他,作为上级,开始一项调查或者进行询问。”但是,这个上诉庭认为,这个信息“不需要包括在违法行为方面的特定细节……”(para. 155)。*Prosecutor v. Blaškić*, ICTY (Appeals Chamber), judgment of 29 July 2004, para. 62; *Prosecutor v. Bagilishema*, ICTR (Appeals Chamber), judgment of 3 July 2002, para. 28。

[256] 但是,不仅仅是“本来能够得知”。参见*JStGH*, Urt. v. 20. Februar 2001 (Mucić et al., AC), paras. 229 ff.; *Prosecutor v. Mucić et al.*, ICTY (Trial Chamber), judgment of 16 November 1998, paras. 388 et seq.; *Prosecutor v. Bagilishema*, ICTR (Appeals Chamber), judgment of 3 July 2002, para. 35。

30条更低的要求。然而,与对军事指挥员的要求相比,在这里应受谴责地缺乏知道是不够的。这里要求的是,这名上级“有意识地不管那些清楚地表明……下级正在实施或者将要实施这些犯罪的信息”。这要求过失具有更高的等级。[257]

三 没有采取必要措施

386 在决定个人刑事责任中的关键因素,是上级没有采取“必要和合理的措施”。[258] 只有在没有采取措施违反了职责的情况下,才能形成刑事责任的根据。这名上级进行行为的职责,在两个方面为不作为的责任创设了一个基础:如果一个犯罪还没有实施,那么,这名上级就必须采取各种措施来防止犯罪的实施。如果一个犯罪已经由下级实施,但是,这名上级不能受到玩忽职守不作为的控告,那么,这名上级就有义务自己对有责任的人进行惩罚,或者有义务把事件报告给有责任的权威机构。上级提起预防性或者镇压性措施的义务,仅限于那些在具体案件中必要和合理的部分。

(一)预防性措施

387 对于指控没有采取行动应当考虑的第一点,就是上级违反职责,没有“防止或者镇压”犯罪的实施。[259] 预防性措施当然只有在犯罪完成之前才有可能。如果下级“将要实施犯罪”,[260]那么,上级就必须防止这种犯罪;这个阶段包括从犯罪预备到犯罪完全实施。[261]

---

[257] 等级从轻率扩展到了蓄意视而不见,参见 K. Ambos, *Der Allgemeine Teil des Völkerstrafrechts* (2002), p. 706; G. R. Vetter, 25 *Yale Journal of International Law* (2000), p. 89 at p. 124。

[258] 参见,《国际刑事法院规约》第28条第1款第2项,第2款。对于《南斯拉夫国际法庭规约》第7条第3款,参见 M. Nybondas, 50 *Netherlands International Law Review* (2003), p. 59 at pp. 68 et seq.; 对于《卢旺达国际法庭规约》第6条第3款,参见 J. A. Williamson, 13 *Criminal Law Forum* (2002), p. 365 at pp. 380 et seq.。也见 *Prosecutor v. Kamuhanda*, ICTR (Trial Chamber), judgment of 22 January 2004, para. 601。关于在上下级关系之前实施的犯罪是否存在指挥官责任的问题,参见 *Prosecutor v. Hadžihasanović et al.*, ICTY (Appeals Chamber), decision on Interlocutory Appeal Challenging Jurisdiction in Relation to Command Responsibility of 16 July 2003, paras. 37 et seq.。

[259] 在《南斯拉夫国际法庭规约》第7条第3款和《卢旺达国际法庭规约》第6条第3款中的用语,是“防止这样的行为”。

[260] 参见,《国际刑事法院规约》第28条第1款第1项和第2款第1项:“军队/下级是……将要实施这些犯罪。”

[261] 参见 *JStGH*, Urt. v. 29. Juli 2004 (Blaški ć, AC), para. 83; K. Ambos, *Der Allgemeine Teil des Völkerstrafrechts* (2002), pp. 691 et seq.。在实施这种犯罪之前没有采取必要的措施,使得上级在其实施时无法防止的,也是犯罪。参见 I. Bantekas, 93 *American Journal of International Law* (1999), p. 573 at pp. 591, 593; W. J. Fenrick, in O. Triffterer (ed.), *Commentary on the Rome Statute of the International Criminal Court* (1999), Art. 28, marginal no. 12。

如果上级没有采取必要的预防性措施,那么,他或者她就必须为国际法项下的这个犯罪承担责任。

(二)镇压性措施

一旦下级已经实施犯罪,预防性措施就不再可能了。在这里,玩忽职守地没有惩罚或者没有提起起诉,就成为指控没有采取行动的参照点。如果上级没有以惩罚行为人为目的开始必要的调查,那么,他或者她就要为犯罪负责。《国际刑事法院规约》第28条要求,上级应当“把事件提交有权机关进行调查和起诉”。[262] 388

然而,上级在事后采取调查或者惩罚措施的,并不免除上级玩忽职守没有采取预防性措施的责任。[263] 如果上级在玩忽职守的主观和客观方面没有采取预防性措施,那么,他就要为下级违反国际法的犯罪承担责任,即使他后来进行了惩罚行为人的努力。 389

(三)必要的和合理的措施

如果上级不能预防犯罪或者没有起诉行为人,或者,如果上级已经采取了必要和合理的措施而仍然发生了犯罪,那么,他或者她就不会受到没有采取行动的指控。上级必须在事实上有机会防止犯罪或者提起起诉。[264] 这一点在《国际刑事法院规约》第28条第1款第2项和第2款第3项中得到了肯定,根据这些条款,上级必须(仅仅)“在自己的权力范围内”采取一切措施。 390

决定什么措施是“必要和合理”的标准,是国际人道法。[265] 如果这些措施本来从客观 391

---

[262] 参见,《南斯拉夫国际法庭规约》第7条第3款;《卢旺达国际法庭规约》第6条第3款。南斯拉夫和卢旺达规约指的是没有“惩罚行为人”。

[263] 参见 *Prosecutor v. Blaškić*, ICTY (Trial Chamber), judgment of 3 March 2000, para. 336; *RStGH*, Urt. v. 15. Mai 2003 (Semanza, TC), para. 407; S. Boelaert-Suominen, 41 *Virginia Journal of International Law* (2001), p. 747 at pp. 783, 785; W. J. Fenrick, in O. Triffterer (ed.), *Commentary on the Rome Statute of the International Criminal Court* (1999), Art. 28, marginal no. 13。

[264] *Prosecutor v. Mucić et al.*, ICTY (Trial Chamber), judgment of 16 November 1998, para. 395:“国际法不能使一名上级承担去做不可能的事。因此,一名上级只能被认为对没有采取那些处于其权力之内的措施承担刑事责任。” *Prosecutor v. Mucić et al.*, ICTY (Appeals Chamber), judgment of 20 February 2001, paras. 197 et seq.; *Prosecutor v. Aleksovski*, ICTY (Appeals Chamber), judgment of 24 March 2000, para. 76; *Prosecutor v. Blaškić*, ICTY (Trial Chamber), judgment of 3 March 2000, para. 335; *Prosecutor v. Kayishema and Ruzindana*, ICTR (Trial Chamber), judgment of 21 May 1999, para. 217; *Prosecutor v. Stakić*, ICTY (Trial Chamber), judgment of 31 July 2003, para. 461; S. Boelaert-Suominen, 41 *Virginia Journal of International Law* (2001), p. 747 at pp. 780 et seq.。

[265] 如果这些标准还没有直接适用于平民上级,那么,就应当通过类推加以适用,参见 W. J. Fenrick, in O. Triffterer (ed.), *Commentary on the Rome Statute of the International Criminal Court* (1999), Art. 28, marginal no. 9; 也见《第一附加议定书》第87条。

的事前观点看来，对于防止下级实施犯罪或者提起检察措施本来是可以采取的，那么，这些措施就是必要的。例如，这包括在国际人道法原则中的指示，或者创设各种报告制度、监管制度和惩罚性威胁。[266]

392 因此，关键的因素不是上级所属组织或者机构的规则。否则，这些规则将否定上级责任这个概念的力量。上级说自己根据内部规定没有权力采取必要措施的抗辩，一般不能使自己免除刑事责任。[267]

393 对于各种措施是否只有在上级没有采取措施与下级实施犯罪之间存在因果联系时，才能被认为是必要和合理的，存在着不同意见。南斯拉夫和卢旺达特别法庭已经拒绝了这个观点；它们的意见特别得到了这个事实的支持：在实际犯罪发生之后，没有提起检察措施明显不能根据这样一种因果关系的要求来考虑。[268]

394 关于什么措施是合理的问题，不可能一概而论。最重要的是上级在对付下级时自由处理权所具有的控制和影响的范围（“指挥员有效控制的等级”）。[269] 然后，这就决定了上级能够预防或者惩罚下级违反法律的范围。[270] 因此，有效控制的等级，在决定上级责任时，是一个关键的因素：这是一个构成性因素，不仅对于一种上下级关系的假定来说是这样，而且对于上级命令和控制的职权所具有的内容和范围来说，也是这样。

四 作为违反控制职责结果的实施犯罪

395 《国际刑事法院规约》第28条增加了上级责任的第四个因素。它要求下级实施的犯罪必须是上级对自己的下级没有“恰当地行使控制”的结果。伴随着在玩忽职守中没有预防或者起诉下级的犯罪，这一点就使违反控制和监管的职责成为上级责任的一个中心

---

[266] 参见 W. J. Fenrick, in O. Triffterer (ed.), *Commentary on the Rome Statute of the International Criminal Court* (1999), Art. 28, marginal no. 9; I. Bantekas, 93 *American Journal of International Law* (1999), p. 573 at pp. 591 et seq.。然而，不能对上级制定统一适用的义务种类，参见 *Prosecutor v. Mucić et al.*, ICTY (Trial Chamber), judgment of 16 November 1998, para. 394。

[267] 类似的，参见 *Prosecutor v. Mucić et al.*, ICTY (Trial Chamber), judgment of 16 November 1998, para. 395; I. Bantekas, 93 *American Journal of International Law* (1999), p. 573 at p. 593。

[268] *Prosecutor v. Mucić et al.*, ICTY (Trial Chamber), judgment of 16 November 1998, paras. 396 et seq.; 最近的是 *Prosecutor v. Blaškić*, ICTY (Appeals Chamber), judgment of 29 July 2004, para. 77。

[269] （作者在德文第2版中删除“参见 *Prosecutor v. Blaškić*, ICTY (Trial Chamber), judgment of 3 March 2000, para. 335;”——译者注）参见 *JStGH*, Urt. v. 9. Mai 2007 (Blagojević und Jokić, AC), para. 302; *JStGH*, Urt. v. 29. Juli 2004 (Blaškić, AC), para. 72; *JStGH*, Urt. v. 16. November 1998 (Mucić et al., TC), para. 394; *Prosecutor v. Aleksovski*, ICTY (Trial Chamber), judgment of 25 June 1999, para. 81。

[270] 参见边码375。

因素。在习惯性国际法中,对此不存在先例。然而,这个额外因素的重要性及其在第 28 条整个结构中的位置,还是不清楚的。[271]

在建立违反控制职责中的主要困难,在于决定其与没有预防或者没有报告罪行之间的关系。进一步的考察表明,与《国际刑事法院规约》第 28 条中的用语所包含的含义相比,违反控制职责只能获得与没有报告相联系的独立的重要意义。然而,如果上级没有预防自己的下级实施一项国际法项下的犯罪,那么,这就会自动引起没有实施恰当控制的问题。不需要再另外去找一种违反控制的职责。 396

这是预防不合理结果的唯一途径,这可以从下面这个案件中得到说明:一名上级通过自己良好的报告制度,发现自己的一些下级正要实施一项国际法项下的犯罪,同时,通过自己的组织性保障,当时能够预防这些下级实施这项犯罪,然而,他什么也没有做。这种没有行为就足以成为这名上级的刑事责任的基础。通过主张这名上级没有任何额外的违反进行控制的职责,因而不能受到起诉,对于否定上级责任将是没有意义的。 397

然而,在没有报告的情况下,恰当控制的要求就很重要。真的,没有把这个事项提交给有权机构进行调查和起诉,可以在广义上被认为是一种没有行使恰当的控制。但是,下级已经实施的犯罪,决不能是这个途径中所理解的没有恰当控制的"结果",这是不言而喻的。在这个案件中,如果上级在犯罪实施之前,能够受到一项额外的违反控制职责的指控,那么,《国际刑事法院规约》第 28 条的用语只能被通融地适用。 398

另外,《国际刑事法院规约》第 28 条要求,下级实施这个犯罪必须是违反控制职责的"结果"。这是不是一个因果关系的要求(这已经被特别法庭所拒绝了[272]),还是一个需要讨论的问题。[273] 399

另一个需要讨论的问题是,违反控制职责是否以及以什么形式处于心理因素之中;这取决于《国际刑事法院规约》第 30 条是否得到适用,也就是说,《国际刑事法院规约》第 28 条中的那些因素是否构成这个犯罪的"物质性因素"。[274] 400

---

[271] 参见 T. Weigend, in B. Schünemann et al. (eds.), *Festschrift für Roxin* (2001), p. 1375 at p. 1397("即使使用伟大的信条性手段,也不能加以解决")。

[272] 参见边码 393。

[273] 也见 O. Triffterer, in C. Prittwitz et al. (eds.), *Festschrift für Lüderssen* (2002), p. 437 at p. 445。

[274] 参见 T. Weigend, in B. Schünemann et al. (eds.), *Festschrift für Roxin* (2001), p. 1375 at p. 1397, fn. 85。

第六节 排除刑事责任的根据

参考书目：

401 Kai Ambos:*Internationales Strafrecht* (2006), § 7 Rn. 75ff.; Kai Ambos: *Der Allgemeine Teil des Völkerstrafrechts, Ansätze einer Dogmatisierung* (2002), pp. 825 et seq.; Kai Ambos: Defences, in Antonio Cassese, Paola Gaeta and John R. W. D. Jones (eds.), *The Rome Statute of the International Criminal Court: A Commentary*, Vol. 1 (2002), pp. 949 et seq.; Ilias Bantekas: Defences in International Criminal Law, in: McGoldrick, Dominic/Rowe, Peter/Donnelly, Eric (Hrsg.), *The Permanent International Criminal Court* (2004), 263 ff.; Antonio Cassese: *International Criminal Law* (2003), pp. 219 et seq.; Robert Cryer: *Prosecuting International Crimes* (2005), 291 ff.; Yoram Dinstein: Defences, in Gabrielle Kirk McDonald and Olivia Swaak-Goldman (eds.), *Substantive and Procedural Aspects of International Criminal Law, The Experience of International and National Courts*, Vol. 1 (2000), pp. 369 et seq.; Georg Dahm, Jost Delbrück and Rüdiger Wolfrum: *Völkerrecht*, Vol. 1/3, 2nd edn. (2002), pp. 1124 et seq.; Albin Eser: "Defences" in Strafverfahren wegen Kriegsverbrechen, in Kurt Schmoller (ed.), *Festschrift für Otto Triffterer* (1996), pp. 755 et seq.; Albin Eser: ICC Statute, Article 31, in Otto Triffterer (ed.), *Commentary on the Rome Statute of the International Criminal Court* (1999), pp. 537 et seq.; Hans-Heinrich Jescheck: *Die Verantwortlichkeit der Staatsorgane nach Völkerstrafrecht, Eine Studie zu den Nürnberger Prozessen* (1952), pp. 328 et seq.; Geert-Jan Knoops: *Defenses in Contemporary International Criminal Law* (2001); Claus Kress: Die Kristallisation eines Allgemeinen Teils des Völkerstrafrechts: Die Allgemeinen Prinzipien des Strafrechts im Statut des Internationalen Strafgerichtshofs, *Humanitäres Völkerrecht-Informationsschriften* 1999, pp. 4 et seq.; Claus Kress: War Crimes Committed in Non-International Armed Conflict and the Emerging System of International Criminal Justice, 30 *Israel Yearbook on Human Rights* (2001), pp. 103 et seq.; Reinhard Merkel: Gründe für den Ausschluss der Strafbarkeit im Völkerstrafrecht, 114 *Zeitschrift für die gesamte Strafrechtswissenschaft* (2002), pp. 437 et seq.; Christiane Nill-Theobald: "*Deffences*" *bei Kriegsverbrechen am Beispiel Deutschlands und der USA* (1998); Massimo Scaliotti: Defences before the International Criminal Court: Substantive Grounds for Excluding Criminal Responsibility, Part 1, 1 *International Criminal Law Review* (2001), pp. 111 et seq.; Part 2, 2 *International Criminal Law Review* (2002),

pp. 1 et seq. ; Elies van Sliedregt:*The Criminal Responsibility of Individuals for Violations of International Humanitarian Law* (2003),227 ff.

一 辩护理由在国际刑法中的历史发展

(一)国际判例法

在国际法庭和国内法庭的实践中,辩护理由首先仅仅发挥着一种边缘性作用。在开 402
始时,对于国际刑法的实践来说,最大的挑战在于找到国际法项下的个人刑事责任的法律基础。[275] 因此,在《纽伦堡宪章》中,没有规定排除刑事责任的根据;结果,处于国际刑事司法之中的被告人的律师们,首先就诉诸了原来国际社会权威机构的刑罚目的和国际司法本身的合理性。

只有在个人刑事责任的原则更坚定地植根于国际法之中后,各种排除责任的根据才 403
出现在辩护理由的核心。早在纽伦堡之后的审判中,但是,特别是在南斯拉夫和卢旺达审判之前,辩护理由就发挥了更大的作用。然而,排除刑事责任条件的建立,还是依靠法院的工作:无论在南斯拉夫或者卢旺达国际法庭的规约中,都没有包括辩护理由。[276]

在实践中,排除责任的根据发挥作用的主要领域是有着广阔罪行领域的战争犯罪。 404
与此相比较,对于灭绝种族罪和危害人类罪来说,排除责任只能在非常特殊的案件中才能想象。[277] 在今天国际法庭的法理学中,根据命令行为和被迫行为一直是具有最重要意义的。[278]

(二)《国际刑事法院规约》

排除责任的根据,是《国际刑事法院规约》在刑法全面发展方向上取得巨大进步的另 405

---

[275] 参见边码 2 以下。

[276] 参见《南斯拉夫国际法庭规约》第 7 条第 4 款。在国际法委员会的草案中取得了某种进步,承认了在国际刑法中排除责任在原则上是可能的。在这个方面,1996 年《法典草案》第 14 条指出:"根据法律的一般原则,根据各个犯罪的特点","辩护理由"将由该法院确定。

[277] 也见 A. Zimmermann,58 *Zeitschrifi für ausländisches öffentliches Recht und Völkerrecht* (1998),p. 47 at p. 83; 然而,他看不到适用的可能性,即使对战争罪也一样。也见 C. Kress,30 *Israel Yearbook on Human Rights* (2001),p. 103 at p. 151。

[278] 参见 K. Ambos,*Der Allgemeine Teil des Völkerstrafrechts* (2002),p. 514。

一个领域。第三编第一次综合性地把国际刑法中排除刑事责任最重要的根据所具有的范围和条件,加以法典化了。

406 在《国际刑事法院规约》中,从概括了各种排除责任根据的第31条开始(精神病或者精神缺陷,醉态,自我防卫,被迫行为和紧急避险)。[279] 根据第31条第3款,这个法院也可以"考虑第1款之外的其他排除刑事责任的根据"。[280] 这些其他根据,首先,可以在这部规约本身中找到(错误,根据命令或者指示行为,放弃)。值得注意的还有,从《国际刑事法院规约》第21条中指出的从其他法律渊源中产生的排除责任的根据,尤其是从习惯性国际法或者法律的一般原则(军事需要,报复行为)中产生的根据。

二　自我防卫

参考书目:

407 Kai Ambos: *Der Allgemeine Teil des Völkerstrafrechts, Ansätze einer Dogmatisierung* (2002), pp. 830 et seq.; Ilias Bantekas: Defences in International Criminal Law, in: McGoldrick, Dominic/Rowe, Peter/Donnelly, Eric (Hrsg.), *The Permanent International Criminal Court* (2004), 263, 277 ff.; Antonio Cassese: The Statute of the International Criminal Court: Some Preliminary Reflections, 10 *European Journal of International Law* (1999), pp. 144 et seq.; Antonio Cassese: *International Criminal Law* (2003), pp. 222 et seq.; Georg Dahm, Jost Delbrück and Rüdiger Wolfrum: *Völkerrecht*, Vol. 1/3, 2nd edn. (2002), pp. 1124 et seq.; Yoram Dinstein: *War, Aggression and Self-Defence*, 3rd edn. (2001); Albin Eser: "Defences" in Strafverfahren wegen Kriegsverbrechen, in Kurt Schmoller (ed.), *Festschrift für Otto Triffterer* (1996), pp. 755 et seq.; Albin Eser: ICC Statute, Article 31, in Otto Triffterer (ed.), *Commentary on*

---

[279] 关于《国际刑事法院规约》第31条的发展,参见 A. Eser, in O. Triffterer (ed.), *Commentary on the Rome Statute of the International Criminal Court* (1999), Art. 31, marginal no. 3。

[280] 参见 A. Eser, in O. Triffterer (ed.), *Commentary on the Rome Statute of the International Criminal Court* (1999), Art. 31, marginal no. 5 et seq.,这部规约是否应当包含一个完整和列举性清单或者一份简单的"公开清单"这个问题,在罗马是一个被激烈争论的主题,参见 M. Scaliotri, 1 *International Criminal Law Review* (2001), p. 111 at p. 119。1998年的《国际刑事法院规约草案》第34条仍然包含了下面这个规则:"1. 在审判时,本法院可以考虑一种没有在本部分中特别列明的排除刑事责任的根据,只要这个根据:1)在受到指控的行为类型方面,[在文明国家的刑法中普遍存在的一般原则中][在与该犯罪有着最重大关系的国家中]得到了承认;并且2)涉及一项清楚地处于本部分列明的排除刑事责任根据的范围之外的原则,并且,不是在其他情况下与本规约的那些或者其他条文不相一致。2. 主张这样一种排除刑事责任根据的程序,应当在《程序和证据规则》中加以规定。"

the Rome Statute of the International Criminal Court, *Observers' Notes*, *Article by Article* (1999), pp. 573 et seq.; Hans-Heinrich Jescheck: *Die Verantwortlichkeit der Staatsorgane nach Völkerstrafrecht*, *Ein Studie zu den Nürnberger Prozessen* (1952), pp. 328 et seq.; Geert-Jan Knoops: *Defenses in Contemporary International Criminal Law* (2001), pp. 73 et seq.; Claus Kress: War Crimes Committed in Non-International Armed Confict and the Emerging System of International Criminal Justice, 30 *Israel Yearbook on Human Rights* (2001), pp. 103 et seq.; Reinhard Merkel: Gründe für den Ausschluss der Strafbarkeit im Völkerstrafrecht, 114 *Zeitschrift für die gesamte Strafrechtswissenschaft* (2002), pp. 437 et seq.; Christiane Nill-Theobald: "*Defences*" *bei Kriegsverbrechen am Beispiel Deutschlands und der USA* (1998), pp. 358 et seq.; Per Saland: International Criminal Law Principles, in Roy S. Lee (ed.), *The International Criminal Court*, *The Making of the Rome Statute* (1999), pp. 189 et seq.; Massimo Scaliotti: Defences before the International Criminal Court: Substantive Grounds for Excluding Criminal Responsibility, Part 1, 1 *International Criminal Law Review* (2001), pp. 111 et seq.

虽然在国际法院的实践中,自我防卫迄今为止一直仅仅发挥着次要的作用,[281]但是,它在习惯性国际法中已经长期得到了承认。[282] 现在,自我防卫的条件在《国际刑事法院规约》第 31 条第 1 款第 3 项中得到了管理;[283]这个条文反映了习惯性国际法。[284] 根据这个条文,适当的防卫措施允许用来抵抗紧迫地和非法地使用的暴力。 408

在审判科尔蒂奇和采尔凯兹中,南斯拉夫国际法庭最近详细处理了国际刑法中自我防卫权的适用和范围。这份判决在两个方面具有重大意义。第一,这些规定在《国际刑事法院规约》第 31 条第 1 款第 3 项中的原则,第一次得到了运用,即使仅仅是间接的;这个规则体现了习惯性国际法得到了明确的说明。第二,这个条文证明,在《国际刑事法院规约》中采纳自我防卫的条文是正当的:自我防卫在其中发挥作用的案件是可以想象的。 409

---

[281] 参见 K. Ambos, *Der Allgemeine Teil des Völkerstrafrechts* (2002), p. 830; A. Eser, in K. Schmoller (ed.), *Festschrift für Triffterer* (1996), p. 755 at p. 766。

[282] 详细情况,参见 *Prosecutor v. Kordić and Čerkez*, ICTY (Trial Chamber), judgment of 26 February 2001, para. 451:"体现在[《国际刑事法院规约》第 31 条]中的自卫原则,反映了在大多数国家的刑法典中可以找到的条文,并且,可以认为构成了习惯性国际法的一项规则";也见 C. Kress, 30 *Israel Yearbook on Human Rights* (2001), p. 103 at p. 151; G. J. Knoops, *Defenses in Contemporary International Criminal Law* (2001), p. 75; M. Scaliotti, 1 *International Criminal Law Review* (2001), p. 111 at pp. 158, 160 et seq.。自卫的原则也是国内刑法制度的一个内在部分,一项比较性的观察,参见 M. Scaliotti, 1 *International Criminal Law Review* (2001), p. 111 at p. 161; 因此,有很好的理由把这一点看成是法律的一个一般原则。

[283] 关于那些在和引向在罗马谈判中加以处理的实质性问题的详细情况(包括行为人在一种自卫情形下的挑拨行为、假想防卫、对威胁的防卫),参见 M. Scaliotti, 1 *International Criminal Law Review* (2001), p. 111 at pp. 164 et seq.。

[284] 参见 *Prosecutor v. Kordić and Čerkez*, ICTY (Trial Chamber), judgment of 26 February 2001, para. 451。

(一)自我防卫的情形

410 自我防卫的情形是以一种“紧迫地和非法地使用暴力”来侵犯特定的受保护的利益为基础的。

1. 使用暴力

411 “使用暴力”不仅包括对身体的攻击,而且包括对精神的攻击,尤其是威胁。在威胁的情况下,就创设了一种立即的、胁迫性的情形。[285] 暴力的使用必须是“非法的”;特别是,不会被排除责任的根据所包括。[286] 暴力的使用是“紧迫的”,只要这是立即就会发生的,或者是已经开始的和正在进行的。[287]

2. 防卫的利益

412 自我防卫只有在暴力直接侵犯防卫人或者第三人的生命、身体的完整性或者行动自由时,才是允许的。[288] 这就结论性地描述了对灭绝种族罪、危害人类罪和侵略罪的防卫理由的范围,与此同时,《国际刑事法院规约》第 31 条第 1 款第 3 项额外地允许战争罪的实施以防卫对特别和重要利益(“财产”)的攻击。

413 把财产加在必要时可以防卫由国际犯罪所侵犯的利益清单之中,在《国际刑事法院规约》的谈判过程中,曾经非常有争论。[289] 这个最终包括在《国际刑事法院规约》之中的精细规则,是一个妥协,建立在这个假定的基础之上:在特定的战争罪案件中,行为的严重性会不如灭绝种族罪或者危害人类罪。[290]

---

[285] 参见 A. Eser, in O. Triffterer (ed.), *Commentary on the Rome Statute of the International Criminal Court* (1999), Art. 31, marginal no. 29, fn. 50。

[286] 参见 A. Eser, in O. Triffterer (ed.), *Commentary on the Rome Statute of the International Criminal Court* (1999), Art. 31, marginal no. 29。

[287] 参见 K. Ambos, *Der Allgemeine Teil des Völkerstrafrechts* (2002), p. 850; A. Eser, in O. Triffterer (ed.), *Commentary on the Rome Statute of the International Criminal Court* (1999), Art. 31, marginal no. 29; C. Kress, 30 *Israel Yearbook on Human Rights* (2001), p. 103 at p. 151。

[288] 对人员的受保护利益的限制,产生于这个事实:自卫必须进行,以便“保护自己或者保护其他人”,参见《国际刑事法院规约》第 31 条第 1 款第 3 项。参见 A. Eser, in O. Triffterer (ed.), *Commentary on the Rome Statute of the International Criminal Court* (1999), Art. 31, marginal no. 29。

[289] 参见 P. Saland, in R. S. Lee (ed.), *The International Criminal Court, The Making of the Rome Statute* (1999), p. 189 at pp. 207 et seq.; M. Scaliotti, 1 *International Criminal Law Review* (2001), p. 111 at pp. 166 et seq.。

[290] 参见 P. Saland, in R. S. Lee (ed.), *The International Criminal Court, The Making of the Rome Statute* (1999), p. 189 at p. 208。

这个要求是,受防卫的财产必须“对于本人或者其他人的生存是必需的”,或者“对于完成一项军事任务是必需的”。[291] 414

自我防卫权扩展到对“完成一项军事任务所必需的”东西进行防卫,必须在“军事需要”作为排除责任的根据这个背景下进行观察。[292] 这个根据必须在习惯性国际法项下加以考虑,虽然是在狭窄的范围之内。[293] 在这里,《国际刑事法院规约》第 31 条第 1 款第 3 项第 2 句,必须加以考虑:仅仅参加军事防卫行动本身,并不能排除责任。 415

(二)自我防卫措施

如果存在一种自我防卫的情形,那么,自我防卫权允许的“合理的”措施,就必须是与威胁这个人或者事情的危险“成比例的”。[294] 因此,这种自我防卫权允许杀死一个人作为最后手段,例如,如果这名防卫人受到死亡或者严重身体伤害的威胁了。[295] 416

(三)心理性因素

对于自我防卫的心理性因素来说,防卫行为必须是以“防卫自己或者防卫他人,或者,在战争罪的案件中,防卫财产”的故意进行实施的,才能使人免除《国际刑事法院规约》第 31 条第 1 款第 3 项下的刑事责任。[296] 417

(四)个人的自我防卫和国家的自我防卫权

国际法项下的犯罪经常是在国家之间的军事冲突框架下实施的。从字面上说,这对于战争罪来说是真实的;在这里,军事冲突的存在甚至是承担责任的要求。这些案件,一 418

---

[291] 对这种扩展的批评,参见 A. Cassese, 10 *European Journal ofInternational Law* (1999), p. 144 at pp. 154 et seq.。也见 M. Scaliotti, 1 *International Criminal Law Review* (2001), p. 111 at p. 167。

[292] 参见边码 479。

[293] 参见 C. Kress, 30 *Israel Yearbook on Human Rights* (2001), p. 103 at p. 151。

[294] 在这里背景下麻烦的双重比例性,应当正确地理解为一种统一的比例性要求;参见 C. Kress, 30 *Israel Yearbook on Human Rights* (2001), p. 103 at p. 152; A. Eser, in O. Triffterer (ed.), *Commentary on the Rome Statute of the International Criminal Court* (1999), Art. 31, marginal no. 32 et seq.。根据 A. Cassese, *International Criminal Law* (2003), p. 222, 自卫的行为必须是结束这种攻击的唯一途径。

[295] 参见 A. Eser, in O. Triffterer (ed.), *Commentary on the Rome Statute of the International Criminal Court* (1999), Art. 31, marginal no. 33。

[296] 相比之下, K. Ambos, *Der Allgemeine Teil des Völkerstrafrechts* (2002), p. 831, 将考虑仅仅知道紧急状态就足够了。

方面提出了在国家间使用暴力的合法性和非法性的关系问题，另一方面提出了刑事责任的问题。[297]

419 任何国家防卫对自己进行违反国际法的攻击的权利本身，都作为习惯性国际法的一部分得到了承认。[298]《联合国宪章》第 51 条强调了反对军事攻击时“个人或者集体所具有的自我防卫的固有权利”。[299] 虽然个人不允许，但是受影响的国家可以采取防卫性措施。因此，个人的自我防卫必须与国家的自我防卫权严格地加以区分。[300] 这明确规定在《国际刑事法院规约》第 31 条第 1 款第 3 项第 2 句之中。[301] 在这里，卷入“军队进行的防卫行动应当本身”不导致排除刑事责任。[302] 这也反映了习惯性国际法。

三　紧急避险与被迫行为

参考书目：

420 Kai Ambos：*Der Allgemeine Teil des Völkerstrafrechts*, *Ansätze einer Dogmatisierung*（2002），pp. 837 et seq.；Kai Ambos：Other Grounds for Excluding Criminal Responsibility, in Antonio Cassese, Paola Gaeta and John R. W. D. Jones（eds.），*The Rome Statute of the International Criminal Court*：*A Commentary*, Vol. 2（2002），pp. 1003 et seq.；Antonio Cassese：*International Criminal Law*（2003），pp. 242 et seq.；Georg Dahm, Jost Delbrück and Rüdiger Wolfrum：*Völkerrecht*, Vol. 1/3, 2nd edn.（2002），pp. 1124 et seq.；Yoram Dinstein：*War*, *Aggression and Self-Defence*, 3rd edn.（2001）；Yoram Dinstein：Defences, in Gabrielle Kirk McDonald

[297] 在纽伦堡审判和随后的审判中，一些被告人通过指出参加一场（以为是合法的）自卫战争，特别地试图为实施国际法项下的犯罪指控进行辩护，参见 K. Ambos, *Der Allgemeine Teil des Völkerstrafrechts*（2002），p. 121；A. Cassese, *International Criminal Law*（2003），p. 223.

[298] 参见 Y. Dinstein, *War*, *Aggression and Self-Defence*, 3rd edn.（2001），pp. 159, 226；G. -J. Knoops, *Defenses in Contemporary International Criminal Law*（2001），pp. 197 et seq.；M. Scaliotti, 1 *International Criminal Law Review*（2001），p. 111 at p. 158。

[299] 参见 I. Brownlie, *Principles of Public International Law*, 6th edn.（2003），p. 701。

[300] 也见 M. Scaliotti, 1 *International Criminal Law Review*（2001），p. 111 at p. 159。

[301] 国家自卫和个人自卫之间的关系，是罗马大会上争论的一个题目，参见 M. Scaliotti, 1 *International Criminal Law Review*（2001），p. 111 at p. 166。第 2 句的包括，主要是许多国家关心的结果，第 1 句，尤其是“对于完成一项军事使命很重要的财产”这个分句，将使在自卫行为的权力过于扩大。

[302] 也见 *Prosecutor v. Kordić and Čerkez*, ICTY（Trial Chamber），judgment of 26 February 2001, para. 452：“在自卫中的军事行动，并不能为严重违反国际人道法提供一种正当化根据”；K. Ambos, 10 *Criminal Law Forum*（1999），p. 1 at p. 27；M. Scaliotti, 1 *International Criminal Law Review*（2001），p. 111 at p. 166。

and Olivia Swaak-Goldman (eds.), *Substantive and Procedural Aspects of International Criminal Law, The Experience of International and National Courts*, Vol. 1 (2000), pp. 369 et seq.; Albin Eser: "Defences" in Strafverfahren wegen Kriegsverbrechen, in Kurt Schmoller (ed.), *Festschrift für Otto Triffterer* (1996), pp. 755 et seq.; Albin Eser: ICC Statute, Art. 31, in Otto Triffterer (ed.), *Commentary on the Rome Statute of the International Criminal Court, Observers' Notes, Article by Article* (1999), pp. 537 et seq.; George Fletcher: *Basic Concepts of Criminal Law* (1998), pp. 130 et seq.; Sander Janssen: Mental condition defences in supranational criminal law, *International Criminal Law Review* 4 (2004), 83 ff.; Hans-Heinrich Jescheck: *Die Verantwortlichkeit der Staatsorgane nach Völkerstrafrecht, Eine Studie zu den Nürnberger Prozessen* (1952), pp. 328 et seq.; Florian Jeßberger: Bad Torture-Good Torture, *Journal of International Criminal Justice* 3 (2005), 1059 ff.; Geert-Jan Knoops: *Defenses in Contemporary International Criminal Law* (2001), pp. 55 et seq.; Claus Kress: Die Kristallisation eines Allgemeinen Teils des Völkerstrafrechts: Die Allgemeinen Prinzipien des Strafrechts im Statut des Internarionalen Strafgerichtshofs, *Humanitäres Völkerrecht-Informationsschriften* 1999, pp. 4 et seq.; Claus Kress: Zur Methode der Rechtsfindung im Allgemeinen Teil des Völkerstrafrechts, 111 *Zeitschrift für die gesamte Strafrechtswissenschaft* (1999), pp. 597 et seq.; *Enrico Mezzetti*: Grounds for Excluding Criminal Responsibility, in Flavia Lattanzi (ed.), *The International Criminal Court, Comments on the Draft Statute* (1998), pp. 147 et seq.; Jan Christoph Nemitz and Steffen Wirth: Legal Aspects of the Appeal Decision in the Erdemovic case: the Plea of Guilty and Duress in International Humanitarian Law, *Humanitäres Völkerrecht-Informationsschriften* 1998, pp. 43 et seq.; Christiane Nill-Theobald: "*Defences*" *bei Kriegsverbrechen am Beispiel Deutschlands und der USA* (1998), pp. 171 et seq.; Per Saland: International Criminal Law Principles, in Roy S. Lee (ed.), *The International Criminal Court, The Making of the Rome Statute* (1999), pp. 189 et seq.; Massimo Scaliotti: Defences before the International Criminal Court: Substantive Grounds for Excluding Criminal Responsibility, Part 1: 1 *International Criminal Law Review* 2001, pp. 111 et seq.; Elies van Sliedregt: *The Criminal Responsibility of Individuals for Violations of International Humanitarian Law* (2003), 267 ff.

虽然,就像在传统的普通法中一样,被迫行为和紧急避险会得到承认,作为两个不同 421

的辩护理由,但是,国际刑法并不一定需要对两者作出区分。[303]

422 紧急避险针对的是由客观情况所产生的对生命和肢体的威胁,尤其是由自然力产生的威胁。这种辩护理由是基于对各种恶害(evils)的选择。[304] 相比之下,对于被迫来说,行为人是在另一个人对自己生命和肢体进行威胁的情况下被迫地实施犯罪的。[305]

423 《国际刑事法院规约》把两个辩护理由堆放在一起,作为一种第31条第1款第4项中的排除刑事责任的根据。这个条文[306]接受了紧急避险和被迫行为这些因素,并且把它们置于一个统一的规则之中。[307] 这个一致的规则,毫无疑问,是法律一般原则的一种表述;那是南斯拉夫国际法庭上诉庭进行综合比较分析后得出的结论。[308] 紧急避险和被迫行为也就成为习惯性国际法的一个因素,是排除责任的根据。[309] 第31条第1款第4项反映了

---

[303] 参见 K. Ambos, in A. Cassese, P. Gaeta and J. R. W. D. Jones (eds.), *The Rome Statute of the International Criminal Court* (2002), Vol. 1, p. 1003 at p. 1035。在现代普通法中,尤其是在美国刑法中,区分被取消了,以便进行一般的恶害性选择的辩护(a general choice of evils defense),参见,例如,Sec. 3.02 Model Penal Code, W. R. LaFave, *Criminal Law*, 4th edn. (2003), pp. 523 et seq.。关于在纽伦堡后续审判中对术语的混淆,参见 K. Ambos, *Der Allgemeine Teil des Völkerstrafriechts* (2002), pp. 119 et seq.; C. Nill-Theobald, "*Defences*" *bei Kriegsverbrechen am Beispiel Deutschlands und der USA* (1998), pp. 179 et seq., 184, 187, 205 et seq.。

[304] 参见 A. Cassese, *International Criminal Law* (2003), p. 242; K. Ambos, in A. Cassese, P. Gaeta and J. R. W. D Jones (eds.), *The Rome Statute of the International Criminal Court* (2002), Vol. 1, p. 1003 at p. 1036。

[305] 参见 W. A. Schabas, *Introduction to the International Criminal Court*, 2nd edn. (2004), p. 113。

[306] 关于其历史,参见 Y. Dinstein, in G. Kirk McDonald and O. Swaak-Goldman (eds.), *Substantive and Procedural Aspects of International Criminal Law*, Vol. 1 (2000), p. 369 at p. 373; A. Eser, in O. Triffterer (ed.), *Commentary on the Rome Statute of the International Criminal Court* (1999), Art. 31, marginal no. 35; P. Saland, in P. S. Lee (ed.), *The International Criminal Court, The Making of the Rome Statute* (1999), p. 189 at p. 208; M. Scaliotti, 1 *International Criminal Law Review* (2001), p. 111 at pp. 150 et seq.。

[307] 在初稿中,这两个形式仍然是分别加以规定的;参见《国际刑事法院规约草案(1998)》,第31条第1款。

[308] *Prosecutor v. Erdemović*, ICTY (Appeals Chamber), judgment of 7 October 1997, separate opinion of Judges Kirk McDonald and Vohrah, paras. 59 et seq.; M. Scaliotti, *International Criminal Law Review* 1 (2001), p. 111 at pp. 143 et seq.。

[309] 参见 A. Cassese, *International Criminal Law* (2003), pp. 242 et seq.; M. Scaliotti, 1 *International Criminal Law Review* (2001), p. 111 at p. 142。对习惯性国际法项下的被迫行为这个辩护,在要求方面所作的清楚概述,参见 Cassese 法官的单独意见,参见 *Prosecutor v. Erdemović*, ICTY (Appeals Chamber), judgment of 7 October 1997, separate opinion of Judge Cassese, para. 16:"(1)被指控的行为是在对生命和肢体造成严重和不可挽回伤害的直接威胁下实施的;(2)没有恰当的手段避免这种恶害;(3)实施的犯罪与受威胁的恶害不成比例……;(4)导致被迫行为的情形必须不是由受强迫的人自愿造成的。"也见 *Prosecutor v. Erdemović*, ICTY (Appeals Chamber), judgment of 7 October 1997, separate opinion of Judge Li, para. 5:"作为一项一般的规则,被迫行为可以是一项完整的辩护,只要各项要求得到满足,(1)行为是为了避免直接的不仅是严重的而且是不可挽回的威胁而实施的,(2)没有其他恰当的手段可以逃跑,并且(3)这个救济手段与恶害相比并不是不成比例的。"一个国际刑法的紧急避险概念所具有的因素也存在于 C. Nill-Theobald, "*Defences*" *bei Kriegsverbrechen am Beispiel Deutschlands und der USA* (1998), p. 230。

习惯法的状态。[310]

与排除责任的其他根据相比较，这个辩护理由在国际判例法大量相关法庭决定中得到了说明，发挥着突出的作用。[311] 在国内和国际法庭对纳粹罪犯的审判中，这些被告人经常主张一种紧急避险或者被迫行为的存在。[312] 被迫行为，在上级命令的形式中，具有特别的重要性。[313] 除一些例外之外，这个辩护理由在各种判决中，在原则上都得到了承认，但是，这些判决一般都否认当时在实际上存在了对其所做的要求。[314] 424

《国际刑事法院规约》第31条第1款第4项中的排除责任的条件是，对生命和肢体的一种威胁，合理的反应措施，以及避免这种威胁的故意。根据第31条第1款第4项，一个额外的主观性要求是，这个人不是故意造成比自己寻求避免的更大的损害。 425

（一）对生命或者肢体的威胁

排除刑事责任的根据，是基于存在着一种对行为人或者其他人的生命或者身体完整性的威胁。对身体完整性的一种威胁，在这里仅仅被理解为，有点勉强地，一种严重伤害身体的威胁。[315] 对其他受保护利益的威胁，例如自由或者财产，不可以使用这个排除责任的根据加以避免。[316] 426

行为人必须通过"立即造成死亡的威胁"或者"持续或者立即造成严重身体伤害的威胁"，从而"被迫造成"对这种国际法项下的犯罪的实施。这种威胁可以是由其他人造成的，或者是由其他情况构成的。[317] 心理强制的状况，仅仅在其对生命或者身体立即造成严 427

---

[310] 参见 A. Cassese, *International Criminal Law* (2003), p. 251。

[311] 参见 A. Eser, in K. Schmoller (ed.), *Festschrift für Triffterer* (1996), p. 755 at p. 765; A. Zimmermann, 58 *Zeitschrift für ausländisches öffentliches Recht und Völkerrecht* (1998), p. 41 at p. 83。

[312] 一份对这些审判的彻底调查，参见 M. Scaliotti, 1 *International Criminal Law Review* (2001), p. 111 at pp. 147 et seq.。

[313] 参见 C. Nill-Theobald, "*Defences*" *bei Kriegsverbrechen am Beispiel Deutschlands und der USA* (1998), pp. 245 et seq.。对于服从命令在排除责任上的效果的讨论，参见边码449以下。

[314] 关于这一点，更多地参见 H.-H. Jescheck, *Die Verantwortlichkeit der Staatsorgane nach Völkerstrafrecht* (1952), p. 395; C. Nill-Theobald, "*Defences*" *bei Kriegsverbrechen am Beispiel Deutschlands und der USA* (1998), p. 188。然而，在偶然情况下，由于紧急避险而排除责任的，也得到了肯定，参见，例如，US Military Tribunal, Nuremberg, judgment of 22 December 1947 (*Flick* et al., so-called Flick Trial), in *Trials of War Criminals*, VI, pp. 1187, 1196 et seq.。

[315] 参见 A. Eser, in O. Triffterer (ed.), *Commentary on the Rome Statute of the International Criminal Court* (1999), Art. 31, marginal no. 37。

[316] 对于包括自由和财产，没有多数的支持意见，尽管在罗马有相关的提议。关于这个争论的更多情况，参见 P. Saland, in R. S. Lee (ed.), *The International Criminal Court, The Making of the Rome Statute* (1999), p. 189 at p. 208; M. Scaliotti, 1 *International Criminal Law Review* (2001), p. 111 at pp. 150 et seq.。

[317] 参见，《国际刑事法院规约》第31条第1款第4项第2句。

重的身体威胁时,才会加以包括。[318] 持续性威胁,只要对受保护利益的侵犯会随时发生,就也包括在内。[319] 仅仅是造成损害的很高的一般可能性,例如在第三帝国中"盖世太保的普遍存在",是不够的。

(二)紧急避险和合理措施

428 行为人的行为必须"必要和合理"。[320] 一个行动,在其是立即消除这种威胁的唯一可能性时,是必要的;在其对于避免这种危险并且造成不是不符合比例的结果一般是恰当的时候,是合理的。

429 在这些条件下,甚至被迫行为中的杀人,也会是排除责任的根据。[321]《国际刑事法院规约》在这里标示的位置,长期以来就都是一个争论的题目。[322] 在罗马大会进行争论[323]之后,这部规约采纳了欧洲大陆的刑法传统,这样,在被迫行为或者紧急避险情况下作为最后手段杀死人的,就能够不受惩罚。相比之下,在普通法中,杀害无辜平民总是罪犯;[324]在存在紧急避险或者被迫行为的情况下,最多能够导致减轻处罚。根据这个角度,南斯拉夫国际法庭在审判德拉震·埃尔戴莫维奇(Drazen Erdemović)时以微弱多数作出的决定中,拒绝接受被迫行为作为排除杀害无辜人民的责任所依据的根据:"对于一个受命实施危害人类罪和/或涉及杀害无辜人员的战争罪的战士来说,被迫行为不能成为一个完整的辩

---

[318] 参见 K. Ambos, *Der Allgemeine Teil des Völkerstrafrechts* (2002), p. 849; A. Eser, in O. Triffterer (ed.), *Commentary on the Rome Statute of the International Criminal Court* (1999), Art. 31, marginal no. 29。

[319] 参见 K. Ambos, *Der Allgemeine Teil des Völkerstrafrechts* (2002), p. 850。

[320] 参见 A. Eser, in O. Triffterer (ed.), *Commentary on the Rome Statute of the International Criminal Court* (1999), Art. 31, marginal no. 39。

[321] 参见 K. Ambos, *Der Allgemeine Teil des Völkerstrafrechts* (2002), pp. 859 et seq.; A. Eser, in O. Triffterer (ed.), *Commentary on the Rome Statute of the International Criminal Court* (1999), Art. 31, marginal no. 40; M. Scaliotti, 1 *International Criminal Law Review* (2001), p. 111 at pp. 146 et seq.。

[322] 对于实践中的国际刑法的深入讨论,参见 A. Cassese, *International Criminal Law* (2003), pp. 246 et seq.。

[323] 参见 P. Saland, in R. S. Lee (ed.), *The International Criminal Court, The Making of the Rome Statute* (1999), p. 189 at p. 208。《国际刑事法院规约草案(1998)》第 31 条第 1 款第 2 项包括了(通过仍然处于括号之中的)补充:"只要一个人的行动(也不)造成/不是故意造成死亡。"

[324] 例如,《美国军事法庭规则》第 916(h)条包括了"对任何犯罪的胁迫行为或者被迫行为,但是杀害无辜人员的除外";也见 *Prosecutor v. Erdemović*, ICTY (Appeals Chamber), judgment of 7 October 1997, separate opinion of Judge Stephen, paras. 23 et seq., and separate opinion of Judges Kirk McDonald and Vohrah, para. 49; Y. Dinstein, in G. Kirk McDonald and O. Swaak-Goldman (eds.), *Substantive and Procedural Aspects of International Criminal Law*, Vol. 1 (2000), p. 369 at p. 375。然而,与此同时,普通法,尤其是美国刑法,在这个问题上已经更紧密地朝欧洲大陆刑法的方向发展了,参见 W. R. LaFave, *Criminal Law*, 4th edn. (2003), pp. 491 et seq.。

护利益。”[325]

（三）避免威胁的故意

《国际刑事法院规约》第31条第1款第4项中的排除责任，也要求这名行为人的行为是为了避免威胁。只要这名行为人的故意，除了认识这种威胁性情况之外，最终是为了避免这种危险，那么，他或者她具有其他动机就没有关系。[326] 这个相当严格的主观性要求，是以已经建立起来的国际判例法为基础的，[327]并且，从国际法项下各种犯罪具有的严重性的眼光看来，是恰当的。 430

（四）利益的权衡

除了避免这种威胁这个目的之外，《国际刑事法院规约》第31条第1款第4项要求，这名行为人不应当“故意造成比自己寻求避免的更大的损害”。把比例性作为主观性来要求，作为行为人意识中的一个因素，对于国际刑法来说是很新的。[328] 权衡利益的客观要求，[329]也必须反映在这名行为人的头脑之中。在习惯性国际法中，这个标准没有可靠的基础，这个观点得到了很多的支持。在习惯性国际法中，对这个辩护理由的唯一要求，是 431

---

[325] *Prosecutor v. Erdemović*, ICTY (Appeals Chamber), judgment of 7 October 1997, para. 19。也见 *Prosecutor v. Mrda*, ICTY (Trial Chamber), judgment of 31 March 2004, paras. 59 et seq.。同意的观点，参见 C. K. Hall, in F. Lattanzi (ed.), *The International Criminal Court* (1998), p. 19 at pp. 46 et seq.; E. Mezzetti, in F. Lattanzi (ed.), The International Criminal Court (1998), p. 148 at pp. 152 et seq.。但是，一个批评性的观点参见 the separate opinions of Judges Cassese, Li, and Stephen in *Prosecutor v. Erdemović*, ICTY (Appeals Chamber), judgment of 7 October 1997, and G. -J. Knoops, *Definses in Contemporary International Criminal Law* (2001), pp. 59 et seq.; K. Oellers-Frahm and B. Specht, 58 *Zeitschrift für ausländisches öffentliches Recht und Völkerrecht* (1998), p. 389 at pp. 407 et seq.。对于所涉及的困难问题，参见 R. Ehrenreich Brooks, 43 *Virginia Journal of International Law* (2003), pp. 860 et seq.。德拉震·埃尔戴莫维奇因为危害人类罪在南斯拉夫国际法庭接受审判。他被指控在1995年7月，作为波斯尼亚塞族军队的成员，参加了射杀穆斯林男子和男童的行为。当他拒绝参加杀死这些被监禁人时，他的上级威胁他，如果再拒绝，就要杀了他。根据他自己的供词，埃尔戴莫维奇当时杀了70个人。

[326] 参见 K. Ambos, *Der Allgemeine Teil des Völkerstrafrechts* (2002), pp. 852 et seq.。

[327] 参见，例如，Supreme Court in the British Occupied Zone, in *OGHSt* 1, p. 310 at p. 313; *Prosecutor v. Erdemović*, ICTY (Appeals Chamber), judgment of 7 October 1997, separate opinion of Judge Li, para. 5。

[328] 参见 K. Ambos, *Der Allgemeine Teil des Völkerstrafrechts* (2002), p. 853。然而，在英国和美国刑法中，大量排除责任的根据是基于行为人的意识（perceptions）来定义的。因此，这个问题不是一个刑事性攻击或者一个危险在实际上是否存在，而是这名行为人是否相信这就是这样的（“如果行为人相信”）。参见 K. Ambos, *Der Allgemeine Teil des Völkerstrafrechts* (2002), pp. 853 et seq.。

[329] 参见边码428 and C. Kress, *Humanititres Völkerstrafrecht-Informationsschriften* 1999, p. 4 at p. 7。A. Eser, in O. Triffterer (ed.), *Commentary on the Rome Statute of the International Criminal Court* (1999), Art. 31, marginal no. 40，不正确地指出，不需要行为人在客观上通过自己的行动，造成一个比从危险源所威胁的更轻的损害。

一种客观性权衡的测试，尤其是：“所实施的犯罪对于所威胁的恶害，并不是不成比例的”；也就是说，“在被迫行为中实施的犯罪，必须是两种恶害的权衡中较轻微的一种”。[330]

（五）自己引起的紧急避险

432 如果行为人自己造成了危险，那就不可能主张紧急避险或者被迫行为。[331] 根据《国际刑事法院规约》第31条第1款第4项第2目，在一种紧急避险的情况只能从“超出行为人控制的情况中”产生得到确定之后，这个限制就会发挥作用。如果行为人对造成这个危险负有责任，那么，这个辩护理由就不能使用。然而，对于危险的存在仅仅具有一些离得很远的因果关系所作出的遥远贡献，并不能拒绝这个排除性根据。

433 一个相关的问题与战争罪的领域特别有关，这就是：自愿暴露在危险之下是否应当否定这个排除责任的根据。[332] 在这里，回答是不清楚的。一个排除性条款包括在1998年《国际刑事法院规约草案》第31条第1款第4项之中：“如果一个人［知道地］［轻率地］把自己暴露在一种可能导致一种威胁的情况之中，那么，这个人就应当承担责任。”然而，在罗马，各国就应当把这个决定留给法院，达成了一致。

（六）在承担危险的特别职责中对被迫行为和紧急避险的限制

434 关于紧急避险和被迫行为的进一步限制，可以从这名行为人的地位或者功能中产生。[333] 一些特定的活动和职责为可接受风险创设了一种更高的等级。这是真实的，例如，

---

[330] *Prosecutor v. Erdemović*, ICTY (Appeals Chamber), judgment of 7 October 1997, separate opinion of Judge Cassese, para. 16，带有许多案件的引文。

[331] 这个限制基于一种广阔的比较法基础和一种在国际判例法中的坚实根基。在自己给南斯拉夫国际法院上诉庭的单独意见中，Cassese 法官也提到在国际刑法中，自己引起的紧急避险作为排除被迫行为辩护的原因，参见 *Prosecutor v. Erdemović*, ICTY (Appeals Chamber), judgment of 7 October 1997, separate opinion of Judge Cassese, paras. 16, 41, 50。也见 K. Ambos, *Der Allgemeine Teil des Völkerstrafrechts* (2002), pp. 855 et seq.; Y. Dinstein, in G. Kirk McDonald and O. Swaak-Goldman (eds.), *Substantive and Procedural Aspects of International Criminal Law*, Vol. 1 (2000), p. 369 at p. 374; G.-J. Knoops, *Defenses in Contemporary International Criminal Law* (2001), pp. 61 et seq.; M. Scaliotti, 1 *International Criminal Law Review* (2001), p. 111 at p. 144。

[332] 也见 K. Ambos, *Der Allgemeine Teil des Völkerstrafrechts* (2002), p. 858 et seq.。

[333] 参见 *Prosecutor v. Erdemović*, ICTY (Appeals Chamber), judgment of 7 October 1997, separate opinion of Judge Cassese, para. 16; K. Ambos, *Der Allgemeine Teil des Völkerstrafrechts* (2002), p. 856; G.-J. Knoops, *Defences in Contemporary International Criminal Law* (2001), p. 68。

对于军队成员来说。[334] 在特别危险的情况下,一种高等级的承担风险,就是接受了处理威胁生命情况训练的战士所期待的。战士们在承担特别任务中的风险,包括了在战斗中受伤或者被杀的危险。在决定承担危险的职责时,行为人在军事等级中的地位必须加以考虑。[335]

四 错误

参考书目:

Kai Ambos: *Internationales Strafrecht* (2006), §7 Rn. 102 ff.; Kai Ambos: *Der Allgemeine Teil des Völkerstrafrechts, Ansätze einer Dogmatisierung* (2002), pp. 805 et seq.; Antonio Cassese: *International Criminal Law* (2003), pp. 251 et seq.; Yoram Dinstein: Defences, in Gabrielle Kirk McDonald and Olivia Swaak-Goldman (eds.), *Substantive and Procedural Aspects of International Criminal Law, The Experience of International and National Courts*, Vol. 1 (2000), pp. 377 et seq.; Albin Eser: "Defences" in Strafverfahren wegen Kriegsverbrechen, in Kurt Schmoller (ed.), *Festschrift für Otto Triffierer* (1996), pp. 755 et seq.; Albin Eser: Mental Elements-Mistake of Fact and Mistake of Law, in Antonio Cassese, Paola Gaeta and John R. W. D. Jones (eds.), *The Rome Statute of the International Criminal Court: A Commentary*, Vol. 1 (2002), pp. 889 et seq.; Hans-Heinrich Jescheck: *Die Verantwortlichkeit der Staatsorgane nach Völkerstrafrecht, Eine Studie zu den Nürnberger Prozessen* (1952), pp. 375 et seq.; Christiane Nill-Theobald: *"Defences" bei Kriegsverbrechen am Beispiel Deutschlands und der USA* (1998), pp. 342 et seq.; Massimo Scaliotti: Defences before the International Criminal Court: Substantive Grounds for Excluding Criminal Responsibility, Part 2, 2 *International Criminal Law Review* (2002), pp. 1 et seq.; Elies van Sliedregt: *The Criminal Responsibility of Individuals for Violations of International Humanitarian Law* (2003), 301 ff.; Otto Triffterer: ICC Statute, Article 32, in Otto Triffterer (ed.), *Commentary on the Rome Statute of the Internation-* 435

---

[334] 参见,例如,Sec. 6 of the German Military Criminal Code [*Wehrstrafgesetz, WStG*]:"如果一名战士的义务要求面对危险,那么,害怕个人的危险就不能对一种行为免责。"也见 K. Ambos, *Der Allgemeine Teil des Völkerstrafrechts* (2002), p. 856; K. Oellers-Frahm and B. Specht, 58 *Zeitschrift für ausländisches öffentliches Recht und Völkerrecht* (1998), p. 389 at p. 408; C. Nill-Theobald, *"Defences" bei Kriegsverbrechen am Beispiel Deutschland und der USA* (1998), pp. 252 et seq.。

[335] 参见 *Prosecutor v. Erdemović*, ICTY (Appeals Chamber), judgment of 7 October 1997, separate opinion of Judge Cassese, para. 51; G.-J. Knoops, *Defences in Contemporary International Criminal Law* (2001), p. 6t at p. 68。

al Criminal Court, *Observers' Notes*, *Article by Article* (1999), pp. 555 et seq.; Thomas Weigend: Zur Frage eines "internationalen" Allgemeinen Teils, in Bernd Schünemann et al. (eds.), *Festschrift für Claus Roxin* (2001), pp. 1375 et seq.

436 《国际刑事法院规约》是第一部调整可以排除行为人刑事责任的错误所应具有的条件的国际文件,[336]错误是一个与国际刑法的实践有着重要关系的事项。[337] 第32条区分了事实上的错误和法律上的错误。如果犯罪的主观性要求由于错误而没有得到满足,那么,这两种错误就都排除个人的刑事责任。因此,责任的排除也可以从《国际刑事法院规约》第30条中推导出来。因此,第32条也不具有独立的意义。[338]

437 根据《国际刑事法院规约》第32条,错误的关联性取决于一种错误的意识是否消灭了责任的这个主观性条件。这种关联可以说明,错误的这个问题应当作为对责任的主观性要求来处理,也就是心理性因素。[339] 但是,更好的理由主张把行为人的错误划入排除责任的根据这一类,从而符合迄今为止在国际刑法中仍然流行的观点,并且与普通法的法律传统相一致了。在《国际刑事法院规约》第32条中,任何有关联的错误都明确地定义为一种"排除刑事责任的根据"。

438 《国际刑事法院规约》第32条在核心上体现了习惯性国际法。[340] 这是真的,首先,这表现在对事实上的错误和法律上的错误作出的区分;其次,对责任在事实方面的要求所犯

---

[336] 关于这个条文的历史,参见 A. Eser, in A. Cassese, P. Gaeta and J. R. W. D. Jones (eds.), *The Rome Statute of the International Criminal Court*, Vol. 1 (2002), p. 889 at pp. 896 et seq.; M. Scaliotti, 2 *International Criminal Law Review* (2002), p. 1 at pp. 8 et seq.。

[337] 参见 O. Triffterer, in O. Triffterer (ed.), *Commentary on the Rome Statute of the International Criminal Court* (1999), Art. 32, marginal no. 4。错误问题的重要性的一个例子,由在纽伦堡的美国军事法庭在1947年8月20日的判决加以规定了(*Brandt* et al., so-called Medical Trial), in *Trials of War Criminals* II, pp. 171, 272 (原文是"2712"。——译者注) et seq.。值得注意的是三名医生提出的(驳不倒的)辩护意见:他们当时认为,在集中营囚犯身上进行医学实验时,他们见到的囚犯是一些受到谴责而要去死的罪犯,如果他们经受住实验,就会给予宽大处理。

[338] 类似的,参见 K. Ambos, *Der Allgemeine Teil des Völkerstrafrechts* (2002), pp. 806 et seq.; A. Eser, in A. Cassese, P. Gaeta and J. R. W. D. Jones (eds.), *The Rome Statute of the International Criminal Court*, Vol. 1 (2002), p. 889 at p. 934; T. Weigend, in B. Schünemann et al. (eds.), *Festschrift für Roxin* (2001), p. 1375 at p. 1391。

[339] 参见 K. Ambos, *Der Allgemeine Teil des Völkerstrafrechts* (2002), p. 757; A. Eser, in A. Cassese, P. Gaeta and J. R. W. D. Jones (eds.), *The Rome Statute of the International Criminal Court*, Vol. 1 (2002), pp. 889 et seq.。也见 T. Weigend, in B. Schünemann et al. (eds.), *Festschrift für Roxin* (2001), p. 1375 at pp. 1390 et seq., 他认为,这个"在国际上有争论的问题"一直是在这个精神上加以决定的,通过这个事实:错误并不包括在《国际刑事法院规约》第31条的目录之中。但是,参见 A. Eser, in K. Schmoller (ed.), *Festschrift für Triffterer* (1996), p. 755 at pp. 768 et seq.。

[340] 关于习惯法的状况,参见 K. Ambos, *Der Allgemeine Teil des Völkerstrafrechts* (2002), pp. 805 et seq.; A. Cassese, *International Criminal Law* (2003), pp. 251, 256; M. Scaliotti, 2 *International Criminal Law Review* (2002), p. 1 at pp. 2 et seq., with additional notes. O. Triffterer, in O. Triffterer (ed.), *Commentary on the Rome Statute of the International Criminal Court* (1999), Art. 32, marginal no. 4。除了根据命令行为的特殊案件之外,在几部规约中都没有条文可以供法庭在处理错误时适用。国际刑法的实践是以传统的普通法为导向的。

的错误在原则上导致排除刑事责任，这样的规定是可靠地以习惯法为基础的。最多只会对作为处理法律上错误的基础的习惯法存在怀疑；习惯法还没有在这一点上形成明确的立场。然而，最后，在这里，第32条第2款关于法律上的错误不应当作为一个规则来排除刑事责任的命题，也是符合习惯法的。

（一）事实上的错误

如果行为人犯了一个事实上的错误，那么，刑事责任就会根据《国际刑事法院规约》第32条被排除，只要这个错误的意识影响了物质性因素，并且因此否定了责任的主观性条件。对与这个犯罪的定义有关的事实上的错误，因此是一个排除责任的根据。 439

在这个情况下，对于排除责任要求的首先是，这名行为人的错误意识指向了作为犯罪基础的物质性因素的事实。例如，如果一名行为人，由于自己视力不好，误以为一辆红十字会的车辆是一辆敌人的坦克而进行射击，[341]那就是这种情况。[342] 这些事实不包括那些决定责任的法律基础。因此，如果行为人的错误意识涉及到的是一个犯罪定义中的（规范性）因素，也就是决定这些因素需要一个法律上的判决的，那就不是一个事实上的错误。[343]在这种情况下，行为人错误认识的是对责任的法律要求，因此，就应当适用关于法律上的错误的条文。[344] 这样，如果行为人在上面这个例子中认出了这辆车是红十字会的车，但是，错误地认为，根据法律，只要这种车辆的通过没有事先进行正式的登记，自己就可以进行攻击，那么，这就不是事实上的错误，而是一种（无关的）法律上的错误。 440

这个错误必须导致责任的主观性要求的丧失。行为人的错误意识涉及了一种犯罪定义中的物质性因素，通常就是这种情况。 441

与此相对，如果这种错误涉及的是排除责任的根据所具有的事实性要求，例如，自我防卫或者紧急避险，那么，这个要求就没有得到满足。例如，如果行为人错误地认为一名战俘把手伸到裤兜里是去掏枪，因此就向他开枪，那么，由于可以适用《国际刑事法院规约》第32条第1款项下的事实上的错误，他就不具有排除责任的根据。然而，在这里，可以主张的是，这个不令人满意的结果应当得到改正。[345] 要求改正的理由（和可能在方法上 442

---

[341] 参见《国际刑事法院规约》第8条第2款第2项第3目。

[342] 其他的例子，参见 A. Eser, in A. Cassese, P. Gaeta and J. R. W. D. Jones (eds.), *The Rome Statute of the International Criminal Court*, Vol. 1 (2002), p. 889 at p. 938。

[343] 关于犯罪的规范性因素及其在主观方面的对待情况，参见边码309。

[344] 参见 T. Weigend, in B. Schünemann et al. (eds.), *Festschrift für Roxin* (2001), p. 1375 at p. 1391。

[345] K. Ambos, *Der Allgemeine Teil des Völkerstrafrechts* (2002), pp. 808 et seq., and A. Eser, in A. Cassese, P. Gaeta and J. R. W. D. Jones (eds.), *The Rome Statute of the International Criminal Court*, Vol. 1 (2002), pp. 889 at 945，建议类推性地把《国际刑事法院规约》第32条适用于这些案件；类似地，O. Triffterer, in O. Triffterer (ed.), *Commentary on the Rome Statute of the International Criminal Court* (1999), Art. 32, marginal no. 14。也见 M. Scaliotti, 2 *International Criminal Law Review* (2002), p. 1 at p. 14。

的起点),是这样一种观察:在这种配置中,各国的法律制度统一地不进行处罚。[346] 因此,一种法律上的一般原则就会被运用到这个程度上。

(二)法律上的错误

443 与事实上的错误不同,在这部规约中,有关的法律上的错误只有一个狭窄的适用范围。如果行为人的错误意识涉及责任的法律要求("法律"),那么,根据第 32 条第 2 款,这只能导致责任的排除,只要这种错误否定了责任的主观性条件,或者,根据第 33 条中的条件,涉及了上级命令。[347]

444 由此得出的结论是,对法律的无知,在原则上就不是排除刑事责任的一种根据;行为人错误地认为自己的行为并不处于国际刑事法院的管辖权之中,也不是这种根据。[348] 在这些案件中,只可能减轻处罚。

445 如果对法律的无知本来是不可避免的,那么,这部规约甚至也不允许将此作为一种辩护理由。这会等同于对个人刑事责任原则的一种违反。[349] 在战争罪方面,这是特别真实的,因为这种犯罪具有多方面

---

[346] 这符合盎格鲁-美利坚刑法的传统,自卫和紧急避险是根据行为人的意识来定义的。因此,一个(也许是错误地)相信攻击或者危险真的存在的人,是不会受到惩罚的,参见边码 431,注释[328]。在民法法系的原则中,例如,德国法,对排除刑事责任的根据所发生的事实性要求的错误,也可以排除刑事责任,参见 H.-H. Jescheck and T. Weigend, *Lehrbuch des Strafrechts*, *Allgemeiner* Teil, 5th edn. (1996), pp. 462 et seq.。

[347] 在第 2 句中的"可以"这个用语,不应当理解为排除责任是选择性的。在这里,这个文本指向在第 1 句中规定的法律错误的特定种类所具有的绝对没有关系。对于正确的方向,参见 T. Weigend, in B. Schünemann et al. (eds.), *Festschrift für Roxin* (2001), p. 1375 at p. 1391, fn. 66;但是,参见 K. Ambos, *Der Allgemeine Teil des Völkerstrafrechts* (2002), p. 811;A. Eser, in A. Cassese, P. Gaeta and J. R. W. D. Jones (eds.), *The Rome Statute of the International Criminal Court*, Vol. 1 (2002), p. 889 at pp. 941 et seq.;O. Triffterer, in O. Triffterer (ed.), *Commentary on the Rome Statute of the International Criminal Court* (1999), Art. 32, marginal no. 38。

[348] 参见《国际刑事法院规约》第 32 条第 2 款第 1 句;K. Ambos, *Der Allgemeine Teil des Völkerstrafrechts* (2002), pp. 816 et seq.;T. Weigend, in B. Schünemann et al. (eds.), *Festschrift für Roxin* (2001), p. 1375 at p. 1391。

[349] 参见 A. Eser, in A. Cassese, P. Gaeta and J. R. W. D. Jones (eds.), *The Rome Statute of the International Criminal Court*, Vol. 1 (2002), p. 889 at p. 945;T. Weigend, in B. Schünemann et al. (eds.), *Festschrift für Roxin* (2001), p. 1375 at pp. 1392 et seq.。《国际刑事法院规约草案(1998)》第 30 条仍然包括了下列规则,例如,选择一:"不可避免的事实错误或者法律错误应当是一种排除刑事责任的根据,只要这种错误不是与所指控的犯罪的性质不相一致。可以避免的事实上的错误或者法律上的错误可以在减轻刑罚时加以考虑。"对于在罗马的争论所进行的讨论,参见 M. Scaliotti, 2 *International Criminal Law Review* (2002), p. 1 at p. 5。不加以考虑——但是同样适合于作为一种对硬性的规约规则的修正手段——是这样一种在现代盎格鲁-美利坚关于错误的原则中发展起来的考虑,行为人的意识在什么程度上是"诚实的"或者"合理的"。参见 W. R. LaFave, *Criminal Law*, 4th edn. (2003), pp. 290 et seq.。

的规定。[350]

如果一种法律上的错误涉及国际法项下的一种犯罪所具有的各种规范性因素,那么,就可以是有关联的。在这里,具有决定意义的是,这名行为人是否认识到这个规范性因素的重要意义。[351] 行为人作出了一个错误的法律性评价,如果知道基础性事实(否则就有事实上的错误)和这个犯罪的法律定义的含义(否则就存在了有关的法律上的错误),那么,这个错误的法律评价就不会阻止责任的产生。[352] 例如,如果一名审判战俘的行为人,认为对被告人进行的在客观上并不充分的审判是充分的,那么,这就存在着一个有关的法律上的错误。[353] 在这种情况下,这名行为人并不对《国际刑事法院规约》第 8 条第 2 款第 1 项第 6 目中的战争罪承担责任。 446

不知法律不得免责("ignorantia legis non excusat")这个原则有一个例外,规定在第 32 条第 2 款第 2 句之中,需要参见《国际刑事法院规约》第 33 条,在该条中,不知法律碰上了被迫行为:对不是明显非法的上级实施战争罪的命令所具有的违法性* 所产生的错误,根据本规约第 32 条第 2 款,可以是一种有关的法律上的错误。 447

五 上级命令

参考书目:

Kai Ambos: *Der Allgemeine Teil des Völkerstrafrechts, Ansätze einer Dogmatisierung* (2002), pp. 832 et seq.; Cherif M. Bassiouni and Peter Manikas: *The Law of the International Criminal Tribunal for the former Yugoslavia* (1996), pp. 374 et seq.; Antonio Cassese: *International Criminal Law* (2003), pp. 231 et seq.; Robert Cryer: *Prosecuting International Crimes* (2005), 292 ff.; Yoram Dinstein: Defences, in: McDonald, Gabrielle Kirk/Swaak-Goldman, Olivia (Hrsg.), *Substantive and Procedural Aspects of International Criminal Law, The Experi-* 448

---

[350] 参见 A. Cassese, *International Criminal Law* (2003), pp. 257 et seq.; A. Eser, in A. Cassese, P. Gaeta and J. R. W. D. Jones (eds.), *The Rome Statute of the International Criminal Court*, Vol. 1 (2002), p. 889 at p. 945。

[351] 也见边码 309。

[352] 也见 A. Eser, in A. Cassese, P. Gaeta and J. R. W. D. Jones (eds.) *The Rome Statute of the International Criminal Court*, Vol. 1 (2002), p. 889 at p. 941。

[353] 参见 T. Weigend, in B. Schünemann et al. (eds.), *Festschrift für Roxin* (2001), p. 1375 at pp. 1391 et seq.。

* 英文原文是"unlawfulness",德文原文是"rechtswidrigkeit"。根据德文的意思,这里的"违法性"是与事物本身的错误性相联系的。——译者注

ence of International and National Courts, Band 1 (2000), 369 ff.; Yoram Dinstein: *The Defence of "obedience to superior orders" in International Law* (1965); Albin Eser: "Defences" in Strafverfahren wegen Kriegsverbrechen, in Kurt Schmoller (ed.), *Festschrift für Otto Triffterer* (1996), pp. 755 et seq.; Paola Gaeta: The Defence of Superior Orders: The Statute of the International Criminal Court versus Customary International Law, 10 *European Journal of International Law* (1999), pp. 172 et seq.; Leslie C. Green: Superior Orders and the Reasonable Man, 8 *Canadian Yearbook of International Law* (1970), pp. 61 et seq.; Leslie C. Green: *Superior orders in national and international Law* (1976); James B. Insco: Defence of Superior Orders: Before Military Commissions, 13 *Duke Journal of Comparative and International Law* (2003), pp. 389 et seq.; Hans-Heinrich Jescheck: *Die Verantwortlichkeit der Staatsorgane nach Völkerstrafrecht, Eine Studie zu den Nürnberger Prozessen* (1952), pp. 385 et seq.; Marcus Korte: *Das Handeln auf Befehl als Strafausschließungsgrund* (2004); Christiane Nill-Theobald: *"Defences" bei Kriegsverbrechen am Beispiel Deutschlands und der USA* pp. 65 et seq.; Massimo Scaliotti: Defences before the International Criminal Court: Substantive Grounds for Excluding Criminal Responsibility, Part 1, 1 *International Criminal Law Review* (2002), pp. 111 et seq.; William A. Schabas: *Genocide in International Law* (2000), pp. 331 et seq.; Elies van Sliedregt: *The Criminal Responsibility of Individuals for Violations of International Humanitarian Law* (2003), 243 ff.; Günter Stratenwerth: *Verantwortung und Gehorsam, Zur strafrechtlichen Wertung hoheitlich gebotenen Handelns* (1958); Otto Triffterer: ICC Statute, Article 33, in Otto Triffterer (ed.), *Commentary on the Rome Statute of the International Criminal Court, Oberservers' Notes, Article by Article* (1999), pp. 573 et seq.; Andreas Zimmermann: Superior Orders, in Antonio Cassese, Paola Gaeta and John R. W. D. Jones (eds.), *The Rome Statute of the International Criminal Court: A Commentary*, Vol. 1 (2002), pp. 957 et seq.

449 国际法项下的犯罪经常是根据(军事或者民事)上级的命令实施的。行为人经常是共同结合在一个划分等级的结构之中,例如军队或者警察。[354] 在一些领域中,这种命令和服从的制度是至关重要的。从功能上说,这种制度要求,在接受命令方面有服从的基本职责。在这个过程中,下级必须能够信任自己接到的命令和指示具有约束性特征;因此,他们在一定程度上就在实践着一种保护,使自己免除执行这些命令所产生的个人责任。[355]

---

[354] 参见边码 81 以下。

[355] 关于基本的讨论,参见 G. Stratenwerth, *Verantwortung und Gehorsam, Zur strafrechtlichen Wertung hoheitlich gebotenen Handelm* (1958); 也见 Y. Dinstein, *The Defence of "obedience to superior orders" in International Law* (1965)。

从国际刑法的观点看来，中心问题就是，这种保护是否能够走得那么远，以至于可以创设一些排除下级责任的根据，甚至是排除对违反国际法的犯罪的责任根据。

(一)基本立场

关于服从命令行为人的责任问题，应当区分下列基本立场。[356] 450

在第二次世界大战前，适用的是“仆人过错主人负责”(respondeat superior)原则。根 451
据这个原则，上级命令总是完全排除根据命令行为的下级方面的刑事责任。只有上级是有责任的。[357] 这个角度的主要目的，在适应军事命令的背景下发展起来，是为了保证那些接受命令的人无条件的服从。今天，这个模式已经过时。很明显，无条件地允许服从命令的下级不受惩罚，将有令人无法接受的后果。在这种极端的例子下，刑事责任将集中在这个命令链条的顶端，也许就集中在一个人身上(“这完全是希特勒的错”)。

根据相反的立场，这名行为人根据命令或者指示实施犯罪的事实，并不影响他或者她 452
的责任(绝对责任原则)。

根据第三种立场，中间的立场，命令的确在原则上具有排除责任的效果，但是，如果这 453
名行为人已经知道这个命令是违法的或者明显是违法的(明显违法原则)，那么就不具有这种效果了。[358] 在这里，产生的问题是，实施灭绝种族、危害人类罪或者战争罪的命令，由于这些犯罪的严重性，是否并不总是明显违法的。[359]

---

[356] 也见 Y. Dinstein, in G. Kirk McDonald and O. Swaak-Goldman (eds.), *Substantive and Proeedural Aspects of International Criminal Law*, Vol. 1 (2000), p. 371 at pp. 379 et seq.; A. Eser, in K. Schmoller (ed.), *Festschrift für Triffterer* (1996), p. 755 at pp. 760 et seq.; P. Gaeta, 10 *European Journal of International Law* (1999), p. 172 at pp. 174 et seq.; J. B. Insco, 13 *Duke Journal of Comparative and International Law* (2003), p. 389 at pp. 390 et seq.; A. Zimmermann, in A. Cassese, P. Gaeta and J. R. W. D. Jones (eds.), *The Rome Statute of the International Criminal Court*, Vol. 1 (2002), p. 957 at pp. 958 et seq.。

[357] 关于上级责任，参见边码 368 以下。

[358] Dinstein 发展的所谓罪过(mens rea)原则，一般会导致与明显违法(the manifest illegality)原则一样的结果。根据这个原则，命令并不是作为排除责任的一个独立根据来加以分类的。然而，上级命令的情形，在紧急避险和错误这样一般的排除根据的背景下，会一起发挥作用的，在这里排除了主观性因素。详细情况，参见 Y. Dinstein, *The Defence of "obedience to superior orders" in International Law* (1965)；也见 M. C. Bassiouni and P. Manikas, *The Law of the International Criminal Tribunal for the former Yugoslavia* (1996), pp. 384 et seq.。

[359] 参见《国际刑事法院规约》第 33 条第 2 款和边码 461。在 H.-H. Jescheck 的意见中，《纽伦堡宪章》第 8 条是一个特别创设的规则，为了给最高的战争罪犯定罪，创设了这种无法反驳的假定：这些人受到指控的这些犯罪是明显违法的，参见 H.-H. Jescheck, *Die Verantwortlichkeit der Staatsorgane nach Völkerstrafiecht* (1952), p. 386。

(二)国际判例法和习惯性国际法

454 根据习惯性国际法,根据命令或者指示行为,在原则上,不能免除一个人对国际法项下犯罪的刑事责任。[360] 服从命令只能在排除责任的"一般根据"这个背景下发生作用,尤其是被迫行为和法律上的错误。[361] 另外,根据习惯法建立起来的是,服从命令在确定刑罚时可以发挥对行为人有利的作用。[362]

455 《纽伦堡宪章》和《东京宪章》,以及《管制理事会法》第 10 号,都明确地指出,根据政府或者上级命令的行为并不能免除行为人的责任。[363] 纽伦堡法庭正确指出:"士兵受命违反国际法的杀害或者酷刑,从来没有被承认为是对这种残忍行为的一种辩护理由,虽然……这个命令可以用来主张减轻处罚。"[364]这个立场在各种随后的审判中得到了确认。[365]

456 这些条文可以被理解为是一种绝对责任原则的表现,或者,在反映明显违法原则的情况下,被理解为是建立了这种不可反驳的假定:实施危害和平罪、危害人类罪或者战争罪的命令,总是明显违法的。[366] 由于这些犯罪异常凶残,因此,把服从命令作为减轻情节加以考虑的可能性,虽然明确地得到了各种规

---

[360] 对于国际刑法实践的彻底讨论,参见 A. Cassese, *International Criminal Law* (2003), pp. 234 et seq.; Y. Dinstein, in G. Kirk McDonald and O. Swaak-Goldman (eds.), *Substantive and Procedural Aspects of International Criminal Law*, Vol. 1 (2000), p. 371 at p. 379。

[361] 也见 K. Ambos, *Der Allgemeine Teil des Völkerstrafrechts* (2002), p. 833, p. 836; A. Zimmermann, in A. Cassese, P. Gaeta and J. R. W. D. Jones (eds.), *The Rome Statute of the International Criminal Court*, Vol. 1 (2002), p. 957 at p. 966; W. A. Schabas, *Genocide in International Law* (2000), p. 331。

[362] 参见 Y. Dinstein, in G. Kirk McDonald and O. Swaak-Goldman (eds.), *Substantive and Procedural Aspects of lnternational Criminal Law*, Vol. 1 (2000), p. 371 at p. 379。

[363] 《纽伦堡宪章》第 8 条;《东京宪章》第 6 条;《管制理事会法》第 2 条第 4 款第 2 项。也见 ILC, Principles of International Law Recognised in the Charter of the Nuremberg Tribunal and in the judgment of the Tribunal, Principle IV, in *Yearbook of the International Law Commission* 1950 II, p. 364 at p. 375。

[364] IMT, judgment of 1 October 1946, in *The Trial of German Major War Criminals. Proceedings of the International Military Tribunal Sitting at Nuremberg, Germany*, Part 22, p. 447。

[365] 参见,例如, US Military Tribunal, Nuremberg, judgment of 19. February 1948 (*List* et al., so-called Hostages Trial), in *Trials of War Criminals* XI, pp. 1230, 1236 et seq.; US Military Tribunal, Nuremberg, judgment of 10 April 1948 (*Ohlendorf* et al., so-called Einsatzgruppen Trial), in *Trials of War Criminals* IV, pp. 411, 470 et seq.; US Military Tribunal, Nuremberg, judgment of 28 October 1948 (*von Leeb* et al., so-called High Command Trial), in *Trials of War Criminals* XI, pp. 462, 507 et seq.。综述参见 A. Zimmermann, in A. Cassese, P. Gaeta and J. R. W. D. Jones (eds.), *The Rome Statute of the International Criminal Court*, Vol. 1 (2002), p. 957 at pp. 963 et seq.。这些纽伦堡法最近在与东帝汶起诉国际法项下的犯罪相联系中,得到了肯定,参见 UNTAET, Regulation 15/2000 of 6 June 2000。

[366] 与《管制理事会法》第 10 号相反,许多后续审判是以明显违法原则为导向的。分析参见 H.-H. Jescheck, *Die Verantwortlichkeit der Staatsorgane nach Völkerstrafrecht* (1952), pp. 255 et seq.。

则的许可，但是，并没有在纽伦堡审判中得到运用。[367]

457 南斯拉夫国际法庭和卢旺达国际法庭的规约都采纳了《纽伦堡宪章》中的规则，仅仅作了轻微的改变。[368] 服从命令因此一直在国际法庭的实践中没有发挥什么作用。[369]

458 如何处理下级对于一个不是明显违法的命令所具有的合法性产生了错误这类案件，在习惯法中，找不到清楚的立场。[370] 一个实施国际法项下的犯罪命令，是否甚至可以想象为不是明显违法的，在习惯性国际法中对此仍然不清楚。在绝对责任原则的基础上，只有错误的一般原则可以在这里适用。适用明显违法原则的结果，取决于人们是否总是可以由于明显违法而把命令定位为实施违反国际法的犯罪，或者是否可以在这里想象"简单的"违法性。

459 根据明显违法原则，有条件责任的假定在各国法律制度中是很普遍的。[371] 各国法院倾向于认为，以实施国际法项下的犯罪为目的的命令具有明显的违法性。[372]

（三）《国际刑事法院规约》第 33 条

460 《国际刑事法院规约》第 33 条的出发点符合习惯法毫无争议的核心：一个命令的存在，在原则上并不免除行为人的刑事责任。这是真实的，不管这个命令来自政府、军队或

---

[367] 关于这一点，纽伦堡审判指出："在令人震惊和大规模的犯罪是有意识地、残忍地并且没有军事上的免责或者正当化理由实施时，上级命令，甚至下达给的是士兵，也不能在减轻刑罚中加以考虑"，IMT，judgment of 1 October 1946，in *The Trial of German Major War Criminals. Proceedings of the International Military Tribunal Sitting at Nuremberg*；*Germany*，Part 22，p. 493。

[368] 《南斯拉夫国际法庭规约》第 7 条第 4 款；《卢旺达国际法庭规约》第 6 条第 4 款。适用这些规则的一项重要指示，参见联合国秘书长在第 808 号决议中的报告。它指出，根据命令的行为，在排除责任的其他根据背景下，必须加以考虑；参见 Report of the Secretary-General pursuant to paragraph 2 of Security Council Resolution 808，UN Doc. S/25704，para. 57；也见 A. Zimmermann，in A. Cassese，P. Gaeta and J. R. W. D. Jones（eds.），*The Rome Statute of the International Criminal Court*，Vol. 1（2002），p. 957 at p. 961。

[369] 在 Erdemović 案件的判决中，在两个单独的意见中可以找到附论（obiter dicta），参见 the joint separate opinion of Judges Kirk McDonald and Vohrah to *Prosecutor v. Erdemović*，ICTY（Appeals Chamber），judgment of 7 October 1997，paras. 34 et seq.；separate opinion of Judge Cassese to *Prosecutor v. Erdemović*，ICTY（Appeals Chamber），judgment olr 7 October 1997，para. 15。

[370] 关于绝对责任原则是否推进了习惯法的地位的争论，一方面参见 A. Zimmermann，in A. Cassese，P. Gaeta and J. R. W. D. Jones（eds.），*The Rome Statute of the International Criminal Court*，Vol. 1（2002），p. 957 at p. 965（根据他的意见，绝对责任原则不是习惯法）；另一方面，A. Cassese，*International Criminal Law*（2003），pp. 231 et seq.，and P. Gaeta，10 *European Journal of International Law*（1999），p. 172，认为："关于上级命令的习惯规则支持了绝对责任的方向。"

[371] 参见 P. Gaeta，10 *European Journal of lnternational Law*（1999），p. 172 at pp. 177 et seq.；L. C. Green，*Superior orders in national and international law*（1976），pp. 17 et seq.；C. Nill-Theobald，"*Defences" bei Kriegsverbrechen am Beispiel Deutschlands und der USA*（1998），pp. 108 et seq.；A. Zimmermann，in A. Cassese，P. Gaeta and J. R. W. D. Jones（eds.），*The Rome Statute of the International Criminal Court*，Vol. 1（2002），p. 957 at p. 965。

[372] 参见 P. Gaeta，10 *European Journal of lnternational Law*（1999），p. 172，fn. 32。

者一个民事上级。[573] 一个命令只能在例外的情况下导致责任的免除,也就是说,如果行为人有法律上的义务服从命令,如果他或者她不知道这个命令是违法的,以及命令的违法性不是明显的。[574] 排除责任的一般根据的可适用性,不受《国际刑事法院规约》第 33 条的影响。[575] 在这里,《国际刑事法院规约》在原则上是决定采取明显违法原则的。

461 然而,明显违法原则被这部规约以这样一种方式加以解释了:它产生了部分符合绝对责任原则的结果,这是在罗马大会上的几种对立立场之间达成的一种妥协。[576] 根据《国际刑事法院规约》第 33 条第 2 款,实施灭绝种族或者危害人类罪的命令总是明显违法的。因此,在这个范围内,这部规约认为,这种命令的违法性对于使用客观的事前判断的一般观察者来说,是很明白的。[577] 在其实践性结果中,这个结果符合了绝对责任原则。因此,这部规约仅仅在命令实施战争罪中为排除责任留下了空间。[578] 这个新的区分被这种主张加以正当化了:由于战争罪具有各种各样的形式和各种各样的严重程度,因此,在这个领域中,排除责任总是可以得到考虑的。

462 在这部规约中使用的绝对责任原则和明显违法原则的各种因素,本身在习惯性国际法中就是很常见的。然而,新的是对明显违法原则的规范性解释。对习惯性国际法的这种解释所起的明确作用,在有限的范围内是有利于行为人的:如果下级对一个不是明显违法的命令的合法性有错误认识,那么,这就是一个法律上的错误的特殊案件(《国际刑事法院规约》第 32 条第 2 款),可以导致在上述解释的框架之内排除责任。然而,减轻处罚的可能性并没有明确地规定在这部规约之中,它在《国际刑事法院规约》第 78 条中提出来了。[579]

---

[573] 这包括了对《国际刑事法院规约》中的犯罪加以规定的各国法律,参见 O. Triffterer, in O. Triffterer (ed.), *Commentary on the Rome Statute of the International Criminal Court* (1999), Art. 33, marginal no. 13, 17 et seq.。关于这些概念,参见 A. Zimmermann, in A. Cassese, P. Gaeta and J. R. W. D. Jones (eds.), *The Rome Statute of the International Criminal Court*, Vol. 1 (2002), p. 957 at pp. 968 et seq.。

[574] 关于更多的细节,参见 O. Triffterer, in O. Triffterer (ed.), *Commentary on the Rome Statute of the International Criminal Court* (1999), Art. 33, marginal no. 13 et seq.; A. Zimmermann, in A. Cassese, P. Gaeta and J. R. W. D. Jones (eds.), *The Rome Statute of the International Criminal Court*, Vol. 1 (2002), p. 957 at pp. 968 et seq.。

[575] 参见 K. Ambos, *Der Allgemeine Teil des Völkerstrafrechts* (2002), p. 837。

[576] 关于这些谈判,参见 P. Gaeta, 10 *European Journal of International Law* (1999), p. 172 at pp. 188 et seq.; M. Scaliotti, 1 *International Criminal Law Review* (2001), p. 111 at pp. 135 et seq.; O. Triffterer, in O. Triffterer (ed.), *Commentary on the Rome Statute of the International Criminal Court* (1999), Art. 33, marginal no. 8 et seq.; A. Zimmermann, in A. Cassese, P. Gaeta and J. R. W. D. Jones (eds.), *The Rome Statute of the International Criminal Court*, Vol. 1 (2002), p. 957 at p. 967。

[577] 关于措施的标准,参见 A. Zimmermann, in A. Cassese, P. Gaeta and J. R. W. D. Jones (eds.), *The Rome Statute of the International Criminal Court*, Vol. 1 (2002), p. 957 at p. 970。

[578] 参见 P. Gaeta, 10 *European Journal of International Law* (1999), p. 172 at pp. 189 et seq.; A. Zimmermann, in A. Cassese, P. Gaeta and J. ILW. D. Jones (eds.), *The Rome Statute of the International Criminal Court*, Vol. 1 (2002), p. 957 at p. 971, fn. 70。对于侵略罪也是这样,但是,目前这个规则还不具有实践的价值,参见边码 1184 以下。

[579] 也见 O. Triffterer, in O. Triffterer (ed.), *Commentary on the Rome Statute of the International Criminal Court* (1999), Art. 33, marginal no. 24。对《国际刑事法院规约草案(1998)》第 32 条第 2 款的一个脚注明确指出:"关于减轻情节的问题,见第七部分。"

六　精神疾病或者缺陷

参考书目：

Kai Ambos：Other Grounds for Excluding Criminal Responsibility，in Antonio Cassese，Paola Gaeta and John R. W. D. Jones（eds.），*The Rome Statute of the International Criminal Court：A Commentary*，Vol. 1（2002），pp. 1003 et seq.；Kai Ambos：General Principles of Criminal Law in the Rome Statute，10 *Criminal Law Forum*（1999），pp. 1 et seq.；Antonio Cassese：*International Criminal Law*（2003），pp. 224 et seq.；Albin Eser：ICC Statute，Article 31，in Otto Triffterer（ed.），*Commentary on the Rome Statute of the International Criminal Court，Observers' Notes，Article by Article*（1999），pp. 537 et seq.；Sander Janssen：Mental condition defences in international criminal law，*International Criminal Law Review* 4（2004），83 ff.；Kriangsak Kittichaisaree：*International Criminal Law*（2001），pp. 261 et seq.；Geert-Jan Knoops：*Defenses in Contemporary International Criminal Law*（2001），pp. 108 et seq.；Claus Kress：Die Kristallisation eines Allgemeinen Teils des Völkerstrafrechts：Die Allgemeinen Prinzipien des Strafrechts im Statut des Internationalen Strafgerichtshofs，*Humanitäres Völkerrecht-Informationsschriften* 1999，pp. 4 et seq.；Peter Krug：The Emerging Mental Incapacity Defense in International Criminal Law：Some Initial Questions of Implementation，94 *American Journal of International Law*（2000），pp. 317 et seq.；Ronald D. Mackay：*Mental Condition Defences in the Criminal Law*（1995）；Christiane Nill-Theobald："*Defences*" *bei Kriegsverbrechen am Beispiel Deutschlands und der USA*（1998），pp. 383 et seq.；Per Saland：International Criminal Law Principles，in Roy S. Lee（ed.），*The International Criminal Court，The Making of the Rome Statute*（1999），pp. 189 et seq.；Massimo Scaliotti：Defences before the international criminal court，Substantive grounds for excluding criminal responsibility，Part 1，1 *International Criminal Law Review*（2001），pp. 111 et seq.；Part 2，2 *International Criminal Law Review*（2002），pp. 1 et seq.；William A. Schabas：General Principles of Criminal Law in the International Criminal Court Statute（Part III），*European Journal of Crime，Criminal Law and Criminal Justice* 1998，pp. 399 et seq.；Elies van Sliedregt：*The Criminal Responsibility of Individuals for Violations of International Humanitarian Law*（2003），243 ff. 463

在大多数国内法律制度中规定的由于精神疾病或者缺陷而排除刑事责任，在国际刑 464

法中也得到了适用。[80] 虽然这个排除责任的根据迄今在各种国际法院的实践中,还没有获得什么重要意义,[81]但是,已经在《国际刑事法院规约》第31条第1款第1项中得到了肯定和明确。作为一种排除责任的条件,"精神疾病或者缺陷"的存在,要求"在那个人的行为时……使那个人丧失了判断自己行为的违法性或者性质的能力,或者控制自己行为符合法律要求的能力。"[82]

465 法庭可以请专家确定精神疾病或者缺陷。[83] 虽然《国际刑事法院规约》没有包含与专家证言有关的规则,但是,人们认为这种证言是允许的。这可以在许多条文中见到,其中以第48条第4款和第100条第1款第4项最为明显。[84] 相比之下,如何处理由于精神疾病或者缺陷而免除责任的人,则完全没有规定。《国际刑事法院规约》和《程序和证据规则》都没有规定把精神错乱的行为人送交处遇设施(treatment facilities)的手段。[85]

---

[80] 参见 *Prosecutor v. Mucić et al.*, ICTY (Appeals Chamber), judgment of 20 February 2001, para. 582:"精神错乱的请求是一项完全的辩护";南斯拉夫国际法庭把精神错乱定义为"这样一种缺乏理智(reason),由于头脑的疾病,无法知道自己行为的属性和性质,或者,如果(行为人)的确知道了,那么,(行为人)也不知道自己所做的是错误的";"缺乏心理性责任"就是这么清楚地作为"辩护理由"规定在南斯拉夫国际法庭《程序规则》第67条第1款第2项第2目之中。然而,南斯拉夫国际法庭的判例法没有回答这个问题:这个排除责任的根据是习惯性国际法的因素,还是要作为法律的一项一般原则而在国际刑法中主张一个位置。但是,Cassese 明确地把这个排除责任的根据算作习惯性国际刑法的一部分,参见 A. Cassese, in A. Cassese, P. Gaeta and J. R. W. D. Jones (eds.), *The Rome Statute of the International Criminal Court*, Vol. 1 (2002), p. 951 at p. 954; 也见 K. Kittichaisaree, *International Criminal Law* (2001), p. 261; M. Scaliotti, 2 *International Criminal Law Review* (2002), p. 1 at pp. 16 et seq.。根据普通法的术语,这个排除责任的根据也称为精神错乱(辩护)或者无能力(incapacity),参见 L. N. Sadat, *The International Criminal Court and the Transfbrmation of lnternational Law* (2002), p. 189 at p. 212; W. A. Schabas, *European Journal of Crime, Criminal Law and Criminal Justice* 1998, p. 399 at p. 422; A. Eser, in O. Triffterer (ed.), *Commentary on the Rome Statute of the International Criminal Court* (1999), Art. 30, marginal no. 20。

[81] 在这些法庭有理由考虑被告人犯罪时的心理状态时,他们一般都拒绝排除刑事责任,参见,例如, *Prosecutor v. Mucić et al.*, ICTY (Trial Chamber), judgment of 16 November 1998, paras. 1156 et seq.; *Prosecutor v. Todorović*, ICTY (Trial Chamber), judgment of 31 July 2001, paras. 93 et seq.; 额外的例子,参见 A. Cassese, *International Criminal Law* (2003), p. 225。

[82] 对这个规则的彻底讨论,参见 G. J. Knoops, *Defenses in Contemporary International Criminal Law* (2001), p. 114; A. Eser, in O. Triffrerer (ed.), *Commentary on the Rome Statute of the International Criminal Court* (1999), Art. 31, marginal no. 20。

[83] 参见,例如, *Prosecutor v. Mucić et al.*, ICTY (Trial Chamber), judgment of 16 November 1998, paras. 1170, 1173 et seq.; *Prosecutor v. Banović*, ICTY (Trial Chamber), judgment of 28 October 2003, para. 77。

[84] 在这里,明确地提到了专家。也见《国际刑事法院规约》第56条第2款第3项;第93条第1款第2项、第3项,第2款;第100条第1款第1项。参见 *Prosecutor v. Mucić et al.*, ICTY (Trial Chamber), judgment of 16 November 1998, para. 1186, and G. J. Knoops, *Defenses in Contemporary International Criminal Law* (2001), p. 114。

[85] 详细情况,参见 W. A. Schabas, *European Journal of Crime, Criminal Law and Criminal Justice 1998*, p. 399 at p. 423。

排除责任的前提条件是存在着“精神疾病或者缺陷”，[386]并且是在行为人实施行为时。[387] 这在原则上包括了导致具有任何严重程度和持续程度，并且能够破坏行为人判断或者控制自己行为的精神缺陷。[388] 在例外的情况下，排除责任甚至可以被认为适用于在情绪激励情况下实施的国际法项下的犯罪。然而，这不适用于仅仅是临时的疲惫或者激动状态。[389] 另外，行为人仅仅是情绪性的心理烦乱，例如深切的悲痛或者盲目的愤怒，就不包括在内。[390] 466

仅仅是使人丧失行为人判断或者控制自己行为的能力的那种精神上的烦乱，就能导致排除责任。[391]《国际刑事法院规约》第31条第1款第1项对精神疾病或者缺陷的三种效果进行了区分，每一种都能够导致排除责任：[392]丧失判断行为的违法性的能力；丧失判断行为性质的能力；以及丧失控制一个人的行为符合法律要求的能力。 467

如果这些能力受到损害，但是还没有完全丧失，那么，就不存在着避免责任的途径。[393] 468

---

[386] 《国际刑事法院规约》第31条第1款第1项。一把统一的、国际公认的理解这个阶段的钥匙，是由世界卫生组织在国际疾病分类(*ICD*)中提供的，参见 World Health Organization (ed.), *International Statistical Classification of Diseases and related Health Problems*, *ICD*-10 (1992—1994)。In the trial of *Mucić* et al. before the ICTY, the experts referred to the ICD，参见 *Prosecutor v. Mucić* et al., ICTY (Trial Chamber), judgment of 16 November 1998, para. 1178。

[387] 也见 *Prosecutor v. Mucić et al.*, ICTY (Trial Chamber), judgment of 16 November 1998, para. 1156; *Prosecutor v. Mucić et al.*, ICTY (Appeals Chamber), judgment of 20 February 2001, para. 582(“头脑的疾病”); K. Kittichaisaree, *International Criminal Law* (2001), p. 261。

[388] 参见 A. Eser, in O. Triffterer (ed.), *Commentary on the Rome Statute of the International Criminal Court* (1999), Art. 31, marginal no. 21; G. J. Knoops, *Definses in Contemporary International Criminal Law* (2001), p. 114。

[389] 参见 *Prosecutor v. Mucić et al.*, ICTY (Trial Chamber), judgment of 16 November 1998, para. 1166; A. Eser, in O. Triffterer (ed.), *Commentary on the Rome Statute of the International Criminal Court* (1999), Art. 31, marginal no. 21; G. -J. Knoops, *Defenses in Contemporary International Criminal Law* (2001), p. 114。

[390] 参见 A. Eser, in O. Triffterer (ed.), *Commentary on the Rome Statute of the International Criminal Court* (1999), Art. 31, marginal no. 21; G. -J. Knoops, *Defenses in Contemporary International Criminal Law* (2001), p. 114。

[391] 参见 *Prosecutor v. Mucić et al.*, ICTY (Appeals Chamber), judgment of 20 February 2001, para. 582。

[392] 参见 K. Ambos, 10 *Criminal Law Forum* (1999), p. 1 at pp. 24 et seq.; A. Eser, in O. Triffterer (ed.), *Commentary on the Rome Statute of the International Criminal Court* (1999), Art. 31, marginal no. 22; G. -J. Knoops, *Defenses in Contemporary International Criminal Law* (2001), p. 114。通过包括三种效果，这部规约把普通法和民法法系的基本立场结合在一起。两者都承认，一名行为人由于心理性疾病而不能认识到一个行为的犯罪性，能够是排除责任的一个根据。但是，除此之外，普通法还向由于疾病而不能认识到一个人行为的重要性这个方向发展(关于所谓的 M'Naghten Rule，参见 *Prosecutor v. Mucić* et al., ICTY [Appeals Chamber], judgment of 20 February 2001, para. 582; also Sec. 4. 01 Model Penal Code)(原文缺这个右括号，这个位置是作者指示的——译者注)，与此同时，许多欧洲大陆的刑法制度也包括了不能控制行为(参见，例如，《德国刑法典》第20条)；详细情况，参见 W. A. Schabas, *European Journal of Crime, Criminal Law and Criminal Justice* 1998, p. 399 at p. 423。

[393] 参见，《国际刑事法院规约》第31条第1款第1项(“毁坏”)；*Prosecutor v. Mucić* et al., ICTY (Appeals Chamber), judgment of 20 February 2001, para. 587; A. Eser, in O. Triffterer (ed.), *Commentary on the Rome Statute of the International Criminal Court* (1999), Art. 31, marginal no. 22。

《国际刑事法院规约》没有明显包含关于仅仅是减弱能力的条文。然而,在《国际刑事法院规约》第78条的一般量刑框架之内考虑刑罚的减轻,仍然是有可能的。[394]

七 醉态*

参考书目:

469 Kai Ambos: *Der Allgemeine Teil des Völkerstrafrechts, Ansätze einer Dogmatisierung* (2002), pp. 158 et seq.; Kai Ambos: Other Grounds for Excluding Criminal Responsibility, in Antonio Cassese, Paola Gaeta and John R. W. D. Jones (eds.), *The Rome Statute of the International Criminal Court: A Commentary*, Vol. 1 (2002), pp. 1003 et seq.; K. Ambos: General Principles of Criminal Law in the Rome Statute, 10 *Criminal Law Forum* (1999), pp. 1 et seq.; Antonio Cassese: International Criminal Law (2003), pp. 228 et seq.; Albin Eser: ICC Statute, Article 31, in Otto Triffterer (ed.), *Commentary on the Rome Statute of the International Criminal Court, Observers' Notes, Article by Article* (1999), pp. 537 et seq.; Kriangsak Kittichaisaree: *International Criminal Law* (2001), p. 261; Geert-Jan Knoops: Defenes in Contemporary International Criminal Law (2001), pp. 108 et seq.; Claus Kress: Die Kristallisation eines Allgemeinen Teils des Völkerstrafrechts: Die Allgemeinen Prinzipien des Strafrechts im Statut des Internationalen Strafgerichtshofs, *Humanitäres Völkerrecht-Informatiomschriften* 1999, pp. 4 et seq.; Christiane Nill-Theobald: "*Defences*" *bei Kriegsverbrechen am Beispiel Deutschlands und der USA* (1998), pp. 383 et seq.; Per Saland: International Criminal Law Principles, in Roy S. Lee (ed.), *The International Criminal Court, The Making of the Rome Statute* (1999), pp. 189 et seq.; William A. Schabas: General Principles of Criminal Law in the International Criminal Court Statute (Part III), *European Journal of Crime, Criminal Law and Criminal Justice* 1998, pp. 399 et seq.; Elies van Sliedregt: *The Criminal Responsibility of Individuals for Violations of International Humanitarian Law* (2003), 248 ff.

470 对于在醉态下实施了国际法项下的犯罪,《国际刑事法院规约》第31条第1款第2项

---

[394] 也见 *Prosecutor v. Banović*, ICTY (Trial Chamber), judgment of 28 October 2003, paras. 79 et seq.; *Prosecutor v. Češić*, ICTY (Trial Chamber), judgment of 11 March 2004, paras. 88 et seq.。

* 原文是 Intoxication,不仅指由于酒精引起的醉态,而且指由于麻醉药品甚至毒品造成的迷醉状态。——译者注

对刑事责任的排除作出了规定。[395] 一个人,由于醉态,在实施行为时不能"判断自己行为的非法性或者性质,或者……控制自己的行为以符合法律的要求",将不受惩罚。但是,根据《国际刑事法院规约》,如果行为人"在已经知道自己在醉态这种结果中,可能从事构成本法院管辖权范围内的犯罪的行为,或者不顾这种风险的,在这种情况下而自愿成为醉态的",也可能不排除责任。[396]

471 如果行为人不是自愿地成为醉态的——也就是说,例如,如果他不知道而吸食了一种使人醉态的物质,或者被迫吸食了这种东西的,[397]这种导致排除责任的《国际刑事法院规约》的条文,反映的是法律的一般原则。[398] 这可能不是排除自愿醉态责任的情况。由于在国内法律制度中对这类案件的各种各样的处理方式,看来,在这种情况下,这部规约的规则不仅没有在法律的一般原则中找到支持,而且在习惯性国际法的相应规则中也不存在证据。

(一)丧失判断或者控制行为的能力

472 排除责任以存在着由于吸食了带有迷醉效果的物质而造成的醉态为前提条件。[399] 从实践的观点看来,最具有意义的是酒精和毒品。行为人必须由于这种醉态而失去判断或者控制自己行为的能力。在什么时候可以推断出一种将免除行为人刑事责任的醉态——例如,根据其血液中包含的致醉物质的特定浓度,不可能作出一般原则的说明。最重要的是个别案件的各种情况。一种简单的减弱判断或者控制行为的能力,并不足以排除责任。[400]

---

[395] 概述参见 A. Eser, in O. Triffterer (ed.), *Commentary on the Rome Statute of the International Criminal Court* (1999), Art. 31, marginal no. 25; G.-J. Knoops, *Defenses in Contemporary International Criminal Law* (2001), p. 117。《国际刑事法院规约》第 31 条第 1 款第 2 项中对醉态进行单独规定的一个结果是,这种心理缺陷的假定,在行为人使用了醉态物质的案件中,就不可以作为排除责任的基础加以考虑;参见 K. Ambos, in A. Cassese, P. Gaeta and J. R. W. D. Jones (eds.), *The Rome Statute of the International Criminal Court*, Vol. 1 (2002), p. 1003 at p. 1020。

[396] 参见,《国际刑事法院规约》第 31 条第 1 款第 2 项第 2 句。

[397] 参见 G.-J. Knoops, *Defenses in Contemporary International Criminal Law* (2001), pp. 119 et seq.。

[398] 根据 A. Cassese, in A. Cassese, P. Gaeta and J. R. W. D. Jones (eds.), *The Rome Statute of the International Criminal Court*, Vol. 1 (2002), p. 951 at p. 954,它们甚至是习惯法的一部分。

[399] 参见 A. Eser, in O. Triffterer (ed.), *Commentary on the Rome Statute of the International Criminal Court* (1999), Art. 31, marginal no. 25; G.-J. Knoops, *Defenses in Contemporary International Criminal Law* (2001), p. 117。以内生性原因(endogenous causes)为基础的行为,并不包括在《国际刑事法院规约》第 31 条第 2 款第 1 项之中,但是,可以在第 31 条第 1 款第 1 项的背景下加以考虑。

[400] 参见 A. Eser, in O. Triffterer (ed.), *Commentary on the Rome Statute of the International Criminal Court* (1999), Art. 31, marginal no. 26; G.-J. Knoops, *Defenses in Contemporary International Criminal Law* (2001), p. 118。然而,在由于心理性疾病而使用减低的能力来鉴别和控制行为的,刑事惩罚可以减轻。也见边码 468。在很少的案件中,各个国际法院已经考虑了在醉态下实施的行为所具有的合法性,他们一般仅仅从减轻处罚是否符合规则这个角度来讨论这个问题。详细情况,参见 K. Ambos, *Der Allgemeine Teil des Völkerstrafrechts* (2002), pp. 158 et seq.。

(二)为自愿醉态排除责任?

473 在没有能力判断或者控制自己的行为是自愿醉态的结果这种情况下,行为人的刑事责任问题是一个具有极端实践意义的问题,也是在法律政策方面特别敏感的问题。[401]

474 在罗马大会上的各国迅速同意承认自愿醉态是一种排除责任的基础,但是,自愿醉态是否以及在什么程度上应当免除责任的问题,却造成了持续到最后的冲突。[402] 讨论的背景是各国法律制度在处理这类案件中的不同做法。一些法律制度反对在原则上排除自愿醉态的刑事责任。[403] 有时,在实施犯罪前喝一点酒甚至被认为是一种从重情节。[404] 另一方面,在其他法律制度中,甚至自愿醉态也能排除责任或者减轻处罚。[405]

475 《国际刑事法院规约》第 31 条第 1 款第 2 项采取的是一条中间道路。自愿醉态并不完全拒绝考虑排除责任,但是,只有在行为人成为醉态之前就已经确切地知道自己将会实施一项国际法项下的犯罪,或者不顾实施这种犯罪的风险而仍然醉态的,才能承担责任。对于行为人来说,有必要在醉态时就已经知道自己行为的风险而仍然行为。因此,为了排除醉态这种辩护理由,在实施这种国际法项下的犯罪方面,一种加重的过失形式就足够了。[406]

---

[401] 国际法项下犯罪的实施,发生在使人心醉神迷物质的影响下,这并不是不经常的。例如,来自波斯尼亚收容所的报告说,使人遭受痛苦的人,一般就是处于酒精或者毒品的影响下,参见 R. Gutman in T. Zülch (ed.),"*Ethnische Säuberung*"-*Völkermord für* "*Großserbien*" (1993), p. 105 at p. 121; C. Nill-Theobald, "*Defences*" *bei Kriegsverbrechen am Beispiel Deutschlands und der USA* (1998), p. 383。

[402] 参见 A. Eser, in O. Triffterer (ed.), *Commentary on the Rome Statute of the International Criminal Court* (1999), Art. 31, marginal no. 24; P. Saland, in R. S. Lee (ed.), *The International Criminal Court, The Making of the Rome Statute* (1999), p. 189 at pp. 206 et seq.。关于原来的草案,参见 W. A. Schabas, *European Journal of Crime, Criminal Law and Criminal Justice* 1998, p. 399 at p. 423。最后达成的妥协,仅仅是消除了在《国际刑事法院规约草案(1998)》中的一个脚注。根据这个脚注,排除责任本来一般是不可能适用于灭绝种族罪和危害人类罪的。参见 K. Ambos, in A. Cassese, P. Gaeta and J. R. W. D. Jones (eds.) *The Rome Statute of the International Criminal Court*, Vol. 1 (2002), p. 1003 at p. 1030。

[403] 这样一种规定可以在,例如《美国军事法庭规则》中找到,参见 Rule 916 k (2):"自愿的醉态,不论是酒精还是毒品造成的,都不是一种辩护。然而,关于任何等级自愿醉态的证据都可以提出,以便对事实上知道、特别故意、蓄意或者有预谋设计的杀人的存在,提出合理的怀疑。"也见 Sec. 2. 08 Model Penal Code; Art. 20(2) of the Spanish Criminal Code; 另见 K. Ambos, in A. Cassese, P. Gaeta and J. R. W. D. Jones (eds.), *The Rome Statute of the International Criminal Court*, Vol. 1 (2002), p. 1003 at p. 1030; W. A. Schabas, *European Journal of Crime, Criminal Law and Criminal Justice* 1998, p. 399 at pp. 423 et seq.。

[404] 参见 *Prosecutor v. Kvočka* et al., ICTY (Trial Chamber), judgment of 2 November 2001, para. 706:"一种醉态本来能够建立一种从轻处罚的情节,只要这是被强迫的或者被胁迫的,本审判庭不能接受 Zigic 的观点,他主张一种故意获得的减轻的心理状态能够导致一种减轻的判决。的确,本审判庭考虑到,尤其在暴力是标准和武器被携带了这些背景之下,故意吸毒和喝酒就构成了一种加重而不是减轻的因素。"

[405] 参见 K. Ambos, 10 *Criminal Law Forum* (1999), p. 1 at p. 25。

[406] 也见法文("qu'elle savait que... elle risquait d'adopter... un crime... ou qu'elle n'ait tenu aucun compte de ce risque")和西班牙文("a sabiendas de que... probablemente incurriria en una... crimen... o haya hecho caso omiso del riesgo de que ello ocurriere")的原文。

结果就是，通过自愿醉态而丧失判断或者控制一个人的行为的能力，只能在这名行为人醉态时不知道具有实施国际法项下犯罪的风险时，才能起到免除责任的作用。[407] 在任何情况下，这个条文都不能排除为了解脱对自己的禁令以便实施犯罪而自愿醉态行为人的刑事责任。对于这部规约的规则将使得惩罚大量战争罪和危害人类罪成为不可能的担心，[408]看来是没有正当根据的。[409] 476

八　其他排除责任的根据

参考书目：

Antonio Cassese：Justifications and Excuses in International Criminal Law，in Antonio Cassese，Paola Gaeta and John R. W. D. Jones（eds.），*The Rome Statute of the International Criminal Court：A Commentary*，Vol. 1（2002），pp. 951 et seq.；Albin Eser：ICC Statute，Article 31，in Otto Triffterer（ed.），*Commentary on the Rome Statute of the International Criminal Court，Observers' Notes，Article by Article*（1999），pp. 537 et seq.；Hans-Heinrich Jescheck：*Die Verantwortlichkeit der Staatsorgane nach Völkerstrafrecht，Eine Studie zu den Nürnberger Prozessen*（1952），pp. 395 et seq.；Frits Kalshoven：Reprisals and the Protection of Civilians-Two Recent Decisions of the Yugoslavia Tribunal，in：Vohrah，Lal Chand et al.（Hrsg.），*Man's Inhumanity to Man*（2003），481 ff.；Christiane Nill-Theobald："*Defences*" *bei Kriegsverbrechen am Beispiel Deutschlands und der USA*（1998），pp. 281 et seq.，pp. 350 et seq.；Stefan Oeter：Reprisals，in Dieter Fleck（ed.），*The Handbook of Humanitarian Law in Armed Conflict*（1999），marginal nos. 476 et seq.；Wolfgang Schomburg/Ines Peterson：Genuine Consent to Sexual Vi- 477

[407] 也见 A. Eser，in O. Triffterer（ed.），*Commentary on the Rome Statute of the International Criminal Court*（1999），Art. 31，marginal no. 27。

[408] 对《国际刑事法院规约草案（1998）》第31条的注释24仍然指出："如果这个文本（在《国际刑事法院规约》第31条第1款第2项第2句中的规则）得到保留，这个排除刑事责任的根据就适用于自愿醉态的所有案件，除非那些行为人是为了在醉态下实施犯罪而醉态的（原因自由行为[actio libera in causa]）。这将可能导致大量战争罪和危害人类罪不受到惩罚。"也见 A. Eser，in O. Triffterer（ed.），*Commentary on the Rome Statute of the International Criminal Court*（1999），Art. 31，marginal no. 27 and K. Ambos，in A. Cassese，P. Gaeta and J. R. W. D. Jones（eds.），*The Rome Statute of the International Criminal Court*，Vol. 1（2002），p. 1003 at pp. 1030 et seq。

[409] 这些情节，例如，在收容所中的监管员（overseers）都喝醉了，经常就已经显露出知道存在着这种风险了。

olence Under International Criminal Law, *AJIL* 101（2007）, 121 ff.；Elies van Sliedregt：*The Criminal Responsibility of Individuals for Violations of International Humanitarian Law*（2003）, 291 ff.

478 迄今为止的讨论都一直限制在《国际刑事法院规约》所规定的排除责任的根据上。但是，除了这些根据之外，其他情节也可以导致排除国际刑法项下的责任。[410] 这一点得到了《国际刑事法院规约》第 31 条第 3 款的肯定。根据这个条文，这个国际法院除了考虑在第 31 条第 1 款以及这部规约其他地方规定的情节之外，还可以考虑其他排除责任的根据，"只要这样一种根据是从第 21 条规定的可适用法中派生出来的。"

479 最有意义的这类根据，尤其是涉及战争法之处，是报复行为和军事需要。[411] 报复行为是违反国际法的行为，是由一个国际法主体用来作为一种强制措施，以对另一个也违反了国际法的国际法主体的行为作出的反应。[412] 一个例子是使用禁止性武器，对另一方实施的严重违反国际人道法的行为作出反应。[413]

480 一般相信，报复行为的可允许性只能与武装冲突相联系而加以考虑。因此，对于在和平时期实施的灭绝种族罪或者危害人类罪来说，报复行为完全不能作为正当化理由来发挥作用。但是，即使与战争罪相联系，报复行为也只可以作为在狭小的范围内排除责任的基础发挥作用。报复行为必须根据最高政府或者军事领导机关的命令进行，报复的使用必须符合比例，报复只能作为最后手段而不能在反击（retaliation）中使用，最后，还必须考

---

[410] 参见 A. Cassese, in A. Cassese, P. Gaeta and J. R. W. D. Jones（eds.）, *The Rome Statute of the International Criminal Court*, Vol. 1（2002）, p. 951 at pp. 953 et seq.；A. Eser, in A. Cassese, P. Gaeta and J. R. W. D. Jones（eds.）, *The Rome Statute of the International Criminal Court*, Vol. 1（2002）, p. 767 at p. 773。从结构性观点的眼光看来，放弃也是一种排除责任的根据。在实质性紧密联系下，这要与未遂一起处理，参见边码 500 以下。

[411] 最先，故意是为了规范在《国际刑事法院规约》中作为排除责任根据的报复行为和军事需要的。对《国际刑事法院规约草案（1998）》第 33 条的一个注释，在这个问题上指出："提出的问题是，像军事需要这样的根据是否能够与战争罪的定义一起处理。"报复行为和军事需要，在作为排除责任的根据方面，有着极其不同的地位，因此，这种条文最终没有被这部规约所采纳。综述参见 P. Saland, in R. S. Lee（ed.）, *The International Criminal Court, The Making of the Rome Statute*（1999）, p. 189 at p. 209 and R. Boed, 3 *Yale Human Rights and Development Law Journal*（2000）, pp. 1 et seq.。

[412] 关于更多地把报复行为作为排除责任的根据及对其的要求，参见 *Prosecutor v. Kupřskić* et al., ICTY（Trial Chamber）, judgment of 14 January 2000, paras. 527 et seq.；A. Cassese, in A. Cassese, P. Gaeta and J. R. W. D. Jones（eds.）, *The Rome Statute of the International Criminal Court*, Vol. 1（2002）, pp. 951 et seq.；C. Greenwood, 20 *Netherlands Yearbook of International*（原文是"Humanitarian"。——译者注）*Law*（1989）, pp. 35, 47 et seq.；F. Kalshoven, in L. C. Vohrah et al.（eds.）, *Man's Inhumanity to Man*（2003）, pp. 481 et seq.；S. Oeter, in D. Fleck（ed.）, *The Handbook of Humanitarian Law in Armed Conflicts*（1999）, marginal no. 476。

[413] 参见 A. Cassese, in A. Cassese, P. Gaeta and J. ILW. D. Jones（eds.）, *The Rome Statute of the International Criminal Court*, Vol. 1（2002）, pp. 951 et seq.。

虑人性的理由。因此,今天,这个法律概念最多只给予了一个狭窄的适用范围。[414] 在国际人道法中的发展认为,报复行为最终将被认为是完全不可接受的。

481 我们谈的军事需要,是指一个国家为了防卫自己免受一种军事威胁而对另一个国家实施的一种违反国际法的行为。[415] 军事需要在例外情况下能够导致对国际法项下的犯罪排除责任——尤其是,在犯罪的定义使得责任依赖于这种行为是否被军事需要加以正当化的时候。对于许多战争罪来说就是这种情况,例如,《国际刑事法院规约》第 8 条第 2 款第 1 项第 4 目和第 5 项第 12 目项下的财产的毁坏和侵占,以及《南斯拉夫国际法庭规约》第 3 条第 2 款和《纽伦堡宪章》第 6 条第 2 款项下的摧毁和破坏城市、乡镇和村庄。[416]

482 被害人的同意并不能够免除行为人在国际法项下的犯罪的责任。[417] 国际法项下的犯罪是以个人没有权力交出的非个人利益为目标的。然而,如果犯罪的定义本身使得被害人的反对成为责任的一种前提条件,那么,被害人的同意就会总是得到考虑了。[418] 在这类案件中,被害人同意所具有的自愿性质,仍然必须认真地加以检验。[419]

483 在各种义务发生冲突时,行为人只能完成两种相互冲突的义务中的一种。[420] 对冲突性义务排除责任就被接受了,在原则上是与对所谓的"安乐死医生"的惩罚相联系的。[421]

---

[414] *Prosecutor v. Kupreškić* et al. , ICTY (Trial Chamber), judgment of 14 January 2000, para. 530:"虽然报复行为在过去就一直只具有很小的正当性,当时,它们是能够在实践上构成唯一有效的迫使敌人放弃非法战争行为并在将来遵守国际法的手段,但是,它们现在已经不再能够以这种方式得到正当化了。"Explanatory Memorandum of the (German) Code of Crimes Against International Law [*Völkerstrafgesatzbuch*, *VStGB*], *BT-Drs*. 14/8524, pp. 15 et seq. 。也见 F. Kalshoven, in L. C. Vohrah et al. (eds.), *Man's Inhumanity to Man* (2003), p. 481 at pp. 483 et seq. 。

[415] 参见 I. Brownlie, *Principles of Public International Law*, 6th edn. (2003), p. 448; A. Cassese, *International Law* (2001), pp. 195 et seq. ; M. N. Shaw, *International Law*, 5th edn. (2003), pp. 1031 et seq. 。

[416] 参见边码 997 以下,1003。

[417] 参见 A. Eser, in K. Schmoller (ed.), *Festschrift für Triffterer* (1996), p. 755 at pp. 768 et seq. 。被害人已经同意的被告人主张,最早在纽伦堡后续审判中就被当时的法院处理过了;参见 US Military Tribunal, Nuremberg, judgment of 17 April 1947 (*Milch*, so-called Milch Trial), in *Trials of War Criminals* II, pp. 773, 775 et seq. ; US Military Tribunal, Nuremberg, judgment of 30 July 1948 (*Krauch* et al. , so-called IG Farben Trial), in *Trials of War Criminals* VIII, p. 1081, 1170; 有关讨论,参见 H. -H. Jescheck, *Die Verantwortlichkeit der Staatsorgane nach Völkerstrafkecht* (1952), pp. 335 et seq. 。

[418] 参见,例如,危害人类罪的强迫怀孕(《国际刑事法院规约》第 7 条第 1 款第 7 项,第 2 款第 6 项)。

[419] 参见 A. Eser, in K. Schmoller (ed.), *Festschrift für Triffterer* (1996), p. 755 at p. 769。在性暴力案件中,在判定自愿性时需要特别小心。在这个联系点上,南斯拉夫国际法院《程序和证据规则》第 96 条建立的是:"在性侵犯的案件中:……(2)不应当允许同意作为一种辩护,只要被害人 1)已经处于或者受到威胁处于或者有理由害怕暴力、被迫、关押或者心理上的压制,或者 2)合理地相信,如果被害人不同意,其他人就会同样处于、被威胁或者被置于这种害怕之中。"

[420] 参见 C. Nill-Theobald, "*Defences*" *bei Kriegsverbrechen am Beispiel Deutschlands und der USA* (1998), pp. 352 et seq. ; H. -H. Jescheck, *Die Verantwortlichkeit der Staatsorgane nach Völkerstrafrecht* (1952), pp. 395 et seq. 。

[421] 参见 Supreme Court in the British Occupied Zone, in *OGHSt* 1, p. 321 at p. 335; 关于细节,参见 C. Nill-Theobald, "*Defences*" *bei Kriegsverbrechen am Beispiel Deutschlands und der USA* (1998), p. 352, 带有额外的注释。

484 以牙还牙(Tu Quoque)的请求并没有导致排除责任。一个行为人在违反国际法中的行为,不能通过指出自己对手的行为也违反了国际法而得到正当化。[422] 在习惯性国际法中和条约法中,都找不到把这一点作为排除责任根据的基础。自从第二次世界大战以来,面临过这种辩护理由抗辩的法庭,都正确地拒绝接受它为排除责任的理由。[423]

第七节 未完成犯罪

参考书目:

485 Kai Ambos: *Der Allgemeine Teil des Völkerstraffechts*, *Ansätze einer Dogmatisierung* (2002), pp. 707 et seq.; Antonio Cassese: *International Criminal Law* (2003), pp. 190 et seq.; Robert Cryer: General Principles of Liability in International Criminal Law, in: McGoldrick, Dominic/Rowe, Peter/Donnelly, Eric (Hrsg.), *The Permanent International Criminal Court* (2004), 233, 251 ff.; Albin Eser: Individual Criminal Responsibility, in Antonio Cassese, Paola Gaeta and John R. W. D. Jones (eds.), *The Rome Statute of the International Criminal Court: A Commentary*, Vol. 1 (2002), pp. 767 et seq.; Aaron Fichtelberg: Conspiracy and International Criminal Justice, *Criminal Law Forum* 17 (2006), 149 ff.; Christoph Safferling: Die Abgrenzung zwischen strafloser Vorbereitung und strafbarem Versuch im deutschen, europäischen und im Völkerstrafrecht, *ZStW* 118 (2006), 682 ff.; Otto Triffterer: Bestandsaufnahme zum Völkerstrafrecht, in Gerd Hankel and Gerhard Stuby (eds.), *Strafrerichte gegen Menchheitsverbrechen*, *Zum Völkerstrafrecht 50 Jahre nach den Nürnberger Prozessen* (1995), pp. 169 et seq.

486 如果不是所有的犯罪因素都得以实现,执行国际法项下犯罪的决定甚至可以被认为是一个犯罪计划或者未遂*。在《国际刑事法院规约》第25条第3款第6项中,明确地把

[422] 参见 C. Nill-Theobald, "*Defences*" *bei Kriegsverbrechen am Beispiel Deutsehlands und der USA* (1998), pp. 365 et seq., p. 371。纽伦堡审判并没有把德国潜艇未经事先警告就击沉敌人船只看成是战争罪,除了其他事情之外,"根据……英国海军部(the British Admiralty)在1940年5月8日发布的一项命令的观点,根据这项命令,所有出现在斯卡格拉克海峡(the Skagerrak)的船只都应当被击沉",参见 IMT, judgment of 1 October 1946, in *The Trial of German Major War Criminals. Proceedings of the International Military Tribunal Sitting at Nuremberg, Germany*, Part 22, p. 509。

[423] 详细情况,参见 *Prosecutor v. Kuprškić* et al., ICTY (Trial Chamber), judgment of 14 February 2000, para. 516; A. Eser, in K. Schmoller (ed.), *Festschrift für Triffterer* (1996), p. 755 at p. 771。

* 未遂的原文是 attempt,这个词作为动词使用时的恰当翻译是"试图",作为名词使用时的恰当翻译是"未遂"。——译者注

未遂规定为犯罪。然而,根据《国际刑事法院规约》的条文,计划和预备国际法项下的犯罪并不是犯罪。[424] 行为人已经采取了一个实现犯罪的重要步骤,犯罪的范围才仅仅是开始。[425] 相比之下,习惯性国际法规定,在犯罪的实际执行之前很久就已经发生的特定行为,可以是犯罪。在这里,我们必须区分共谋实施、计划实施,以及预备国际法项下的犯罪。

纽伦堡和东京宪章已经把犯罪扩展到在犯罪开始实施之前很久就从事的初始行为(preliminary con- 487
duct)上去。除了实际"进行"战争之外,《纽伦堡宪章》第6条第1款不仅把侵略战争的"计划、预备、发动"也加以犯罪化,而且把"为了完成"这种犯罪而"参加一个共同计划或者共谋"加以犯罪化。[426] 另外,《纽伦堡宪章》第6条规定,任何参加"制定"这种计划或者共谋以实施犯罪的,就要对在执行这个计划中所履行的全部行为负责。《南斯拉夫国际法庭规约》第7条第1款和《卢旺达国际法庭规约》第6条第1款为未遂开始之前行为的刑事责任提供了一个基础。这些条文把任何"计划"或者"以其他方式"参加这种犯罪的"计划(或者)预备"的人,都规定为犯罪。

一　共谋

在时间上,通过共谋这个概念,可以把犯罪推回到最开始之处。[427] 这个概念惩罚的仅 488
仅是两个或者更多人之间对实施犯罪的一致意见(agreement)。在这里不需要要求实施意图中的犯罪。这样做的正当性在很大程度上是预防性的,因为它使得司法制度在任何损害发生之前就能够进行干涉。[428] 从信条的角度上看,共谋存在于参加和犯罪预备这两个信条之间的某种地方,并且通常被视为一种独立的犯罪。[429]

《防止及惩治灭绝种族罪公约》,以及《南斯拉夫国际法庭规约》和《卢旺达规约》,都 489
明确地把共谋实施灭绝种族加以犯罪化了。[430] 这些条文反映了习惯性国际法。[431] 根据纽

---

[424] 根据《国际刑事法院规约草案(1998)》第23条第7款第5项,"任何[故意][参加计划][计划]实施这样一种犯罪,在事实上发生或者未遂的",都要受刑事惩罚。

[425] 参见边码495。

[426] 也见《管制理事会法》第10号第2条第1款第1项,第2款。

[427] "共谋"这个概念出现在许多国家的法律制度之中,首先在那些跟随普通法的刑事传统的制度中,参见,例如,G. Fletcher, *Rethinking Criminal Law* (2000), pp. 646 et seq.。

[428] 参见 A. Ashwotth, *Principles of Criminal Law*, 4th edn. (2003), p. 455。

[429] 对于一种决定性的观点,参见 G. Fletcher, *Rethinking Criminal Law* (2000), pp. 646 et seq.。

[430] 《防止及惩治灭绝种族罪公约》第3条第2款;《南斯拉夫国际法庭规约》第4条第3款第2项;《卢旺达国际法庭规约》第2条第3款第2项。对此参见 *RStGH*, Urt. v. 4. September 1998 (Kambanda, TC), para. 40; *RStGH*, Urt. v. 27. Januar 2000 (Musema, TC), paras. 184 ff.。

[431] 参见 A. Cassese, *International Criminal Law* (2003), p. 197; K. Kittichaisaree, *International Criminal Law* (2001), pp. 248 et seq.。

伦堡判决,人们有很好的理由认为,根据习惯性国际法,共谋实施侵略罪也是一种犯罪;对这种犯罪的要求进一步在纽伦堡法庭中得到了明确。[432] 然而,在习惯性国际法中,没有共谋实施战争罪或者共谋实施危害人类罪的根据存在。[433] 根据纽伦堡法庭的观点,在《纽伦堡宪章》中的犯罪化并没有扩展到包括实施战争罪或者危害人类罪的共谋这个地步,这个观点在以《管制理事会法》第10号为基础的后续性法理学中不断地得到了确认。[434]

490 经过激励的争论,罗马大会的代表们决定不采纳包含在《纽伦堡宪章》、《南斯拉夫国际法庭规约》和《卢旺达规约》中关于共谋的规定。《国际刑事法院规约》代替共谋罪的规定是第25条第3款第4项。[435]

二 计划和预备

491 计划被定义为设计实施一个国际法项下的特别犯罪。[436] 预备是指意图推进已经计划好的犯罪的任何危险行为。

492 根据习惯性国际法,计划和预备国际法项下的犯罪,只有在侵略罪中才肯定是犯罪。[437] 然而,根据《南斯拉夫国际法庭规约》的条文和南斯拉夫国际法庭的判决,大量证据证明,计划和预备灭绝种族罪、危害人类罪和战争罪也是习惯性国际法项下的犯罪。[438]

---

[432] 参见 IMT, judgment of 1 October 1946, in *The Trial of German Major War Criminals. Proceedings of the International Military Tribunal Sitting at Nuremberg Germany*, Part 22, pp. 447 et seq. 。

[433] 也见 A. Cassese, International Criminal Law (2003), p. 191。

[434] 参见 IMT, judgment of 1 October 1946, in *The Trial of German Major War Criminals. Proceedings of the International Military Tribunal Sitting at Nuremberg Germany*, Part 22, p. 449; US Military Tribunal, Nuremberg, judgment of 20(原文是“26”。——译者注) August 1947 (*Brandt* et al., so-called Medical Trial), in *Trials of War Criminals* II, p. 171, 173; US Military Tribunal, Nuremberg, judgment of 28 October 1948 (*von Leeb* et al., so-called High Command Trial), in *Trials of War Criminals* XI, pp. 462, 482 et seq.; US Military Tribunal, Nuremberg, judgment of 3 November 1947 (*Pohl* et al.), in *Trials of War Criminals* V, pp. 958, 961 et seq. 。

[435] 参见边码 364。

[436] 参见 *Prosecutor v. Krstić*, ICTY (Trial Chamber), judgment of 2 August 2001, para. 601, 带有额外的引文:“计划意味着一个人或者多个人在准备和实施两个阶段都设计了一项犯罪的实施”; *Prosecutor v. Stakić*, ICTY (Trial Chamber), judgment of 31 July 2003, para. 443; 也见 A. Cassese, *International Criminal Law* (2003), p. 192。对于计划的犯罪性是否要求该犯罪的实际实施,存在着不同意见,参见 *Prosecutor v. Kordić and Čerkez*, ICTY (Trial Chamber), judgment of 26 February 2001, para. 386, 为一方面(没有从犯),还有 *Prosecutor v. Rutaganda*, ICTR (Trial Chamber), judgment of 6 December 1999, para. 34, 为另一方面;参见 A. Cassese, *International Criminal Law* (2003), pp. 192 et seq. 。

[437] 也见边码 1178 以下。

[438] 参见 *Prosecutor v. Mucić* et al., ICTY (Trial Chamber), judgment of 16 November 1998, para. 321:“参加……任何能力中的一种(根据第7条第1款)是明显符合刑法的一般原则的”; *Prosecutor v. Tadić*, ICTY (Trial Chamber), judgment of 7 May 1997, para. 669; A. Cassese, *International Criminal Law* (2003), p. 193; 以及边码 487。

《国际刑事法院规约》并不采纳这种对预备阶段进行犯罪化的转变。

三　未遂

《国际刑事法院规约》第25条第3款第6项对试图实施国际法项下的犯罪加以犯罪化。[439] 一旦行为人采取了趋向于实现犯罪的实质性步骤，未遂的责任就开始了。 493

在这个条文的核心中，反映了习惯性国际法。虽然，迄今为止，未遂的法律还没有在国际刑法的实践中发挥独立的作用，并且，在国际刑法的法典化中也还没有见到关于未遂的一般规则，[440]但是，人们一般认为，未遂罪是国际刑法的一部分。[441] 在这个方面，人们一般注意到，如果惩罚了更早的预备行动，例如准备侵略战争、参加共同计划或者共谋实施国际法项下的犯罪，而不惩罚实施犯罪的未遂，那么，就将会是前后很不一致的。[442] 同时，人们必须认为，未遂罪在国际法中主张的地位是法律的一般原则。[443] 494

根据《国际刑事法院规约》第25条第3款第6项，未遂的刑事责任要求：行为的着手应当"通过一个实质性步骤"来"开始"危害国际法犯罪的执行。[444] 根据这个不幸的用语，那种根据《国际刑事法院规约》还不是犯罪的预备行动，与犯罪未遂之间的界限，在行为人已经开始执行这个犯罪，并且，这个犯罪定义中的物质性因素已经存在时，就被打破了。[445] 495

---

[439] 关于这些条文的更多情况，参见 K. Ambos, *Der Allgemeine Teil des Völkerstrafiechts* (2002), pp. 707 et seq.。

[440] 《防止及惩治灭绝种族罪公约》第3条第4款是一个例外；未遂的灭绝种族所具有的犯罪性也根据《南斯拉夫国际法庭规约》第4条第3款第4项和《卢旺达国际法庭规约》第2条第3款第4项建立了。

[441] 参见 A. Cassese, *International Criminal Law* (2003), pp. 194 et seq.; A. Eser, in A. Cassese, P. Gaeta and J. R. W. D. Jones (eds.), *The Rome Statute of the International Criminal Court*, Vol. 1 (2002), p. 767 at p. 807。

[442] 参见 A. Eser, in A. Cassese, P. Gaeta and J. R. W. D. Jones (eds.), *The Rome Statute of the International Criminal Court*, Vol. 1 (2002), p. 767 at pp. 807 et seq.。

[443] 参见 O. Triffterer, in G. Hankel and G. Stuby (eds.), *Strafgerichte gegen Menschheitsverbrechen* (1995), p. 169 at p. 233。

[444] 为了区分刑事未遂和单纯的非犯罪的预备行为，这个条文把通常是选择性适用的两个标准联系在一起："着手实施"，一个从法国刑法中借用的标准，以及朝实施该犯罪所采取的"实质性步骤"，根据的是美国法的样子。参见 K. Ambos, in O. Triffterer (ed.), *Commentary on the Rome Statute of the International Criminal Court* (1999), Art. 25, marginal no. 32。也见 Sec. 5.01 of the Model Penal Code; T. Weigend, in M. C. Bassiouni (ed.), *Commentaries on the International Law Commission's* 1991 *Draft Code of Crimes against the Peace and Security of Mankind* (1993), p. 113 at p. 117。

[445] 参见 A. Eser, in A. Cassese, P. Gaera and J. R. W. D. Jones (eds.), *The Rome Statute of the International Criminal Court*, Vol. 1 (2002), p. 767 at p. 812; K. Ambos, in O. Triffterer (ed.), *Commentary on the Rome Statute of the International Criminal Court* (1999), Art. 25, marginal no. 32。

然而,除此之外,在实际执行之前发生的行为也可以是犯罪。[446] 如果行为人的目的已经得到加强或者证实,那么,一个"实质性步骤"就存在了。[447]

496 根据第25条第3款第6项第1句第2分句,如果犯罪没有发生,就必须是"由于不依赖于其故意的情节"的结果。这个不幸的分句把行为人放弃犯罪转成未遂定义中的一个否定性因素。[448]

497 参加未遂是犯罪,是一种没有效果的未遂。[449] 这部规约没有明确规定对国际法项下的未遂罪从轻处罚,但是,在量刑规则的框架之内,从轻处罚是很容易做到的。

498 这部规约的规则留下很多没有回答的问题。不清楚的是,在不止一个人卷入犯罪时,未遂从什么时候开始?或者,未遂的参加是不是一个犯罪?[450] 明确的条文仅仅是第25条第3款第5项对公然煽动灭绝种族犯罪的规定。

499 如果我们回想一下在国内刑法中未遂和放弃提出来的复杂问题,就会清楚还需要多少信条性努力,才能明确对未遂和放弃的要求。我们在下文还要进行讨论。然而,未遂和放弃将在什么范围内,在国际法庭工作中,发挥实际的重要作用,还有待观察。对最严重的影响国际社会整体的犯罪所作的关注,使人们很可能继续把注意力集中在对完全的既遂犯罪的起诉上。[451]

四 放弃*

500 根据《国际刑事法院规约》第25条第3款第6项第2句,一个人,如果"放弃实施犯罪的努力或者以其他方式防止犯罪的完成的,只要他或者她完全并且自愿地放弃犯罪目的",那么,就是对未遂无罪的。

在第25条第3款第6项中的规则,包含了一种部分的错误。从这个规范的第一句中可以得知,如

---

[446] 参见 A. Eser, in A. Cassese, P. Gaeta and J. R. W. D. Jones (eds.), *The Rome Statute of the International Criminal Court*, Vol. 1 (2002), p. 767 at p. 812.

[447] 参见《模范刑法典》第5.01(2)条:"当它强烈地确定了行为人的犯罪目的时。"

[448] 参见边码501。

[449] 对于更多,参见 K. Ambos, *Der Allgemeine Teil des Völkerstrafrechts* (2002), p. 488; A. Eser, in A. Cassese, P. Gaeta and J. R. W. D. Jones (eds.), *The Rome Statute of the International Criminal Court*, Vol. 1 (2002), p. 767 at p. 813。

[450] 参见 K. Ambos, *Der Allgemeine Teil des Völkerstrafrechts* (2002), pp. 745 et seq. 。

[451] 对于根据这个理由在1996年的《法典草案》中包括未遂的批评性观点,参见 C. Tomuschat, in G. Hankel and G. Stuby (eds.), *Strafgerichte gegen Menscbbeitsverbrecben* (1995), p. 270 at p. 288。

* 放弃的名词原文是 abandonment,动词原文是 abandon。——译者注

果这个犯罪由于依赖于这个人的故意的那些情节而没有实现，那么，对于未遂就不会产生刑事责任。根 501
据第 2 句，如果一个人"放弃实施犯罪的努力或者以其他方式防止犯罪的完成的"，并且处于"完全并且自愿放弃犯罪目的"的过程中，就没有责任。在放弃规则中的这种重复一直被批评为是一种校订错误，[452]但是，这并不影响这种结果：如果一个人放弃自己实施犯罪的努力，就没有刑事责任。[453] 然而，这种放弃是不是否定了这种犯罪，或者，它是不是能够简单地发挥作为排除刑事责任根据的作用，还是不清楚的。这本来是能够对参加国际法项下的未遂罪的可能性发生作用的，这种可能性明确地得到了《国际刑事法院规约》第 25 条第 3 款第 2 项、第 3 项和第 4 项的承认。

第八节　不作为

参考书目：

Kai Ambos：*Der Allgemeine Teil des Völkerstrafrechts*，*Ansätze einer Dogmatisierung*（2002），pp. 667 et seq.；Antonio Cassese：*International Criminal Law*（2003），pp. 200 et seq.；Robert Cryer：General Principles of Liability in International Criminal Law，in：McGoldrick，Dominic/Rowe，Peter/Donnelly，Eric（Hrsg.），*The Permanent International Criminal Court*（2004），233，235 ff.；Michael Duttwiler：Liability for Omission in International Criminal Law，*International Criminal Law Review* 6（2006），1 ff.；Claus Kress：Die Kristallisation eines Allgemeinen Teils des Völkerstrafrechts：Die Allgemeinen Prinzipien des Strafrechts im Statut des Internationalen Strafgerichtshofs，*Humanitäres Völkerrecht-Informationsschriften* 1999，pp. 4 et seq.；Per Saland：International Law Principles，in Roy S. Lee（ed.），*The International Criminal Court*，*The Making of the Rome Statute*（1999），pp. 189 et seq.；Kerstin Weltz：*Die Unterlassungshaftung im Völkerstrafrecht*（2004）. 502

在特定情节中，一种单纯的不作为就能等同于国际刑法项下的一种犯罪。[454] 在犯罪 503
的定义明确地把特定行为的不作为加以犯罪化的情况下，就明显地是这种情况。在这些情况中，这种犯罪行为正是由行为人不行为这个事实组成的。

---

[452] 参见 K. Ambos，*Der Allgemeine Teil des Völkerstrafrechts*（2002），pp. 709 et seq.，带有额外的引文；A. Eser，in A. Cassese，P. Gaeta and J. R. W. D. Jones（eds.），*The Rome Statute of the International Criminal Court*，Vol. 1（2002），p. 767 at p. 815。

[453] 参见 K. Ambos，in O. Triffterer（ed.），*Commentary on the Rome Statute of the International Criminal Court*（1999），Art. 25，marginal no. 34。

[454] 参见，例如，*Prosecutor v. Tadić*，ICTY（Appeals Chamber），judgment of 15 July 1999，para. 188：《南斯拉夫国际法庭规约》第 7 条第 1 款"首先和主要地包括了罪犯自己亲身参加了一个犯罪，或者对一个刑法规则要求的行为进行有罪责的不作为"。

504 一个例子是《国际刑事法院规约》第8条第2款第2项第25目规定的在武装冲突中饿死平民。在这里,犯罪行为是在行为人剥夺了平民生存所必需的食物这个事实中组成的。[455] “剥夺获得食物和药品的途径”被明确包括在第7条第1款第2项和第2款第2项中,与危害人类罪中的灭绝相联系。[456] 另一个进一步的例子涉及第28条中的上级责任;[457]在这种情况下,刑事责任的基础是没有防止或者报告国际法项下的犯罪。

505 对于各种其他的犯罪,行为和不行为的公式不是从犯罪的法典性定义中产生的,而是产生于习惯性国际法。这一点已经在南斯拉夫和卢旺达国际法庭的许多决定中得到了确定。例子有杀人的战争罪,[458]酷刑,[459]以及蓄意造成巨大痛苦。[460] 卢旺达国际法庭还另外发现,在帮助和教唆形式中的从犯责任,也可以包括不作为。[461]

506 在这些领域之外,不作为的一般责任是否能够被并入国际刑法——也就是说,即使在犯罪的定义中对行为作了主动性规定的那些案件里,违反相应的行为义务是否也总是一个犯罪,是一个值得讨论的问题。[462]

507 与《第一附加议定书》第86条中的规定(“在根据义务应当做时没有行为”)相类似的一般性责任规范,没有包括在《国际刑事法院规约》之中。[463] 尤其是法国,对建立不作为的一般责任表示了严重的保留。[464] 由于在主要刑法制度中存在着不同情况,因此,不可能认为存在着一种相应的法律一般原则。[465]

---

[455] 参见边码1083以下。

[456] 参见边码679。

[457] 对于彻底的讨论,参见边码386以下。

[458] 参见 *Prosecutor v. Mucić* et al., ICTY (Trial Chamber), judgment of 16 November 1998, para. 424; *Prosecutor v. Kordić and Čerkez*, ICTY (Trial Chamber), judgment of 26 February 2001, para. 236。

[459] *Prosecutor v. Mucić* et al., ICTY (Trial Chamber), judgment of 16 November 1998, para. 494.

[460] *Prosecutor v. Mucić* et al., ICTY (Trial Chamber), judgment of 16 November 1998, para. 511.

[461] *Prosecutor v. Akayesu*, ICTR (Trial Chamber), judgment of 2 September 1998, para. 548:“帮助和唆使可以由不去行为或者阻止行动组成。”

[462] 拒绝这一点,参见 K. Ambos, *Allgemeine Teil des Völkerstrafrechts* (2002), p. 667; 但是,参见,例如, A. Cassese, *International Criminal Law* (2003), p. 201:“因此,看来得到保障的是认为(《第一附加议定书》第86条第1款)也体现了关于不作为刑事责任的一项一般原则。”

[463] 《国际刑事法院规约(1998)》第28条仍然规定如下:“1. 一个人会承担刑事责任并且作为一个犯罪受到惩罚的行为,能够构成一个作为或者一个不作为,或者两者并和。2. 除非另有规定和为了第1段的目的,一个人会承担刑事责任并且为一个不作为受到惩罚,只要这个人[能够][具有能力],[对自己或者对他人没有不合理的危险风险,]但是故意地[以便利一种犯罪的故意]或者知道地不避免一种犯罪的结果,条件是:1)这种不作为在本规约项下的犯罪定义中指明了;或者2)在这种情况下,[不作为的结果符合了通过一个作为的手段而实施的一种犯罪的结果][这种不作为所实现的非法性的等级符合了通过这种作为实施而实现的非法性的等级],并且,这个人[也]处于本规约项下的一项事先存在的避免这种犯罪结果的[法律]义务项下[或者创设了一种随后导致实施这种犯罪的特别风险或者危险]。”

[464] 对于彻底的讨论,参见 P. Saland, in R. S. Lee (ed.), *The International Criminal Court, The Making ofthe Rome Statute* (1999), p. 189 at p. 212。然而,与此同时,有报告指出,参加谈判的代表团中的大多数都明显地认为,在特定情况下——有些已经在这个文本中提到了——不作为应当是犯罪,参见 R. S. Clark, 12 *Criminal Law Forum* (2001), p. 291 at p. 303。

[465] 也见 C. Kress, *Humanitäres Völkerrecht-Informationsschriften* 1999, p. 4 at p. 9。尤其是法国法,以及跟随它的那些法律制度,不承认不作为的一般责任;更多的信息,参见 J. Pradel, *Droit Penal Compard* (1995), p. 236。

同样，人们有很好的理由认为，不作为的一般刑事责任固定在习惯法中。缺乏一个规定行动和没有行动的一般条文，并不是一个有说服力的反对意见。[466] 尤其是在前面提到的国际法庭的决定中，都支持采纳不作为的一般责任，至少，在不作为造成了这个犯罪的定义所规定的那种结果这种情况下是这样。纽伦堡后续审判中的一些决定也承认了不作为的刑事责任。[467] 最后，在决定国际法项下的哪一种犯罪不仅能够由作为造成，而且能够由不作为造成时，将取决于这个国际刑事法院的决定。 508

第九节　官方身份和豁免

参考书目：

Dapo Akande: International Law Immunities and the International Criminal Court, 98 *American Journal of International Law* (2004), pp. 407 et seq.; Kai Ambos: *Internationales Strafrecht* (2006), § 7 Rn. 106 ff.; Kai Ambos: Der Fall Pinochet und das anwendbare Recht, *Juristenzeitung* 1999, pp. 564 et seq.; Andrea Bianci: Immunity versus Human Rights: The Pinochet Case, 10 *European Journal of International Law* (1999), pp. 237 et seq.; Michael Bothe: Die strafrechdiche Immunität fremder Staatsorgane, 31 *Zeitschrift für ausländisches öffentliches Recht und Völkerrecht* (1971), pp. 246 et seq.; Antonio Cassese: *International Criminal Law* (2003), pp. 264 et seq.; Antonio Cassese: When may Senior State Officials be Tried for International Crimes? Some Comments on the Congo v. Belgium Case, 13 *European Journal of International Law* (2002), pp. 853 et seq.; J.-P. Fonteyne: Acts of State, in Rudolph Bernhardt (ed.), *Encyclopedia of Public International Law*, Vol. 1 (1992), pp. 17 et seq.; Hazel Fox: Some Aspects of Immunity from Criminal Jurisdiction of the State and its Offi- 509

[466] 由在罗马大会上起草一般原则的工作组主席 Saland 提交的这份报告指出："在罗马的冗长讨论表明……［在对不作为刑事责任的问题方面］谈判出一个所有人都可以接受的解决办法，几乎是不可能的。我因此建议，在不作为方面完全不规定一般性条文。这无论如何是有些法律制度中的情况……，这并不阻止法院在特定的情形中使不作为承担刑事责任……结果，不作为的问题将留给法院的判例法"，参见 P. Saland, in R. S. Lee (ed.), *The International Criminal Court, The Making of the Rome Statute* (1999), p. 189 at pp. 212 et seq.。

[467] 参见，例如，US Military Tribunal, Nuremberg, judgment of 20 August 1947 (*Brandt* et al., so-called Medical Trial), in *Trials of War Criminals* II, p. 193（主管医生对自己助手行为的监管义务）；US Military Tribunal, Nuremberg, judgment of 17 April 1947 (*Milch*, so-called Milch Trial), in *Trials of War Criminals* II, pp. 774 et seq.; US Military Tribunal, Nuremberg, judgment of 28 October 1948 (*von Leeb* et al., so-called High Command Trial), in *Trials of War Criminals* XI, pp. 542 et seq.；也见 K. Ambos, *Der Allgemeine Teil des Völkerstrafrechts* (2002), p. 138。

cials: The Blaškić Case, in: Lal Chand Vohrah et al. (Hrsg.), *Man's Inhumanity to Man* (2003), 297 ff.; Hazel Fox: Enforcement Jurisdiction, Foreign State Property and Diplomatic Immunity, 34 *International and Comparative Law Quarterly* (1985), pp. 115 et seq.; Paola Gaeta: Official Capacity and Immunities, in A. Cassese, P. Gaeta and John ILW. D. Jones (eds.), *The Rome Statute of the International Criminal Court: A Commentary*, Vol. 1 (2002), pp. 975 et seq.; Vanessa Klingenberg: (Former) Heads of State Before International(ized) Criminal Courts: the Case of Charles Taylor Before the Special Court for Sierra Leone, *German Yearbook of International Law* 46 (2003), 537 ff.; Claus Kress: Der Internatioaale Gerichtshof im Spannungsfeld von Völkerstrafrecht und Immunitätsschutz, Besprechung von IGH, Urteil vom 14.2.2002 (Demokratische Republik Kongo gegen Belgien), *Goltdammer's Archiv für Strafrecht* 2003, pp. 25 et seq.; Simon M. Meisenberg: *Die Anklage und der Haftbefehl gegen Charles Ghankay Taylor durch den Sondergerichtshof für Sierra Leone*, *Humanitäres Völkerrecht-Informationsschriften* 2004, 30 ff.; Christiane Nill-Theobald: "*Defences*" *bei Kriegsverbrechen am Beispiel Deutschlands und der USA* (1998), pp. 372 et seq.; Sarah M. H. Nouwen: The Special Court for Sierra Leone and the Immunity of Taylor: The Arrest Warrant Case Continued, *Leiden Journal of International Law* 18 (2005), 645 ff.; Matthias Ruffert: Pinochet Follow Up: The End of Sovereign Immunity?, 48 *Netherlands InternationalLaw Review* (2001), pp. 171 et seq.; Per Saland: International Criminal Law Principles, in Roy S. Lee (ed.), *The International Criminal Court, The Making of the Rome Statute* (1999), p. 189 at pp. 202 et seq.; Philippe Sands: International Law Transformed? From Pinochet to Congo...?, 16 *Leiden Journal of International Law* (2003), pp. 37 et seq.; William A. Schabas: *An Introduction to the International Criminal Court*, 2nd edn. (2004), pp. 114 et seq.; Jill M. Sears: Confronting the "Culture of Impunity": Immunity of Heads of State from Nuremberg to ex parte Pinochet, 42 *German Yearbook of International Law* (1999), pp. 125 et seq.; Helmut Steinberger: State Immunity, in Rudolph Bernhardt (ed.), *Encyclopedia of Public InternationalLaw*, Vol. 4 (2000), pp. 615 et seq.; Otto Triffterer: ICC Statute, Artide 27, in Otto Triffterer (ed.), *Commentary on the Rome Statute of the International Criminal Court, Observers' Notes, Article by Article* (1999), pp. 501 et seq.; Robert Uerpmann-Wittzack: Immunität vor internationalen Strafgerichten, *AVR* 44 (2006), 33 ff.; Arthur Watts: The Legal Position in International Law of Heads of States, Heads of Governments and Foreign Ministers, 247 *Recueil des Cours*, Vol. III (1994), pp. 19 et seq.

一　豁免和国际刑法

在国际法中，特定的官方行为和特定的官员被授予了在外国法庭，尤其是外国刑事法庭中的豁免。由于国家卷入国际法项下的犯罪所具有的典型程度，因此，这种豁免对于国际刑法具有特别重要的关系。[468] 一个高等级的豁免能够最终保护国际法项下犯罪的最有权力的发起人。 510

国际法项下的豁免基于两个基本概念。第一，所有国家主权平等原则指出，任何国家都不能在判决中高于另一个国家（par in parem non habet iudicium）。[469] 第二，数量尽可能少的跨境运动和诉讼，对国家间关系的有效作用是必要的。[470] 511

在传统上，是在（功能性的）属物理由的豁免和（个人性的）属人理由的豁免之间作出区分，根据的是它们的范围和效果。[471] 属物理由的豁免影响了所有的官方行为。这些行为应当归因于国家；只有国家，而不是实现这些行为的官员们，才能承担国际法项下的责任。如果行为人是以一种官方身份进行行为，例如作为部长、警察首长或者士兵，那么，属物理由的豁免就能防止发生任何个人的刑事责任；[472]这样，功能性豁免就影响了实体法。 512

相比之下，国际法把属人理由的豁免给予了有限的政府官员。在国际交往中，对他们免予起诉，对 513

---

[468] 参见，例如，A. Cassese, 13 *European Journal of International Law* (2002), p. 853 at p. 873; H. -H. Jescheck, *Die Verantwortlichkeit der Staatsorgane nach Völkerstrafrecht* (1952), p. 164; 也见 P. Gaeta, in A. Cassese, P. Gaeta and J. R. W. D. Jones (eds.), *The Rome Statute of the International Criminal Court*, Vol. 1 (2002), pp. 975 et seq.; C. Kress, *Goltdammer's Archiv für Strafrecht* 2003, p. 25 at pp. 30, 31, with additional citations。

[469] 参见 *Prosecutor v. Blaškić*, ICTY (Appeals Chamber), judgment (on the Request of the Republic Croatia for Review of the Decision of Trial Chamber II of 18 July 1997) of 29 October 1997, paras. 38, 41。所有涉及行使主权（acta jure imperii）的行为，都是这种国家豁免的主题，但是，不包括国家的其他行为，尤其是经济行动（acta jure gestionis）。国际法项下的豁免必须区别于在国家层面上，国家给予自己雇员的豁免和特权。关于在国际刑法中，这些豁免所具有的重大意义，参见边码 522，注释[490]。

[470] 参见 A. Cassese, *International Criminal Law* (2003), p. 265。

[471] 对于更多的信息，参见 A. Cassese, 13 *European Journal of International Law* (2002), p. 853 at pp. 862 et seq.。国际法项下的豁免制度在《国际刑事法院规约》第 27 条中提到了，参见 P. Gaeta, in A. Cassese, P. Gaeta and J. R. W. D. Jones (eds.), *The Rome Statute of the International Criminal Court*, Vol. 1 (2002), p. 975 at p. 978。第 27 条第 1 款关心的是（缺乏）在官方职权中的行为所具有的实质性法律效果；第 27 条第 2 款关心的是于官方职权相联系的豁免和程序性规定，也就是说，程序法的条文。也见 D. Akande, 98 *American Journal of International Law* (2004), p. 407 at pp. 419 et seq.。

[472] 参见 A. Cassese, 13 *European Journal of International Law* (2002), p. 853 at p. 863："个人的刑事责任甚至也没有产生"，并且，*Prosecutor v. Blaškić*, ICTY (Appeals Chamber), judgment (on the Request of the Republic Croatia for Review of the Decision of Trial Chamber II of 18 July 1997) of 29 October 1997, para. 38。也见 H. Fox, in L. C. Vohrah et al. (eds.), *Man's Inhumanity to Man* (2003), p. 297 at pp. 299 et seq.。

于国家的功能是特别重要的。这些人包括国家首脑[473]和外交官,[474]还有政府首脑和外交部长。[475]个人的豁免并不防止刑事责任本身,而只是对起诉创设了一种障碍。[476]与功能性豁免不同,个人豁免随着这名官员任期的终止而终止。一名前官员会随后由于私人诉讼而被送上法庭,甚至是在其他国家,即使这些行为发生在这名官员的任期之内。然而,对于官方行为,就像"简单的"政府官员所做的那样,属物理由的豁免继续适用,没有时间限制。[477]在这里,功能性的和个人性的豁免就重复存在了。[478]

514 现代国际法已经解决了豁免和国际刑法之间的紧张关系,[479]几乎是专门有利于国际刑法的。只有在一些狭窄的领域中,重要的特定国家贵宾才能根据国际刑法享有免受起诉的保护,除此之外,在保护国家主权和维持有效的国家间关系功能中的利益,与最有效地和彻底可能地起诉国际法项下的犯罪相比,就处于第二位的位置。

二 官方身份的无关性

515 一名行为人是以其官方身份进行行为的,这个事实并不影响其承担国际刑法项下的责任。因此,属物理由的豁免并不影响国际法项下犯罪的实施。国际法项下的这种豁免观点,在习惯性国际法中就得到了承认。[480]的确,犯罪是在主权功能的执行中实施的这个

---

[473] 对于彻底的讨论,参见 C. Tangermann, *Die völkerrechtliche Immunität von Staatsoberhäuptern* (2002), pp. 104 et seq.。[474] 参见 *the Vienna Convention on Diplomatic Relations* of 1961, 500 *UNTS* (1961), p. 95,尤其是第31条和第39条。领事官员在驻在国仅仅享有有限的保护;他们能够被起诉,尤其是严重的犯罪。参见 Arts. 41, 43 of the *Vienna Convention on Consular Relations* of 1963, 596 *UNTS* (1963), p. 261。一个国家的其他高级代表,当在国外访问期间,能够不受东道国的管辖,但是,对他们不存在一般性的豁免。参见 Arts. 21, 31 of the *Convention on Special Missions* of 1969, UN Doc. A/RES/24/2530。对于国际刑事法院的特权和豁免,参见 *Agreement of the Privileges and Immunities of the International Criminal Court* of 9 September 2002 (ICC-ASP/1/3),于2004年7月22日生效。

[475] 参见 *DR Congo v. Belgium*, ICJ, judgment of 14 February 2002 (Case Concerning the Arrest Warrant of 11 April 2000), ICJ Reports 2002, 3, paras. 51, 53 et seq.; C. Kress, *Goltdammer's Archiv für Strafrecht* 2003, p. 25 at pp. 31 et seq.,是很有教育意义的。

[476] 参见 A. Cassese, 13 *European Journal of International Law* (2002), p. 853 at pp. 864 et seq. ("程序性辩护")。国际法院(the ICJ)正确地确定,在(外交部长的)个人豁免方面:"管辖性豁免可以很好地在一定期限内或者对一定的犯罪阻止起诉;它不能免除自己适用的个人所有的刑事责任",参见 *DR Congo v. Belgium*, ICJ, judgment of 14 February 2002 (Case Concerning the Arrest Warrant of 11 April 2000), ICJ Reports 2002, 3, para. 60。也见 H. Fox, in L. C. Vohrah et al. (eds.), *Man's Inhumanity to Man* (2003), p. 297 at p. 301。

[477] 参见 *Vienna Convention on Diplomatic Relations* of 1961, 500 *UNTS* (1961), p. 95,第39(2), and *Vienna Convention on Consular Relations* of 1963, 596 *UNTS* (1963), p. 261, Art. 53 Abs. 4。

[478] 参见 A. Cassese, *International Criminal Law* (2003), p. 267。

[479] 参见 A. Cassesse, 13 *European Journal of International Law* (2002), p. 853 at p. 854。

[480] 参见 *Prosecutor v. Blaškić*, ICTY (Appeals Chamber), judgment (on the Request of the Republic Croatia for Review of the Decision of Trial Chamber II of 18 July 1997) of 29 October 1997, para. 41:"在讨论中的一般规则[即个别部门不可以为在自己的官方职能中所实施的行为或者交易承担责任]在国际法中已

事实,经常是一种从重情节。[481]

《国际刑事法院规约》第27条第1款肯定了,官方身份既不免除刑事责任,也不在其中或者本身就构成降低量刑的一种根据。因此,《国际刑事法院规约》跟随着纽伦堡和东京宪章以及南斯拉夫和卢旺达规约中的相应条款。[482]纽伦堡法庭明确建立了功能性豁免的无关性(irrelevance)。 516

"国际法的原则,在特定情况下保护着国家的代表,不能适用于被国际法谴责为犯罪的行为。这些行为的发起人不能在自己的官方位置下得到庇护,以避免在恰当的程序中受到惩罚……(个)人具有一些超过各国要求服从的国家性职责的国际义务。如果发布行为的国家权威超出了自己在国际法项下的权限,那么,违反战争法的人虽然是根据国家的权威进行行为,也不能获得豁免。"[483] 517

《国际刑事法院规约》第27条第1款,通过列举了(虽然不仅仅是)[484]各种国家官员,来明确这些先前的规则,这些国家官员的行动在原则上被授予了属物理由的豁免,但是,豁免不包括那些本规约项下的犯罪。这些人包括国家和政府首脑,政府或者国会成员,以及其他选举产生的代表或者政府官员。 518

经得到了很好的建立……没有什么例外……产生于禁止战争罪、危害人类罪和灭绝种族罪的国际刑法规范。在这些规范中,那些为这种犯罪负责的人不能从国家的或者国际的管辖权中产生豁免,即使他们是在履行自己官方职能的过程中犯下这些罪行的";*Prosecutor v. Furundžija*, ICTY (Trial Chamber), judgment of 10 December 1998, para. 140; A. Cassese, *International Criminal Law* (2003), p. 267; H. Fox, in L. C. Vohrah et al. (eds.), *Man's Inhumanity to Man* (2003), p. 297 at p. 300; O. Triffterer, in O. Triffterer (ed.), *Commentary on the Rome Statute of the International Criminal Court* (1999), Art. 27, marginal no. 12。部分地说,功能性豁免的无关性得到了国际犯罪总是"私人"行为这个事实的辩护;因此,从一开始,就不存在假定功能性豁免的空间。在这个精神中,参见,例如,*DR Congo v. Belgium*, ICJ, judgment of 14 February 2002 (Case Concerning the Arrest Warrant of 11 April 2000), separate opinion of Judges Higgins, Kooijmans, and Buergenthal, ICJ Reports 2002, 3, para. 85 and separate opinion of Judge van den Wyngaert, para. 36。对于一种正确的非常怀疑的观点,参见 A. Cassese, 13 *European Journal of International Law* (2002), p. 853 at pp. 866 et seq.。无论如何,它宣称国际关心的最严重的犯罪是私人事务这个事实,起的是反对这个观点的作用。

[481] 参见 O. Triffterer, in O. Triffterer (ed.), *Commentary on the Rome Statute of the International Criminal Court* (1999), Art. 27, marginal no. 20。

[482] 《纽伦堡宪章》第7条;《东京宪章》第6条。这些规则在1950(原文是"1946"。——译者注)年得到了国际法委员会作为第三部《纽伦堡原则》的肯定。也见《管制理事会法》第10号第2条第4款第1项;《防止及惩治灭绝种族罪公约》第4条;《南斯拉夫国际法院规约》第7条第2款;《卢旺达国际法庭规约》第6条第2款;参见 *Prosecutor v. Blaškić*, ICTY (Appeals Chamber), judgment (on the Request of the Republic Croatia for Review of the Decision of Trial Chamber II of 18 July 1997) of 29 October 1997, para. 41; *Prosecutor v. Furundžija*, ICTY (Trial Chamber), judgment of 10 December 1998, para. 140。综述参见 P. Gaeta, in A. Cassese, P. Gaeta and J. R. W. D. Jones (eds.), *The Rome Statute of the International Criminal Court*, Vol. 1 (2002), p. 975 at pp. 979 et seq.; O. Triffterer, in O. Triffterer (ed.), *Commentary on the Rome Statute of the International Criminal Court* (1999), Art. 27, marginal no. 1 et seq.。

[483] IMT, judgment of 1 October 1946, in *The Trial of German Major war Criminals. Proceedings of the International Military Tribunal Sitting at Nuremberg, Germany*, Part 22, p. 447.

[484] 参见 O. Triffterer, in O. Triffterer (ed.), *Commentary on the Rome Statute of the International Criminal Court* (1999), Art. 27, marginal no. 14 et seq.; D. Akande, 98 *American Journal of International Law* (2004), p. 407 at pp. 419 et seq.。

519 在国际法项下的犯罪案件中，属物理由的豁免是不适用的，不仅对在国际法庭中的审判不适用，[485]而且对在国内的审判不适用。这也在今天固定于习惯性国际法之中了。[486] 在英国上议院（the British House of Lords）对皮诺切特（Pinochet）案件作出的决定中，这个发展赢得了重要的推动力。[487]

三　对国家和政府首脑、外交部长和外交官的（有限的）豁免

520 个人的豁免由国家和政府首脑、外交部长和外交官享有，不过，这种豁免仅仅是阻扰对他们在任职期间实施的国际法项下的犯罪进行起诉，并且仅仅是在国家法庭上。

521 由于个人豁免的保护效果仅仅持续到这名官员任职结束之时，因此，一旦这种任职结束，[488]对起诉的这种障碍就立即消失了。国家和政府的前首脑、前外交部长和前外交官，因此就可以没有限制地受到起诉。[489]

---

[485] 因此，功能性豁免的无关性已经从真正的超国家管辖权在定义上替代了国家政府和刑事权威的事实中产生了；参见 G. Dahm, J. Delbrück and R. Wolfrum, *Völkerrecht*, Vol. I/3, 2nd edn.（2002），p. 1018。在国际管辖权是以条约为基础的这个范围内，就像在国际刑事法院的情况中，条约各方已经特别放弃了国家豁免；因此，这并不阻挡在国际刑事法院中的起诉。对于在各种国际刑事法庭中的豁免，参见 D. Akande, 98 *American Journal of International Law*（2004），p. 407 at pp. 415 et seq.。

[486] 参见 A. Cassese, 13 *European Journal of International Law*（2002），p. 853 at p. 870，带有很多国家实践的例子；也见 P. Gaeta, in A. Cassese, P. Gaeta and J. R. W. D. Jones（eds.）*The Rome Statute of the International Criminal Court*, Vol. 1（2002），p. 975 at pp. 979 et seq.；P. Sands, 16 *Leiden Journal of International Law*（2003），pp. 37 et seq.。在这里，国际法院的附论（obiter dictum）是误导性的：它认为起诉其他国家的前外交部长是可能的，只要，除了其他事情之外，案件涉及他在任期间的"私人"行为，参见 *DR Congo v. Belgium*, ICJ, judgment of 14 February 2002（Case Concerning the Arrest Warrant of 11 April 2000），ICJ Reports 2002, 3, para. 61。这一段意见只有在一个人要么否认故意犯罪曾经具有官方行为的性质，要么看不到法院提出可能排除起诉的配合时，才能认为符合了被一般接受的突破功能性豁免的主题。在这个背景下，A. Cassese, 13 *European Journal of International Law*（2002），p. 853 at p. 876，指出该法院院长 Guillaume 向新闻界发出的信息，在这里，他说在判决书中的这一段应当仅仅理解为"通过例子的方法"，参见 ICJ, press Statement of Judge Gilbert Guillaume, 14 February 2002。

[487] 在 1998 年对伦敦的访问期间，根据一份西班牙的逮捕令和后来的驱逐出境的请求，奥古斯托·皮诺切特（Augusto Pinochet）被逮捕了。在最后的上诉中，英国执掌司法的上议院认为，皮诺切特并不受免除逮捕和驱逐出境豁免的保护，参见 In re *Augusto Pinochet Ugarte*, High Court of Jusfice, judgment of 28 October 1998, in 38 *ILM*（1999），pp. 68 et seq.；*Regina v. Battle and Evam*, ex parte *Pinochet*, House of Lords, judgment of 25 November 1998, in 37 *ILM*（1998），pp. 1302 et seq.；judgment of 24 March 1999, in 38 *ILM*（1999），pp. 581 et seq.；详细情况，参见 A. Bianci, 10 *European Journal of International Law*（1999），pp. 239 et seq.；M. Byers, 10 *Duke Journal of Comparative and International Law*（2002），pp. 415 et seq.；M. Ruffert, 48 *Netherlands International Law Review*（2001），p. 171 at pp. 178 et seq.；P. Sands, 16 *Leiden of Journal of International Law*（2003），p. 37 at pp. 45 et seq.。

[488] 参见边码 513。

[489] 在最重要的实践性例子中，有在纽伦堡国际法庭中对希特勒的继任者卡尔·邓尼茨海军元帅的审判，在卢旺达国际法庭中对前卢旺达政府首脑让·坎班达的审判；（原注释是"参见 *Prosecutor v. Kambanda*, ICTR（Trial Chamber），judgment of 4 September 1998；IMT, judgment of 1 October 1946, in *The Trial*

对于在职官员必须作出区分:豁免审判的效果在国际法院中起诉的案件中就完全消失了。现在,《国际刑事法院规约》第 27 条第 2 款强调了由这个国际刑事法院起诉国际法项下的犯罪。[490]人们有很好的理由认为,在习惯性国际法中也存在着相应的规则。[491]从今以后,在习惯性国际法中排除豁免,将在由这个国际刑事法院可能进行的对非成员国最高代表的审判中,首先具有重大意义。 522

《国际刑事法院规约》第 98 条看来仅仅表现出与第 27 条指明的不妥协姿态的相互冲突。[492]如果这个法院向一个国家提出法律协助的要求,将会是要求这个国家违反其对另一个国家的豁免义务,那么,第 98 条就不允许提出这种要求。[493]这个条文的意图是考虑现存的国家间的协议,以保证各国不会阻碍批准本规约。 523

在这个背景下,非常有问题的是,像美国这样的国家,试图通过后来签订的双边不引渡条约来规避这个国际刑事法院的管辖权。美国现在已经与 100 多个 * 国家签署了双边豁免协议,严格禁止羁押国把美国公民送交国际刑事法院。[494]这些条约已经造成了严重的不安,尤其是在那些也是这部规约成员国的 524

---

of German Major war Criminals. Proceedings of the International Military Tribunal Sitting at Nuremberg, Germany, Part 22, p. 507”,作者在下面作了调整补充。——译者注),在南斯拉夫国际法庭对前南斯拉夫和塞尔维亚共和国国家元首米洛舍维奇的审判,以及在塞拉利昂特别法庭对前利比里亚国家元首泰勒的审判,参见 IMT, judgment of 1 October 1946, in *The Trial of German Major War Criminals. Proceedings of the International Military Tribunal Sitting at Nuremberg, Germany*, Part 22, p. 507; ICTR (Trial Chamber), judgment of 4 September 1998; *JStGH*, Beschl. v. 8. November 2001 (*S. Milošević*, TC), paras. 26 ff.; *SLSGH*, Beschl. v. 31. Mai 2004 (*Taylor*, AC)。

[490] 参见 C. Kress, in H. Grützner and P. G. Pötz (eds.), *Internationaler Rechtshilfverkehr in Strafiachen*, Vol. 4, 2nd edn. (2006), Vor III 26 at marginal no. 61。根据这一点,与行为人的官方职能相联系的起诉障碍是无关的,不管这些障碍产生于国际法或者由国内法加以规定。

[491] 这个问题在文献中是有争论的,参见 P. Gaeta, in A. Cassese, P. Gaeta and J. R. W. D. Jones (eds.), *The Rome Statute of the International Criminal Court*, Vol. 1 (2002), p. 975 at pp. 988, 995, 1000,没有在习惯法中找到基础,但是,根据有待创设的法律(de lege ferenda),要求假定豁免是能够被克服的,只要“它看起来在法律上不可能或者最不可能使被指称的行为人送交司法审判”;P. Sands, 16 *Leiden Journal of International Law* (2003), p. 37 at p. 38。也见 *Prosecutor v. Milošević*, ICTY (Trial Chamber), decision of 8 November 2001, paras. 26 et seq., 33。在《国际刑事法院规约》生效之前,程序性豁免的无关性作为一种必然的结果,对于排除实质性豁免推论出来了:“在恰当的司法程序中,在起诉或者惩罚方面缺乏任何程序性豁免,都是缺乏任何实质性豁免或者辩护的一种实质性的必然结果。荒谬的会是,防止一名个人诉诸自己的官方地位来避免对一个犯罪的责任,而仅仅允许他诉诸这个考虑来避免这种责任的结果。”参见 Draft Code 1996, commentary to Art. 7。

[492] 参见 P. Gaeta, in A. Cassese, P. Gaeta and J. R. W. D. Jones (eds.), *The Rome Statute of the International Criminal Court*, Vol. 1 (2002), p. 975 at p. 992。

[493] 《国际刑事法院规约》第 98 条第 1 款列举了需要考虑的国家和外交豁免。《国际刑事法院规约》第 98 条第 2 款指出其他条约,例如关于为国际合作驻扎军队的协定(SOFAs)。在第 98 条的案件中,在向关押国提出移交的请求之前,国际刑事法院必须从第三国(例如行为人的祖国)取得一项豁免。《国际刑事法院规约》因此与《南斯拉夫国际法庭规约》和《卢旺达国际法庭规约》不同,它们代表的是以《联合国宪章》第七章为根据的安全理事会的措施,并且,全体联合国成员国因此都有义务进行合作,参见 P. Gaeta, in A. Cassese, P. Gaeta and J. R. W. D. Jones (eds.), *The Rome Statute of the International Criminal Court*, Vol. 1 (2002), p. 975 at p. 989。

* 在 2003 年出版的德文版中是 20 多个国家,在 2005 年出版的英文版中是 80 多个国家,作者确认,美国现在已经与 100 多个国家签署了这种协议。——译者注

[494] 在这些协议中,各方同意,“牢记《罗马规约》第 98 条”,不把政府官员、雇员、军事人员或者缔约

国家之中(例如罗马尼亚和阿富汗),因为这些条约是违反《国际刑事法院规约》的目的的。

525 然而,必须注意,在国内法庭中现职官员享有的个人豁免。在这里,属人理由的豁免创设了对起诉的一种障碍;没有相应的国家实践,就不能认为有对起诉国际法项下犯罪的例外。[495]

四 小结

526 在原则上,国家法项下的豁免和国际法项下的豁免都不能防止对国际法项下犯罪的起诉。仅有的例外是对现职的国家和政府首脑、外交部长和外交官的起诉(属人理由的豁免),并且,仅仅是对各国提起的起诉而言。由国际法院提起的起诉总是可能的;在这个国际刑事法院的案件中,甚至非成员国的行为人也被剥夺了自己的豁免,这是真实的。

第十节 数罪问题

参考书目:

527 Gilbert Bitti: Two Bones of Contention Between Civil and Common Law: The Record of the Proceedings and the Treatment of a Concursus Delicmrum, in Horst Fischer, C. Kress and Sascha R. Lüder (eds.), *International and National Prosecution of Crimes Under International Law, Current Developments* (2001), pp. 273 et seq.; Antonio Cassese: *International Criminal Law* (2003), pp. 212 et seq.; Iris Hünerbein: *Straftatkonkurrenzen im Völkerstrafrecht. Schuld-*

国的国民,移交给本国际刑事法院或者"任何其他实体或者第三国……为了向本国际刑事法院移交或者转移的目的。"

[495] 参见 *DR Congo v. Belgium*, ICJ, judgment of 14 February 2002 (Case Concerning the Arrest Warrant of 11 April 2000), ICJ Reports 2002, 3, para. 56; A. Cassese, 13 *European Journal of International Law* (2002), pp. 865 et seq.; P. Gaeta, in A. Cassese, P. Gaeta and J. R. W. D. Jones (eds.), *The Rome Statute of the International Criminal Court*, Vol. 1 (2002), p. 975 at pp. 984 et seq.; 对于讨论,参见 C. Kress, *Goltdammer's Archiv für Strafrecht* 2003, p. 25 at p. 33。但是,参见 *DR Congo v. Belgium*, ICJ, judgment of 14 February 2002 (Case Concerning the Arrest Warrant of 11 April 2000), ICJ Reports 2002, 3, separate opinion of Judge AI-Khasawneh (para. 7) and separate opinion Judge Van den Wyngaert (paras. 27 et seq.)。这在国内法院中对仍然在任的外国国家首脑的很少的审判中得到了肯定;参见 the trial of *Qaddafi* before the French Cour de Cassation, *Bulletin des amen de la Cour de Cassation* (2001), p. 218; 参见 S. Zappalá, 12 *European Journal of International Law* (2001), p. 595; 其他例子参见 A. Cassese, *International Criminal Law* (2003), p. 866, fn. 37。

spruch und Strafe (2005); Bing Bing Jia: The Differing Concepts of War Crimes and Crimes against Humanity in International Criminal Law, in: Goodwin-Gill, Guy S./Talmon, Stefan (Hrsg.), *The Reality of International Law* (1999), 243 ff.; Richard May and Marieke Wierda: Is There a Hierarchy of Crimes in International Law?, in Lal Chand Vohrah et al. (eds.), *Man's Inhumanity to Man* (2003), pp. 511 et seq.; Olaoluwa Olusanya: *Double Jeopardy Without Parameters* (2004); Fulvio Maria Palombino: Should Genocide Subsume Crimes Against Humanity? –Some Remarks in the Light of the Krstić Appeal Judgment, *Journal of International Criminal Justice* 3 (2005), 778 ff.; William A. Schabas: Penalties, in Antonio Cassese, Paola Gaeta, and John ILW. D. Jones (eds.), *The Rome Statute of the International Criminal Court: A Commentary*, Vol. 2 (2002), pp. 1497 et seq.; Friedrich Stuckenberg: A Cure for Concursus Delictorum in International Law?, *Criminal Law Forum* 16 (2005), 361 ff.; Friedrich Stuckenberg: Multiplicity of Offences: Concursus Delictorum, in Horst Fischer, C. Kress and Sascha R. Lüder (eds.), *International and National Prosecution of Crimes Under International Law, Current Developments* (2001), pp. 559 et seq.; Nisha Valabhji: Cumulative Convictions Based on the Same Acts under the Statute of the I. C. T. Y., *Tulane Journal of International and Comparative Law* 10 (2002), 185 ff.; Susanne Walther: Cumulation of Offences, in Antonio Cassese, Paola Gaeta and John R. W. D. Jones (eds.), *The Rome Statute of the International Criminal Court: A Commentary*, Vol. 1 (2002), pp. 475 et seq.

在国际刑法中,经常有这样的案件:一个单独行为人的行为,符合了几个犯罪的定义。528 这种案件的发生,首先是因为国际法项下的犯罪经常是相互重叠的。例如,在杀人的情况下就是如此;根据现有的各种因素,杀人可以同时作为灭绝种族罪、危害人类罪和战争罪被起诉。另外一种现象创设了一些更复杂的罪行竞合(concursus delictorum)问题。国际法项下的犯罪,典型地不是通过一个单独个人的个人行为(打一下,放一枪)来实施的,而是通过许多个人的许多具体行为来实施的。像灭绝种族罪或者危害人类罪这些犯罪的定义,就规定了这些犯罪的整体复杂性,并且能够由扩展到一个长时期的行为来组成,在一些案件中,甚至会扩展到几年时间。这就提出了这样的问题:一个行为人的具体行为是否并且在什么程度上应当归类为各个独立的犯罪或者一个单独的犯罪。

无论在《纽伦堡宪章》还是几个特别法庭的规约中,都没有解决这些数罪问题的规 529 则。[696]《国际刑事法院规约》仅仅在第 78 条第 3 款的规定中认为,认定一个人对一个以上犯罪有罪是明显可能的。该条文规定:"一人被判犯数罪时,本法院应当宣告每一项犯罪

---

[696] 然而,在南斯拉夫国际法庭的《程序和证据规则》第 87 条和第 101 条中也能见到指示。

的刑期，再宣告合并执行的总刑期。总刑期应当在宣告的数刑中最高刑期以上……”

一 国际判例法

530 过去，各个法院已经实用地（pragmatically）处理了数罪的问题。例如，纽伦堡法庭在同一些行为上认定了许多被告人犯有战争罪和危害人类罪，而不在法律上讨论罪行竞合的问题。南斯拉夫国际法庭作出了第一次认真的努力，以发展关于处理竞合性犯罪的国际规则。[497] 自那以后，这个案例法就发展到了这个程度上：人们可以认为，今天，罪行竞合的国际信条所具有的特定基本原则，已经很好地建立起来了。在方法上的出发点，是从各国法律制度的相应规则中提取出来的一般法律原则的精萃。[498]

二 同一个行为

531 在许多具体行为都存在并满足了一个犯罪的定义时，必须根据可适用的犯罪考察，这些行为是否在法律意义上组成了同一个行为。[499]

532 特定的犯罪定义明确地把一大类具体的行为结合在一个单独的单位之中。例如，对于危害人类罪来说，符合这个犯罪的定义和作为实施灭绝种族这个故意中的一部分来实现的动作，为了法律的目的，就被组合在一个行为之中。[500] 对于危害人类罪来说，一种对平民人口广泛或者有系统的攻击，是以大量的具体行为为前提的；在这里，符合这个犯罪定义的一个行为人的行为所具有的各种类型，也能够被组

[497] 参见 F. Stuckenberg 对南斯拉夫国际法庭判例法的发展所做的综述，in H. Fischer, C. Kress and S. R. Lüder (eds.), *International and National Prosecution of Crimes under International Law* (2001), pp. 559, 573 et seq.。

[498] 在普通法和民法的法律范围内对数罪问题的处理，在结果上的区别不如在形式上的区别那么多；讨论参见 S. Walther, in A. Cassese, P. Gaeta and J. R. W. D. Jones (eds.), *The Rome Statute of the International Criminal Court*, Vol. 1 (2002), p. 475 at pp. 478 et seq.；关于美国法，参见 F. Stuckenberg, 113 *Zeitschrift für die gesamte Strafrechtswissenschaft* (2001), pp. 146 et seq.。

[499] 在“同一行为”的地方，也会是“同一行动或者交易”的地方，参见 *Prosecutor v. Kunarac* et al., ICTY (Appeals Chamber), judgment of 12 June 2002, para. 173。如果几项指控与“事实的同一系列”有关，那么，“同一行为”就明显地将总是存在的，参见 *Prosecutor v. Musema*, ICTR (Appeals Chamber), judgment of 16 November 2001, para. 358；也见 *Prosecutor v. Vasiljević*, ICTY (Trial Chamber), judgment of 29 November 2002, para. 266：“因此，不存在从这两项罪中产生累积性定罪的问题，因为它们依据的不是同一个事实。”最新的判例，参见 *JStGH*, Urt. v. 30. November 2006 (Galić, AC), paras. 167 f.：“[S]eparate convictions are permissible for murder and inhumane acts, which relate to distinct victims, as they do here”.

[500] 对于更多的信息，参见边码 630。

合而形成一个单独的行为。[501] 相比之下，一种军事冲突的存在，就不足以把数个战争罪，为了法律的目的而组合成一个犯罪。[502]

如果对这种行为的一种评价表明，存在着许多在法律上分离的行为，那么，对每一个单独行为的起诉和定罪，将基于每一个案件的犯罪定义来进行。[503] 然而，如果可以证明，这名行为人对同一个行为应当承担责任，那么，就应当根据下面的规则来进行起诉、定罪和量刑。 533

（一）累积性指控

根据南斯拉夫和卢旺达国际法庭的判决，对通过同一个行为实施的国际法项下的许多犯罪进行累积性指控（cumulative charging），总是允许的："（在）所有证据提出之前，不可能确切地决定，在对被告人提出的这些指控中，哪一个指控能够得到证明。"[504] 534

（二）数个定罪

南斯拉夫国际法庭在审理库普雷斯基奇（Kupreškić）等人时，第一次深入地考虑了数罪的问题。[505] 今天，这个实践，是受所谓切雷比奇（Čelebići）检验的指导[506]，这个检验是在 535

[501] 对于更多的信息，参见边码 770。

[502] 对于更多的信息，参见边码 1146。

[503] 参见 *Prosecutor v. Vasiljević*, ICTY（Trial Chamber）, judgment of 29 November 2002, para. 266。也见 A. Cassese, *International Criminal Law*（2003）, p. 213。

[504] *Prosecutor v. Mucić* et al., ICTY（Appeals Chamber）, judgment of 20 February 2001, para. 400; *Prosecutor v. Musema*, ICTR（Appeals Chamber）, judgment of 16 November 2001, para. 369; *Prosecutor v. Naletilić and Martinović*, ICTY（Trial Chamber）, judgment of 31 March 2003, para. 718; *Prosecutor v. Ntakirutimana*, ICTR（Trial Chamber）, judgment of 21 February 2003, paras. 862 et seq.; *Prosecutor v. Semanza*, ICTR（Trial Chamber）, judgment of 15 May 2003, paras. 307 et seq., 最后，还有 *RStGH*, Urt. v. 12. September 2006（Muvunyi, TC）, para. 499。但是，参见 R. May and M. Wierda, in L. C. Vohrah et al.（eds.）, *Man's Inhumanity to Man*（2003）, p. 511 at pp. 539 et seq.。

[505] *Prosecutor v. Kupрškić* et al., ICTY（Trial Chamber）, judgment of 14 February 2000, paras. 668 et seq.; 甚至在此之前，参见 *Prosecutor v. Akayesu*, ICTR（Trial Chamber）, judgment of 2 September 1998, para. 468; 关于判例法的发展，参见 S. Walther, in A. Cassese, P. Gaeta and J. R. W. D. Jones（eds.）, *The Rome Statute of the International Criminal Court*, Vol. 1（2002）, p. 475 at p. 492。

[506] 这个词依据的是一座前南斯拉夫军事基地的名字（"Čelebići camp"），在这里，那些在 Mucić 等人案件中那些被告人实施了犯罪，参见 *Prosecutor v. Mucić* et al., ICTY（Appeals Chamber）, judgment of 20 February 2001, para. 1。也见 *Prosecutor v. Kamuhanda*, ICTR（Trial Chamber）, judgment of 22 January 2004, paras. 577 et seq.。

姆纪奇等人(Mucić et al.)案件[507]中,由南斯拉夫国际法庭上诉庭发展起来的。[508] 根据这个检验,各个竞合着的犯罪就必须仅仅根据下面这些狭窄的条件,从起诉书中删除:

536 "根据不同的法定条文和同一个行为来进行数个犯罪的定罪,只有在所涉及的每一个法定条文都具有一种在其他条文中没有包含的重要的区分性因素时,才是允许的。如果一个因素要求一项其他因素所不要求的事实来加以证明,那么,这个因素就是一种重要的区分性因素。在这个检验没有得到满足之处,本庭必须与这项罪行相联系来决定是否定罪。这应当在这个原则的基础上来进行:根据最特殊条文进行的定罪应当得到支持。因此,如果一系列事实被两个条文加以规定,其中一个包含着一项额外的重要的区分性因素,那么,定罪就只应当根据那个条文来进行。"[509]

537 因此,作为第一步,这两个相关的条文必须进行比较,决定是否每一个条文都要求至少一个其他条文没有要求的因素来加以证明。这个犯罪的定义中的所有因素都必须加以考虑,尤其是背景性因素。[510] 如果这个检验是肯定性的,那么,这些犯罪的定义就可以同时得到使用,这些犯罪将被列入起诉书。如果这个检验是否定性的,也就是说,如果这些竞合着的规则具有同样的要求或者一个规则被另一个规则完全包括,那么,就需要用第二步来决定,两者中哪一个是最特别的规则。只有这个才能被包括在起诉书中。那个被压制的规范是辅助性的。在这里,一个在大多数法律制度中广泛使用的原则已经得到了国际刑法的承认。[511] 这个切雷比奇检验一直是同时经常在南斯拉夫和卢旺达国际法庭中得到适用的,并且,通过这种方式,发展出了下面的那些原则。

538 在国际法项下各种犯罪之间的关系方面,危害人类罪可以与战争罪[512]和灭绝种族罪

---

[507] *Prosecutor v. Mucić* et al., ICTY (Appeals Chamber), judgment of 20 February 2001, paras. 412 et seq.

[508] 也见 *Prosecutor v. Jelisić*, ICTY (Appeals Chamber), judgment of 5 July 2001, paras. 78 et seq.; *Prosecutor v. Kunarac* et al., ICTY (Appeals Chamber), judgment of 12 June 2002, para. 168; *Prosecutor v. Naletilić and Martinović*, ICTY (Trial Chamber), judgment of 31 March 2003, para. 718; *Prosecutor v. Krstić*, ICTY (Appeals Chamber), judgment of 19 April 2004, para. 218。最近的是 *JStGH*, Urt. v. 22. März 2006 (Stakić, AC), paras. 350 ff. und *JStGH*, Urt. v. 3. Mai 2006 (Naletilić und Martinović, AC), paras. 589 f.。也见 A. Cassese, *International Criminal Law* (2003), pp. 214 et seq.。

[509] *Prosecutor v. Mucić* et al., ICTY (Appeals Chamber), judgment of 20 February 2001, paras. 412 et seq.

[510] 参见*JStGH*, Urt. v. 12. Juni 2002 (*Kunarac* et al., AC), para. 177; *JStGH*, Urt. v. 22. März 2006 (Stakić, AC), para. 356; *Prosecutor v. Musema*, ICTR (Appeals Chamber), judgment of 16 November 2001, para. 363。

[511] 参见,例如,*Prosecutor v. Kunarac* et al., ICTY (Appeals Chamber), judgment of 12 June 2002, para. 170,根据这个案件,这个原则是一个"在民法法系和普通法法系中都已经建立的原则";*Prosecutor v. Kamuhanda*, ICTR (Trial Chamber), judgment of 22 January 2004, paras. 577 et seq.。也见 A. Cassese, *International Criminal Law* (2003), p. 216; F. Stuckenberg, in H. Fischer, C. Kress and S. R. Lüder (eds.), *International and National Prosecution of Crimes under International Criminal Law* (2001), pp. 586 et seq.。

[512] *Prosecutor v. Kunarac* et al., IC'TY (Appeals Chamber), judgment of 12 June 2002, para. 176:"危害人类罪构成了与违反战争法与习惯的犯罪不同的犯罪[在《南斯拉夫国际法庭规约》第 3 条项下],在这里,每一个罪都包含了一个没有在其他罪中出现的因素";参见 *Prosecutor v. Kupreškićeikid* et al., ICTY

同时存在。一个长期争论[513]的问题,灭绝种族是特别法(lex specialis)——也就是说,根据切雷比奇检验是更特别的犯罪——已经由上诉庭在面对危害人类罪时作出了否定的回答。[514]在这个判例法的基础上,战争罪和灭绝种族罪也会同时得到适用。

在各种具体动作之间的关系方面,酷刑和强奸可以作为危害人类罪同时存在,[515]就像酷刑和强奸可以作为战争罪同时存在一样。[516]同样真实的还有强奸和奴役状态作为危害人类罪。[517]在与谋杀的关系上,消灭是更特别的犯罪,因此,谋杀是消灭的辅助罪。* 危害人类罪中的消灭就排斥了这个罪中的故意杀人。[518]不人道待遇的危害人类罪对于其他具体危害人类罪来说,处于第二位的地位。[519]如果起诉的犯罪是由杀人、酷刑、剥夺自由或者其 539

(Appeals Chamber), judgment of 23 October 2001, para. 388, and *Prosecutor v. Jelisić*, ICTY (Appeals Chamber), judgment of 5 July 2001, para. 82。也见*JStGH*, Urt. v. 3. Mai 2006 (*Naletilić und Martinović*, AC), para. 719; *Prosecutor v. Česić*, ICTY (Trial Chamber), judgment of 11 March 2004, paras. 32 et seq.; *Prosecutor v. Galić*, ICTY (Trial Chamber), judgment of 5 December 2003, para. 163; *Prosecutor v. Stakić*, ICTY (Trial Chamber), judgment of 31 July 2003, para. 874。也见 G. Mettraux, 43 *Harvard International Law Journal* (2002), p. 302。相比之下(危害人类罪的杀人就代替了相应的战争罪),参见 *Prosecutor v. Kupreškić* et al., ICTY (Trial Chamber), judgment of 14 January 2000, para. 701。但是,参见 R. May and M. Wierda, in L. C. Vohrah et al. (eds.), *Man's Inhumanity to Man* (2003), pp. 511 et seq., 528 et Seq.。

[513] 对于危害人类罪在与灭绝种族罪的关系中的辅助性,参见 *Prosecutor v. Krstić*, ICTY, judgment of 2 August 2001, paras. 682 et seq.; 也见 *Prosecutor v. Kayishema and Ruzindana*, ICTR (Trial Chamber), judgment of 21 May 1999, para. 648("完全的归类")。

[514] 参见 *Prosecutor v. Musema*, ICTR (Appeals Chamber), judgment of 16 November 2001, paras. 366 et seq.; *Prosecutor v. Ntakirutimana*, ICTR (Trial Chamber), judgment of 21 February 2003, para. 864; 最近, *Prosecutor v. Krstić*, ICTY (Appeals Chamber), judgment of 19 April 2004, paras. 222 et seq.; 早些时候,灭绝种族罪的对立特征, *Prosecutor v. Akayesu*, ICTR (Trial Chamber), judgment of 2 September 1998 para. 469。也见 E. Fronza, in F. Lattanzi and W. A. Schabas (eds.), *Essays on Rome Statute of the International Criminal Court*, Vol. 1 (1999), p. 105 at pp. 117 et seq.; A. Gil Gil, 112 *Zeitschrift für die gesamte Strafrechtswissenschaft* (2000), p. 381 at pp. 396 et seq.; S. Walther, in A. Cassese, P. Gaeta and J. R. W. D. Jones (eds.), *The Rome Statute of the International Criminal Court*, Vol. 1 (2002), p. 475 at p. 491。但是,参见 R. May and M. Wierda, in L. C. Vohrah et al. (eds.), *Man's Inhumanity to Man* (2003), p. 511 at p. 531。

[515] *Prosecutor v. Kunarac* et al., ICTY (Appeals Chamber), judgment of 12 June 2002, para. 179:"强奸罪的一个因素是侵入(penetration),反过来,酷刑罪的一个因素是一个被禁止的目的。"

[516] *Prosecutor v. Kunarac* et al., ICTY (Appeals Chamber), judgment of 12 June 2002, paras. 181 et seq.

[517] *Prosecutor v. Kunarac* et al., ICTY (Appeals Chamber), judgment of 12 June 2002, para. 186。作者在此删除了"与灭绝和谋杀",并对随后的注释进行了修改和补充。——译者注

* 这个句子是作者补充的,作者强调,谋杀是消灭的辅助罪而不是并列罪,这一点与强奸和奴役状态不同。——译者注

[518] 参见 *JStGH*, Urt. v. 22. März 2006 (*Stakić*, AC), para. 366; *JStGH*, Urt. v. 17. Januar 2005 (*Blagojević und Jokić*, TC), paras. 802 f.; *RStGH*, Urt. v. 13. Dezember 2004 (*Ntakirutimana*, AC), para. 542; *RStGH*, Urt. v. 15. Mai 2003 (*Semanza*, TC), paras. 500 ff.; *RStGH*, Urt. v. 13. April 2006 (*Bisengimana*, TC), paras. 96 ff.。相反,其他的还有, *RStGH*, Urt. v. 2. September 1998 (*Akayesu*, TC), paras. 469 f., 744 und *JStGH*, Urt. v. 31. Juli 2003 (*Stakić*, TC), para. 877:"…… 为了反映被告人不仅指向个人被害人而且指向有着大量被害人的团体的有罪责行为的整体,在原则上,允许同时认定灭绝和谋杀的定罪。"

[519] *Prosecutor v. Kvočka* et al., ICTY (Trial Chamber), judgment of 2 November 2001, para. 217("辅助性质"); *Prosecutor v. Krstić*, ICTY (Appeals Chamber), judgment of 19 April 2004, para. 231.

他不人道待遇的方法实施的,那么,它并不通过特殊性来代替相应的危害人类罪(杀人、酷刑、剥夺自由、不人道待遇)。[520]

540 作为一种不那么特殊的参加形式,上级责任是对(直接)由上级实施的国际法项下的犯罪的补充。[521] 执行一个犯罪比计划一个犯罪具有优先地位。[522]

虽然这个判决把切雷必奇检验(Čelebići-Test)看成是唯一有权威的,但是,应当注意到,这个特别刑事法庭明显为自己保留了在具体案件管辖权的利益中作出偏离的权利:不允许机械地适用这个切雷必奇检验,从而造成对被告人不利的情况。*

三 量刑

541 如果一个个人根据上述原则对多项犯罪被认定有罪,那么,进一步的问题就是如何影

---

[520] (作者在这里删除的注释是:"参见 *Prosecutor v. Kvočka* et al.,ICTY (Trial Chamber),judgment of 2 November 2001,para. 220 (杀人),227 (酷刑,不人道待遇);*Prosecutor v. Kronjelac*,ICTY (Trial Chamber),judgment of 15 March 2002,para. 503 (剥夺自由,不人道待遇);*Prosecutor v. D. Nikolić*,ICTY (Trial Chamber),judgment of 18 December 2003,para. 119; *Prosecutor v. Krstić*,ICTY (Appeals Chamber),judgment of 19 April 2004,para. 231; *Prosecutor v. Stakić*,ICTY (Trial Chamber),judgment of 31 July 2003,paras. 879 et seq."。补充的注释如下。——译者注)在这里有关的是 *JStGH*,Urt. v. 17. Dezember 2004 (*Kordić und Čerkez*,AC),paras. 1039 ff.; *JStGH*,Urt. v. 22. März 2006 (*Stakić*,AC),paras. 350 ff.; *JStGH*,Urt. v. 3. Mai 2006 (*Naletilić und Martinović*,AC),paras. 589 f.; *JStGH*,Urt. v. 17. Januar 2005 (*Blagojević und Jokić*,TC),paras. 804 ff.; *JStGH*,Urt. v. 27. September 2006 (*Krajišnik*,TC),paras. 1127 ff.。其他的(对于特殊性的采纳)还有 *JStGH*,Urt. v. 19. April 2004 (*Krstić*,AC),para. 231; *JStGH*,Urt. v. 2. November 2001 (*Kvočka* et al.,TC),paras. 220,227; *JStGH*,Urt. v. 15. März 2002 (*Kronjelac*,TC),para. 503; *JStGH*,Urt. v. 18. Dezember 2003 (*D. Nikolić*,TC),para. 119 以及对此加以记录的 *JStGH*,Urt. v. 17. Dezember 2004 (*Kordić und Čerkez*,AC),Sondervotum Güney/Schomburg; *JStGH*,Urt. v. 22. März 2006 (*Stakić*,AC),Sondervotum Güney; *JStGH*,Urt. v. 3. Mai 2006 (*Naletilić und Martinović*,AC),Sondervotum Güney/Schomburg。

[521] 对于南斯拉夫国际法院观点的总结,参见 *Prosecutor v. Naletilić and Martinović*,ICTY (Trial Chamber),judgment of 31 March 2003,para. 78 et seq.; *Prosecutor v. Blaškić*,ICTY (Appeals Chamber),judgment of 29 July 2004,para. 91; *Prosecutor v. Stakić*,ICTY (Trial Chamber),judgment of 31 July 2003,paras. 463 et seq.; *JStGH*,Urt. v. 1. September 2004 (*Brđanin*,TC),paras. 284 f.; 也见边码 371。

[522] *Prosecutor v. Naletilić and Martinović*,ICTY (Trial Chamber),judgment of 31 March 2003,para. 59; *Prosecutor v. Stakić*,ICTY (Trial Chamber),judgment of 31 July 2003,para. 443.

* (这一段,连同这个注释,都是作者补充的。——译者注)参见 *RStGH*,Urt. v. 13. Juni 2006 (*Bisengimana*,TC),para. 98:"这个法庭也指出,对于可许可的累计性定罪所进行的这个独特的因素性检验,不应当机械地或者盲目地适用。南斯拉夫国际法庭上诉庭已经极力主张,这个检验应当小心地加以使用,避免对被告人造成不公正的损害。"对此,也见 *JStGH*,Urt. v. 12. Juni 2002 (*Kunarac* et al.,AC),paras. 168 ff.。在实践效果方面,这个保留迄今为止仅仅表现在 *JStGH*,Urt. v. 31. Januar 2005 (*Strugar*,TC),paras. 447 ff.:在这里,这个审判庭认为,有意(mutwilligen)毁坏城镇和对民用目标的违法攻击这种战争罪,在具体案件中,要退到毁坏文化财产的战争罪之后,虽然它先前明确地认定,《南斯拉夫国际刑事法庭规约》第 3 条的所有三个行为构成,在切雷必奇检验的意义上,在物质性方面都是独特的。

响量刑了。[523]

国际法庭在这个问题上的实践不是前后一致的。[524] 在一些案件中，一直是进行个别量刑，然后，再把它们合并成一个完整的量刑；[525]在另外一些案件中，则一直是给出一个单独的量刑。[526] 根据南斯拉夫国际法庭上诉庭的法理学，两种方法都是允许的；这要由各个审判庭来决定采用哪一种方法： 542

"在适用刑罚时，是采取综合性的、同时并罚的还是先后并罚的，或者一种混和了同时并罚和先后并罚的方法，完全处于审判庭的裁量范围之内。然而，在最后适用的量刑方面，支配性的标准是，它应当反映应受谴责行为的整体（'整体性'原则），或者一般来说，它应当反映这些罪行的严重性和这名罪犯的应受谴责性，从而实现公正和恰当。"[527]

根据《国际刑事法院规约》第78条第3款，对每一项犯罪的刑期都应当宣告，然后，许多个别的刑期就能合并为一个总刑期。关于在决定总刑期时使用什么原则方面，这部规约提供的唯一指导是，这个总刑期应当高于数刑中的最高刑期。[528] 543

第十一节　起诉的要求

参考书目：

Antonio Cassese: *International Criminal Law* (2003), pp. 316 et seq.; William A. Schabas: *Introduction to the International Criminal Court*, 2nd edn. (2004), pp. 114 et seq.; William A. Schabas: ICC Statute, Article 29, in Otto Triffterer (ed.), *Commentary on the Rome Statute of the International Criminal Court, Observers' Notes, Article by Article* (1999), pp. 523 et seq.; William A. Schabas: *An Introduction to the International Criminal Court*, 2. Aufl. (2004), 114 544

---

[523] 也见 S. Walther, in A. Cassese, P. Gaeta and J. R. W. D. Jones (eds.), *The Rome Statute of the International Criminal Court*, Vol. 1 (2002), p. 475 at p. 488。

[524] 参见 F. Stuckenberg, in H. Fischer, C. Kress and S. R. Lüder (eds.), *International and National Prosecution of Crimes under International Law* (2001), p. 559, 585。

[525] 参见，例如，*Prosecutor v. Kupreškić* et al., ICTY (Trial Chamber), judgment of 14 January 2000, paras. 864 et seq.。

[526] 参见，例如，*Prosecutor v. Blaškić*, ICTY (Trial Chamber), judgment of 3 March 2000, paras. 805 et seq.; *Prosecutor v. Vasljević*, ICTY (Trial Chamber), judgment of 29 November 2002, para. 269。

[527] *Prosecutor v. Mucić* et al., ICTY (Appeals Chamber), judgment of 20 February 2001, para. 429.

[528] 也见 W. A. Schabas, in A. Cassese, P. Gaeta and J. R. W. D. Jones (eds.), *The Rome Statute of the International Criminal Court*, Vol. 2 (2002), p. 1497, pp. 1529 et seq.。

ff.; Christine Van den Wyngaert and John Dugard: Non-Applicability of Statute of Limitations, in Antonio Cassese, Paola Gaeta and John R. W. D. Jones (eds.), *The Rome Statute of the International Criminal Court: A Commentary*, Vol. 1 (2002), pp. 873 et seq.

545　对于起诉的要求,完全处于国际法项下犯罪的概念之外。[529] 它们在性质上属于国际刑事程序的一部分,并不涉及犯罪性,而是涉及刑事起诉的许可性。如果起诉的要求不存在,那么,就不可以进行审判。

546　在国际刑事法院中进行的起诉,例如,就要求这个犯罪还没有在这个法院审判过(一事不再理,《国际刑事法院规约》第20条)。第20条第3款把这个禁止双重危险,扩展到这名行为人已经被任何国家法院宣告无罪或者有罪的所有案件之中。

547　在国际刑事法院中对国际法项下的犯罪进行的起诉,还进一步要求这名被告人必须在犯罪时至少是18岁(《国际刑事法院规约》第26条)。

548　对于灭绝种族罪和战争罪,《国际刑事法院规约》和《犯罪要件》都包含了对起诉的特殊要求。这样做的目的在于保证这个国际刑事法院专注于最严重的案件。

549　这个对战争罪的所谓门槛条款,例如,就是一种不需要成为这名行为人意识一部分的管辖权因素。根据《国际刑事法院规约》第8条第1款第2分句,战争罪,"尤其是在作为一个计划或者一项政策的一部分,或者作为这种犯罪大规模实施的一部分来实施时",就由这个法院负责。在这里,作为一种合理的法律政策,一个战争罪必须达到特定的严重等级,才能处于这个国际刑事法院的管辖之下。这个门槛条款不是对犯罪性在实质性要求方面所做的限制。

550　在《犯罪要件》对灭绝种族罪要求一种"类似行为所具有的明显类型的背景"之处,同样也是真实的。[530] 在正确的解释情况下,这仅仅涉及这个国际刑事法院的管辖权,而不是灭绝种族在实质上的犯罪性。[531]

551　最后,具有相当重要实践意义的是《国际刑事法院规约》。根据这部规约,时效和豁免的规定并不能阻止在这个国际刑事法院中的起诉。因此,时效和豁免的规定并不能阻止审判的进行。[532]

552　根据《国际刑事法院规约》第27条第2款,行为人的程序性豁免,例如,由于其作为国家或者政府首脑的位置而产生的豁免,就不能阻止国际刑事法院中的审判。[533]

---

[529] 参见边码284。

[530] 参见对《国际刑事法院规约》第6条的《犯罪要件》第4点。

[531] 对于讨论,参见边码329和边码606以下。

[532] 对于豁免,参见边码510以下。

[533] 对于讨论,参见边码520以下。

《国际刑事法院规约》第29条建立了国际法项下的犯罪，作为最严重的国际法犯罪，是不受时效规定的限制的。[534] 在《纽伦堡宪章》中，或者在南斯拉夫和卢旺达国际法庭的规约中，都没有关于这一点的模式。[535] 在罗马的谈判中，对战争罪不适用时效规定是最具争议的一个要点。[536] 时效规定对国际法项下的犯罪不具有适用性，是否和在什么程度上已经成为习惯性国际法的一部分，一直还没有最后得到解决。[537] 在这个领域中，国家的实践很少。国际条约规定了时效条款的不适用性，但是，迄今为止，各国还都一直不愿意采纳。[538] 553

[534] 参见 W. A. Schabas, *Introduction to the International Criminal Court*, 2nd edn. (2004), p. 115。

[535] 参见 W. A. Schabas, in O. Triffterer (ed.), *Commentary on the Rome Statute of the International Criminal Court* (1999), Art. 29, marginal no. 1，看到在《纽伦堡公约》和《东京公约》，以及《南斯拉夫国际法院规约》和《卢旺达国际法院规约》中，都缺乏时效规定来证明，在国际法项下的犯罪是不受时效规定限制的。

[536] 关于这些谈判的历史，参见 W. A. Schabas, in O. Triffterer (ed.), *Commentary on the Rome Statute of the International Criminal Court* (1999), Art. 29, marginal no. 4 et seq.。

[537] 参见 W. A. Schabas, *Introduction to the International Criminal Court*, 2nd edn. (2004), pp. 115 et seq.。关于时效法规的不可适用性，参见 C. Van den Wyngaert and J. Dugard, in A. Cassese, P. Gaeta and J. R. W. D. Jones (eds.), *The Rome Statute of the International Criminal Court*, Vol. 1 (2002), p. 873 at p. 887；对于灭绝种族罪、危害人类罪和酷刑，也见 A. Cassese, *International Criminal Law* (2003), p. 319；对于酷刑，也见 *Prosecutor v. Furundžija*, ICTY (Trial Chamber), judgment of 10 December 1998, para. 157。也见 Princeton Project on Universal Jurisdiction (ed.), *The Princeton Principles on Universal Jurisdiction* (2001), Principle 6："时效法规或者其他形式的规定不应当适用于(战争罪、危害和平罪、危害人类罪和灭绝种族罪)"；也见 Cour de Cassation, judgment of 26 January 1984 (*Féderation National des Deportées et Internés Resistants et Patriots et al. v. Barbie*), in 78 *ILR* (1988), p. 126："由于各个社会承认的法律原则，这个规则(就是起诉不受法定时效限制)可以适用于那些犯罪。"但是，对于否认习惯法相应条文的存在，参见 C. Kress, in H. Grützner and P. G. Pötz (eds.), *Internationaler Rechtshilfeverkehr in Strafsachen*, Vol. 4, 2nd edn. (2002), III 26, marginal no. 62, fn. 163; H. Kreicker, *Neue Zeitschrift für Strafrecht* 2002, p. 281, pp. 284 et seq.。

[538] 参见 *UN Convention on the Non-Applicabiliry of Statutory Limitatiom to War Crimes and Crimes Against Humanity* of 16 November 1968, reprinted in 8 *ILM* (1969), p. 68；迄今为止，只有43个国家批准了这个公约；*The European Convention on the Non-Applicability of Statutory Limitation to Crimes Against Humanity and War Crimes* of 25 January 1974, ETS No. 82，也仅仅只有四个国家签署，另外，只有荷兰和罗马尼亚批准了这个公约。

第三章　灭绝种族罪

参考书目：

554 Payam Akhavan: The Crime of Genocide in the ICTR Jurisprudence, *Journal of International Criminal Justice* 3 (2005), 989 ff.; Diane Marie Amann: Prosecutor v. Akayesu ICTR-96-4-T, 93 *American Journal of International Law* (1999), pp. 195 et seq.; Diane Marie Amann: Group Mentality, Expressivism, and Genocide, *International Criminal Law Review* 2 (2002), 93 ff.; Kai Ambos: *Internationales Strafrecht* (2006), § 7 Rn. 123 ff.; Cécile Aptel: The Intent to Commit Genocide in the Case Law of the International Criminal Tribunal of Rwanda, 13 *Criminal Law Forum* (2002), pp. 273 et seq.; Roberta Arnold: The Mens Rea of Genocide under the Statute of the International Criminal Court, 14 *Criminal Law Forum* (2003), pp. 127 et seq.; Kelly Dawn Askin: Sexual Violence in Decisions and Indictments of the Yugoslav and Rwandan Tribunals: Current Status, 93 *American Journal of International Law* (1999), pp. 97 et seq.; Howard Ball: *Prosecuting War Crimes and Genocide, The Twentieth-Century Experience* (1999); Urs Behrendt: *Die Verfolgung des Völkermordes in Ruanda durch internationale und nationale Gerichte* (2005); Christopher R. Browning: *Nazi Policy, Jewish Workers, German Killers* (2000); Micha Brumlik: Zu einer Theorie des Völlkermords, *Blätter für deutsche und internationale Politik* 2004, pp. 923 et seq.; Andreas Bummel/Frank Selbmann: *Genozid – Eine Zwischenbilanz der Rechtsprechung des Internationalen Strafgerichtshofes für das ehemalige Jugoslawien, Humanitäres Völkerrecht-Informationsschriften* 2006, 58 ff.; Bryant Bunyan and Robert H. Jones: Comment-The United States and the Genocide Convention, 16 *Harvard International Law Journal* (1975), pp. 683 et seq.; Antonio Cassese: Genocide, in Antonio Cassese, Paola Gaeta and John R. W. D. Jones (eds.): *The Rome Statute of the International Criminal Court*, Vol. 1 (2002), pp. 335 et seq.; Antonio Cassese: *International Criminal Law* (2003), pp. 96 et seq.; Frank Chalk and Kurt Jonassohn: *The History and Sociology of Genocide* (1990); Roger S. Clark: Does the Genocide Convention Go Far Enough? Some Thoughts on the Nature of Criminal Genocide in the Context of Indonesia's Invasion of East Timor, 8 *Ohio Northern University Law Review* (1981), pp. 321 et seq.; Gabriele Della Morte: De-Mediatizing the Media Case: Ele-

ments of a Critical Approach, *Journal of International Criminal Justice* 3 (2005), 1019 ff.; Howard J. De Nike, John Quigley and Kenneth J. Robinson (eds.): *Genocide in Cambodia, Documents from the Trial of Pol Pot and Ieng Sary* (2000); Pieter N. Drost: *The Crime of State, Vol. II: Genocide* (1959); Emanuela Fronza: Genocide in the Rome Statute, in Flavia Lattanzi and William A. Schabas (eds.), *Essays on the Rome Statute of the International Criminal Court*, Vol. 1 (1999), pp. 105 et seq.; Alicia Gil Gil: Die Tatbestände der Verbrechen gegen die Menschlichkeit und des Völkermordes im Römischen Statut des Internationalen Strafgerichtshofs, 112 *Zeitschrift für die gesamte Strafrechtswissenschaft* (2000), pp. 381 et seq.; Stephen Gorove: The Problem of "Mental Harm" in the Genocide Convention, *Washington University Law Quarterly* 1951, pp. 174 et seq.; Alexander K. A. Greenawalt: Rethinking Genocidal Intent: The Case for a Knowledge-Based Interpretation, 99 *Columbia Law Review* (1999), pp. 2264 et seq.; Hurst Hannum: International Law and Cambodian Genocide: The Sounds of Silence, 11 *Human Rights Quarterly* (1989), pp. 82 et seq.; Hans Joachim Heintze: Zur Durchsetzung der UN-Völkermordkonvention, *Humanitäres Völkerrecht ~ Informationsschriften* 2000, pp. 225 et seq.; Raul Hilberg: *The Destruction of the European Jews*, 3nd edn. (2003); Jan Hübner: *Das Verbrechen des Völkermordes im internationalen und nationalen Recht* (2004); Burkhard Jähnke: Commentary on Section §220a StGB, in Burkhard Jähnke, Heinrich-Wilhelm Laufhütte, Walter Odersky (eds.), StGB (*Strafgesetzbuch*, *German Criminal Code*), *Leipziger Kommentar*, *Großkommentar. Sections* 220*a* – 222; 234 – 238, 11th edn. (1999); Hans-Heinrich Jescheck: Die internationale Genocidium-Konvention vom 9. Dezember 1948 und die Lehre vom Völkerstrafrecht, 66 *Zeitschrift für die gesamte Strafrechtswissemchaft* (1954), pp. 193 et seq.; John R. W. D. Jones: Whose intent is it anyway? -Genocide and the Intent to Destroy a Group, in Lal Chand Vohrah et al. (eds.), *Man's Inhumanity to Man* (2003), pp. 467 et seq.; Jean Migabo Kalere: Genocide in the African Great Lakes States, Challenges for the International Criminal Court in the Case of the Democratic Republic of Congo, *International Criminal Law Review* 5 (2005), 463 ff.; Magdalini Karagiannakis: The Definition of Rape and Its Characterization as an Act of Genocide-A Review of the Jurisprudence of the International Criminal Tribunals for Rwanda and the Former Yugoslavia; 12 *Leiden Journal of International Law* (1999), pp. 479 et seq.; Michael G. Karnavas: *Prosecutor v. Vidoje Blagojević*, *Dragan Jokić*, Case No. IT-02-60-T, Trial Judgement, 17 January 2005, *International Criminal Law Review* 5 (2005), 609 ff.; Kriangsak Kittichaisaree: *International Criminal Law* (2001), pp. 67 et seq.; Claus Kreß: Kommentierung zu §220a StGB a. F. / §6 VStGB, in: Joecks, Wolfgang/Klaus Miebach (Hrsg.), *Münchener Kommentar zum Strafgesetzbuch*, *Band* 3 (2003); Claus Kreß: The Darfur

Report and Genocidal Intent, *Journal of International Criminal Justice* 3 (2005), 562 ff.; Josef L. Kunz: The United Nations Convention on Genocide, 43 *American Journal of International Law* (1949), pp. 738 et seq.; Leo Kuper: *The Prevention of Genocide* (1985); Leo Kuper: Genocide (1981); Nina H. B. Jørgensen: The definition of genocide: Joining the dots in the light of recent practice, *International Criminal Law Review* 1 (2001), 285 ff.; Lawrence J. LeBlanc: The Intent to Destroy Groups in the Genocide Convention: The Proposed US Underlanding, 78 *American Journal of International Law* (1984), pp. 369 et seq.; Roy S. Lee: The Rwanda Tribunal, 9 *Leiden Journal of International Law* (1996), pp. 37 et seq.; Lutz Lehmler: *Die Strafbarkeit von Vertreibungen aus ethnischen Gründen in bewaffaeten nicht-internationalen Konflikten* (1999); Raphael Lemkin: *Axis Rule in Occupied Europe, Laws of Occupation, Analysis of Government, Proposal for Redress* (1973); Natan Lerner: Ethnic Cleansing, 24 *Israel Yearbook on Human Rights* (1994), pp. 103 et seq.; Matthew Lippman: Genocide, in M. Cherif Bassiouni (ed.), *International Criminal Law*, Vol. 1, 2nd edn. (1999), pp. 589 et seq.; Matthew Lippman: The Convention on the Prevention and Punishment of the Crime of Genocide: Fifty Years Later, 15 *Arizona Journal of International and Comparative Law* (1998), pp. 415 et seq.; Matthew Lippman: The Drafting of the 1948 Convention on the Prevention and Punishment of the Crime of Genocide, 65 *Boston University International Law Journal* (1985), pp. 1 et seq.; Barbara Lüders: *Die Strafbarkeit von Völkermord nach dem Römischen Statut für den Internationalen Strafgerichtshof* (2004); Barbara Lüders: L'incrimination de génocide dans la jurisprudence des Tribunanx pénaux internationaux pour léx-Yougoslavie et le Rwanda, in Mario Chiavario (ed.), *La justice pénale intenaionale entre passé et avenir* (2003), pp. 223 et seq.; David Marcus: Famine Crimes in International Law, 97 *American Journal of International Law* (2003), pp. 245 et seq.; Guénaël Mettraux: *International Crimes and the ad hoc Tribunals* (2005), 193 ff.; Jamie Frederic Metzl: Rwandan Genocide and the International Law of Radio Jamming, 91 *American Journal of International Law* (1997), pp. 628 et seq: Christina Möller: *Völkerstrafrecht und Internationaler Strafrerichtshof-kriminologische, straftheoretische und rechtspolitische Aspekte* (2003); Virginia Morris and Michael Scharf: *The International Criminal Tribunal for Rwanda*, Vol. 1 (1998); Virginia Morris and Michael Scharf: *An Insider's Guide to the International Criminal Tribunal for the Former Yugoslavia-A Documentary History and Analysis*, Vol. 1 (1995); David D. Nersessian: The Contouts of Genocidal Intent: Troubling Jurisprudence from the International Criminal Tribunals, 37 *Taxas International Law Journal* (2002), pp. 231 et seq.; Daniel D. Ntanda Nsereko: Genocide: A Crime against Mankind, in Gabrielle Kirk McDonald and Olivia Swaak-Goldman (ed.), *Substantive and Procedural Aspects of International Criminal*

Law, *The Experiences of International and National Courts*, Vol. 1 (2000), pp. 117 et seq.; Daniel D. Ntanda Nsereko: Genocidal Conflict in Rwanda and the ICTR, *Netherlands International Law Review* 2001, pp. 31 et seq.; Helena Nygren Krug: Genocide in Rwanda: Lessons Learned and Future Challenges to the UN Human Rights System, 67 *Nordic Journal of International Law* (1998), pp. 165 et seq.; Philip B. Perlman: The Genocide Convention, 30 *Nebraska Law Review* (1950), pp. 1 et seq.; Drazen Petrovic: Ethnic Cleansing-An Attempt at Methodology, 5 *European Journal of International Law* (1994), pp. 343 et seq.; Erich H. Pircher: *Der vertragliche Schutz ethnischer, sprachlicher und religiöser Minderheiten im Völkerrecht* (1979); Antonio Planzer: *Le crime de genocide* (1956); Samantha Powers: *A Problem from Hell: America in the Age of Genocide* (2003); Nehemia Robinson: The Genocide Convention, *A Commentary* (1960); Wiebke Rückert and Georg Witschel: Genocide and Crimes Against Humanity in the Elements of Crimes, in Horst Fischer, Claus Kress and Sascha Rolf Lüder (eds.), *International and National Prosecution of Crimes under International Law-Current Developments* (2001), pp. 59 et seq.; Beth van Schaack: The Crime of Political Genocide: Repairing the Genocide Convention's Blind Spot, 106 *Yale Law Journal* (1997), pp. 2259 et seq.; William A. Schabas: *Genocide in International Law*, The Crime of Crimes (2000); William A. Schabas: Hate Speech in Rwanda: The Road to Genocide, 46 *McGill Law Journal* (2000), pp. 141 et seq.; William A. Schabas: The Jelisic Case and the Mens Rea of the Crime of Genocide, 14 *Leiden Journal of International Law* (2000), pp. 125 et seq.; William A. Schabas: International Decisions, Mugesera v. Minister of Citizenship and Immigration, Nov. 1998, 93 *American Journal of International Law* (1999), pp. 529 et seq.; William A. Schabas: ICC Statute, Art. 6, in Otto Triffterer (ed.), *Commentary on the Rome Statute of the International Criminal Court* (1999), pp. 107 et seq.; Frank Selbmann: *Der Tatbestand des Genozids im Völkerstrafrecht* (2002); Malcolm N. Shaw: Genocide and International Law, in Yoram Dinstein (ed.), *International Law at a Time of Perplexity* (1989), pp. 797 et seq.; Dinah L. Shelton (Hrsg.): *Encyclopedia of Genocide and Crimes Against Humanity, Bände* Ⅰ-Ⅲ (2005); Kurt Stillschweig: Das Abkommen zur Bekämpfung von Genocide, *Die Friedens-Warte* 1949, pp. 93 et seq.; Yves Ternon: *Der verbrecherische Staat, Völkermord im 20. Jahrhundert* (1996); Cécile Tournaye: Genocidal Intent before the ICTY, 52 *International and Comparative Law Quarterly* (2003), pp. 447 et seq.; Otto Triffterer: Kriminalpolitische und dogmatische Überlegungen zum Entwurf gleichlautender "Elements of Crimes" für alle Tatbestände des Völkermordes, in Bernd Schünemann et al. (eds.), *Festschrift für Roxin* (2001), pp. 1415 et seq.; Otto Triffterer: Die Bestrafung von Vertreibungsverbrechen, in Dieter Blumenwitz (ed.), *Flucht und Vertreibung* (1987), pp. 259 et seq.;

Guglielmo Verdirame: The Genocide Convention in the Jurisprudence of the ad hoc Tribunals, 49 *International and Comparative Law Quarterly* (2000), pp. 578 et seq.; Hans Vest: Humanitätsvetbrechen-Herausforderung für das Individualstrafrecht, 113 *Zeitschrift für die gesamte Strafrechtswissenschaft* (2001), pp. 457 et seq.; Hans Vest: Die bundesrätliche Botschaft zum Beitritt der Schweiz zur Völkermordkonvention-kritische Überlegungen zum Entwurf eines Tatbestandes für den Völkermord, 117 *Schweizer Zeitschrift für Strafrecht* (1999), pp. 351 et seq.; Hans Vest: *Genozid durch organisatorische Machtapparate, An der Grenze von individueller und kollektiver Verantwortlichkeit* (2002); Johan D. van den Vyver: Prosecution and Punishment of the Crime of Genocide, 23 *Fordham Journal of International Law* (1999), pp. 286 et seq.; John Webb: Genocide Treaty-Ethnic Cleansing-Substantive and Procedural Hurdles in the Application of the Genocide Convention to Alleged Crimes in the Former Yugoslavia, 23 *Georgia Journal of International and Comparative Law* (1993), pp. 377 et seq.; Harmen G. van der Wilt: Genocide, Complicity in Genocide and International v. Domestic Jurisdiction, *Journal of International Criminal Justice* 4 (2006), 239 ff.

第一节 引言

一 灭绝种族的现象

555 在整个人类历史中，一直能够看到有系统地消灭整个团体人民的血腥场面。这种犯罪的表现多种多样，就像实施它的动机和引发这种犯罪的事件一样具有多样性。[①] 灭绝种族在20世纪表现得特别突出。在第一次世界大战开始时，居住在土耳其的亚美尼亚人就是一场清洗运动的被害人，死亡人数估计高达50万到100万人。[②] 灭绝种族的历史悲剧的高潮，是纳粹灭绝欧洲犹太人的大屠杀。

---

① 简要情况，参见 F. Chalk and K. Jonassohn (eds.), *The History and Sociology of Genocide* (1990); L. Kuper, *Genocide* (1981); Y. Ternon, *Der verbrecherische Staat* (1996); 也见 C. Möller, *Völkerstrfrecht und Internationaler Strafrerichtshof* (2003), pp. 19 et seq.。

② 参见 F. Chalk and K. Jonassohn (eds.), *The History and Sociology of Genocide* (1990), pp. 249 et seq.; L. Kuper, *Genocide* (1981), pp. 105 et seq.; C. Möller, *Völkerstrafrecht und Internationaler Strafrerichtshof* (2003), pp. 50 et seq.; A. Ohandjanian, *Armenien: der verschwiegene Völkermord* (1989); Y. Ternon, *Der verbrecherische Staat* (1996), pp. 139 et seq.。关于把德意志帝国的军队在纳米比亚对付赫雷罗人(the Herero)的行动归类为灭绝种族，参见 Y. Ternon, *Der verbrecherische Staat* (1996), p. 256; F. Chalk and K. Jonassohn (eds.), *The History and Sociology of Genocide* (1990), p. 230。

高达600万以上的犹太人沦为希特勒发起的第三帝国灭绝政策的被害人。在希特勒于1933年攫取了权力之后,德国的犹太人就首先被逐渐地剥夺了权力并被逐出了社会。犹太人的机构遭到攻击,犹太人遭到任意的逮捕并被关进了集中营。在第二次世界大战期间,纳粹发动了一场消灭欧洲犹太人的运动。党卫队(SS)行动组随着德国军队进入苏联之后,也滥杀犹太人。在大一点的城市里,犹太人被迫进入集中居住区(ghettoes),或者被送入集中营和死亡营之中。许多人没有在运送过程中活下来,或者死于这种营区中的非人条件以及强迫劳动。几百万人在毒气室中被杀。不仅是被害人的人数,而且还是他们被杀的方法,也就是那种由官僚们按计划进行的和自始至终工业化的灭绝方式,使得这种犯罪具有了独一无二的性质。③ 556

《防止和惩治灭绝种族罪公约》在1948年9月9日通过,作为对纳粹灭绝种族行为的反应。但是,第二次世界大战的经验和灭绝种族的规定都不足以发挥威慑的作用。因此,在1960年代末期,世界被发生在尼日利亚的悲惨事件震惊了。在对依波族人进行大屠杀的浪潮过后,这个国家的东部,大部分是依波族人,开始寻求独立。1967年7月,内战在政府和东部地区之间爆发了,在依波族人成为清洗运动的对象这个过程中:大约有60万到100万这个民族的人丧失了生命。许多人被屠杀或者死于故意造成的饥荒。④ 必须指出,在孟加拉、⑤布隆迪、⑥埃塞俄比亚⑦和危地马拉,⑧都有过这种可怕的经历。⑨ 557

在20世纪临近结束时,在卢旺达和前南斯拉夫领土上发生的暴行震撼了世界的公众 558

---

③ 一般情况,参见 R. Hilberg, *The Destruction of the European Jews*, 3rd edn. (2003)。也见 C. R. Browning, *Nazi Policy, Jewish Workers, German Killers* (2000)。

④ 参见 O. Balogun, *The Tragic Years: Nigeria in Crisis 1966—1970* (1973); L. Kuper, *Genocide* (1981), pp. 74 et seq.; Y. Ternon, *Der verbrecherische Staat* (1996), pp. 258 et seq.。

⑤ 参见 F. Chalk and K. Jonassohn (eds.), *The History and Sociology of Genocide* (1990), pp. 394 et seq.; Y. Ternon, *Der verbrecherische Staat* (1996), pp. 243 et seq.。

⑥ 参见 F. Chalk and K. Jonassohn (eds.), *The History and Sociology of Genocide* (1990), pp. 384 et seq.。

⑦ 参见 Y. Ternon, *Der verbrecherische Staat* (1996), p. 267。

⑧ 关于在危地马拉的事件,参见 C. Tomuschat, 74 *Die Friedens-Warte* (1999), pp. 433 et seq. and Commission for Historical Clarification, Report: Guatemala-Memory of Silence, Conclusions and Recommendations, 74 *Die Friedens- Warte* (1999), pp. 511 et seq.。

⑨ 在这个范围内,经常提到的有波尔布特(Pol Pot)在柬埔寨和斯大林(Stalin)在苏联进行的大规模杀害。然而,这些事件是否构成灭绝种族,是很可疑的。关于柬埔寨,参见,例如, A. Barth and T. Terzani, *Holocaust in Kambodscha* (1980), pp. 7 et seq.; F. Chalk and IC Jonassohn (eds.), *The History and Sociology of Genocide* (1990), pp. 398 et seq.; H. J. De Nike, J. Quigley and Icj. Robinson, *Genocide in Cambodia* (2000); 对于这的确构成灭绝种族的观点,参见 H. Hannum, 11 *Human Rights Quarterly* (1989), pp. 82 et seq.; Y. Ternon, *Der verbrecherische Staat* (1996), pp. 158 et seq.; 对于反对的观点,参见 H. Vest, 117 *Schweizerische Zeitschrift für Strafrecht* (1999), p. 351 at p. 356; H. Vest, 113 *Zeitschrift für die gesamte Strafrechtswissenschaft* (2001), p. 457 at p. 478。关于在斯大林主义下的苏联的大规模谋杀,参见 Y. Ternon, *Der verbrecherische Staat* (1996), pp. 196 et seq., 仅仅在对待富农(kulaks)中见到灭绝种族。关于大量屠杀北美印第安人和澳大利亚的土著人,参见 F. Chalk and K. Jonassohn (eds.), *The History and Sociology of Genocide* (1990), pp. 173 et seq., 204 et seq.; D. Stannard, *American Holocaust* (1992), pp. 57 et seq.; R. Thornton, *American Indian Holocaust and Survival* (1987)。

舆论。在卢旺达,当卢旺达总理在一次飞机失事中丧命之后,内战在1994年4月爆发了。几个月里,数以千计的胡图族人,在军队和民兵的领导下,在媒体的刺激下,拿起武器去消灭图西族人。图西族人和温和的胡图族人在路障前被挑出来,经常就被当场处决。村民们被驱赶到一起杀掉。在3个月内,根据各种估计,大约有50万到100万人死于非命。根据南斯拉夫国际法庭的判决,在波斯尼亚的战争中也实施了灭绝种族。⑩ 1995年7月,波斯尼亚的塞尔维亚组织接管了在波斯尼亚和黑塞哥维那的飞地斯雷布雷尼卡(Srebrenica),这块地方已经被联合国宣布为安全区,无数穆斯林把这里当作躲避战火的避难所。这些穆斯林被分离开来,妇女、儿童和老人被驱逐,达到服兵役年龄的男子被处决。⑪

559 在国际层面上对灭绝种族进行刑事起诉的历史在下文马上会谈到。⑫ 在纽伦堡法庭审判德国主要战争罪犯时,危害欧洲犹太人的犯罪仅仅起了一个次要的作用。⑬ 尽管在1948年通过了《防止及惩治灭绝种族罪公约》,但是,也是在50年之后,一个国际法庭,南斯拉夫国际法庭,才被创设来起诉灭绝种族,虽然受到了时间和地域的限制。在那之后不久,联合国安全理事会就创设了卢旺达国际法庭来专门处理在卢旺达的灭绝种族。⑭ 随着国际刑事法院的创设,现在,第一次有了一个国际机构,可以惩罚在世界任何地方发生的灭绝种族了。⑮

二 灭绝种族罪的历史

560 "灭绝种族"这个词是波兰律师拉斐尔·莱姆金(Raphael Lemkin)在第二次世界大战期间,为了描述纳粹对犹太人实施的犯罪而创造出来的。这个词是由希腊语 genos,就是种族,加上拉丁语 caedere,就是杀害,共同组成的。⑯ 莱姆金把灭绝种族定义为一种以摧

---

⑩ 参见,例如,*Prosecutor v. Krstić*, ICTY (Trial Chamber), judgment of 2 August 2001。

⑪ 参见,例如,J. Bogoeva and C. Fetscher (eds.), *Srebrenica, Ein Prozess* (2002)。关于在前南斯拉夫的事件,也见,例如,M. C. Bassiouni and P. Manikas, *The Law of the International Criminal Tribunal for the Former Yugoslavia* (1996), pp. 48 et seq., pp. 608 et seq.。

⑫ J. D. van den Vyver, 23 *Fordham Journal of International Law* (1999), pp. 286 et seq.

⑬ 参见边码19、23。

⑭ 参见 D. D. N. Nsereko, *Netherlands International Law Review* 2001, pp. 31 et seq.; ILS. Lee, 9 *Leiden Journal of International Law* (1996), p. 37; V. Morris and M. Scharf, *The International Criminal Tribunal for Rwanda* (1998)。关于这个法庭的法理学,参见 G. Verdirame, 49 *International and Comparative Law Quarterly* (2000), p. 578。

⑮ 关于各国根据《防止及惩治灭绝种族罪公约》进行起诉的概括,参见 G. Dahm, J. Delbrück and R. Wolfrum, *Völkerrecht*, Vol. I/3, 2nd edn. (2002), pp. 1075 et seq.。

⑯ R. Lemkin, *Axis Rule in Occupied Europe* (1973), p. 79。也见 G. Dahm, J. Delbrück and R. Wolfrum, *Völkerrecht*, Vol. I/3, 2nd edn. (2002), p. 1073。

毁一个团体中最具实质的生命部分为目的，由消灭这个团体的计划为指导的与众不同的行动。⑰ 许多年之后，国际社会才在《防止及惩治灭绝种族罪公约》中对这个犯罪的相应定义达成了一致意见。

在纽伦堡审判中，对主要战争罪犯的审判集中在纳粹进行的侵略战争和他们对战争的法律和习惯的违反上面。⑱ 纳粹的灭绝种族本身并没有包括在内，而是作为一项战争罪和危害人类罪，尤其是“灭绝”和“迫害”加以包括了。⑲ 在审判之后，推动国际刑法发展的努力得到了加强。在 1946 年 12 月 11 日的第 96(1)号决议中，⑳联合国大会第一次对灭绝种族罪下了定义，并且决定这是一种国际法项下的犯罪。联合国经济和社会理事会得到起草一份《防止及惩治灭绝种族罪公约》文本草案的授权。一组专家，包括莱姆金在内，与联合国秘书长办公室人权处一起，起草了一份公约初稿。这份稿子提交给了经济和社会理事会，该理事会又组成一个特别委员会，在彻底地修改了这个草案之后，理事会又把这个稿子交给第六委员会，即法律委员会。㉑ 在那里，这个文本再次被润饰之后，最后提交给了联合国大会。1948 年 12 月 9 日，联合国大会在第 260A(Ⅲ)号决议中一致通过了这个草案。㉒ 561

《防止及惩治灭绝种族罪公约》第 2 条㉓标志着，这个犯罪第一次在一份国际法律文件中得到了规定。㉔ 今天，第 2 条的内容不仅是习惯性国际法的一部分，㉕而且是强行法。㉖ 在《防止及惩治灭绝种族罪公约》中，这个犯罪的用语被《南斯拉夫国际法庭规约》 562

---

⑰ R. Lemkin, *Axis Rule in Occupied Europe* (1973), p. 79。

⑱ 参见边码 23。

⑲ IMT, judgment of 1 October 1946, in *The Trial of German Major War Criminals. Proceedings of the International Military Tribunal Sitting at Nuremberg*; *Germany*, Part 22, pp. 463 et seq. 。

⑳ UN Doc. A/RES/1/96 (1946).

㉑ 这些草案重印于 W. A. Schabas, *Genocide in International Law* (2000), pp. 553 et seq. 。

㉒ RES 3/260, UN GA (1948).

㉓ 78 *UNTS* (1949), p. 277。这部公约已经得到140 个国家(原文是 133 个国家，作者作了补正。——译者注)的批准。目前的数量可以在 http://www.preventgenocide.org 中找到。

㉔ 关于《防止及惩治灭绝种族罪公约》的历史，参见 P. N. Drost, *The Crime of State*, Vol. Ⅱ: Genocide (1959), pp. 1 et seq. ; H. -H. Jescheck, 66 *Zeitschrift für die gesamte Strafrechtswissenschaft* (1954), pp. 193 et seq. ; J. L. Kunz, 43 *American Journal of International Law* (1949), pp. 489 et seq. ; L. Kuper, *Genocide* (1981), pp. 19 et seq. ; M. Lippman, 65 *Boston University International Law Journal* (1985), pp. 1 et seq. ; N. Robinson, *The Genocide Convention, A Commentary* (1960), pp. 17 et seq. ; W. A. Schabas, *Genocide in International Law* (2000), pp. 14 et seq. , 51 et seq. ; K. Stillschweig, *Die Friedem-Warte* 1949, pp. 93 et seq. ; Y. Ternon, *Der verbrecherische Staat* (1996), pp. 17 et seq. , 34 et seq. 。

㉕ 参见 *Prosecutor v. Akayesu*, ICTR (Trial Chamber), judgment of 2 September 1998, para. 495; *Prosecutor v. Krstić*, ICTY (Trial Chamber), judgment of 2 August 2001, para. 541; A. Cassese, *International Criminal Law* (2003), pp. 96, 98。

㉖ (原注释是：参见 ICJ, Advisory Opinion of 28 May 1951 (Reservation to the Convention on the Prevention and Punishment of Genocide), *ICJ Rep*. 1951, p. 23; A. Cassese, *International Criminal Law* (2003), pp. 96, 98。作者作了调整补充。——译者注)参见 *JStGH*, Urt. v. 14. Dezember 1999 (*Jelisić*, TC), para. 60; A. Cassese, *International Criminal Law* (2003), pp. 96, 98; 也见 ICJ, Advisory Opinion of 28 May 1951 (Reservation to the Convention on the Prevention and Punishment of the Crime of Genocide), *ICJ Rep*. 1951, p. 15, p. 23。

第4条第2款和《卢旺达国际法庭规约》第2条第2款一字不变地采纳了。在《国际刑事法院规约》的谈判中，人们曾经努力要把政治和社会团体也包括在这个定义之中；然而，大多数代表倾向于不修改习惯性国际法已经承认的这个定义。[27] 因此，《国际刑事法院规约》第6条一字不变地重复了《防止及惩治灭绝种族罪公约》第2条的内容。

三 灭绝种族罪的结构

563 作为灭绝种族的行为，如果以全部或者部分毁灭一个国家、一个民族、一个种族或者一个宗教团体为目的，就是应当受到刑事惩罚的。这个团体的身体性存在和社会性存在应当首先得到保护；被害人的尊严也是受保护的。

564 灭绝种族要求实施一种在《国际刑事法院规约》第6条第1款到第5款中列明的行为。这包括危害这个团体成员在身体或者精神上的完整性的各种行为，或者危害这个团体的存在以及在生物性延续方面的各种行为。第6条第5款还定义了文化性灭绝种族的一种形式。这个行为的目标是这个团体的个人成员。灭绝种族的物质性因素并不要求，这种具体的行为应当是对一个团体进行有系统的或者广泛攻击的一部分，虽然这样的行为是典型的案件。[28]

565 灭绝种族的心理因素要求，这个犯罪的物质性因素是带着"故意和知道"(《国际刑事法院规约》第30条)实施的。[29] 另外，灭绝种族要求那种以全部或者部分毁灭一个国家、一个民族、一个种族或者一个宗教团体为目的的特别故意；因此，在行为人方面毁灭这个团体或者其一部分的目的，是个人刑事责任的一种前提条件。这个团体的毁灭或者其部分的毁灭，却并不需要。这个毁灭故意同时又体现了灭绝种族的系统性因素，这个因素使这个犯罪具有了国际的维度。

---

[27] 参见 WA. Schabas, in O. Triffterer (ed.), *Commentary on the Rome Statute of the International Criminal Court* (1999), Art. 6, marginal no. 6。

[28] 参见边码 606。

[29] 参见边码 304。

四　保护的利益

对灭绝种族的犯罪化是为了寻求保护特定团体的存在权(right to exist)。[30] 这明显地 566
特别表现在《防止及惩治灭绝种族罪公约》的历史之中。因此,在1946年的第96(1)号决议中,联合国大会把灭绝种族定义为"否认各种完整的人类团体所具有的存在权,在方式上就像杀人否认个体人类的生命权一样"。[31]

这个犯罪的定义保护的不仅是一个团体的身体性存在,而且还有社会性存在。[32] 一 567
个团体"本身"的毁灭,可以通过毁灭这个团体的身份来完成,[33]因为,就像身体性消灭一样,这也会导致这个团体的消失以及给人类造成损失。

灭绝种族的犯罪化仅仅保护身体性存在的思想,因此就太狭窄了。[34] 因此,反对意见,尤其是认为 568
把团体的社会性存在包括在这个规范的保护范围之内就违反了法无明文规定不为罪这个原则的意

㉚ 参见 ICJ, Advisory Opinion of 28 May 1951 (Reservation to the Convention on the Prevention and Punishment of the Crime of Genocide), *ICJ Rep.* 1951, p. 15, p. 23。*Prosecutor v. Akayesu*, ICTR (Trial Chamber), judgment of 2 September 1998, para. 469; *Prosecutor v. Jelisić*, ICTY (Trial Chamber), judgment of 14 December 1999, paras. 69 et seq., 处于"《南斯拉夫国际法庭规约》第4条保护之下的团体"标题之下; *Prosecutor v. Krstić*, ICTY (Trial Chamber), judgment of 2 August 2001, paras. 551 et seq.。也见, *Attorney-General of the Government of Israel v. Eichmann*, District Court of Jerusalem, judgment of 12 December 1961, paras. 190 et seq., 36 *ILM* (1968), pp. 232 et seq., 关于"侵害犹太人民的犯罪",一个从灭绝种族罪中借过来的概念; *Draft Code* 1996, Commentary on Art. 17, paras. 6 et seq.; P. Drost, *The Crime of State, Vol. II: Genocide* (1959), pp. 84 et seq.; E. Fronza, in F. Lattanzi and W. A. Schabas (eds.), *Essays on the Rome Statute of the International Criminal Court*, Vol. 1 (1999), p. 105 at pp. 118 et seq.; A. Gil Gil, 112 *Zeitschrift für die gesamte Strafrechtswissenschaft* (2000), p. 381 at p. 393; K. Kittichaisaree, *International Criminal Law* (2001), p. 69; L. Kuper, *Genocide* (1981), p. 30; N. Robinson, *The Genocide Convention, A Commentary* (1960), p. 58; W. A. Schabas, in O. Triffterer (ed.), *Commentary on the Rome Statute of the International Criminal Court* (1999), Art. 6, marginal no. 6; O. Triffterer, in B. Schünemann et al. (eds.), *Festschrift für Roxin* (2001), p. 1415 at pp. 1432 et seq., 他相信个人的价值也受到这个规范的保护。也见, H. Vest, *Genozid durch organisatorische Machtapparate* (2002), p. 99: "团体的变化以及因此立即形成的人类构成"。

㉛ UN Doc. A/RES/1/96 (1946), 也指出:"这种对存在权的否认……,导致在由这些人类团体所代表的文化形式和其他贡献方面对人类的重大损失 ……"

㉜ 参见 E. Fronza, in F. Lattanzi and W. A. Schabas (eds.), *Essays on the Rome Statute of the International Criminal Court*, Vol. 1 (1999), p. 105 at pp. 118 et seq.; H.-H. Jescheck, 66 *Zeitschrift für die gesamte Strafrechtswissenschaft* (1954), p. 193 at p. 213; B. Lüders, *Die Strafbarkeit von Völkermord nach dem Römischen Statut für den Internationalen Strafrerichtshof* (2004), pp. 45 et seq.; O. Triffterer, in B. Schünemann et al. (eds.), *Festschrift für Roxin* (2001), p. 1415 at p. 1433; H. Vest, 113 *Zeitschrift für die gesamte Strafrechtswissenschaft* (2001), p. 457 at p. 476; H. Vest, *Genozid durch organisatorische Machtapparate* (2002), p. 99。

㉝ 毁灭一个团体的社会存在是可以想象的,例如,通过逐走和分散一个团体的成员,有系统地毁灭他们共同存在的意识,或者,通过消灭这个团体的知识界或者政治界的领袖来进行。

㉞ 但是,参见 *Prosecutor v. Krstić*, ICTY (Trial Chamber), judgment of 2 August 2001, para. 580。

见,[35]是站不住脚的:这个团体的社会性存在仅仅是在受到这个犯罪定义规定的各种攻击时才受到保护,就足以满足这个原则了。各种仅仅以消灭这个团体的文化性身份为目的的攻击(所谓的文化性灭绝种族),就被有意识地放到了这个定义之外。

569 对灭绝种族的这种犯罪化是否还另外保护这个团体成员的个人权利,是一个有争议的问题。一个团体的个人成员通常是受攻击的目标,但是,对个人权利的损害或者危险,只有在一个人由于是这个团体的成员才受到攻击这个特别理由之下,才会受到国际法的管辖。只有这个意图的结果,也就是毁灭这个团体本身,才会把对个人权利的侵害转变为灭绝种族这种国际犯罪。[36]

570 然而,不能同时否认,一个灭绝种族性攻击的被害人忍受着对他们人类尊严的严重侵犯:这名个人是这种犯罪的被害人,仅仅是因为他或者她在一个特别团体中的成员身份,因此,这名个人就被非个人化(depersonalized)了,仅仅成为了一个对象。因此,除了原来保护的权利之外,这个团体的存在,这个个人被害人的人类尊严,也是受保护的。[37]

第二节 物质性因素

一 保护的团体

571 只有通过"国家"、"民族"、"种族"或者"宗教"这些特点构成的团体,才是这个犯罪

[35] 参见 *Prosecutor v. Krstić*, ICTY (Trial Chamber), judgment of 2 August 2001, paras. 574 et seq., 580。

[36] 参见 *Prosecutor v. Jelisić*, ICTY (Trial Chamber), judgment of 14 December 1999, para. 66。在 Akayesu 的判决中,卢旺达国际法庭也指出:"被指控行为的实行,因此就超出了它实际的实施,例如,对一个特定个人的谋杀,为的是实现背后的动机,就是毁灭这个团体的全部或者部分,这个个人仅仅是这个团体中的一个因素",参见 *Prosecutor v. Akayesu*, ICTR (Trial Chamber), judgment of 2 September 1998, para. 522。

[37] Fronza 也主张对个人利益的保护,参见 F. Lattanzi and W. A. Schabas (eds.), *Essays on the Rome Statute of the International Criminal Court*, Vol. 1 (1999), p. 105 at p. 119; A. Planzer, *Le crime degenocide* (1956), pp. 79 et seq., 指出灭绝种族不仅侵犯这个团体的存在权,而且侵犯这个个人的基本权利; C. Tomuschat, in H. J. Cremer et al. (eds.), *Festschrift für Steinberger* (2002), p. 315 at p. 329:"灭绝种族肯定是同时侵犯人类尊严与国际和平和安全的所有犯罪中最恶劣的。" Triffterer 把个人的权利定义为保护生命、身体完整性、心理健康和参加一个团体的个人自由,参见 O. Triffterer, in B. Schünemann et al. (eds.), *Festschrift für Roxin* (2001), p. 1415 at pp. 1432 et seq.。

的定义所保护的。这个列表是专属性的;㊳《防止及惩治灭绝种族罪公约》的起草者有目的地把第2条限制在这四种有名团体之中。㊴ 对于这些受保护的团体来说,共同的事实是,这些团体的成员身份一般由出生决定,并且具有永久性和稳定性的特点。

在各种团体之间作出清楚的区分是不可能的,因为社会意识在构成这些团体中具有最终的决定意 572
义;各个团体的定义经常相互重叠。因此,一个受到攻击的团体会具有许多团体的特征。因为包括在这个犯罪定义中的所有团体都受到平等的保护,所以,不需要确定地给一个团体的被害人指定一种特别的共同特征。所有成员也不需要根据相同的特征而属于一个团体。㊵

(一)团体分类的标准

根据一些看法,可以把一群人分入不同的国家、民族、种族或者宗教的团体之中。人 573
们能够想到的第一个标准具有一种客观的性质,例如共同的习惯、语言或者宗教,或者可以见到的身体性特征,例如肤色或者身材。但是,从主观上看这个团体的特征也是可能的,根据的是社会性归类过程——也就是说,一个团体的自我意识,或者其他人把这个团体看成是一个国家的、民族的、种族的或者宗教团体的意识。在国际法庭的判决中,这两种方法都可以见到。

卢旺达国际法庭在其审理的关于灭绝种族罪的第一个主要决定中,就是阿卡耶苏案 574
件,采取的是一种更* 客观性方法。㊶

㊳ *Prosecutor v. Krstić*, ICTY (Trial Chamber), judgment of 2 August 2001, para. 554. 也见 G. Dahm, J. Delbrück and R. Wolfrum, *Völkerrecht*, Vol. I/3, 2nd edn. (2002), pp. 1077 et seq.; P. Drost, *The Crime of State, Vol. II: Genocide* (1959), p. 80; W. A. Schabas, *Genocide in International Law* (2000), pp. 102, 130。对于其他的观点,参见 *Prosecutor v. Akayesu*, ICTR (Trial Chamber), judgment of 2 September 1998, para. 701:"保护任何稳定和永久的团体"; Audiencia Nacional, judgment of 5 November 1998, section 5(原文是:"参见 http://www.ua.es/up/pinochet/documentos/chile.htm;"作者作了修改。——译者注), *ILR* 119 (2002), p. 331, p. 341; B. van Schaack, 106 *Yale Law Journal* (1997), p. 2259 at pp. 2282 et seq.; J. D. van den Vyver, 23 *Fordham Journal of International Law* (1999), p. 286 at pp. 303 et seq.。

㊴ 这个决定是根据这样的确定作出的:这些团体过去特别是敌对方不断攻击的目标,同时,是根据同样性质的、非自愿的成员身份和永久性来定义的。参见 M. Lippman, in M. C. Bassiouni (ed.), *International Criminal Law*, 2nd edn. (1999), p. 589 at p. 597。

㊵ 参见 B. Jähnke, in B. Jähnke et al. (eds.), *StGB* (*Strafgesetzbuch, German Criminal Code*), *Leipziger Kommentar*, 11th edn. (1999), Sec. 220a, marginal no. 9。根据 Schabas 的观点,这四个团体的特征不仅相互重叠,而且还相互帮助,明确并在实质上组成了支持这个规范保护领域的四根支柱,参见 W. A. Schabas, *Genocide in International Law* (2000), pp. 111 et seq.。也见, M. N. Shaw, in Y. Dinstein (ed.), *International Law at the Time of Perplexity* (1989), p. 797 at pp. 807。

* 原文是"坚定的"。——译者注

㊶ *Prosecutor v. Akayesu*, ICTR (Trial Chamber), judgment of 2 September 1998, paras. 510 et seq. A. Cassese, *International Criminal Law* (2003) at p. 101, 在阿卡耶苏的判决方面,谈论的是客观标准和主观标准的结合; G. Dahm, J. Delbrück and R. Wolfrum, *Valkerrecht*, Vol. I/3, 2nd edn. (2002) at p. 1078, 相反,分享的是在这里所代表的观点。

575 在这个判决中，这个法庭得出了一个令人瞩目的临时性结论：图西族并不构成明确包含在灭绝种族定义中的团体。它指出：图西族和胡图族被卢旺达人民看成是两个独立的种族实体，[42]但是，这很难在客观性观察中得到支持。尤其是，图西族和胡图族说的是同样的语言，信奉的是同样的宗教，并且具有一种共同的文化身份。因此，"图西族"或者"胡图族"的分类，与其说是运用客观标准的结果，不如说是一种社会性归类过程的结果。本法庭承认这种社会性归类过程，但是，并没有发现这对一个团体的构成具有决定性的意义。最后，这个审判庭简单地把灭绝种族的定义扩展到所有"稳定的团体"上，包括那些没有明确提到的团体，[43]这个结果是不符合对国际法也适用的合法性原则（法无明文规定不为罪）[44]的。[45]

576 在卡伊舍马和鲁金达纳（Ruzindana）判决中，卢旺达国际法庭的第二审判庭并没有遵循阿卡耶苏判决中的纯粹的客观性方法，而是与客观性特征一起，宣告社会性归类过程在决定种族团体的概念中具有重要关系："一个种族团体是一个其成员共同使用一种语言和文化的团体；或者，一个使自己具有特色的团体，作为自己本身（自我识别的身份）；或者，一个由他人，包括由这种犯罪的行为人识别身份的团体（他人识别的身份）。"[46]

577 在卢旺达国际法庭第一审判庭的决定中，主观性因素也日益得到了考虑。因此，主观性因素的重要意义，先是在鲁塔甘达（Rutaganda）的判决中，后是在缪斯马（Musema）判决中得到了承认；然而，这个审判庭继续坚持这个观点：仅仅社会性归类过程并不足以作出种族团体的分类。*《防止及惩治灭绝种族罪公约》的作者们，根据这个观点，意图把这个定义限制在各种稳定的团体之中。[47] 因此，不要客观性标准是不可能的。[48] 在巴季里舍马（Bagilishema）判决中，审判庭指出，由于缺乏一个普遍接受的定义，因此这个团体的定义必须根据各种政治的、社会的、历史的和文化的背景来理解。因此，在本法庭看来，在特定团体中的成员身份这个客观因素也呈现出了一种主观性维度。[49] 在舍曼扎（Semanza）判决中，卢旺达国际法庭第三审判庭采纳了一种以客观性标准和主观性标准为基础的方法。[50]

578 迄今为止，南斯拉夫国际法庭也采取了一个明确的立场："团体"是一种社会性的构

---

[42] 参见 *Prosecutor v. Akayesu*, ICTR（Trial Chamber）, judgment of 2 September 1998, para. 702。

[43] *Prosecutor v. Akayesu*, ICTR（Trial Chamber）, judgment of 2 September 1998, paras. 511, 516, 701 et seq.。

[44] 参见边码 91 以下。

[45] 对于批评的观点，也见 A. Cassese, *International Criminal Law*（2003）, pp. 96, 101（"没有说服力"）。

[46] *Prosecutor v. Kayishema and Ruzindana*, ICTR（Trial Chamber）, judgment of 21 May 1999, para. 98.

* 参见 *RStGH*, Urt. v. 6. Dezember 1999（Rutaganda, TC）, paras. 56 f.；*RStGH*, Urt. v. 27. Januar 2000（Musema, TC）, paras. 161 f.。（作者在德文第 2 版中新增加的注释。——译者注）

[47] 参见 *RStGH*, Urt. v. 6. Dezember 1999（Rutaganda, TC）, para. 57。关于对这种犯罪进行这种"不可允许的限制"的批评，参见 G. Dahm, J. Delbrück and R. Wolfrum, *Völkerrecht*, Vol. I/3, 2nd edn.（2002）, p. 1079。

[48] 参见 *Prosecutor v. Rutaganda*, ICTR（Trial Chamber）, judgment of 9 December 1999, paras. 56 et seq.；*Prosecutor v. Musema*, ICTR（Trial Chamber）, judgment of 27 January 2000, paras. 162 et seq.。

[49] *Prosecutor v. Bagilishema*, ICTR（Trial Chamber）, judgment of 7 June 2001, para. 65.

[50] *Prosecutor v. Semanza*, ICTR（Trial Chamber）, judgment of 15 May 2003, para. 317："本法庭认为，对一个受保护团体的确定，应当根据具体情况进行。"第二审判庭同意了这个观点，参见 *Prosecutor v. Kamuhanda*, ICTR（Trial Chamber）, judgment of 22 January 2004, para. 630。

造,因此,它的特点必须根据各种社会历史背景来决定。那种把一群人作为一个特殊团体的意识具有决定性的意义,因为这个团体并不服从客观的科学的定义。为了把一个团体列入国家、民族、种族或者宗教的分类,最重要的是行为人或者第三人意识中的基础性特征。[51]

这些国际法庭从一种专门的客观的指定团体的特征上后退是值得欢迎的。[52] 归根到底,是社会意识决定了把一个团体列为国家的、民族的、种族的或者宗教的。以定义灭绝种族为目的,在确定团体特征的出发点时,因此就必须根据这个团体成员以及外人的归类;尤其是,行为人通常就是自己对被害人团体作出定义的。然而,必须注意,团体的这个定义是这种犯罪的一个物质性因素,不能任意加以确定。因此,有待考虑的唯一归类,是指明被定义为一个国家、民族、种族或者宗教团体的一群人属于一个具体实体的那些因素。 579

(二)国家团体

与一个国家团体相联系的因素,首先是共同的国籍。[53] 有待考虑的其他因素,还有一种共同的历史、习惯、文化和语言。[54] 典型的国家团体的例子,是所谓的国家少数民族;政治的或者社会的团体不包括在内。[55] 580

---

[51] *Prosecutor v. Jelisić*, ICTY (Trial Chamber), judgment of 14 December 1999, para. 70; *Prosecutor v. Krstić*, ICTY (Trial Chamber), judgment of 2 August 2001, para. 557; 也见 *RStGH*, Urt. v. 15. Juli 2004 (Ndindabahizi, TC), para. 468。

[52] 一种主观性方向的观点也被主张,参见 D. M. Amann, 93 *American Journal of International Law* (1999), p. 195 at p. 198; E. Fronza, in F. Lattanzi and W. A. Schabas (eds.), *Essays on the Rome Statute of the International Criminal Court*, Vol. 1 (1999), p. 105 at pp. 118 et seq.; B. Lüders, *Die Strafbarkeit von Völkermord nach dem Römischen Statut für den Internationalen Strafgerichtshof* (2004), pp. 60 et seq.; F. Selbmann, *Der Tatbestand des Genozids im Völkerstrafrecht* (2002), pp. 187 et seq.; G. Verdirame, 49 *Internationaland Comparative Law Quarterly* (2000), p. 578 at pp. 588 et seq., 592。也见 H. Vest, 117 *Schweizerische Zeitschrift für Strafrecht* (1999), p. 351 at pp. 357 et seq.。与此相比,一种纯粹的客观性方向也得到主张, E. H. Pircher, *Der vertragliche Schutz ethnischer, sprachlicher und religiöser Minderheiten im Völkerrecht* (1979), p. 230; W. A. Schabas, *Genocide in International Law* (2000), pp. 109 et seq., 主张团体是这个犯罪的一个物质性因素,并且,必须因此在客观上加以确定。行为人的意识不能单独地决定这个团体将被包括在这个规范的保护范围之内。

[53] 参见 *Prosecutor v. Akayesu*, ICTR (Trial Chamber), judgment of 2 September 1998, para. 512。

[54] 参见 D. D. Nsereko, in G. Kirk McDonald and O. Swaak-Goldman (eds.), *Substantive and Procedural Aspects of International Criminal Law*, Vol. 1 (2000), p. 117 at p. 131; A. Planzer, *Le crime de genocide* (1956), p. 97。

[55] 参见 W. A. Schabas, *Genocide in International Law* (2000), pp. 114 et seq.。相比之下,在西班牙国家刑事法院(the Spanish Audiencia Nacional)的观点中,最后,在一个国家中的所有政治和社会的团体,根据这个犯罪的定义,都是"国家的"团体;除了各种政治团体的成员之外,这包括还包括艾滋病患者、老人,或者就是简单的"有权人"(the powerful)。参见 Audiencia Nacional, judgment of 5 November 1998, Sec. 5(原文是:"参见 http://www.ua.es/up/pinochet/documentos/chile.htm"。作者作了修改。——译者注), *ILR* 119 (2002), p. 331, p. 340 f.。这个观点研究了这个犯罪的定义;这侵害了它的用语及其他的历史意义,参见 B. Lüders, *Die Strafbarkeit von Völkermord nach dem Römischen Statut für den Internationalen Strafgerichtshof* (2004), p. 74。

（三）民族团体

581 通过把民族团体包含在这个定义之中，《防止及惩治灭绝种族罪公约》的作者们意图把在性质上类似或者等同于国家的、种族的或者宗教的团体，都包括在其中。因此，一些人相信，各种民族团体是国家团体的下属分类；另一些人认为，民族这个概念与种族的概念是一样的。[56] 一个民族团体就特别地根据一种特别的文化传统和一种共同的历史区分开来了。这个团体的成员使用同样的语言，具有同样的习惯和传统，并且共享相同的生活方式。[57] 这个团体经常能够在一个特定的地理范围内找到。对于一个民族团体来说，不需要存在共同的“种族”特征。[58]

（四）种族团体

582 种族这个概念，由于滥用，并不是没有问题的。这个概念被用来描述各种社会团体，其成员表现出相同的、由遗传所得的并且可见的身体性特征，例如肤色或者身材。[59] 部落团体也处于这个类别之中。[60]

（五）宗教团体

583 在1946年联合国大会第96(1)号决议中，已经把宗教团体作为可以成为灭绝种族的

---

[56] *Study on the Question of the Prevention and Punishment of the Crime of Genocide*, prepared by Mr Nicodeme Ruhashyankiko, Special Rapporteur (1978), UN Doc. E/CN.4/Sub.2/416, para. 69.

[57] 参见 *Prosecutor v. Akayesu*, ICTR (Trial Chamber), judgment of 2 September 1998, para. 513; *Prosecutor v. Kayishema and Ruzindana*, ICTR (Trial Chamber), judgment of 21 May 1999, para. 98; M. Lippman, 15 *Arizona Journal of International and Comparative Law* (1998), p. 415 at p. 456; A. Planzer, *Le crime de genocide* (1956), p. 97。

[58] 但是，参见 D. D. N. Nsereko, in G. Kirk McDonald and O. Swaak-Goldman (eds.), *Substantive and Procedural Aspects of International Criminal Law*, Vol. 1 (2000), p. 117 at p. 131。

[59] 参见 *Prosecutor v. Akayesu*, ICTR (Trial Chamber), judgment of 2 September 1998, para. 514; *RStGH*, Urt. v. 21. Mai 1999 (Kayishema und Ruzindana, TC), para. 98; K. Kittichaisaree, *International Criminal Law* (2001), p. 69; M. Lippman, in Bassiouni (ed.), *International Criminal Law*, Vol. 1, 2nd edn. (1999), p. 589 at p. 598; D. D. N. Nsereko, in G. Kirk McDonald and O. Swaak-Goldman (eds.), *Substantive and Procedural Aspects of International Criminal Law*, Vol. 1 (2000), p. 117 at pp. 131 et seq.; W. A. Schabas, *Genocide in International Law* (2000), p. 123。

[60] *Draft Code* 1996, Commentary to Art. 17, para. 9。也见 A. Planzer, *Le crime de genocide* (1956), p. 97。

被害人加以包括了，[61]同时，宗教团体也出现在所有试图制定这个犯罪的草案之中。[62] 公约的作者们认为，即使成员身份是自愿的，但是，宗教团体的历史性发展方式与国家团体和民族团体一样，都表现了前后一致的特征，因此具有一种稳定的特点。[63]

宗教社会的成员具有相同的信念、信仰相同的精神榜样，[64]并且共享一种共同的精神思想[65]或者类似的宗教实践形式。[66] 小的宗教团体和派别[67]与较大的一样，都符合这个定义。无神论团体不包括在内，[68]因为不信仰宗教的自由不受保护。[69] 政治上的确信也不能等同于宗教信念；否则，政治性团体就会通过这个后门进入宗教这个分类了。[70] 584

（六）其他团体

除了在这个犯罪的定义中明确提到的这些团体之外，各种其他团体都不受国际条约法或者国际习惯法的保护。灭绝种族罪对上述团体的限制范围，首先能够得到这个事实的解释：这些团体的成员最需要得到保护。至少在国家、种族或者民族团体方面，个人不能仅仅通过使自己离开这个团体的方法来使自己与这个团体分离；这个个人的命运与这个团体的命运不可分离地联系在一起。其次，这种稳定的社会比较容易识别，而政治的、社会的、经济的和其他可以比较的团体却在不断地改变自己的成分，因此，本身是不受保护的。[71] 从法律 585

---

[61] UN Doc. A/RES/1/96（1946）.

[62] 各种草案重印于 W. A. Schabas, *Genocide in International Law*（2000），pp. 553 et seq.。

[63] 参见 W. A. Schabas, *Genocide in International Law*（2000），p. 127。

[64] 参见 M. Lippman, 15 *Arizona Journal of International and Comparative Law*（1998），p. 415 at pp. 456 et seq.；A. Planzer, *Le crime degenocide*（1956），p. 98。

[65] 参见 A. Planzer, *Le crime degenocide*（1956），p. 98。

[66] 参见 *Prosecutor v. Akayesu*, ICTR（Trial Chamber），judgment of 2 September 1998, para. 515；类似的，*Prosecutor v. Kayishema and Ruzindana*, ICTR（Trial Chamber），judgment of 21 May 1999, para. 98。

[67] 参见 D. D. N. Nsereko, in G. Kirk McDonald and O. Swaak-Goldman（eds.），*Substantive and Procedural Aspects of International Criminal Law*, Vol. 1（2000），p. 117 at p. 132；M. N. Shaw, in Y. Dinstein（ed.），*International Law at the Time Of Perplexity*（1989），p. 797 at p. 807。

[68] 对于一种不同的观点，参见 M. Lippman, 15 *Arizona Journal of International and Comparative Law*（1998），p. 415 at p. 456。

[69] M. N. Shaw, in Y. Dinstein（ed.），*International Law at a Time of Perplexity*（1989），p. 797 at p. 807，指出无神论团体经常就正是不能享受灭绝种族规范的政治团体。另外，无神论团体是不能清楚地加以定义的。

[70] 参见 E. H. Pircher, *Der vertragliche Schutz ethnischer, sprachlicher und religiöer Minderheiten im Völkerrecht*（1979），p. 37。

[71] 关于这个主张，参见 L. J. LeBlanc, 13 *Yale Journal of International Law*（1988），p. 268 at pp. 273 et seq.；D. D. N. Nsereko, in G. Kirk McDonald and O. Swaak-Goldman（eds.），*Substantive and Procedural Aspects of International Criminal Law*, Vol. 1（2000），p. 117 at p. 130。

政策的观点看,特别有争议的是没有包括政治团体在内。[72]

586 灭绝种族的定义仅仅包括了"稳定的团体",但是,没有包括全部团体。相比之下,卢旺达国际法庭试图在前面提到的阿卡耶苏判决中,[73]包括成员身份是由出生决定而具有永久性特点的全部团体。[74] 这个解释在随后的判例法中,正确地没有得到确认。对所有稳定的团体的包括,并不符合《国际刑事法院规约》第6条的用语,因此,违反了合法性原则(法无明文规定不为罪)。《防止及惩治灭绝种族罪公约》的历史也反对这种扩展解释,因为这个犯罪是被有目的地限制在上述特定的"稳定的团体"之中的。[75]

二 具体行为

587 灭绝种族在身体方面的各种形式,包括了《国际刑事法院规约》第6条第1款项下杀人的各种行为,第6条第2款项下的造成严重身体或者心理伤害,以及第6条第3款项下使一个团体处于毁灭生命的条件之中。在一个团体中采取的意图防止生育的各种措施,在第6条第4款中得到了犯罪化。这些措施可以看成是一种生物性灭绝种族的形式,同时,第6条第5款规定的强迫把儿童从一个团体迁往另一个团体,就代表了文化性灭绝种族的一种特别形式,否则,文化性灭绝种族就是不受惩罚的。[76]

588 攻击的目标总是处于这个团体之中的个人成员,他们的身体完整性或者社会性存在受到了侵犯或者危险。[77] 这部分地是直接从这个规范的文本中得出的结论。[78] 但是,即使

---

[72] 关于在《防止及惩治灭绝种族罪公约》第2条中包括政治团体的讨论,参见 P. N. Drost, *The Crime of State, Vol. II: Genocide* (1959), pp. 60 et seq.; L. Kuper, *Genocide* (1981), pp. 24 et seq.; B. van Schaack, 106 *Yale Law Journal* (1997), p. 2259 at pp. 2262 et seq.; W. A. Schabas, *Genocide in International Law* (2000), pp. 134 et seq.; H. Vest, *Genozid durch organisatorische Machtapparate* (2002), p. 129。在罗马大会上,对政治和其他团体的包括又被讨论了,并且,最后被拒绝了,参见 W. A. Schabas, in O. Triffterer (ed.), *Commentary on the Rome Statute of the International Criminal Court* (1999), Art. 6, marginal no. 6。

[73] 参见边码574以下。

[74] 参见 *Prosecutor v. Akayesu*, ICTR (Trial Chamber), judgment of 2 September 1998, paras. 511, 516, 701 et seq.。对于灭绝种族的这种扩张,这个法庭依靠的是《防止及惩治灭绝种族罪公约》的历史:"在通读《防止及惩治灭绝种族罪公约》的准备性文件时,看来,灭绝种族罪据称被视为仅仅以稳定的团体为目标,是由永久性模式和由出生确定的身份构成的"(para. 511);"本审判庭认为,这部公约所保护的各种团体……是否应当仅仅局限于明确提到的四个团体,并且,它们是否也不应当包括任何稳定和永久的团体,就像提到的那四个团体……特别重要的是,尊重《防止及惩治灭绝种族罪公约》起草人的意图,根据准备性文件,这部公约显然保护的是任何稳定和永久的团体"(para. 516)。

[75] 也见 W. A. Schabas, *Genocide in International Law* (2000), pp. 109 et seq., pp. 130 et seq.。

[76] 更多信息,参见边码599。

[77] 参见,例如, P. N. Drost, *The Crime of State, Vol. II: Genocide* (1959), p. 86; A. Gil Gil, 112 *Zeitschrift für die gesamte Strafrechtswissenschaft* (2000), p. 381 at p. 396; O. Triffterer, in B. Schünemann et al. (eds.), *Festschrift für Roxin* (2001), p. 1415 at p. 1433。

[78] 参见《国际刑事法院规约》第6条第1款、第2款、第5款。

在这个定义要求反对这个"团体"的行为之处,⑲这个行为也是通过对具体的团体成员的攻击来表示的。虽然第6条第1款、第2款、第4款和第5款使用了"成员"的复数形式来把他们说成是被害人,但是,如果这个团体中的一个成员受到了这个行为的影响,那么,这个要求就已经得到了满足。⑳ 另外,这个被害人必须在事实上,而不仅仅是假设地属于这个已经被选为要被灭绝的团体。㉑ 否则,这样的行为就只能构成一种未遂了。㉒

(一)杀人

《国际刑事法院规约》第6条第1款要求,行为人必须已经造成这个团体中至少一名*成员的死亡。 589

(二)造成严重的身体或者心理伤害

《国际刑事法院规约》第6条第2款要求,行为人必须造成这个团体中至少一个人的严重身体或者心理的伤害。㉓ 国际判例法把严重的身体伤害解释为对健康的严重损害, 590

---

⑲ 参见《国际刑事法院规约》第6条第3款、第4款。

⑳ 参见 P. N. Drost, *The Crime of State*, *Vol. II*: *Genocide* (1959), pp. 85 et seq.; A. Gil Gil, 112 *Zeitschrift für die gesamte Strafrechtswissenschaft* (2000), p. 381 at pp. 395 et seq., 带有额外的引注; H. -H. Jescheck, *66 Zeitschrift für die gesamte Strafrechtswissenschaft* (1954), p. 193 at pp. 212 et seq.; N. Robinson, *The Genocide Convention*, *A Commentary* (1960), pp. 62 et seq.; W. A. Schabas, *Genocide in International Law* (2000), p. 158; O. Triffterer, in B. Schünemann et al. (eds.), *Festschrift für Roxin* (2001), p. 1415 at p. 1433; G. Dahm, J. Delbrück and R. Wolfrum, *Völkerrecht*, Vol. I/3, 2nd edn. (2002), p. 1080。对于在德国法中的相应规则,参见边码254。

㉑ 针对《国际刑事法院规约》第6条第1款至第5款的"犯罪要件"第2项; *Prosecutor v. Akayesu*, ICTR (Trial Chamber), judgment of 2 September 1998, para. 712: 如果这名被害人是图西族人,那么,本法庭就认为是灭绝种族。也见 W. A. Schabas, *Genocide in International Law* (2000), p. 158。在卢旺达国际法庭的 Bagilishema 判决中,这个审判庭提出了一种不同的观点,参见 *Prosecutor v. Bagilishema*, ICTR (Trial Chamber), judgment of 7 June 2001, para. 65:"一个团体本来不会准确地定义界限,并且,在关于一名被害人是不是一个受保护团体的成员的问题,有时会很难给出一个确定的回答。更有甚者,灭绝种族的行为人,可以通过没有完全符合一般认可的团体概念的方法,给目标团体定性,或者,由社会的其他部分定性。在这种情况下,这个法庭的意见是,根据证据,如果一名被害人被行为人视为属于一个受保护的团体,那么,这名被害人就能被这个法庭从灭绝种族的目的方面,认为是这个受保护团体的一名成员。"

㉒ B. Jähnke, in B. Jähnke et al. (eds.), *StGB* (*Strafgesetzbuch*, *German Criminal Code*), *Leipziger Kommentar*, 11th edn. (1999), Sec. 220a, marginal no. 10。

* 同样见《卢旺达国际法院规约》第2条第2款第1项: *RStGH*, Urt. v. 12. September 2006 (Muvunyi, TC), para. 486。(作者在德文第2版中新增加的注释。——译者注)

㉓ 在谈判《防止及惩治灭绝种族罪公约》第2条时,包括心理伤害是有争议的,参见 S. Gorove, *Washington University Law Quarterly* 1951, p. 174; W. A. Schabas, *Genocide in International Law* (2000), p. 160。包括心理伤害的建议是中国提出来的。这个标准的意图,尤其是要包括对毒品的管理。

造成破相，以及对外在的或者内在的器官或者官能（senses）造成了严重伤害。[84] 本条项下的行为的例子，在阿卡耶苏判决中列出了一些，包括断肢和使用暴力，使用枪托殴打，以及用大刀砍。[85] 这个定义也特别包括了性暴力，这种行为会造成严重的身体性伤害，通常也还会造成严重的心理性伤害。[86]

591 造成严重的心理性伤害并不要求一种身体性攻击，或者具有任何由心理性伤害而产生的身体性效果。[87] 这个解释首先得到了这个定义的支持，因为这个定义的用语把这两种行为类型都置于同等的地位上。其次，对这个团体的成员造成了严重的心理性伤害，能够对这个团体的社会性存在产生意义重大的效果。[88] 因此，卢旺达国际法庭正确地认为，心理性伤害的标准有着自己单独的范围。[89] 性暴力犯罪的毁灭性心理效果，作为这些行为的身体性结果，因此被授予了同样的重要性。[90]

592 造成"严重的"身体性或者心理性伤害，并不要求这种伤害必须是永久性的或者是不可恢复的。[91] 然而，仅仅是一种临时的身体性或者心理性损伤是不够的。这种伤害必须

---

[84] 参见 *Prosecutor v. Kayishema and Ruzindana*，ICTR（Trial Chamber），judgment of 21 May 1999，para. 109；*Prosecutor v. Akayesu*，ICTR（Trial Chamber），judgment of 2 September 1998，paras. 504，711，720 et seq.；*Prosecutor v. Krstić*，ICTY（Trial Chamber），judgment of 2 August 2001，para. 543，在 paras. 507 et seq.，513 中，指出了对危害人类罪的注意。

[85] *Prosecutor v. Akayesu*，ICTR（Trial Chamber），judgment of 2 September 1998，paras. 706 et seq.（断肢），para. 720（在讯问时使用死亡或者暴力的威胁），para. 711（使用枪托进行殴打），para. 722（用大砍刀进行伤害）。

[86] *Prosecutor v. Akayesu*，ICTR（Trial Chamber），judgment of 2 September 1998，paras. 706，731；*RStGH*，Urt. v. 12. September 2006（Muvunyi，TC），para. 487。1994 年在卢旺达，图西族妇女特别成为广泛的性暴力的被害人。这些妇女被不断地强奸和性虐待，经常是被不同的男子并且经常是在公众场合受到侵害。这个法庭确定，这种行为代表了对身体和心理完整性的最严重的损害，因为被害人在身体和心理上都受到了伤害。参见 *IGH*，Urt. v. 26. Februar 2007（Case Concerning the Application of the Convention on the Prevention and Punishment of the Crime of Genocide，Bosnia and Herzegovina v. Serbia and Montenegro），para. 300。关于性暴力罪，也见 K. D. Askin，93 *American Journal of International Law*（1999），pp. 97 et seq.；K. Karagiannakis，12 *Leiden Journal of International Law*（1999），pp. 479 et seq.；W. A. Schabas，*Genocide in International Law*（2000），pp. 161 et seq.；G. Verdirame，49 *International and Comparative Law Quarterly*（2000），p. 578 at pp. 594 et seq.；P. Viseur Sellers，in G. Kirk McDonald and O. Swaak-Goldman（eds.），*Substantive and Procedural Aspects of International Criminal Law*，Vol. 1（2000），pp. 263 et seq.。

[87] D. Petrovic，5 *European Journal of International Law*（1994），p. 342 at p. 357。但是，参见 D. D. N. Nsereko，in G. Kirk McDonald and O. Swaak-Goldman（eds.），*Substantive and Procedural Aspects of International Criminal Law*，Vol. 1（2000），p. 117 at p. 129。

[88] 参见 B. Bryant and R. H. Jones，16 *Harvard International Law Journal*（1975），p. 682 at p. 694；P. N. Drost，*The Crime of State*，*Vol. II*：*Genocide*（1959），p. 81。"加入'心理伤害'意味着保护人类的精神完整性"；W. A. Schabas，*Genocide in International Law*（2000），pp. 160 et seq.。

[89] *Prosecutor v. Kayishema and Ruzindana*，ICTR（Trial Chamber），judgment of 21 May 1999，paras. 110 et seq.；*RStGH*，Urt. v. 17. Juni 2004（Gacumbitsi，TC），para. 291；*RStGH*，Urt. v. 28. April 2005（Muhimana，TC），para. 502。对此也详见 *JStGH*，Urt. v. 17. Januar 2005（Blagojević und Jokić，TC），paras. 647 ff.。

[90] *Prosecutor v. Akayesu*，ICTR（Trial Chamber），judgment of 2 September 1998，para. 731.

[91] 参见 *Prosecutor v. Akayesu*，ICTR（Trial Chamber），judgment of 2 September 1998，para. 502；同意的意见是：*Prosecutor v. Kayishema and Ruzindana*，ICTR（Trial Chamber），judgment of 21 May 1999，para. 108；

涉及“对一个人进行正常的和有建设性的生活能力导致一种重大的和长期的不利”。[92]情况是不是这样，必须通过考虑围绕着具体案件的全部情节之后才能决定。[93]

（三）使生命处于毁灭性条件之中

《国际刑事法院规约》第6条第3款的内容是，使一个团体的生命处于这样一些条件之中，这些条件就是意图使这个团体发生全部或者部分的身体性毁灭。这个条文也禁止所谓的慢性死亡措施——也就是说，不是马上杀死，但是能够（并且意图）在一段时期之后造成这个团体成员死亡的那种行为。[94] 593

在制定这个条文时，《防止及惩治灭绝种族罪公约》的作者们在头脑中已经有了纳粹对欧洲犹太人进行灭绝种族的景象。这包括强迫劳动，使用把人像牲畜一样关进火车车厢中运走达几天之久的方法加以驱逐，在灭绝营和集中营中加以监禁，使人无法获得生活必需品而被迫在各种屈辱的条件中生活。 594

可能的行为包括不提供诸如食品、衣服、住所和药品这样的必需品，以及通过强迫劳动 使其在事实上处于被奴役状态之中。[95]驱逐，包括所谓的种族清洗，[96]虽然种族清洗本 595

RStGH, Urt. v. 22. Januar 2004 (Kamuhanda, TC), para. 634; *RStGH*, Urt. v. 12. September 2006 (Muvunyi, TC), para. 487; *Prosecutor v. Krstić*, ICTY (Trial Chamber), judgment of 2 August 2001, para. 513; B. Bryant and R. H. Jones, 16 *Harvard International Law Journal* (1975), p. 682 at pp. 693 et seq.; G. Dahm, J. Delbrück and R. Wolfrum, *Völkerrecht*, Vol. I/3, 2nd edn. (2002), p. 1080; J. Webb, 23 *Georgia Journal of International and Comparative Law* (1993), p. 377 at p. 393。

[92] *Prosecutor v. Krstić*, ICTY (Trial Chamber), judgment of 2 August 2001, para. 513。类似的，参见 *RStGH*, Urt. v. 12. September 2006 (Muvunyi, TC), para. 487。

[93] *Prosecutor v. Kayisbema and Ruzindana*, ICTR (Trial Chamber), judgment of 21 May 1999, para. 113.

[94] 参见 *RStGH*, Urt. v. 2. September 1998 (Akayesu, TC), para. 505; *RStGH*, Urt. v. 21. Mai 1999 (Kayishema und Ruzindana, TC), para. 115; *RStGH*, Urt. v. 6. Dezember 1999 (Rutaganda, TC), para. 52; *RStGH*, Urt. v. 27. Januar 2000 (Musema, TC), para. 157; *JStGH*, Urt. v. 31. Juli 2003 (Stakić, TC), para. 517; *JStGH*, Urt. v. 1. September 2004 (Brđanin, TC), para. 691。这包括了“通过慢性死亡进行灭绝”，参见 F. Selbmann, *Der Tatbestand des Genozids im Völkerstrafrecht* (2002), p. 161。

[95] *Prosecutor v. Kayishema and Ruzindana*, ICTR (Trial Chamber), judgment of 21 May 1999, para. 115; *JStGH*, Urt. v. 1. September 2004 (Brđanin, TC), para. 691。也见对《国际刑事法院规约》第6条第3款的《犯罪要件》第4点（原文为第3点，作者已改正。——译者注）注释4：“‘生活的条件’这个词可以包括，但并不需要局限于，有意识地剥夺对生存所必不可少的资源，例如食品、医药服务，或者有系统地逐出家园”；*Prosecutor v. Akayesu*, ICTR (Trial Chamber), judgment of 2 September 1998, para. 506; *Prosecutor v. Karadžić and Mladić*, ICTY (Trial Chamber), decision of 11 July 1996, paras. 94 et seq.; *Attorney-General of the Government of Israel v. Eichmann*, District Court of Jerusalem, judgment of 12 December 1961, paras. 190 et seq., 36 *ILM* (1968), p. 18 at pp. 235 et seq.; P. N. Drost, *The Crime of State, Vol. II: Genocide* (1959), p. 87; D. Petrovic, 5 *European Journal of International Law* (1994), p. 342 at p. 357; N. Robinson, *The Genocide Convention, A Commentary* (1960), pp. 63 et seq.。关于饥荒作为灭绝种族，参见 D. Marcus, 97 *American Journal of International Law* (2003), p. 245 at pp. 262 et seq.。

[96] 参见边码605。

身并不包括在驱逐之中，但是，如果——就像通常在有系统地放逐案件中那样——与不提供食品、医疗、住所等等联系起来，并且因此就是在算计着要在身体上灭绝这个团体的成员，那么，这种行为就包括在驱逐之中了。⑰ 大规模强奸本身并不是“生活的条件”，但是，如果强奸是有系统地和重复地进行的，也许还是与其他措施相联系的，那么就是这种条件了。⑱ 这种生活的条件，必须仅仅是算计着要在身体上灭绝这个团体的组成部分；⑲因此，个人成员的死亡，作为结果，就不是这种犯罪的一个必要要素。与至少必须有部分的毁灭一样，当这个团体中只有一部分人处于毁灭性生活条件之中时，这就足够了。

596 “有意识地”这个主观要素清楚地表明，这名行为人必须使用这种行为来作为在身体上灭绝这个团体的一种手段。从这个标准中，不能得出要有事先计划的要求。⑳

（四）采取防止生育的措施

597 《国际刑事法院规约》第6条第4款包含的措施，是在这个团体中采取防止生育并以阻止其生物性的持续存在为目标的。这个行为包括，例如，绝育、强迫性生育控制、禁止结婚和进行性别隔离。㉑ 强奸，例如，在强奸使得被害人由于精神上的创伤而决定不进行生育时，就能符合这个定义。㉒ 两个国际法庭也已经把以改变一个团体的种族构成为目的的强奸，加以包括了；例如，在孩子被认为属于父亲的种族团体的家族社会中，情况就会是这样的。㉓ 采取的措施必须是强迫性的；㉔仅仅允许堕胎是不够的。在任何情况下，在各种人口太多的国家中，例如中国，出于社会、经济或者其他原因所采取的强迫降低生育率

---

⑰ 参见 *JStGH*, Urt. v. 17. Januar 2005（Blagojević und Jokić, TC）, para. 650；MK-Kreß, StGB（2003）, § 220a/ § 6 VStGB Rn. 57；参见 W. A. Schabas, *Genocide in International Law*（2000）, p. 168；《犯罪要件》也应当与这种澄清一起阅读（“有系统地逐出家园”），参见边码595，注释⑮。

⑱ 参见 B. Jänke, in B. Jähnke et al.（eds）, *StGB*（*Stragesetzbuch*, *German Criminal Code*）, *Leipziger Kommentar*, 11th edn.（1999）, Sec. 220a, marginal no. 11；也见 *RStGH*, Urt. v. 21. Mai 1999（Kayishema und Ruzindana, TC）, para. 116。

⑲ 参见 *Prosecutor v. Akayesu*, ICTR（Trial Chamber）, judgment of 2 September 1998, para. 505。类似的是，*Prosecutor v. Kayishema and Ruzindana*, ICTR（Trial Chamber）, judgment of 21 May 1999, para. 116；*JStGH*, Urt. v. 27. September 2006（Krajišnik, TC）, para. 863。M. Lippman, 15 *Arizona Journal of International and Comparative Law*（1998）, p. 415 at p. 456；O. Triffterer, in D. Blumenwitz（ed.）, *Flucht und Vertreibung*（1987）, p. 259 at p. 283。

⑳ 但是，有利于先前计划的要求，参见 N. Robinson, *The Genocide Convention*, *A Commentary*（1960）, p. 60。也见 K. Ambos, *Der Allgemeine Teil des Völkerstrafrechts*（2002）, p. 796，根据他的意见，“有意识的”这个词仅仅指《国际刑事法院规约》第30条项下对“故意和知道”的一般要求。

㉑ 参见 *Prosecutor v. Akayesu*, ICTR（Trial Chamber）, judgment of 2 September 1998, para. 507。

㉒ 参见 *Prosecutor v. Akayesu*, ICTR（Trial Chamber）, judgment of 2 September 1998, para. 508。

㉓ 参见 *Prosecutor v. Akayesu*, ICTR（Trial Chamber）, judgment of 2 September 1998, para. 507；*Prosecutor v. Karadžić and Mladić*, ICTY（Trial Chamber）, decision of 11 July 1996, para. 94。

㉔ 参见 *Draft Code* 1996, Commentary on Art. 17, para. 16。

的措施，并不反映灭绝种族的故意。

（五）强制性转移儿童

《国际刑事法院规约》第6条第5款，由强制把儿童从一个团体转移到另一个团体中去组成。 598

《防止及惩治灭绝种族罪公约》的一些早期文本包含了所谓的文化性灭绝种族——毁灭一个种族所具有的特殊特征，例如这个团体的语言或者文化传统。把孩子强制地转移到另一个团体中去，曾经是文化性灭绝种族五种分类中的第一种。文化性灭绝种族本身并没有在《防止及惩治灭绝种族罪公约》之中被采纳，也没有被承认为是一种习惯性国际法项下的犯罪；但是，把儿童强制地转移到其他团体中去，作为文化性灭绝种族的一种特殊形式，的确已经成为这个犯罪定义中的一部分。[105] 599

这包括以毁灭这个团体的存在为特别目的而完成的永久性转移。在转移到另一个团体之后，儿童们不能作为自己团体的一部分而成长，或者，他们就疏远了对自己文化的认同感。他们团体的语言、传统和文化，对于孩子们来说变得或者成为一种外来的东西。因此，这种行为危害了这个团体的社会性存在，另外，这种行为还危害了这个团体的生物性存在，因为这些孩子们一般都不能在他们自己的团体中得到繁衍。[106] 600

这个条文试图防止把孩子们从他们的团体中加以分离并因此疏远他们的团体。这种犯罪行为的一个实质性因素，因此，就是把孩子和他们的团体隔离开来；这个要素的本身，就需要把这些孩子们置于其他团体之中。[107] 根据对第6条第5款的《犯罪要件》，孩子，就像在这个定义中所指出的那样，指的是这个团体中不满十八岁的成员。[108] 601

孩子的转移必须是强制性的。这种强制可以是身体性的或者精神性的，对于第6条第5款的《犯罪要件》清楚地指出： 602

---

[105] 参见 P. N. Drost, *The Crime of State*, *Vol. II*: *Genocide* (1959), p. 87; D. D. N. Nsereko, in G. Kirk McDonald and O. Swaak-Goldman (eds.), *Substantive and Procedural Aspects of International Criminal Law*, Vol. 1 (2000), p. 117 at p. 130; N. Robinson, *The Genocide Convention*, *A Commentary* (1960), p. 64; K. Stillschweig, *Die Friedens-Warte* 1949, p. 93 at p. 98; C. Tournaye, 52 *International and Comparative Law Quarterly* (2003), p. 447 at pp. 453 et seq.。对于《防止及惩治灭绝种族罪公约》中的"文化性灭绝种族"方面的整个历史，参见 W. A. Schabas, *Genocide in International Law* (2000), pp. 179 et seq.。

[106] 参见 B. Lüders, *Die Strafbarkeit von Völkermord nach dem Römischen Statut für den Internationalen Strafgerichtshof* (2004), pp. 198 et seq.。

[107] 参见 B. Jähnke, in B. Jähnke et al. (eds), *StGB* (*Strafgesetzbuch*, *German Criminal Code*), *Leipziger Kommentar*, 11th edn. (1999), Sec. 220a, marginal no. 11。

[108] 对《国际刑事法院规约》的《犯罪要件》第6条第5款第5目，Schabas 正确地主张，这个年龄上限太高了，因为这一般不可能使几乎已经成人的人离开他们的团体，参见 W. A. Schabas, *Genocide in International Law* (2000), p. 176。

603 “强制这个词并不局限于身体性强制，而是也可以包括强制的威胁或者胁迫，例如，那种通过害怕暴力、强迫、拘押、精神性压迫或者滥用权力而对这个或者这些或者其他人所造成的，或者通过利用胁迫性环境所造成的强制。”[109]

(六)所谓的种族清洗是灭绝种族吗？

604 “种族清洗”这个词是与前南斯拉夫的战争相联系使用的，[110]指的是塞族武装在波斯尼亚和黑塞哥维那强迫穆斯林和克罗地亚人离开自己传统居住区域的行为。这个驱逐政策是以创设一个只由塞族人占领的区域为目的的，然后，在这个区域中将把塞尔维亚人联合起来，组成一个“大塞尔维亚国”(Greater Serbia)。在这种“清洗行动”的过程中，各种人口遭到屠杀、虐待、性暴力，城市遭到轰击，宗教场所遭到摧毁，财产遭到掳掠。因此，“种族清洗”的表述不是一个法律概念，而是对一个复杂犯罪现象的描述，是指一种由严重的侵犯人权行为加以贯彻的政策，为的是迫使一个种族团体离开一个特定的地区，以改变这个种族的人口构成。[111]

605 所谓的种族清洗是否以及在何种程度上能够列入灭绝种族的种类之中，取决于案件的具体情况。人们偶然见到的把种族清洗作为灭绝种族的空白性分类的做法，是不正确的。[112] 因为“种族清洗”原来的目标，是驱逐一个团体的人口，而不是消灭他们，所以不能作为灭绝种族的一种分类。还有，在灭绝种族过程中发生的所有行为，并不能全部归类于灭绝种族的标题之下；例如，毁坏房屋或者教堂以及抢掠和毁坏财产，就是这种情况。但是，毫无疑问，“种族清洗”经常表现出灭绝种族的特征，在那种情况下，就能作为灭绝种族加以惩罚了。因此，杀人行动的范围和根据被害人的种族所进行的选择，就能表现出行为人的目的，不仅仅是驱逐，而且还是灭绝这个团体。即使那些不处于这个犯罪定义中的

---

[109] 对《国际刑事法院规约》的《犯罪要件》第6条第5款第1目注释5。卢旺达国际法庭的审判庭也指出：“这里的目的不仅是惩罚一种直接的强迫性身体转移的行为，而且是惩罚导致强迫把儿童从一个团体转移到另一个团体的威胁或者外伤性伤害(trauma)的行为”，*Prosecutor v. Akayesu*, ICTR (Trial Chamber), judgment of 2 September 1998, para. 509。对于同意性观点，参见 *Prosecutor v. Kayishema and Ruzindana*, ICTR (Trial Chamber), judgment of 21 May 1999, para. 118。

[110] 参见，例如，J. Webb, 23 *Georgia Journal of International and Comparative Law* (1993), pp. 377 et seq.。

[111] 关于在南斯拉夫冲突中的相关事件，参见，例如，M. C. Bassiouni and P. Manikas, *The Law of the International Criminal Tribunal for the Former Yugoslavia* (1996), pp. 48 et seq., pp. 608 et seq.; D. Petrovic, 5 *European Journal of International Law* (1994), p. 342 at pp. 344 et seq., and *Prosecutor v. Karadžić and Mladić*, ICTY (Trial Chamber), decision of 11 July 1996, para. 94。

[112] 也见 A. Cassese, *International Criminal Law* (2003), p. 96 at pp. 99 et seq.。对于一种有着细微差别的对待，也见 G. Dahm, J. Delbrück and R. Wolfrum, *Völkerrecht*, Vol. I/3, 2nd edn. (2002), pp. 1082 et seq.。

行为,也存在着灭绝种族故意的重要证据。[113]

三 要求毁灭这个团体吗?

危害人类罪要求,在事实上存在着一种对平民人口的有体系的攻击,然而,灭绝种族罪具有一种不同的结构。[114] 在这里,背景性因素转向了罪过——灭绝种族的故意。因此,从一种纯粹的概念性观点看来,甚至一个孤立的个人以特别故意实施的行为,也能够通过这个人的个人行为,而对于灭绝种族罪是有罪的。[115] 606

习惯性国际法中的这个明确立场,反映在《国际刑事法院规约》第 6 条之中,但是却受到了对《国际刑事法院规约》的《犯罪要件》的质疑。这些要件规定,"这个行为发生在一种以反对这个团体为目的的类似行为的明显模式的背景之中,或者,是一种本身就能够造成这种毁灭结果的行为。"[116]因此,这些要件推动了一种误解:对这个团体的全部或者部分毁灭,或者至少是发动对受保护团体进行有系统的灭绝种族的攻击,对于灭绝种族是必要的,就像对平民人口的攻击是危害人类罪所必要的一样。 607

"在背景下"和"明显的"这些词,在对第 6 条的《犯罪要件》中得到了更准确的解释:"'在背景下'这个词将包括处于出现模式中(in an emerging pattern)的一种触发行为。 608

---

[113] 参见 *Prosecutor v. Karadžić and Mladić*, ICTY (Trial Chamber), decision of 11 July 1996, para. 94。

[114] 参见 *Prosecutor v. Kayishema and Ruzindana*, ICTR (Trial Chamber), judgment of 21 May 1999, para. 94; *Prosecutor v. Jelisić*, ICTY (Trial Chamber), judgment of 14 December 1999, para. 100; A. Cassese, in A. Cassese, P. Gaeta and J. R. W. D. Jones (eds.), *The Rome Statute of the International Criminal Court*, Vol. 1 (2002), p. 335 at pp. 349 et seq.; G. Dahm, J. Delbrück and R. Wolfrum, *Völkerrecht*, Vol. I/3, 2nd edn. (2002), p. 1077; H.-H. Jescheck, 66 *Zeitschrift für die gesamte Strafrechtswissenschaft* (1954), p. 193 at p. 212; V. Morris and M. P. Scharf, *The International Criminal Tribunal for Rwanda*, Vol. 1 (1998), pp. 168 et seq.; O. Triffterer, in B. Schünemann et al. (eds.), *Festschrift für Roxin* (2001), p. 1415 at p. 1434。然而,一种背景性行为的出现是以灭绝种族故意进行行为的实质性证据,参见,例如,*Prosecutor v. Jelitić*, ICTY (Appeals Chamber), judgment of 5 July 2001, para. 48; *Prosecutor v. Krstić*, ICTY (Trial Chamber), judgment of 2 August 2001, para. 572; A. Cassese, in A. Cassese, P. Gaeta and J. R. W. D. Jones (eds.), *The Rome Statute of the International Criminal Court*, Vol. 1 (2002), p. 335 at p. 349。

[115] 参见 *Prosecutor v. Kayishema and Ruzindana*, ICTR (Trial Chamber), judgment of 21 May 1999, para. 94; *Prosecutor v. Jelitić*, ICTY (Trial Chamber), judgment of 14 December 1999, paras. 100 et seq. ("这样一种情况在理论上是可能的"); O. Triffterer, in B. Schünemann et al. (eds.), *Festschrift für Roxin* (2001), p. 1415 at p. 1434。然而,这种情况是不可能具有实际意义的,因为这个犯罪行为将典型地成为一种有系统攻击的一部分。

[116] 对《国际刑事法院规约》的《犯罪要件》第 6 条第 1 款、第 2 款第 4 目;对《国际刑事法院规约》的《犯罪要件》第 6 条第 4 款、第 5 款第 5 目;对《国际刑事法院规约》的《犯罪要件》第 6 条第 5 款第 7 目;相类似的是,*Prosecutor v. Krstić*, ICTY (Trial Chamber), judgment of 2 August 2001, para. 682。

‘明显的’这个词具有一种客观性的资格。”[117]

609　在这里，《犯罪要件》没有回答，这些背景性要求是不是这个犯罪的物质性因素，是不是必须反映在行为人的头脑之中，或者，仅仅是行为人不需要知道的所谓的管辖性要求。前一个（限制性的）立场明显地与这部规约的文本相矛盾，因此，必须加以拒绝；《犯罪要件》不能在违反这部规约和习惯性国际法的条件下，却具有限制物质性因素的效力。[118] 因此，《犯罪要件》的标准应当理解为是把这个国际刑事法院的管辖权限制在灭绝种族的案件之中的程序性要求，在这些灭绝种族的案件中，事实上进行了一场有系统的攻击。[119] 但是，这并不影响灭绝种族在实体方面所具有的犯罪性。

第三节　心理性因素

610　灭绝种族的心理性因素要求，实施这个犯罪的物质性因素必须具有“故意和知道”（《国际刑事法院规约》第 30 条），以及特别的全部或者部分毁灭一个受保护团体本身的故意。

一　故意和知道（《国际刑事法院规约》第 30 条）

611　主观方面的第一项要求，是行为人以故意和知道实施灭绝种族这个实质性因素。在这里的标准是《国际刑事法院规约》第 30 条。[120]

---

[117] 对《国际刑事法院规约》的《犯罪要件》第 6 条引言。它也指出：“虽然对一种心理性因素的通常要求规定在第 30 条中，并且，承认对这些情节的知道通常在证明灭绝种族的故意中谈到，关于对这种情节的心理性因素的恰当要求，如果有可能，将要由本法院在具体情况具体分析的基础上加以决定。”在这里提到的要求被一些人作为心理性因素加以归类，而行为人的故意必须指出这些要求，参见 O. Triffterer, in B. Schünemann et al. (eds.), *Festschrift für Roxin* (2001), p. 1415 at p. 1442，由其他人作为对犯罪性的客观性要求，参见 K. Ambos, *Neue Juristische Wochenschrift* 2001, p. 405 at p. 406。

[118] （作者删除了“关于《犯罪要件》和这部规约的规范直接的关系，参见边码 138”一句。——译者注）参见 *JStGH*, Urt. v. 19. April 2004 (Krstić, AC), para. 224; E. Fronza, in F. Lattanzi and W. A. Schabas (eds.), *Essays on the Rome Statute of the International Criminal Court*, Vol. 1 (1999), p. 105 at pp. 114 et seq.; E. Gadirov, in O. Triffterer (ed.), *Commentary on the Rome Statute of the International Criminal Court* (1999), Art. 9, marginal nos. 30, 32; O. Triffterer, in B. Schünemann et al. (eds.), *Festschrift für Roxin* (2001), p. 1415 at pp. 1425, 1443。

[119] 在克尔斯蒂奇的判决中，南斯拉夫国际法庭使用和解释了《犯罪要件》的用语：“……灭绝种族的行为必须是在明显的类似行为类型的背景下实施的，或者，这些行为本身就能构成一种单独形成这个团体的全部或者部分的毁灭”，参见 *Prasecutor v. Krstić*, ICTY (Trial Chamber), judgment of 2 August 2001, para. 682。

[120] 对于心理性因素的一般要求而进行的完整讨论，参见边码 294。

《国际刑事法院规约》第6条第3款要求,对生命的毁灭性条件是"有意识地"(deliberately)强加的,在这里,并没有偏离对心理性因素的一般要求,就像第30条规定的那样。第6条第4款规定,意图防止生育的措施必须是"故意的",这个条文也仅仅是对一般性主观要求的一种肯定。 612

然而,对于灭绝种族的一些个人行为来说,对心理性因素提出比《国际刑事法院规约》第30条更低的要求,产生于《犯罪要件》和习惯法。[121] 这种情况,首先是第6条第1款中以毁灭的特别故意而实施的杀人。这里有许多证据表明,这种从攻击平民人口的过程中或者在武装冲突的过程中实施的杀人所具有的心理性因素中发展起来的要求,[122]也为以特定的毁灭故意所实施的杀人,规定了标准。[123] 虽然这些法庭还没有找到习惯法中的相关条文,但是,人们并不清楚,有什么理由应当确定一种不同的主观要求。这意味着,在轻率的不顾人类生命的情况下,以毁灭的特别故意所造成的严重伤害,可以根据第6条作为灭绝种族加以惩罚了。 613

《犯罪要件》第6条第5项第6目规定了一个比《国际刑事法院规约》第30条更低的故意要求,根据这个规定,与第30条第3款要求行为人对情节的知道不同,只要行为人"本来应当知道"转移到另外一个团体的被害人是未成年人,这就足够了。 614

二 毁灭的特别故意

除了"故意和知道"被认为是这个犯罪的心理性因素之外,灭绝种族罪的心理性因素还要求,行为人已经以全部或者部分毁灭一个受保护团体的特别故意进行了行为。[124] 毁 615

---

[121] 关于第30条,《犯罪要件》和习惯法之间的关系,参见边码313以下。

[122] 对于完整的讨论,参见边码676、878;也见边码334。

[123] 然而,G. Dahm, J. Delbrück and R. Wolfrum, *Völkerrecht*, Vol. I/3, 2nd edn. (2002), p. 1083,在他们的观点中走得太远了,认为有条件故意就足够了,不需要再有为了灭绝种族所有行为的其他因素。

[124] 基本性判决,特别参见 *Prosecutor v. Akayesu*, ICTR (Trial Chamber), judgment of 2 September 1998, paras. 497 et seq., 517 et seq.,也见 *Prosecutor v. Kayishema and Ruzindana*, ICTR (Trial Chamber), judgment of 21 May 1999, paras. 89, 91; *Prosecutor v. Jelisić*, ICTY (Trial Chamber), judgment of 14 December 1999, paras. 66, 108; *Prosecutor v. Jelisić*, ICTY (Appeals Chamber), judgment of 5 July 2001, paras. 45, 50 et seq.。另见 *Draft Code* 1996, Commentary on Art. 17, para. 5; C. Aptel, 13 *Criminal Law Forum* (2002), pp. 273 et seq.; R. Arnold, 14 *Criminal Law Forum* (2003), pp. 127 et seq.; M. C. Bassiouni and P. Manikas, *The Law of the International Criminal Tribunal for the Former Yugoslavia* (1996), p. 527 at p. 529; E. Fronza, in F. Lattanzi and W. A. Schabas (eds.), *Essays on the Rome Statute of the International Criminal Court*, Vol. 1 (1999), p. 105 at p. 127; R. W. D. Jones, in L. C. Vohrah et al. (eds.), *Man's Inhumanity to Man* (2003), pp. 467 et seq.; W. A. Schabas, *Genocide in International Law* (2000), p. 214 at pp. 217 et seq.; C. Tournaye, 52 *Internationaland Comparative Law Quarterly* (2003), pp. 447 et seq.。

灭的故意要求，以第30条明确允许的方式，限制了犯罪性的范围。[125]

（一）“故意”这个词

616 全部或者部分毁灭一个团体本身的故意，作为对这个心理性因素的要求，应当被理解为是一种特殊故意。全部或者部分毁灭这个团体，必须是这个行为人的（首要的）目标。[126] 只有在行为人的头脑中，这种个人的行为是朝向他所希望的毁灭这个团体迈出的一步时，这个行为才能具有威胁世界和平的一种国际性维度。对于毁灭性故意来说，在这个犯罪行为实施时出现就足够了；行为人不需要具有事先的计划。[127] 行为人知道自己正在参加一项灭绝一个团体的运动，并不能代替这个特别故意（目的），但是能够表明其存在。[128] 然而，确定这名行为人自己是以毁灭的故意进行行为的，这总是有必要的。[129]

617 有些作者主张，如果行为人已经知道自己是在试图灭绝这个团体，那么，灭绝种族的故意就已经存在了。[130] 这个观点得到了典型地存在于灭绝种族中的有系统行为这个特征的支持。在有系统的犯罪

---

[125] 参见边码310以下。

[126] *Prosecutor v. Akayesu*, ICTR (Trial Chamber), judgment of 2 September 1998, para. 520; *Prosecutor v. Rutaganda*, ICTR (Trial Chamber), judgment of 6 December 1999, para. 59; *Prosecutor v. Bagilishema*, ICTR (Trial Chamber), judgment of 7 June 2001, para. 61; *Prosecutor v. Jelisić*, ICTY (Trial Chamber), judgment of 14 December 1999, para. 86; *Prosecutor v. Jelisić*, ICTY (Appeals Chamber), judgment of 5 July 2001, paras. 46, 50 et seq.; *Prosecutor v. Krstić*, ICTY (Trial Chamber), judgment of 2 August 2001, para. 550。在文献中，参见，例如，K. Ambos, *Der Allgemeine Teil des Völkerstrafrechts* (2002), p. 411; R. S. Clark, 114 *Zeitschrift für die gesamte Strafrechtswissenschaft* (2002), p. 372 at p. 396; P. N. Drost, *The Crime of State, Vol. II: Genocide* (1959), p. 82; A. Gil Gil, 112 *Zeitschrift für die gesamte Strafrechtswissenschaft* (2000), p. 381 at pp. 393 et seq.; B. Lüders, *Die Strafbarkeit von Völkermord nach dem Römischen Statut für den Internationalen Strafgerichtshof* (2004), pp. 106 et seq.; W. A. Schabas, in O. Triffterer (ed.), *Commentary on the Rome Statute of the International Criminal Court* (1999), Art. 6, marginal no. 4; W. A. Schabas, *Genocide in International Law* (2000), p. 227; C. Tournaye, 52 *International and Comparative Law Quarterly* (2003), p. 447 at p. 453。

[127] 参见 *Prosecutor v. Krstić*, ICTY (Trial Chamber), judgment of 2 August 2001, para. 572; P. N. Drost, *The Crime of State, Vol. II: Genocide* (1959), p. 82; M. Lippman, 15 *Arizona Journal of International and Comparative Law* (1998), p. 415 at p. 455; N. Robinson, *The Genocide Convention, A Commentary* (1960), p. 60。对于不同的观点，参见 *Prosecutor v. Kayishema and Ruzindana*, ICTR (Trial Chamber), judgment of 21 May 1999, para. 91。

[128] 参见 German Federal Supreme Court, decision of 21 February 2001, in *Neue Juristische Wochenschrift* 2001, pp. 2732 et seq.。

[129] 参见 *Prosecutor v. Krstić*, ICTY (Trial Chamber), judgment of 2 August 2001, para. 549:“作为一个首要因素，本法庭强调在被告人个人的故意与涉及这个犯罪的概念和实施有关的故意之间进行区分的需要性。灭绝种族罪的严重程度和规模通常都以许多主要人物参与实施作为条件。虽然每个参加人的动机可以有不同，但是，这个犯罪行业的目标却是一致的。在这种共同参加的情况下，全部或者部分毁灭一个团体本身的故意，必须在这个犯罪行为本身中可以看出来，但是，特别行为人的故意除外。因此，有必要确立，由于灭绝种族罪被起诉的被告人是否具有一种灭绝种族罪应当具有的故意。”

[130] 参见 A. K. A. Greenawalt, 99 *Columbia Law Review* (1999), p. 2259 at pp. 2265 et seq.; O. Triffterer, in B. Schünemann et al. (eds.), *Festschrift für Roxin* (2001), p. 1415 at pp. 1440 et seq.; H. Vest, 113 *Zeits-*

中，这种主张认为，目标、前提和效果是无法加以区分的。在这种关系中，行为人确定地知道主要行为人或者组织行为人的特定故意，因此就应当足以确定这个必要的心理性因素了。还有，确切地知道自己将灭绝这个团体的行为人，对于受保护的权利来说，比起那种想要摧毁但是对自己是否能够在事实上实现他的目标的人来说，要远远地更加危险。这种解释有可能符合这个规范的文本，但是不可能符合这种犯罪的历史性意思。有待包括的唯一案件，正是那些行为人想要全部或者部分摧毁这个团体的那些案件。[131]

（二）作为毁灭故意对象的团体

这名行为人所具有的毁灭故意的对象，是国家的、民族的、种族的或者宗教的团体“本身”。行为人杀死被害人的希望，必须特别地以被害人在那个团体中的身份为基础，这个补充性要求就使得这个毁灭故意所指向的要点更加准确。[132]这名行为人的兴趣必须是毁灭这个团体，而不是毁灭这名被害人个人。然而，对于这名行为人来说，并不需要出于歧视性的理由来进行行为。[133]仅仅具有针对这个团体的身份而实施个人歧视行为的故意，是不够的。[134] 618

---

chrift für die gesamte Strafrechtswissenschaft（2001），p. 457 at pp. 482 et seq.；H. Vest，*Genozid durch organisatorische Machtapparate*（2002），pp. 104 et seq.，107。对于一种类似的方法，参见 R. W. D. Jones，in L. C. Vohrah et al.（eds.），*Man's Inhumanity to Man*（2003），p. 467 at pp. 471 et seq.。

[131] 参见 C. Aptel，13 *Criminal Law Forum*（2002），p. 272 at pp. 277 et seq.；R. Arnold，14 *Criminal Law Forum*（2003），p. 127 at pp. 132 et seq.；B. Lüders，in M. Chiavario（ed.），*La justice pénale internationale entre passé et avenir*（2003），p. 223 at pp. 249 et seq.。

[132] 参见 H. Vest，117 *Schweizerische Zeitschrift für Strafrecht*（1999），p. 351 at pp. 356 et seq.。也见 *RStGH*，Urt. v. 9. Juli 2004（Niyitegeka，AC），paras. 47 ff.；*RStGH*，Urt. v. 2. September 1998（Akayesu，TC），paras. 521 f.；*RStGH*，Urt. v. 27. Januar 2000（Musema，TC），para. 165；*Prosecutor v. Bagilishema*，ICTR（Trial Chamber），judgment of 7 June 2001，para. 61；*JStGH*，Urt. v. 17. Januar 2005（Blagojević und Jokić，TC），para. 669；*JStGH*，Urt. v. 27. September 2006（Krajišnik，TC），para. 856. Zustimmend IGH，Urt. v. 26. Februar 2007（案件涉及的是适用《防止及惩治灭绝种族罪公约》，波斯尼亚和黑塞哥维那与塞尔维亚和黑山），para. 187。

[133] 参见 *Prosecutor v. Jelisić*，ICTY（Appeals Chamber），judgment of 5 July 2001，para. 49，根据这个判决，对于犯罪性的原因并不重要，也见 P. N. Drost，*The Crime of State*，*Vol. II*：*Genocide*（1959），pp. 83 et seq.；E. Fronza，in F. Lattanzi and W. A. Schabas（eds.），*Essays on the Rome Statute of the International Criminal Court*，Vol. 1（1999），p. 105 at p. 129；H. Hannum，11 *Human Rights Quarterly*（1989），p. 82 at p. 108；M. Lippman，15 *Arizona Journal of International and Comparative Law*（1998），p. 415 at p. 454；A. Planzer，*Le crime de genocide*（1956），pp. 94 et seq.；H. Vest，117 *Schweizerische Zeitschrift für Strafrecht*（1999），p. 351 at p. 355。不同的观点，参见 *Prosecutor v. Kayishema and Ruzindana*，ICTR（Trial Chamber），judgment of 21 May 1999，para. 98：“根据这些有歧视性的理由”；通常参见，W. A. Schabas，*Genocide in International Law*（2000），pp. 253 et seq.。

[134] *Prosecutor v. Jelisić*，ICTY（Trial Chamber），judgment of 14 December 1999，para. 79；*Prosecutor v. Krstić*，ICTY（Trial Chamber），judgment of 2 August 2001，para. 553；*Draft Code* 1996，Commentary on Art. 17，para. 7。

619 由于这个团体正是具有作为国家的、民族的、种族的或者宗教团体的性质才受到保护的，因此，对于行为人来说，攻击具有同一个国籍、民族等等特征的人民，尽管这些人都与特定的其他特点相联系，就不够了。[135] 例如，在柬埔寨的红色高棉(the Khmer Rouge)并不拥有灭绝种族所要求的特别故意。在高棉民族团体中的身份，对于被害人的选择就不是决定性的，决定性的是被害人的社会地位或者教育程度，或者就是任意选择，以及其他。[136]

620 行为人必须以“全部或者部分”毁灭这个团体的故意进行行为。什么能够组成这个团体的全部，因此成为这个犯罪的实际目标，是由行为人的意识决定的。因此，目标团体可以是一个较大团体的一部分。一个灭绝种族行为，例如，可以指向一个较大团体居住在一个特定地区中的成员。[137]

621 对于这名行为人来说，以消灭这个团体中的一个实质部分为目的就足够了。[138] 在南斯拉夫国际法庭有说服力的意见中，“实质的”标准可以被理解为数量性的和质量性的。[139] 因此，故意毁灭这个团体在数量上具有重要意义的部分，就足够了，例如，故意消灭这个团体中有代表意义的部分，如这个团体在智力上的领导人。关键的问题是：消灭这个部分是

---

[135] 但是，在皮诺切特案件中西班牙国家刑事法院的观点，参见 Audiencia Nacional, judgment of 5 November 1998, section 5, *ILR* 119 (2002), p. 331 at pp. 340 f.。

[136] 参见 H. Vest, 117 *Schweizerische Zeitschrift für Strafrecht* (1999), p. 351 at p. 356; H. Vest, 113 *Zeitschrift für die gesamte Strafrechtswissenschaft* (2001), p. 457 at p. 478。不同的观点，参见 H. Hannum, 11 *Human Rights Quarterly* (1989), p. 82 at pp. 111 et seq.; Y. Ternon, *Der verbrecherische Staat* (1996), pp. 158 et seq., esp. pp. 167 et seq.。

[137] 参见 *Prosecutor v. Jelisić*, ICTY (Trial Chamber), judgment of 14 December 1999, para. 83。也见 *Prosecutor v. Krstić*, ICTY (Trial Chamber), judgment of 2 August 2001, para. 590; 通过 *JStGH*, Urt. v. 19. April 2004 (Krstić, AC), paras. 15 ff. 得到确定。

[138] 参见 *Prosecutor v. Kayishema and Ruzindana*, ICTR (Trim Chamber), judgment of 21 May 1999, paras. 96 et seq.; *Prosecutor v. Jelisić*, ICTY (Trial Chamber), judgment of 14 December 1999, para. 82; *Prosecutor v. Krstić*, ICTY (Trial Chamber), judgment of 2 August 2001, para. 634; *Prosecutor v. Semanza*, ICTR (Trial Chamber), judgment of 15 May 2003, para. 316; *Prosecutor v. Kamuhanda*, ICTR (Trim Chamber), judgment of 22 January 2004, para. 628; *Draft Code* 1996, Commentary on Art. 17, para. 8; D. D. N. Nsereko, in G. Kirk McDonald and O. Swaak-Guldman (eds.), *Substantive and Procedural Aspects of International Criminal Law*, Vol. 1 (2000), p. 117 at p. 125; N. Robinson, *The Genocide Convention, A Commentary* (1960), p. 63; W. A. Schabas, in O. Triffterer (ed.), *Commentary on the Rome Statute of the International Criminal Court* (1999), Art. 6, marginal no. 5。

[139] (作者删除的内容是：*Prosecutor v. Jelisić*, ICTY (Trial Chamber), judgment of 14 December 1999, para. 82：“一个团体中作为目标的一部分，将被归类为实质的，因为这个目的试图侵害这个有关团体的大多数或者这个作为目标的社会中最有代表性的人物 …… 灭绝种族的故意因此可以在两种形式中表明。它可以由希望消灭这个团体中相当大的一部分人来构成，在这种情况下，是由毁灭整个团体的故意来构成的。然而，它也可以由希望毁灭经过挑选的一部分更有限的人来构成，通过他们的消失来影响这个团体本身的生存。”——译者注)这已经规定在 *JStGH*, Urt. v. 14. Dezember 1999 (*Jelisić*, TC), para. 82; 也见 *JStGH*, Urt. v. 19. April 2004 (*Krstić*, AC), paras. 12 ff.; *JStGH*, Urt. v. 1. September 2004 (*Brđanin*, TC), para. 702。相反，批评性的参见 IGH, Urt. v. 26. Februar 2007(案件涉及的是适用《防止和惩治灭绝种族罪公约》，波斯尼亚和黑塞哥维那与塞尔维亚和黑山), para. 200。

为了影响对这个团体作为整体存在的效果。[140]

（三）证据性问题

在实践中，证明毁灭故意是很困难的。根据国际判例法，实质性证据包括存在着计划、大量被害人，根据团体身份选择被害人，以及行为人实施犯罪时的态度（bearing）。[141] 这个犯罪的定义没有涵盖的各种行为，例如毁坏文化机构、纪念碑、宗教场所或者建筑，都能够作为灭绝种族故意的证据。[142] 622

---

[140] （作者删除的内容是：在克尔斯蒂奇案件的判决中，南斯拉夫国际法庭对斯雷布雷尼卡的大屠杀做出决定："只有达到服兵役年龄的男子被有系统地屠杀了，但具有重要意义的是，这些屠杀发生在强迫其余波斯尼亚穆斯林的转移正在进行之时。这些波斯尼亚塞族武装不能不知道，在他们决定杀死所有这些男子时，这种有选择的毁灭这部分人将对整个团体发生持久性的影响 …… 这些波斯尼亚塞族武装必须知道，两代或者三代男子的消失将对一个传统家族社会造成什么样的灾难性影响 ……"参见 *Prosecutor v. Krstić*, ICTY（Trial Chamber）, judgment of 2 August 2001, para. 595。——译者注）参见 *JStGH*, Urt. v. 19. April 2004（*Krstić*, AC）, paras. 8 ff.；*JStGH*, Urt. v. 2. August 2001（*Krstić*, TC）, para. 595；*RStGH*, Urt. v. 17. Juni 2004（*Gacumbitsi*, TC）, para. 258；*RStGH*, Urt. v. 28. April 2005（*Muhimana*, TC）, para. 498。

[141] 参见 *Prosecutor v. Akayesu*, ICTR（Trial Chamber）, judgment of 2 September 1998, para. 523；*Prosecutor v. Kayishema and Ruzindana*, ICTR（Trial Chamber）, judgment of 21 May 1999, paras. 93, 527 et seq.；*Prosecutor v. Bagilishema*, ICTR（Trial Chamber）, judgment of 7 June 2001, para. 63；*RStGH*, Urt. v. 17. Juni 2004（*Gacumbitsi*, TC）, paras. 252 f.；*RStGH*, Urt. v. 28. April 2005（*Muhimana*, TC）, para. 496；*RStGH*, Urt. v. 12. September 2006（Muvunyi, TC）, para. 480；*Prosecutor v. Jelicić*, ICTY（Appeals Chamber）, judgment of 5 July 2001, paras. 47 et seq.；*Prosecutor v. Krstić*, ICTY（Trial Chamber）, judgment of 2 August 2001, paras. 572, 592, 595；*JStGH*, Urt. v. 1. September 2004（*Brđanin*, TC）, paras. 702 ff., 972 ff.；*Prosecutor v. Semanza*, ICTR（Trial Chamber）, judgment of 15 May 2003, paras. 313, 314. 也见 C. Aptel, 13 *Criminal Law Forum*（2002）, p. 273 at pp. 287 et seq.；M. C. Bassiouni and P. Manikas, *The Law of the International Criminal Tribunal for the Former Yugoslavia*（1996）, pp. 527 et seq.；D. D. N. Nsereko, in G. Kirk McDonald and O. Swaak-Goldman（eds.）, *Substantive and Procedural Aspects of International Criminal Law*, Vol. 1（2000）, p. 117 at pp. 126 et seq.；W Jr. Schabas, *Genocide in International Law*（2000）, p. 222。关于在性暴力罪中建立毁灭的故意，参见 *Prosecutor v. Akayesu*, ICTR（Trial Chamber）, judgment of 2 September 1998, para. 731："性暴力是毁灭过程的一个不可分割的部分，尤其是以图西族妇女为目标和尤其是为了毁灭她们以及毁灭图西族整体。"也见 para. 732："性暴力是在毁灭图西族过程中的一个步骤 —— 毁灭其精神，毁灭其活下去的意志，以及毁灭其生命本身。"

[142] 因此，在卡拉季奇和姆拉蒂奇的案件中，南斯拉夫国际法庭在对塞族武装在波斯尼亚进行的种族清洗所进行的法律评价中指出："…… 为了执行'种族清洗'计划而使用的特定方法，看来就揭示了一种加重的故意，例如，就像毁灭的大规模的影响一样 …… 拆毁清真寺或者天主教堂是为了消除这个团体或者这些团体几个世纪以来的存在；拆毁图书馆是为了消除一种通过人口中各种国家因素的结合而积淀起来的一种文化"，参见 *Prosecutor v. Karadžić and Mladić*, ICTY（Trial Chamber）, decision of 11 July 1996, para. 94。也见 *JStGH*, Urt. v. 1. September 2004（*Brđanin*, TC）, paras. 969 ff.；*Prosecutor v. Kayishema and Ruzindana*, ICTR（Trial Chamber）, judgment of 21 May 1999, para. 93, and W. A. Schabas, *Genocide in International Law*（2000）, pp. 223 et seq.。

第四节 煽动实施灭绝种族

一 刑罚的结构和目的

623 煽动实施灭绝种族已经被《防止及惩治灭绝种族罪公约》所禁止。这里的条文被《国际刑事法院规约》逐字逐句地采纳,作为第25条第3款第5项。[143] 它为共同犯罪的一个单独形式的犯罪化,提供了一个单独的基础。这个共同犯罪的单独形式就是引诱——或者甚至仅仅是试图引诱——他人实施灭绝种族。不要求一种完成的灭绝种族。[144]

624 公开煽动创设了,或者明显增加了无法控制的群众性犯罪的风险,使这个团体的成员处于被攻击之中。因为行为不能识别受煽动的听众们,所以,煽动者从一开始就对事件的进程无法进行控制。[145]

625 1994年在卢旺达内战期间发生的种种事件,为煽动灭绝种族的意义和效果提供了一个新近的例子。[146] 甚至在冲突爆发之前,胡图族的极端分子就控制了各种电台,并用电台进行一场极其有效的反对图西族的仇恨运动。卢旺达国际法庭已经认定了一些被告人对煽动灭绝种族有罪。在所谓的媒体审判(Media Trial)中,卢旺达国际法庭对被告人让·博斯科·巴拉亚格维扎(Jean-Bosco Barayagwiza),菲迪南德·那赫曼纳(Ferdinand Nahimana)和哈桑·尼戈兹(Hassan Ngeze)判处了无期徒刑和长期监禁,原因是他们煽动灭绝

---

[143] 参见《防止及惩治灭绝种族罪公约》第3条第3款,《南斯拉夫国际法庭规约》第4条第3款第3项,《卢旺达国际法庭规约》第2条第3款第3项,以及《国际刑事法院规约》第25条第3款第5项。

[144] 参见 *Prosecutor v. Akayesu*, ICTR (Trial Chamber), judgment of 2 September 1998, paras. 561 et seq.; *Prosecutor v. Ruggiu*, ICTR (Trial Chamber), judgment of 1 June 2000, para. 16; *RStGH*, Urt. v. 3. Dezember 2003 (Nahimana et al., TC), para. 1013; D. D. N. Nsereko, in G. Kirk McDonald and O. Swaak-Goldman (eds.), *Substantive and Procedural Aspects of International Criminal Law*, Vol. 1 (2000), p. 117 at p. 133; W. A. Schabas, *Genocide in International Law* (2000), p. 257 at pp. 266, 292; N. Robinson, *The Genocide Convention, A Commentary* (1960), p. 67。

[145] 参见 *Prosecutor v. Akayesu*, ICTR (Trial Chamber), judgment of 2 September 1998, para. 562:"这些行为本身就是特别危险的,因为它们给社会带来很高的风险,即使它们没有造成结果"; K. Ambos, in O. Triffterer (ed.), *Commentary on the Rome Statute of the International Criminal Court* (1999), Art. 15, marginal no. 29。也见 *Draft Code* 1996, Commentary on Art. 2, para. 16。

[146] 参见,例如, J. F. Metzl, 91 *American Journal of International Law* (1997) p. 628; W. A. Schabas, 46 *McGill Law Journal* (2000), p. 141; W. A. Schabas, 93 *American Journal of International Law* (1999), p. 529。

种族。[147]

二 物质性因素

这种犯罪行为是直接地、公开地煽动实施灭绝种族。这种犯罪性煽动要求行为人号召实施灭绝种族；单纯的挑衅性表达是不够的。[148] “直接的”煽动包括这些情况：行为人不是明确地号召实施灭绝种族，而是以一种听众能够毫无错误地理解的方式这样做；[149]事实上，行为人经常使用委婉的、隐喻的或者其他用暗号表示的语言，然而，这种语言对于它的听众来说，是完全清楚的。[150] “公开的”特别意味着一种在公开场合或者通过一种以大众为目标的媒介所进行的呼吁。[151] 这里的决定性因素是，这种呼吁必须是面向非个人化的 626

[147] （作者在正文中删除了“在鲁吉乌（Ruggiu）案件中，有一名被告人仅仅因为自己的言论就被认定有罪”一句，以及注释中的“*Prosecutor v. Ruggiu*，ICTR（Trial Chamber），judgment of 1 June 2000。其他被告人正在由卢旺达国际法庭根据煽动的指控进行审理。也见卢旺达国际法庭在所谓的媒体审判（the so-called Media Trial）中的判决，其中，所有的被告人都被认定对煽动灭绝种族的指控加以定罪，*Prosecutor v. Nahimana* et al.，ICTR（Trial Chamber），judgment of 3 December 2003。”——译者注）*RStGH*，Urt. v. 3. Dezember 2003（*Nahimana* et al.，TC）。对被告人巴拉亚格维扎判处了27年有期徒刑。关于媒体审判的详细情况，参见 Gordon，*Virginia Journal of International Law* 45（2004），154 ff.。对这个决定的批评，参见 Della Morte，*Journal of International Criminal Justice* 3（2005），1019，1023 f.；Zahar，*Criminal Law Forum* 16（2005），33 ff.。

[148] 对于更多的信息，参见 V. Morris and M. P. Scharf，*The International Criminal Tribunal for Rwanda*，Vol. I（1998），p. 183；D. D. N. Nsereko，in G. Kirk McDonald and O. Swaak-Goldman（eds.），*Substantive and Procedural Aspects of International Criminal Law*，Vol. 1（2000），p. 117 at pp. 132 et seq.。也见 *Prosecutor v. Akayesu*，ICTR（Trial Chamber），judgment of 2 September 1998，para. 555：“民法法系用来惩罚直接和公开煽动的挑拨这个形式，被定义为一种通过讲演、吼叫或者威胁，或者借助其他音频视频通讯工具，直接鼓动他人实施犯罪或者轻罪的行为。在民法法系中定义的这种挑拨，与本规约第2条规定的直接和公开煽动实施灭绝种族的因素的构成是一样的……”。也见 *RStGH*，Urt. v. 3. Dezember 2003（*Nahimana* et al.，TC），paras. 1000 ff.。

[149] 参见 *Prosecutor v. Akayesu*，ICTR（Trial Chamber），judgment of 2 September 1998，paras. 557 et seq.；*Prosecutor v. Ruggiu*，ICTR（Trial Chamber），judgment of 1 June 2000，para. 17；*RStGH*，Urt. v. 16. Mai 2003（*Niyitegeka*，TC），paras. 431 ff.；*RStGH*，Urt. v. 12. September 2006（*Muvunyi*，TC），para. 502；W. A. Schabas，*Genocide in International Law*（2000），p. 277。

[150] 前卢旺达总理让·坎班达就是这样呼吁胡图族群众的：“你拒绝把自己的鲜血献给自己的国家，却让狗毫无意义地喝了。”用这样的说法，坎班达号召胡图人参加反对被称为“狗”的图西人的战斗，并且，把自己的鲜血献给国家，参见 *Prosecutor v. Kambanda*，ICTR（Trial Chamber），judgment of 4 September 1998。上诉庭肯定了对行为人的定罪，参见 *Prosecutor v. Kambanda*，ICTR（Appeals Chamber），judgment of 19 October 2000。

[151] 参见 *Prosecutor v. Akayesu*，ICTR（Trial Chamber），judgment of 2 September 1998，para. 556；例如，被判刑的尼戈兹就是这样从自己的汽车上用喇叭筒号召杀光图西族人的，参见 *RStGH*，Urt. v. 3. Dezember 2003（*Nahimana* et al.，TC），para. 1039。还有，在报纸上的文章中所作的号召，也在这个审判中被认定为是煽动灭绝种族（paras. 1023 ff.，1028）。（作者在德文第2版中删除了“*Prosecutor v. Niyitegaka*，ICTR（Trial Chamber），judgment of 16 May 2003，para. 431”。——译者注）

听众,从而创设或者增强了不受控制地实施这种犯罪的危险。

三 心理性因素

627 煽动灭绝种族的心理性因素要求,行为人故意地和知道地实施了犯罪的物质性因素(《国际刑事法院规约》第 30 条),并且以全部或者部分毁灭一个团体的故意进行行为。[152]

第五节 数罪问题

628 在典型的灭绝种族罪的实施中,会涉及许多行为,其中,每一种行为本身都满足了灭绝种族的各项要求。因此,有必要确定,这些具体行为是否应当看成是在法律上不同的犯罪,或者是一个单独的犯罪。

629 一方面,人们可以想象的是,每一种符合这种犯罪定义的行为,都被看成是一种灭绝种族的单独行为。另一种完全对立的解决方法,是把从毁灭一个特定团体的故意中产生的所有灭绝种族行为,都组织进一个单独的单位。这样构成的一种"综合性犯罪",在极端的情况下,甚至能够构成一种"世界性犯罪"(World Crime),由在各个国家和各个时期实施的各种灭绝种族行为来共同组成。

630 可适用的标准是一种有限的累积性方法。最重要的是,如果一些具体的行为是出自指向同一团体的毁灭性故意,那么,这些具体的行为,例如杀人或者严重的身体性伤害,就组成了灭绝种族的一个单独犯罪。[153] 这样一种单独犯罪的组成所考虑的事实是,在灭绝种族中,对于一种超个人价值的保护——这个团体的存在——是最重要的。同时,"这些行为所具有的在规模上的巨大程度或者在时间上没有尽头的形态",[154]也必须加以避免。

---

[152] 参见 *Prosecutor v. Akayesu*, ICTR (Trial Chamber), judgment of 2 September 1998, para. 560; *Prosecutor v. Ruggiu*, ICTR (Trial Chamber), judgment of 1 June 2000, para. 14; *RStGH*, Urt. v. 3. Dezember 2003 (*Nahimana* et al., TC), para. 1012; W. A. Schabas, *Genocide in International Law* (2000), p. 275; K. Ambos, in O. Triffterer (ed.), *Commentary on the Rome Statute of the International Criminal Court* (1999), Art. 15, marginal no. 30。

[153] 参见 *Prosecutor v. Kayishema and Ruzindana*, ICTR (Trial Chamber), judgment of 21 May 1999, paras. 517 et seq.。关于《(德国)刑法典》(*Strafgesetzbuch*, *StGB*)第 220a 条(旧版),参见 German Federal Supreme Court, judgment of 30 April 1999, *BGHSt* 45, p. 64 at p. 88。对于同意的观点,参见 A. Gil Gil, 112 *Zeitschrift für die gesamte Strafrechtswissenschaft* (2000), p. 381 at pp. 396 et seq.; G. Werle, *Juristenzeitung* 1999, p. 1181 at p. 1184。

[154] 参见 German Federal Supreme Court, judgment of 30 April 1999, *BGHSt* 45, p. 64 at p. 88。

因此，只有在以同一团体为目标的行为发生在同一时间和地点这个背景之下时，这些行为才能够组成一个单独的犯罪。[155]

一个灭绝种族的行为能够同时构成一种战争罪和一种危害人类罪。因此，有关的规范就应当同时适用。[156] 对于危害人类罪来说，灭绝种族不是一种特别法（lex spesialis）。[157] 对这两种犯罪的要求进行的一项分析，表明了在它们之间具有重大的区别：危害人类罪要求一种对平民人口的实际攻击，而这是灭绝种族的定义所不要求的。相比之下，对于灭绝种族来说，全部或者部分地毁灭一个团体的特别故意，必须得到证明。虽然灭绝种族的行为真的经常满足了危害人类罪的要求，但是，灭绝种族并不是危害人类罪中的一种特殊情况。更准确地说，这两种罪行的功能，就像两个相互重叠的圆圈。[158] 因此，就有必要对这两种犯罪都进行定罪，以便完整地包含这些行为的错误性。对于灭绝种族和危害人类罪中的迫害来说，情况也是这样。 631

---

[155] 但是，参见 K. Ambos, *Neue Zeitschrift für Strafrecht* 1999, p. 404。

[156] *JStGH*, Urt. v. 19. April 2004（Krstić, AC）, paras. 219 ff.; *Prosecutor v. Krstić*, ICTY（Trial Chamber）, judgment of 2 August 2001, para. 681. 也见边码 538。

[157] 卢旺达国家法庭已经明确了这一点，参见 *Prosecutor v. Musema*, ICTR（Appeals Chamber）, judgment of 16 November 2001, paras. 366 et seq.; 此外，参见 *RStGH*, Urt. v. 21. Februar 2002（*Ntakirutimana*, TC）, para. 864; *RStGH*, Urt. v. 22. Januar 2004（*Kamuhanda*, TC）, paras. 577 ff.; *RStGH*, Urt. v. 25. Februar 2004（*Ntagerura*, TC）, para. 823 以及现在还有 *JStGH*, Urt. v. 19. April 2004（*Krstić*, AC）, paras. 219 ff.。但是，参见 F. Selbmann, *Der Tatbestand des Genozids im Völkerstrafrecht*（2002）, p. 207, 他把灭绝种族罪归类为与危害人类罪有关的特别法，还有 *RStGH*, Urt. v. 21. Mai 1999（*Kayishema und Ruzindana*, TC）, paras. 641 ff., 648, 也见边码 538。

[158] 对此准确的想象，参见 G. Dahm, J. Delbrück and IL Wolfrum, *Völkerrecht*, Vol. I/3, 2nd edn.（2002）, p. 1073；类似的，A. Cassese, in A. Cassese, P. Gaeta and J. R. W. D. Jones（eds.）, *The Rome Statute of the International Criminal Court*, Vol. 1（2002）, p. 335 at p. 339 and A. Cassese, *International Criminal Law*（2003）, p. 96 at p. 106。

第四章　危害人类罪

参考书目：

632 Kai Ambos: *Internationales Strafrecht* (2006), § 7 Rn. 167 ff.; Kai Ambos and Steffen Wirth: The Current Law of Crimes Against Humanity, 13 *Criminal Law Forum* (2002), pp. I et seq.; Eugene Aroneanu: *Le crime contre l' humanité* (1961); Kelly Dawn Askin: Crimes Within the Jurisdiction of the International Criminal Court, 10 *Criminal Law Forum* (1999), pp. 33 et seq.; M. Cherif Bassiouni: *Crimes Againt Humanity in International Criminal Law*, 2 edn. (1999); M. Cherif Bassiouni: Crimes against Humanity: The Need for a Specialized Convention, 31 *Columbia Journal of Transnational Law* (1994), pp. 457 et seq.; Astrid Becker: *Der Tatbestand des Verbrechens gegen die Menschlichkeit-Überlegungen zur Problematik eines völkerrechtlichen Strafrechts* (1996); Machtheld Boot: *Genocide, Crimes against Humanity, War Crimes: Nullum Crimen Sine Lege and the Subject Matter Jurisdiction of the International Criminal Court* (2002); James T. Brand: Crimes against Humanity and the Nürnberg Trials, 28 *Oregon Law Review* (1949), pp. 93 et seq.; Antonio Cassese: Crimes against Humanity, in Antonio Cassese, Paula Gaeta and John R. W. D. Jones (eds.), *The Rome Statute of the International Criminal Court: A Commentary*, Vol. 1 (2002), pp. 353 et seq.; Antonio Cassese: *International Criminal Law* (2003), pp. 64 et seq.; Simon Chesterman: An altogether different Order: Defining the Elements of Crimes against Humanity, 10 *Duke Journal of Comparative and International Law* (2000), pp. 307 et seq.; Roger S. Clark: Crimes against Humanity at Nuremberg, in George Ginsburgs and V. N. Kudriavtsev (eds.), *The Nuremberg Trial and International Law* (1990), pp. 177 et seq.; Roger S. Clark: Crimes Against Humanity and the Rome Statute of the International Criminal Court, in Mauro Politi and Giuseppe Nesi (eds.), *The Rome Statute of the International Criminal Court, A challenge to impunity* (2001), pp. 75 et seq.; Robert Cryer: *Prosecuting International Crimes, Selectivity and the International Criminal Law Regime* (2005), 247 ff.; Mireille Delmas-Marty: Le crime contre l'humanité, les droits de l'homme et l'irréductible humain, 11 *Revue de science criminelle et de droit pénal comparé* (1994), pp. 477 et seq.; Yoram Dinstein: Crimes against Humanity, in Jerzy Makarczyk (ed.), *Theory of Inter-*

national Law at the Threshold of the 21st Century: *Essays in Honour of Krzysztof Skubiszewski* (1996), pp. 891 et seq.; Yoram Dinstein: Crimes against Humanity after Tadić, 13 *Leiden Journal of International Law* (2000), pp. 373 et seq.; David Donat-Cattin: Crimes against Humanity, in Flavia Lattanzi (ed.), *The International Criminal Court*, *Comments on the Draft Statute* (1998), pp. 49 et seq.; David Donat-Cattin: A General Definition of Crimes against Humanity under International Law: The Contribution of the Rome Statute of the International Criminal Court, *L'Astree*, *Revue de Droit Penal et des Droits de l'Homme* (1999), pp. 83 et seq.; Alicia Gil Gil: Die Tatbestände der Verbrechen gegen die Menschlichkeit und des Völkermordes im RiSmischen Statut des Internationalen Strafgerichtshofs, 112 *Zeitschrift für die gesamte Strafrechtswissenschaft* (2000), pp. 381 et seq.; Jean Graven: Les crimes contre l'humanitd, 76 *Recueil des Cours de l'Académie de Droit International de la Haye* (1950 – I), pp. 429 et seq.; Herman von Hebel and Darryl Robinson: Crimes within the Jurisdiction of the Court, in Roy S. Lee (ed.), *The International Criminal Court*, *The Making of the Rome Statute* (1999), pp. 79 et seq., pp. 90 et seq.; Phyllis Hwang: Defining Crimes against Humanity in the Rome Statute of the International Criminal Court, 22 *Fordham International Law Journal* (1998), pp. 457 et seq.; Heinrich Jagusch: Das Verbrechen gegen die Menschlichkeit in der Rechtsprechung des Obersten Gerichtshofs für die Britische Zone, *Süddeutsche Juristenzeitung* 1949, columns 620 et seq.; Hans-Heinrich Jescheck: Gegenstand und neueste Entwicklung des internationalen Strafrechts, in Friedrich-Christian Schroeder and Heinz Zipf (eds.), *Festschrift für Maurach* (1972), pp. 579 et seq.; Bing Bing Jia: The Differing Concepts of War Crimes and Crimes against Humanity in International Criminal Law, in Guy S. Goodwin-Gill and Stefan Talmon (eds.), *The Reality of International Law*, *Essays in Honour of lan Brownlie* (1999), pp. 243 et seq.; Kriangsak Kittichaisaree: International Criminal Law (2001), pp. 85 et seq.; Ernst-Joachim Lampe: Verbrechen gegen die Menschlichkeit, in Hans-Joachim Hirsch et al. (eds.), *Festschrift für Kohlmann* (2003), pp. 147 et seq.; Richard Lange: Die Rechtsprechung des Obersten Gerichtshofes für die Britische Zone zum Verbrechen gegen die Menschlichkeit, *Süddeutsche Juristenzeitung* 1948, columns 655 et seq.; Flavia Lattanzi: Crimes Against Humanity in the Jurisprudence of the International Criminal Tribunals for the Former Jugoslavia and Rwanda, in Horst Fischer, Claus Kress and Sascha Rolf Lüder (eds.), *International and National Prosecution of Crimes under International Law – Current Developments* (2001), pp. 491 et seq.; Matthew Lippman: Crimes against humanity, 17 *Boston College Third World Law Journal* (1997), pp. 171 et seq.; David Luban: A Theory of Crimes Against Humanity, 29 *Yale Journal of International Law* (2004), pp. 85 et seq.; Gisela Manske: *Verbrechen gegen die Menschlich-*

keit als Verbrechen gegen die Menschheit (2003); David Marcus: Famine Crimes in International Law, 97 *American Journal of International Law* (2003), pp. 245 et seq.; Elena Martín Salgado: The Judgment of the International Criminal Tribunal for the former Yugoslavia in the Vasiljević Case, *Leiden Journal of International Law* 16 (2003), 321 ff.; Margaret McAuliffe de Guzman: The Road from Rome: The Developing Law of Crimes against Humanity, 22 *Human Rights Quarterly* (2000), pp. 335 et seq.; Stephan Meseke: La contribution de la jurisprudence des tribunaux pénaux internationaux pour l'ex-Yugoslavie et le Rwanda á la concrétisation de l'incrimination du crime contre l'humanité, in Mario Chiavario (ed.), *La justice pénale internationale entre passé et avenir* (2003), pp. 173 et seq.; Stephan Meseke: *Der Tatbestand der Verbrechen gegen die Menschlichkeit nach dem Römischen Statut des Internationalen Strafgerichtshofs* (2004); Henri Meyrowitz: *Larépression des crimes contre l'humanitépar les tribunaux allemands en application de la loi no. 10 du Conseil de Contrôle Allié* (1960); Guénaël Mettraux: *International Crimes and the ad hoc Tribunals* (2005); Guénael Mettraux: Crimes against Humanity in the Jurisprudence of the International Criminal Tribunals for the former Yugoslavia and for Rwanda, 43 *Harvard International Law Journal* (2002), pp. 237 et seq.; Philipp Osten: *Der Tokioter Kriegsverbrecherprozeß und die japanische Rechtswissenschaft* (2003); Gustav Radbruch: Zur Diskussion über das Verbrechen gegen die Menschlichkeit, *SüddeutscheJuristenzeitung* 1947, columns 131 et seq.; Darryl Robinson: Defining Crimes against Humanity at the Rome Conference, 93 *American Journal of International Law* (1999), pp. 43 et seq.; Darryl Robinson: Crimes Against Humanity: Reflections on State Sovereignty, Legal Precision and the Dictates of the Public Conscience, in Flavia Lattanzi and William A. Schabas (eds.), *Essays on the Rome Statute of the International Criminal Court*, Vol. 1 (1999), pp. 139 et seq.; Darryl Robinson: The Elements of Crimes Against Humanity, in Roy S. Lee (ed.), *The International Criminal Court, Elements of Crimes and Rules of Procedure and Evidence* (2001), pp. 57 et seq.; Wiebke Rückert and Georg Witschel: Genocide and Crimes Against Humanity in the Elements of Crimes, in Horst Fischer, Claus Kress and Sascha Rolf Lüder (eds.), *International and National Prosecution of Crimes under International Law- Current Developments* (2001), pp. 59 et seq.; Leila N. Sadat: The Interpretation of the Nuremberg Principles by the French Court of Cassation: From Touvier to Barbie and Back Again, 32 *Columbia Journal of Transnational Law* (1994), pp. 289 et seq.; Elena Martin Salgado: The Judgment of the International Criminal Tribunal for the former Yugoslavia in the Vasiljević Case, 16 *Leiden Journal of International Law* (2003), pp. 321 et seq.; Helmut Satzger: *Internationales und Europäisches Strafrecht* (2005), 201 ff.; Beth van Schaack: The Definition of Crimes against Humanity: Resolving the Incoherence, 37 *Columbia Journal of Transnational Law* (1999), pp. 787 et seq.; William A. Schabas: *The UN International Criminal Tribunals, The Former Yugoslavia, Rwanda and Sierra Leone* (2006), 185 ff.; Egon Schwelb: Crimes against Humanity, 23 *British Yearbook of International Law* (1946), pp. 178 et seq.; Olivia Swaak-Goldman: Crimes against humanity, in Gabrielle Kirk McDonald and Olivia Swaak-Goldman (eds.), *Substantive and Procedural Aspects of International Criminal Law, The Experience of International and National Courts*, Vol. 1 (2000), pp. 141 et seq.; Hans Vest: Humanitätsverbrechen - Herausforderung für das Individualstrafrecht, 113 *Zeitschrift für die gesamte Strafrechtswissenschaft* (2001), pp. 457 et seq.; Hellmuth von Weber: Das Verbrechen gegen die Menschlichkeit in der Rechtsprechung, *Monatsschrift für Deutsches Recht* 1949, pp. 261 et seq.; Günter Wieland: Ahndung von NS-Verbrechen in Ostdeutschland 1945 – 1990, *Neue Justiz* 1991, pp. 49 et seq.; Georg Witschel and Wiebke Rückert: The Elements of Crimes against Humanity, in Roy S. Lee (ed.), *The International Criminal Court, Elements of Crimes and Rules of Procedure and Evidence* (2001), pp. 94 et seq. 另外,有关文献见杀人的犯罪(边码 674);奴役状态(边码 683);驱逐或者强制转移(边码 695);酷刑(边码 709);性暴力(边码 721);迫害(边码 735)和种族隔离罪(边码 758)。

第一节　引言

一　危害人类罪的现象

危害人类罪是针对平民人口实施的一种大规模犯罪(mass crime)。最严重的是杀死整个团体中的人民,这也是灭绝种族罪的特征。① 因此,对欧洲犹太人的灭绝种族,就被纽伦堡法庭视为一种危害人类罪并加以惩罚。然而,危害人类罪比灭绝种族罪更广阔:危害人类罪不需要以一个特定的团体为目标,而只要以普通的平民人口为目标。因此,危害人类罪就也包括了侵犯政治性团体或者其他团体的犯罪。与灭绝种族罪不同,对于行为人来说,不需要具有毁灭一个团体的故意,无论是全体或者还是部分。 633

除了杀人和灭绝这种最严重的案件之外,危害人类罪还包括了从悲惨的历史经验中获得的如下表现:通过强迫劳动而形成的奴役状态,把人民驱逐出自己的出生地区(native 634

---

① 关于灭绝种族罪的各种表现形式,参见边码 555 以下。

regions),任意监禁政治上的反对者或者对他们施加酷刑,大规模强奸毫无防卫能力的妇女,强迫消失[②]以及通过歧视性的法律和措施进行迫害。种族隔离犯罪作为种族压迫的一种制度化的形式,也包含在最后这种情况之中。[③]

二 危害人类罪的历史

635 危害人类罪最早是作为《纽伦堡宪章》第6条第3款中的一种犯罪被明确加以规定的。在这部宪章中规定的犯罪,有"在战前或者战争期间,对任何平民人口实施的谋杀、消灭、奴役状态、驱逐和其他不人道的行为;或者,在本法庭的管辖范围内,在执行任何犯罪或者与任何犯罪的联系之中,由于政治、种族或者宗教的原因而进行的各种迫害,不论是否违反了行为地国家的国内法"。[④] 这一类犯罪与战争罪不同,也包括了针对行为人本国公民而实施的犯罪,只要这些犯罪是有系统的以特别的人口为目标的。

636 在描述危害人类罪的历史中,首先必须提到的是1899年和1907年的《海牙规定》(the Hague Regulations)的"前言"。[⑤] 在这些公约中,有一条一般性的条文,要求交战各方必须承担义务,遵守"人类之法"(Laws of Humanity)。然而,对违反这种人类法律的行为加以犯罪化的思想,在马尔顿条款中还没有被提到,[⑥]马尔顿条款的运用也仅仅限于战时。"危害人类罪"这个词是在1915年新创的:法国、英国和俄国使用这个词来指在土耳其对亚美尼亚人进行的大屠杀。[⑦] 在第一次世界大战之后,人们谈论了起诉"危害人类的罪行",但是这从来也没有完成。[⑧]

---

② 参见,例如,*Report of the Chilean National Commission on Truth and Reconciliation*, Vols. 1 and 2 (1993), pp. 136 et seq. and pp. 495 et seq.; *Nunca Mas (Never Again) - Report of Conadep (National Commission on the Disappearance of Persons)* (1984)。

③ 参见,例如,*Truth and Reconciliation Commission of South Africa Report* (1998), Vol. 1, pp. 94 et seq.。

④ 《纽伦堡宪章》第6条第3款。参见 E. Schwelb, 23 *British Yearbook of International Law* (1946), pp. 178 et seq. and R. S. Clark, in G. Ginsburgs and V. N. Kudriavtsev (eds.), *The Nuremberg Trial and International Law* (1990), pp. 177 et seq.。关于危害人类罪在纽伦堡判决中的作用,参见 G. Manske, *Verbrechen gegen die Menschlichkeit als Verbrechen gegen die Menschheit* (2003), pp. 52 et seq.。

⑤ 1899年7月29日的《关于陆地战争法规与习惯的第二公约》和《关于陆地战争法规与习惯的第四公约》及其附件:1907年10月18日的《关于陆地战争法规与习惯的规定》,分别参见 http://www.icrc.org/ihl。

⑥ 关于"马尔顿条款",参见 A. Cassese, 11 *European Journal of International Law* (2000), pp. 187 et seq.; T. Meron, 94 *American Journal of International Law* (2000), pp. 78 et seq.。

⑦ 1915年5月28日的宣言,重印于 United Nations War Crimes Commission (ed.), *History of the United Nations War Crimes Commission and the Development of the Laws of War* (1948), p. 35。关于这个词的历史,也见 D. Luban, 29 *The Yale Journal of International Law* (2004), p. 85 at pp. 86 et seq.。

⑧ 关于第二次世界大战之前的发展,参见边码6以下;M. C. Bassiouni, *Crimes against Humanity*, 2nd edn. (1999), pp. 60 et seq.。

危害人类罪也包括在《东京宪章》第5条第3款之中。[9] 然而，与纽伦堡审判相比，没有人在东京被认定对危害人类罪有罪。[10]《管制理事会法》第10号也包括了危害人类罪，但是有一些补充和一点重要的改变：在纽伦堡和东京宪章中都要求危害人类罪证明一种与侵略战争或者战争罪的联系，不过，《管制理事会法》第10号却删去了这个补充性要求。[11] 637

然而，在纽伦堡的后续审判中，各种判决主要是根据纽伦堡判决来解释《管制理事会法》第10号，因此，并没有惩罚在第二次世界大战爆发之前实施的危害人类罪。[12] 不过，在英占区的最高法院采取了不同的做法，扩展了这个犯罪的定义，与它的文字相一致，包括了战争背景之外的各种行为。[13] 638

就像《纽伦堡原则》，一般说来，习惯性国际法项下的危害人类罪的刑事责任，一直都是经常得到肯定和承认的。[14] 因此，这个犯罪就不仅包括在1954年《关于危害人类和平与安全罪行法典草案》之中，而且也包含在后来所有的国际法委员会的草案之中。[15] 危害人类罪的这种刑法地位，在对这些犯罪取消时效规定的国际公约或者在处理这种犯罪的新形式的公约中，也得到了进一步的接受。[16] 639

起诉危害人类罪的实践一直比较弱。在纽伦堡审判之后，一直到20世纪90年代早期之前，在国际刑事法院中就从来没有进行过这种审判。然而，对危害人类罪的起诉并没有完全停止。在以色列对阿道夫·艾克曼的审判[17]和在法国对克劳斯·巴比（Klaus Bar- 640

---

⑨ 《东京宪章》（原文为《东京规约》，作者已改正。——译者注）第5条第3款："危害人类罪：也就是在本法庭管辖权中实施的或者在与本法庭管辖的犯罪相联系的谋杀，消灭，奴役状态，驱逐，以及其他在战争之前或者在战争期间实施的不人道行为，或者出于政治或者种族理由进行的迫害，不管是否违反犯罪地国家的国内法律。"

⑩ 参见，例如，P. Osten, *Der Tokioter Kriegsverbrecherprozeß und die japanische Rechtswissenschaft*（2003）。

⑪ 《管制理事会法》第10号第2条第1款第3项："危害人类罪。暴行和罪行，包括但不限于谋杀，消灭，奴役状态，驱逐，监禁，酷刑，强奸，或者其他侵犯任何平民人口的不人道行为，或者出于政治、种族或者宗教理由进行的迫害，不管是否违反犯罪地国家的国内法律。"

⑫ 关于在纽伦堡后续审判的判决中的危害人类罪，参见 J. T. Brand, 28 *Oregon Law Review*（1949），pp. 93 et seq.。

⑬ 关于在英占区最高法院的判决中的危害人类罪，参见 H. Jagusch, *Süddeutsche Juristenzeitung* 1949, columns 620 et seq.; R. Lange, *Süddeutsche Juristenzeitung* 1948, columns 655 et seq.。也见 H. Meyrowitz, *La répression des crimes contre l'humanité par les tribunaux allemands*（1960）, pp. 213 et seq.。

⑭ 参见 M. Lippman, 17 *Boston College Third World Law Journal*（1997）, pp. 171 et seq.; B. van Schaack, 37 *Columbia Journal of Transnational Law*（1999）, pp. 787 et seq.，以及边码40以下。

⑮ 参见 1954 *Draft Code*, Art. 2（11）; 1991 *Draft Code*, Art. 21 and 1996 *Draft Code*, Art. 18。

⑯ 参见，例如，*Convention on the Non-Applicability of Statutory Limitations to War Crimes and Crimes Against Humanity*, adopted in General Assembly Resolution 2391（XXIII）of 26 November 1968; *International Convention on the Suppression and Punishment of the Crime of Apartheid*, adopted in General Assembly Resolution 3068（XXVIII）of 30 November 1973。

⑰ *Attorney-General of the Government of Israel v. Eichmann*, District Court of Jerusalem, judgment of 12 December 1961, in 36 *ILR*（1968）, pp. 18 et seq.; *Attorney-General of the Government of Israel v. Eichmann*, Supreme Court of Israel, judgment of 29 May 1962, in 36 *ILR*（1968）, pp. 277 et seq.

bie)的定罪,都应当得到注意。[18] 对危害人类罪的审判也发生在荷兰、东德[19]和加拿大。[20] 然而,这些被告人都是纳粹犯罪分子,他们的罪行都发生在已经过去很多年的岁月之中,尽管现在还存在着许多其他严重危害人类罪的案件。[21] 这种情况,一直到创设了南斯拉夫和卢旺达国际法庭之后才得到改变。[22]

641 南斯拉夫和卢旺达国际法庭的规约都重新确认了危害人类罪所具有的习惯法性质。然而,有关条文的文本却存在着相当大的区别。这些偏离并不表明这个犯罪的范围具有不确定性;它们可以通过这些规约所处的情况而具有的性质来得到说明。当《南斯拉夫国际法庭规约》在第5条中指出:犯罪必须发生"在武装冲突之中,无论在性质上是国际性的或者国内性的"时,[23]这就是简单地与南斯拉夫的冲突在空间和时间上建立了联系。不过,这绝不是重新引入那个早已被放弃的在《纽伦堡宪章》中所做的补充性要求。[24]《卢旺达国际法庭规约》第3条在包括危害人类罪时,并没有要求与武装冲突的联系,因此避免了任何误解:危害人类罪的条文,不管在武装冲突是否存在时,都要得到适用。但是,《卢旺达国际法庭规约》不仅对迫害罪要求,而且对所有的危害人类罪都要求:这种犯罪应当是"出于国家、政治、民族、种族或者宗教的理由"而实施的。[25] 这也不应当视为是限

---

[18] *Féderation National des Deportées et Internés Resistants et Patriots et al. v. Barbie*, Cour de Cassation, judgment of 20 December 1985, in 78 *ILR* (1988), pp. 136 et seq.; *Advocate General v. Barbie*, Cour de Cassation, judgment of 3 June 1988, in 100 *ILR* (1995), pp. 330 et seq.。简述参见 L. N. Sadat, 32 *Columbia Journal of Transnational Law* (1994), pp. 289 et seq.。

[19] 与西德不同,东德一直根据习惯性国际法项下的危害人类罪的定义审判纳粹罪犯,参见,例如, the judgment against Hans Globke, Supreme Court of the GDR, judgment of 23 July 1963, *in Neue Justiz* 1963, p. 449 at pp. 507 et seq.; the judgment against Horst Fischer, Supreme Court of the GDR, judgment of 25 March 1966, in *Neue Justiz* 1966, p. 193 at pp. 203 et seq.。后来,这个犯罪就被包括在东德的刑法典之中。简述参见 G. Wieland, *Neue Justiz* 1991, pp. 49 et seq.。

[20] *Regina v. Finta*, Ontario Court of Appeal, judgment of 29 April 1992, in 98 *ILR* (1994), pp. 520 et seq.; Canada Supreme Court, judgment of 24 March 1994, in 104 *ILR* (1997), pp. 284 et seq.

[21] 对于国内起诉危害人类罪的综述,参见即将出版的论文:S. Meseke, *Der Tatbestand der Verbrechen gegen die Menschlichkeit nach dem Römischen Statut des Internationalen Strafgerichtshoft* (2004), pp. 44 et seq.。

[22] 关于这个问题,参见边码45以下。

[23] 参见《南斯拉夫国际法庭规约》第5条:"本国际法庭应当有权起诉对下列犯罪负责的人员,只要是在武装冲突中对任何平民人口实施的,不管是国际性的还是国内性的武装冲突……"。关于在南斯拉夫国际法庭判决中的危害人类罪的定义,参见 F. Lattanzi, in H. Fischer, C. Kress and S. R. Hider (eds.), *International and National Prosecution of Crimes under International Law—Current Developments* (2001), pp. 491 et seq.; G. Mettraux, 43 *Harvard International Law Journal* (2002), pp. 237 et seq.。

[24] *Prosecutor v. Tadić*, ICTY (Appeals Chamber), judgment of 15 July 1999, paras. 249 and 251; *Prosecutor v. Kunarac* et al., ICTY (Appeals Chamber), judgment of 12 June 2002, para. 83:"纯粹管辖性的必要前提。"最后得到确认,参见 *JStGH*, Urt. v. 27. September 2006 (*Krajišnik*, TC), para. 704。也见 S. Chesterman, 10 *Duke Journal of Comparative and International Law* (2002), p. 307 at pp. 311 et seq.。

[25] 参见《卢旺达国际法庭规约》第3条:"卢旺达国际法庭应当有权起诉对下列犯罪负责的人员,只要是出于国家、政治、民族、种族或者宗教理由,作为一种对任何平民人口进行广泛或者有系统攻击的部分而实施的……。"关于在卢旺达国际法庭判决中的危害人类罪的定义,参见 F. Lattanzi, in H. Fischer, C. Kress and S. R. Lüder (eds.), *International and National Prosecution of Crimes under International Law—Current Developments* (2001), pp. 491 et seq.; G. Mettraux, 43 *Harvard International Law Journal* (2002), pp. 237 et seq.。

制这个犯罪的一种要求，而应当看成是一种手段，用来限制这个法庭对这些具有典型卢旺达特征的危害人类罪的管辖权。㉖

642 在安理会通过《卢旺达国际法庭规约》两年之后，国际法委员会发布了《关于危害人类和平与安全罪行法典草案》，在这部草案中，包含了危害人类罪的一个进一步的定义。在《国际刑事法院规约》的谈判中，这个定义发挥了重要的作用。㉗

643 在罗马的谈判期间，对于危害人类罪应当包含在核心犯罪的行列之中，达成了一致。尽管有这种广泛的一致意见，但是，制定危害人类罪的条文还是被证明为一项困难的工作。然而，借助较早的那些定义，尤其是南斯拉夫国际法庭的判例法，最终还是有可能在《国际刑事法院规约》第 7 条中制定出一个比较精确的定义。㉘

三 危害人类罪的结构

644 危害人类罪的物质性因素，要求实施更准确地规定在第 7 条第 1 款中的一种具体行为。这些具体行为，在对平民人口进行广泛或者有系统地攻击过程中实施时，就成为危害

㉖ *Prosecutor v. Akayesu*, ICTR (Appeals Chamber), judgment of 1 June 2001,(作者在这里删除的内容是:para. 465:"安全理事会并不偏离国际人道法，也不改变国际人道法在危害人类罪所要求的法律成分。它把这个国际法庭的最大的管辖权，限制在这些犯罪的种类上，在实践中，这些犯罪的种类在特定的情况下就会得到实施";也见 para. 464:"这就是说，安全理事会在这里的意图是，这个国际法庭不应当起诉其他可能的危害人类罪的行为人。"——译者注) para. 464 f.:"正是在这个背景下，并且，根据的是在卢旺达事件的性质(平民人口在事实上成为歧视性攻击的目标)，安全理事会决定把这个国际法庭的管辖权限制在那些仅仅基于歧视性原因而实施的案件上。这就是说，安全理事会这样做的意图，就是使这个国际法庭不应当起诉其他可能的危害人类罪的行为人。[安全]理事会既没有偏离国际人道法，也没有改变国际人道法对危害人类罪所要求的法律要素。这样做，最多是把这个国际法庭的管辖权限制在这种犯罪的一个类别上，而这类犯罪在实际中可能是在一种特别的情况中被实施的。"也见 Cryer, *Prosecuting International Crimes* (2005), 252 f.。

㉗ 参见 1996 *Draft Code*, Art. 18:"危害人类罪是指下列任何行为，只要是以一种有系统的方式或者大规模地实施，并且是由政府或者任何组织或者团体教唆(instigated)或者指导的:1)谋杀;2)消灭(extermination);3)酷刑;4)奴役状态;5)以政治、人种、宗教或者民族为根据的迫害;6)制度性地以违反基本人权和自由并且导致对一部分人口严重不利的人种、民族或者宗教为基础进行的歧视;7)任意驱逐或者强制迁移人口;8)任意监禁;9)强迫失踪;10)强奸，强迫卖淫和其他性滥用的形式;11)其他严重损害身体或者精神的完整性、健康或者人的尊严的不人道行为，例如断肢和严重的身体伤害。"参见 C. Tomuschat, *Europitische Grundrechte-Zeitschrift* 1998, pp. 5 et seq.。

㉘ 关于《国际刑事法院规约》第 7 条的谈判，特别参见 D. Robinson, 93 *American Journal of International Law* (1999), pp. 43 et seq.; D. Robinson, in F. Lattanzi and W. A. Schabas (eds.), *Essays on the Rome Statute of the International Criminal Court*, Vol. 1 (1999), pp. 139 et seq.。也见 R. S. Clark, in M. Politi and G. Nesi (eds.), *The Rome Statute of the International Criminal Court, A challenge to impunity* (2001), pp. 75 et seq.; D. Donat-Cattin, *L'Astree, Revue de Droit Penal et des Droits de l'Homme* (1999), pp. 83 et seq.; P. Hwang, 22 *Fordham International Law Journal* (1998), pp. 457 et seq.; M. McAuliffe de Guzman, 22 *Human Rights Quarterly* (2000), pp. 335 et seq.。

人类罪。对平民人口的攻击,代表的是这个犯罪的背景性因素。[29] 这个心理性因素要求对这个犯罪的物质性因素,包括这个背景性因素的故意和知道(《国际刑事法院规约》第30条)。

四 保护的利益

645 对于危害人类罪来说,对世界和平、安全和福利的威胁,就存在于对平民人口的基本人权进行有系统或者广泛的攻击之中。[30] 这种有组织暴力的背景,对人类本身[31]提出了怀疑——在一种"人类共同存在规则的最低标准"意义上。[32] 因此,这种犯罪不仅影响了个人被害人,而且影响了国际社会整体。[33] 除了这些超个人的价值之外,这个规范还保护个人的权利:也就是说,个人被害人的生命、健康、自由和尊严。[34]

第二节 背景性因素(攻击平民人口)

646 《国际刑事法院规约》第7条第1款项下的危害人类罪,仅仅是由在这个定义中列出

㉙ 对于"背景性因素"这个词的讨论,参见边码82,注释⑮③。

㉚ 关于国际刑法保护的利益,参见边码77以下。

㉛ 对于把人类(humanity)作为法律概念解释的一种有益的解释,参见 G. Radbruch, *Süddeutsche Juristenzeitung* 1947, columns 131 et seq.;也见 A. Cassese, in A. Cassese, P. Gaeta and J. R. W. D. Jones (eds.), *The Rome Statute of the International Criminal Court*, Vol. 1 (2002), p. 353 at p. 360:"构成对人类尊严的一种严重攻击";A. Cassese, *International Criminal Law* (2003), p. 65:"构成对人类的一种攻击";S. Meseke, *Der Tatbestand der Verbrechen gegen die Menschlichkeit nach dem Römischen Statut des Internationalen Strafgerichthofs* (2004), pp. 117 et seq.。

㉜ H.-H. Jescheck 明确地指出,参见 F. C. Schroeder and H. Zipf (eds.), *Festschrift für Maurach* (1972), p. 579 at p. 590。

㉝ 参见 *Prosecutor v. Erdemović*, ICTY (Appeals Chamber), judgment of 7 October 1997, Kirk McDonald 和 Vohrah 法官的不同(separate)意见,第21段:"规定危害人类罪的各项规则指向的行为人的行为,不仅是那些立即指向被害人的,而且是那些指向全体人类的……因此,正是作为被害人的人类概念,在本质上指明了危害人类罪的特征……由于这些犯罪的罪恶性和重大性,它们在人性(humaneness)的观念方面,构成了对人类尊严的一种极其严重的攻击。它们最终影响了,或者应当影响每一个人,不管他的国籍、民族的种类和地区……危害人类罪的这个方面,损害了一个比直接被害人的利益更广阔的利益……就表现在这个犯罪的本质因素方面……"。

㉞ 对于这个问题的一种正确的观点,参见 H. J. Lampe, in H. J. Hirsch et al. (eds.), *Festschrift für Kohlmann* (2003), p. 147 at pp. 153 et seq.;也见 H. Vest, 113 *Zeitschrift für die gesamte Strafrechtswissenschaft* (2001), p. 457 at pp. 463 et seq.。如果这个犯罪的国际特征减少成一种侵害"个人的法律权利",那么,这个特征就没有了,就像在这个案件中那样:A. Gil Gil, 112 *Zeitschrift für die gesamte Strafrechtswissenschaft* (2000), p. 381 at p. 382。关于第二次世界大战之后,与这个问题相联系的法理学,参见 G. Manske, *Verbrechen gegen die Menschlichkeit als Verbrechen gegen die Menschheit* (2003), pp. 176 et seq.。

的“作为以任何平民人口为目标而进行的一种广泛的或者有系统的攻击的一部分”的那些犯罪组成的。这些因素，总合起来能够作为这种犯罪的背景性因素。只有在这些因素都存在时，人们才能认为一种危害人类罪的存在。根据第7条第2款第1项中的定义，一种对平民人口的攻击，意味着“根据一个国家或者组织攻击平民人口的政策，或者为了推行这种政策，针对任何平民人口多次实施第1款所述行为的行为过程”。在下文中，首先将分析这个背景性因素所具有的物质性因素——也就是说，在第7条第2款第1项中的“平民人口”这个词，“广泛或者有系统的攻击”这个要求，以及“政策因素”的意思。然后，将讨论潜在行为人的范围，还有，这个心理性因素是否以及如何以平民人口为目标进行攻击的问题。

一 平民人口作为危害人类罪的对象

危害人类罪指向的是平民人口本身，而不是仅仅指向一名个人。然而，这并不意味 647
着，这场攻击必须影响一个国家或者一个领域内的全部人口。更准确地说，这个标准强调的是这种犯罪所具有的集合性属性，因此，就排除了对个人的攻击和孤立的暴力行为。[35]这种犯罪，既能够在战争中发生，也能够在和平时期发生。与战争罪相比，这个定义保护的不仅是来自对立方的平民，而且特别保护行为人本国的平民人口。[36] 被害人的国籍和行为人的国籍都不产生任何作用。在被攻击的平民人口中存在着士兵，并不能否定这群人口的平民性质。[37]

---

[35] 先例，参见 *Prosecutor v. Tadić*, ICTY (Trial Chamber), judgment of 7 May 1997, para. 644：“‘人口’……的要求，并不意味着有关国家或者领土上的全体人口必须成为这些行为的被害人，这样，这些行为才能构成危害人类罪。而是说，‘人口’这个因素的目的是暗示着这些犯罪具有一种集合的性质，因此，就排除了单独的或者孤立的行为，这些行为虽然可能构成战争罪或者违反国家刑事立法的犯罪，但是，并不会提升到危害人类罪的层次。[这个]要求……‘针对任何平民人口’保证了指称的将不是一种特别的行为，而是一个行为的过程……因此，这个强调不是对个人被害人的，而是对集体的，正在被害的个人不是由于他个人的属性，而是由于他具有作为目标的平民人口的成员身份。”（作者删除了“也见 *Prosecutor v. Kunarac* et al., ICTY (Appeals Chamber), judgment of 12 June 2002, para. 90”。——译者注）也见 *RStGH*, Urt. v. 7. Juni 2001 (*Bagilishema*, TC), para. 80; *JStGH*, Urt. v. 12. Juni 2002 (*Kunarac* et al., AC), para. 90; *JStGH*, Urt. v. 22. März 2006 (*Stakić*, AC), para. 247; *JStGH*, Urt. v. 31. März 2003 (*Naletilić und Martinović*, TC), para. 235; *JStGH*, Urt. v. 1. September 2004 (*Brđanin*, TC), para. 134; *JStGH*, Urt. v. 30. November 2005 (*Limaj* et al., TC), para. 187。

[36] *Prosecutor v. Tadić*, ICTY (Trial Chamber), judgment of 7 May 1997, para. 635：“包括‘任何’这个词，就很清楚地表明，危害人类罪能够针对与行为人或者无国籍人同一国籍的平民实施，也可以对具有不同国籍的人实施。”

[37] 参见 Additional Protocol I to the Geneva Conventions of 1949, Art. 50(3)，也见 *JStGH*, Urt. v. 17. Dezember 2004 (*Kordić und Čerkez*, AC), para. 50：“[这些]平民人口全部是由平民和现在处于平民中的个人组成的，这些个人虽然不处于平民的定义之中，但是，他们处于平民人口之中并没有剥夺这些人口

648 这种"攻击"必须以平民人口为目标,而单独的犯罪必须以平民为目标。受到攻击的人口和各种人员所具有的"平民"性质,不仅适用于在战争中,而且也适用于和平时期。因此,这种区别不能仅仅通过适用国际人道法的条款来进行。然而,这些条款,如果被正确地使用,就能为更准确地划定总的危害人类罪的范围提供一些有用的指南:㊳国际人道法特别保护没有或者不再参加敌对行动的任何人。㊴

649 在表明平民人口的身份中,最重要的是被害人对保护的需求,这种需求是从他们面对国家、军队或者其他有组织暴力时毫无防卫能力的状态产生的。㊵因此,任何不属于使用暴力的有组织力量一部分的人,都应当认为是平民。最关键的不是形式上的身份,例如在特别的军事力量或者单位中的身份,而是这个人在实施这个犯罪时的实际作用。㊶因此,这就包括已经放下武器或者不再参加敌对行动的军事力量的人员,与《日内瓦公约》共同第3条背后的思想相一致。在国际武装冲突中,不再参加敌对行动的人或者战俘,同样也

的平民性质";类似的,参见 *JStGH*, Urt. v. 30. November 2006 (*Galić*, AC), para. 144。*Prosecutor v. Tadić*, ICTY (Trial Chamber), judgment of 7 May 1997, para. 638:"[作为]目标的人口必须具有突出的平民性质"和 para. 643:"[那些]积极参与冲突人的在场,不应当妨碍一个人口作为平民的特征",肯定的意见,参见 *Prosecutor v. Jelisić*, ICTY (Trial Chamber), judgment of 14 December 1999, para. 54; *Prosecutor v. Kupreškić* et al., ICTY (Trial Chamber), judgment of 14 January 2000, para. 549; *Prosecutor v. Blaškić*, ICTY (Trial Chamber), judgment of 3 March 2000, paras. 211 and 214:"[在]故意作为目标的平民人口中存在的战士,并不能改变那个人口的平民性质"; *Prosecutor v. Kunarac* et al., ICTY (Trial Chamber), judgment of 22 February 2001, para. 425; *Prosecutor v. Kordić and Čerkez*, ICTY (Trial Chamber), judgment of 26 February 2001, para. 180; *JStGH*, Urt. v. 1. September 2004 (*Brđanin*, TC), para. 134; *JStGH*, Urt. v. 30. November 2005 (*Limaj* et al., TC), para. 186。也见 *Prosecutor v. Akayesu*, ICTR (Trial Chamber), judgment of 2 September 1998, para. 582; *Prosecutor v. Kayishema and Ruzindana*, ICTR (Trial Chamber), judgment of 21 May 1999, para. 128; *RStGH*, Urt. v. 17. Juni 2004 (*Gacumbitsi*, TC), para. 300; *RStGH*, Urt. v. 28. April 2005 (*Muhimana*, TC), para. 528; *RStGH*, Urt. v. 12. September 2006 (*Muvunyi*, TC), para. 513。南斯拉夫国际法庭上诉庭的确在针对布拉斯基奇的程序中强调,准备战斗的战士不能处于平民人口的大概念(in größerer Anzahl)之中,参见 *JStGH*, Urt. v. 29. Juli 2004 (*Blaškić*, AC), para. 115。

㊳ *Prosecutor v. Tadić*, ICTY (Trial Chamber), judgment of 7 May 1997, para. 639:"[包含]在共同第3条中的平民定义不能直接对危害人类罪适用,因为这是战争法和习惯的一部分,只能通过类推适用。同样也适用于包含在《第一附加议定书》和《评论》(the Commentary),《日内瓦公约(四)》中的定义,在处理平民方面,两者都主张对'平民'这个词作广义解释。"

㊴ 对于细节,参见边码774以下; *Prosecutor v. Kunarac* et al., ICTY (Trial Chamber), judgment of 22 February 2001, para. 425:"所有与武装力量成员和其他合理的战斗人员相对的人,都是平民。"

㊵ 对于这个规范的目的进行的准确讨论,参见 K. Ambos and S. Wirth, 13 *Criminal Law Forum* (2002), p. 1 at pp. 22 et seq.。

㊶ *Prosecutor v. Blaškić*, ICTY (Trial Chamber), judgment of 3 March 2000, para. 214:"结论也是,被害人在犯罪被实施时所处的特殊情况,而不是他的身份,必须在确定他作为平民的身份时加以考虑。"也见 O. Swaak-Goldman, in G. Kirk McDonald and O. Swaak-Goldman (eds.), *Substantive and Procedural Aspects of International Criminal Law*, Vol. 1 (2000), p. 141 at p. 154:"因此,一个基于武装部队成员身份所作出的形式上的区别,对于决定一个侵犯特定被害人的受禁止行为是否可以成为战争罪或者危害人类罪,就不再是充分了。更准确地说,需要的是一个更灵活的解决平民身份的方法。"

真的应当这样看,这些人都特别受到了国际人道法的保护。[42]

与国际人道法相比,受保护的平民是处于自己一方的控制之下,还是处于对方的控制之下,是不重要的。因此,一个人是自己一方军队现在的成员或者过去的成员,尤其是那些不受国际人道法保护的人,就能够成为一种危害人类罪的直接对象。[43] 在这种方式中,这种人得到的保护不是国际人道法提供的。对《国际刑事法院规约》第 7 条的解释,就符合了习惯性国际法的状态。[44] 650

在武装冲突之外,危害人类罪的特征一般都表现在国家或者其他武装团体单方面对平民人口采取的行为上。在这里,如果掌握国家或者其他有组织团体权力的人使用这种权力侵犯平民人口,那么,他们就不包括在平民人口这个标题之下了。这样的例子有国家政治机构的成员[45]或者在事实上享有这种权威的非政府组织的成员。在攻击发生地这个地理性整体区域中的全部人民,不需要都遭到攻击。只要有一个相当部分的个人——虽然不是仅仅一些随便挑选出来的人——遭到攻击,就足够了。[46] 651

---

[42] *Prosecutor v. Blaškić*, ICTY (Trial Chamber), judgment of 3 March 2000, para. 214:"因此,危害人类罪就不仅是指在这个词的严格意义上实施的侵害平民的行为,而且包括侵害两类人民的犯罪:那些过去是抵抗运动成员的人和过去的战斗人员——不管他们是否穿着制服——但是,在犯罪被实施时,他们已经不再参加敌对行动,因为他们要么已经离开了军队或者不再佩带武器,或者,已经最终处于失去战斗力的地位,尤其是,因为他们负伤或者被关押。"对于"平民人口"这个词的清楚的"广义"解释,参见 *Prosecutor v. Tadić*, ICTY (Trial Chamber), judgment of 7 May 1997, para. 643; *Prosecutor v. Jelisić*, ICTY (Trial Chamber), judgment of 14 December 1999, para. 54; *Prosecutor v. Kupreškić* et al., ICTY (Trial Chamber), judgment of 14 January 2000; *Prosecutor v. Blaškić*, ICTY (Trial Chamber), judgment of 3 March 2000, para. 210; *Prosecutor v. Kordić and Čerkez*, ICTY (Trial Chamber), judgment of 26 February 2001, para. 180。对于各个判决的概述,参见 K. Ambos and S. Wirth, 13 *Criminal Law Forum* (2002), p. 1 at pp. 22 et seq.; S. Meseke, in M. Chiavario (ed.), *La justice pénale internationale entre passé et avenir* (2003), p. 173 at pp. 197 et seq.。

[43] 在英占区的最高法院所做的判决,当被害人是军队的成员时,也适用危害人类罪的定义,参见,例如, Supreme Court in the British Occupied Zone, *OGHSt* 1, pp. 45 et seq.; *OGHSt* 2, pp. 231 et seq.。

[44] 关于习惯性国际法项下的危害人类罪的定义范围,参见 *Prosecutor v. Kupreškić* et al., ICTY (Trial Chamber), judgment of 14 January 2000, para. 547:"一个人没有看见,为什么只有平民而不是还有战斗人员应当受到这些规则的包含……在这些规则可以被认为比那些禁止战争罪的规则具有更广阔的人道主义范围和目的的条件下。[这个]明示的限制……构成了一种对习惯性国际法的偏离。"

[45] *Prosecutor v. Kayishema and Ruzindana*, ICTR (Trial Chamber), judgment of 21 May 1999, para. 127:"本审判庭考虑到,一个宽广的平民定义是可以适用的,并且,在没有武装冲突的 Kibuye 地区(Kibuye Prefecture),包括了所有的人员,除了那些有义务维持公开秩序和具有合理手段来行使权力的人之外。非平民包括,例如,那些……警察和宪兵队(the Gendarmerie Nationale)的成员。"然而,很有问题的是,这个决定,至少是其用语,还仅仅关注了在军队中的形式成员身份;对于一种批评性的分析,参见 K. Ambos and S. Wirth, 13 *Criminal Law Forum* (2002), p. 1 at pp. 25 et seq.。

[46] *Prosecutor v. Kunarac* et al., ICTY (Appeals Chamber), judgment of 12 June 2002, para. 90, *Prosecutor v. Naletilić and Martinović*, ICTY (Trial Chamber), judgment of 31 March 2003, para. 235; *Prosecutor v. Bagilishema*, ICTR (Trial Chamber), para. 80.

二　广泛或者有系统的攻击

(一)攻击

652 “攻击”这个因素描述的是与实施暴力行为有关的一种行为过程。[47] 这样一种行为过程必须包括“多次实施”在《国际刑事法院规约》第7条第1款中列明的行为。多次实施是一种比“广泛”攻击更低的要求。[48] 如果同样的行为被多次实施,或者,实施的是不同的行为,那么,多次实施就存在了。行为人不需要自己重复行为。如果一个故意杀人的行为符合了整个背景,那么,这个单独的行为就能够构成一个危害人类罪。[49] 一个生动的历史上的例子是,向盖世太保告发一名单独的犹太人,而这种行为是把德国犹太人排除出第三帝国的文化和经济生活过程的一部分。[50]

653 一种军事性攻击是不需要的,就像《犯罪要件》明确指出的那样(“这些行为不需要构成一种军事性攻击”),[51] 也不需要使用暴力来侵犯平民人口。[52] “攻击”这个概念就包含了对平民人口的任何虐待行

---

[47] *Prosecutor v. Naletilić and Martinović*, ICTY (Trial Chamber), judgment of 31 March 2003, para. 233; *JStGH*, Urt. v. 17. Januar 2005 (*Blagojević und Jokić*, TC), para. 543.

[48] 参见 D. Robinson, 93 *American Journal of International Law* (1999), p. 43 at p. 48; H. von Hebel and D. Robinson, in R. S. Lee (ed.), *The International Criminal Court, The Making of the Rome Statute* (1999), p. 79 at p. 96。

[49] 对此的清楚说明,参见 *Prosecutor v. Tadić*, ICTY (Trial Chamber), judgment of 7 May 1997, para. 649:“很清楚,一名行为人在一个广泛的或者有系统的攻击平民人口中采取的行动,会引起个人的刑事责任,并且,一名个人行为人不需要实施很多罪行才能被认为是要承担责任的。[因此,]‘[甚至]一个孤立的行为都能构成一种危害人类罪,如果这是一个以恐怖或者迫害为基础的政治制度的产物’。”也见 *JStGH*, Urt. v. 1. September 2004 (*Brđanin*, TC), para. 135; *JStGH*, Urt. v. 30. November 2005 (*Limaj* et al., TC), para. 189。

[50] 参见,例如, Supreme Court in the British Occupied Zone, *OGHSt* 1, pp. 6 et seq.; pp. 19 et seq.; pp. 91 et seq.; pp. 105 et seq.; pp. 122 et seq.; pp. 141 et seq.。关于在英占区最高法院判决书中的向纳粹告密的情况,参见,例如, T. Klefisch, *Monatsschrift für Deutsches Recht* 1949, pp. 324 et seq.。

[51] 根据南斯拉夫国际法庭,甚至是在采纳《犯罪要件》之前,参见 *Prosecutor v. Kunarac* et al., ICTY (Trial Chamber), judgment of 22 February 2001, para. 416; 也见 *JStGH*, Urt. v. 1. September 2004 (*Brđanin*, TC), paras. 131 ff.; 类似的,参见 *JStGH*, Urt. v. 27. September 2006 (*Krajišnik*, TC), para. 706。

[52] 参见 *Prosecutor v. Akayesu*, ICTR (Trial Chamber), judgment of 2 September 1998, para. 581:“一个攻击在性质上也可以是非暴力性的,就像强行贯彻一个种族分离的制度……或者用特别的方式对人口实施压力,都可以进入攻击的范围,只要是大规模地或者在一个有系统的方式中进行。”也见 *Prosecutor v. Rutaganda*, ICTR (Trial Chamber), judgment of 6 December 1999, para. 68 and *Prosecutor v. Musema*, ICTR (Trial Chamber), judgment of 27 January 2000, para. 205; *JStGH*, Urt. v. 1. September 2004 (*Brđanin*, TC), para. 131。

为。[53]

（二）广泛或者有系统的性质

在《国际刑事法院规约》的谈判中，人们很快就同意，应当在这个犯罪的定义中包括“广泛的”和“有系统的”这个标准。然而，对于这两个标准应当是选择性还是累积性的，却存在着反对意见。“观点相似国”（like-minded states）团体号召采取一种选择性关系。[54] 但是，数量众多的其他代表团相信，这个标准应当是累积性的。最后，虽然接受的是一种选择性的联系，但条件是：“对平民人口的攻击”这个定义——包括其所包含的那个政策因素——也被采纳进第7条第2款第1项之中了。[55] 654

“广泛的”这个标准描述的是一种数量性因素。[56] 攻击所具有的广泛性质，尤其能够 655

---

[53] （作者删除的内容是：*Prosecutor v. Kunarac* et al.，ICTY（Trial Chamber），judgment of 12 June 2002，para. 86；肯定的，参见 *Prosecutor v. Stakić*，ICTY（Trial Chamber），judgment of 31 July 2003，para. 623；*Prosecutor v. Semanza*，ICTR（Trial Chamber），judgment of 15 May 2003，para. 327；*Prosecutor v. Kajelijeli*，ICTR（Trial Chamber），judgment of 1 December 2003，para. 868。——译者注）参见 *JStGH*，Urt. v. 12. Juni 2002（*Kunarac* et al.，AC），para. 86：“［这种］在危害人类罪背景下的攻击，并不限于使用暴力，而是包括了对平民人口的任何虐待［……］”；*JStGH*，Urt. v. 22. März 2006（*Stakić*，AC），para. 623；*JStGH*，Urt. v. 1. September 2004（*Brđanin*，TC），para. 131；JStGH，Urt. v. 17. Januar 2005（*Blagojević und Jokić*，TC），para. 543；*JStGH*，Urt. v. 30. November 2005（*Limaj* et al.，TC），para. 182。也见 *RStGH*，Urt. v. 15. Mai 2003（*Semanza*，TC），para. 327；*RStGH*，Urt. v. 1. Dezember 2003（*Kajelijeli*，TC），para. 868。

[54] 在这种精神中，也见《卢旺达国际法庭规约》第3条。这两个标准并没有包括在《南斯拉夫国际法庭规约》第5条之中。然而，联合国秘书长在创设南斯拉夫国际法院的报告中所做的解释是，危害人类罪“是指具有一种非常严重性质的不人道的行为……作为广泛或者有系统地攻击任何平民人口的一部分来实施的”，参见 *Report of the Secretary-General Pursuant to Paragraph 2 of Security Council Resolution* 808（1993），UN Doc. S/25704，para. 48。最后参见，*Prosecutor v. Tadić*，ICTY（Trial Chamber），judgment of 7 May 1997，para. 646：“这个问题一直是相当激烈争论的主题，与此同时，现在很好地建立起来的是，如果这些行为发生在一种广泛的或者有系统的方式中，那么，那个应当指向侵害平民‘人口’的行为的要求，就能够得到满足。在这里的任何一种方式，都足以排除孤立的或者随意的行为。”这个思想已经包括在1996年《法典草案》，对第18条第3、4段的评论之中：“……行为是‘在一种有系统的方式或者大规模地实施’这一点……由两个可以选择的要求构成……结果，一个行为，只要符合这两个条件之一，就能够构成一个危害人类罪。”这个特别刑事法庭的刑事判决，例如，参见 *JStGH*，Urt. v. 12. Juni 2002（*Kunarac* et al.，AC），para. 93；*JStGH*，Urt. v. 22. März 2006（*Stakić*，AC），para. 246；*RStGH*，Urt. v. 17. Juni 2004（*Gacumbitsi*，TC），para. 299。

[55] 关于《国际刑事法院规约》第7条的谈判历史，参见 D. Robinson，93 *American Journal of International Law*（1999），p. 43 at pp. 47 et seq.；D. Robinson，in F. Lattanzi and W. A. Schabas（eds.），*Essays on the Rome Statute of the International Criminal Court*，Vol. 1（1999），p. 139 at pp. 151 et seq.；H. von Hebel and D. Robinson，in R. S. Lee（ed.），*The International Criminal Court*，*The Making of the Rome Statute*（1999），p. 79 at pp. 94 et seq.。也见边码658以下。这种选择性的联系符合了习惯性国际法。习惯性国际法通过这个特别刑事法庭的持续性司法判决而得到承认（die ständige Rechtsprechung），参见，例如，*JStGH*，Urt. v. 7. Mai 1997（*Tadić*，TC），paras. 646 ff.；*JStGH*，Urt. v. 12. Juni 2002（*Kunarac* et al.，AC），para. 93；*RStGH*，Urt. v. 15. Mai 2003（*Semanza*，TC），para. 328；*RStGH*，Urt. v. 13. April 2006（*Bisengimana*，TC），para. 43；*RStGH*，Urt. v. 12. September 2006（*Muvunyi*，TC），para. 512。

[56] H. Vest，113 *Zeitschrift für die gesamte Strafrechtswissenschaft*（2001），p. 457，尤其第468页是很有益的。

从被害人的数量中得出，就像国际法委员会在1996年的《法典草案》中对相关条文所做的评论一样。[57] 国际性习惯法一直跟随这个观点。[58] 这种攻击所具有的广泛性质，也能够从其在一个广阔的地理区域中的分布状况中得出，但是，这个要求并不一定需要得到满足。更准确地说，一个广泛的攻击甚至可以由一次单独的攻击构成，只要大量平民成为这个攻击的被害人。[59]

656 一种"有系统的"攻击这个标准，在性质上是质量性的。[60] 它指的是"这些暴力行为的有组织性质以及它们不可能随便发生的性质"。[61] 它要求这个个人的行为跟随一个事先确定好的计划或者政策。这种解释的根据，是国际法委员会对包含在有关《法典草案》中对相关标准所做的评论。[62] 这些特别法庭的判例法一直跟随这个正确的途径，并且，总是强调一个计划或者政策的必要性。[63]

657 根据《国际刑事法院规约》第7条第1款，"广泛的"和"有系统的"这个标准只需要选择性地存在，但是，在实践中，一般来说，两者都会得到满足。[64]

---

[57] 参见1996 *Draft Code*, commentary on Art. 18, para. 4:"The... alternative requires the inhumane acts be committed on a large scale meaning that the acts are directed against a multiplicity of victims"。

[58] 参见，例如，*Prosecutor v. Tadić*, ICTY (Trial Chamber), judgment of 7 May 1997, para. 648; *Prosecutor v. Kunarac* et al., ICTY (Trial Chamber), judgment of 22 February 2001, para. 428；也见 *Prosecutor v. Akayesu*, ICTR (Trial Chamber), judgment of 2 September 1998, para. 580:"The concept of 'widespread' may be defined as massive, frequent, large scale action, carried out collectively with considerable seriousness and directed against a multiplicity of victims"。

[59] 参见1996年《法典草案》，对第18条第4段的评论；*Prosecutor v. Blaškić*, ICTY (Trial Chamber) judgment of 3 March 2000, para. 206。

[60] 参见 H. Vest, 113 *Zeitschrift für die gesamte Strafrechtswissenschaft* (2001), p. 457 at pp. 468 et seq.。

[61] *Prosecutor v. Kunarac* et al., ICTY (Appeals Chamber), judgment of 12 June 2002, para. 94.

[62] 参见1996年《法典草案》，对第18条第3段的评论："这个……选择性要求，这些不人道的行为应当在一种意味着追求一个预先定好的计划或者政策的有系统的方式中实施。"

[63] 基础的案件是 *Prosecutor v. Akayesu*, ICTR (Trial Chamber), judgment of 2 September 1998, para. 580("然而，必须有某种预先设定好的计划或者政策")；也见 *Prosecutor v. Tadić*, ICTY (Trial Chamber), judgment of 7 May 1997, para. 648("模式或者方法性计划")；*Prosecutor v. Kayishema and Ruzindana*, ICTR (Trial Chamber), judgment of 21 May 1999, para. 123("预先设定好的政策或者计划")；*Prosecutor v. Kunarac* et al., ICTY (Trial Chamber), judgment of 22 February 2001, para. 429。然而，在特定案件中，对存在一个计划或者政策的要求却错误地增加了，参见 *Prosecutor v. Blaškić*, ICTY (Trial Chamber), judgment of 3 March 2000, para. 203:"……一种非常大规模地侵害平民团体的犯罪行为的实施，或者，不人道行为的重复性和持续实施，是相互联系在一起的；重大的公众性或者私人性财政资源的准备和使用，不管是军事的或者其他的。"对于正当的批评，参见 K. Ambos and S. Wirth, 13 *Criminal Law Forum* (2002), p. 1 at pp. 19 et seq.。

[64] *Prosecutor v. Blaškić*, ICTY (Trial Chamber), judgment of 3 March 2000, para. 207:"然而，事实仍然是，在实践中，这两个标准经常是很难分开的，因为一种广泛的攻击是目标，大量被害人一般都依赖于计划或者组织的某种形式。"也见 *Prosecutor v. Jelisić*, IC-WY (Trial Chamber), judgment of 14 December 1999, para. 53; *Prosecutor v. Bagilishema*, ICTR (Trial Chamber), judgment of 7 June 2001, para. 77:"这个允许有待建立的方面中的一面或者另一面部分重合的标准。"

三 “政策因素”

(一)《国际刑事法院规约》

在罗马的谈判中,在“广泛的”和“有系统的”要求之间,采纳选择性关系而不是累积性关系的代价,是在定义中包括了“对平民人口的攻击”。这包含了一个“政策因素”,不仅对广泛的攻击适用,而且对有系统的攻击适用:《国际刑事法院规约》第7条第2款第1项要求,对平民人口的攻击必须“根据一个国家或者组织进行这种攻击的政策,或者为了推行这种政策”来实施。[65] 这个“政策因素”的制定,是特别受到了1996年《法典草案》的启发。在这部《法典草案》中,国家、组织或者团体煽动或者支持这种犯罪,是对犯罪性的一项要求。[66] 658

早些时候,诸如《纽伦堡宪章》第6条第3款规定的条文,都没有这个要素,[67]因为“平民人口”和“广泛或者有系统的”这个标准已经包含了在数量和质量上的最低标准。[68] 因此,早期审判的危害人类罪,也根据的是犯罪性的国家政策:[69]一种特别政策的存在是危害人类罪的典型表现,虽然当时无论是政策 659

---

[65] 对于批评性的观点,参见 R. S. Clark, in M. Politi and G. Nesi (eds.), *The Rome Statute of the International Criminal Court, A challenge to impunity* (2001), p. 75 at p. 91:“与广泛和有系统紧密相连的一些东西,好像也是这个攻击定义所要求的”;也见 M. Boot, *Genocide, Crimes Against Humanity, War Crimes: Nullum Crime Sine Lege* (2002), pp. 481 et seq.; P. Hwang, 22 *Fordham International Law Journal* (1998), p. 457 at pp. 502 et seq.; 最新的判决,也见 *IStGH*, Beschl. v. 27. April 2007 (*Harun und Kushayb*, PTC), para. 62 und dazu Rn. 779。

[66] 这个规则的目的是明确个人的孤立犯罪并不包括在这个犯罪的定义之中,参见1996年《法典草案》,对第18条第5段的评论:“这个选择的目的是排除这样一种情形,一名个人在其中实施了一个不人道的行为,同时,是根据自己的动机,根据自己的犯罪计划,没有政府、团体或者组织的任何鼓励或者指导。在单独个人方面的这种孤立的犯罪行为,不能构成一种危害人类罪。”

[67] 也见《管制理事会法》第10号,第2条第1款第3项;《南斯拉夫国际法庭规约》第5条;《卢旺达国际法庭规约》第3条。

[68] 参见 *Prosecutor v. Bagilishema*, ICTR (Trial Chamber), judgment of 7 June 2001, para. 78:“……无论是广泛的或者是有系统的,都足以排除不是作为一个更广大政策或者计划一部分的那些行为。这种攻击必须对‘平民人口’实施的要求,是以一种计划为前提的。因此,这种政策性因素能够被看成是一种攻击所具有的内在特色,不管这个攻击被定性为广泛的或者有系统的。”

[69] 参见,例如,IMT, judgment of 1 October 1946, in *The Trial of German Major War Criminals. Proceedings of the International Military Tribunal sitting at Nuremberg, Germany*, Part 22, p. 468:“在危害人类罪方面,没有疑问的是,不管是政治对手在战前在德国被谋杀了,还是他们中的许多人被关押在集中营中,处于极其恐怖和残酷的情形之中。这种恐怖的政策肯定是广泛实施的,并且,在许多情况中,是有组织的和有系统的。这种1939年战争之前在德国实施的迫害、压迫和谋杀那些可能敌视这个政府的平民的政策,被最无情地实施了。”也见 *Public Prosecutor v. Menten*, Supreme Court of the Netherlands, judgment of 13

因素还是政府的参与，都不是一项要求。[70]

660 这个“政策”标准并不要求一种形式上的计划性决定。相反，这个词却在广义上被解释成一种有计划、有目的或者有组织的犯罪，与一时冲动的、孤立的暴力行为相对立。[71]因此，在塔迪奇案件的判决中，审判庭指出：

“这样一种政策不需要被形式化，并且可以从行为发生的方式上推断出来。值得注意的是，这些行为是否发生在一个广泛或者有系统的基础上，表明了实施这些行为的一项政策，不管是否形式化了。”[72]

661 这个政策不需要明确、清楚和准确地加以制定，也不需要由最高层加以决定。[73]这个政策因素的存在，可以从各种情节的总和中得到汇集。具有重要意义的证据包括在事实上发生的事件、政治演说或者文章，公开声明或者宣传计划，以及创设各种政治的或者行政的机构。[74]

January 1981, in 75 *ILR* (1987), p. 336 at pp. 362 et seq.:“在《伦敦宪章》第6条第3款中的危害人类罪，应当在限制性的意义上被理解为，这些犯罪组成了一个基于恐怖的制度的一部分，或者在一种有意识地追求指向普通人民的团体的政策中，构成了一个连接。”支持一种“政策性因素”的，参见 *Prosecutor v. Tadić*, ICTY (Trial Chamber), judgment of 7 May 1997, paras. 644, 653:“[这些]危害人类罪如此震撼人类的良知并且保障了国际社会干涉的原因，是因为它们并不是个人孤立的、任意的行为，而是一种有意以平民人口为目标的企图的结果。在传统上，这个要求曾经被理解为意味着必须要有实施这些行为的政策的某种形式。”也见 *Prosecutor v. Kupreškić* et al., ICTY (Trial Chamber), judgment of 14 January 2000, paras. 551 et seq.; *Prosecutor v. Blaškić*, ICTY (Trial Chamber), judgment of 3 March 2000, paras. 203 et seq., 254 and 257; *Prosecutor v. Akayesu*, ICTR (Trial Chamber), judgment of 2 September 1998, para. 580; *Prosecutor v. Kayishema and Ruzindana*, ICTR (Trial Chamber), judgment of 21 May 1999, para. 124。

[70] 参见，例如，*Prosecutor v. Kordić and Čerkez*, ICTY (Trial Chamber), judgment of 26 February 2001, paras. 181 et seq.:“一项政策的存在应当更好地被认为是指出了这种被指控为危害人类罪的犯罪所具有的有系统性质。”对于共同的意见，参见 *Prosecutor v. Krnojelac*, ICTY (Trial Chamber), judgment of 15 March 2002, para. 58；这也默示地在 *Prosecutor v. Blaškić*, ICTY (Trial Chamber), judgment of 3 March 2000, para. 203。详细情况，参见 G. Mettraux, 43 *Harvard International Law Journal* (2002), p. 237 at pp. 281 et seq.。

[71] 参见 D. Robinson, 93 *American Journal of International Law* (1999), p. 43 at p. 51; D. Robinson, in F. Lattanzi and W. A. Schabas (eds.), *Essays on the Rome Statute of the International Criminal Court*, Vol. 1 (1999), p. 139 at p. 161; H. von Hebel and D. Robinson, in R. S. Lee (ed.), *The International Criminal Court, The Making of the Rome Statute* (1999), p. 79 at p. 97。

[72] *Prosecutor v. Tadić*, ICTY (Trial Chamber), judgment of 7 May 1997, para. 653.

[73] 参见 *Prosecutor v. Blaškić*, ICTY (Trial Chamber), judgment of 3 March 2000, paras. 204 et seq.。

[74] 详细情况，参见 *Prosecutor v. Blaškić*, ICTY (Trial Chamber), judgment of 3 March 2000, para. 204:“[这种]确定这些犯罪的一般性历史情况和总的政治性背景；在有关领土上位于任何权威层次的自治性政治结构的建立和贯彻；一个政治项目的一般性内容，当它出现在其作者的写作和讲话之中；媒体宣传；自治性军事结构的建立和贯彻；军队的动员；在时间和地域上重复进行和协调进行的军事进攻；军事等级和政治结构及其政治项目之间的联系；对人口‘民族’成分的改变；歧视性措施，不管是行政性的或者是其他的……；实施的暴力行为的等级——尤其是，谋杀和其他身体性的暴力行为，强奸，任意监禁，驱逐出境和逐出或者毁坏非军事财产，尤其是神圣的地方(sacral sites)。”

对这项政策负责的机构(body),必须是一个特别的实体、一个国家或者组织。“国家”这个词是在功能的意义上被理解的,并且,除了世界上的192个国家之外,还包括实际控制一个地区和在那里行使政府职能的各种力量。[75] 662

“组织”这个词肯定包括了控制一块特别领域,或者随时可以自由地转移到这个领域中的各种人的团体。[76] 但是,这个领域性因素是不需要的。最后,任何人的团体都可以被归类为一个组织,只要它能够自由支配物资和人员,具有对平民人口实施广泛或者有系统攻击的潜在可能性。[77] 除了准军事单位之外,这还特别包括了恐怖主义组织。 663

如果不能把一个行为归因于一个国家性实体就没有发生侵害人权,[78]这个观点会是正确的,但是,这不是一个有说服力的反对意见。对国际法保护的价值的威胁,尤其是对世界和平的威胁,肯定能够从非国家行为人或者私人个人中产生。被害人对保护的需要,并不取决于把一种严重的攻击分类为侵犯人权,而是在于这种攻击的重大性。与灭绝种族的情况一样,在危害人类罪中,各国或者类似国家的各种实体的参加,是实践中的惯例,但不是一种法律上的要求。这就导致了这个结论:为了把2001年9月11日对纽约世界贸易中心和五角大楼的攻击归入危害人类罪这个类别之中,这些行为是否能够仅仅归咎于一个恐怖主义组织还是也可以归咎于一个国家或者类似国家的实体,那就不重要了。 664

一个国家或者组织的政策可以由在实施这个犯罪中处于一种领导地位来形成,也可以在积极推动或者仅仅容忍这项犯罪中形成。《犯罪要件》中的要求太狭窄了,仅仅要求了这个国家或者组织“积极地”推进或者鼓励对平民人口的攻击。[79]《国际刑事法院规约》的文本并没有为这种限制提供理由;在许多决定中,各种国际刑事法院都已经允许容忍就足以满足这个犯罪的要求。[80] 的确,这个规范的目的支持把容忍包含在其中:一个国 665

---

[75] 在南斯拉夫国际法院《程序规则》第2规则中,“国家”这个词被这样定义:“(1)联合国的国家成员或者非国家成员;……或者(3)一个在事实上行使政府功能的自我宣布的实体,不管是否被承认为国家。”

[76] 主导性案件是 *Prosecutor v. Tadić*, ICTY (Trial Chamber), judgment of 7 May 1997, para. 654:“……与危害人类罪相联系的法律已经发展到考虑各种力量,它们虽然不是合法政府的力量,但是,事实上控制着……或者,能够在确定的领土内自由移动……没有国际上的承认或者根据法律而获得的形式上的国家地位。”肯定的意见,参见 *Prosecutor v. Kupreškić* et al., ICTY (Trial Chamber), judgment of 14 January 2000, para. 552; *Prosecutor v. Blaškić*, ICTY (Trial Chamber), judgment of 3 March 2000, para. 205。

[77] 参见,例如,1991年《法典草案》,对第21条第5段的评论:“拥有事实上权力的私人个人或者组织在犯罪群组或者团体中的私人个人。”

[78] 参见 K. Ambos and S. Wirth, 13 *Criminal Law Forum* (2002), p. 1 at pp. 30 et seq.。

[79] 对于《国际刑事法院规约》第7条的《犯罪要件》,引言:“3……这被理解为,‘实施这种攻击的政策’要求,国家或组织积极地(作者强调)推行或者鼓励这样一种攻击平民人口的政策。”然而,注释6作为一项妥协所作的补充,却有点弱化了这项声明:“一项以平民人口作为攻击目标的政策,由国家或者组织的行动进行实施。这样一个政策会在例外的情况下由有意不采取行动来执行,这是有意识地指向鼓励这种攻击。这样一种政策的存在不能单纯从缺乏政府或者组织的行动中引申出来。”

[80] *Prosecutor v. Kupreškić* et al., ICTY (Trial Chamber), judgment of 14 January 2000, para. 552(“至少是容忍的”); *Prosecutor v. Tadić*, ICTY (Appeals Chamber), judgment of 31 January 2000, para. 14;还有1954年《法典草案》第2条第11段; *Final Report of the Commission of Experts Established Pursuant To Security Council Resolution* 780 (1992), UN Doc. S/1994/674, Annex II: Rape and Sexual Assault: A Legal Study, 27 May 1994, p. 8, para. 33:“这也证明……这个国家卷入其中。这能够从国家的容忍中得出结论。”

家视而不见的行为，拒绝采取措施保护人口的行为，没有起诉行为人的行为，就能够成为恐怖和灭绝政策的有效工具。[81]

（二）习惯性国际法

666 一种"对平民人口广泛或者有系统的攻击"这个要求，体现了习惯性国际法要求的背景性因素。在习惯法项下，没有其他"政策"因素被用来限制这个定义。南斯拉夫国际法庭在开始时的犹豫之后，[82]清楚地在库纳拉奇等人案件的判决中指出了这一点。[83] 这个观点是正确的；从纽伦堡以来，危害人类罪的大多数定义都一直没有包含一个额外的政策因素。[84] 计划的因素已经在对平民人口的（有系统的）攻击中作了要求。为了证明这个背景性因素，出示相关政策的证据总是有帮助的。但是，那也不能使这个政策因素成为这种罪行的一个标准。[85]

667 最后，这个国际刑事法院将必须决定，在《国际刑事法院规约》中的这个政策因素，与习惯性国际法相比较，是否限制了责任。如果像这里所建议的那样进行广义的解释，那么，这个《国际刑事法院规约》的政策因素，在实质上，就不过是一种对平民人口进行广泛或者有系统攻击这个背景性因素所做的要求的具体说明。在这个意义上，这个刑事法院在第一个有关的决定中，就包括了这个政策因素（"国家的或者组织的政策"），正好不是

---

[81] 参见 K. Ambos and S. Wirth, 13 *Criminal Law Forum* (2002), p. 1 at pp. 30 et seq.。

[82] 参见 *Prosecutor v. Kunarac* et al., ICTY (Trial Chamber), judgment of 22 February 2001, para. 432; *Prosecutor v. Kordić and Čerkez*, ICTY (Trial Chamber), judgment of 26 February 2001, paras. 181 et seq.; *Prosecutor v. Krnojelac*, ICTY (Trial Chamber), judgment of 15 March 2002, para. 58; *Prosecutor v. Kupreškić* et al., ICTY (Trial Chamber), judgment of 14 January 2000, para. 551："[虽然]危害人类罪的概念暗示了一个政策性因素，但是，关于这本身是不是一个对危害人类罪的严格的要求，还是有疑问的。" *Prosecutor v. Galić*, ICTY (Trial Chamber), judgment of 5 December 2003, para. 147。

[83] *Prosecutor v. Kunarac* et al., ICTY (Appeals Chamber), judgment of 12 June 2002, para. 98："在习惯性国际法中……没有任何东西……，要求证明实施这些犯罪的计划或者政策的存在……[证明]这项攻击是指向平民人口，并且，这是广泛的或者有系统的，是这个犯罪的法律因素。但是，为了证明这些因素，不需要表明它们是存在一项政策或者计划的结果。在建立这项攻击是指向平民人口，并且，它是广泛的或者有系统的（尤其是后者），以表明在事实上存在着一项政策或者计划时，这会是有用的，但是，它会有可能通过参考其他事项来证明这些事情。因此，一项政策或者计划的存在，可以是在证据上有关的，但是，它不是这个犯罪的一个法律因素。"

[84] 参见《纽伦堡宪章》第 6 条第 3 款；《管制理事会法》第 10 号第 2 条第 1 款第 3 项；《南斯拉夫国际法庭规约》第 5 条和《卢旺达国际法庭规约》第 3 条。

[85] 也见 *Prosecutor v. Simić* et al., ICTY (Trial Chamber), judgment of 17 October 2003, para. 44："在习惯性国际法中，没有要求形成攻击的行为必须与一个政策或者计划相联系。然而，一个计划或者政策可以在一种证据的意义上是有关的，以证明这个攻击是否可以恰当地定性为'广泛的'或者'有系统的'，并且，被指控人的行为是否是那个攻击的一部分。"也见 *Prosecutor v. Semanza*, ICTR (Trial Chamber), judgment of 15 May 2003, para. 329; *Prosecutor v. Kamuhanda*, ICTR (Trial Chamber), judgment of 22 January 2004, para. 665。

作为独立的刑事可罚性的条件,而是,更准确地说,是作为对攻击的体系性特征的标志。*

四　行为人

行为人不需要是卷入这种犯罪的那个国家或者组织的成员,但是,可以包括所有实施行为以贯彻或者支持这个国家或者组织的这种政策的人。典型的由私人个人实施犯罪的例子,是导致被害人丧失自由或者生命的告发。[86] 668

五　心理性因素

根据习惯性国际法,[87]《国际刑事法院规约》第 7 条第 1 款明确规定,行为人必须"以知道"对平民人口的攻击进行行为。这不过是叙述性地说明了第 30 条对心理性因素的一般要求。[88] 作为一种"情节",这种攻击无论如何是第 30 条第 3 款项下的心理性因素的一个方面。[89] 669

因此,行为人必须知道,对平民人口进行的一场(广泛或者有系统的)攻击正在发生,他的行动是这场攻击中的一部分。[90] 然而,不需要行为人知道这个国家或者组织的计划 670

---

* 参见 *IStGH*, Beschl. v. 27. April 2007 (*Harun und Kushayb*, PTC), para. 62:"这个法庭也认为,一个国家政策或者组织政策的存在,是一种可以从中推论出攻击具有体系性质的因素。"(作者在德文第 2 版中新增加的注释。——译者注)

[86] 参见边码 652。

[87] 基础性的判决是 *Prosecutor v. Tadić*, ICTY (Trial Chamber), judgment of 7 May 1997, para. 659。也见 *Prosecutor v. Tadić*, ICTY (Appeals Chamber), judgment of 15 July 1999, para. 248; *Prosecutor v. Jelisić*, ICTY (Trial Chamber), judgment of 14 December 1999, para. 56; *Prosecutor v. Kupreškić* et al., ICTY (Trial Chamber), judgment of 14 January 2000, para. 556; *Prosecutor v. Blaškić*, ICTY (Trial Chamber), judgment of 3 March 2000, paras. 246 et seq.; *Prosecutor v. Kunarac* et al., ICTY (Trial Chamber), judgment of 22 February 2001, para. 434; *Prosecutor v. Kordić and Čerkez*, ICTY (Trial Chamber), judgment of 26 February 2001, para. 185; *Prosecutor v. Krstić*, ICTY (Trial Chamber), judgment of 2 August 2001, para. 482; *Prosecutor v. Kvočka* et al., ICTY (Trial Chamber), judgment of 2 November 2001, para. 127, *Prosecutor v. Krnojelac*, ICTY (Trial Chamber), judgment of 15 March 2002, para. 59。

[88] 参见边码 325 以下和 K. Ambos, *Der Allgemeine Teil des Völkerstrafrechts* (2002), p. 774; D. Robinson, 93 *American Journal of International Law* (1999), p. 43 at pp. 51 et seq.。

[89] 这个观点仍然在罗马主张,仅仅代表了一种管辖权因素的对平民人口的攻击,因此不再能够在今天得到正当化了,参见边码 326 以下。

[90] 参见 *Prosecutor v. Kunarac* et al., ICTY (Trial Chamber), judgment of 22 February 2001, para. 434。肯定的意见,参见 *Prosecutor v. Kunarac* et al., ICTY (Appeals Chamber), judgment of 12 June 2002, para. 121; *JStGH*, Urt. v. 29. Juli 2004 (*Blaškić*, AC), paras. 124 ff.; *JStGH*, Urt. v. 17. Januar 2005 (*Blagojević und Jokić*, TC), para. 548; *JStGH*, Urt. v. 30. November 2005 (*Limaj* et al., TC), para. 190; *RStGH*, Urt. v. 21. Mai

或者政策的详细情况。[91]

671 在习惯性国际法和《国际刑事法院规约》对这个犯罪的定义中，都找不到危害人类罪的其他主观标准。尤其是，危害人类罪并不像《卢旺达国际法庭规约》第3条[92]和《南斯拉夫国际法庭规约》对第5条[93]的早期决定中那样，要求这名行为人以歧视性的动机进行行为。只有对迫害的行为，才要求歧视性故意，但是，这只是这个定义中可能的几种行为中的一种。[94]

第三节 具体行为

672 下文分析的危害人类罪中的具体行为，依照的是它们在《国际刑事法院规约》中的顺序。在"不人道行为"（"谋杀类"）和"迫害行为"（"迫害类"）这两个种类之间，没有作出区分。

673 谋杀类的危害人类罪和迫害类的危害人类罪之间的区别是很普通的，因为这是《纽伦堡宪章》第6

1999 (*Kayishema und Ruzindana*, TC), para. 134; *RStGH*, Urt. v. 27. Januar 2000 (*Musema*, TC), para. 206; *RStGH*, Urt. v. 7. Juni 2001 (*Bagilishema*, TC), para. 94; *RStGH*, Urt. v. 15. Mai 2003 (*Semanza*, TC), para. 332; *RStGH*, Urt. v. 1. Dezember 2003 (Kajelijeli, TC), paras. 880 f.; *RStGH*, Urt. v. 13. April 2006 (*Bisengimana*, TC), para. 57。也见 K. Ambos, *Der Allgemeine Teil des Völkerstrafrechts* (2002), p. 778; H. von Hebel and D. Robinson, in R. S. Lee (ed.), *The International Criminal Court, The Making of the Rome Statute* (1999), p. 98, fn. 55; D. Robinson, 93 *American Journal of International Law* (1999), p. 43 at pp. 51 et seq.; D. Robinson, in F. Lattanzi and W. A. Schabas (eds.), *Essays on the Rome Statute of the International Criminal Court*, Vol. 1 (1999), p. 139 at pp. 164 et seq.。

[91] 参见对《国际刑事法院规约》第7条的《犯罪要件》，引言："[这个]因素不应当被解释成要求证明这名行为人已经认识了这个攻击的所有特征，或者这个国家或者组织的计划或者政策中的准确细节。在出现广泛或者有系统的攻击平民人口的情况下……如果行为人故意推进这样一种攻击的，那么，这个心理性因素就得到了满足。"也见 *JStGH*, Urt. v. 29. Juli 2004 (*Blaškić*, AC), paras. 126 f.; *JStGH*, Urt. v. 1. September 2004 (*Brđanin*, TC), para. 394; JStGH, Urt. v. 17. Januar 2005 (*Blagojević und Jokić*, TC), para. 548; *JStGH*, Urt. v. 27. September 2006 (*Krajišnik*, TC), para. 706; *RStGH*, Urt. v. 13. Dezember 2005 (*Simba*, TC), para. 421。

[92] 参见边码641。

[93] *Prosecutor v. Tadić*, ICTY (Trial Chamber), judgment of 7 May 1997, para. 652："……作为对所有危害人类罪的一项额外要求的歧视性故意，并没有包括在本规约中……然而，由于基于国家、政治、民族、种族或者宗教基础的歧视性故意的要求已经包括在联合国秘书长的报告之中，因此，由于几个安全理事会成员指出，它们把第5条解释成指向基于歧视性根据而采取的行为，因此，本审判庭同意，把歧视性故意作为对第5条所有危害人类罪的要求。"

[94] 一个主导性案件是 *Prosecutor v. Tadić*, ICTY (Appeals Chamber), judgment of 15 July 1999, paras. 273 et seq. 和最后的 *Prosecutor v. Akayesu*, ICTR (Appeals Chamber), judgment of 1 June 2001, paras. 464 et seq.。肯定的是 *Prosecutor v. Kupreškić* et al., ICTY (Trial Chamber), judgment of 14 January 2000, para. 558; *Prosecutor v. Blaškić*, ICTY (Trial Chamber), judgment of 3 March 2000, para. 260; *Prosecutor v. Kordić and Čerkez*, ICTY (Trial Chamber), judgment of 26 February 2001, para. 186。参见《国际刑事法院规约》，第7条第1款第8项。也见 S. Chesterman, 10 *Duke Journal of Comparative and International Law* (2002), p. 307 at pp. 326 et seq.。

条第3款的基础。相比之下,1991年的《法典草案》和1996年的《法典草案》并没有作出这种区分,在前南斯拉夫国际法庭、卢旺达国际法庭和国际刑事法院的规约中也都没有作出这种区分。把危害人类罪划分为谋杀类和迫害类,首先能够在这个事实中得到解释:迫害罪的心理性要素要求歧视性动机,而谋杀类犯罪却不要求。[95] 然而,这个方面,在解释迫害罪的个别定义时能够得到考虑;不过,这些罪行的这样一种分类并不需要以这个方面为基础。

一 杀人

参考书目:

Günter Heine and Hans Veit: Murder/Wilful Killing, in Gabrielle Kirk McDonald and Olivia Swaak-Goldman (eds.), *Substantive and Procedural Aspects of International Criminal Law - The Experience of International and National Courts*, Vol. 1 (2000), pp. 175 et seq.; Albin Eser and Hans Georg Koch: Die vorsätzlichen Tötungstatbestände, 92 *Zeitschrift für die gesamte Strafrechtswissenschaft* (1980), pp. 491 et seq.; Justin Hogan-Doran: Murder as a Crime under International Law and the Statute of the International Criminal Tribunal for the Former Yugoslavia: Of Law, Legal Language and a Comparative Approach to Legal Meaning, 11 *Leiden Journal of International Law* (1998), pp. 165 et seq.; Stephan Meseke: *Der Tatbestand der Verbrechen gegen die Menschlichkeit nach dem Römischen Statut des Internationalen Strafgerichtshofs* (2004), 176 ff. 674

《国际刑事法院规约》第7条第1款第1项包括了谋杀这种具体行为。这个条文的根据是《纽伦堡宪章》第6条第3款,《管制理事会法》第10号第2条第1款第3项,《东京宪章》第5条第3款,《南斯拉夫国际法庭规约》第5条第1款和《卢旺达国际刑事法庭规约》第3条第1款。在《国际刑事法院规约》的谈判中,谋杀被看成是一种在所有国家的国内法律制度中已经得到明确定义的犯罪。[96] 根据《犯罪要件》,[97]这种犯罪在物质性要素 675

---

[95] 迫害所根据的歧视受到了强调,参见 A. Cassese, in A. Cassese, P. Gaeta and J. R. W. D. Jones (eds.), *The Rome Statute of the International Criminal Court*, Vol. 1 (2002), p. 353 at p. 361。

[96] 1996年《法典草案》,对第18条第1款的评论,第7段指出:"谋杀是一种在每个国家的国内法中都得到清楚的理解和良好定义的犯罪。这种被禁止的行为并不要求任何进一步的解释。"关于在各国刑法体系中对故意杀人的定义有时会产生的重要区别,参见 A. Eser and H.-G. Koch, 92 *Zeitschrift für die gesamte Strafrechtswissenschaft* (1980), pp. 491 et seq.; C. K. Hall, in O. Triffterer (ed.), *Commentary on the Rome Statute of the International Criminal Court* (1999), Art. 7, marginal no. 19; G. Heine and H. Vest, in G. Kirk McDonald and O. Swaak-Goldman (eds.), *Substantive and Procedural Aspects of International Criminal Law*, Vol. 1 (2000), pp. 175 et seq.; J. Hogan-Doran, 11 *Leiden Journal of International Law* (1998), pp. 165 et seq.。

[97] 对《国际刑事法院规约》第7条第1款第1项的《犯罪要件》:"1. 行为人杀害(注释7:'杀害'一

中要求,行为人通过自己的行为已经造成了其他人的死亡。[98]这是符合灭绝种族中对杀人的要求的,[99]也符合战争罪在国际武装冲突(蓄意杀人)和非国际的武装冲突(谋杀)中的要求。[100]

676 在主观方面,与第30条的标准性要求不同,[101]在这里,只要行为人以不顾人类生命的轻率造成了被害人的严重伤害,这就足够了。[102]

677 由于法国版本的危害人类罪的杀人("assassinat")和《纽伦堡宪章》第6条第3款,以及由于《南斯拉夫国际法庭规约》第5条第1款和《卢旺达国际刑事法庭规约》第3条第1款,长期以来,这个犯罪的心理性因素是否要求预谋,是不清楚的。在这个背景下,各个国际刑事法庭在刚开始根据习惯性国际法[103]来清楚划定杀人的心理性因素时,都会碰到困难。[104]现在已经很好确立的判例法认为,尽管有这个法文用语("assassinat"),但是,只有"meurtre"这个法文词,才正确地表明了习惯性国际法的特征。[105]因

词与'致死'一词通用。本脚注适用于所有使用这两个概念之一的要件)一人或多人。"

[98] 一个主导性案件是 *Prosecutor v. Akayesu*, ICTR (Trial Chamber), judgment of 2 September 1998, para. 588;也见 *Prosecutor v. Rutaganda*, ICTR (Trial Chamber), judgment of 6 December 1999, para. 79; *Prosecutor v. Musema*, ICTR (Trial Chamber), judgment of 27 January 2000, para. 214; *Prosecutor v. Jelisić*, ICTY (Trial Chamber), judgment of 14 December 1999, para. 51; *Prosecutor v. Kupreškić* et al., ICTY (Trial Chamber), judgment of 14 January 2000, para. 560; *Prosecutor v. Blaškić*, ICTY (Trial Chamber), judgment of 3 March 2000, para. 216; *Prosecutor v. Kordić and Čerkez* ICTY (Trial Chamber), judgment of 26 February 2001, para. 235; *Prosecutor v. Krstić*, ICTY (Trial Chamber), judgment of 2 August 2001, para. 485; *Prosecutor v. Kvoćka* et al., ICTY (Trial Chamber), judgment of 2 November 2001, para. 132; *Prosecutor v. Krnojelac*, ICTY (Trial Chamber), judgment of 15 March 2002, para. 324; *JStGH*, Urt. v. 27. September 2006 (*Krajišnik*, TC), para. 715。

[99] 《国际刑事法院规约》第6条第1款;参见边码579。

[100] 参见《国际刑事法院规约》第8条第2款第1项第1目,《国际刑事法院规约》第8条第2款第3项第1目(参见边码875以下)和 *Prosecutor v. Jelisić*, ICTY (Trial Chamber), judgment of 14 December 1999, para. 51; *Prosecutor v. Kordić and Čerkez*, ICTY (Trial Chamber), judgment of 26 February 2001, para. 236; *Prosecutor v. Krnojelac*, ICTY (Trial Chamber), judgment of 15 March 2002, para. 323。

[101] 关于《国际刑事法院规约》第30条的一般性要求和这个条文在习惯性国际法中接受的情况,参见边码294以下和边码313以下。

[102] 参见 *Prosecutor v. Kupreškić* et al., ICTY (Trial Chamber), judgment of 14 January 2000, para. 561;(作者删除了"*Prosecutor v. Musema*, ICTR (Trial Chamber), judgment of 27 January 2000, para. 215; *Prosecutor v. Stakić*, ICTY (Trial Chamber), judgment of 31 July 2003, para. 150"。——译者注) *JStGH*, Urt. v. 31. Juli 2003 (*Stakić*, TC), para. 150; *JStGH*, Urt. v. 27. September 2006 (*Krajišnik*, TC), para. 715("或者合理地知道可能导致死亡"); *RStGH*, Urt. v. 27. Januar 2000 (*Musema*, TC), para. 215; RStGH, Urt. v. 13. April 2006 (*Bisengimana*, TC), para. 87("对于死亡是否将会出现的轻率")。对于从南斯拉夫国际法庭较新近的司法判决中,对心理性因素的要求方面产生了什么结果的问题,参见边码355以下。

[103] 对于这个问题的详细讨论,参见 G. Heine and H. Vest, in G. Kirk McDonald and O. Swaak-Goldman (eds.), *Substantive and Procedural Aspects of International Criminal Law*, Vol. 1 (2000), pp. 175 et seq.。

[104] 对于早期南斯拉夫国际法庭在故意杀人判决上的分析,参见 J. Hogan-Doran, 11 *Leiden Journal of International Law* (1998), pp. 165 et seq.。

[105] 一个主导性案件是 *Prosecutor v. Akayesu*, ICTR (Trial Chamber), judgment of 2 September 1998, para. 588;也见 *Prosecutor v. Rutaganda*, ICTR (Trial Chamber), judgment of 6 December 1999, para. 79; *Prosecutor v. Musema*, ICTR (Trial Chamber), judgment of 27 January 2000, para. 214; *Prosecutor v. Jelisić*, ICTY (Trial Chamber), judgment of 14 December 1999, para. 51; *Prosecutor v. Blaškić*, ICTY (Trial Chamber), judg

因此，对于行为人来说，不需要以预谋来进行行为。[106]

二 消灭

《国际刑事法院规约》第7条第1款第2项规定了消灭罪(the crime of extermination)。这个条文的根据是《纽伦堡宪章》第6条第3款，《管制理事会法》第10号第2条第1款第3项，《东京宪章》第5条第3款，《南斯拉夫国际法庭规约》第5条第2款和《卢旺达国际刑事法庭规约》第3条第2款。在纽伦堡审判中，对欧洲犹太人犯下的灭绝种族罪，是特别地作为危害人类罪中的消灭来加以考虑。然而，与灭绝种族罪相比较，不必攻击特定的团体，只要攻击平民人口本身。大规模杀害政治上的反对者或者毁灭性地攻击各种文化的、社会的或者经济的团体，都不能被认为是灭绝种族，但可以认为是一种危害人类罪：危害人类罪中的消灭。[107] 678

《国际刑事法院规约》第7条第2款第2项是从灭绝种族罪中借鉴来的。根据这个条文，[108]"'消灭'包括了故意使人忍受各种生活条件，特别是剥夺获得食物和药品的条件，[109] 679

---

ment of 3 March 2000, para. 216; *Prosecutor v. Kordić and Čerkez*, ICTY (Trial Chamber), judgment of 26 February 2001, para. 235; *Prosecutor v. Krstić*, ICTY (Trial Chamber), judgment of 2 August 2001, para. 485; *Prosecutor v. Kvočka* et al., ICTY (Trial Chamber), judgment of 2 November 2001, para. 132。

[106] "预谋"的要求，在事实上是一种罗马法律体系(Romance legal systems)以及受其影响的法律秩序的独特属性。然而，从比较的角度看了，这样一个冷血计划的要求并不是充分广泛的，H. Vest, 113 *Zeitschrift für die gesamte Strafrechtswissenschaft* (2001), p. 458 at p. 472；但是，参见 *Prosecutor v. Kayishema and Ruzindana*, ICTR (Trial Chamber), judgment of 21 May 1999, para. 139："当谋杀被认为与杀人一起时……，所要求的罪过标准就是故意的和预谋的杀人。当行为人在一个冷静反映的时刻之后形成了自己的杀人故意时，这个结果就是预谋的。当这就是行为人的目的，或者行为人知道它将在事件的通常过程中发生时，这个结果就是故意的"；也见 *Prosecutor v. Bagilishema*, ICTR (Trial Chamber), judgment of 7 June 2001, paras. 84 et seq.; *Prosecutor v. Semanza*, ICTR (Trial Chamber), judgment of 15 May 2003, para. 339。没有解决的，参见 *Prosecutor v. Kupreškić* et al., ICTY (Trial Chamber), judgment of 14 January 2000, para. 561。关于讨论，也见 S. Chesterman, 10 *Duke Journal of Comparative and International Law* (2002), p. 307 at pp. 332 et seq.。

[107] 对1996年《法典草案》第18条第2款的评论，第8段："……消灭是紧密地与灭绝种族罪联系在一起的，表现在这两个犯罪都指向大量的被害人。然而，消灭罪适用的情况是不同于灭绝种族罪所包括的情况的。消灭包括的情况是，被杀的处于一个团体中的个人都不具有共同的特征。这也适用于这种情形，一个团体中的一些成员被杀，另一些被放了。"也见 *Prosecutor v. Vasiljević*, ICTY (Trial Chamber), judgment of 29 November 2002, para. 227。

[108] 参见《国际刑事法院规约》第6条第3项。

[109] 这个例子来自古巴的建议，补充了灭绝种族的定义，参见 H. von Hebel and D. Robinson, in R. S. Lee (ed.), *The International Criminal Court, The Making of the Rome Statute* (1999), p. 99。

有意地造成部分人口的毁灭”。与第7条第2款第2项的用语不同，在《犯罪要件》中，[110] 消灭在客观方面要求，行为人必须造成一名或者多名人员的死亡，这种观点在《犯罪要件》讨论开始时，曾经有过很大的争论。[111] 另外，根据《犯罪要件》，这些杀人必须是一种大规模杀人的一部分。《犯罪要件》主要根据的是卢旺达国际法庭的判例法。[112]

680 这种消灭罪包括了直接和“间接”地造成死亡。[113] 后者被卢旺达法庭描述成故意强加造成部分人口毁灭的各种生活条件。[114] 作为间接造成死亡的可能情况，这个国际法庭举出的例子是，在监禁大量群众的同时，剥夺他们的生活必需品，[115]或者使他们感染上致命的病毒，同时不提供医疗照顾。[116] 然而，这个国际法庭发现，一个单独的行为人仅仅造成一些人或者甚至仅仅一个人死亡的情况，也不能包括在这种犯罪之中。决定性的要点在

---

[110] 对《国际刑事法院规约》第7条第1款第2项的《犯罪要件》：“1.行为人杀害（注释8：……直接或者间接地）一人或者多人，包括施加意图造成这部分人口毁灭的生活条件，（注释9：施加这种状况可以包括断绝粮食和药品来源。）2.行为构成大规模杀害平民人口的成员，或者作为这种杀害的一部分（注释10：‘部分’这个词包括在大规模杀人中的初步行为）发生。”

[111] 参见，例如，the draft of the Elements of Crimes, UN Doc. PCNICC/1999/L. 5/Rev. 1/Add. 2, 22 December 1999。它的注释6仍然指出：“有些代表团相信，死亡仍然是必要的……。”然而，在讨论的过程中，这个观点并没有被采纳，参见 W. Rückert and G. Witschel, in H. Fischer, C. Kress and S. R. Lüder (eds.), *International and National Prosecution of Crimes under International Law—Current Developments* (2001), p. 59 at pp. 75 et seq.。

[112] 一个主导的案件是 *Prosecutor v. Akayesu*, ICTR (Trial Chamber), judgment of 2 September 1998, para. 591：“消灭与谋杀的不同之处在于，它要求一个谋杀所不要求的大规模毁灭的因素”；*Prosecutor v. Kayishema and Ruzindana*, ICTR (Trial Chamber), judgment of 21 May 1999, para. 142：“在谋杀和消灭之间的区别是规模；消灭可以说是大规模的谋杀”；*Prosecutor v. Rutaganda*, ICTR (Trial Chamber), judgment of 6 December 1999, para. 82; *Prosecutor v. Musema*, ICTR (Trial Chamber), judgment of 27 January 2000, paras. 217 et seq.。从采纳《犯罪要件》之前的期间以来，参见 *Prosecutor v. Bagilishema*, ICTR (Trial Chamber), judgment of 7 June 2001, paras. 86 et seq.。*RStGH*, Urt. v. 17. Juni 2004 (*Gacumbitsi*, TC), para. 309; *RStGH*, Urt. v. 15. Juli 2004 (*Ndindabahizi*, TC), para. 487; *RStGH*, Urt. v. 13. Dezember 2004 (*Ntakirutimana*, AC), para. 522; *RStGH*, Urt. v. 13. April 2006 (*Bisengimana*, TC), para. 71. 也见 *JStGH*, Urt. v. 1. September 2004 (*Brđanin*, TC), paras. 388 f.。这些判决书是以1996年《法典草案》为导向的，对第18条第2款的评论，第8段指出：“[谋杀和消灭]是由不同的但是仍然紧密联系的犯罪行为组成的，这些行为涉及了夺走无辜人员的生命……，用来实施消灭罪的行为涉及了一个谋杀所不要求的大规模毁灭的因素。”

[113] *Prosecutor v. Rutaganda*, ICTR (Trial Chamber), judgment of 6 December 1999, para. 84：“[作]为或者不作为包括但不限于杀人的直接行为。它可以是造成目标人群的死亡的任何作为或者不作为，或者累计性的作为或者不作为。”也见 *Prosecutor v. Musema*, ICTR (Trial Chamber), judgment of 27 January 2000, para. 219。

[114] *Prosecutor v. Kayishema and Ruzindana*, ICTR (Trial Chamber), judgment of 21 May 1999, para. 144：“……行为人，通过自己的（几个）作为或者（几个）不作为，参加了大规模杀害其他人，或者参加了创设导致大规模杀害他人的生活条件。”得到确定的情况，参见 *RStGH*, Urt. v. 13. April 2006 (*Bisengimana*, TC), para. 72。

[115] 关于作为危害人类罪的饥荒罪，参见 D. Marcus, 97 *American Journal of International Law* (2003), p. 245 at pp. 271 et seq.。

[116] *Prosecutor v. Kayishema and Ruzindana*, ICTR (Trial Chamber), judgment of 21 May 1999, para. 146。

于,这种死亡是不是作为一场大规模杀人的一部分来造成的。[117]

南斯拉夫国际刑事法庭最先在很大程度上肯定了这种解释,[118]但是,在克尔斯蒂奇案件中,这个国际法庭规定,这种行为必须造成一种"在数量上具有重大意义的人口"的死亡。[119] 南斯拉夫国际法庭同时还进一步严格了习惯法消灭罪的要求,并且一直主张这种观点:行为人本人必须,直接或者间接地,对大量群众的死亡负责。[120] 卢旺达国际法庭现在也同意了这个观点。[121] 681

对于消灭的心理性因素,适用《国际刑事法院规约》第 30 条。[122]《国际刑事法院规约》第 7 条第 2 款第 2 项规定,强加毁灭性的生活条件必须是"故意的"。这个条文与对于心理性因素的一般性要求并无不同。行为人必须知道,自己的行为是一场大规模杀人的一部分。[123] 这种行为还必须是"意图"(calculated)造成这部分群众的毁灭。"意图"这个词, 682

---

[117] *Prosecutor v. Kayishema and Ruzindana*, ICTR (Trial Chamber), judgment of 21 May 1999, para. 147:"一名行为人可以对消灭是有罪的,如果他杀死或者创设了杀死的生活条件,即使是一名单独的个人,只要这名行为人知道,自己的(几个)作为或者(几个)不作为组成了一种大规模杀人事件的一部分。对于一个单独的杀人组成消灭的部分来说,这种杀人必须在事实上组成一种大规模杀人事件的一部分。当这种(大规模)杀人在时间和地点上紧密地接近时,就存在着一个'事件'。" *RStGH*, Urt. v. 11. September 2006 (*Mpambara*, TC), para. 9:"这个行为[……]必须对大规模杀人事件作出贡献。"

[118] *Prosecutor v. Krstić*, ICTY (Trial Chamber), judgment of 2 August 2001, paras. 490 et seq.; *Prosecutor v. Vasiljević*, ICTY (Trial Chamber), judgment of 29 November 2002, paras. 216 et seq.

[119] *Prosecutor v. Krstić*, ICTY (Trial Chamber), judgment of 2 August 2001, para. 503。但是,参见,例如, G. Mettraux, 43 *Harvard International Law Journal* (2002), p. 237 at p. 285;也见 *Prosecutor v. Kayishema and Ruzindana*, ICTR (Trial Chamber), judgment of 21 May 1999, para. 145:"'大规模'(mass)这个词,可以被理解成'广泛的'(large scale),但是,并不是由命令的数量决定的,而是可以在具体案件具体分析的基层上,使用常识的方法来加以确定。"

[120] 参见 *Prosecutor v. Vasiljević*, ICTY (Trial Chamber), judgment of 29 November 2002, para. 227:"……消灭的责任仅仅附属于那些对大量死亡负责的个人,即使他们在其中的部分是很远的或者间接的。对这种杀人中的一人或者有限数量负责,是不够的。" *JStGH*, Urt. v. 1. September 2004 (*Brđanin*, TC), para. 390。也见 E. M. Salgado, 16 *Leiden Journal of International Law* (2003), p. 321 at pp. 326 et seq.。

[121] *Prosecutor v. Ntakirutimana*, ICTR (Trial Chamber), judgment of 21 February 2003, paras. 813 et seq.; *Prosecutor v. Semanza*, ICTR (Trial Chamber), judgment of 15 May 2003, para. 340; *Prosecutor v. Kajelijeli*, ICTR (Trial Chamber), judgment of 1 December 2003, para. 893; *Prosecutor v. Kamuhanda*, ICTR (Trial Chamber), judgment of 22 January 2004, para. 691; *RStGH*, Urt. v. 13. Dezember 2005 (*Simba*, TC), para. 422。

[122] 参见边码 304 和 *Prosecutor v. Akayesu*, ICTR (Trial Chamber), judgment of 2 September 1998, para. 592; *Prosecutor v. Kayishema and Ruzindana*, ICTR (Trial Chamber), judgment of 21 May 1999, paras. 144, 146; *Prosecutor v. Rutaganda*, ICTR (Trial Chamber), judgment of 6 December 1999, para. 83; *Prosecutor v. Musema*, ICTR (Trial Chamber), judgment of 27 January 2000, para. 218; *Prosecutor v. Bagilishema*, ICTR (Trial Chamber), judgment of 7 June 2001, para. 89 and *Prosecutor v. Krstić*, ICTY (Trial Chamber), judgment of 2 August 2001, para. 495。

[123] *Prosecutor v. Kayishema and Ruzindana*, ICTR (Trial Chamber), judgment of 21 May 1999, para. 144; *JStGH*, Urt. v. 22. März 2006 (*Stakić*, AC), para. 260; *JStGH*, Urt. v. 27. September 2006 (*Krajišnik*, TC), para. 716。也见 Mettraux, *International Crimes and the ad hoc Tribunals* (2005), 178。相反,不需要这名行为人把自己的行为理解为一个巨大的杀人行业中的一部分,参见 *JStGH*, Urt. v. 1. September 2004 (*Brđanin*, TC), para. 394; *JStGH*, Urt. v. 17. Januar 2005 (*Blagojević und Jokić*, TC), para. 576. So aber *JStGH*, Urt. v. 29. November 2002 (Vasiljević, TC), para. 229。

有时[124]被解释为行为人主观方面全部或者部分毁灭人口的故意。不过,这种故意的要求,一直被各种国际刑事法庭正确地加以拒绝了,[125]同时,在《国际刑事法院规约》的文本中也没有它的基础。

三　奴役状态

参考书目:

683 M. Cherif Bassiouni: Enslavement as an International Crime, 23 *New York University Journal of International Law and Politics* (1991), pp. 445 et seq.; Janie Chuang: Redirecting the Debate over Trafficking in Women: Definitions, Paradigms and Contexts, 11 *Harvard International Law Journal* (1998), pp. 65 et seq.; A. Yasmine Rassam: Contemporary Forms of Slavery and the Evolution of the Prohibition of Slavery and Slave Trade Under Customary International Law, 39 *Virginia Journal of International Law* (1999), pp. 303 et seq.; Stephanie Farrior: The International Law on Trafficking in Women and Children for Prostitution: Making it Live up to its potential, 10 *Harvard Human Rights Journal* (1997), pp. 213 et seq.; Anne Gallagher: Human Rights and the New UN Protocols on Trafficking and Migrant Smuggling: A Preliminary Analysis, 23 *Human Rights Quarterly* (2001), pp. 975 et seq.; Stephan Meseke: *Der Tatbestand der Verbrechen gegen die Menschlichkeit nach dem Römischen Statut des Internationalen Strafgerichtshofs* (2004), 190 ff.

684 《国际刑事法院规约》第7条第1款第3项,是由奴役状态这种古典的危害人类罪组成的。这样的规定已经存在于《纽伦堡宪章》第6条第3款,《管制理事会法》第10号第2条第1款第3项,《东京宪章》第5条第3款,《南斯拉夫国际法庭规约》第5条第3款和《卢旺达国际刑事法庭规约》第3条第3款之中。

---

[124] 参见 K. Ambos, *Der Allgemeine Teil des Völkerstrafrechts* (2002), p. 798:“因此,这个问题是一般地故意施加各种生活条件,同时又有全部或者部分地毁灭一个特定团体的故意。”

[125] *Prosecutor v. Krstić*, ICTY (Trial Chamber), judgment of 2 August 2001, para. 500; *Prosecutor v. Vasiljević*, ICTY (Trial Chamber), judgment of 29 November 2002, para. 227。有几次,甚至过失也被认为是足够的,参见 *Prosecutor v. Kayishema and Ruzindana*, ICTR (Trial Chamber), judgment of 21 May 1999, para. 146:“(几个)作为或者(几个)不作为可以在故意、轻率或者严重过失下实施”;也见 *Prosecutor v. Bagilishema*, ICTR (Trial Chamber), judgment of 7 June 2001, para. 89。迄今为止,南斯拉夫国际法庭至少认为轻率是必要的,参见 *JStGH*, Urt. v. 1. September 2004 (*Brđanin*, TC), para. 395。

(一)定义

685 根据《国际刑事法院规约》第7条第2款第3项,奴役状态是"对一人行使附属于所有权的任何或一切权力"。这个用语[126]来自1926年9月25日的《禁奴公约》,[127]同时也符合了习惯性国际法的定义。[128] 另外,这个用语还明确了:奴役状态也包括"特别是在贩卖妇女和儿童的过程中行使这种权力"。《犯罪要件》扩大了这个定义,提出了一个例子表,特别说明了奴役状态的各种表现,包括购买、出售、出借或者交换一个人或者一些人或者"类似的"剥夺自由。[129]

686 通过指出"类似的"剥夺自由,《犯罪要件》认为,这种犯罪不应当局限于奴役状态的传统表现形式之上,例如在有关条约中定义的"奴隶"和"奴隶贸易"。[130] 在奴役状态的这些传统表现形式中,行为人像对待"有体物"(chattel)[131]那样对待被害人,但是,那种情况在今天已经很少发生了。[132] 因此,在《国际刑事法院规约》中使用的"奴役状态"这个词,不应当局限于传统意义上的奴隶制,而应当在一种功能性法律意义上,把这个词解释成包括没有处于奴役这个形式标题之下的各种制度和实践。[133]

687 南斯拉夫国际法庭一直朝这个方向发展,并且,在库纳拉奇等人的案件中明确了对奴隶制的这些要求。[134] 根据这个判决所依据的事实,被告人曾经把两名年轻妇女关押在一座被废弃的房屋中达数月之久,完全控制了她们的生活,不断地强奸她们,还有其他。在

---

[126] 关于《国际刑事法院规约》第7条第1款第3项的谈判历史,参见H. von Hebel and D. Robinson, in R. S. Lee (ed.), *The International Criminal Court, The Making of the Rome Statute* (1999), p. 99。

[127] 212 *UNTS* (1955), p. 17。

[128] *Prosecutor v. Kunarac* et al., ICTY (Trial Chamber), judgment of 22 February 2001, para. 539; *Prosecutor v. Krnojelac*, ICTY (Trial Chamber), judgment of 15 March 2002, para. 350。肯定的,参见 *Prosecutor v. Kunaracet* al., ICTY (Appeals Chamber), judgment of 12 June 2002, para. 124。

[129] 关于剥夺自由,对《国际刑事法院规约》第7条第1款第3项的《犯罪要件》,在注释11中指出:"可以这样理解:这种剥夺自由在某些情况下,可能包括强迫劳动或使一人沦为1956年《废止奴隶制、奴隶贩卖及类似奴隶制的制度与习俗补充公约》所界定的奴役地位。"

[130] 参见1953年12月7日修改议定书文本中的1926年9月25日《禁奴公约》第1条,212 *UNTS* (1955), p. 17,和1956年9月7日《废止奴隶制、奴隶贩卖及类似奴隶制的制度与习俗补充公约》第7条,226 *UNTS* (1956), p. 3。

[131] "有体物奴隶状态"(Chattel slavery),参见 *Prosecutor v. Kunarac* et al., ICTY (Appeals Chamber), judgment of 12 June 2002, para. 117。

[132] 参见A. Y. Rassam, 39 *Virginia Journal of International Law* (1999), p. 303 at p. 321。

[133] 参见1956年9月7日《废止奴隶制、奴隶贩卖及类似奴隶制的制度与习俗补充公约》第7条,226 *UNTS* (1956), p. 3,尤其是第1条第1款和第2款(农奴,债务奴隶)。

[134] *Prosecutor v. Kunarac* et al., ICTY (Trial Chamber), judgment of 22 February 2001, paras. 515 et seq.。上诉庭肯定了这个判决,参见 *Prosecutor v. Kunarac* et al., ICTY (Appeals Chamber), judgment of 12 June 2002, paras. 106 et seq.。

这个判决中,南斯拉夫国际法庭提出了可以把行为归类为奴役状态的一些条件。实质性的标志包括控制被害人的行动自由,违反被害人的意志进行行为,还有经济性控制和剥削。[135] 这个法庭指出:

"奴役状态的表现包括了控制和所有权的因素;对一名个人的自主、选择自由或者移动自由的限制或者控制;以及行为人经常获得的某些其他利益。被害人的同意或者自由意志是不存在的。这种同意的获得,经常不可能或者不能恰当地通过诸如威胁、使用暴力或者其他胁迫形式;对暴力的害怕、欺骗或者虚假承诺;滥用权力;被害人容易遭受攻击的地位;拘押或者囚禁,精神上的压迫或者各种社会经济条件。奴役状态的其他表现,还包括剥削;性;妓女……对某人的'获得'或者'处置'以取得金钱性的或者其他性质的补偿,不是对奴役状态的要求。然而,这样做是对他人行使所有权的一种主要例子。在确定一个人是否被奴役时,一个会被考虑的因素是,这名嫌疑人行使附属于所有权的权力的持续期间;然而,在任何一种情况下,其重要性都将依赖于奴役状态其他表现的行使。"[136]

688 上诉庭随后明确了,对于奴隶的认定,不必要求特定的时间期限或者被害人的反抗。[137]

689 对于奴役状态的心理性因素,适用《国际刑事法院规约》第30条。[138]

(二)强迫劳动

690 "强迫劳动",[139]在《国际刑事法院规约》和《犯罪要件》中,都没有作为奴役状态的一种单独形式加以规定。然而,根据习惯性国际法,如果伴随着对受影响的人行使假定性的财产权利,那么,就应当归类为奴役状态。[140] 在纽伦堡审判中,强迫劳动是奴役状态罪中最重要的例子,在《纽伦堡宪章》中,它被包括在危害人类罪之中。

691 在纳粹时期和第二次世界大战中,大约800万人被强迫劳动,被迫在德意志帝国和被德国占领的其他领土上工作。纽伦堡国际法庭认定被告人冯·希拉赫仅仅对反人类罪中的奴役状态有罪;相比之下,

---

[135] *Prosecutor v. Kunarac* et al., ICTY (Trial Chamber), judgment of 22 February 2001, para. 542.

[136] 一个主导性案件是 *Prosecutor v. Kunarac* et al., ICWY (Trial Chamber), judgment of 22 February 2001, para. 542;也见 *Prosecutor v. Krnojelac*, ICWY (Trial Chamber), judgment of 15 March 2002, para. 359; *Prosecutor v. Kunarac* et al., ICTY (Appeals Chamber), judgment of 12 June 2002, para. 119。

[137] *Prosecutor v. Kunarac* et al., ICTY (Appeals Chamber), judgment of 12 June 2002, paras. 120 et seq.

[138] 关于心理性因素的一般性要求,参见边码294以下,尤其是边码304以下,也见 *Prosecutor v. Kunarac* et al., ICTY (Trial Chamber), judgment of 22 February 2001, para. 540;肯定的,参见 *Prosecutor v. Kunarac* et al., ICTY (Appeals Chamber), judgment of 12 June 2002, para. 122;也见 *Prosecutor v. Krnojelac*, ICTY (Trial Chamber), judgment of 15 March 2002, para. 350。

[139] 对于基本的讨论,参见 H. Bülck, *Die Zwangsarbeit im Friedensvölkerrecht* (1953)。

[140] 关于强迫或者强制劳动的定义,参见1930年6月28日《强迫劳动公约》(ILO Convention 29)第2条,39 *UNTS* (1949), p.55 和1957年6月25日《废除强迫劳动公约》(ILO Convention 105)第1条,320 *UNTS* (1957), p.291;也见1966年12月16日《公民权利和政治权利国际公约》第8条第3款,6 *ILM* (1967), p.368,以及1950年11月4日《欧洲人权公约》第4条第3款,*ETS* No.5 (1950)。

大部分主要战争罪犯，都被同时认定为对作为战争罪的驱逐去进行奴隶劳动和作为危害人类罪的奴役状态有罪。在纽伦堡之后的审判中，美国军事法庭也认定了许多行为人同时犯有这两项罪行。特别值得注意的是，法庭在米尔希审判中的意见。[141]

南斯拉夫国际法庭也一直承认强迫劳动是一种可能的危害人类罪，并且已经明确了对它的要求。[142] 692

（三）贩卖人口

与奴役状态相类似的实践包括“贩卖人口，特别是贩卖妇女和儿童”，在这里，国际条约法直到不久之前，还一直要求贩卖必须具有卖淫的目的。[143] 一个例子是 1950 年 3 月 21 日的《禁止贩卖人口及取缔意图营利使人卖淫的公约》。[144] 更近一些的国际条约，例如 1979 年 12 月 18 日的《消除对妇女一切形式歧视公约》[145]和 1989 年 12 月 20 日的《儿童权利公约》，[146]都放弃了贩卖与卖淫之间的联系。这也是《国际刑事法院规约》的立场。 693

一直到《国际刑事法院规约》通过之后，2000 年 11 月 15 日的《打击跨国有组织犯罪公约》才产生出来。另一项议定书明确规定了贩卖，尤其是贩卖妇女和儿童，并且，在国际条约法中第一次包含了一个贩卖人口的定义。[147] 694

---

[141] 参见“奴隶劳动政策”部分，IMT，judgment of 1 October 1946，in *The Trial of German Major War Criminals. Proceedings of the International Military Tribunal Sitting at Nuremberg，Germany*，Part 22，pp. 460 et seq.，和对以下人员的判决书的解释：*von Schirach* and *Göring*，*Keitel*，*Kaltenbrunner*，*Rosenberg*，*Frank*，*Frick*，*Funk*，*Saukel*，*Jodl*，*Seyss-Inquart and Speer*，还有 US Military Tribunal，Nuremberg，judgment of 17 April 1947（*Milch*，so-called Milch Trial），in *Trials of War Criminals* II，p. 773 at p. 789。

[142] *Prosecutor v. Kunarac* et al.，ICTY（Trial Chamber），judgment of 22 February 2001，para. 542 and *Prosecutor v. Krnojelac*，ICTY（Trial Chamber），judgment of 15 March 2002，paras. 358 et seq.。例如，在审理处于一个集中营中人员的奴隶劳动中，南斯拉夫国际法庭考虑了这个犯罪的下列客观情况：“进行的劳动在实际上无报酬的方面，被关押人员发现自己处于易受伤害的位置，那些不能或者不愿意劳动的被关押人员被强迫劳动或者被独自关押的指控，劳动造成较长期后果的主张，被关押的事实……”，参见 *Prosecutor v. Krnojelac*，ICTY（Trial Chamber），judgment of 15 March 2002，para. 373。

[143] 对于一种批判性的观点，参见 J. Chuang，11 *Harvard International Law Journal*（1998），pp. 64 et seq.；C. K. Hall，in O. Triffterer（ed.），*Commentary on the Rome Statute of the International Criminal Court*（1999），Art. 7，marginal no. 96。

[144] 96 *UNTS*（1950），p. 271.

[145] 1249 *UNTS*（1984），p. 13。第 6 条规定：“缔约国将采取一切适当的措施，包括立法措施，来废除任何形式的买卖妇女和剥削妇女的卖淫。”

[146] 1577 *UNTS*（1990），p. 43。第 11 条规定：“（1）缔约国将采取措施，防止非法将儿童运往国外和非法拒绝让他们回来。”

[147] 参见《关于预防、禁止和惩治贩运人口，尤其是妇女和儿童行为的补充议定书》第 3 条第 1 款，补充了《联合国打击跨国有组织犯罪公约》，参见 *Report of the Ad Hoc Committee on the Elaboration of a Convention against Transnational Organized Crime on the work of its first to eleventh sessions*，UN Doc. M55/383（2000），Annex II。一般情况参见，A. Gallagher，23 *Human Rights Quarterly*（2001），975 et seq.。

四　驱逐或者强行迁移人口

参考书目：

695 Jean Marie Henckaerts: *Mass Expulsion in Modern International Law and Practice* (1995); Jean Marie Henckaerts: Deportation and Transfer of Civilians in Time of War, 26 *Vanderbilt Journal of Transnational Law* (1993), pp. 469 et seq.; Lutz Lehmler: *Die Strafbarkeit von Vertreibungen aus ethnischen Gründen im bewaffneten nicht-internationalen Konflikt* (1999); Theodor Meron: Deportation of Civilians as a War Crime under Customary International Law, in Theodor Meron (ed.), *War Crimes Law Comes of Age* (1998), pp. 142 et seq.; Michael P. Roch: Forced displacement in the former Yugoslavia: A crime under international law?, 14 *Dickinson Journal of International Law* (1995), pp. 1 et seq.; Otto Triffterer: Die Bestrafung von Vertreibungsverbrechen, in Dieter Blumenwitz (ed.), *Flucht und Vertreibung* (1987), pp. 259 et seq.; Alfred de Zayas: International Law and Mass Population Transfers, 16 *Harvard International Law Journal* (1975), pp. 207 et seq.

696 《国际刑事法院规约》第7条第1款第4项规定了驱逐或者强行迁移人口。驱逐罪根据的是《纽伦堡宪章》第6条第3款，《管制理事会法》第10号第2条第1款第3项，《东京宪章》第5条第3款，《南斯拉夫国际法庭规约》第5条第4款和《卢旺达国际刑事法庭规约》第3条第4款。"强行迁移人口"作为一种危害人类罪，并没有包含在这些文件之中，[148]根据的是1996年《法典草案》第18条第7款。

697 《国际刑事法院规约》第7条第2款第4项把驱逐和强行迁移人口定义为"在缺乏国际法容许的理由的情况下，以驱逐或其他胁迫行为，强迫有关的人员迁离其合法居住的地区"。在这两种情况下，物质性因素因此要求把人从一国运送到另一国中去（强迫迁离）。《犯罪要件》确定，即使运送一个人离开一国领土也是足够的。[149]

---

[148] 根据 M. P. Roch, 14 *Dickinson Journal of International Law* (1995), pp. 1 et seq.，"强行迁移人口"并没有包括在《南斯拉夫国际法庭规约》第5条第4款作为危害人类罪的驱逐的定义之中。然而，强迫迁移人口作为一种战争罪，已经包含在许多国际法律文件之中了，参见《日内瓦公约（四）》第147条；《第一附加议定书》第87条第4款第1项和《第二附加议定书》第17条。关于《国际刑事法院规约》第8条第2款第1项第7目，第2项第8目和第5项第8目，也见边码964以下。

[149] 参见对《国际刑事法院规约》第7条第1款第4项的《犯罪要件》："1. 行为人在缺乏国际法容许的理由的情况下，以驱逐或其他胁迫行为，将一人或多人驱逐出境或强行迁移到他国或他地。"也见，Sec. 7(1) No. 4 (German) Code of Crimes against International Law [*Völkerstrafgesetzbuch, VStGB*], and Explanatory Memorandum of the (German) Code of Crimes against International Law [*Begründung zum Völkerstrafgesetzbuch, VStGB*], *BT-Drs.* 14/8524, p. 21。

驱逐和强行迁移人口之间的区别仅仅在于是否跨越了一条边境。驱逐意味着,把一名或者多名人员从一国的领土上运送到另一个国家的领土;也就是说,跨越了一条国家的边境。[150] 相比之下,强行迁移意味着把一名或者多名人员在同一个国家的领土范围内进行迁移。[151] 698

对有关人员的迁移必须通过逐出或者其他强制行为进行。《犯罪要件》用"强制"这个词进行广泛的解释。[152] 一个特征性因素是被转移人的"不自愿性"。因此,例如,在双边条约的基础上进行交换人口,同时带有"退出"(opt out)条款的,就不包括在内。[153] 一群平民人口由于害怕歧视而逃离一国边境的,也不能满足这种犯罪的定义。[154] 699

在任何情况下,把有关人员从一个特定领土上迁走,都一定是国际法所不允许的。因此,例如,由于保护国家安全、公共秩序或者公共健康的需要而进行的驱逐和其他强制措施,就不包括在这种犯罪的定义之中。[155] 在武装冲突期间,为了保护有关平民或者出于必 700

---

[150] *Prosecutor v. Krstić*, ICTY (Trial Chamber), judgment of 2 August 2001, para. 521:"驱逐是以运出国境为前提条件的。"肯定的,参见 *Prosecutor v. Krnojelac*, ICTY (Trial Chamber), judgment of 15 March 2002, para. 474; *JStGH*, Urt. v. 1. September 2004 (*Brđanin*, TC), para. 540; *JStGH*, Beschl. v. 16. Juni 2004 (*Milošević*, TC), para. 68。也见 1996 年《法典草案》,对第 18 条的评论,第 13 段:"[驱逐]暗示着逐出这个国家的领土。"一个类似的定义可以在文献中见到:"驱逐是强制地把人民从一个国家送往另一个国家",参见 M. C. Bassiouni, *Crimes against Humanity* (1999), p. 312; C. K. Halt, in O. Triffterer (ed.), *Commentary on the Rome Statute of the International Criminal Court* (1999), Art. 7, marginal nos. 31, 34; J. M. Henckaerts, 26 *Vanderbilt Journal of Transnational Law* (1993), p. 269 at p. 472; O. Triffterer, in D. Blumenwitz (ed.), *Flucht und Vertreibung* (1987), p. 259 at pp. 265 et seq.。

[151] 一个主导性案件是 *Prosecutor v. Krstić*, ICTY (Trial Chamber), judgment of 2 August 2001, para. 521:"[强行]迁移与在一个国家中的易地安置有关。"肯定的,参见 *Prosecutor v. Krnojelac*, ICTY (Trial Chamber), judgment of 15 March 2002, para. 474; *JStGH*, Urt. v. 1. September 2004 (*Brđanin*, TC), para. 540; *JStGH*, Beschl. v. 16. Juni 2004 (*S. Milošević*, TC), para. 68。也见 1996 年《法典草案》,对第 18 条的评论,第 13 段:"[强行]迁移人口可以完全发生在一个和同一个国家的国界之内。"一个类似的定义可以在文献中见到,参见 M. C. Bassiouni, *Crimes against Humanity* (1999), p. 312; C. K. Hall, in O. Triffterer (ed.), *Commentary on the Rome Statute of the International Criminal Court* (1999), Art. 7, marginal nos. 31, 34; J. M. Henckaerts, 26 *Vanderbilt Journal of Transnational Law* (1993), p. 269 at p. 472; O. Triffterer, in D. Blumenwitz (ed.), *Flucht und Vertreibung* (1987), p. 259 at pp. 265 et seq.。

[152] 对于《国际刑事法院规约》第 7 条第 1 款第 4 项的《犯罪要件》,注释 12 规定:"'强行'一词不限于针对人身的武力,也可以包括针对这些人或另一人实行武力威胁或胁迫,例如以暴力恐惧心理、强迫、羁押、心理压迫或滥用权力造成胁迫情况,或利用胁迫环境。"肯定的,参见 *JStGH*, Urt. v. 22. März 2006 (*Stakić*, AC), para. 281; *Prosecutor v. Krstić*, ICTY (Trial Chamber), judgment of 2 August 2001, para. 529; *Prosecutor v. Krnojelac*, ICTY (Trial Chamber), judgment of 15 March 2002, para. 475。也见 C. K. Hall, in O. Triffterer (ed.), *Commentary on the Rome Statute of the International Criminal Court* (1999), Art. 7, marginal no. 100:"考虑到内部易地安置人民的最近历史,'逐出或者其他强制行为'必须包括强行压迫人民逃离他们家园的整个范围,包括死亡威胁、毁坏他们的房屋,以及其他迫害行为,例如剥夺一个团体成员的工作,不让他们上学,强迫他们佩戴能够识别自己宗教身份的标记。"

[153] A. de Zayas, 16 *Harvard International Law Journal* (1975), p. 207 at pp. 246 et seq.

[154] *Prosecutor v. Krstić*, ICTY (Trial Chamber), judgment of 2 August 2001, para. 528.

[155] 也见 *International Covenant on Civil and Political Rights*, Art. 12(3); *European Convention for the Protection of Human Rights and Fundamental Freedoms*, Protocol No. 4, Art. 2(3); *American Convention on Human Rights*, Art. 22(3) and (4); *African (Banjul) Charter on Human and Peoples' Rights*, Art. 12(2)。

要的军事原因,就可以对一个地区进行全面或者部分的清除。[156] 然而,在敌对状态结束时,这些平民人口就必须马上返回他们自己的祖国。在这种情况下,在接收地必须尽可能地保证这些平民人口能够在居住、清洁、卫生、安全和食物方面找到合适的条件。[157] 人道主义机构提供的帮助,并不能使一种迁离合法化。[158]

701 这种犯罪要求有关的平民必须是合法地居住在被驱逐或者被强行迁移的领土之上。他们居住的合法性标准,由国际法加以规定。根据违反国际法的国内法而进行的强迫措施,例如驱逐一名居民,[159]因此是不能允许的。[160] 同样,对于集体性地驱逐外国公民,也是不能允许的。[161] 然而,在特定情况下,个别外国公民可以被转移到一个国家的领土之外。[162]

702 《国际刑事法院规约》对(一国之内的)强行迁移所进行的犯罪化,对于习惯性国际法来说,并不是新的。[163] 在习惯性国际法中,在同一个国家领土之内强行迁移人员,虽然还没有作为驱逐加以归类,但是已经作为具有类似性质的其他不人道行为加以包括了。[164]《国际刑事法院规约》通过把在一国之内强行迁移人员归类为强行迁移,明确了习惯性国际法,因此,相当正确地把它置于与危害人类罪的驱逐同等的地位之上。

703 这个罪的心理性因素必须包括这个事实:被害人不会返回他们的原住地(《国际刑事

---

[156] 参见 *JStGH*, Urt. v. 22. März 2006 (*Stakić*, AC), paras. 284 ff.; *Prosecutor v. Krstić*, ICTY (Trial Chamber), judgment of 2 August 2001, para. 524。参见《日内瓦公约(四)》,对于由"占领军"从"被占领土"上驱逐出境的情况。关于出于与非国际武装冲突相联系的原因而迁移平民人口的,参见《国际刑事法院规约》第8条第2款第5项第8目,也见《第二附加议定书》第17条第1款。

[157] 参见《日内瓦公约(四)》第49条,也见《第二附加议定书》第17条第2款;*JStGH*, Urt. v. 17. Januar 2005 (*Blagojević und Jokić*, TC), para. 599。

[158] *Prosecutor v. Stakić*, ICTY (Trial Chamber), judgment of 31 July 2003, para. 683.

[159] C. K. Hall, in O. Triffterer (ed.), *Commentary on the Rome Statute of the International Criminal Court* (1999), Art. 7, marginal nos. 98, 101.

[160] 《公民权利和政治权利国际公约》第12条第4款规定:"任何人进入其本国的权利,不得任意加以剥夺。"也见《保护人权和基本自由的欧洲公约》的《第四议定书》第3条:"(1)任何人不得通过个人的或者集体的措施,从自己是一名国民的国家领土上被驱逐。(2)任何人不得被剥夺进入自己是一名国民的国家领土的权利。"也见《美洲人权公约》第22条第5款:"任何人不得从自己是一名国民的国家领土上被驱逐,或者被剥夺进入这个国家的权利。"

[161] 《保护人权和基本自由的欧洲公约》的《第四议定书》第4条规定:"禁止集体性地驱逐外国人。"也见《美洲人权公约》第22条第6款;《非洲(班珠尔)人权和民族权宪章》第12条第4款。

[162] 对于外国人,《公民权利和政治权利国际公约》第13条规定:"合法处在本公约缔约国领土内的外侨,只有按照依法作出的决定才可以被驱逐出境,并且,除非在国家安全的紧迫原因另有要求的情况下,应准予提出反对驱逐出境的理由和使他的案件得到合格当局或由合格当局特别指定的一人或数人的复审,并为此目的而请人作代表";也见《美洲人权公约》第22条第6款,《非洲(班珠尔)人权和民族权宪章》第12条第4款。

[163] *Prosecutor v. Stakić*, ICTY (Trial Chamber), judgment of 31 July 2003, paras. 673 et seq., 684:"本法庭强调,这个基础性行为——也就是说,不管这种易地安置是否发生跨越国际承认的边界——在与本案有关时的国际公法项下,就已经是可以惩罚的了。"

[164] 参见 *Prosecutor v. Krstić*, ICTY (Trial Chamber), judgment of 2 August 2001, para. 523。

法院规约》第30条)。[165] 根据南斯拉夫刑事法庭迄今为止的判决,故意原来必须特别是指向坚持阻扰被害人返回自己的故乡。* 现在,南斯拉夫国际刑事法庭上诉庭在斯塔蒂奇的程序中,做出了一个有着可疑根据的决定:这一点是不必要的。**

五　监禁

《国际刑事法院规约》第7条第1款第5项包含了"违反国际法基本规则,监禁或以其他方式严重剥夺人身自由"。这个条文根据的是《管制理事会法》第10号第2条第1款第3项,《南斯拉夫国际法庭规约》第5条第5款和《卢旺达国际刑事法庭规约》第3条第5款。《犯罪要件》要求,行为人已经监禁一名或者多名人员,或者剥夺了他们的行动自由。 704

监禁这个词包含的案件有,一名个人,在字面上,"被监禁"在一个封闭的地方,因此,无法到其他地方去。[166] 属于以其他方式严重剥夺人身自由的案件,包括那些一名个人可以在一个特定地方活动的情况,例如,在一个集中居住区或者集中营中活动。[167] 居住性逮捕(house arrest)也属于这个定义。[168] 短期剥夺自由应当不被视为是《国际刑事法院规约》第7条第1款第5项中的"严重"。 705

只有在违法国际法的"基本规则"时,监禁才获得国际法项下的犯罪的地位。这个标准首先由南斯拉夫国际法庭在科尔蒂奇和采尔凯兹案件中加以确立。根据习惯性国际法,关键性问题是剥夺自由的那种"任意性"。如果没有适当的法律程序,那么,这种任意性就存在了。在这份判决书中指出: 706

---

[165] *Prosecutor v. Naletilić and Martinović*, ICTY (Trial Chamber), judgment of 31 March 2003, paras. 520, 1362。关于心理性因素的一般要求,参见边码294以下,尤其是304以下。

* *JStGH*, Urt. v. 31. März 2003 (*Naletilić und Martinović*, TC), paras. 520, 1362; *JStGH*, Urt. v. 31. Juli 2003 (*Stakić*, TC), para. 687; *JStGH*, Urt. v. 1. September 2004 (*Brđanin*, TC), para. 545; *JStGH*, Urt. v. 17. Januar 2005 (*Blagojević und Jokić*, TC), para. 601.(作者在德文第2版中新增加的注释。——译者注)

** *JStGH*, Urt. v. 22. März 2006 (*Stakić*, AC), paras. 278, 307, 317。在这个意义上,还有 *JStGH*, Urt. v. 27. September 2006 (*Krajišnik*, TC), para. 726。但是,不同的有 *JStGH*, Urt. v. 3. Mai 2006 (*Naletilić und Martinović*, AC), Sondervorum Schomburg, para. 33。(作者在德文第2版中新增加的注释。——译者注)

[166] C. K. Hall, in O. Triffterer (ed.), *Commentary on the Rome Statute of the International Criminal Court* (1999), Art. 7, marginal no. 38.

[167] 也见1996年《法典草案》,对第18条的评论,第14段:"现行的分段将包括的是有系统和大规模任意监禁的例子,例如集中营、拘留营或者其他形式的长期监禁。"

[168] 参见,例如,C. K. Hall, in O. Triffterer (ed.), *Commentary on the Rome Statute of the International Criminal Court* (1999), Art. 7, marginal no. 38。

“监禁这个词……应当被理解为是任意性的监禁，也就是说，剥夺这名个人的自由缺乏法律的正当程序……在这个方面，本审判庭将不得不决定监禁的合法性，以及与有关个人或者有关人员团体随后的监禁有关的程序性保护的合法性。”[169]

707 在这里发挥作用的案件，特别是指那些涉及没有任何法律基础或者没有任何对程序的起码规则表示尊重的剥夺自由。[170]

708 对于心理性因素，适用《国际刑事法院规约》第30条。[171]

六 酷刑

参考书目：

709 Andrew Byrnes: Torture and Other Offences Involving the Violation of the Physical or Mental Integrity of the Human Person, in Gabrielle Kirk McDonald and Olivia Swaak-Goldman (eds.), *Substantive and Procedural Aspects of International Criminal Law— The Experience of International and National Courts*, Vol. 1 (2000), pp. 197 et seq.; Stephan Meseke: *Der Tatbestand der Verbrechen gegen die Menschlichkeit nach dem Römischen Statut des Internationalen Strafgerichtshofs* (2004), 211 ff.; Jasper M. Wauters: Torture and Related Crimes—A Discussion of the Crimes Before the International Criminal Tribunal for the former Yugoslavia, 11 *Leiden Journal of International Law* (1998), pp. 155 et seq.

---

[169] 参见 *Prosecutor v. Kordić and Čerkez*, ICTY (Trial Chamber), judgment of 26 February 2001, para. 302；肯定的，参见 *JStGH*, Urt. v. 17. Dezember 2004 (*Kordić und Čerkez*, AC), para. 116; *Prosecutor v. Krnojelac*, ICTY (Trial Chamber), judgment of 15 March 2002, para. 110；也见1996年《法典草案》，对第18条第8款的评论：“任意监禁”，和1996年《法典草案》，对第18条的评论，第14段：“‘监禁’这个词包含了剥夺个人的自由，‘任意’这个词建立的要求是，这种剥夺应当没有法律上的正当程序。”

[170] （作者删除的内容是：*Prosecutor v. Krnojetac*, ICTY (Trial Chamber), judgment of 15 March 2002, para. 113。——译者注）*JStGH*, Urt. v. 17. Dezember 2004 (*Kordić und Čerkez*, AC), para. 114；也见 Commission on Human Rights, Question of the human rights of all persons subjected to any form of detention or imprisonment, *Report of the Working Group on Arbitrary Detention*, UN Doc. E/CN. 4/1998/44, 19 December 1997, Annex I, para. 8. *Prosecutor v. Krnojelac*, ICTY (Trial Chamber), judgment of 15 March 2002, para. 115：“没有法律基础可以被用来将这种剥夺自由正当化……。”

[171] 关于心理性因素的一般要求，参见边码294以下，尤其是304以下。也见 *Prosecutor v. Krnojelac*, ICTY (Trial Chamber), judgment of 15 March 2002, para. 115：“任意剥夺个人身体自由的故意，或者合理地认识到自己的作为或者不作为可能导致任意剥夺身体自由。”对《国际刑事法院规约》第7条第1款第5项的《犯罪要件》规定：“3. 行为人知道确定行为严重程度的事实情况。”

危害人类罪的酷刑规定在《国际刑事法院规约》第7条第1款第6项之中。这个条文根据的是《管制理事会法》第10号第2条第1款第3项,《南斯拉夫国际法庭规约》第5条第6款和《卢旺达国际刑事法庭规约》第3条第6款。《犯罪要件》[172]另外要求,即使对一名个人进行酷刑,也符合这个犯罪的定义。 710

《国际刑事法院规约》第7条第2款5项规定了危害人类罪的酷刑的定义。根据这个条文,"'酷刑'意味着故意使在被告人羁押或控制下的人的身体或精神遭受重大痛苦;但是,酷刑不应当包括仅仅从合法制裁中产生的,或者这种制裁所固有或者附带的痛苦。"这个定义接受了在1984年12月10日的《禁止酷刑和其他残忍、不人道或有辱人格的待遇或处罚公约》中的用语,[173]但是,并没有采纳其中包含的手段与目的的关系。根据《国际刑事法院规约》,酷刑因此包含了由没有特别目的造成的痛苦,例如,由于纯粹任意的(arbitrary)原因。在进一步偏离这部《禁止酷刑公约》中,不需要参加人以一种官方的身份进行行为。 711

在国际刑法项下和在《禁止酷刑公约》中对酷刑的各种定义,因此具有显著的不同。因此,就不可能规避危害人类罪中的酷刑所具有的单独定义。然而,在铸就这个定义时,国际人权法就必须考虑这个标准,使得自己的指导性考虑能够转移到国际刑法之中。[174] 712

---

[172] 关于对《国际刑事法院规约》第7条第1款第6项的《犯罪要件》的谈判历史,参见 D. Robinson, in R. S. Lee (ed.), *Elements of Crimes and Rules of Procedure* (2001), pp. 90 et seq.。

[173] 1465 *UNTS* (1987), p. 112。《禁止酷刑公约》第1条第1款规定:"(1)为本公约的目的,'酷刑'这个词是指为了向某人或第三者取得情报或供状,为了他或第三者所作或涉嫌的行为对他加以处罚,或为了恐吓或威胁他或第三者,或为了基于任何一种歧视的任何理由,蓄意使某人在肉体或精神上遭受剧烈疼痛或痛苦的任何行为,而这种疼痛或痛苦是由公职人员或以官方身份行使职权的其他人所造成或在其唆使、同意或默许下造成的。纯因法律制裁而引起或法律制裁所固有或附带的疼痛或痛苦不包括在内。"

[174] 在各种判决书中,南斯拉夫国际法庭已经详细考虑了国际人权法对于建构危害人类罪的酷刑的重要性。第一个主导性案件是 *Prosecutor v. Kunarac* et al., ICTY (Trial Chamber), judgment of 22 February 2001, para. 482:"包含在《禁止酷刑公约》中的酷刑定义,不能认为是那种不管适用的背景是什么都有拘束力的习惯性国际法项下的酷刑定义。《禁止酷刑公约》的定义是在国家之间的层面上适用的,并且,由于这个原因,指向的是国家的义务。这个定义也仅仅是在那个公约的背景下适用,并且,仅仅在其他国际文件或者国家法律没有给个人提供更广阔或者更好的保护的范围内适用……[这个]包含在《禁止酷刑公约》第1条中的酷刑定义,仅仅服务于……一种解释性帮助。"这在很大程度上被肯定了,但是有着更大的细微区别,参见 *Prosecutor v. Kunarac* et al., ICTY (Appeals Chamber), judgment of 12 June 2002, para. 147:"……在涉及国家义务的情况下,《禁止酷刑公约》中的酷刑定义反映的是习惯性国际法,必须与下面这种说法区分开来:在酷刑罪的一般含义方面,这个定义完全反映了习惯性国际法。"相比之下,直接参考联合国酷刑定义的早期判决,参见 *Prosecutor v. Akayesu*, ICTR (Trial Chamber), judgment of 2 September 1998, para. 593,并且,认为上述联合国酷刑定义和超出这个定义的,更一般地,应当是习惯性国际法的,参见 *Prosecutor v. Mucić* et al., ICTY (Trial Chamber), judgment of 16 November 1998, para. 459:"反映了一种本审判庭认为是习惯性国际法的代表的一致意见";*Prosecutor v. Furundžija*, ICTY (Trial Chamber), judgment of 10 December 1998, para. 160:"然而,在这个有关的定义被法典化,或者对发展或者体现习惯性国际法作出贡献的范围内,可以产生一种超常规的效果";*Prosecutor v. Furundžija*, ICTY (Appeals Chamber), judgment of 21 July 2000, para. 111:"采用了这个观点:在第1条中的定义反映了习惯性国际法。"

713 对于危害人类罪的酷刑来说,客观特征的标准是使人遭受重大的身体性或者精神性痛苦。这个标准也是酷刑所具有的"人权"定义的一个核心因素。因此,各种国际法庭在解释中,都考虑了诸如由联合国人权委员会提供的报告,或者,由各种国际法院在禁止酷刑中所做的有关判例法。[175] 在这些报告和判例法中都提出,应当考虑具体案件中的全部情节,尤其是凌辱(abuse)的期限,及其对身体和精神的影响。虽然不可能为酷刑的实践制定出一个完整的目录,[176]但是,作为规则,下面这些行为就是酷刑本身:[177]

714 拔除牙齿、手指甲或者脚趾甲;电击人体的敏感部位;打击耳朵造成耳鼓破裂;打断骨头;烧灼身体;朝眼睛或者身体的其他敏感部位喷洒酸液;吊起来;浸入水中直至出现溺水症状;堵住鼻子和嘴巴以造成窒息;用强大的风扇造成体温过低;控制药物(治疗精神病的药品);不给食物、水,不让睡觉;强奸。

715 严重的心理性痛苦也符合这个犯罪的定义,例如,强迫一个人出现在其家庭成员[178]的酷刑或者类似行为的现场。然而,酷刑的方法不需要对健康导致永久性的损害。[179]

716 《国际刑事法院规约》第7条第2款第5项中的酷刑定义,明显地超过了《禁止酷刑公约》中的定义。[180] 这种行为不需要由一名公共官员或者其他以官方身份行为的人来进行,也不需要在他们的教唆或者取得他们明示或者默示的同意。这样一种要求会是违反《国际刑事法院规约》和习惯性国际法的。[181] 因此,由非国家组织以及甚至由私人个人进

---

[175] 参见,例如,*Prosecutor v. Mucić* et al.,ICTY(Trial Chamber),judgment of 16 November 1998,paras. 461 et seq.;*Prosecutor v. Kvočka* et al.,ICTY(Trial Chamber),judgment of 2 November 2001,paras. 142 et seq.。

[176] 参见 *Prosecutor v. Mucić* et al.,ICTY(Trial Chamber),judgment of 16 November 1998,paras. 461,469:"在任何准确的等级上说出痛苦的门槛层次,都是很困难的……然而,这样一种灰色区域的存在,不应当看成是一种请求(invitation),要求彻底列明对创设构成酷刑的行为,以便整齐地把这项禁止性规定加以归类。"也见 *Prosecutor v. Kvočka* et al.,ICTY(Trial Chamber),judgment of 2 November 2001,para. 147:"很清楚,一份彻底的关于酷刑实践的清单,是不可能制定出来的";*Prosecutor v. Kunarac* et al.,ICTY(Appeals Chamber),judgment of 12 June 2002,para. 149:"在允许彻底地分类和列举可以构成酷刑的行为方面,不存在更特别的要求。现行的判例法一直没有确定等同于酷刑的行为所要求的疼痛的绝对等级。"

[177] 参见,例如,*Prosecutor v. Kvočka* et al.,ICTY(Trial Chamber),judgment of 2 November 2001,para. 144。

[178] *Prosecutor v. Furundžija*,ICTY(Trim Chamber),judgment of 10 December 1998,para. 267;*Prosecutor v. Kvočka* et al.,ICTY(Trial Chamber),judgment of 2 November 2001,para. 149.

[179] *Prosecutor v. Kvočka* et al.,ICTY(Trial Chamber),judgment of 2 November 2001,para. 148:"虽然这种酷刑实践经常给被害人的健康造成永久性的损害,但是,永久性的伤害并不是对酷刑的一项要求。"类似的,参见 *JStGH*,Urt. v. 30. November 2005(*Limaj* et al.,TC),para. 236。

[180] 参见边码711。

[181] *Prosecutor v. Kunarac* et al.,ICTY(Trial Chamber),judgment of 22 February 2001,paras. 495,496:"这个犯罪的特点,应当从所实施的行为所具有的性质上去找,而不是从实施这个行为的人所具有的身份上去找";*Prosecutor v. Kvočka* et al.,ICTY(Trial Chamber),judgment of 2 November 2001,para. 139;*Prosecutor v. Krnojelac*,ICTY(Trial Chamber),judgment of 15 March 2002,para. 187。从那时起,这个观点就一

行的酷刑，就都包括在这个定义之内了。[182]

酷刑不包括仅仅从合法制裁中产生的，或者这种制裁所固有或者附带的痛苦。然而，国家所做的合法化并不自动地使酷刑成为“合法”；关键的因素是国际法的标准。[183] 717

对于心理性因素，适用《国际刑事法院规约》第30条。[184]在第7条第2款第5项中规定，痛苦的施加必须是“故意的”。这个条文并不偏离心理性因素的一般要求。在施加严重的身体和精神痛苦之外，并不需要追求一个目标。《犯罪要件》明确规定了这一点。[185] 718

各种国际法院已经创设了额外的主观性要求，这是从《禁止酷刑公约》中借鉴来的。[186]根据卢旺达和南斯拉夫国际法庭的判决，这种犯罪的实施必须是为了从这个人或者第三人那里取得一个陈述或者口供，为了因为一个人或者第三人在事实上或者在想象上实施的一个行为而对他进行惩罚，或者是为了恐吓或者强迫这个人或者第三人，或者出于任何形式的歧视的其他理由。[187]这些理由甚至已经获得了习惯性国际法的地位。[188] 719

直得到南斯拉夫国际法庭上诉庭的肯定，参见 *Prosecutor v. Kunarac* et al.，ICTY（Appeals Chamber），judgment of 12 June 2002，para. 148。也见（作者删除了“*Prosecutor v. Semanza*，ICTR（Trial Chamber），judgment of 15 May 2003，paras. 342 et seq.”。——译者注）*JStGH*，Urt. v. 1. September 2004（*Brđanin*，TC），paras. 488 f.；*JStGH*，Urt. v. 30. November 2005（*Limaj* et al.，TC），para. 240 und *RStGH*，Urt. v. 15. Mai 2003（*Semanza*，TC），paras. 342 f.。这可以比较的是 *Prosecutor v. Akayesu*，ICTR（Trial Chamber），judgment of 2 September 1998，para. 594；*Prosecutor v. Furundžija*，ICTY（Trial Chamber），judgment of 10 December 1998，para. 162；*Prosecutor v. Furundžija*，ICTY（Appeals Chamber），judgment of 21 July 2000，para. 111。

[182] 这个结论参见 C. K. Hall，in O. Triffterer（ed.），*Commentary on the Rome Statute of the International Criminal Court*（1999），Art. 7，marginal no. 107：“因此，与任何国家没有联系的武装政治团体的成员在和平时期的酷刑，将被包括在内。”

[183] 参见 *Report of the Special Rapporteur to the Commission on Human Rights Peter Kooijmans*，UN Doc. E/CN. 4/1988/17（1988），para. 42：“……在国内法项下被接受的惩罚，并不一定使它们成为《禁止酷刑公约》第1条意义上的‘合法惩罚’……最终确定一个确定的实践是否可以看成‘合法的’，是国际法而不是国内法。”

[184] 关于心理性因素一般要求的详细情况，参见边码294以下，尤其是边码304以下。也见 *Prosecutor v. Kunarac* et al.，ICTY（Trial Chamber），judgment of 22 February 2001，para. 497：“［在］国际人道法的领域中，酷刑犯罪的因素，在习惯性国际法项下是这样的……（2）这种作为或者不作为必须是国际性的。”这样做的，还见 *JStGH*，Urt. v. 30. November 2005（*Limaj* et al.，TC），para. 238。

[185] 在对《国际刑事法院规约》第7条第1款第6项的《犯罪要件》中，注释14指出：“应当理解为，无需为本罪证明特定目的。”

[186] 参见边码711。

[187] *Prosecutor v. Akayesu*，ICTR（Trial Chamber），judgment of 2 September 1998，para. 594；*Prosecutor v. Mudcić* et al.，ICTY（Trial Chamber），judgment of 16 November 1998 paras. 470 et seq.；*Prosecutor v. Kunarac* et al.，ICTY（Trial Chamber），judgment of 22 February 2001，para. 497；*Prosecutor v. Kvočka* et al.，ICTY（Trial Chamber），judgment of 2 November 2001，para. 141；*Prosecutor v. Krnojelac*，ICTY（Trial Chamber），judgment of 15 March 2002，para. 179。一些决定认为，使被害人屈辱的目的就足够了，参见，例如，*Prosecutor v. Furundžija*，ICTY（Trial Chamber），judgment of 10 December 1998，para. 162；*Prosecutor v. Kvočka* et al.，ICTY（Trial Chamber），judgment of 2 November 2001，para. 152。在南斯拉夫国际刑事法庭后来的决定中，对这种必要的中间性目的的关系（Mittel-Zweck-Relation）作了更宽泛的解释，并且不再提受到禁止的目的，参见 *JStGH*，Urt. v. 12. Juni 2002（*Kunarac* et al.，AC），para. 155；*JStGH*，Urt. v. 1. September 2004（*Brđanin*，TC），paras. 486 f.。提出完全批评的，参见 Cryer，*Prosecuting International Crimes*（2005），256 f.。

[188] 对于明确说明所列的酷刑目的在习惯性国际法上所处的地位，参见 *Prosecutor v. Kunarac* et al.，

720 根据这些判决，至少在《国际刑事法院规约》通过之时，要求在施加痛苦之外，还必须具有一个目的或者一种动机。这根据的是《禁止酷刑公约》。然而，在《国际刑事法院规约》中的这个新定义指向的发展，是能够导致从这样一些额外的主观性因素上后撤的，根据的甚至是习惯性国际法。否则，人们不应当过分评价这些分歧的实践效果。这些判决要求的这种目的或者动机，已经如此广泛地得到了想象，以至于没有什么案例还能够设想它们的不存在。因此，人们一般将实现的结果，无论是以南斯拉夫国际法庭的判例法为根据，还是以这部规约为根据，都是一样的。

七　性暴力

参考书目：

721 Kelly Dawn Askin: Gender Crimes Jurisprudence in the ICTR, *Journal of International Criminal Justice* 3 (2005), 1007 ff.; Kelly Dawn Askin: Sexual Violence in Decisions and Indictments of the Yugoslav and Rwandan Tribunals: Current Status, 93 *American Journal of International Law* (1999), pp. 97 et seq.; Christine M. Chinkin: Women's International Tribunal on Japanese Military Sexual Slavery, 95 *American Journal of International Law* (2001), pp. 335 et seq.; Nora V. Demleimer: Forced Prostitution: Naming an International Offense, 18 *Fordham International Law Journal* (1994), pp. 163 et seq.; Eve La Haye: The Elements of War Crimes -Rape, Sexual Slavery, Enforced Prostitution, Forced Pregnancy, Enforced Sterilisation, and Sexual Violence, in Roy S. Lee (ed.), *The International Criminal Court, Elements of Crimes and Rules of Procedure and Evidence* (2001), pp. 184 et seq.; Stephan Meseke: *Der Tatbestand der Ver-*

ICTY (Trial Chamber), judgment of 22 February 2001, paras. 485, 497; *Prosecutor v. Krnojelac*, ICTY (Trial Chamber), judgment of 15 March 2002, para. 185。相比之下，"其他"根据（"屈辱性"）还没有获得习惯性国际法的地位，参见 *Prosecutor v. Krnojelac*, ICTY (Trial Chamber), judgment of 15 March 2002, para. 186；但是，参见 *Prosecutor v. Furundžija*, ICTY (Trial Chamber), judgment of 10 December 1998, para. 162; *Prosecutor v. Kvočka* et al., ICTY (Trial Chamber), judgment of 2 November 2001, paras. 141, 152。列明的这些目的或者根据不需要居于支配地位；对它们来说，是动机的一部分就足够了，参见 *Prosecutor v. Mucić* et al., ICTY (Trial Chamber), judgment of 16 November 1998, para. 470; *Prosecutor v. Kunarac* et al., ICTY (Trial Chamber), judgment of 22 February 2001, para. 486; *Prosecutor v. Kvočka* et al., ICTY (Trial Chamber), judgment of 2 November 2001, para. 153; *Prosecutor v. Krnojelac*, ICTY (Trial Chamber), judgment of 15 March 2002, para. 184："在习惯性国际法项下，不要求这个行为必须仅仅为了一个被禁止的目的而实施……这个被禁止的目的必须仅仅是处于行为背后的动机的一部分，并且，不需要是居于支配地位的或者是唯一的目的。"肯定的，参见 *Prosecutor v. Kunarac* et al., ICTY (Appeals Chamber), judgment of 12 June 2002, para. 155。

brechen gegen die Menschlichkeit nach dem Römischen Statut des Internationalen Strafgerichtshofs (2004),218 ff.;William A. Schabas:*The UN International Criminal Tribunals,The Former Yugoslavia,Rwanda and Sierra Leone* (2006),209 ff.;Patricia Viseur Sellers:The Context of Sexual Violence:Sexual Violence as Violations of International Humanitarian Law, in GabrieUe Kirk McDonald and Olivia Swaak-Goldman (eds.),*Substantive and Procedural Aspects of International Criminal Law—The Experience of International and National Courts*, Vol. 1 (2000), pp. 263 et seq.

通过性暴力实施的危害人类罪,本身并没有包含在《纽伦堡宪章》之中,但是可以通过那个"其他不人道行为"的兜底条款(the catch- all clause)得到体现。在那之后不久,强奸很快就被明确地包括在《管制理事会法》第10号之中了。在南斯拉夫国际法庭和卢旺达国际法庭的规约中,也作为一种单独的犯罪加以规定了。然而,性暴力的其他形式,在这些文件中都没有被提到,只能作为其他危害人类罪或者通过"其他不人道行为"这个兜底条款才能得到反映。《国际刑事法院规约》第7条第1款第7项,在这里,通过列举一组性暴力犯罪的方式,对此进行了重要的明确。《国际刑事法院规约》包括了强奸、性奴役、强迫卖淫、强迫怀孕、强迫绝育或严重程度相当的任何其他形式的性暴力。[189] 722

(一)强奸

《国际刑事法院规约》第7条第1款第7项中的第1项选择,处理的就是危害人类罪中的强奸。这个条文根据的是《南斯拉夫国际法庭规约》第5条第7款和《卢旺达国际法庭规约》第3条第7款。 723

在《国际刑事法院规约》谈判开始时,这个犯罪的定义还没有得到发展。因此,《犯罪要件》[190]第一次规定了这种犯罪行为的一个更特别的定义。物质性因素要求,行为人必须 724

[189] 在关于《罗马规约》的谈判过程中,"在国际刑事法院中争取性别公正的妇女核心会议"(The Women's Caucus for Gender Justice in the International Criminal Court)的坚持,在这个方面的发展中,发挥了很大的作用。参见 K. D. Askin,10 *Criminal Law Forum* (1999), p. 33 at p. 45。《塞拉利昂特别法庭规约》第2条第7款采纳了在《国际刑事法院规约》中的这个规则。关于在战争罪法律中性暴力的相同定义,参见边码908以下。

[190] 对《国际刑事法院规约》第7条第1款第7项之一的《犯罪要件》规定:"1. 行为人侵入(注释15:'侵入'一词概念含义广泛,不分性别。)某人身体,其行为导致以性器官不论如何轻微地进入被害人或行为人身体任一部位,或以任何物体或身体其他任何部位进入被害人的肛门或生殖器官。2. 侵入以武力实施,或以针对该人或另一人实行武力威胁或胁迫,例如以暴力恐惧心理、强迫、羁押、心理压迫或滥用权力造成胁迫情况的方式实施,或利用胁迫环境实施,或者是针对无能力给予真正同意的人实施的(注释16:有关的人可以因自然、诱发或与年龄有关的因素而无能力给予真正同意。本脚注也适用于第7条第1款第7项之三、五和六的相应要件)。"

侵入被害人的身体，必须有插入的结果。这被理解为是中性的，因为男人和女人都能成为强奸的被害人。强奸并不仅仅包括强迫的性（男性的阴茎插入女性的阴道）；这种犯罪也包括了行为人的性器官插入其他身体性腔穴的性行为（口腔和肛门的插入）。最后，行为人身体的任何部分或者物体插入身体的阴道或者其他部分，也是包括在内的。这个犯罪的定义也要求使用暴力，或者威胁使用暴力以及其他暴力。

725 这个犯罪的因素被制定出来反映各种国际刑事法庭的判例法。[191] 在阿卡耶苏案件中，卢旺达国际法庭把强奸定义为一种必须伴随强制的具有性的性质的身体性侵入，[192]南斯拉夫国际法庭在福荣季亚（Furundžija）案件中，先是把强奸的特征规定为（1）性插入被害人的身体性腔穴，（2）对被害人或者第三人使用强制、暴力或者威胁使用暴力。[193] 然而，在库纳拉奇案件中，南斯拉夫国际法庭的审判庭发现，对强制性因素的这种强调太狭窄了。在这个法院看来，对世界各国刑法制度的综合性比较表明，强调对强制的使用或者暴力的使用，不如其是否在违背这名被害人的意志上发生的那么强烈。因此，[194]在（2）中的因素就被重新制定了。[195] 上诉庭在那之后，一直肯定了库纳拉奇的定义。[196] 结果就是，强奸定义的重点已经从行为人的客观行为转移到被害人的反对性意志上来了。[197]

---

[191] 关于对《国际刑事法院规约》第 7 条第 1 款第 7 项之一的谈判历史，参见 E. La Haye, in R. S. Lee (ed.), *The International Criminal Court, Elements of Crimes and Rules of Procedure and Evidence* (2001), pp. 184 et seq.。对南斯拉夫国际法庭和卢旺达国际法庭关于性暴力的法理学的详细综述，参见 K. D. Askin, 93 *American Journal of International Law* (1999), pp. 97 et seq.; C. Möller, in J. Hasse, E. Müller and P. Schneider (eds.), *Humanitäres Völkerrecht* (2001), p. 280 at pp. 288 et seq., and P. Viseur Sellers, in G. Kirk McDonald and O. Swaak-Goldman (eds.), *Substantive and Procedural Aspects of International Criminal Law*, Vol. 1 (2000), pp. 263 et seq.。

[192] 一个主导性案例是 *Prosecutor v. Akayesu*, ICTR (Trial Chamber), judgment of 2 September 1998, paras. 598 and 688:"一种性的性质的身体性侵入，对一个人在强迫的情况下实施"；肯定的，参见 *Prosecutor v. Mucić* et al., ICTY (Trial Chamber), judgment of 16 November 1998, paras. 478 et seq., and *Prosecutor v. Musema*, ICTR (Trial Chamber), judgment of 27 January 2000, para. 229; *RStGH*, Urt. v. 16. Mai 2003 (*Niyitegeka*, TC), para. 457。

[193] *Prosecutor v. Furundžija*, ICTY (Trial Chamber), judgment of 10 December 1998, para. 185:"（1）性的侵入是，不管多么轻微：1）由行为人的阴茎或者行为人使用的其他物品对被害人的阴道或者肛门；或者 2）由行为人的阴茎对被害人的口腔；（2）使用强迫或者暴力或者对被害人或者一名第三人的暴力威胁。"

[194] 对于详细的讨论，参见 *Prosecutor v. Kunarac* et al., ICTY (Trial Chamber), judgment of 22 February 2001, paras. 441 et seq.。

[195] *Prosecutor v. Kunarac* et al., ICTY (Trial Chamber), judgment of 22 February 2001, para. 460:"……在这种侵入的发生未经被害人同意的情况下。同意必须自愿作出，作为这名被害人自由意志的结果，在周围情况的背景下进行评估。"但是，参见 *Prosecutor v. Kvočka* et al., ICTY (Trial Chamber), judgment of 2 November 2001, para. 177:"（1）这种性行动必须伴随着对被害人或者第三人的暴力或者暴力威胁；（2）这种性行动必须伴随着暴力，或者各种其他特别的情况，从而使被害人特别易受伤害或者使她无法做出一种能使人知悉的拒绝；或者（3）这种性行动必须在未经被害人同意的情况下发生。"

[196] 参见 *Prosecutor v. Kunarac* et al., ICTY (Appeals Chamber), judgment of 12 June 2002, para. 128。

[197] 然而，在这两个判决书中采取的方向将通常导致同一个结果。从这个角度，参见 *Prosecutor v. Kunarac* et al., ICTY (Appeals Chamber), judgment of 12 June 2002, para. 129; *Prosecutor v. Kunarac* et al.,

在武装力量出现的武装冲突中，就存在着一种几乎是普遍性的强制情况，因此，作为一项规则，在被害人方面就不能认为存在着真正的同意。[198]如果被害人处于被关押之中，就更是这样了。[199]这个解释也构成了《国际刑事法院程序规则》的基础。[200] 726

对于心理性因素，适用《国际刑事法院规约》第30条。[201] 727

（二）性奴役

性奴役在本质上是奴役状态的一种特殊表现形式。[202]这在《犯罪要件》中得到了明确，在那里，这部要件接受了奴隶性的标准。行为人必须迫使被害人从事各种性行为。[203]性奴 728

ICTY (Trial Chamber), judgment of 22 February 2001, para. 458："在实践中，缺乏真正的和自由给出的同意或者自愿参加，可以通过各种因素的存在而得到证明……，例如，暴力、暴力威胁，或者利用一个人无法抵抗之便。"还有 para. 459："面对着在 *Furundžija* 案件中很清楚的：强迫、暴力或者暴力威胁不应当狭窄地解释，尤其是强迫，将包括否定同意的大多数行为，因此，[库纳拉奇]在实质上与福荣季亚的定义并没有什么区别。"也见 *RStGH*, Urt. v. 28. April 2005 (*Muhimana*, TC), para. 546; *RStGH*, Urt. v. 12. September 2006 (*Muvunyi*, TC), paras. 517 ff.。

[198] *Prosecutor v. Akayesu*, ICTR (Trial Chamber), judgment of 2 September 1998, para. 688："强迫的情形不需要通过身体性暴力的表现来加以证明……并且强迫可以是特定情况所固有的，例如武装冲突或者这种军事存在。"类似地，*Prosecutor v. Mucić* et al., ICTY (Trial Chamber), judgment of 16 November 1998, para. 495; *Prosecutor v. Kvočka* et al., ICTY (Trial Chamber), judgment of 2 November 2001, para. 178。肯定的，参见 *Prosecutor v. Kunarac* et al., ICTY (Appeals Chamber), judgment of 12 June 2002, para. 130："[大]多数被指控为战争罪或者危害人类罪的案件，总是在全世界都是强迫性的。也就是说，真正的同意将是不可能的。"也见 *Contemporary Forms of Slavery, Systematic Rape, Sexual Slavery and Slavery-like Practices During Armed Conflict, Final Report submitted by Ms. Gay J. McDougall, Special Rapporteur*, UN Doc. E/CN.4/Sub.2/1998/13, 22 June 1998, para. 24："这些存在于所有武装冲突状态中明显的强迫性情况，建立了一个非同意性的前提，并且否定了迫害所需要的建立一种缺乏同意来作为这个犯罪的一个因素。"

[199] *Prosecutor v. Furundžija*, ICTY (Trial Chamber), judgment of 10 December 1998, para. 271："囚禁的任何形式都损害了同意"，类似地，带有比较性的法律引文，参见 *Prosecutor v. Kunarac* et al., ICTY (Appeals Chamber), judgment of 12 June 2002, para. 131。

[200] 国际刑事法院《程序规则》规则70（性暴力案件中的证据原则）规定："在性暴力案件中，本法院应以下列原则为指导，并酌情予以适用：(1)被害人因武力、武力威胁、胁迫或利用胁迫性环境而丧失自愿给予真正同意的能力时，不得根据被害人的言词或行为推断同意；(2)被害人没有能力给予真正同意的，不得根据其言词或行为推断同意；(3)被害人对控告所涉的性暴力行为保持沉默或不加抗拒，不得被推断为同意；(4)不得以被害人或证人事前或事后行为的性内涵推断被害人或证人的可信性、人格或接受性行为的倾向。"

[201] 关于心理性因素的一般要求，参见边码294以下，尤其是304以下。也见 *Prosecutor v. Kunarac* et al., ICTY (Trial Chamber), judgment of 22 February 2001, para. 460："影响这种性侵入的故意和认识到这是在没有被害人同意的情况下发生的。"

[202] 参见 *Contemporary Forms of Slavery, Systematic Rape, Sexual Slavery and Slavery-like Practices During Armed Conflict, Final Report submitted by Ms. Gay J. McDougall Special Rapporteur*, UN Doc. E/CN.4/Sub.2/1998/13, 22 June 1998, para. 30："'性'这个词用于……作为一种形容词，描写奴役的一种形式，而不是表示一种单独的犯罪。"对于其作为一个单独犯罪状态的批评性观点，也见 M. Boot, in O. Triffterer (ed.), *Commentary on the Rome Statute of the International Criminal Court* (1999), Art. 7, marginal no. 47："它应当作为奴役状态的一种特殊形式来考虑，这种形式包含了奴役的各种形式。"也见边码684以下。

[203] 对《国际刑事法院规约》的《犯罪要件》第7条第1款第7项之二规定："2. 行为人使一人或多人进行一项或多项与性有关的行为。"

役的例子有日本军队在第二次世界大战中建立的“慰安所”，[204]以及在南斯拉夫冲突期间存在的“强奸营”。[205]

（三）强迫卖淫

729 长期以来，“强迫卖淫”一直受到各种国际人权法律文件的明确禁止。[206]《国际刑事法院规约》第一次承认这是一种单独的危害人类罪。[207] 根据《犯罪要件》，这种犯罪的物质性因素要求，行为人必须通过使用暴力或者威胁使用暴力或者强制手段，迫使一名或者多名人员从事性行为。行为人或者其他人必须获得或者期待获得金钱或者其他好处，以换取这种性行为，或者与这种性行为有关。[208]

730 在武装冲突期间，强迫卖淫典型地符合了奴役状态的定义。[209] 那种强迫性妓院的创设，经常不是为了获得利润，而是为了“强化军队的士气”。

（四）强迫怀孕

731 “强迫怀孕”作为一种危害人类罪，是《国际刑事法院规约》的一项独特的创造。根据《国际刑事法院规约》第7条第2款第6项，这种犯罪定义对物质性因素的要求是，非法监禁一名强迫怀孕后的妇女。为了完成这种犯罪，只要行为人把一名由其他人强迫怀孕后

---

[204] 参见 *The Prosecutors and the Peoples of Asia-Pacific Region v. Emperor Hirohito et al. and the Government of Japan*, Women's International War Crimes Tribunal 2000 for the Trial of Japanese Military Sexual Slavery, judgment of 12 December 2000。也见 C. Chinkin, 95 *American Journal of International Law* (2001), pp. 335 et seq. 。

[205] 参见 *Prosecutor v. Kunarac* et al. , ICTY (Trial Chamber), judgment of 22 February 2001。

[206] 参见《日内瓦公约（四）》第27条第2款；《第一附加议定书》第75条第2款第2项和第76条第1款；《第二附加议定书》第4条第2款第5项，参见边码914以下。

[207] 强迫卖淫也包含在1996年《法典草案》第18条第10项中，作为一种危害人类罪。也见 N. V. Demleitner, 18 *Fordham International Law Journal* (1994), pp. 163 et seq. 。

[208] 对《国际刑事法院规约》的《犯罪要件》第7条第1款第7项之三规定：“1. 行为人迫使一人或多人进行一项或多项与性有关的行为，并为此采用武力，或针对这些人或另一人实行武力威胁或胁迫，例如以暴力恐惧心理、强迫、羁押、心理压迫或滥用权力造成胁迫情况，或利用胁迫环境或这些人无能力给予真正同意的情况。2. 行为人或另一人实际上或预期以这种与性有关的行为换取，或因这种与性有关的行为取得金钱或其他利益。”

[209] *Contemporary Forms of Slavery, Systematic Rape, Sexual Slavery, and Slavery-Like Practices During Armed Conflict, Final Report submitted by Ms. Gay J. McDougall Special Rapporteur*, UN Doc. E/CN. 4/Sub. 2/1998/13, 22 June 1998, para. 33：“作为一项一般原则，看起来，在武装冲突的情形中，能够被称之为强迫卖淫的大部分事实性情景，就也会等同于性奴役，并且，能够更恰当和更容易地被定性和起诉为奴役。”也见边码687。

的妇女作为囚犯加以关押，这就足够了。这个定义明确规定，禁止堕胎的国内法并不包括在内。如果没有这种排除性的考虑，那么，在强迫怀孕上的谈判就会更加困难。[210]

在主观方面，强迫怀孕首先要求，这个犯罪的物质性因素应当以故意和知道来进行 732
(《国际刑事法院规约》第30条)。[211] 另外，行为人的行为必须出于影响任何人口的民族构成的目的，或者出于进行其他严重违反国际法的目的。这规定在《国际刑事法院规约》第7条第2款第6项之中。

(五)强迫绝育

在《国际刑事法院规约》中，强迫绝育第一次被列为危害人类罪的一种特殊表现形 733
式。《国际刑事法院规约》没有包括强迫绝育的定义。根据《犯罪要件》，[212]行为人必须永久性地剥夺至少一个人在生物意义上的生殖能力。在医学上必须加以治疗的情况是例外。有关犯罪行为的典型例子是，在第三帝国中为了保证所谓的“人种健康”的强制绝育，以及在纳粹集中营中对囚犯进行的医学实验。[213]

(六)性暴力的其他形式

对其他具有相当严重性的性暴力加以概括性的规定，具有一种兜底的性质。根据 734
《犯罪要件》，[214]行为人必须对一名或者多名人员实施一种具有性的性质的行为，或者使用暴力、威胁使用暴力，或者强制造成这名或者这些人员从事具有性的性质的行为。这种行为在严重程度上，必须与《国际刑事法院规约》第7条第1款第7项列明的行为相当。

---

[210] 关于各种谈判，参见 H. von Hebel and D. Robinson, in R. S. Lee (ed.), *The International Criminal Court, The Making of the Rome Statute* (1999), p. 79 at p. 100; K. D. Askin, 10 *Criminal Law Forum* (1999), p. 33 at p. 46。

[211] 关于心理性因素的一般要求，参见边码294以下，尤其是边码304以下。

[212] 对《国际刑事法院规约》的《犯罪要件》第7条第1款第7项之五规定：“1. 行为人剥夺一人或多人的自然生殖能力。(注释19：剥夺行为不包括实际上不具有长期效果的节育措施。)2. 行为缺乏医学或住院治疗这些人的理由，而且未得到本人的真正同意(注释20：可以理解为，‘真正同意’不包括以欺骗手段取得的同意)。”

[213] 参见 US Military Tribunal, Nuremberg, judgment of 20 August 1947 (*Brandt* et al., so-called Medical Trial), in *Trials of War Criminals* II, pp. 171 et seq.。

[214] 对《国际刑事法院规约》的《犯罪要件》第7条第1款第7项之六规定：“1. 行为人对一人或多人实施一项与性有关的行为，或迫使这些人进行一项与性有关的行为，并为此采用武力，或针对这些人或另一人实行武力威胁或胁迫，例如以暴力恐惧心理、强迫、羁押、心理压迫或滥用权力造成胁迫情况，或利用胁迫环境或这些人无能力给予真正同意的情况。2. 行为的严重程度与《规约》第7条第1款第7项所述的其他犯罪相类似。”

《犯罪要件》根据的是卢旺达国际法庭在阿卡耶苏案件中的判决。[215] 这个审判庭把这个概念适用于命令一名女学生脱去衣服并强迫她在一大群人之前做裸体体操的行为。[216]

八 迫害

参考书目：

735 Stephan Meseke: *Der Tatbestand der Verbrechen gegen die Menschlichkeit nach dem Römischen Statut des Internationalen Strafgerichtshofs* (2004), pp. 238 et seq.; William A. Schabas: *The UN International Criminal Tribunals, The Former Yugoslavia, Rwanda and Sierra Leone* (2006), 215 ff.; Olivia Swaak-Goldman: Persecution, in Gabrielle Kirk McDonald and Olivia Swaak-Goldman (eds.), *Substantive and Procedural Aspects of International Criminal Law—The Experience of International and National Courts*, Vol. 1 (2000), pp. 247 et seq.; Olivia Swaak-Goldman: The Crime of Persecution in International Criminal Law, 11 *Leiden Journal of International Law* (1998), pp. 145 et seq.

736 《国际刑事法院规约》第7条第1款第8项处理的是危害人类罪中的迫害。自从纽伦堡以来，迫害罪就一直包括在所有有关的国际刑法文件之中，尤其是在《纽伦堡宪章》第6条第3款，《管制理事会法》第10号第2条第1款第3项，《东京宪章》第5条第3款，《南斯拉夫国际法庭规约》第5条第8款和《卢旺达国际刑事法庭规约》第3条第8款之中。然而，这些文件中所包含的迫害罪的定义，都不像《国际刑事法院规约》第7条第2款第7项和第3款中的“迫害”定义和“性别”这个词相联系的第7条第1款第8项那么详细。

737 在《国际刑事法院规约》的谈判中，面临的问题是没有迫害的定义。[217] 虽然“迫害”这个定义经常是从国际难民法或者人权法中借用来的，但是，各种国际刑事法庭都一直明确地拒绝这样一种类推。[218] 在

---

[215] *Prosecutor v. Akayesu*, ICTR (Trial Chamber), judgment of 2 September 1998, para. 598:“任何在强迫的情况下对一个人实施具有性的性质的行为。”

[216] *Prosecutor v. Akayesu*, ICTR (Trial Chamber), judgment of 2 September 1998, para. 688.

[217] 关于这个观点，参见 *Prosecutor v. Tadić*, ICTY (Trial Chamber), judgment of 7 May 1997, para. 694; *Prosecutor v. Kupreškić* et al., ICTY (Trial Chamber), judgment of 14 January 2000, para. 567; *Prosecutor v. Blaškić*, ICTY (Trial Chamber), judgment of 3 March 2000, para. 219; *Prosecutor v. Kordić and Čerkez*, ICTY (Trial Chamber), judgment of 26 February 2001, para. 192。

[218] 参见 *Prosecutor v. Kuprškić* et al., ICTY (Trial Chamber), judgment of 14 January 2000, para. 589:“这个从国际难民法或者人权法中产生的定义，不能……在这里被遵循。”

《国际刑事法院规约》第7条第2款第7项中的迫害定义,根据的是南斯拉夫国际法庭在塔迪奇案件中提出来的先例,并且是以1996年《法典草案》第18条为导向的。从那以来,南斯拉夫法庭的各项判决就一直在成功地不断明确习惯性国际法项下的迫害罪所具有的各种特征。[219]

(一)物质性因素

这种物质性因素要求对一个可识别团体或者社会的迫害。例如,在各种法律歧视一个特定的团体时,这个团体本身就能够成为迫害的对象。但是,这个定义也包括了指向作为一个团体代表人的个人。有关团体或者集合体的种类,可以从对行为人的行为所要求的动机中推导出来。与灭绝种族相比,在这里,从一开始就很明确的是,只有行为人对这个团体的识别,才具有决定性的意义。[220] 738

根据《国际刑事法院规约》第7条第2款第7项中的定义,迫害是违反国际法,出于对这个团体和集合体的认识,故意并严重地剥夺各种基本权利。这个定义根据的是南斯拉夫法庭的一些判决,尤其是塔迪奇这个主导性案件,[221]同时,也符合1996年《法典草案》第18条。[222] 从诸如《世界人权宣言》和《公民权利和政治权利国际公约》这样的文件中规定 739

---

[219] 参见《国际刑事法院规约》通过之后的判决:*Prosecutor v. Kupreškić* et al. ,ICTY (Trial Chamber),judgment of 14 January 2000,paras. 567 et seq. ;*Prosecutor v. Blaškić*,ICTY (Trial Chamber),judgment of 3 March 2000,paras. 218 et seq. ;*Prosecutor v. Kordić and Čerkez*,ICTY (Trial Chamber),judgment of 26 February 2001,paras. 188 et seq. ;*Prosecutor v. Krstić*,ICTY (Trial Chamber),judgment of 2 August 2001,paras. 533 et seq. ;*Prosecutor v. Kvočka* et al. ,ICTY (Trial Chamber),judgment of 2 November 2001,paras. 184 et seq. ;*Prosecutor v. Krnojelac*,ICTY (Trial Chamber),judgment of 15 March 2002,paras. 431 et seq. ;*Prosecutor v. Vasiljević*,ICTY (Trial Chamber),judgment of 29 November 2002,paras. 244 et seq. ;*Prosecutor v. Simić* et al. ,ICTY (Trial Chamber),judgment of 17 October 2003,paras. 47 et seq. ;*Prosecutor v. Stakić*,ICTY (Trial Chamber),judgment of 31 July 2003,paras. 732 et seq. ;*Prosecutor v. Semanza*,ICTR (Trial Chamber),judgment of 15 May 2003,paras. 347 et seq. 。

[220] *Prosecutor v. Naletilić and Martinović*,ICTY (Trial Chamber),judgment of 31 March 2003,para. 636:"作为目标的这个团体必须作广阔的解释,并且可以,特别包括这种人,他们由于与被害人团体的亲密关系或者同情被害人团体,而被行为人定义为属于被害人团体。"

[221] 参见 *Prosecutor v. Tadić*,ICTY (Trial Chamber),judgment of 7 May 1997,para. 697:"[在]这里需要的是歧视的某种形式,目的在于或者导致了对一个人基本权利的侵犯……正是在某种严重形式下对平等权利的这种侵害,侵犯了对一种基础的或者基本权利的享受,从而构成了迫害。"在《罗马规约》通过之后,南斯拉夫国际法庭进一步明确了这个习惯性国际法的定义,参见 *Prosecutor v. Kupreškić* et al. ,ICTY (Trial Chamber),judgment of 14 January 2000,para. 621:"在歧视性基础上粗暴地或者露骨地否定一项规定在国际性习惯法或者条约法中的基本权利,达到了与《南斯拉夫国际法庭规约》第5条所禁止的其他行为的同一等级。"肯定的,参见 *Prosecutor v. Kordić and Čerkez*,ICTY (Trial Chamber),judgment of 26 February 2001,para. 195;*Prosecutor v. Krstić*,ICTY (Trial Chamber),judgment of 2 August 2001,para. 534;*Prosecutor v. Kvočka* et al. ,ICTY (Trial Chamber),judgment of 2 November 2001,para. 184;*Prosecutor v. Krnojelac*,ICTY (Trial Chamber),judgment of 15 March 2002,para. 434;*Prosecutor v. Simić* et al. ,ICTY (Trial Chamber),judgment of 17 October 2003,para. 47。

[222] 参见1996年《法典草案》,对第18条的评论,第11段:"否定在《联合国宪章》(第1条,第55条)和《公民权利和政治权利国际公约》(第2条)承认的、每个人都有权毫无区别地享有的人权和基本自由。"

的"基本权利"的背景中,也能够确定这个定义。在这些基本权利中,这个南斯拉夫法庭特别强调生命权、身体和精神的不可侵犯权,以及人身自由权。[223]《犯罪要件》明确了,剥夺一名单独个人的权利是不能满足这个定义的要求的。

740 根据《国际刑事法院规约》第7条第2款第7项的文字,似乎有可能仅仅包括一种形式上剥夺与一个团体有关的各种权利,例如,包括以团体身份为基础剥夺特定权利的各种法律措施。然而,《国际刑事法院规约》所依据的这个南斯拉夫法庭的各种判决都确认,组成迫害罪的各种行为是能够由多种形式组成的。无论行为具有一种身体的、经济的或者法律的性质,只要侵犯了基本人权,就都应当加以包括。[224] 关键方面总是侵犯行为在客观上具有的歧视性和影响权利的性质。[225] 仇恨性讲演也能够符合迫害的这些要求。[226]

741 根据南斯拉夫法庭的这些判决,可以区分两种不同的侵害。第一种包含的举止行为是与国际刑法有关的或者本身就具有国际刑法的性质,因为它们满足了战争罪、灭绝种族罪[227]或者其他单独的危害人类罪的定义。[228] 第二种包含的举止行为本身并没有满足这些

---

[223] *Prosecutor v. Blaškić*, ICTY (Trial Chamber), judgment of 3 March 2000, para. 220:"一个人基本的和不可剥夺的权利,是'享有生命、自由和人身安全的权利','不得使为奴隶或奴役'的权利,'不得加以酷刑,或施以残忍的、不人道的或有辱人格的待遇或处罚'的权利,以及'不得加以任意逮捕、拘禁或放逐'的权利,这些权利在《世界人权宣言》第3条、第4条、第5条和第9条中得到了肯定。"

[224] *Prosecutor v. Tadić*, ICTY (Trial Chamber), judgment of 7 May 1997, para. 710:"[迫害]包括了各种行为,特别包括了那些具有身体、经济或者司法性质的行为,只要侵害了一个人平等享有其基本权利的权利。"

[225] 明确的发展,参见 *Prosecutor v. Krnojelac*, ICTY (Trial Chamber), judgment of 15 March 2002, para. 431:"在事实上的歧视,并且,其否定或者损害了规定在国际习惯法或者条约法(the actus reus)中的基本权利。"类似的,参见 *Prosecutor v. Tadić*, ICTY (Trial Chamber), judgment of 7 May 1997, para. 707:"[迫害]能够采取许多形式,只要在享受基础的或者基本权利方面存在着歧视性这个共同因素,同时,迫害并不需要要求一种身体性因素";*Prosecutor v. Kordić and Čerkez*, ICTY (Trial Chamber), judgment of 26 February 2001, para. 189:"歧视性作为或者不作为。"也见 *JStGH*, Urt. v. 1. September 2004 (*Brđanin*, TC), para. 993。

[226] *Prosecutor v. Nahimana* et al., ICTR (Trial Chamber), judgment of 3 December 2003, paras. 1070 et seq.

[227] 参见 *Prosecutor v. Tadić*, ICTY (Trial Chamber), judgment of 7 May 1997, para. 700; *Prosecutor v. Kupreškić* et al., ICTY (Trial Chamber), judgment of 14 January 2000, para. 617; *Prosecutor v. Kordić and Čerkez*, ICTY (Trial Chamber), judgment of 26 February 2001, paras. 201 et seq.; *Prosecutor v. Krstić*, ICTY (Trial Chamber), judgment of 2 August 2001, para. 535; *Prosecutor v. Kvočka* et al, ICTY (Trial Chamber), judgment of 2 November 2001, para. 185; *Prosecutor v. Krnojelac*, ICTY (Trial Chamber), judgment of 15 March 2002, para. 433。

[228] 对于一个主导性案件,参见 *Prosecutor v. Kupreškić* et al., ICTY (Trial Chamber), judgment of 14 January 2000, paras. 593 et seq., 617;肯定的,参见 *Prosecutor v. Blaškić*, ICTY (Trial Chamber), judgment of 3 March 2000, paras. 220 et seq.; *Prosecutor v. Kordić and Čerkez* ICTY (Trial Chamber), judgment of 26 February 2001, para. 201; *Prosecutor v. Krstić*, ICTY (Trial Chamber), judgment of 2 August 2001, para. 535; *Prosecutor v. Kvočka* et al., ICTY (Trial Chamber), judgment of 2 November 2001, para. 185; *Prosecutor v. Krnojelac*, ICTY (Trial Chamber), judgment of 15 March 2002, para. 433; *JStGH*, Urt. v. 29. Juli 2004 (*Blaškić*, AC), paras. 143, 150 f.; *JStGH*, Urt. v. 1. September 2004 (*Brđanin*, TC), paras. 999 ff.; *JStGH*, Urt. v. 17. Januar 2005 (*Blagojević und Jokić*, TC), paras. 585 ff.; *JStGH*, Urt. v. 27. September 2006 (*Krajišnik*, TC), paras. 734, 742 ff.。

所列的定义。[229] 并不是每一种损害都作为一种迫害行为加以包括的，只有“严重”剥夺基本权利的才能加以包括。这个“门槛条款”能够被解释为是为了使充满活力的人权发展符合法治原则（法无明文规定不为罪）所进行的努力中的一部分。[230] 严重性的标准就是一个行为的后果相当于其他具体的危害人类罪。剥夺各项权利不应当孤立地进行考虑；这种剥夺应当是一种典型的歧视性政策的表现，同时，必须在整个背景中进行评价。[231] 迫害者的作为或者不作为都必须具有歧视性结果。[232]

第二种迫害的典型例子是第三帝国的迫害性政策，包括第三帝国的领导机构发布的数量众多的反犹太人的法律、命令和措施。[233] 例如，“帝国公民权法”（the Reich Citizenship Law）就规定：只有“具有德国或者相关血统的公民”才能够是这个帝国的公民，并且，才因此能够成为“完全政治权利的承担者”。在法律形式中的其他措施，排除了犹太人进入公共机关和专业领域的途径，干涉了他们的财产和家庭生活，并且限制了他们的行动自由。[234] 742

不清楚的是，在什么程度下，侵犯财产权能够被列入迫害行为的范围。例如，在弗利克审判中，法庭决定，通过暴力性夺取工业资产来侵犯财产权的，不是危害人类罪。[235] 根据新的国际判例法，必须正确地根据对财产进行攻击的种类和严重性来确定区别点。因 743

---

[229] 对于一个主导性案件，参见 *Prosecutor v. Tadić*, ICTY (Trial Chamber), judgment of 7 May 1997, paras. 703 et seq.；肯定的，参见*JStGH*, Urt. v. 28. Februar 2005 (*Kvočka* et al., AC), para. 323；也见 *Prosecutor v. Kupreškić* et al., ICTY (Trial Chamber), judgment of 14 January 2000, paras. 614, 617；*Prosecutor v. Blaškić*, ICTY (Trial Chamber), judgment of 3 March 2000, para. 233；*Prosecutor v. Kordić and Čerkez*, ICTY (Trial Chamber), judgment of 26 February 2001, para. 193；*Prosecutor v. Krstić*, ICTY (Trial Chamber), judgment of 2 August 2001, para. 535；*Prosecutor v. Kvočka* et al., ICTY (Trial Chamber), judgment of 2 November 2001, para. 185；*Prosecutor v. Krnojelac*, ICTY (Trial Chamber), judgment of 15 March 2002, para. 433。

[230] 参见 *Prosecutor v. Kuprdkić* et al., ICTY (Trial Chamber), judgment of 14 January 2000, para. 618：“虽然人权的领域是动态的和扩张的，并不是每一种对人权的否认都可以构成一种危害人类罪。”

[231] *Prosecutor v. Kupreškić* et al., ICTY (Trial Chamber), judgment of 14 January 2000, paras. 622, 615：“迫害的行为必须不是处于孤立之中，而必须在其背景中被审查，在其累计性效果中被权衡……虽然个人的行为不可以是不人道的，它的总结果必须在这样一种可以被称为‘不人道的’方法中违反了人性”；得到确定的，参见 *JStGH*, Urt. v. 28. Februar 2005 (*Kvočka* et al., AC), para. 321；也见 *Prosecutor v. Kordić and Čerkez*, ICTY (Trial Chamber), judgment of 26 February 2001, para. 199；*Prosecutor v. Krstić*, ICTY (Trial Chamber), judgment of 2 August 2001, para. 535；*Prosecutor v. Kvočka* et al., ICTY (Trial Chamber), judgment of 2 November 2001, para. 185；*Prosecutor v. Krnojelae*, ICTY (Trial Chamber), judgment of 15 March 2002, para. 434。

[232] *Prosecutor v. Vasiljević*, ITCY (Trial Chamber), judgment of 29 November 2002, para. 245；*Prosecutor v. Stakić*, ICTY (Trial Chamber), judgment of 31 July 2003, para. 733.

[233] (German) Reich Citizenship Law [*Reichsbürgergesetz*], 15 September 1935, Reichsgesetzblatt 1935 I, 1146.

[234] 这些资源的收集，参见 J. Walk (ed.), *Das Sonderrecht für die Juden im NS-Staat*, 2nd edn. (1996) sowie IMT, judgment of 1 October 1946, in *The Trial of German Major War Criminals. Proceedings of the International Military Tribunal Sitting at Nuremberg, Germany*, Part 22, pp. 463 et seq.。

[235] US Military Tribunal, Nuremberg, judgment of 22 December 1947 (*Flick* et al., so-called Flick Trial), in *Trials of War Criminals* VI, pp. 1215 et seq.；也见 US Military Tribunal, Nuremberg, judgment of 30 July 1948 (*Krauch* et al., so-called IG Farben Trial), in *Trials of War Criminals* VIII, pp. 1129 et seq.。

此，毁坏一件单独的财产，不能简单地由于具有歧视性故意就成为一种迫害罪。相比之下，如果对财产的攻击严重到足以摧毁一部分人口的经济生活，那么，就能够认为一种迫害罪的存在。[236] 这就允许将有目标的破坏、掠夺或者没收私人财产包括在内，即使是在和平时期。[237] 以低于公平价格的强制性出售和不提供赔偿的征用，都能够构成一种犯罪。例如，在纳粹时期对犹太人财产和资产的有体系的攻击。

744 《国际刑事法院规约》处理的迫害，必须是其实施与任何在第1款中指出的行为"有联系"，或者与任何处于该法院管辖权范围内的犯罪"有联系"。这种对联系的要求，目的在于对考虑迫害犯罪的广度的关心。[238] 由于这个辅助性设计，《国际刑事法院规约》就落后于习惯性国际法了，因为迫害罪与危害人类罪一样，已经发展成一种独立的犯罪了。[239]

（二）心理性因素

745 从主观方面看，迫害罪要求：这个罪的物质性因素必须以故意和知道实施（《国际刑事法院规约》第30条）。[240] 第7条第2款第7项规定对权利的剥夺必须是"故意的"，这不是从对心理性因素的一般要求中派生出来的。另外，这个犯罪必须为了歧视的原因而实施，尤其是"出于政治的、种族的、国家的、民族的、文化的、宗教的、在第3款中定义的性

---

[236] 对于一个主导性案件，参见 *Prosecutor v. Kupreškić* et al.，ICTY（Trial Chamber），judgment of 14 January 2000，para. 631："［对］财产的攻击能够构成迫害。从某种程度上说，这可以取决于财产的性质……有一些特定的财产形式，毁坏这些财产不会对被害人造成足够严重的冲击，以至于构成一种危害人类罪，即使这样一种毁坏是在歧视性基础上进行的：一个例子是烧毁某人的汽车（除非这个汽车是车主不可缺少的和生死攸关的资产）。［对］房屋和财产的整体毁坏……构成了对特定人口生活手段的毁灭。这会具有与强迫迁移或者驱逐一样不人道的结果。还有，烧毁居住性财产经常是以一种对居住者生活的轻率（recklessness）心理实施的。"也见 *Prosecutor v. Tadić*，ICTY（Trial Chamber），judgment of 7 May 1997，para. 707："［一种］个人的经济手段，与一种工业方式相对，能够构成迫害性的行为"；*Prosecutor v. Blaškić*，ICTY（Trial Chamber），judgment of 3 March 2000，para. 233；（作者删除了"*Prosecutor v. Kordić and Čerkez*，ICTY（Trial Chamber），judgment of 26 February 2001，para. 205"。——译者注）得到确定的，参见 *JStGH*，Urt. v. 29. Juli 2004（*Blaškić*，AC），para. 149，在这里，这个上诉庭适应了危害人类罪的其他行为可以比较的严重程度。

[237] 关于侵犯财产的战争罪，参见边码986以下。

[238] 参见 M. Boot，in O. Triffterer（ed.），*Commentary on the Rome Statute of the International Criminal Court*（1999），Art. 7，marginal no. 112。

[239] 参见 *Prosecutor v. Kupreškić* et al.，ICTY（Trial Chamber），judgment of 14 January 2000，paras. 580 et seq.："《国际刑事法院规约》，对于许多国家规定的国际法治所需要的行为来说，可以是指示性的，第7条第1款第8项就与习惯性国际法不一致……根据这一点，本审判庭拒绝了这种意见，认为迫害必须与在本国际法庭的规约中任何地方规定的犯罪联系在一起。应当注意，在任何情况下，本规约都没有对此提出这种要求……。"同意的，也见 *Prosecutor v. Kordić and Čerkez*，ICTY（Trial Chamber），judgment of 26 February 2001，para. 194。《（德国）违反国际法的犯罪法典》第7条第1款第10项也采用了这个观点，参见 Explanatory Memorandum of the（German）Code of Crimes against International Law［*Begründung zum Völkerstrafgesetzbuch*，*VStGB*］，*BT-Drs.* 14/8524，p. 22。

[240] 关于心理性因素的一般要求，参见边码294以下，尤其是边码304。

别的，或者其他得到世界性承认的根据国际法不得允许的根据”而实施。* 因此，迫害罪在这里就与所有其他危害人类罪都不同。[241] 行为人要么必须以一个团体或者集合体本身为目标，要么在攻击一个人时必须特别地由于他或者她具有这个团体或者集合体的成员身份。在后一种情况下，这名个人是作为这个团体的代表而受到攻击的。[242] 对于这名行为人来说，因此，问题就必须总是歧视这个团体或者集合体本身。

对于这名行为人来说，在这些列明的动机中，只要出于一种动机进行行为就足够 746
了；[243]特别的在客观上可以构成团体的特征，也就是至少可以以初步形式与一个团体或者集合体的成员身份相联系的那些特征，就不再需要了。

1. 政治的、种族的或者宗教的根据

迫害罪的传统特征，包括了行为人政治的、种族的或者宗教的动机。这些特征也可以 747
在《纽伦堡宪章》第 6 条第 3 款，《管制理事会法》第 10 号第 2 条第 1 款第 3 项，《南斯拉夫国际法庭规约》第 5 条第 8 款和《卢旺达国际刑事法庭规约》第 3 条第 8 款中见到。只有《东京宪章》第 5 条第 3 款没有包括宗教的根据。

一名行为人，如果是由于被害人的政治信念而歧视他，就是以政治的动机进行行 748
为。[244] 这名被害人不需要是一个政治党派或者团体的成员。如果这名行为人是由于被害人具有一种特定种族的性质而歧视他，那就是以种族的根据进行行为。[245] 如果这名行为

---

* *Prosecutor v. Vasiljević*, ITCY (Trial Chamber), judgment of 29 November 2002, para. 245; *Prosecutor v. Stakić*, ICTY (Trial Chamber), judgment of 31 July 2003, para. 733; *JStGH*, Urt. v. 17. Januar 2005 (*Blagojević und Jokić*, TC), para. 583.（作者在德文第 2 版中新增加的注释。——译者注）

[241] *Prosecutor v. Kupreškić* et al., ICTY (Trial Chamber), judgment of 14 January 2000, para. 607：“虽然迫害的客观方面（the actus reus）可以与其他危害人类罪一样，但是，迫害罪的典型特征是它在歧视性的基础上实施的”；肯定的，参见 *Prosecutor v. Kordić and Čerkez*, ICTY (Trial Chamber), judgment of 26 February 2001, para. 217。也见边码 661；*Prosecutor v. Simić* et al., ICTY (Trial Chamber), judgment of 17 October 2003, para. 51。

[242] 对于《国际刑事法院规约》的《犯罪要件》第 7 条第 1 款第 8 项规定：“2. 行为人因某一团体或集体的特性而以这些人为目标，或以该团体或集体为目标。3. 选定目标的根据，是政治、种族、国家、民族、文化、宗教、《规约》第 7 条第 3 款（原文为第 1 款，作者已改正。——译者注）所界定的性别方面的理由，或公认为国际法不容的其他理由。”也见 *Prosecutor v. Blaškić*, ICTY (Trial Chamber), judgment of 3 March 2000, para. 235：“[这名]迫害行为的行为人最初的目标并不是一个特定的种族、宗教或者政治团体中的个人，而是其成员资格。”

[243] *Prosecutor v. Tadić*, ICTY (Trial Chamber), judgment of 7 May 1997, paras. 712 et seq.

[244] *Prosecutor v. Akayesu*, ICTR (Trial Chamber), judgment of 2 September 1998, para. 583：“以一个人的政治意识形态为基础的歧视，就满足了对‘政治’基础的要求”；M. Boot and C. K. Hall, in O. Triffterer (ed.), *Commentary on the Rome Statute of the International Criminal Court* (1999), Art. 7, marginal no. 64。

[245] *Prosecutor v. Tadić*, ICTY (Trial Chamber), judgment of 7 May 1997, para. 711：“在种族基础上进行的迫害。”

人是由于被害人特定的宗教信仰而歧视他，那就是以宗教的根据进行行为。[246]

2. 其他根据

749 《国际刑事法院规约》是第一部包括了其他歧视性根据的国际文件，超出了习惯性国际法的范围。在这部规约中，包括了以国家的、民族的和文化的根据而实施的迫害行为，以性别的根据或者其他得到世界性承认的根据国际法不得允许的根据而实施的迫害行为。[247]

750 如果一名行为人由于被害人的国籍或者在一国少数民族中的身份而歧视他，那么，就是在以"国家的"根据实施行为。[248] 以"民族的"身份进行的歧视，在种族根据之外，极有可能不具有什么独立的范围。[249] "文化的"这个词在许多国际文件中都得到了使用，但是，一直也没有达成什么最后的定义。[250] 这个词应当在广义上加以解释，包括一个特定团体的语言、习惯、艺术、建筑，等等。例如，歧视仅仅是因为一种特别的地方方言。

751 根据《国际刑事法院规约》第7条第3款中的法律定义，性别的根据是指"处于社会的背景之中的两性，也就是男性和女性"。应当注意，"性别"这个词综合了生物性的和社会性的区别。[251] 在歧视妇女的案件中，《消除对妇女一切形式歧视公约》[252]有待被用来作为

---

[246] *Prosecutor v. Tadić*, ICTY (Trial Chamber), judgment of 7 May 1997, para. 711:"在……宗教基础上进行的迫害"；也见 M. Boot and C. K. Hall, in O. Triffterer (ed.), *Commentary on the Rome Statute of the International Criminal Court* (1999), Art. 7, marginal no. 69。也见关于在灭绝种族罪中的"种族"和"宗教"团体性质的评论，参见边码582以下。

[247] 在"文化根据"上的迫害已经包含在1954年《法典草案》第2条第11款和1991年《法典草案》第21条之中了。相比之下，在"民族根据"上的迫害，是第一次在1996年《法典草案》第18条第5款中包括的。

[248] M. Boot and C. K. Hall, in O. Triffterer (ed.), *Commentary on the Rome Statute of the International Criminal Court* (1999), Art. 7, marginal no. 66:"'国家的'这个概念比国民身份要广一些，并且包括了一个团体的这些特征：虽然这个团体的成员处于几个国家之中，但是，这个团体仍然是一个国家。"

[249] 因此，没有区别的是，在官方的英文文本(《国际刑事法院规约》第7条第1款第8项)中使用的"民族的"这个词，是比在灭绝种族中的"民族的"这个词更狭窄的，参见 M. Boot and C. K. Hall, in O. Triffterer (ed.), *Commentary on the Rome Statute of the International Criminal Court* (1999), Art. 7, marginal no. 67。对于以"国家的"和"民族的"为根据所实施的行为的额外信息，参见边码580以下有关团体所具有的特征的评论。

[250] 参见 M. Boot and C. K. Hall, in O. Triffterer (ed.), *Commentary on the Rome Statute of the International Criminal Court* (1999), Art. 7, marginal no. 68 with additional notes。关于"文化性灭绝种族"，也见边码586。

[251] M. Boot, in O. Triffterer (ed.), *Commentary on the Rome Statute of the International Criminal Court* (1999), Art. 7, marginal no. 128。关于在《罗马规约》的谈判中围绕着"性别"这个词的讨论，参见 C. Steains, in R. S. Lee (ed.), *The International Criminal Court, The Making of the Rome Statute* (1999), p. 357 at p. 374。

[252] 1979年12月18日，1249 *UNTS* (1984), p. 13。第1条把"歧视妇女"定义为"基于性别而作的任何区别、派出和限制其作用或目的是要妨碍或破坏对在政治、经济、社会、文化、公民或任何其他方面的人权和基本自由的承认以及妇女不论已婚未婚在男女平等的基础上享有或行使这些人权和基本自由"。

解释的基础。“其他得到世界性承认的根据国际法不得允许的根据”这个标准,参考的是习惯性国际法,[253]因此,为在有利于人权方向上习惯性国际法的进一步发展留下了空间。以性倾向(同性恋)为根据的迫害还不能被包括,因为迄今为止在习惯性国际法中还没有建立起这种禁止。[254] 其他根据,例如一种社会的或者经济的性质,[255]被《国际刑事法院规约》有目的地不加以承认。[256]

九　强迫失踪

参考书目:

Reed Brody and Felipe Gonzalez: Nunca Más: An Analysis of International Instruments on "Disappearances", 19 *Human Rights Quarterly* (1997), pp. 365 et seq.; Christoph Grammer: *Der Tatbestand des Verschwindenlassens einer Person* (2005); Matthew Lippman: Disappearances: Towards a Declaration on the Prevention and Punishment of the Crime of Enforced or Involuntary Disappearances, 4 *Connecticut Journal of International Law* (1988), pp. 121 et seq.; Stephan Meseke: *Der Tatbestand der Verbrechen gegen die Menschlichkeit nach dem Römischen Statut des Internationalen Strafgerichtshofs* (2004), 229 ff. 752

《国际刑事法院规约》第7条第1款第9项处理的是危害人类罪中的强迫失踪。失踪政策在拉丁美洲特别盛行,[257]在1994年的《美洲国家之间关于强迫人员失踪的公约》 753

---

[253] 从这个角度,参见 M. Boot and C. K. Hall, in O. Triffterer (ed.), *Commentary on the Rome Statute of the International Criminal Court* (1999), Art. 7, marginal no. 71:“广泛承认”; M. Boot, *Genocide, Crimes against Humanity, War Crimes: Nullum Crimen Sine Lege* (2002), p. 521:“承认为在习惯性国际法项下不能允许。”

[254] 参见 Explanatory Memorandum of the (German) Code of Crimes against International Law [*Begründung zum Völkerstrafgesetzbuch, VStGB*], *BT-Drs*. 14/8524, p. 22。

[255] 参见《国际刑事法院规约草案》(1998年)关于“其他类似根据”的解释性注释15。然而,起诉的“社会性根据”,包括在1954年《法典草案》第2条第11款和1991年《法典草案》第21条。

[256] 参见 M. Boot, *Genocide, Crimes against Humanity, War Crimes: Nullum Crimen Sine Lege* (2002), p. 522。

[257] 关于从国际刑法角度对在拉丁美洲国家的失踪政策的“impunidad”(西班牙文:不受惩罚。——译者注),参见 K. Ambos, *Straflosigkeit von Menschenrechtsverletzungen* (1997), pp. 23 et seq.。失踪现象已经出现在第三帝国,在希特勒的“夜晚与浓雾”(Night and Fog)法令中。纽伦堡国际法庭在这个基础上对被告人威廉·凯特尔的战争罪予以定罪,参见 IMT, judgment of 1 October 1946, in *The Trial of German Major War Criminals. Proceedings of the International Military Tribunal Sitting at Nuremberg Germany*, Part 22, p. 493;也见 US Military Tribunal, Nuremberg, judgment of 4 December 1947 (*Altstötter* et al., so-called Justice Trial), in *Trials of War Criminals* III, pp. 1031 et seq.。

中，[258]这种行为就被列为危害人类罪，在那之后不久，又成为1996年《法典草案》的一部分。[259] 在罗马谈判结束时，这种观点得到了广泛的支持：迄今为止仅仅作为剥夺自由或者不人道行为的强迫失踪，应当作为一种单独的危害人类罪加以规定。[260]

754 根据《国际刑事法院规约》第7条第2款第9项中的定义，"'强迫人员失踪'意味着由国家或者政治组织进行的，或者在国家或者政治组织的授权、支持或者默许下逮捕、拘留或者诱拐人员，并且在随后拒绝承认剥夺了这些人员的自由，或者拒绝提供这些人员的命运或者下落的信息，目的在于在一个被拖延的期间里取消这些人员的法律保护。"这个定义是以《保护所有人不遭受强迫失踪宣言》的序言为根据的。[261] 范围广泛的《犯罪要件》对这个犯罪的复杂定义增加了准确性。[262] 在客观上，这个定义区分了两种不同的行为种类：剥夺自由和不提供信息。

755 剥夺自由必须根据国家或者政治组织的指示或者批准进行。另外，还必须在诸如被害人的亲属提出请求时，不提供与被害人的命运和下落有关的直接信息。仅仅没有提供信息，即使没有请求，也是不够的。有目的地提供虚假信息被认为是拒绝提供信息。剥夺

---

[258] 1994年6月9日，重印于33 *ILM*（1994），p. 1529。第2条包含了下面的定义："为本公约的目的，强迫失踪被认为是以任何方式剥夺一个人或者一些人的自由的行为，这些行为由国家的代理人或者由国家授权、支持或者默许的人员或者人员团体实施，这些人员随后不提供或者拒绝承认剥夺自由，或者拒绝提供该人下落的信息，因此阻止他使用可以适用的法律救济和程序性保障。"也见 R. Brody and F. Gonzalez，19 *Human Rights Quarterly*（1997），pp. 365 et seq.。

[259] 参见1996《法典草案》，对第18条第1款的评论，第15段："虽然这种犯罪行为是一种非常新近的现象，但是，现行的法典由于它的残酷和严重性，提出将它加以包括作为一种危害人类罪。"

[260] 关于谈判，参见 H. von Hebel and D. Robinson，in R. S. Lee（ed.），*The International Criminal Court, The Making of the Rome Statute*（1999），p. 79 at p. 102；D. Robinson，93 *American Journal of International Law*（1999），pp. 55 et seq.。

[261] 通过于 General Assembly Resolution 47/133 of 18 December 1992，UN Doc. A/47/49（1992），p. 207。"前言：深感关切的是，在许多国家里，往往不断发生被强迫失踪的事件，即政府不同部门或不同级别的官员，或一些代表政府行事或得到政府直接或间接支持、同意或默许的有组织团体或个人，违反其本人的意愿而予以逮捕、拘留或绑架，或剥夺他们的自由，随后又拒绝透露有关人员的命运或下落，或拒绝承认剥夺了他们的自由，结果将这些人置于法律保护之外。"

[262] 对《国际刑事法院规约》的《犯罪要件》第7条第1款第9项规定："1. 行为人：（1）逮捕、羁押（注释25：'羁押'一词将包括一名维持现有羁押状态的行为人），（注释26：应当理解为在某些情况下，逮捕或羁押可能是合法的）或绑架一人或多人；或者（2）拒绝承认这种逮捕、羁押或绑架行为，或透露有关的人的命运或下落。2.（1）在逮捕、羁押或绑架期间或在其后，拒绝承认这种剥夺自由的行为，或透露有关的人的命运或下落；或（2）上述拒绝承认或透露的行为，在剥夺自由期间或在其后发生。3. 行为人知道：（1）在一般情况下，逮捕、羁押或绑架后，将拒绝承认这种剥夺自由的行为，或透露有关的人的命运或下落；（注释28：应当理解为，在犯罪行为人维持现有羁押状态的情况下，行为人知道已发生拒绝承认或透露的行为，这个要件就得到满足）或（2）上述拒绝承认或透露的行为，在剥夺自由期间或在其后发生。4. 这种逮捕、羁押或绑架是国家或政治组织进行的，或是在其同意、支持或默许下进行的。5. 拒绝承认这种剥夺自由的行为，或透露有关的人的命运或下落，是上述国家或政治组织进行的，或是在其同意或支持下进行的。6. 行为人打算将有关的人长期置于法律保护之外。"关于在这些《犯罪要件》上的谈判，参见 W. Rückert and G. Witschel，in R. S. Lee（ed.），*The International Criminal Court, Elements of Crimes and Rules of Procedure and Evidence*（2001），pp. 98 et seq.。

自由的行为人不需要是那名不提供信息的人。

第二种行为处理的是在诱拐或者严重剥夺自由之后拒绝立即提供信息。这总是要求先提出一项询问。不提供信息在某种意义上是第一种行为的反映，因此，上面提到的解释在本质上也是适用的。然而，第二种行为只有在不提供信息是根据一个国家或者一个政治组织的指示进行的，或者在这名行为人是自愿参加到一项国家政策的强迫失踪中，自己决定并且没有命令，同时处于违反现行法律规定的提供信息义务的过程中时，才能得到满足。国家或者政治组织的批准是不够的。 756

对于心理性因素，适用《国际刑事法院规约》第 30 条。[263] 对于第一种行为，故意（《国际刑事法院规约》第 30 条第 2 款）必须扩展到没有提供有关的信息。对于第二种行为，行为人必须认识到以下事实：不提供关于其命运的信息的被害人，首先是根据第一种行为被诱拐的，或者被剥夺自由的。另外，行为人必须以长期取消对这个人的法律保护的“故意”（目的）进行行为。[264] 这根据的是《国际刑事法院规约》第 7 条第 2 款第 9 项。 757

十　种族隔离

参考书目：

Roger S. Clark: Apartheid, in M. Cherif Bassiouni (ed.), *International Criminal Law*, Vol. 1, 2nd edn. (1999), pp. 643 et seq.; Bernhard Graefrath: Apartheid - ein internationales Verbrechen, *Neue Justiz* 1974, pp. 192 et seq.; Stephan Meseke: *Der Tatbestand der Verbrechen gegen die Menschlichkeit nach dem Römischen Statut des Internationalen Strafgerichtshofs* (2004), 260 ff.; Ronald C. Slye: Apartheid as a Crime against Humanity: A submission to the South African Truth and Reconciliation Commission, 20 *Michigan Journal of International Law* (1999), pp. 267 et seq. 758

《国际刑事法院规约》第 7 条第 1 款第 10 项处理的是种族隔离罪。“种族隔离”这个词（在布尔语*中指“分离”）支持的是 1948 年以后在南非实现的种族分离和种族歧视政策。 759

种族隔离已经在许多国际法律文件中被规定为一种危害人类的犯罪。《战争罪及危 760

---

[263] 关于心理性因素的一般要求，参见边码 294 以下，尤其是边码 304 以下。

[264] 这缩小了犯罪性的范围，这是《国际刑事法院规约》第 30 条明确允许的，参见边码 310 以下。

* 布尔语是南非通用的荷兰语。——译者注

害人类罪不适用法定时效公约》第1条第2款[265]明确把危害人类罪加以扩展，包括了"导致种族隔离政策的不人道行为"。《禁止并惩治种族隔离罪行国际公约》(《联合国禁止种族隔离公约》)[266]认为，"种族隔离是一种危害人类犯罪"。[267] 1991年《法典草案》把种族隔离作为一种独立的犯罪加以包括，1996年《法典草案》把种族隔离表述为一种制度性歧视的危害人类罪。[268] 把这种犯罪包括在《国际刑事法院规约》之中，是对南非提议的结果。[269] 由于南非的种族隔离政权已经被废除，因此，目前把种族隔离创设为一种独立的危害人类罪就基本上仅仅具有标志性的意义。

761 这个罪的物质性因素在《国际刑事法院规约》第7条第2款第8项中得到了描述。它要求："不人道的行为具有类似于在第1款中提到的那些特征，在一种由一个种族团体对其他种族团体进行有体系的压迫和统治的制度化政权背景下得以实施。"这个定义首先覆盖了本身已经在第7条第1款第1项至第9项和第11项中所包括的全部行为。[270] 另外，"具有类似特征的不人道行为"包括了在性质和严重性上类似于第7条第1款列举的那些行为。[271] 这个标准可以使用《联合国禁止种族隔离公约》第1条来进行解释。[272] 下面可以认为是对种族隔离罪的特别说明：

762 "任何立法措施及其他措施，旨在阻止一个或一个以上种族团体参与该国政治、社会、经济和文化生活者，以及有意识地创造条件，以阻止一个或一个以上这种团体的充分发展，特别是剥夺一个或一个以上种族团体的成员的基本人权和自由，包括工作的权利、组织已获承认的工会的权利、受教育的权利、离开和返回自己国家的权利、享有国籍的权利、自由迁移和居住的权利、自由主张和表达的权利以及自由和平集会和结社的权利"；[273]或者"任何措施，包括立法措施，旨在用下列方法按照种族界线分化人民者：为一个或一个以上种族团体的成员建立单独的保留区或居住区，禁止不同种族团体的成员互相通婚，没

---

[265] 通过于 General Assembly Resolution 2391 (XXIII) of 26 November 1968。

[266] 通过于 General Assembly Resolution 3068 (XXVIII) of 30 November 1973。关于《联合国禁止种族隔离公约》的历史，参见，例如，B. Graefrath, *Neue Justiz* 1974, p. 192。

[267] 参见《联合国禁止种族隔离公约》第1条和第3条。前言指出了这个事实：联合国大会已经通过了一系列决议，把种族隔离谴责为一种危害人类罪。

[268] 参见1991年《法典草案》第20条和1996年《法典草案》第18条第6款。

[269] 关于这些谈判的历史，参见 H. von Hebel and D. Robinson, in R. S. Lee (ed.), *The International Criminal Court, The Making of the Rome Statute* (1999), p. 79 at p. 102. 也见 D. Robinson, 93 *American Journal of International Law* (1999), p. 55。

[270] 对《国际刑事法院规约》的《犯罪要件》第7条第1款第10项规定："2. 这种行为是《规约》第7条第1款提及的一种行为，或者是性质与其相同的行为。"面对这部规约中的这种用语("与其相同的行为")提出怀疑的，参见 C. K. Hall, in O. Triffterer (ed.), *Commentary on the Rome Statute of the International Criminal Court* (1999), Art. 7, marginal no. 116。

[271] 对《国际刑事法院规约》的《犯罪要件》第7条第1款第10项，注释29规定："'性质'是指该行为的本质和严重程度。"

[272] 参见 C. K. Hall, in O. Triffterer (ed.), *Commentary on the Rome Statute of the International Criminal Court* (1999), Art. 7, marginal no. 116; K. Kittichaisaree, *International Criminal Law* (2001), p. 125："例证"。

[273] UN Apartheid Convention, Art. II(c).

收属于一个或一个以上种族团体或其成员的地产。”[274]

一种有体系的压迫和统治的“制度化政权”，[275]特别存在于压迫和统治依靠国内法的时候。[276] 这种政权的首要例子就是南非的种族隔离立法。[277] 763

种族隔离犯罪不要求特别的行为人资格。与1991年《法典草案》第20条第1款（“领导者或者组织者”）[278]相比较，这个犯罪不是作为一种领导资格设计的。然而，将为实施这种犯罪承担责任的，通常就是政治的或者政府的领导人。种族隔离罪紧密地与迫害罪相联系，但是，与后者不同，它不要求以特别的歧视性理由为基础的行为。[279] 764

对于心理性因素，适用《国际刑事法院规约》第30条。[280] 此外，行为人的行为，必须具有维持由一个种族团体对其他种族团体进行有体系压迫和统治的制度化政权的故意（目的）。[281] 这产生于《国际刑事法院规约》第7条第2款第8项。与1966年3月7日《消除一切形式种族歧视国际公约》中“种族歧视”的定义相一致，[282]“种族团体”这个词应当作广阔的解释。[283] 765

十一　其他不人道行为

在《国际刑事法院规约》第7条第1款第11项中，被犯罪化的是“其他具有类似特征 766

---

[274] UN Apartheid Convention, Art. II(d).

[275] “有体系的”压迫和统治这个标准，在总是要求的背景性行为的衬托下，可能是多余的，参见C. K. Hall, in O. Triffrerer (ed.), *Commentary on the Rome Statute of the International Criminal Court* (1999), Art. 7, marginal no. 119：“对体系性的双重要求是没有意义的。”

[276] 例如，1996年《法典草案》，对第18条第6款的评论，第12段提到“一系列否定个人人权或者自由的立法措施，这些人是一个特定种族……团体的成员。”

[277] 参见 survey in *Truth and Reconciliation Commission of South Africa Report* (1998), Vol. 1, pp. 448 et seq.。

[278] 参见1991年《法典草案》，对第20条的评论，第3段：“这个委员会已经把范围限制在……领导人或者组织者——这个办法在其他犯罪例如侵略中也采纳过……因此，一直寻求的是仅仅使那些处于使用国家机构来计划、组织或者实施这种犯罪的人承担刑事责任。”

[279] 相比之下，1996年《法典草案》第18条第6款要求，行为必须基于“种族、民族或者宗教的根据”。

[280] 对于心理性因素的一般要求，参见边码294以下，特别是304以下。

[281] 这缩小了犯罪性的范围，这是《国际刑事法院规约》第30条明确允许的，参见边码310以下。

[282] 660 *UNTS*, p. 195.

[283] 根据第1条，“种族歧视”这个词是指“基于种族、肤色、世系或原属国或民族本源之任何区别、排斥、限制或优惠，其目的或效果为取消或损害政治、经济、社会、文化或公共生活任何其他方面人权及基本自由在平等地位上只承认、享受或行使”。从这里，C. K. Hall, in O. Triffterer (ed.), *Commentary on the Rome Statute of the International Criminal Court* (1999), Art. 7, marginal no. 120 得出结论：“这个犯罪将涉及由广泛的团体而不是处于狭义种族定义中的团体的统治……”。同一方向也为1996年《法典草案》第18条第6款采纳，该条包括的是“在种族、民族或者宗教根据上涉及侵犯基本人权和自由并导致一部分人口严重不利的制度化歧视”。

的不人道行为”。这样一种兜底的犯罪也出现在先前所有的有关文件中。[284] 在谈判《国际刑事法院规约》时,人们同意,继续列举所有值得作为危害人类罪加以惩罚的举止行为是不可能的。[285]《国际刑事法院规约》试图考虑各种保留意见,通过制定比过去更精确的规则来采纳不精确的兜底式的一般条款。[286]

767 《国际刑事法院规约》第 7 条第 1 款第 11 项要求,行为人实施“其他具有类似特征的不人道行为”,造成“重大痛苦,或对人体或身心健康造成严重伤害”。只有达到同等严重程度的行为,才是与其他个别犯罪“相类似”的行为。在这个精神下,《犯罪要件》清楚地指出,必要的行为必须是在“性质和严重性”方面可以与第 7 条第 1 款列明的其他行为相比较的。[287] 国际刑事法庭一直采取同样的立场,在最近的一些判决中指出了《国际刑事法院规约》第 7 条第 1 款第 11 项。[288] 根据已经确立的判例法,一种严重性的比较不一定是纲要性的,但是,必须总是考虑了具体案件的各种情节。[289] 从这一点出发,南斯拉夫国际

---

[284] 参见《纽伦堡宪章》第 6 条第 3 款,《管制理事会法》第 10 号第 2 条第 1 款第 3 项,《东京宪章》第 5 条第 3 款,《南斯拉夫国际法庭规约》第 5 条第 1 款和《卢旺达国际法庭规约》第 3 条第 1 款。

[285] 从这个观点看,参见 1996 年《法典草案》,对第 18 条第 11 款的评论,第 17 段:“[不]可能建立一个彻底的可以构成危害人类罪的不人道行为的清单。”关于《南斯拉夫国际法庭规约》,也见 *Prosecutor v. Kupreškić* et al. ,ICTY (Trial Chamber), judgment of 14 January 2000, para. 563:“‘其他不人道行为’这个短语是有意作为一种剩余种类设计的,因为人们感到彻底地列明这个种类是不受欢迎的。”

[286] 参见 M. Boot, in O. Triffterer (ed.), *Commentary on the Rome Statute of the International Criminal Court* (1999), Art. 7, marginal no. 87;也见,参考《南斯拉夫国际法庭规约》第 5 条第 1 款, *Prosecutor v. Kupreškić* et al. ,ICTY (Trial Chamber), judgment of 14 January 2000, para. 563:“有一种担心认为,这个种类缺乏准确性,太一般化了,以至于无法提供一个安全的尺度……因此,这就违反了刑法的明确性原则。因此,就绝对有必要明确:在这个种类中应当包括什么。”也见 *JStGH*, Urt. v. 17. Dezember 2004 (*Kordić und Čerkez*, AC), para. 117; *JStGH*, Urt. v. 31. Juli 2003 (*Stakić*, TC), para. 719。

[287] 对《国际刑事法院规约》的《犯罪要件》第 7 条第 1 款第 11 项规定:“2. 行为的性质与《规约》第 7 条第 1 款提及的任何其他行为相同(注释 30:可以理解为,‘性质’是指该行为的本质和严重程度)。”也见 1996 年《法典草案》,对第 18 条第 12 款的评论,第 17 段。

[288] (作者在德文第 2 版中删除的内容是:参见 *Prosecutor v. Kayishema and Ruzindana*, ICTR (Trial Chamber), judgment of 21 May 1999, paras. 149 et seq. ,154; *Prosecutor v. Kupreškić* et al. ,ICTY (Trial Chamber), judgment of 14 January 2000, paras. 562 et seq. ; *Prosecutor v. Musema*, ICTR (Trial Chamber), judgment of 27 January 2000, paras. 230 et seq. ; *Prosecutor v. Blaškić*, ICTY (Trial Chamber), judgment of 3 March 2000, paras. 239 et seq. ; *Prosecutor v. Kordić and Čerkez*, ICTY (Trial Chamber), judgment of 26 February 2001, paras. 269 et seq. ; *Prosecutor v. Bagilishema*, ICTR (Trial Chamber), judgment of 7 June 2001, paras. 91 et seq. ; *Prosecutor v. Kvočka* et al. ,ICTY (Trial Chamber), judgment of 2 November 2001, para. 206。——译者注)参见 *JStGH*, Urt. v. 14. Januar 2000 (*Kupreškić* et al. , TC), paras. 562 ff. ; *JStGH*, Urt. v. 3. März 2000 (*Blaškić*, TC), paras. 239 ff. ; *JStGH*, Urt. v. 26. Februar 2001 (*Kordić und Čerkez*, TC), paras. 269 ff. ; *JStGH*, Urt. v. 2. November 2001 (*Kvočka* et al. , TC), para. 206; *RStGH*, Urt. v. 21. Mai 1999 (*Kayishema und Ruzindana*, TC), paras. 149 ff. ,154; *RStGH*, Urt. v. 27. Januar 2000 (*Musema*, TC), paras. 230 ff. ; *RStGH*, Urt. v. 7. Juni 2001 (*Bagilishema*, TC), paras. 91 f. ; *RStGH*, Urt. v. 12. September 2006 (*Muvunyi*, TC), para. 527。从《国际刑事法院规约》通过之前的时期开始,参见 *Prosecutor v. Tadić*, ICTY (Trial Chamber), judgment of 7 May 1997, para. 729。

[289] (作者在德文第 2 版中删除的内容是:参见 *Prosecutor v. Kayishema and Ruzindana*, ICTR (Trial Chamber), judgment of 21 May 1999, para. 151; *Prosecutor v. Musema*, ICTR (Trial Chamber), judgment of 27 January 2000, para. 233; *Prosecutor v. Blaškić*, ICTY (Trial Chamber), judgment of 3 March 2000, para. 243;

法庭在《南斯拉夫国际法庭规约》中那个兜底条款下，就对一系列行为进行了归类，现在，这些行为已经作为独立的犯罪包括在《国际刑事法院规约》第 7 条第 1 款之中，例如，强行迁移人口，[290]强迫卖淫和强迫人员失踪。[291]另外，严重的身体性伤害被列为这个条款可以适用的具体案件。[292]这种犯罪还包括在和平时期对人[293]进行生物性、医学性或者科学性的实验。[294]

对于心理性因素，适用《国际刑事法院规约》第 30 条。[295]第 7 条第 1 款第 11 项规定，痛苦的造成必须是"故意的"，但是，这并不偏离对心理性因素的一般要求。对故意的这个要求（第 30 条第 2 款）的满足，表现在行为人作为或者不作为时，就具有"对造成严重身体或者心理痛苦，或者对被害人的人类尊严实施严重攻击的故意，或者在他已经知道自己的作为或者不作为可能造成严重的身体或者心理痛苦或者对人类尊严的严重攻击的情况下"。[296] 768

十二　罪数问题

构成《国际刑事法院规约》第 7 条项下犯罪的行为，也可以满足灭绝种族罪或者战争罪 的要求。[297]因此，危害人类罪和灭绝种族罪的定义可以同时得到适用。[298]在与危害人类 769

Prosecutor v. Kordić and Čerkez, ICTY (Trial Chamber), judgment of 26 February 2001, para. 271; *Prosecutor v. Bagilishema*, ICTR (Trial Chamber), judgment of 7 June 2001, para. 92; *Prosecutor v. Kvočka* et al., ICTY (Trial Chamber), judgment of 2 November 2001, para. 206。——译者注）参见 *JStGH*, Urt. v. 17. Dezember 2004 (*Kordić und Čerkez*, AC), para. 117 und schon *JStGH*, Urt. v. 3. März 2000 (*Blaškić*, TC), para. 243; *JStGH*, Urt. v. 26. Februar 2001 (*Kordić und Čerkez*, TC), para. 271; *JStGH*, Urt. v. 2. November 2001 (*Kvočka* et al., TC), para. 206; *RStGH*, Urt. v. 21. Mai 1999 (*Kayishema und Ruzindana*, TC), para. 151; *RStGH*, Urt. v. 27. Januar 2000 (*Musema*, TC), para. 233; RStGH, Urt. v. 7. Juni 2001 (*Bagilishema*, TC), para. 92; *RStGH*, Urt. v. 12. September 2006 (*Muvunyi*, TC), para. 527。

[290] *Prosecutor v. Kupreškić* et al., ICTY (Trial Chamber), judgment of 14 January 2000, para. 566; *Prosecutor v. Krstić*, ICTY (Trial Chamber), judgment of 2 August 2001, para. 523.

[291] *Prosecutor v. Kupreškić* et al., ICTY (Trial Chamber), judgment of 14 January 2000, para. 566.

[292] *Prosecutor v. Blaškić*, ICTY (Trial Chamber), judgment of 3 March 2000, para. 239: "严重的身体或者精神伤害。"

[293] 参见 US Military Tribunal, Nuremberg, judgment of 20 August 1947 (*Brandt* et al., so-called Medical Trial), in *Trials of War Criminals* II, p. 171 at p. 183; 也见 M. C. Bassiouni, *Crimes against Humanity*, 2nd edn. (1999), pp. 338 et seq.。

[294] 关于在战争期间的相关行为，参见边码 898 以下。

[295] 关于心理性因素的一般要求，参见边码 294 以下，尤其是边码 304 以下。

[296] *Prosecutor v. Galić*, ICTY (Trial Chamber), judgment of 5 December 2003, para. 154; *Prosecutor v. Vasiljević*, ICTY (Trial Chamber), judgment of 29 November 2002, para. 236; *Prosecutor v. Kayishema and Ruzindana*, ICTR (Trial Chamber), judgment of 21 May 1999, para. 154.

[297] 也见边码 528。

[298] 参见 *JStGH*, Urt. v. 19. April 2004 (*Krstić*, AC), paras. 219 ff.; *JStGH*, Urt. v. 2. August 2001 (*Krstić*, TC), para. 681; *Prosecutor v. Musema*, ICTR (Appeals Chamber), judgment of 16 November 2001, paras. 366 et seq.; 也见边码 538。

罪的关系上，灭绝种族罪并不是特别法。[299] 如果行为人满足了战争罪的要求，那么也同样是这样。[300] 因此，包括在《国际刑事法院规约》第7条和第8条中的具体犯罪——杀人、[301]酷刑、[302]强奸[303]和剥夺自由[304]——就可以同时得到适用。

770 对于灭绝种族罪来说，[305]危害人类罪的典型特征是通常存在着大量犯罪行为，其中，每一种行为都能满足这个犯罪的定义要求。对于各种在内容、时间和地点上相联系的犯罪行为来说，与同样的背景性行为在功能上的联系，就创设了这样一种假定：它们形成了一个由许多个别行为组成的单独犯罪。[306]

771 根据国际刑事法庭的判决，组成危害人类罪的各种犯罪在原则上可以同时得到适用。[307] 现在与过去的司法判决不同了，例如，只要对一种犯罪的追究是通过对另一种危害人类罪的追究进行的，例如，通过对杀人、酷刑或者剥夺自由的追究进行的，那么，对这种犯罪的追究也就可以与危害人类罪的其他具体行为构成一起进行。[308]

这个原理仅仅产生了很少的例外。也就是说，危害人类罪中的消灭所具有的行为构成会排斥故意杀人。* 同样，种族隔离的犯罪就不排斥对这个犯罪的追究，因为第一种犯罪仅仅是根据被害人的种族

---

[299] 一项对犯罪各种定义的分析表明：对刑事责任的要求有着重大的区别。危害人类罪要求实际攻击平民人口，而这是灭绝种族罪的定义所不要求的。相比之下，对于灭绝种族罪来说，必须证明具有在整体上或者部分地摧毁的故意。

[300] 参见，例如，*Prosecutor v. Jelisić*, ICTY (Appeals Chamber), judgment of 5 July 2001, para. 82; *Prosecutor v. Kupreškić* et al., ICTY (Appeals Chamber), judgment of 23 October 2001, para. 388; *Prosecutor v. Kunarac* et al., ICTY (Appeals Chamber), judgment of 12 June 2002, para. 176; *JStGH*, Urt. v. 3. Mai 2006 (*Naletilić und Martinović*, AC), paras. 560 ff.; *JStGH*, Urt. v. 30. November 2006 (*Galić*, AC), paras. 164 ff.。

[301] *Prosecutor v. Jelisić*, ICTY (Appeals Chamber), judgment of 5 July 2001, para. 82.

[302] *Prosecutor v. Kunarac* et al., ICTY (Trial Chamber), judgment of 22 February 2001, para. 556.

[303] *Prosecutor v. Kunarac* et al., ICTY (Trial Chamber), judgment of 22 February 2001, para. 556.

[304] *Prosecutor v. Kordić and Čerkez*, ICTY (Trial Chamber), judgment of 26 February 2001, para. 824.

[305] 参见边码628以下。

[306] 也见边码630。

[307] 对于"通过强奸的酷刑"，参见 *Prosecutor v. Kunarac* et al., ICTY (Appeals Chamber), judgment of 12 June 2002, para. 179；对于"通过强奸的奴役状态"，*Prosecutor v. Kunarac* et al., ICTY (Appeals Chamber), judgment of 12 June 2002, para. 186。也见边码539。

[308] 现在，这种情况参见 *JStGH*, Urt. v. 17. Dezember 2004 (*Kordić und Čerkez*, AC), paras. 1039 ff.; *JStGH*, Urt. v. 22. März 2006 (*Stakić*, AC), paras. 350 ff.; *JStGH*, Urt. v. 3. Mai 2006 (*Naletilić und Martinović*, AC), paras. 589 f.; *JStGH*, Urt. v. 17. Januar 2005 (*Blagojević und Jokić*, TC), paras. 804 ff.; *JStGH*, Urt. v. 27. September 2006 (*Krajišnik*, TC), paras. 1127 ff.。相反，对于接受特殊行为的，还要见这个国际刑事法庭早先的判决，参见 *JStGH*, Urt. v. 2. August 2001 (*Krstić*, TC), para. 675（对于杀人行为）；*JStGH*, Urt. v. 2. November 2001 (*Kvočka* et al., TC), para. 227（对于酷刑行为）；*JStGH*, Urt. v. 15. März 2002 (*Krnojelac*, TC), para. 503（对于剥夺自由）。对于上述判决中对特殊行为的意见，参见：*JStGH*, Urt. v. 17. Dezember 2004 (*Kordić und Čerkez*, AC), Sondervoten Güney und Schomburg; *JStGH*, Urt. v. 22. März 2006 (*Stakić*, AC), Sondervotum Güney; *JStGH*, Urt. v. 3. Mai 2006 (*Naletilić und Martinović*, AC), Sondervoten Güney und Schomburg。（作者在德文第2版中新增加的注释。——译者注）

* *JStGH*, Urt. v. 17. Januar 2005 (*Blagojević und Jokić*, TC), paras. 802 f.; *RStGH*, Urt. v. 13. Dezember 2004 (*Ntakirutimana*, AC), para. 542; *RStGH*, Urt. v. 15. Mai 2003 (*Semanza*, TC), paras. 500 ff.; *RStGH*,

来进行歧视的。* 最后，“其他非人性的行为”就要退到危害人类的其他犯罪的各种具体构成行为** 之后了。***

Urt. v. 13. April 2006 (*Bisengimana*, TC), paras. 96 ff. 与此不同的其他意见还有 *JStGH* Urt. v. 31. Juli 2003, (*Stakić*, TC), para. 877：“被控告人应受谴责的行为不仅指向个人被害人，而且指向大规模的被害人团体。为了反映这个行为的整体，在原则上允许不仅对消灭定罪，而且允许对谋杀定罪”；*RStGH*, Urt. v. 2. September 1998 (*Akayesu*, TC), paras. 469 f., 744。（作者在德文第 2 版中新增加的注释。——译者注）

* Hünerbein, *Straftatkonkurrenzen im Völkerstrafrecht* (2005), 130 f.（作者在德文第 2 版中新增加的注释。——译者注）

** 在德国刑法中，“构成行为”（Tat）的概念指的是在法律中已经加以规定的行为。——译者注

*** *JStGH*, Urt. v. 2. November 2001 (*Kvočka* et al., TC), para. 217（“辅助的性质”）；类似的，参见 *JStGH*, Urt. v. 19. April 2004 (*Krstić*, AC), para. 231。（作者在德文第 2 版中新增加的注释。——译者注）

第五章　战争罪

参考书目：

772 Georges Abi-Saab and Rosemary Abi-Saab: Les Crimes de Guerre, in Hervé Ascensio, Emmanuel Decaux and Alain Pellet (eds.), *Droit International Pénal* (2000), pp. 265 et seq.; George H. Aldrich: Violations of the Laws or Customs of War, in Gabrielle Kirk McDonald and Olivia Swaak-Goldman (eds.), *Substantive and Procedural Aspects of International Criminal Law, The Experience of International and National Courts*, Vol. 1 (2000), pp. 95 et seq.; Kai Ambos: *Internationales Strafrecht* (2006), §7 Rn. 220 ff.; Hans Boddens Hosang, Knut Dörmann, Daniel Frank, Charles Garraway, Hermann von Hebel, Eve La Haye and Didier Pfirter: The Elements of War Crimes, in Roy S. Lee (ed.), *The International Criminal Court, Elements of Crimes and Rules of Procedure and Evidence* (2001), pp. 109 et seq.; Michael Bothe: War Crimes, in Antonio Cassese, Paola Gaeta and John R. W. D. Jones (eds.), *The Rome Statute of the International Criminal Court: A Commentary*, Vol. 1 (2002), pp. 379 et seq.; Michael Bothe: War Crimes in Non-International Armed Conflicts, 24 *Israel Yearbook on Human Rights* (1994), pp. 241 et seq.; Michael Bothe, Karl Josef Partsch and Waldemar A. Soil: *New Rules for Victims of Armed Conflicts* (1982); François Bugnion: Droit de Genéve et Droit de La Haye, 83 *International Review of the Red Cross* (2001), pp. 901 et seq.; François Bugnion: Guerre Juste, Guerre D'Aggression et Droit International Humanitaire, 84 *International Review of the Red Cross* (2002), pp. 523 et seq.; Antonio Cassese: On the Current Trends towards Criminal Prosecution and Punishment of Breaches of International Humanitarian Law, 9 *European Journal of International Law* (1998), pp. 2 et seq.; Antonio Cassese: *International Criminal Law* (2003), pp. 47 et seq.; Luigi Condorelli: War Crimes and Internal Conflicts in the Statute of the International Criminal Court, in Mauro Politi and Giuseppe Nesi (eds.), *The Rome Statute of the International Criminal Court, A Challenge to Impunity* (2001), pp. 107 et seq.; Michael Cottier, William J. Fenrick, Patricia Viseur Sellers and Andreas Zimmermann: Commentary on Art. 8 ICC Statute, in Otto Triffterer (ed.), *Commentary on the Rome Statute of the International Criminal Court, Oberservers' Notes, Article by Article* (1999), pp. 181 et seq.; Isabelle

Daoust, Robin Coupland and Rikke Ishoey: New wars, new weapons? The obligation of States to assess the legality of means and methods of warfare, 84 *International Review of the Red Cross* (2002), pp. 345 et seq.; Eric David: *Principes de droit des conflits armés*, 3rd edn. (2002); Ingrid Detter: *The Law of War*, 2nd edn. (2000); Knut Dörmann: *Elements of War Crimes under the Rome Statute of the International Criminal Court* (2002); Knut Dörmann: Preparatory Commission for the International Criminal Court: the Elements of War Crimes, 82 *International Review of the Red Cross* (2000), pp. 771 et seq.; Knut Dörmann: Preparatory Commission for the International Criminal Court: the Elements of War Crimes, 83 *International Review of the Red Cross* (2001), pp. 461 et seq.; Knut Dörmann: War Crimes in the Elements of Crimes, in Horst Fischer, Claus Kress and Sascha Rolf Lüder (eds.), *International and National Prosecution of Crimes Under International Law* (2001), pp. 95 et seq.; Louise Doswald-Beck and Sylvain Vité: International Humanitarian Law and Human Rights Law, 75 *International Review of the Red Cross* (1993), pp. 94 et seq.; G. I. A. D. Draper: The relationship between the human rights regime and the law of armed conflict, 1 *Israel Yearbook on Human Rights* (1971), pp. 191 et seq.; John Dugard: Bridging the gap between human rights and humanitarian law: The punishment of offenders, 80 *International Review of the Red Cross* (1998), pp. 445 et seq.; Horst Fischer: Grave Breaches of the 1949 Geneva Conventions, in Gabrielle Kirk McDonald and Olivia Swaak-Goldman (eds.), *Substantive and Procedural Aspects of International Criminal Law, The Experience of International and National Courts*, Vol. 1 (2000), pp. 63 et seq.; Dieter Fleck (ed.): *The Handbook of Humanitarian Law in Armed Conflicts* (1999); Hans-Peter Gasser: Acts of terror, "terrorism" and international humanitarian law, 84 *International Review of the Red Cross* (2002), pp. 547 et seq.; Gerhard von Glahn: The Occupation of Enemy Territory (1957); Thomas Graditzky: Individual criminal responsibility for violations of international humanitarian law committed in non-international armed conflicts, 80 *International Review of the Red Cross* (1998), pp. 29 et seq.; Leslie Claude Green: International Regulation of Armed Conflicts, in M. Cherif Bassiouni (ed.), *International Criminal Law*, Vol. 2, 2nd edn. (1999), pp. 355 et seq.; Leslie Claude Green: *The Contemporary Law of Armed Conflict*, 2nd edn. (2000); Christopher Greenwood: Current Issues in the Law of Armed Conflict: Weapons, Targets and International Criminal Liability, 1 *Singapore Journal of International & Comparative Law* (1997), pp. 441 et seq.; Christopher Greenwood: International Humanitarian Law and the Tadic Case, 7 *European Journal of International Law* (1996), pp. 265 et seq.; Christopher Greenwood: The Relationship of Ius ad Bellum and Ius in Bello, 9 *Review of International Studies* (1983), pp.

221 et seq.; Jean-Marie Henckaerts/Louise Doswald-Beck: *Customary International Humanitarian Law, Band I: Rules* (2005), 568 ff.; Martin Hoch: Krieg und Politik im 21. Jahrhundert, 20 *Aus Politik und Zeitgeschichte* (2001), pp. 17 et seq.; Knut Ipsen: Bewaffneter Konflikt und Neutrahtät, in Knut Ipsen, *Völkerrecht*, 5th edn. (2004), pp. 1195 et seq.; Chris Jochnick and Roger Normand: The Legitimation of Violence, 35 *Harvard International Law Journal* (1994), pp. 49 et seq.; Kriangsak Kittichaisaree: *International Criminal Law* (2001), pp. 129 et seq.; Claus Kress: War Crimes Committed in Non-International Armed Conflict and the Emerging System of International Criminal Justice, 30 *Israel Yearbook on Human Rights* (2001), pp. 103 et seq.; Edward Kwakqva: *The International Law of Armed Conflict: Personal and Material Fields of Application* (1992); Howard S. Levie: *Terrorism in War-The Law of War Crimes* (1993); Howard S. Levie: The Modern Pattern of War Criminality, in Yoram Dinstein and Mala Tabory (eds.), *War Crimes in International Law* (1996), pp. 123 et seq.; Hilaire McCoubrey and Nigel D. White: *International Law and Armed Conflict* (1992); Myres McDougal and Florentino P. Feliciano: *The International Law of War* (1994); Juan E. Méndez: International Human Rights Law, International Humanitarian Law, and International Criminal Law and Procedure: New Relationships, in Dinah Shelton (ed.), *International Crimes, Peace and Human Rights: The Role of the International Criminal Court* (2000), pp. 65 et seq.; Theodor Meron: International Criminalization of Internal Atrocities, 89 *American Journal of International Law* (1995), pp. 554 et seq.; Theodor Meron: Is International Law Moving towards Criminalization?, 87 *American Journal of International Law* (1993), pp. 424 et seq.; Theodor Meron: *Human Rights and Humanitarian Norms as Customary Law* (1989); Theodor Meron: The Continuing Role of Custom in the Formation of International Humanitarian Law, 90 *American Journal of International Law* (1996). pp. 258 et seq.; Theodor Meron: The Geneva Conventions as Customary Law, 81 *America Jouranl of International Law* (1987), pp. 348 et seq.; Theodor Meron: The Humanization of Humanitarian Law, 9 *European Journal of International Law* (1998), pp. 18 et seq.; Guénaël Mettraux: *International Crimes and the ad hoc Tribunals* (2005), 23 ff.; Jean S. Pictet: *Geneva Convention I, Commentary* (1952); Jean S. Pictet: *Geneva Convention II, Commentary* (1960); Jean S. Pictet: *Geneva Convention III, Commentary* (1960); Jean S. Pictet: *Geneva Convention IV, Commentary* (1958); Darryl Robinson and Hermann von Hebel: War Crimes in Internal Conflicts: Article 8 of the ICC Statute, 2 *Yearbook of International Humanitarian Law* (1999), pp. 139 et seq.; Peter Rowe: Defence: the Legal Implications-*Military Law and the Laws of War* (1987); Yves Sandoz: Le demi-siècle des Conventions de Genève, 81 *International Review of*

the Red Cross (1999), pp. 241 et seq.; Yves Sandoz: Penal Aspects of International Humanitarian Law, in M. Cherif Bassiouni (ed.), *International Criminal Law*, Vol. 2, 2nd edn. (1999), pp. 393 et seq.; Yves Sandoz, Christophe Swinarski and Bruno Zimmermann: *Commentary on the Additional Protocols of* 8 *June* 1977 *to the Geneva Conventions of* 12 *August* 1949 (1987); Marco Sassòli: La première décision de la chambre d'appel, *Revue Général de Droit International Public*, Vol. C (1996), pp. 103 et seq.; Marco Sassòli and Laura M. Olson: The judgment of the ICTY Appeals Chamber on the merits in the Tadic case, 82 *International Review of the Red Cross* (2000), pp. 733 et seq.; William A. Schabas: *An Introduction to the International Criminal Court*, 2nd edn. (2004), pp. 51 et seq.; Gabriella Venturini: War Crimes, in Flavia Lattanzi and William A. Schabas (eds.), *Essays on the Rome Statute of the International Criminal Court*, Vol. 1 (1999), pp. 171 et seq.; Gabriella Venturini: War Crimes in International Armed Conflicts, in Mauro Politi and Giuseppe Nesi (eds.), *The Rome Statute of the International Criminal Court, A Challenge to Impunity* (2001), pp. 95 et seq.; Michel Veuthey: Non-International Armed Conflict and Guerilla Warfare, in M. Cherif Bassiouni (ed.), *International Criminal Law*, Vol. 2, 2nd edn. (1999), pp. 417 et seq.; Kenneth Watkin: Controlling the Use of Force: A Role for Human Rights Norms in Contemporary Armed Conflict, 98 *American Journal of International Law* (2004), pp. 1 et seq. Further references can be found under the separate crimes of sexual violence (marginal no. 907), deportation of a civilian population (marginal no. 963), use of child soldiers (marginal no. 977), attack involving disproportionate collateral damage (marginal no. 1039), starving a civilian population (marginal no. 1080), use of forbidden weapons (marginal no. 1096) and attacks on humanitarian operations (marginal no. 1139).

第一节 引言

“战争罪”这个词在许多情况下得到使用，有时甚至是在相互矛盾的情况下使用。有 773
些人非常一般地看待战争罪，认为这是指在战争过程中或者其他武装冲突中实施的犯罪行为。还有些人把这个词用于所有违反国际人道法的情况，不管是不是犯罪性的。[①] 在国际法项下，这个词被用来描述在与武装冲突相联系情况下实施的各种犯罪，甚至具体的

① *United States Army Military Manual*, *The Law of Land Warfare* (1956), Section 499, FM 27 – 10；重印于 H. S. Levie, *Terrorism in War* (1993), p. 2。也见 J. S. Pictet (ed.), *Geneva Convention I*, *Commentary* (1957), pp. 351 et seq.

案件是一种危害人类罪或者灭绝种族罪的那种情况。② 下面的讨论根据的是一种更狭窄的、在法律上很准确的定义:战争罪是一种直接创设国际法项下刑事责任的对国际人权法规则的违反。③ 这部分的法律也可以被称为战争罪的法律,或者是关于战争的国际刑法。④ 这些战争罪的法律不仅扩展到国际武装冲突之中,而且,由于国内战争的国际刑法,也扩展到了国内的武装冲突之中,只要这种武装冲突达到了一个确定的激烈程度和确定的期间。战争犯罪的法律并不包括发动战争,在那种情况下适用的是侵略罪。⑤

一 历史发展

774 作为犯罪性违反国际人道法的规则,战争罪的定义说明了战争法和国际人道法之间的紧密联系关系。国际人道法的根源在于19世纪,并且在于改善那些受到战争行为影响的人的条件所进行的努力之中。⑥

(一)战争法和国际人道法

775 在20世纪开始的时候,战争还仍然被认为是一种实现政治、经济和宗教目标的合理手段。⑦ 即使在今天,在特定条件下使用军事力量也还被认为符合国际法。⑧ 在战争期

---

② 伦敦国际大会(The London International Assembly)建议,在与《纽伦堡国际军事法庭规约》相联系的意义上使用这个词。参见 Y. Sandoz, in M. C. Bassiouni (ed.), *International Criminal Law*, Vol. 1, 2nd edn. (1999), p. 393 at p. 401。也见,例如,K. D. Askin, *War Crimes Against Women* (1997),不仅处理了对战争法律的违反,而且也处理了国际法项下的其他犯罪。南斯拉夫法庭这个名称本身——为起诉对1991年以来在前南斯拉夫领土上实施的严重违反国际人道法负责的人员的国际法庭——指出了这个方向。这个说明指出,这个国际法庭起诉的是违反人道主义法——这就像我们将见到的那样,指的是战争罪——这个国际法庭对起诉危害人类罪和灭绝种族罪也具有管辖权。

③ 参见,有此倾向的,G. Abi-Saab and R. Abi-Saab, in H. Ascensio, E. Decaux and A. Pellet (eds.), *Droit International Pénal* (2000), Chapter 21, marginal no. 42。

④ 应当注意,战争的国际法不仅适用于战争,而且适用于一般的武装冲突;关于术语,参见边码822以下。

⑤ 参见边码1148以下。

⑥ 参见 C. Greenwood, in D. Fleck (ed.), *The Handbook of Humanitarian Law in Armed Conflicts* (1999), no. 102。"国际人道法"这个词仅仅指那些可以在武装冲突中适用的涉及人道主义方面的国际法律规则。不追求这个目标的其他战争法律(例如,这些关于宣战的规则在1907年《关于战争开始的海牙第三公约》,参见 <http://www.icrc.org/ihl>),不是国际人道法的因素。

⑦ 参见,例如,I. Brownlie, *Principles of Public International Law*, 6th edn. (2003), p. 697。

⑧ 诉诸军事力量的权利是由所谓的发动战争法(jus ad bellum)规范的。关于禁止战争的发展,也见 L. C. Green, *The Contemporary Law of Armed Conflict*, 2nd edn. (2000), p. 2。关于在目前国际法中禁止的使用武力和自卫,参见 I. Brownlie, *Principles of Public International Law*, 6th edn. (2003), pp. 699 et seq.; M. N. Shaw, *International Law*, 5th edn. (2003), pp. 1013 et seq.;关于侵略罪参见边码1148以下。

间，那些对于人类共同生存来说很重要的基本禁令，例如禁止杀人，被暂时停止了；通常，那些参加战斗的人员，不会根据国际法或者国内法受到惩罚。⑨ 然而，战争并不是一种法律上的真空地带。在战争和其他武装冲突中，战时法(jus in bello)作为国际法的一部分，必须得到遵守。⑩ 这部分法律宣布特定的举止行为不能得到允许，以限制武装冲突对参加人和非参加人的有害影响。

在古代的风俗中，就已经有对武装冲突中特定行为的禁止了。例如，在《旧约》中，我们看到了禁止 776
杀害战俘的禁令，这些战俘应当在战争结束时被释放。⑪ 围攻一座城市，只有在先给予其中居民投降的机会之后，才是允许的；在城市陷落之后，不应当杀害妇女和孩子，但是可以杀男子。⑫《奥德赛》描述了毒箭的使用如何激起了神的愤怒。⑬ 在古希腊，庙宇和祭司是不可侵犯的，并且，对俘虏应当表现出仁慈。罗马帝国也有减轻(to moderate)战争影响的规则。⑭

在中世纪的进程中，为战争冲突发展起来的行为准则，部分是由于教会的影响。特定的武器和战争 777
方式受到了禁止。⑮ 因此，在 1139 年的第二次拉特兰会议(the Second Lateran Council)上，就禁止了弓弩的使用，认为弓弩不符合上帝的意志。毒药的使用也受到了教会的谴责，因为它令人想起巫术和驱使恶魔的魔术。在当时那个时代，有毒武器的使用和在对方水井中下毒是在中世纪战争中使用的通常方式。在骑士阶层中发展起来的行为法典禁止诸如杀死受伤人员或者无武装人员。不过，这个行为法典仅仅适用于骑士之间的战斗；其他卷入战斗的人员，尤其是非基督教人员，可以不加考虑地杀害。⑯ 只有在中世纪的过程中，为武装冲突而发展的规则才也适用于其他军事力量。⑰

---

⑨ 也见 K. Ipsen, in D. Fleck (ed.), *The Handbook of Humanitarian Law in Armed Conflicts* (1999), no. 302。

⑩ 关于发动战争法和战时法(jus in bello)之间的关系，参见 C. Greenwood, in D. Fleck (ed.), *The Handbook of Humnanitarian Law in Armed Conflicts* (1999), nos. 101, 103。

⑪ 《列王记下》第六章："21. 以色列王见了他们，就问以利沙说，我父啊，我可以击杀他们吗。22. 回答说，不可击杀他们。就是你用刀用弓掳来的，岂可击杀他们。当在他们面前设摆饮食，使他们吃喝回到他们的主人那里。23. 王就为他们预备了许多食物。他们吃喝完了，打发他们回到他们主人那里。从此，亚兰军不再犯以色列境了。"(译文引自《旧约全书》——译者注)

⑫ 《申命记》(*Deuteronomy*)(原文是 Moses，作者已改正。——译者注)第 20 章："10. 你临近一座城，要攻打的时候，先要对城里的民宣告和睦的话。11. 他们若以和睦的话回答你，给你开了城，城里所有的人都要给效劳，服侍你。12. 若不肯与你和好，反要与你打仗，你就要围困那城。13. 耶和华你的神把城交付你手，你就要用刀杀尽这城的男丁。14. 唯有妇女，孩子，牲畜，和城内一切的财物，你可以取为自己的掠物。耶和华你神把你仇敌的财物赐给你，你可以吃用。15. 离你甚远的各城，不是这些国民的城，你都要这样待他。"(译文引自《旧约全书》。——译者注)

⑬ 荷马，《奥德赛》(Samuel Butler 翻译)，第一卷，第 260—263 行："他那时从厄夫瑞(Ephyra)过来，从伊洛斯(Ilus)，墨耳墨罗斯(Mermerus)的儿子那里乞求毒物，以便涂抹自己的箭镞。伊洛斯畏惧长生不老的神明，一点也不愿给他……。"

⑭ 参见 L. C. Green, *The Contemporary Law of Armed Conflict*, 2nd edn. (2000), pp. 21 et seq.。对于古代战争方式和手段规则的其他例子，参见 C. Greenwood, in D. Fleck (ed.), *The Handbook of Humanitarian Law in Armed Conflicts* (1999), no. 107。

⑮ 参见，例如，莎斯比亚的《亨利五世》中关于战争的中世纪法律的描写，T. Meron, 86 *American Journal of International Law* (1992), pp. 1 et seq.。

⑯ 关于这一点和关于在十字军期间骑士命令的残酷性，参见 G. I. A. D. Draper, 5 *International Review of the Red Cross* (1965), p. 3 at pp. 10 et seq., and pp. 20 et seq.。

⑰ L. C. Green, *The Contemporary Law of Armed Conflict*, 2nd edn. (2000), pp. 24 et seq.

778 在武装冲突中的行为规则并不限于欧洲文化,在全世界都可以看到这种规则。因此,在7世纪时,卡利夫·阿布·巴尔(Caliph Abu Bakr)曾经命令,不伤害妇女、儿童和老人,不摧毁房屋和农田。⑱ 早期关于战争法的例子还可以在印度、⑲日本和非洲见到。⑳

779 战争法在启蒙时期得到了进一步的发展,这是在三十年战争(1618年至1648年)可怕的暴行发生之后。国家结构的出现也导致了不同的战争观。过去,任何人都能够发动战争,士兵们在人身上依附于他们各自的主人,现在,发动敌对冲突状态成了一种"公共的"事务;只有国家才被赋予发动战争的权利。战争被用来反对其他国家而发动,是在军队之间进行的。㉑ 但是,现在的进攻者和被攻击者都成为国家了,对个人的保护获得了新的意义。1762年,让·雅克·卢梭(Jean Jacques Rousseau)在《社会契约论》中指出:"因此,战争是一种关系,不是存在于人与人之间,而是存在于国家与国家之间,并且,个人只是偶然地成为敌人,不是作为人,甚至也不是作为公民,而是作为战士;不是作为他们国家的成员,而是作为国家的卫士。"㉒

780 作为一种结果,杀死敌对国家士兵的权利,仅仅存在于他们继续战斗的期间。然而,在那之后,他们就"再次成为单纯的人,他们的生命是任何人都没有权利夺走的"。㉓ 保护没有参加敌对状态人员的义务,仍然是国际人道法的基础。㉔

781 在19世纪,战争法首先在军事手册中得到了法典化。㉕ 具有特别重大意义的是为美利坚合众国军队制定的所谓《利伯法典》(Lieber Code)。1863年,德裔美国法学教授弗朗茨·利伯(Franz Lieber)(1900－1872)根据美国总统亚伯拉罕·林肯的命令,为美国军队

---

⑱ C. Greenwood, in D. Fleck (ed.), *The Handbook of Humanitarian Law in Armed Conflicts* (1999), no. 108。关于在伊斯兰中的战争法律,也见 H. Mneimneh and K. Makiya, *New York Review of Books*, 17 January 2002, Vol. 1, pp. 18 et seq.。

⑲ 在《摩诃婆罗多》(*Mahabharata*),一部在公元前200年和公元后200年之间完成的梵文叙事诗中,例如,它禁止杀害心理上或者身体上的残疾者、妇女、儿童和老人;参见 L. C. Green, *The Contemporary Law of Armed Conflict*, 2nd edn. (2000), p. 21。

⑳ 关于各种文化的规则,参见 C. Greenwood, in D. Fleck (ed.), *The Handbook of Humanitarian Law in Armed Conflicts* (1999), nos. 107 et seq.。

㉑ L. C. Green, *The Contemporary Law of Armed Conflict*, 2nd edn. (2000), pp. 28 et seq.。然而,欧洲国家在它们的殖民地中进行的或者对非欧洲国家进行的战斗,不是真的武装冲突,参见 M. Hoch, 20 *Aus Politik und Zeitgeschichte* (2001), p. 17 at p. 18。

㉒ J.-J. Rousseau, *The Social Contract* (<http://www.constitution.org/jjr/socon_01.htm#003>), pp. 12 et seq.

㉓ 参见 J.-J. Rousseau, *The Social Contract* (<http://www.constitution.org/jjr/socon_01.htm#003>), pp. 13 et seq.:"战争的对象是摧毁敌对国家,另一方就具有了杀死抵抗者的权利,只要他们携带武器;但是,一旦他们放下武器投降了,他们就不再是敌人或者敌人的工具,而重新成为单纯的人,他的生命是任何人都没有权利剥夺的。"

㉔ 24 C. Greenwood, in D. Fleck (ed.), *The Handbook of Humanitarian Law in Armed Conflicts* (1999), no. 113.

㉕ 25 L. C. Green, *The Contemporary Law of Armed Conflict*, 2nd edn. (2000), pp. 29 et seq.

准备了应付武装冲突的指南。[26] 在美国内战期间,这些指南被宣布是具有约束力的。[27]《利伯法典》的158个条文包含了美国军队应当遵守的行为规则,其中包括了如何对待俘虏、禁止攻击医院和文化财产。

在国际层面上,早期也作出了制定法典和进一步发展战争法的努力。1859年,奥地利军队和法兰西-撒丁军队在索尔费里诺(Solferino)之战中造成了惨重的伤亡,在这场战争的影响下,瑞士的亨利·杜南特(Henry Dunant)创建了红十字国际委员会。[28] 1864年,第一部《日内瓦公约》通过了。[29] 这项协定构成了所谓的"日内瓦法"的基石,"日内瓦法"的原本目的是保护那些没有参加或者从来没有参加敌对活动的人。 782

今天,在日内瓦法项下仍然可以适用的最重要规则,是由1949年建立的日内瓦四公约以及1977年的两份附加议定书构成的。《日内瓦公约(一)》(Geneva Convention I)保护的是战争期间在军队中生病和受伤的人员,[30]后来通过1864年的《日内瓦协定》(Geneva Agreement of 1864)得到发展,这部协定又在1906年[31]和1929年得到了修改。[32]《日内瓦公约(二)》(Geneva Convention II)[33]进一步发展了《海牙第十公约》(Hague Convention X)[34](1907年);它规范的是对战争期间在海上生病和受伤人员的保护。《日内瓦公约(三)》(Geneva Convention III)规范的是战俘的地位和保护,超过了1929年保护战俘的日内瓦公约。[35]《日内瓦公约(四)》(Geneva Convention IV)第一次对战时平民的保护进行 783

---

[26] 26 C. Greenwood, in D. Fleck (ed.), *The Handbook of Humanitarian Law in Armed Conflicts* (1999), no. 116.

[27] *Instructions for the Government of Armies of the United States in the Field*, Prepared by Francis Lieber, promulgated as General Orders no. 100 by President Lincoln, 24 April 1863, 重印于 D. Schindler and J. Toman (eds.), *The Laws of Armed Conflicts* (1973), pp. 3 et seq.

[28] 对这场战斗和伤员痛苦进行令人印象深刻的描述,参见 H. Dunant, *A Memory of Soleri* no (1947)。

[29] *Convention for the Amelioration of the Condition of the Wounded in Armies in the Field*, 22 August 1864, 重印于 D. Schindler and J. Toman (eds.), *The Laws of Armed Conflicts* (1973), pp. 203 et seq.

[30] *Convention for the Amelioration of the Condition of the Wounded and Sick in Armed Forces in the Field* (Geneva Convention I) of 12 August 1949, 75 *UNTS* (1949), p. 31.

[31] *Convention for the Amelioration of the Condition of the Wounded and Sick in Armies in the Field* of 6 July 1906, 11 *LNTS*, p. 440.

[32] *Convention for the Amelioration of the Condition of the Wounded and Sick in Armies in the Field* of 27 July 1929, 118 *LNTS*, p. 304.

[33] *Convention for the Amelioration of the Condition of Wounded, Sick and Shipwrecked Members of Armed Forces at Sea* (Geneva Convention II) of 12 August 1949, 75 *UNTS* (1949), p. 85.

[34] *Convention (X) for the Adaptation to Maritime Warfare of the Principles of the Geneva Convention* of 18 October 1907, 重印于 D. Schindler and J. Toman (eds.), *The Laws of Armed Conflicts* (1973), pp. 235 et seq.

[35] *Convention Relative to the Treatment of Prisoners of War* (Geneva Convention III) of 12 August 1949, 75 *UNTS* (1949), p. 135; and *Convention Relative to Treatment of Prisoners of War*, 27 July 1929, 118 *LNTS*, p. 343.

了综合性的法典化。[36]

784 这四部公约包含了一些一致的条款。对全体四部公约共同适用的引导性条文，规定了这些公约对国际武装冲突的可适用性。共同第3条包含了对非国际武装冲突，尤其是国内战争的最低标准。这也是人所共知的“小型公约[37]（convention in miniature）”。在这里，第一次确立了对这种武装冲突也有拘束力的规则。

785 对这些日内瓦公约的1977年附加议定书来说，目的是采纳国际人权法以适应变化的情况和冲突的新形式。《第一附加议定书》[38]规范了在国际武装冲突中对人员的保护，现在，这也包括了在行使人民自决权中进行的国内解放战争。[39] 这部议定书还包括了在国际法的保护范围内的其他团体，并且考虑了战争方式的新发展。《第二附加议定书》[40]扩展了1949年《日内瓦公约》共同第3条的规定，并且建立了对非国际武装冲突的综合性规定。不久之前，《第三附加议定书》生效了，通过这个议定书引入了另外一种受保护的标志：红水晶。*

786 所谓的海牙法与日内瓦法同时出现。它以保护士兵为主要目的，禁止各种特别残忍或者危险的作战方式。这个发展的起点是1868年的《圣彼得堡宣言》（St. Petersburg Declaration of 1868），[41]缔约方保证不使用对士兵具有特别毁灭性意义的特定武器。《圣彼得堡宣言》的前言尤其是一个创举。缔约方决定：“国家应当努力在战争期间实现的唯一合理对象，就是削弱敌人的军事力量。”[42]《圣彼得堡宣言》之后，在俄国沙皇亚历山大二世（Czar Alexander II of Russia）的邀请下，又在布鲁塞尔（1874年）和海牙（1899年和1907年）举行了会议。[43]

---

[36] *Convention Relative to the Protection of Civilian Persons in Time of War* (Geneva Convention IV) of 12 August 1949, 75 *UNTS* (1949), p. 287.

[37] 参见 J. S. Pictet (ed.), *Geneva Convention IV, Commentary* (1958), p. 34。

[38] *Protocol Additional to the Geneva Conventions of* 12 *August* 1949, *and relating to the Protection of Victims of International Armed Conflicts* (*Protocol I*), 8 June 1977, 1125 *UNTS* (1977), p. 3.

[39] Additional Protocol I, Art. 1 (4)。参见 K. Ipsen, in K. Ipsen, Völkerrecht, 5th edn. (2004), § 66 marginal nos. 15 et seq.。关于民族解放运动，参见 A. Cassese, *International Law* (2001), pp. 75 et seq.。

[40] *Protocol Additional to the Geneva Conventions of* 12 *August* 1949, *and relating to the Protection of Victims of Non-International Armed Conflicts* (*Protocol II*), 8. June 1977, 1125 *UNTS* (1977), p. 609.

* *Zusatzprotokoll zu den Genfer Abkommen vom 12. August 1949 über die Annahme eines zusätzlichen Schutzzeichens*, 8. Dezember 2005；这部附加议定书的德文版参见 <http://www.admin.ch/ch/d/as/2007/189.pdf>（访问日期：2007年4月）。（作者在德文第2版中新增加的注释。——译者注）

[41] *Declaration Renouncing the Use, in Times of War, of Explosive Projectiles under* 400 *Grammes Weight* of 29 November/11 December 1868, 重印于 D. Schindler and J. Toman (eds.), *The Laws of Armed Conflicts* (1973), pp. 95 et seq.

[42] 参见 C. Greenwood, in D. Fleck (ed.), *The Handbook of Humanitarian Law in Armed Conflicts* (1999), no. 119。

[43] L. C. Green, *The Contemporary Law of Armed Conflict*, 2nd edn. (2000), pp. 31 et seq.

这些会议的最重要结果是1899年和1907年的《海牙规定》,[44]其中通过了关于战争的允许方式的综合性规则。[45] 这个条约的各方承认:“交战各方采取的伤害敌人方式的权利并不是不受限制的。”[46]传统的观点认为,在战争中,任何事情都是允许的。与这种传统的观点相比,这项声明将对胜利作出贡献,因此,同时也就在国际人道法的发展中迈出了关键性的一步。[47] 关于战争手段和方式的规定,后来在战争方式的发展中得到了采纳,[48]例如,1925年的《毒气议定书》(the Gas Protocol)就是对在第一次世界大战中使用毒气所造成的毁灭性结果的回应,这个议定书加强了业已存在的对使用毒气的禁止性规定。[49]《海牙规定》和其他关于战争方式的手段和方法的规则,被称为“海牙法”。 787

海牙法在第二次世界大战之后得到了扩展和接受了新的发展。值得注意的是:1954 788
年5月14日的《武装冲突情况下保护文化财产公约》(Convention for the Protection of Cultural Property in the Event of Armed Conflict),[50]1972年4月10日的《禁止细菌(生物)及毒素武器的发展、生产及储存以及销毁这类武器的公约》(Convention on the Prohibition of the Development, Production and Stockpiling of Bacteriological [Biological] and Toxin Weapons and on their Destruction),[51]1980年10月10日的《禁止或者限制使用某些可被认为具有过分伤害力或滥杀滥伤作用的常规武器公约》(Convention on Prohibitions or Restrictions on the Use of Certain Conventional Weapons which may be deemed to Be Excessively Injurious or to have Indiscriminate Effects),[52]以及海牙法的四个议定书,1997年9月18日的《关于禁止使用、储存、生产和转让杀伤人员地雷及销毁此种武器的公约》(Convention on the Prohibition of the Use, Stockpiling, Production and Transfer of Anti-Personnel Mines and on their Destruction),[53]1993年1月13日的《关于禁止发展、生产、储存和使用化学武器及销毁此种武器的公约》(Convention on the Prohibition of the Development, Production, Stockpiling and Use of Chemical Weapons and on their Destruction)。[54] 这些公约的名称本身就提供了

---

[44] Annexed to *Convention (II) with Respect to the Laws and Customs of War on Land* of 29 July 1899, and *Convention (IV) with Respect to the Laws and Customs of War on Land* of 18 October 1907, 参见 < http://www.icrc.org/ihl >.

[45] 参见 Hague Regulations, Section II, Chapter I。

[46] 参见 Hague Regulations, Art. 22。

[47] Y. Sandoz, in M. C. Bassiouni (ed.), *International Criminal Law*, Vol. 1, 2nd edn. (1999), p. 393 at p. 396.

[48] 也见边码788。

[49] *Protocol for the Prohibition of the Use in War of Asphyxiating Poisonous or Other Gases, and of Bacteriological Methods of Warfare* of 17 June 1925, 参见 < http://www.icrc.org/ihl >.

[50] 249 *UNTS* (1955), p. 215.

[51] 1015 *UNTS* (1972), p. 163.

[52] 1342 *UNTS* (1980), p. 137.

[53] 2056 *UNTS* (1999), p. 241.

[54] 1975 *UNTS* (1997), p. 469.

它们规定的主题所具有的意义。

789 在日内瓦法和海牙法之间的基础性分离一直持续到今天，尽管存在着日益增长的在实质上的共同点和相互重叠性。[55]

790 国际人道法已经在很大程度上获得了习惯性国际法的特征。[56] 对于海牙法来说，这是由纽伦堡国际法庭建立的。[57] 日内瓦公约的条文所具有的习惯法地位也没有问题。[58] 因此，在国际性人道主义法中最重要的规定可以得到适用，而不依赖处于敌对状态的各方的条约义务，[59]因此，即使一个国家要退出日内瓦公约，[60]它也不能免除自己保护伤员、战俘和平民等人员的义务。[61]

791 另外，习惯性国际人道法也存在着，虽然没有在这些公约中加以规定。这在《马尔顿条款》中得到了承认，并且在1907年的《海牙公约（四）》的前言中得到了规定。这个条款是以沙皇尼古拉二世（Czar Nicholas II）的代表弗里德里希·冯·马尔顿教授的名字命名。[62] 根据这个条款，即使一个战争行为没有明确地被一项国际条约所禁止，它也不一定被允许。更准确地说，"居民和交战人员仍然处于源自确立的惯例、源自人类的原则以及源自公共良心支配的国际法原则的保护和权威之下"。[63]

792 简而言之，国际人道法可以缩减为一些基本的原则。只有交战人员，尤其是军事力量的成员，才被授权进行交战活动。[64] 只要他们的行为符合国际人道法的规则，他们就不能

---

[55] 对这种区别的批评，参见 K. Ipsen, in IC Ipsen, *Völkerrecht*, 5th edn. (2004), § 63 marginal no. 8 with additional cites。

[56] 参见 *IGH*, Urt. v. 27. Juni 1986（关于在尼加拉瓜境内进行的反对尼加拉瓜的军事和准军事活动，Nicaragua v. USA），ICJ Reports 1986, 14, para. 218；*IGH*, Gutachten v. 8. Juli 1996（威胁使用或者使用核武器的合法性），ICJ Reports 1996, 226, paras. 79 ff.；*JStGH*, Urt. v. 20. Februar 2001（*Mucić* et al., AC），para. 113；*JStGH*, Urt. v. 31. März 2003（*Naletilić und Martinović*, TC），para. 250。关于习惯性国际法对国际人道法发展的意义，参见 T. Meron, 90 *American Journal of International Law* (1996), pp. 238 et seq.。

[57] IMT, judgment of 1 October 1946, in *The Trial of German Major War Criminals. Proceedings of the International Military Tribunal Sitting at Nuremberg*; *Germany*, Part 22, pp. 449 et seq.

[58] 截至2003年4月，这四部日内瓦公约已经得到190个国家的批准。关于日内瓦公约的条文作为习惯性国际法的合法性，参见 *Report of the Secretary-General pursuant to Paragraph 2 of Security Council Resolution* 808 (1993), UN Doc. S/25704, para. 37："可以适用于国际武装冲突的习惯法的核心"；C. Greenwood, in D. Fleck (ed.), *The Handbook of Humanitarian Law in Armed Conflicts* (1999), no. 125；T. Meron, 81 *American Journal of International Law* (1987), pp. 348 et seq.。

[59] 关于对日内瓦公约的附加议定书所具有的习惯法地位问题，参见，例如，C. Greenwood, in A. J. M. Delissen and G. J. Tanja (eds.), *Humanitarian Law of Armed Conflict* (1991), pp. 93 et seq.；也见 A. Cassese, 3 *UCLA Pacific Basin Law Journal* (1984), pp. 55 et seq.。

[60] 根据《日内瓦公约（一）》第63条，《日内瓦公约（二）》第62条，《日内瓦公约（三）》第142条，《日内瓦公约（四）》第158条，退出公约是可能的。

[61] 参见 T. Meron, 81 *American Journal of International Law* (1987), p. 348 at p. 349。

[62] 参见 C. Greenwood, in D. Fleck (ed.), *The Handbook of Humanitarian Law in Armed Conflicts* (1999), no. 129。

[63] 参见 Additional Protocol I, Art. 1(2)，在这里采纳了"马尔顿条款"。

[64] 参见 Additional Protocol I, Art. 43(2)。

由于参加了武装冲突而被缔约方认为应当承担责任。作为一项规则，只有交战人员才可以成为攻击的目标。没有参加或者已经不再参加武装冲突的人，不论是由于受伤、疾病、沉船或者战俘身份的原因，都不是攻击的合理目标，并且，这些人都必须得到保护。[65] 当对合理目标进行的攻击对受保护人员造成了伴随性后果时，这种结果必须限制在可能的范围之内。如果攻击将导致不合比例的伴随性后果，那就不可以实施。在进行合理攻击时，缔约方必须避免使用会造成不必要苦难的方式和方法。[66]

对国际人道法的核心挑战，是在各种迅速变化的情况下采纳这些基本原则。日内瓦 793
法和海牙法原来都仅仅对国家之间的战争适用。然而，第二次世界大战结束以来，又出现了许多新的冲突形式，这些"传统的"规则就不再适合了。[67] 与18世纪卢梭的说法相比，[68] 国家的敌人不再仅仅是国家。特别值得注意的是，内战和民族解放战争，实质上就是由居住在一个国家领土范围内的居民进行的。这本身就已经对国际人道法提出了许多挑战。谁应当被授予交战人员的身份呢？叛乱者可以在自己被俘之后主张战俘待遇吗？在什么范围内，非国家的军队应当受国际人道法的约束？对于这些问题的一些回答是由日内瓦公约的共同第3条提供的，尤其是1977年的附加议定书提供的。[69]

但是，在国际人道法前面还有许多困难的挑战：什么是私人组织的攻击？在那里是否 794
可以适用国际人道法？恐怖主义的行为能够是一种战争罪吗？[70] 或者，只能适用国内法，尤其是国内刑法吗？这些关于国际人道法和战争法的问题，甚至在2001年9月11日之前以来，就一直还在寻求着答案。[71]

---

[65] 同时，这些人不可以参加敌对行动，即使他们有能力这样做。参见，例如，Additional Protocol I, Art. 43(2)，根据该条，(只有)战斗人员有权直接参加敌对行动。

[66] 参见 K. Kittichaisaree, *International Criminal Law* (2001), p. 129; S. Oeter, in D. Fleck (ed.), *The Handbook of Humanitarian Law in Amd Conflicts* (1999), no. 401。

[67] C. Daase, in J. Hasse, E. Müller and P. Schneider (eds.), *Humanitäres Völkerrecht* (2001), p. 132 at pp. 143 et seq.

[68] 参见 J.-J. Rousseau, *The Social Contract* (trans. G. D. H. Cole, 1762) (< http://www.constitution.org/jjr/socon.htm >)："最后，每个国家能够作为敌人拥有的只有其他国家，而不是人；因为在那里，对于事物之间在性质上完全不同的，只能是没有真正的联系。"

[69] 关于在非国际冲突中实施的战争罪问题，参见边码811以下。

[70] 参见 L. Martinez, 34 *Rutgers Law Journal* (2002－2003), p. 1 at pp. 41 et seq.。

[71] 关于从2001年9月11日的恐怖袭击中提出的问题，参见，例如，A. Cassese, 12 *European Journal of International Law* (2001), pp. 993 et seq.; R. Dolzer, 28 *The Yale Journal of International Law* (2003), pp. 337 et seq.; H.-P. Gasser, 84 *International Review of the Red Cross* (2002), pp. 547 et seq.; D. Jinks, 28 *Yale Journal of International Law* (2003), pp. 8 et seq.; J. Klabbers, 14 *European Journal of International Law* (2003), pp. 299 et seq.; J. J. Paust, 28 *Yale Journal of International Law* (2003), pp. 325 et seq.; M. Schneider, *Humanitäres Völkerrecht-Informationsschriften* 2001, pp. 222 et seq.; W. H. Taft, 28 *The Yale Journal of International Law* (2003), pp. 319 et seq.; C. Tomuschat, *Europitische Grundrechte-Zeitschrift* 2001, pp. 535 et seq.。也见边码75；对于一种政治科学的观点，参见 H. Münkler, 85 *International Review of the Red Cross* (2003), pp. 7 et seq.。

(二)贯彻国际人道法的国内刑法

795 国际人道法的目的是限制武装冲突的效果。国际人道法首先指向的是国家,即国际法律权利和义务的传统承担者。[72] 每一个国家都不得以违反国际人道法的方式发动战争和武装冲突。国家的义务并不局限于避免这种违反行为。它们还必须保证自己控制的个人遵守国际人道法的规定。在这里,国内刑法能够发挥作用,遏制个人不去违反国际人道法,惩罚那些发生了违反行为的人。[73]

796 在国家层面上,对违反战争法给予刑事惩罚已经有了很长的历史。许多国家都通过了军事司法法典,并且主张在敌对状态停止之后审判和惩罚敌方军队成员违反战争法的权利。一个例子是,美国 1863 年的《利伯法典》第 44 条[74]禁止谋杀、强奸、身体伤害、抢劫和掠夺,并且使用死刑来惩罚这些行为。作为一项规则,这些犯罪是在国内法中定义的,[75]除非那些直接把国际法作为刑事责任的法律制度,[76]并且,审判是在国内(军事)法庭中进行。

797 在国际层面,刑事惩罚的重要性也被承认为是一种对国际人道法的保障。早期关于

---

[72] 关于国际法的主体,参见 I. Brownlie, *Principles of Public International Law*, 6th edn. (2003), pp. 57 et seq. 。

[73] 参见 Y. Sandoz, in M. C. Bassiouni (ed.), *International Criminal Law*, Vol. 1, 2nd edn. (1999), p. 393 at pp. 402 et seq. 。关于依附于国际人道法的其他可能的保障,参见 H. -P. Gasser, in H. Fox and M. A. Meyer (eds.), *Armed Conflict and the New Law*, Vol. 2 (1993), pp. 15 et seq. , and A. Cassese, 9 *European Journal of International Law* (1998), p. 2 at pp. 3 et seq. 。使用刑法来防止违反国际人道法,与那种被更广泛接受的禁止性规定相联系:禁止使用报复性行动或者暴力性报复来对违反战争法作出反应,也就是说,不能用新的违反国际人道法来反应。在报复性行动或者暴力性报复曾经被视为执行国际人道法的合理手段之处,这种功能现在已经为刑法所代替了。参见 S. E. Nahlik, in A. J. M. Delissen and G. J. Tanja (eds.), *Humanitarian Law of Armed Conflict: Challenges Ahead* (1991), pp. 165 et seq. 。关于南斯拉夫国际法庭的意见,参见 *Prosecutor v. Kupreškić* et al., ICTY (Trial Chamber), judgment of 14 January 2000, paras. 527 et seq. ,根据这个意见,报复性措施在现行国际法项下是不能允许的,参见 paras. 531 et seq. with additional cites。也见边码 479。

[74] 参见边码 781。

[75] 一个国家能够使用犯罪的一般定义,或者创设特别的犯罪以适合战争罪的法律。关于贯彻《国际刑事法院规约》的可能性,参见边码 220 以下。

[76] 参见 A. D'Amato, in M. C. Bassiouni (ed.), *International Criminal Law*, Vol. 3, 2nd edn. (1999), p. 217 at p. 218。然而,在这个案件中,适用这个法律的命令是国内法的一部分。关于在南非法律中国际法项下犯罪的可适用性,参见 V. Nerlich, *Apartheidkriminalität vor Gericht* (2002), pp. 81 et seq. 。关于在加拿大、澳大利亚和英国起诉与第二次世界大战有关的战争罪和其他国际犯罪,参见 C. F. Amerasinghe, in M. C. Bassiouni (ed.), *International Criminal Law*, Vol. 3, 2nd edn. (1999), pp. 243 et seq. ; G. T. Blewitt, in M. C. Bassiouni (ed.), *International Criminal Law*, Vol. 3, 2nd edn. (1999), pp. 301 et seq. ; W. Burchards, *Die Verfolgung völkerrechtlicher Verbrechen durch Drittstaaten: Das kanadische Beispiel* (2005); J. Garwood-Cutler, in M. C. Bassiouni (ed.), *International Criminal Law*, Vol. 3, 2nd edn. (1999), pp. 325 et seq. ; L. S. Wexler, in M. C. Bassiouni (ed.), *International Criminal Law*, Vol. 3, 2nd edn. (1999), pp. 273 et seq. 。

国际人道法的协议虽然没有包含关于违反行为具有何种刑事地位的说明，但是，人们可以在1906年的《日内瓦公约》中找到一些提示。⑦ 在这部公约的第28条中，缔约方保证自己承担义务，修改自己的军事司法法典，使之符合该公约的要求。掠夺和虐待伤员，以及不恰当地使用红十字会的标识，都要求在国内法中加以犯罪化。使用刑法的目的是为了保证遵守这部公约。⑱

在1949年日内瓦公约关于严重违反行为的规定中，刑法对于防止违反国际人道法的重要意义变得特别清楚了。⑲ 为了防止特别严重的违反日内瓦公约，也就是著名的"严重违法"，缔约国一致同意一种特别的执法机制。他们承担义务，保证根据国内法对严重违反日内瓦公约的行为进行刑事惩罚，⑳搜寻有嫌疑的行为人，并且审判那些实施了严重违法行为的嫌疑人，或者在其他国家提出要求时，将他们转交给有关国家（或引渡或审判）。㉑ 普遍管辖原则适用于严重违反日内瓦公约的行为，给予任何国家惩罚严重违法行为的权利，不管犯罪地在哪里，不管行为人或者被害人的国籍是什么。㉒ 因此，人们期待国内刑法保证对国际人道法的遵守。㉓ 798

缔约方也有义务防止其他违反这些公约的行为。㉔《第一附加议定书》对日内瓦公约中的严重违法 799

---

⑦ 关于这个发展，参见 J. S. Pictet（ed.），Geneva Convention I，Commentary（1957），pp. 352 et seq.。

⑱ 参见 Y. Sandoz，in M. C. Bassiouni（ed.），*International CriminalLaw*，Vol. 1，2nd edn.（1999），p. 393 at p. 397。

⑲ 关于严重违反，参见 J. S. Pictet（ed.），*Geneva Convention I*，*Commentary*（1957），pp. 357 et seq.；H. Fischer，in G. Kirk McDonald and O. Swaak-Goldman（eds.），*Substantive and Procedural Aspects of International Criminal Law*，Vol. 1（2000），pp. 67 et seq.。

⑳ 参见 Geneva Convention I，Art. 49（1）；Geneva Convention II，Art. 50（1）；Geneva Convention III，Art. 129（1）；Geneva Convention IV，Art. 146（1）。In its *Loi du* 16 *juin* 1993 *relative à la répression des infractions graves aux conventions internationales de Genève du* 12 *août* 1949 *et aux protocoles I et II du* 8 *juin* 1977，*additionnels à ces conventions*，*in the version of the Loi relative à la répression des violations graves de droit international humanitaire*，10 *fevrier* 1999，比利时提供了一个值得注意的在国内法中贯彻战争罪法律的例子。在1996年《美国战争罪法》（the US War Crimes Act）中，允许美国法院起诉严重违反日内瓦公约的行为，只要被害人是美国武装力量的成员或者美国公民，参见 M. S. Zaid，in M. C. Bassiouni（ed.），*International Criminal Law*，Vol. 3，2nd edn.（1999），pp. 331 et seq.。

㉑ 参见 Geneva Convention I，Art. 49（2）；Geneva Convention II，Art. 50（2）；Geneva Convention III，Art. 129（2）；Geneva Convention IV，Art. 146（2），and M. C. Bassiouni and E. M. Wise，*Aut Dedere Aut Judicare*（1995）。

㉒ G. Abi-Saab and R. Abi-Saab，in H. Ascensio，E. Decaux and A. Pellet（eds.），*Droit International Pénal*（2000），chapter 21 marginal no. 54，以这样的假定开始：普遍管辖原则适用于所有的战争罪，而不仅仅是严重违反《日内瓦公约》和《第一附加议定书》。普遍管辖授予国家这种权力，而或引渡或审判原则使它们承担起这个义务。关于普遍管辖原则，参见边码169以下。

㉓ Y. Sandoz，in M. C. Bassiouni（ed.），*International Criminal Law*，Vol. 1，2nd edn.（1999），p. 393 at pp. 415 et seq.

㉔ 参见 Geneva Convention I，Art. 49（3）；Geneva Convention II，Art. 50（3）；Geneva Convention III，Art. 129（3）；Geneva Convention IV，Art. 146（3）。

条款进行了补充。[85]

(三)国际刑法与国际人道法

800 违反国际人道法也会在国际层面受到惩罚。[86] 1919 年 6 月 28 日的《凡尔赛条约》第 229 条第 2 款[87]已经规定,如果犯罪的被害人来自一个以上的国家,那么,德国战争罪犯就应当在由来自各个协约国的法官组成的法庭中受到审判。然而,这个早期对战争罪进行起诉的国际化努力并没有成功。[88]

801 在第二次世界大战之后,战胜国决定,至少对轴心国主要战争罪犯的审判,将不是在国内法庭上,而是在国际法庭上进行。在《纽伦堡宪章》第 6 条第 2 款中,纽伦堡对战争罪犯进行审判的基础,这个国际刑事法庭被授予的管辖权是"违反战争的法律和习惯";纽伦堡和东京的国际刑事法庭根据国际法的基础,认定了一些被告对战争罪有罪。这是一个极端重要的创新;有史以来第一次,国际法院根据国际法认定个人直接对战争犯罪负责。[89]

802 在那之后的一个长时期里,违反国际人道法仅仅是在国内受到惩罚。[90] 然后,这方面的发展,又随着南斯拉夫国际法庭的创设,以及随后创设的卢旺达国际法庭而继续进行了。这些法庭也一直在把战争罪作为国际法项下的犯罪加以惩罚,并且,对战争罪的法律作出了意义重大的澄清和发展。[91] 根据《国际刑事法院规约》第 8 条第 1 款,国际刑事法院对战争罪拥有管辖权。因此,在今天,战争犯罪的法律在国际人道法的执行中一直赢得了重大的意义。国际刑法被用来防止,或者至少是用来惩罚对国际人道法的违反。[92] 那些在武装冲突中违反国际人道法的人,现在不仅必须在国内法庭而且必须在国际法庭中被认定为是有责任的。[93]

---

[85] 参见 Additional Protocol I, Art. 11 (4), Arts. 85 et seq.。

[86] 格劳修斯已经承认了违反战争法在国际法项下的犯罪地位,参见 H.-H. Jescheck, *Die Verantwortlichkeit der Staatsorgane nach Völkerstrafrechts* (1952), p. 180。对骑士彼得·冯·哈根巴赫(Peter von Hagenbach)在 1474 年与围攻布赖萨赫(Breisach)城有关的审判,经常被作为国际起诉战争罪的一个早期例子,参见 L. C. Green, *The Contemporary Law of Armed Conflict*, 2nd edn. (2000), p. 288; L. S. Sunga, *Individual Respomibility in International Law for Serious Human Raghts Violation* (1992), pp. 18 et seq.。

[87] 11 *Martens Nouveau Recueil Général des Traités* (ser. 3 [1923]), p. 323.

[88] 参见边码 9。

[89] 参见边码 15 以下。

[90] 虽然在国内层面上,对违反国际人道法的审判也是很少的, T. Meron, 89 *American Journal of International Law* (1995), p. 554 at pp. 555 et seq.。

[91] 详见边码 45 以下。

[92] 关于这个发展对于保护人权的意义,参见 J. Dugard, 80 *International Review of the Red Cross* (1998), pp. 445 et seq.。

[93] 关于国际刑法的压制和预防功能,参见 O. Triffterer, in M. Politi and G. Nesi (eds.), *The Statute of the International Criminal Court* (1998), pp. 137 et seq.,以及边码 85 以下。

二 国际人道法和刑事惩罚

803 国际人道法包含了大量相当技术性的规则，不是每一种违反行为都是犯罪性的。确定什么样的行为违反国际人道法会创设个人的刑事责任，是面对战争犯罪的法律时遇到的主要挑战之一。[94]

804 战争犯罪的规范所具有的结构，与危害人类罪和灭绝种族罪的结构不同。后者在国际法中是作为独立的犯罪加以建立的。然而，一种战争罪是以违反一个国际人道法的规则为基础的。[95] 人道主义法的条文通过违反它所受到的刑事惩罚加以补充，根据的是一个国际条约或者习惯性国际法。[96] 刑事惩罚是与国际人道法相联系的。

805 但是，应当受到刑事惩罚的国际人道法的规则是什么？现在，并没有对实体性战争犯罪的法律进行确定的国际法典化。然而，在《国际刑事法院规约》第8条第2款中已经取得了重要的进步。这个条文列举了战争犯罪的法律中的核心犯罪，也体现了习惯性国际法。[97] 然而，第8条第2款并不是穷尽性的，其他战争罪还可以存在于习惯性国际法项下。[98] 应当注意的是，国际刑事法院对于没有包括在《国际刑事法院规约》第8条第2款中的其他犯罪，并不具有管辖权。[99] 下面将要讨论的问题主要与南斯拉夫和卢旺达国际刑事法庭有关，或者与希望在《国际刑事法院规约》之外贯彻战争犯罪的法律的国家有关。

806 1995年10月2日，南斯拉夫国际法庭在塔迪奇案件的决定中，处理了如何确定习惯法项下违反国际人道法的犯罪身份问题。上诉庭必须确定，为了在《南斯拉夫国际法庭规约》第3条中包括国际人道法的一个规范，并且，为了本法庭能够起诉对其的违反，需要满足的条件是什么。这个决定首先与这个国际法庭的司法管辖权有关，而不是与违反国际人道法所具有的实质犯罪性有关，但是，它允许对实体刑法作出推论，因为接受了对

---

[94] 参见 H. -H. Jescheck, *Die Verantwortlichkeit der Staatsorgane nach Völkerstrafrechts* (1952), p. 181。也见 A. Cassese, *International Criminal Law* (2003), pp. 50 et seq.。

[95] （作者在德文第2版中删除的注释内容是：一个例外表现在严重违反《日内瓦公约》的规则上；这些规则覆盖的行为有待由国家给予惩罚。因此，这些条文带有与犯罪定义的类似性。——译者注）关于在南斯拉夫国际法庭中的国际习惯法和国际合同法之间关系的问题，参见 *JStGH*, Urt. v. 17. Dezember 2004 (*Kordić und Čerkez*, AC), paras. 41 ff.; *JStGH*, Urt. v. 30. November 2006 (*Galić*, AC), paras. 81 ff.。

[96] G. Abi-Saab and R. Abi-Saab, in H. Ascensio, E. Decaux and A. Pellet (eds.), *Droit International Pénal* (2000), chapter 21 marginal nos. 44 et seq.，谈的是作为辅助性规范的法律后果，这种后果的存在必须加以证明。在纽伦堡审判中，他们说，这并没有充分地发生，因为这个国际刑事法庭自己局限于一般地展示：国际法项下的犯罪是由个人实施的，并且，必须因此受到惩罚。

[97] 参见边码139。

[98] 参见《国际刑事法院规约》第10条和边码139。

[99] 这来自《国际刑事法院规约》第8条第2款引导句中的用语（为了本规约的目的，“战争罪”是指……）。

这些犯罪的司法管辖权就意味着这些犯罪的存在。

807 这个国际法庭在下面这样表述了对管辖权的要求：

"（1）违反行为必须构成对国际人道法中一项规则的侵犯。

（2）这项规则在性质上必须是习惯性的，或者，如果属于条约法，所要求的条件必须符合……；

（3）这个违反行为必须是'严重的'，也就是说，它必须构成侵犯了对一项重要价值的保护，并且，这种违反必须涉及对被害人的严重后果。因此，例如，一名战斗员在一个被占领的村庄里擅自拿走一块面包的简单事实，将不能等同于一种'严重违反国际人道法'，虽然它可以被认为与规定在《海牙规定》第46条第1款（以及习惯性国际法中的相应规则）中的基本原则相冲突，在那里，'私人财产必须得到尊重'，包括得到占领敌国领土的任何军队的尊重；

（4）违反规则必须使违反该规则的个人承担习惯法或者条约法项下的个人刑事责任。"[100]

808 第一项要求明确地表明，有关的行为必须与国际人道法不相一致。[101] 这个表述不仅仅是理所当然的，因为这意味着战争罪总要参考国际人道法。这里涉及的实体法不是碰巧以国际人道法为基础的自治法，而是这部分法的附属法。[102] 因此，战争罪必须用自己所依据的国际人道法的眼光加以解释。还有，在上面引述的第二项要求中，适用这个规范的所有要求都必须得到符合——尤其是在涉及条约法之处，有关的文件必须对有关的国家具有拘束力。

809 根据第三项要求，只有严重违反国际人道法才是战争罪。根据上诉庭的意见，这首先是来自南斯拉夫国际法庭仅仅审判严重违反国际人道法的使命。但是，对于战争的国际法整体来说，这是没有什么区别的。[103] 上诉庭提出的那个偷盗一块面包的例子，并没有影响国际社会的利益，即使这是在武装冲突中实施的。只有意义重大的违反国际人道法才是国际法项下的犯罪。[104] 确定是否已经达到这个刑事惩罚的门槛，并不总是很容易。南斯拉夫和卢旺达国际法庭已经认为，有关的人道主义法的规则必须保护重要的利益，并且，违反这个规则必须对被害人产生严重的结果。[105] 如果一个人的身体完整性受到严重

---

[100] *Prosecutor v. Tadić*, ICTY (Appeals Chamber), decision of 2 October 1995, para. 94.

[101] 这已经是以在这里使用的"战争罪"这个词为前提条件了。

[102] 战争罪法律的依赖性在这个决定中的其他地方提到了：与本审判庭在 *Prosecutor v. Tadić*, ICTY (Trial Chamber), decision of 10 August 1995, para. 53 中的观点不同，严重违反《日内瓦公约》的条文不能适用于非国际武装冲突，参见 *Prosecutor v. Tadić*, ICTY (Appeals Chamber), decision of 2 October 1995, para. 81。

[103] T. Meron, 9 *European Journal of International Law* (1998), p. 18 at p. 24。

[104] 当然，这个国家保留着对甚至更轻微的违反国际人道法行为加以犯罪化或者其他惩罚的权利，参见 G. Abi-Saab and R. Abi-Saab, in H. Asceusio, E. Decaux and A. Pellet (eds.), *Droit International Pénal* (2000), chapter 21 marginal no. 43。然而，一个国家不能在起诉这些违反行为时依靠普遍管辖。

[105] 参见 *Prosecutor v. Tadić*, ICTY (Appeals Chamber), decision of 2 October 1995, para. 94; *Prosecutor v. Kunarac* et al., ICTY (Appeals Chamber), judgment of 12 June 2002, para. 66; *Prosecutor v. Akayesu*, ICTR (Trial Chamber), judgment of 2 September 1998, para. 616; *Prosecutor v. Rutaganda*, ICTR (Trial Chamber), judgment of 6 December 1999, para. 106。

的侵犯,或者他或她的生命有了危险,那么,这就一定总会被认为是一种重大的侵犯国际人道法,因为在这种案件中,行为在严重性上与严重违反日内瓦公约是相似的。[106] 对于财产的损害来说,只有在涉及的财产超过了不是不重要的数量时,一个行为才是国际法项下的犯罪。如果一个行为的结果不是具体的损害产生了对个人权利的威胁,那么,决定就更难作出了。因此,这必须具体案件具体分析,必须分析规范所保护的目的。

第四项要求产生于国际人道法作为国际法治秩序一部分的特征,而这种秩序原来就 810
是以国家作为规范对象的。[107] 违反国际人道法的一个规则,只有在这个规则也创设了对个人行为的规范时,才能受到惩罚。[108] 对于一些规则来说,例如严重违反日内瓦公约的条文,个人的义务得到了特别清楚的规定。然而,许多国际人道法的规范,首先就是以国家作为规范对象的。但是,违反行为可能由个人实施,甚至是在这样的案件中实施的:他们为国家作出了因此承担责任的决定。一个例子是规定在《日内瓦公约(三)》第15条和第26条中的为战俘提供足够的食物这种义务。这个义务首先适用于关押国。[109] 但是,如果这个国家的军队领导人命令,不应当为战俘提供足够的食物,那么,那些负责的人就违反了《日内瓦公约(三)》第26条。这项决定是代表关押国作出的,并且,行为人是有义务遵守指向这个国家的规范的。然而,如果一名士兵在没有得到国家批准的情况下,拒绝向战俘分发食物,那么,《日内瓦公约(三)》第26条就没有受到违反。在这个案件中,行为人不是为关押国实施行为。[110] 因此,国际人道法的规则是否为个人规定了义务的问题,经常就只能在具体案件具体分析的基础上,在考虑这名行为人的地位和作用之后再加以决定。

三 非国际武装冲突中的战争罪

在传统上,内战一直被看成是国内事务,应当适用禁止干涉。在对所有1949年的《日 811
内瓦公约》共同第3条中,国际法第一次创设了对非国际武装冲突的规则。这些规则在《第二附加议定书》中得到了扩展,但是,这些规则与在《第一附加议定书》中的相比,不那

---

[106] 也见 *Prosecutor v. Aleksovski*, ICTY (Appeals Chamber), judgment of 24 March 2000, para. 37。

[107] 关于把违反习惯性国际法项下的国际人道法条文的行为加以犯罪化,也见 A. Cassese, *International Criminal Law* (2003), pp. 50 et seq. 。

[108] T. Meron, 9 *European Journal of International Law* (1998), p. 18 at p. 24. 也见 E. David, *Principes de droit des conflits armés*, 3rd edn. (2002), marginal nos. 1. 195 et seq.; C. Greenwood, in D. Fleck (ed.), *The Handbook of Humanitarian Law in Armed Conflicts* (1999), no. 133, 就具有这样的观点:国际人道法的所有规范都对个人设置了义务。

[109] J. S. Pictet (ed.), *Geneva Convention III, Commentary* (1960), p. 196.

[110] 如果,例如,不给食物严重损害了战犯的健康,情况就不一样了。这可以构成一种严重违反《日内瓦公约(三)》,这样,个人就能够承担责任。

么精细和完整,那些规则仅仅可以在国际武装冲突中适用。因此,可以对非国际武装冲突适用的国际法项下的违反国际人道法所具有的犯罪性,长期得不到承认,就不奇怪了。一直到 1993 年 3 月,在一份对《南斯拉夫国际法庭规约》的评论中,红十字国际委员会的结论是:战争罪的概念仅仅限于国际武装冲突。[111]

812 一直到 1994 年,随着卢旺达国际刑事法庭的创立,[112]国际社会才把国际刑法适用于具有一些国际色彩(aspects)的武装冲突之中。[113] 灭绝种族是由卢旺达人在卢旺达对卢旺达人实施的。在这场冲突中实施的是危害人类罪还是灭绝种族罪,这是不重要的,因为这些犯罪不再要求与国际武装冲突的联系了。[114] 但是,《卢旺达国际刑事法庭规约》也允许惩罚侵犯国际人道法,原因之一是这些行为比较容易证明,并且是为了堵住一些法律漏洞。[115] 因此,这就决定授予卢旺达国际法庭,在第 4 条中,对违反从《日内瓦公约(一)》到《日内瓦公约(四)》共同第 3 条以及《第二附加议定书》第 4 条第 2 款的管辖权。[116] 在对内战中实施的犯罪给予国际法律惩罚这个方向上,这标志着一个决定性的步骤。

813 同样具有开创性意义的是 1995 年 10 月 2 日上诉庭对塔迪奇案件作出的决定。[117] 这个决定由于两个原因具有很重大的意义。首先,这个法庭确定,一系列国际人道法的条文——例如禁止背叛性杀人(treacherous killing),攻击平民人口和使用特定的武器——也在习惯性国际法项下扩张到非国际武装冲突上。[118] 这个法庭参考了相应的国家实践,并且强调了对被害人的保护。[119] 它认为,不人道并且因此在国际武装冲突中被禁止的行为,

---

[111] 引自 T. Meron,89 *American Journal of International Law* (1995),p. 554 at p. 559 带有额外的引文;也见 R. Boed,13 *Criminal Law Forum* (2003),p 293 at p. 299。

[112] 它是在 1994 年 11 月 8 日联合国安全理事会第 955 号决议的基础上创立的。《南斯拉夫国际法庭规约》没有明确地依赖第一部至第四部《日内瓦公约》第 3 条,虽然它指向的冲突,部分地具有非国际的性质。在前南斯拉夫的冲突被安全理事会认为是国际性的,参见 T. Meron,89 *American Journal of International Law* (1995),p. 554 at p. 556。关于南斯拉夫国际法庭法理学的重要意义,参见边码 813 以下。

[113] 对于把在内战中的犯罪加以犯罪化的讨论,参见 T. Meron,89 *American Journal of International Law* (1995),pp. 554 et seq. 。也见 R. Abi-Saab,in A. J. M. Delissen and G. J. Tanja (eds.),*Humanitarian Law of Armed Conflict* (1991),pp. 209 et seq. ;T. Graditzky,80 *International Review of the Red Cross* (1998),pp. 29 et seq. 。

[114] 对于危害人类罪,参见边码 637、641。

[115] T. Meron,89 *American Journal of International Law* (1995),p. 554 at p. 558.

[116] 没有包含在《卢旺达国际法庭规约》第 4 条中的是,禁止奴役和奴隶贸易(《第二附加议定书》第 4 条第 2 款第 6 项)。不采用《第二附加议定书》第 6 条中对审判的综合性法律保障,《卢旺达国际法庭规约》第 4 条第 7 款采纳了第一部到第四部《日内瓦公约》第 3 条第 1 款第 4 项的用语。

[117] 关于这个决定,参见 M. Cottier,in I. Erberich et al. (eds.),*Frieden und Recht* (1998),p. 183 at pp. 201 et seq. ;W. Heintschel von Heinegg,in A. Zimmermann (ed.),*International Criminal Law, the Current Development of Public International Law* (2003),p. 27 at pp. 35 et seq. ;C. Kress,*Europäische Grundrechte-Zeitschrift* 1996,pp. 638 et seq. ;T. Meron,90 *American Journal of International Law* (1996),pp. 238 et seq. ;M. Sassòli,*Revue Général de Droit International Public*,Vol. C (1996),pp. 103 et seq. 。

[118] *Prosecutor v. Tadić*,ICTY (Appeals Chamber),decision of 2 October 1995,paras. 120 et seq.

[119] *Prosecutor v. Tadić*,ICTY (Appeals Chamber),decision of 2 October 1995,paras. 96 et seq. 。关于被害人的保护,也见 G. Werle,109 *Zeitschrift für die gesamte Strafrechtswissenschaft* (1997),p. 808 at p. 818。

不能被视为在内战中是允许的。[120] 南斯拉夫国际法庭清楚地指出，国际人道法比起日内瓦公约的共同第3条和《第二附加议定书》，都更深入地扩展进了非国际武装冲突，即使规则的总数还是不如为国际武装冲突所作的规定。[121]

其次，这个法庭认为，违反可以适用于非国际武装冲突的国际人道法，可以在习惯性国际法项下是犯罪的。[122] 这是符合逻辑的，因为没有合理的原因，可以使在非国际武装冲突领域中将违法加以犯罪化时适用的规则，不同于那些在国际冲突中可以适用的规则。南斯拉夫国际法庭以违反国际人道法的严重性为基础，认定了在内部武装冲突中的刑事责任，并且参考了纽伦堡审判的原则：国际法项下的犯罪是由人们实施的，不是国家；只有通过惩罚这些负责的人，才能使国际法得到优先适用。[123] 因此，把国际战争法扩展到内部冲突，符合了战争犯罪的法律的一种扩展。南斯拉夫国际法庭参考了国家的实践：在许多法律制度之中，违反国际人道法是受到惩罚的，即使是在非国际武装冲突之中实施的。[124] 因此，不仅对国际性的，而且对于非国际武装冲突来说，下面的结论都真实的：在严重违反国际人道法的情况下，行为人要承担习惯性国际法项下的刑事责任。[125] 814

《国际刑事法院规约》仅仅部分地跟随了这个发展。在第8条第2款第3项中，《国际刑事法院规约》宣布，违反日内瓦公约的共同第3条是犯罪。在第8条第2款第5项中，这些规则通过附加条款得到补充，这些条款保护的是个人，并且首先是以《第二附加议定书》为基础的。结果就是，在《国际刑事法院规约》项下和根据习惯性国际法，在非国际武装冲突中的保护个人在相当程度上就相当于在国际武装冲突中对他们的保护。[126] 然而，在有关战争方式中对被禁止方法和手段的禁令方面，《国际刑事法院规约》没有包含 815

---

[120] *Prosecutor v. Tadić*, ICTY (Appeals Chamber), decision of 2 October 1995, para. 119.

[121] *Prosecutor v. Tadić*, ICTY (Appeals Chamber), decision of 2 October 1995, para. 126。在 *Prosecutor v. Kupreškić* et al., ICTY (Trial Chamber), judgment of 14 January 2000, paras. 521 et seq., paras. 527 et seq.，这个国际法庭肯定了习惯法把国际人道法的特定条文扩展到非国际武装冲突中，并且，特别明确了，在国际人道法的范围内，国际法治所需要的行为在确定习惯性国际法时，比国家的实践更重要。也见 Excerpt from the Report prepared by the International Committee of the Red Cross for the 28th International Conference of the Red Cross and the Red Crescent, Geneva, December 2003, 86 *International Review of the Red Cross* (2004), p. 213 at pp. 228 et seq.。

[122] *Prosecutor v. Tadić*, ICTY (Appeals Chamber), decision of 2 October 1995, paras. 128 et seq.。在可以适用于非国际冲突的违反国际人道法所具有的犯罪性方面，卢旺达国际法庭跟随了南斯拉夫国际法庭，参见 *Prosecutor v. Kanyabashi*, ICTR (Trial Chamber), decision of 18 June 1997, paras. 33 et seq.; *Prosecutor v. Akayesu*, ICTR (Trial Chamber), judgment of 2 September 1998, paras. 611 et seq.。

[123] *Prosecutor v. Tadić*, ICTY (Appeals Chamber), decision of 2 October 1995, para. 128；也见边码15。

[124] *Prosecutor v. Tadić*, ICTY (Appeals Chamber), decision 2 October 1995, paras. 131 et seq.

[125] 在国际冲突中可以比较的违反行为所具有的犯罪状态，是对它们在非国际冲突中也具有可惩罚性的重要证据。

[126] 然而，与严重违反相联系的其他法律后果，应当与国际法项下的犯罪性加以区别，尤其是普遍管辖和（或）引渡或审判原则的适用。在普遍管辖方面，能够观察到的一个趋势是，它对在内战中的犯罪适用，参见 T. Meron, 9 *European Journal of International Law* (1998), p. 18 at p. 29；也见边码174。

什么规则,因此就落后于习惯性国际法了。在习惯性国际法项下,战争方式的特定方法和手段也经常在非国际冲突中被禁止,违反这些禁令的是犯罪。[127]《德国违反国际法的犯罪法典》考虑了这种情况,并且根据习惯性国际法,对在非国际以及国际冲突中使用禁止性战争方法和手段进行了犯罪化。[128]

816 总而言之,人们可以说,违反可以适用于非国际武装冲突的国际人道法会产生习惯性国际法项下的刑事责任。然而,在非国际武装冲突中的犯罪行为的范围,在一定程度上是窄于在国际冲突中的范围的,因为并不是所有国际人道法的规则都适用于非国际武装冲突。适用于不同种类冲突的国际人道法的规则,将在各个具体犯罪中进行讨论。

四 受保护的利益

817 战争犯罪的法律保护的是在武装冲突中的基本个人权利。这一点,在日内瓦公约的严重违法条文中特别清楚。在武装冲突中,受保护的人员暴露在特别的危险中;至少是那些最重要的权利,例如尊严、生命和身体的完整性,应当不受侵犯。[129] 在以海牙法为基础的犯罪中,对个人权利的保护并不那么明显。但是,在这里,个人的法律利益是受保护的:战争方式的特定方法和手段受到禁止,因为它们会造成不必要的苦难。[130]

818 另外,战争犯罪的法律还保护超过个人权利的价值。就像其他国际法项下的核心犯罪一样,[131]战争犯罪的法律服务于保护世界和平。这个说明一开始看来会是有矛盾的;无论如何,如果战争罪正被实施,那和平就已经受到侵害了。不过,对和平和安全的瓦解进行限制,以及使冲突结束之后和平的恢复和共同生活容易一些,正是战争犯罪的法律所追求的目标。[132]

---

[127] 详见边码 1008 以下和边码 1097 以下。

[128] 参见(German) Code of Crimes Against International Law [*Völkerstrafgesetzbuch*, *VStGB*], Sections 11 and 12 and the Explanatory Memorandum of the (German) Code of Crimes Against International Law, *BT-Drs.* 14/8524, pp. 32 et seq.,在这里强调了《德国违反国际法的犯罪法典》仅仅采纳了习惯性国际法。

[129] O. Triffterer, *Dogmatische Untersuchungen zur Entwicklung des materiellen Völkerstrafrechts seit Nürnberg* (1966), p. 200.

[130] 关于在国际人道法中的个人权利所具有的日益增长的重要意义,通常参见 T. Meron, 94 *American Journal of International Law* (2000), pp. 239 et seq.。

[131] 参见边码 77 以下。

[132] J. S, Pictet (ed.), *Geneva Convention I, Commentary* (1957), p. 361.

五 战争罪的种类

《国际刑事法院规约》在第 8 条中对战争罪作了统一的规定。这部规约的组织原则是把在国际和非国际武装冲突中的犯罪加以区分。《国际刑事法院规约》第 8 条第 2 款第 1 项采纳了日内瓦公约中关于严重违法的规则。第 8 条第 2 款第 2 项是关于“其他严重违反战争法和惯例”,覆盖了从其他法律渊源中产生的并且可以对国际武装冲突适用的全部犯罪。[133] 第 8 条第 2 款第 3 项包含了在《日内瓦公约(一)》到《日内瓦公约(四)》的共同第 3 条中可以找到的各种犯罪,而第 8 条第 2 款第 4 项包括了从除了日内瓦公约之外的其他法律渊源中产生的并且可以对国际武装冲突适用的各种犯罪。 819

总的说来,《国际刑事法院规约》第 8 条第 2 款的结构是很复杂的,并且,在一定程度上,隐藏了各种犯罪之间的关系。另外,随着可以适用于国际和非国际冲突的法律不断趋于一致,根据冲突的种类进行区分的做法也已经变得非常陈旧了。更有意义的是,从实体的观点对不同的犯罪进行分类。特别有用的是,一方面在保护人员和财产之间作出区分(在实质上是日内瓦法),另一方面在被禁止的战争方法和手段之间作出区分(在实质上是海牙法)。这样一种以内容为导向的结构,与《德国违反国际法的犯罪法典》所依据的结构非常相似,[134]这个结构将在下文中得到应用。[135] 这个结构导致把战争罪分为侵犯人员的战争罪(第三节)、侵犯财产和其他权利的战争罪(第四节)、涉及使用禁止性战争方法的战争罪(第五节)、涉及使用禁止性战争手段的战争罪(第六节),以及侵犯人道主义行动的战争罪(第七节)。 820

在每一节中的解释,都开始于《国际刑事法院规约》的条文,几乎所有这些条文都反映了习惯性国际法。在制定法和习惯法之间的不一致将被准确地标示出来。以冲突的类 821

---

[133] 然而,在《国际刑事法院规约》第 8 条第 2 款第 2 项中使用的语言,往往在细节上偏离了其所依据的国际人道法的规范,参见 G. Venturini, in F. Lattanzi and W. A. Schabas (eds.), *Essays on the Rome Statute of the International Criminal Court*, Vol. 1 (1999), p. 171 at p. 175。在《国际刑事法院规约》第 8 条中提到的一些犯罪,在传统的国际人道法中并没有相应的内容。特别值得注意的是《国际刑事法院规约》第 8 条第 2 款第 2 项第 3 目和第 8 条第 2 款第 5 项第 3 目,这些条文将对人道主义行动和维持和平使命的攻击加以犯罪化了。这些条文根据的是 the *Convention on the Safety of United Nations and Associated Personnel* of 9 December 1994, 2051 *UNTS* (1999), p. 391,并且反映了在这些行动中所需要的保护,这清楚地成为在 20 世纪 90 年代对人道主义行动进行攻击的结果。详见下文,边码 1134 以下;Z. Galicki, in H. Ascensio, E. Decaux and A. Pellet (eds.), *Droit International Pénal* (2000), p. 493。

[134] 参见 G. Werle, *Juristenzeitung* 2001, p. 885 at pp. 893 et seq.; G. Werle and F. Jessberger, *Juristenzeitung* 2002, p. 725 at p. 728; G. Werle and V. Nerlich, *Humanitäres Völkerrecht-Informatiomschriften* 2002, p. 124 和边码 234 以下。

[135] 类似的, A. Cassese, *International Criminal Law* (2003), pp. 54 et seq.。

型为基础的差别，仅仅在适用不同规则的地方才加以指出。

第二节 总体要求

一 武装冲突

822 国际人道法，因此还有战争法，作为一项规则，[136]只能对武装冲突适用。南斯拉夫国际法庭上诉庭在其1995年10月2日的判决中，对武装冲突作出以下的定义："我们认为，在国家之间有诉诸武装力量、在政府性权威和有组织的武装团体之间以及在一国之内的这种团体之间有诉诸长期武装暴力的任何时候，就存在着一种武装冲突。"[137]

823 因此，有必要区分直接在两国之间发动的、通常是由它们的军队或者其他武装力量（简称"国家之间的冲突"）进行的这种武装冲突，与政府力量和其他武装团体之间或者这种团体之间在一国之内发生的那种冲突（简称"国家内部的冲突"）。国家内部的冲突并不涉及两个（直接）作为冲突方而相互面对的国家。这种区分，就像我们将要看到的那样，虽然不够完整，但是，与在国际和非国际冲突之间的区分是一样的。[138]

（一）国家之间的冲突

824 如果一个国家使用武装力量直接侵犯另一个国家受国际保护的领土，那么，就存在着一种国家之间的武装冲突。[139] 使用武力的等级是没有关系的；国际人道法，因此还有战争犯罪的法律，甚至也可以对小的冲突适用（"第一枪"）。[140] 对于冲突各方来说，不需要把

---

[136] 关于例外，参见边码831以下。

[137] *Prosecutor v. Tadić*, ICTY (Appeals Chamber), decision of 2 October 1995, para. 70。这个意见符合了通常的司法判决，例如，（作者删除了"肯定的"。——译者注）参见 *Prosecutor v. Mucić* et al., ICTY (Trial Chamber), judgment of 16 November 1998, para. 183; *Prosecutor v. Furundžija*, ICTY (Trial Chamber), judgment of 10 December 1998, para. 59; *Prosecutor v. Naletilić and Martinović*, ICTY (Trial Chamber), judgment of 31 March 2003, para. 177; *JStGH*, Urt. v. 1. September 2004 (*Brđanin*, TC), para. 122; *JStGH*, Urt. v. 17. Januar 2005 (*Blagojević und Jokić*, TC), para. 536; *JStGH*, Urt. v. 30. November 2005 (*Limaj* et al., TC), para. 84。

[138] 关于术语，参见 E. David, *Principes de droit des conflits armés*, 3rd edn. (2002), marginal no. 1.46。

[139] 参见 C. Greenwood, in D. Fleck (ed.), *The Handbook of Humanitarian Law in Armed Conflicts* (1999), no. 202。

[140] 参见 E. David, *Principes de droit des conflits armés*, 3rd edn. (2002), marginal no. 1.51; J. S. Pictet (ed.), *Geneva Convention IV*, *Commentary* (1958), p. 20；更狭窄的，C. Greenwood, in D. Fleck (ed.), *The Handbook of Humanitarian Law in Armed Conflicts* (1999), no. 202。

这种冲突看成是或者称之为战争。[141] 一个使用武装力量的国家，不能通过说自己是在使用武力作为一项警察行动来阻止适用国际人道法。[142] 仅仅是威胁使用军事力量或者其他尚未达到武装力量门槛的行动，尤其是经济制裁，不能被认为是武装冲突。[143]

（二）国家内部的冲突

国际人道法的范围已经通过日内瓦公约的共同第 3 条扩展到国家内部的冲突，尤其 825
是通过《第二附加议定书》的具体条文以及《第一附加议定书》，扩展到民族解放战争中了。[144] 就像已经讨论过的那样，战争犯罪的法律也能适用于国家内部的冲突。[145] 这构成了对受影响国家的主权一种相当大的侵犯，并且只有在国家内部的冲突相对于国家之间的冲突时，才能是正当的。[146]《国际刑事法院规约》第 8 条第 2 款第 4 项和第 6 项，试图把国家内部的武装冲突与其他尚未达到武装冲突门槛的国家内部的冲突区分开来。

---

[141] 参见 *JStGH*, Urt. v. 17. Dezember 2004（*Kordić und Čerkez*, AC）, para. 373。原来，战争罪的法律仅仅适用于通过宣战、有条件的最后通牒或者开始目的是造成战争状态的敌对行动而提起的战争。也见 W. Meng, in R. Bernhardt（ed.）, *Encyclopedia of Public International Law*, Vol. IV（2000）, p. 1334 at p. 1339。此外，战争状态必须被对方所接受，参见 J. S. Pictet（ed.）, *Geneva Convention I, Commentary*（1957）, p. 28。迟至 1978 年，（德国）联邦社会保险法院（Bundessozialgericht）宣布，与西班牙内战的分类相联系，对于一种战争状态的存在，国际法要求一种在两国国家之间或者国家集团之间发动的战争，作为一项规则的特征是断绝外交关系，中止一般的和平时期的国际法，并且，至少有使用武力的意愿，参见（German）Federal Social Security Court, 47 *BSGE*, p. 263 at p. 265。在第二次世界大战之后，把国际人道法的范围限制在战争上，已经证明是有问题的，因为现在使用军事力量的国家并没有首先宣战或者允许所有战争的法律后果发生；参见 C. Greenwood, in D. Fleck（ed.）, *The Handbook of Humanitarian Law in Armed Conflict*（1999）, no. 203，带有在国际法律意义上不是战争的武装冲突的例子。战争罪的法律，尤其是国际人道法，必须考虑这种发展，因为国家不断地拒绝适用国际人道法，借口一场冲突是武装冲突而不是战争，因为发动战争的国家并不承认敌对的政府。参见 J. S. Pictet（ed.）, *Geneva Convention I, Commentary*（1957）, p. 28。在 1949 年的几部《日内瓦公约》中，"武装冲突"这个词已经在共同第 2 条中加以使用了，为的是防止这种争论。一旦一场武装冲突存在，冲突各方就有义务遵守国际人道法。与战争或者武装冲突的其他法律后果相比，例如在各方之间断绝外交关系，国际人道法的合法性就不能由各方处置了，参见 K. Ipsen, in K. Ipsen, *Völkerrecht*, 5th edn.（2004）, § 65 marginal no. 11。在这里，很明确的是，国际人道法的条文——包括那些固定在条约中的条文——已经从双边条约的义务发展成仅仅是官方在条约中肯定的法律一般规则，参见 J. S. Pictet（ed.）, *Geneva Convention I, Commentary*（1957）, p. 28。Detter, *The Law of War*, 2nd edn.（2000）, pp. 17 et seq.，建议使这个战争的定义适应于这些已经变化的情况，而不是使用武装冲突的概念来进行搪塞。对于"海牙法"条文的可适用性，这块试金石也不再是一种战争的状态，而是一种武装冲突的存在，参见 C. Greenwood, in D. Fleck（ed.）, *The Handbook of Humanitarian Law in Armed Conflicts*（1999）, no. 202。

[142] J. S. Pictet（ed.）, *Geneva Convention IV, Commentary*（1958）, p. 20.

[143] K. Ipsen, in K. Ipsen, *Völkerrecht*, 5th edn.（2004）, § 66, marginal no. 5 et seq.。关于"经济的战争方式"，参见 K. Zemanek, in R. Bernhardt（ed.）, *Encyclopedia of Public International Law*, Vol. II（1995）, pp. 38 et seq.。

[144] 参见 Additional Protocol I, Art. 1(4)，参见边码 836。

[145] 参见边码 811 以下。

[146] 也见 J. S. Pictet（ed.）, *Geneva Convention IL Commentary*（1960）, p. 33。

826 根据《国际刑事法院规约》第8条第2款第4项和第6项第1句,"内部动乱和紧张局势,如暴动、孤立和零星的暴力行为或其他性质相同的行为",都不是武装冲突。[147] 这个说明回应了《第二附加议定书》第1条第2款,并且仅仅起到澄清的作用。[148]

827 《国际刑事法院规约》第8条第2款第6项第2句进一步特别指出应当被理解为非国际武装冲突的是什么:它要求这种冲突应当发生"在政府性权威和有组织的武装团体之间,或者这种团体之间"。[149] 这个用语来自前面提到的南斯拉夫国际法庭的判决,[150]并且澄清了参加这种冲突的各方必须具有一定等级的组织性。[151]

828 在《国际刑事法院规约》中选择的语言,并不像《第二附加议定书》第1条第1款定义的那样狭窄,仅仅要求一种可以承担责任的军事领导机构,以及从占领该国那部分领土中产生的能够进行一种"持续的"和"既定的"军事行动的能力。特别是,占领部分领土这个要求被证明太狭窄了,因为这仅仅涵盖了"传统的"内战,例如美国内战(1861—1865年),但是不包括现代的游击战。[152] 与《第二附加议定书》第1条第1款相比较,《国际刑事法院规约》第8条第2款第6项就包括了没有政府力量卷入的冲突。[153]

829 《国际刑事法院规约》第8条第2款第6项第2句还另外要求,这种冲突必须是"长

---

[147] 也见 J. S. Pictet (ed.), *Geneva Convention II*, *Commentary* (1960), p. 33。

[148] A. Zimmermann, in O. Triffterer (ed.), *Commentary on the Rome Statute of the International Criminal Court* (1999), Art. 8 marginal no. 286。也见 S. S. Junod, in Y. Sandoz, C: Swinarski and B. Zimmermann, *Commentary on the Additional Protocols* (1987), marginal no. 4472。

[149] 关于一种"持续的"冲突的额外要求,参见边码828。

[150] *Prosecutor v. Tadić*, ICTY (Appeals Chamber), decision of 2 October 1995, para. 70.

[151] 如果,例如,一场示威导致在警察和示威者之间即时发生了战斗,那么,这些"示威者",作为冲突的一方,就缺乏必要的组织等级,并且,这不是一场武装冲突,参见 S. S. Junod, in Y. Sandoz, C. Swinarski and B. Zimmermann, *Commentary on the Additional Protocols* (1987), marginal no. 4474;根据 *JStGH*, Urt. v. 30. November 2005 (*Limaj* et al., TC), para. 89, 冲突各方具有"一种确定的组织性"就足够了,这种组织性当然"不需要等同于那种上级为该组织中的下级行为负责的要求"。也见 *RStGH*, Urt. v. 27. Januar 2000 (*Musema*, TC), para. 257, 考虑到《第二附加议定书》的适用:"[这个]反政府的武装力量必须处于负责的指挥之下。这个要求暗示着在这些武装团体或者持不同政见的武装力量中必须具有某种组织等级,但是,这并不意味着,在这里需要有一个类似于通常武装力量的那种军事组织的等级制度。这意味着一个组织,一方面有能力计划和实施持续性的和预定的军事行动——也就是不间断进行的和同意根据一个计划完成的行动,另一方面,有能力以事实上的权威的名义执行纪律。"

[152] E. David, *Principes de droit des conflits armés*, 3th edn. (2002), marginal nos. 1.75; A. Zimmermann, in O. Triffterer (ed.), *Commentary on the Rome Statute of the International Criminal Court* (1999), Art. 8 marginal no. 338。相比之下,南斯拉夫国际法庭在 *Prosecutor v. Akayesu*, ICTR (Trial Chamber), judgment of 2 September 1998, para. 619, 坚持了对领土性控制的要求。

[153] A. Zimmermann, in O. Triffterer (ed.), *Commentary on the Rome Statute of the International Criminal Court* (1999), Art. 8, marginal nos. 335 et seq.。在《第二附加议定书》中用国家参与来对冲突进行限制,并没有扩展到《日内瓦公约》第3条,因此,在《国际刑事法院规约》中的用语并不是一个进一步的发展,而是采纳了在《日内瓦公约》中已经存在的国家之间武装冲突的概念,参见 S. S. Junod, in Y. Sandoz, C. Swinarski and B. Zimmermann (eds.), *Commentary on the Additional Protocols* (1987), marginal no. 4461。也见 E. David, *Principes de droit des conflits armés*, 3th edn. (2002), marginal nos. 1.71 et seq.。

期的”,这也符合南斯拉夫国际法庭的判决。然而,这不应当被理解为是一种纯粹的对时间的要求。相反,冲突是长期的这个事实,经常是其激烈程度的标志。[154] 能够影响国际社会利益的一定是一种更严重的冲突,因此才能使对国家主权的干涉得以正当化。[155] 一次性暴力的爆发并不能满足这些要求。《国际刑事法院规约》第 8 条第 2 款第 6 项第 2 句,如果是以这种方式加以理解,那么,就没有改变规定在第 8 条第 2 款第 3 项和第 6 项中的武装冲突的门槛,而仅仅是使非国际武装冲突的概念更加精确。有一些很好的理由认为,第 8 条第 2 款第 3 项下的非国际武装冲突必须也符合第 8 条第 2 款第 6 项第 2 句中的标准,从而使非国际武装冲突在《国际刑事法院规约》项下有一个统一的定义。[156]

简而言之,人们可以说,国际人道法,尤其是战争犯罪的法律,只能在一种国家之内 830
的冲突,由于各方的组织以及与此相联系的得到增强的打击力量和对作战人员的控制能力,相当于一种国家之间的冲突时,才能发挥作用,并且,不管国家的军队是否卷入到这场冲突之中。[157] 这也解释了这种增强的激烈程度,是国家内部的冲突必须表现出来的。在国家之间的冲突中,两支军队一般都面对着对方,一种带着不可胜数的结果的自动升级是“随着第一枪”开始的,然而,在国家内部的冲突中分散爆发的暴力并不能危害世界和平。

(三)没有使用武力时战争罪法律的可适用性

在一些案件中,虽然在实际上并没有发生使用武力的情况,但是,国际人道法,以及因 831
此战争犯罪的法律,也可以适用。这首先是指在宣战之后没有采取战争行动这种情况。[158] 在这里,国际人道法可以适用于诸如处理被关押的敌国人员这种情况,因为根据日内瓦公约的共同第 2 条第 1 款,就已经是一种宣战行为了。[159]

其次,根据第 2 条第 2 款,即使部分或者完全占领一个敌对国家并不符合军事武力, 832

---

[154] 这个意义也见 *Prosecutor v. Tadić*, ICTY (Trial Chamber), judgment of 7 May 1997, para. 562,解释了持续性冲突的要求。

[155] 这些犯罪包含在《国际刑事法院规约》第 8 条第 2 款第 3 项中,也是基于第一部到第四部《日内瓦公约》共同第 3 条;在那里,一场武装冲突也要求一个对冲突各方的最低组织层次和一个激烈的等级,参见 E. David, *Principes de droit des conflits armés*, 3th edn. (2002), marginal nos. 1.71 et seq. 。

[156] 类似的, C. Kress, 30 *Israel Yearbook on Human Rights* (2001), p. 103 at p. 118。

[157] 参见 J. S. Pictet (ed.), *Geneva Convention III Commentary* (1960), pp. 36 et seq. 。

[158] 这样一种情况存在于第二次世界大战中的拉丁美洲各国,它们对轴心国宣战但是没有卷入实际的敌对状态,参见 C. Greenwood, in D. Fleck (ed.), *The Handbook of Humanitarian Law in Armed Conflicts* (1999), no. 202。

[159] 参见 C. Greenwood, in D. Fleck (ed.), *The Handbook of Humanitarian Law in Armed Conflicts* (1999), no. 202。

但是仍然可以适用日内瓦公约。[160] 在这些案件中，这是否还能被称为武装冲突，或者是否不能更准确地处于武装冲突之外的国际人道法范围之内，都是很可疑的。后者是日内瓦公约共同第 2 条的文字指出的。相比之下，在对《国际刑事法院规约》的《犯罪要件》中，就包括了武装冲突项下的占领。[161] 还有，最后，这在本质上是一个没有实体结果的术语性问题。只要这个罪的定义不要求使用武装力量，那么，战争罪就能在没有任何先前武装行动的情况下被实施。[162]

二　国际或者非国际冲突

833 一场武装冲突可以具有非国际的以及国际的性质。对冲突的分类很重要，因为从整体上说，国际人道法只能对国际武装冲突适用。[163] 另外，《国际刑事法院规约》第 8 条也在国际和非国际武装冲突之间进行了区分。

（一）国家之间武装冲突的国际性质

834 国际武装冲突首先就是在两个或者更多国家之间发生的冲突——也就是说，在上述意义上的国家之间发生的冲突。[164] 如果像联合国这样的国际组织参与其中，那么，冲突也具有国际性质，并且国际人道法就可以适用。[165] 从本质上说，这涉及的是在平等地位上的各方进行的战斗，而不是像经常在非国际冲突中发生的情况那样，是一个国家对叛乱分子

---

[160] Geneva Convention I-IV, Art. 2(2)。“占领”这个词应当作广义的理解，也包括敌军进入外国领土，但是没有长期驻扎和行使占领权的意图，参见 J. S. Pictet (ed.), *Geneva Contention IV, Commentary* (1958), p. 60。一个地区被认为被占领了，只要它处于一个占领当局的实际控制之下。对于彻底的讨论，参见 *Prosecutor v. Naletilić and Martinović*, ICTY (Trial Chamber), judgment of 31 March 2003, paras. 210 et seq.。

[161] 参见对《国际刑事法院规约》的《犯罪要件》第 8 条第 2 款第 1 项第 1 目，第 34 点。也见 K. Dörmann, E. la Haye and H. von Hebel, in R. S. Lee (ed.), *The International Criminal Court, Elements of Crimes and Rules of Procedure and Evidence* (2001), p. 112 at p. 115。

[162] 然而，这仅仅对于国家之间的冲突才是真实的。在国家之间的冲突中，这种冲突总是展现出最低的激烈层次。

[163] E. David, *Principes de droitdes confiits armés*, 3th edn. (2002), marginal no. 1.40.

[164] 参见 *JStGH*, Urt. v. 15. Juli 1999 (*Tadić*, AC), para. 84; *JStGH*, Urt. v. 1. September 2004 (*Brđanin*, TC), para. 124。关于在国际法中的国家概念，参见 I. Brownlie, *Principles of Public International Law*, 6th edn. (2003), pp. 69 et seq.; A. Cassese, *Intemational Law* (2001), pp. 46 et seq.。

[165] 详见 K. Ipsen, in K. Ipsen, *Völkerrecht*, 5th edn. (2004), § 67 marginal no. 5。

行使自己的国家权力。[166]

(二)具有国际性质的国家内部的武装冲突

在特定的情况下,国家内部的武装冲突能够具有一种国际的特征。 835

1. 民族解放战争

通过《第一附加议定书》第1条第4款,国际武装冲突的概念已经扩展到"人民在行 836 使自己的自决权中进行战斗,以反对殖民统治和外国占领,以及反对种族主义政权"的斗争,[167]尽管在这个事实中,只有一个国家卷入了这种冲突之中。由于这个原因,不确定的是,这个概念是否能够被转移到《国际刑事法院规约》之中,或者,这种情况是否能够出于国际刑法的目的而被视为非国际武装冲突。[168] 后者将意味着,这种冲突将出于适用国际人道法的目的而作为国际的来对待,但是,出于战争犯罪的法律的目的而作为非国际的来对待。由于战争犯罪的法律是为执行国际人道法服务的,因此,这个结果就没有什么意义。这样,人们也宁愿出于战争犯罪的法律的目的,把这种情况考虑成国际武装冲突。[169]

2. 国家内部的其他冲突

最后,我们必须考虑的是限制在一个国家的领土之内的冲突,在这里,其他国家虽然 837 自己没有在军事上参加进来,但是以诸如提供武器这样的方式支持了交战的各方。这种情况,只有在内战一方的行为可以归咎于支持国时,才能考虑是国际的冲突。这个交战方因此在本质上起的是那个国家的代理人的作用。这就产生了一个问题:如果这些个人并没有在法律上作为那个国家的机构(武装力量,警察,等等)进行行为,而仅仅是在事实上与它有关联,那么,这些个人的行为在什么时候就能够归咎于一个国家呢?

国际人道法没有提供确定的回答。《日内瓦公约(三)》第4条第1款第2项甚至把 838

---

[166] S. S. Junod, in Y. Sandoz, C. Swinarski and B. Zimmermann (eds.), *Commentary on the Additional Protocols* (1987), marginal no. 4458.

[167] 详见 B. Zimmermann, in Y. Sandoz, C. Swinarski and B. Zimmermann (eds.), *Commentary on the Additional Protocols* (1987), marginal nos. 66 et seq.。

[168] A. Zimmermann, in O. Triffterer (ed.), *Commentary on the Rome Statute of the International Criminal Court* (1999), Art. 8, marginal nos. 249 et seq.

[169] 参见 A. Zimmermann, in O. Triffterer (ed.), *Commentary on the Rome Statute of the International Criminal Court* (1999), Art. 8, marginal no. 250。

战俘的身份授予了民兵(militas)、自愿队和有组织的抵抗运动,只要他们是交战一方的一部分。但是,这并没有解决那个关键的问题:一个组织什么时候才是交战一方的"一部分"?[170] 南斯拉夫国际法庭的上诉庭在其1999年7月15日的判决中,详细处理了归罪的要求。这个法庭认为,国际法院在其尼加拉瓜决定(Nicaragua decision)中发展出来的标准要求,[171]这个国家对这些个人行为应当具有有效的控制,但是,这个标准在某些部分太狭窄了。[172]

839 取而代之的,这个上诉庭作出了这样的区分:在有关行为由军事性组织起来的团体实施时,只要这个国家对这个团体具有总的控制就足够了。[173] 对于这个国家来说,为这个团体提供装备和武器,或者提供资助,都是不够的;更准确地说,这个国际法庭认为这个国家必须合作采取军事行动或者提供一般性的计划。然而,国家没有义务命令一名司令官或者个人去实施违反国际法的特定行为。[174] 如果行为是由非军事组织的个人或者团体所实施的,那么,从另一方面对国家来说,对这些个人或者团体具有总的控制就不够了。对于这种案件来说,为了使这种冲突具有国际的性质,国家就需要对这种个人行为发布特别的指示,或者在事后公开对之予以承认。[175]

840 因此,南斯拉夫国际法庭就把军事组织性团体置于等同于国家军事力量的位置,至少是一部分,因此,就也可以把它们的行为归罪于有关国家了。上诉庭参考了这种团体中普遍存在的等级结构,认为这样做是正当的。个人的团体成员一般不自己行动,而是根据他们领导的命令行动。因此,对于国家来说,对一个军事组织性团体行使总的控制就足够了,即使个人的团体成员的行为是违背指示的。[176] 如果

---

[170] *Prosecutor v. Tadić*, ICTY (Appeals Chamber), judgment of 15 July 1999, para. 93.

[171] *Nicaragua v. USA*, ICJ, judgment of 27 June 1986(关于在尼加拉瓜采取的军事和准军事行动的案件), *ICJ Rep.* 1986, p. 14, para. 115.

[172] *Prosecutor v. Tadić*, ICTY (Appeals Chamber), judgment of 15 July 1999, para. 117。在上诉庭审查的这份判决书中,本审判庭在实质上依据了国际法院(ICJ)在尼加拉瓜决定中发展起来的标准, *Prosecutor v. Tadić*, ICTY (Trial Chamber), judgment of 7 May 1997, paras. 582 et seq.。对于在尼加拉瓜决定中发展的基础性标准的一种批评性意见,参见 T. Meron, 92 *American Journal of International Law* (1998), pp. 236 et seq.。

[173] *Prosecutor v. Tadić*, ICTY (Appeals Chamber), judgment of 15 July 1999, para. 137。这个观点符合了通常的司法判决,例如,参见 *JStGH*, Urt. v. 3. März 2000 (*Blaškić*, TC), paras. 75 ff.; *JStGH*, Urt. v. 24. März 2000 (*Aleksovski*, AC), paras. 131 ff.; *JStGH*, Urt. v. 20. Februar 2001 (*Mucić* et al., AC), para. 26; *JStGH*, Urt. v. 26. Februar 2001 (*Kordić und Čerkez*, TC), para. 111; *JStGH*, Urt. v. 31. März 2003 (*Naletilić und Martinović*, TC), paras. 181 ff.; *JStGH*, Urt. v. 1. September 2004 (*Brđanin*, TC), para. 124,并且,最后是 *JStGH*, Urt. v. 17. Dezember 2004 (*Kordić und Čerkez*, AC), paras. 306 ff.。

[174] *Prosecutor v. Tadić*, ICTY (Appeals Chamber), judgment of 15 July 1999, para. 131.

[175] *Prosecutor v. Tadić*, ICTY (Appeals Chamber), judgment of 15 July 1999, para. 137。如果一个国家仅仅有溯及力地承认了一个行为,那么,这是否能够支持存在着一场武装冲突的认识就还是可疑的。尤其是,如果有关的行为是一种仅仅处于国际武装冲突中的战争罪,这名行为人就要被溯及性地受到惩罚,因为这场冲突在行为实施时并不具有一种国际性质。

[176] *Prosecutor v. Tadić*, ICTY (Appeals Chamber), judgment of 15 July 1999, paras. 120 et seq.

一个国家享受着一种军事结构的好处，那么，它就必须对其产生的后果程度承担责任。[177] 如果非国家的组织或者甚至个人的行为不能归罪于国家，那么，就没有国际武装冲突（除了上面提到的反对殖民统治的斗争或者种族主义政权这些例外情况），也甚至没有跨境的冲突。[178]

总之，人们可以说，如果一种武装冲突涉及国家之间的冲突，也就是说，涉及至少发生在两个国家或者一个国家与一个国际组织之间的对抗，那就是国际性的。一种国家内部的武装冲突，只有在一个国家卷入其中，但冲突中的另一个非国家方的行为必须被归罪于第二个国家，从而使它自己成为一方时，这种冲突才是国际性的。还有，被归类于反对殖民统治或者种族主义政权的冲突，也是具有国际性质的。 841

（三）混和性武装冲突

在1995年10月2日的塔迪奇决定中，南斯拉夫国际法庭的上诉庭确定，具有不同性质的许多部分冲突可以发生在一个单独的领土之上。把整个冲突的特征定为单独的国际性或者非国际性的，都会导致前后不一致和责任中的空缺。[179] 842

在这种搭配关系中，一个武装冲突是否存在，以及这个冲突在性质上是国际性的还是非国际性的，并不存在着一般性的测试。更准确地说，在功能上，有关的行为必须与其所实施的背景一并加以考虑。人们需要考虑，这个行为是不是一场国际冲突的或者非国际冲突的一部分。这首先取决于行为人所属的交战方和行为实施作为其中一部分的冲突情况。例如，如果与其他国家的冲突发生在一个国家的领土之上，同时还发生了那个国家和一个非国家组织的冲突，必须确定的就是，行为人属于哪一方，并且，行为实施作为其中一部分的冲突。只有在这种方式中，才能确定这个被实施的行为是否与一场国际的或者非国际的冲突联系在一起，并且，应当适用哪一套战争罪的法律规则。 843

三 战争犯罪的法律的可适用性，属时和属地理由

在国际人道法，以及因此战争犯罪的法律可以适用的时间和地点方面，南斯拉夫国际 844

---

[177] *Prosecutor v. Tadić*, ICTY (Appeals Chamber), judgment of 15 July 1999, para. 121。这个由上诉庭发展起来的标准得到了肯定，参见 *Prosecutor v. Blaškić*, ICTY (Trial Chamber), judgment of 3 March 2000, paras. 95 et seq.; *Prosecutor v. Aleksovski*, ICTY (Appeals Chamber), judgment of 24 March 2000, para. 134; and in *Prosecutor v. Naletilić and Martinović*, ICTY (Trial Chamber), judgment of 31 March 2003, paras. 181 et seq.。然而，应当注意，在这种情况中，这是一种处于国家之间的冲突，并且因此必须符合这种冲突的门槛，就像上面讨论的那样（边码824）；但是，也见 J. G. Stewart, 85 *International Review of the Red Cross* (2003), p. 313 at pp. 329 et seq.。

[178] C. Greenwood, in D. Fleck (ed.), *The Handbook of Humanitarian Law in Armed Conflicts* (1999), no. 202.

[179] *Prosecutor v. Tadić*, ICTY (Appeals Chamber), decision of 2 October 1995, paras. 76 et seq.

法庭的上诉庭认为：

> “国际人道法的适用范围，从这种武装冲突的启动，扩展到敌对状态的停止之后，一直到一般性和平协议达成；或者，在内部冲突的案件中，实现了一项和平的解决方案。直到那个时刻，国际人道法会一直持续在那个发生战争的国家领土上适用，或者，在内部冲突的案件中，在由一方控制的整个领土上适用，不管在那里是否发生真正的战斗。”[180]

845 这意味着，战争罪不需要仅仅在发生实际战斗的地点实施，也不需要在发生实际战斗的期间实施。它们在时间和地理上的范围，必须根据这种犯罪和参考国际人道法的有关规范来确定。从字面上说，一些战争罪是只能在与实际敌对状态的时间和地点直接有关的情况下才能实施。

四 个人行为和武装冲突之间的连接关系

846 只有在犯罪行为与武装冲突具有功能性关系（“连接关系”）（nexus）时，一个战争罪才存在。[181] 南斯拉夫国际法庭认为：“必须得出这个结论：一个本来能够在不存在冲突时

---

[180] *Prosecutor v. Tadić*, ICTY（Appeals Chamber）, decision of 2 October 1995, para. 70。这个观点符合了通常的司法判决，例如，参见 *JStGH*, Urt. v. 12. Juni 2002（*Kunarac* et al., AC）, para. 57; *JStGH*, Urt. v. 30. November 2005（*Limaj* et al., TC）, para. 84; *RStGH*, Urt. v. 2. September 1998（*Akayesu*, TC）, paras. 635 f.; *RStGH*, Urt. v. 21. Mai 1999（*Kayishema und Ruzindana*, TC）, para. 182; *RStGH*, Urt. v. 6. Dezember 1999（*Rutaganda*, TC）, paras. 102 f.; *RStGH*, Urt. v. 27. Januar 2000（*Musema*, TC）, paras. 283 f.; *RStGH*, Urt. v. 7. Juni 2001（*Bagilishema*, TC）, para. 101; *RStGH*, Urt. v. 15. Mai 2003（*Semanza*, TC）, para. 367; *RStGH*, Urt. v. 22. Januar 2004（*Kamuhanda*, TC）, para. 732。

[181] *Prosecutor v. Mucić* et al., ICTY（Trial Chamber）, judgment of 16 November 1998, para. 193。这个观点符合了通常的司法判决，例如，参见 *JStGH*, Urt. v. 3. März 2000（*Blaškić*, TC）, para. 69; *JStGH*, Urt. v. 26. Februar 2001（*Kordić und Čerkez*, TC）, para. 32; *JStGH*, Urt. v. 31. März 2003（*Naletilić und Martinović*, TC）, para. 225; *JStGH*, Urt. v. 31. Juli 2003（*Stakić*, TC）, para. 579; *JStGH*, Urt. v. 17. Oktober 2003（*Simić* et al., TC）, para. 105; *JStGH*, Urt. v. 18. März 2004（*Jokić*, TC）, para. 12; *JStGH*, Urt. v. 1. September 2004（*Brđanin*, TC）, para. 121; *JStGH*, Urt. v. 17. Januar 2005（*Blagojević und Jokić*, TC）, para. 536; *JStGH*, Urt. v. 30. November 2005（*Limaj* et al., TC）, para. 91; *JStGH*, Urt. v. 16. November 2005（*Halilović*, TC）, para. 28; *JStGH*, Urt. v. 22. März 2006（*Stakić*, AC）, para. 342; *JStGH*, Urt. v. 27. September 2006（*Krajišnik*, TC）, para. 846; *RStGH*, Urt. v. 21. Mai 1999（*Kayishema und Ruzindana*, TC）, paras. 185 ff.; *RStGH*, Urt. v. 6. Dezember 1999（*Rutaganda*, TC）, para. 104; *RStGH*, Urt. v. 27. Januar 2000（*Musema*, TC）, para. 259; *RStGH*, Urt. v. 1. Juni 2001（*Akayesu*, AC）, para. 438; *RStGH*, Urt. v. 7. Juni 2001（*Bagilishema*, TC）, para. 105; *RStGH*, Urt. v. 15. Mai 2003（*Semanza*, TC）, paras. 105, 516 ff.; *RStGH*, Urt. v. 15. Februar 2004（*Ntagerura* et al., TC）, para. 766。对《国际刑事法院规约》的《犯罪要件》在各种定义中规定了下列相关的要求：“这个行为发生在（国际）武装冲突的背景下并且与之相联系。”这个行为的背景问题，首先是指关于时间和地点的战争的国际法的范围（参见边码 844 以下），同时，这个句子的下半部分指出了这个我们在此感兴趣的关于武装冲突的地点问题，参见 K. Dörmann, 82 *International Review of the Red Cross*（2000）, p. 771 at pp. 779 et seq.。

实施的行为，也能由于有关冲突而对有关被害人实施。”[182]

因此，这种行为必须由于冲突而被实施。南斯拉夫国际法庭已经在许多决定中明确了这个要求，认为这种行为必须“紧密地”[183]或者“明显地”[184]与武装冲突相联系。武装冲突的存在必须发挥一种“实质的作用，在行为人的实施能力中，他作出的实施决定中，在行为实施的方式或者行为实施的目的之中”。[185] 如果行为是在战斗的过程中或者在攻占当地时实施的，那么，这当然能够毫无问题地被认定。[186] 在违反对战争方式的方法和手段的禁止性规定中，这种连接关系是特别明显的；在这里，行为人经常不会在和平时期以这种方式实施这个行为。[187] 冲突各方不需要对这种行为作出过命令或者甚至容忍了这种行为。[188] 行为人是否实施了这个行为来赢得冲突一方的目标，或者是否追求着个人的目标，也都没有关系：与武装冲突的这种功能性关系必须是在客观上确定的。[189] 847

（一）行为人的地位

在行为和武装冲突之间的这种功能性关系，能够从行为人与作战一方的关系中产生。在1998年9月2日的判决中，卢旺达国际法庭指出： 848

“因此，检察官就必须向本法庭展示并且证明，阿卡耶苏要么是处于交战一方军事指挥下的武装力量中的一名成员，要么负有合理的使命并且令人期待地，作为一名公共官员、代理人、以其他方式握有公共权力的人或者在事实上的政府代表，去支持或者完成这些战争努力。的确，本法庭回想起，本规约第4条也适用于平民。”[190]

---

[182] *Prosecutor v. Aleksovski*, ICTY (Trial Chamber), judgment of 25 June 1999, para. 45.

[183] *Prosecutor v. Tadić*, ICTY (Appeals Chamber), decision of 2 October 1995, para. 70; *Prosecutor v. Tadić*, ICTY (Trial Chamber), judgment of 7 May 1997, para. 573.

[184] *Prosecutor v. Mucić* et al., ICTY (Trial Chamber), judgment of 16 November 1998, para. 193.

[185] *Prosecutor v. Kunarac* et al., ICTY (Appeals Chamber), judgment of 12 June 2002, para. 58; 类似的，参见 *JStGH*, Urt. v. 22. März 2006 (*Stakić*, AC), para. 342;（作者删除了“肯定的”。——译者注）参见 *Prosecutor v. Vasiljević*, ICTY (Trial Chamber), judgment of 29 November 2002, para. 25; *JStGH*, Urt. v. 30. November 2005 (*Limaj* et al., TC), para. 91; *JStGH*, Urt. v. 15. März 2006 (*Hadžihasanović und Kubura*, TC), para. 16; *JStGH*, Urt. v. 27. September 2006 (*Krajišnik*, TC), para. 846; *RStGH*, Urt. v. 15. Mai 2003 (*Semanza*, TC), para. 517; 也见 R. Boed, *International Criminal Law Review* 3 (2003), 405, 406 ff.。

[186] *Prosecutor v. Mucić* et al., ICTY (Trial Chamber), judgment of 16 November 1998, para. 193.

[187] 参见 H. Fischer, in G. Kirk McDonald and O. Swaak-Goldman (eds.), *Substantive and Procedural Aspects of International Criminal Law*, Vol. 1 (2000), p. 67 at pp. 81 et seq.。

[188] *Prosecutor v. Tadić*, ICTY (Trial Chamber), judgment of 7 May 1997, para. 573.

[189] 《犯罪要件》清楚地表明，这名行为人的故意仅仅需要与一场武装冲突的存在相联系，参见 K. Dörmann, E. La Haye and H. von Hebel, in R. S. Lee (ed.), *The International Criminal Court, Elements of Crimes and Rules of Procedure and Evidence* (2001), pp. 121 et seq.。

[190] *Prosecutor v. Akayesu*, ICTR (Trial Chamber), judgment of 2 September 1998, para. 640; 也见 *Prosecutor v. Kayishema and Ruzindana*, ICTR (Trial Chamber), judgment of 21 May 1999, paras. 174 et seq.

849 卢旺达国际法庭的上诉庭明确了，行为人与交战方相联系的地位并不是战争罪的一个单独条件，而是指出这个犯罪和这场武装冲突连接关系的标志。[191] 如果行为能够归罪于冲突的一方，因为那一方是国际人道法本来的对象，那么，与武装冲突的联系因此就存在了。至少，它的武装力量成员的行为，是必须归罪于它的。这也已经在《海牙公约（四）》（1907 年）第 3 条第 2 句中得到了证明。对于民兵和自愿队的成员，也是一样。[192] 在这里，国际人道法的现存规则可以得到应用。

850 根据卢旺达国际法庭的法理学，国际人道法的规则，也能够适用于那些不属于冲突一方的武装力量，但是为它承担了重要的战时任务的人。根据《日内瓦公约（四）》第 29 条，冲突各方要对它们的"代理人"的行为负责。就像在这个条文中使用的那样，"代理人"不仅指武装力量和类似组织的成员，而且指官员、法官和其他代表该国家的人员。[193] 如果他们在自己的职责范围之内实施了行为，从而符合了战争罪的定义，那么，他们的行为与武装冲突之间的连接就能得到确认，不管这些行为是否反映了冲突一方的官方政策，或者是否直接与实际发生战斗的地点和时间相连接。[194]

（二）私人的行为

851 行为人的地位不是可以在行为和武装冲突之间建立一种功能性关系的唯一情况。至少在第二次世界大战以来，人们就已经承认，平民也能实施战争罪。[195] 例如，如果行为是由冲突一方命令或者容忍的，那就存在着一种功能性关系，[196]因为这就标志着冲突的这一

---

[191] *Prosecutor v. Akayesu*, ICTR（Appeals Chamber）, judgment of 1 June 2001, para. 444；也见 R. Boed, 13 *Criminal Law Forum*（2003）, p. 293 at pp. 311 et seq.

[192] 参见边码 838。

[193] 参见 J. S. Pictet（ed.）, *Geneva Convention IV, Commentary*（1958）, pp. 211 et seq. 。这包括了国家机关和授权不作为国家机关来行使公共功能的个人。

[194] 在这个方面，战争罪也与危害人类罪不同，它要求一种广泛的和有体系的攻击。为了确定个人行为和总的危害人类罪的犯罪之间的联系，由南斯拉夫国际法庭发展起来的原则，因此不能转而适用于战争罪。一个战争罪不需要与冲突一方的官方政策相一致的事实，也标示在《国际刑事法院规约》第 8 条第 1 款，该条授权这个国际刑事法院对起诉战争罪行使管辖权，即使它不是"一个计划或者政策的一部分"。

[195] 参见 H. S. Levie, *Terrorism in War*（1993）, pp. 433 et seq.；也见 K. Kittichaisaree, *International Criminal Law*（2001）, p. 133；也见 *Prosecutor v. Akayesu*, ICTR（Appeals Chamber）, judgment of 1 June 2001, paras. 425 et seq. 。在这里，这个国际法庭明确了，战争罪也可以由私人个人来实施。也见 *RStGH*, Urt. v. 27. Januar 2000（*Musema*, TC）, paras. 274 f.；*RStGH*, Urt. v. 1. Juni 2001（*Akayesu*, AC）, paras. 425 ff.；*RStGH*, Urt. v. 22. Januar 2004（*Kamuhanda*, TC）, paras. 725 ff.

[196] J. S. Pictet（ed.）, *Geneva Convention IV, Commentary*（1958）, p. 212。一般地，关于国家对私人个人行为的责任，参见 K. Zemanek, in R. Bernhardt（ed.）, *Encyclopedia of Public International Law*, Vol. IV（2000）, p. 219 at pp. 224 et seq.；G. Sperduti, in R. Bernhardt（ed.）, *Encyclopedia of Public International Law*, Vol. IV（2000）, p. 216。

方已经使这种行为成为它们政策的一部分了。[197]

然而,第二次世界大战以来,有人已经被认定构成犯罪,但是,这些犯罪既不是冲突各方命令的,也不是它们容忍的。[198] 在这里,行为和冲突之间的连接,就不能通过把这种行为归罪于交战一方来解释。冲突各方没有做什么来防止这个行为是不够的。[199] 这样一种不作为不能允许把行为人的行为归罪于这一方。[200] 然而,必须考虑的是,在国际人道法中的一系列条文都直接约束个人。因此,即使没有把这个行为归罪于冲突的一方,在特定的案件中,在行为和冲突之间仍然能够找到一种功能性关系。[201] 852

(三)行为人的动机

对行为人是出于将丧失与武装冲突联系的纯粹个人动机而行为的情况,在适用规则上并不存在着一致的意见。[202] 例如,如果一名看守出于忌妒而杀死了一名战俘,就产生了这个问题。在这里,关键的问题还是行为与武装冲突之间的功能性联系:甚至这名看守对于伤害这名俘虏具有个人原因时,这名战俘面临的特殊危险就会起作用。[203] 战争犯罪的法律,目的在于保护人员免受从武装冲突的情况中产生的特殊危险。 853

---

[197] *Prosecutor v. Tadić*, ICTY (Trial Chamber), judgment of 7 May 1997, paras. 574 et seq. 。作为一项规则,在这种案件中的行为人,是在《日内瓦公约(四)》第29条中定义的代理人,因此,在行为和武装冲突之间的联系就已经从这里产生了。

[198] 特别参见, British Military Court, Essen, judgment of 22 December 1945 (*Heyer* et al., so-called Essen Lynching Trial), in United Nations War Crimes Commission, *Law Reports of Trials of War Criminals* I, pp. 88 et seq. 。在这个审判中,三名平民在没有接到命令的情况下杀害了盟军的战俘,被定为战争罪。

[199] 参见 J. S. Pictet (ed.), *Geneva Convention IV*, *Commentary* (1958), p. 213。

[200] 参见 K. Ipsen, in K. Ipsen, *Völkerrecht*, 5th edn. (2004), § 40 marginal no. 33。

[201] *Prosecutor v. Kayishema and Ruzindana*, ICTR (Trial Chamber), judgment of 21 May 1999, para. 188, 认为这个地点必须在事实上建立在具体问题具体分析的基层上。对于国际人道法对个人有拘束力的观点,参见,例如, Geneva Convention II, Art. 18 (2), sentence 2; 也见 E. David, *Principes de droit des conflits armés*, 3rd edn. (2002), marginal nos. 1. 195, and 4. 65. R. Boed, 13 *Criminal Law Forum* (2003), p. 293 at p. 318。

[202] 参见 K. Dörmann, in H. Fischer, C. Kress and S. R. Lüder (eds.) *International and National Prosecution of Crimes Under International Law* (2001), p. 95 at p. 103; H. Fischer, in G. Kirk McDonald and O. Swaak-Goldman (eds.), *Substantive and Procedural Aspects of International Criminal Law*, Vol. 1 (2000), p. 67 at p. 82。

[203] 对于不同的观点,参见 K. Dörmann, 82 *International Review of the Red Cross* (2000), p. 771 at p. 780。

五 心理性因素

854 对于战争罪的心理性因素来说，适用《国际刑事法院规约》第30条。因此，这就要求，这些犯罪的物质性因素是以故意和知道实施的，除非另有规定。[204]

（一）行为人知道冲突

855 关于对战争罪的要求的《犯罪要件》清楚地指出，行为人必须知道那些从中可以得出存在着武装冲突的实际情况。然而，不需要行为人对这些情况作出法律上的评价。[205] 武装冲突的存在，不仅对于犯罪性来说是一个客观条件，对这个国际刑事法院的管辖权来说是一个要求，而且必须反映在行为人的头脑之中。[206]

856 相比之下，行为人不需要知道那些决定着一场武装冲突具有国际性或者非国际性性质的情况，或者那些使他能够从一种法律的观点对这场冲突作出正确分类的情况。[207] 这在一些案件中是特别重要的，在这里，一场冲突的国际性质产生于由第三国为冲突一方提供的支持，而这种支持可以不是显而易见的。

（二）在战争犯罪的法律中的蓄意

857 国际人道法的一系列规定都使用了蓄意*这个词来说明心理因素的特征；[208]《国际刑

---

[204] 参见边码294，尤其是边码304以下。

[205] 参见对《国际刑事法院规约》的《犯罪要件》第8条，引言。

[206] K. Dörmann, 82 *International Review of the Red Cross* (2000), p. 771 at pp. 779 et seq.。南斯拉夫国际法庭把一场武装冲突的存在，解释为自己管辖权的一个条件，而不是行为人的故意必须与之联系的这种犯罪的一个因素；有关用语参见，例如，*Prosecutor v. Tadić*, ICTY (Trial Chamber), judgment of 7 May 1997, para. 572。

[207] 参见K. Dörmann, E. La Haye and H. von Hebel, in R. S. Lee (ed.), *The International Criminal Court, Elements of Crimes and Rules of Procedure and Evidence* (2001), p. 112 at p. 122；以及边码309。

* 需要注意的是，wilfulness表达的“故意”的准确意思是“固执的，顽固的”，与一般使用的intent相比，具有更强烈的坚决性和执着性。更不要说，作者在这一段中清楚地表明，蓄意是包括轻率的。——译者注

[208] 参见《日内瓦公约（三）》第130条：“蓄意杀人”，“蓄意造成严重的痛苦或者给身体或者健康造成严重的伤害”，“蓄意剥夺一名战俘受公正和正规（regular）审判的权利”；《第一附加议定书》第11条第4款规定：“任何严重危及任何人身体或者精神健康或者完整性的蓄意的作为或者不作为”；《第一附加议定书》第85条第3款、第4款规定：“下列行为在蓄意实施时，应当视为对本议定书的严重违反。”

事法院规约》在自己的一些条文中采用了这个用语。[209] 蓄意在国际人道法中得到了广泛的解释，并且也包括了轻率的案件。[210] 这个解释在战争犯罪的法律中也具有权威性。如果战争罪的定义要求蓄意，那么，轻率一般就足够了。这一点，已经得到了特别法庭的承认，尤其是对战争罪中的杀人。[211]

然而，一种纲要式的方法是无法实行的。对于一系列战争罪来说，定义的结构和用语 858
都表明，轻率是不够的。对于涉及直接攻击非军事目标的犯罪来说，这一点尤其是真实的。[212] 虽然在这里，作为基础的国际人道法的条文使用的是蓄意这个词，[213]但是，一般都要求有目的的行动。[214] 另一方面，即使蓄意这个词没有在《国际刑事法院规约》的条文中使用，只要轻率是从作为基础的国际人道法的规范中引来的，那么，就足够了。例如，《国际刑事法院规约》第 8 条第 2 款第 2 项第 6 目中的杀害或者伤害无防卫人员。[215]

第三节 侵犯人员的战争罪

一 侵犯人员的战争罪的被害人

国际法允许军事冲突中的杀伤行为，只要符合国际人道法的规则。因此，国际法项下 859
的各种犯罪的定义必须建立对被禁止的和是犯罪的杀伤行为的要求。这种确定首先就是通过建立应当免受危害行为侵害的人员而发生的。

---

[209] 参见《国际刑事法院规约》第 8 条第 2 款第 1 项第 1 目，第 3 目和第 6 目。

[210] 参见 Y. Sandoz, C. Swinarski and B. Zimmermann (eds.), *Commentary on the Additional Protocols* (1987), marginal no. 3474。详见边码 320、330 以下。

[211] 参见边码 878。南斯拉夫国际法庭审判庭在 Blaškić案件中决定，对于所有基于严重违反《日内瓦公约》条文及其共同第 3 条的犯罪，轻率就足够了，参见 *Prosecutor v. Blaškić*, ICTY (Trial Chamber), judgment of 3 March 2000, paras. 151, 182。因此，蓄意这个词是否被用于一个犯罪的定义中，就是不重要的。在南斯拉夫国际法庭中的进一步判决，也肯定了这个立场，但是，这也遭到了怀疑，参见 *Prosecutor v. Kordić and Čerkez*, ICTY (Trial Chamber), judgment of 26 February 2001, para. 260; *Prosecutor v. Vasiljević*, ICTY (Trial Chamber), judgment of 29 November 2002, para. 194。

[212] 参见边码 1018、1026、1028、1034。

[213] 参见 Additional Protocol I, Introduction, Art. 85(3)。

[214] 详见边码 1018。

[215] 参见边码 882。

(一)在日内瓦公约中的受保护人员

860 以日内瓦法,也就是说,以四部《日内瓦公约》和几部《附加议定书》为基础的战争罪,只能在侵犯不是或者不再是参加敌对状态的人员情况下,才得到实施。

1. 在国际冲突中的受保护人员

861 在国际武装冲突的领域中,日内瓦公约统一地使用"受保护人员"这个词来描述那些特别需要保护的人员,这些人因此能够成为"严重违反"这些公约的被害人。然而,在具体案件中,可以被称为受保护人员的人,对于所有公约来说,并不都是统一的,而是分别取决于每一个公约的各自目的。[216]

862 《日内瓦公约(一)》到《日内瓦公约(三)》的规则,保护的是生病、受伤和沉船中的战士和战俘。首先,只有那些武装力量的成员或者其他允许参加军事行动的人员,其次是那些特别需要保护的人员,才能成为这些公约意义中的受保护人员。

863 武装力量是"通过有组织的法律或者实际行为创设的、有军事结构的、武装的,由独特的标记(例如,制服、臂章或者其他清晰可见的独特符号)表明特征的单位或者联盟"。[217]民兵和自愿队的成员也允许参加敌对行动,只要他们履行了特定的要求,从而使他们相当于通常的武装力量,就像平民自发地拿起武器,没有时间加以组织以便面对正在逼近的敌人(所谓的群众起义[levée en masse])那样。与武装力量在一起但是不隶属于它,[218]因此不允许参加敌对行动的人员,[219]以及医护人员、随军教士和帮助组织中的成员,[220]在一定程度上也被认为是《日内瓦公约(三)》中的受保护人员。

864 根据日内瓦公约的其他要求,也必须得到满足,以便使一种特殊保护的需要得以正当化。为了成为各个日内瓦公约目的中的受保护人员,一个人必须是受伤的或者生病的人(《日内瓦公约(一)》和《日内瓦公约(二)》,第 13 条),或者是沉船后的落水人员(《日内瓦公约(二)》第 13 条),或者必须已经落入敌人之手(《日内瓦公约(三)》第 4A 条)。[221]

---

[216] 参见,尤其是,Geneva Convention I, Art. 13; Geneva Convention II, Art. 13; Geneva Convention III, Art. 4; Geneva Convention IV, Art. 13。

[217] 参见 K. Ipsen, in K. Ipsen, *Völkerrecht*, 5th edn. (2004), § 68 marginal no. 34。

[218] 参见 Geneva Convention I and II, Art. 13(4), (5); Geneva Convention III, Art. 4(4), (5)。

[219] 在《第一附加议定书》第 43 条第 2 款项下,所有武装力量的成员,除了医务人员和随军教士之外,都被授权参加敌对行动。

[220] 参见 Geneva Convention I, Arts. 24 – 26。

[221] 伤员、病人和沉船人员应当受到保护,甚至他们还没有处于对方之手,参见 J. S. Pictet (ed.), *Geneva Convention I, Commentary* (1957), p. 135。

另外,《日内瓦公约(三)》也给予那些已经在占领区和中立国中被拘禁的(前)武装力量成员以战俘(以及因此受保护的)地位。

《日内瓦公约(四)》保护那些处于冲突敌对方手上的人员(《日内瓦公约(四)》第4条第1款)。这个要求应当得到广阔的理解。即使这些人从来没有与冲突的对立方发生过接触,如果他们处于该方控制的领土之上,就可以认为他们处于该方之手。㉒ 865

另一方面,《日内瓦公约(四)》不保护的人,是在其他三部日内瓦公约中已经作为受保护的人列明的那些人。在《日内瓦公约(四)》项下的保护,一个人是否参加敌对状态并没有关系。甚至所谓的"非法战斗人员",也就是说,那些拿起了武器但是根据战争法不能这样做的人,也是受《日内瓦公约(四)》保护的。㉓ 然而,对他们的保护是有限制的。只要他们参加了敌对行动,就可以成为被攻击的目标,虽然还必须考虑这样的规则:平民应当受到保护,并且应当尽可能地降低在平民人口中的损失。㉔ 如果他们落入敌方手中,他们就不能主张自己应当作为战俘对待。尤其是,他们可以被认为要对参加武装冲突负责。然而,他们并没有丧失自己作为《日内瓦公约(四)》所保护的人员的身份,并且还特别保持有受到公正审判的权利。㉕ 866

在适用《国际刑事法院规约》第8条第2款第1项时应当小心一些。这个条文列举了在各个日内瓦公约中规定的所有严重违法,并且在该条开头指出,这些行为如果对受保护人员实施,就构成战争罪。这个术语要对所造成的误解负责。在《国际刑事法院规约》第8条第2款第1项第1目到第8目中列出的行为,并不全是所有四部日内瓦公约中的严重违法。因此,例如,非法关押和劫持人质㉖就仅仅是《日 867

㉒ *Prosecutor v. Tadić*, ICTY (Trial Chamber), judgment of 7 May 1997, para. 579; *Prosecutor v. Mucić* et al., ICTY (Trial Chamber), judgment of 16 November 1998, para. 246; *Prosecutor v. Naletilić and Martinović*, ICTY (Trial Chamber), judgment of 31 March 2003, para. 203; J. S. Pictet (ed.), *Geneva Convention IV, Commentary* (1958), p. 47. 也见 H. Fischer, in G. Kirk McDonald and O. Swaak-Goldman (eds.), *Substantive and Procedural Aspects of International Criminal Law*, Vol. 1 (2000), p. 67 at pp. 86 et seq.

㉓ 参见 K. Dörmann, 85 *International Review of the Red Cross* (2003), pp. 45 et seq.; J. S. Pictet (ed.), *Geneva Convention IV, Commentary* (1958), pp. 50 et seq.; C. Pilloud and J. S. Pictet, in Y. Sandoz, C. Swinarski and B. Zimmermann (eds.), *Commentary on the Additional Protocols* (1987), marginal no. 2909。关于自2001年以来在与阿富汗冲突相联系的被关押人员的受保护地位,参见 Y. Naqvi, 84 *International Review of the Red Cross* (2002), pp. 571 et seq.;关于在武装冲突中记者的受保护地位,参见 A. Balguy-Gallois, 86 *International Review of the Red Cross* (2004), pp. 37 et seq.。

㉔ 参见 H.-P. Gasser, in D. Fleck (ed.), *The Handbook of Humanitarian Law in Armed Conflicts* (1999), no. 501。

㉕ 参见 H.-P. Gasser, in D. Fleck (ed.), *The Handbook of Humanitarian Law in Armed Conflicts* (1999), no. 501。这相反地来自《日内瓦公约(四)》第5条和《第一附加议定书》第45条第3款,这些条文也规定了不受《日内瓦公约(四)》保护的人至少可以主张在《第一附加议定书》第75条项下的最低保护。

㉖ 参见《国际刑事法院规约》第8条第2款第1项第7目和第8目。

内瓦公约(四)》项下的严重违法了。根据保护被害人的特定公约来对严重违法的行为进行分类是必要的。[227]

868 关于受保护人员的规则,明显地是与国家之间的冲突联系在一起的;对于平民来说,国籍一般不决定一个人是否属于冲突的一方。从 1992 年至 1994 年的巴尔干冲突,还是另一个例子,说明根据国籍标准是无法判断民族团体之间的冲突的。因此,南斯拉夫国际法院的上诉庭正确地在早期认为,在其 1995 年 10 月 2 日的决定中,仅仅看被害人的国籍将否认波斯尼亚塞族在面对波斯尼亚政府时,享有在《日内瓦公约(四)》项下受保护人员的地位,因为他们是波斯尼亚国民。[228]

869 在 1999 年 7 月 15 日的判决中,这个法庭解释说,这个结果并不符合现代武装冲突的实际情况,以及必须认定其他标准来决定受保护人员的类别:

> "在过去,战争首先是发生在已经建立的国家之间,在现代民族之间的武装冲突中,例如在前南斯拉夫的这种冲突,新国家经常是在这种冲突的过程中创立的,并且,是民族性而不是国家性,可以成为忠诚(allegiance)的基础。或者,换一个方式说,民族性可以成为国家忠诚的确定性因素。在这些条件之下,国家性的要求就更不适宜来定义受保护的人员了。在这种冲突中,不仅是公约的文本和起草历史,而且更重要的是,公约的对象和目的都表明,对冲突一方的忠诚,以及相应的受该方控制的特定地区中的人员,可以被认为是关键的测试。"[229]

870 结果,这个审判庭在 2000 年 3 月 3 日的一份判决中宣称,在民族之间的冲突中,民族背景将成为一个关键的因素,以确定一个人作为受保护人员的地位:"在一场民族之间的武装冲突中,一个人的民族背景可以被认为是一个关键因素,用以确定他应当对哪一个国家保持忠诚,并且因此用以建立这些被害人作为受保护人员的身份。"[230]

---

[227] 类似的,参见 W. J. Fenrick, in O. Triffterer (ed.), *Commentary on the Rome Statute of the International Criminal Court* (1999), Art. 8, marginal no. 7。就像《国际刑事法院规约》第 8 条第 2 款第 1 项,《犯罪要件》也没有明确保护的不同等级。

[228] *Prosecutor v. Tadić*, ICTY (Appeals Chamber), decision of 2 October 1995, para. 76.

[229] *Prosecutor v. Tadić*, ICTY (Appeals Chamber), judgment of 15 July 1999, para. 166;(作者删除了"肯定的,参见 *Prosecutor v. Aleksovski*, ICTY (Appeals Chamber), judgment of 24 March 2000, paras. 151 et seq.。"——译者注)这个观点符合了通常的司法判决,参见,例如,*JStGH*, Urt. v. 3. März 2000 (*Blaškić*, TC), para. 127; *JStGH*, Urt. v. 24. März 2000 (*Aleksovski*, AC), paras. 150 ff.; *JStGH*, Urt. v. 20. Februar 2001 (*Mucić* et al., AC), para. 84; *JStGH*, Urt. v. 26. Februar 2001 (*Kordić und Čerkez*, TC), para. 152; *JStGH*, Urt. v. 31. März 2003 (*Naletilić und Martinović*, TC), paras. 204 ff.; *JStGH*, Urt. v. 29. Juli 2004 (*Blaškić*, AC), paras. 167 ff.; *JStGH*, Urt. v. 1. September 2004 (*Brđanin*, TC), para. 125; *JStGH*, Urt. v. 17. Dezember 2004 (*Kordić und Čerkez*, AC), paras. 322 ff.;此外,参见 *JStGH*, Urt. v. 16. November 1998 (*Mucić* et al., TC), paras. 247 ff.。

[230] *Prosecutor v. Blaškić*, ICTY (Trial Chamber), judgment of 3 March 2000, para. 127;肯定的,参见 *Prosecutor v. Blaškić*, ICTY (Appeals Chamber), judgment of 29 July 2004, paras. 167 et seq.。

这个法庭因此成功地对新的现实情况适用了国际人道法的规则。[231] 它的方法可以适用于其他搭配关系中。例如,如果参加人的宗教倾向对于冲突是至关重要的,那么,注意这一点看来就会是符合逻辑的。 871

2. 在非国际冲突中的受保护人员

对于非国际武装冲突来说,《日内瓦公约(一)》到《日内瓦公约(三)》第3条第1款确定了,"不是积极参加敌对活动的人员,包括已经放下武器的武装力量成员和那些由于生病、受伤、关押或者其他原因而处于战斗之外(hors de combat)的人员",应当受到保护。《第二附加议定书》第4条第1款包含了类似的规则。这个受保护人员的广阔定义,对于现代武装冲突是特别合适的。 872

《国际刑事法院规约》在第8条第2款第3项中采纳了这个定义。令人奇怪的是,对于这个条文的《犯罪要件》仅仅部分地吸收了这个定义:"这些人或者人们过去或为已经处于战斗之外,或为不积极参加敌对活动的平民、医护人员或者宗教人士。"[232]看来,这留下的不受保护的武装力量人员是:"已经放下武器的"[233]或者"已经停止参加敌对行动的",[234]在具体案件中,这些人是不能被认为平民的。然而,《国际刑事法院规约》的更广阔的规定,最后是对《犯罪要件》具有优先权的。 873

(二)在其他条文中的受保护人员

不是以日内瓦法为根据的战争罪,经常仅仅保护特定团体中的人员。[235] 然而,这些定 874

---

[231] 也见 *Prosecutor v. Mucić* et al., ICTY (Trial Chamber), judgment of 16 November 1998, paras. 247 et seq.; *Prosecutor v. Aleksovski*, ICTY (Appeals Chamber), judgment of 24 March 2000, paras. 150 et seq.; *Prosecutor v. Mucić* et al., ICTY (Appeals Chamber), judgment of 20 February 2001, paras. 83 et seq.; *Prosecutor v. Naletilić and Martinović*, ICTY (Trial Chamber), judgment of 31 March 2003, paras. 204 et seq.; *Prosecutor v. Blaškić*, ICTY (Appeals Chamber), judgment of 29 July 2004, paras. 167 et seq.。关于南斯拉夫国际法庭判例法的发展,参见 T. Meron, 94 *American Journal of International Law* (2000), p. 239 at pp. 256 et seq.;也见 N. Wagner, 85 *International Review of the Red Cross* (2003), p. 351 at pp. 371 et seq.。如果南斯拉夫国际法庭已经把这种冲突归类于非国际性的,那么,受保护人员的等级本来就会是以围绕着第一部到第四部《日内瓦公约》共同第3条为导向的,这个条文并不是与被害人的国籍相联系。因此,对受保护人员概念的修改,就也归功于南斯拉夫国际法庭主张的国际武装冲突的广阔概念。关于从受保护人员概念的广阔解释中会产生的问题,参见 M. Sassòli and L. M. Olson, 82 *International Review of the Red Cross* (2000), p. 733 at pp. 743 et seq.。

[232] 对《国际刑事法院规约》的《犯罪要件》第8条第2款第3项第1目到第4目。

[233] Geneva Conventions I-IV, Art. 3(1).

[234] Additional Protocol II, Art. 4(1).

[235] 参见,例如,《国际刑事法院规约》第8条第2款第2项第10目:"在敌方权力下的人员……。"

义的范围很容易确定,因为这些定义本身就确定地描述了犯罪的可能对象。

二 杀人

875 根据《国际刑事法院规约》第8条第2款第1项第1目,在国际武装冲突期间实施的杀害受保护人员是犯罪。这被认为是一种规定在所有四部日内瓦公约中的严重违法。[236]对于非国际冲突的一个相应的犯罪,包含在《国际刑事法院规约》第8条第2款第3项第1目之中,这是以日内瓦公约共同第3条为基础的。[237] 虽然第3条的用语("谋杀")与日内瓦公约严重违法条文中的用语不同,后者谈的是"蓄意杀人",但是,这个犯罪的内容是相同的。[238] 对这个犯罪的要求,也是与对危害人类罪条文项下的蓄意杀人的要求一样。[239]

876 在国际武装冲突中,物质性因素,根据对《国际刑事法院规约》的《犯罪要件》,要求杀害一个处于各个日内瓦公约保护项下的人,或者造成这样一个人的死亡。[240] 对于非国际武装冲突来说,用语是同样的,除了可能的被害人的定义之外。[241] 使用什么方式和使用什么手段来实施杀人是不重要的,只要这个死亡能够被归咎于这名行为人的行为(实质性

---

[236] 参见 Geneva Convention I, Art. 50; Geneva Convention II, Art. 51; Geneva Convention III, Art. 130; Geneva Convention IV, Art. 147。也见《南斯拉夫国际法庭规约》第2条第1款。

[237] Geneva Conventions I-IV, Art. 3(1)(a)。也见《卢旺达国际法庭规约》第4条第1款。

[238] 参见 *Prosecutor v. Mucić* et al., ICTY (Trial Chamber), judgment of 16 November 1998, paras. 420 et seq.;(作者在德文第2版中删除了:"肯定的,参见 *Prosecutor v. Naletilić and Martinović*, ICTY (Trial Chamber), judgment of 31 March 2003, para. 248。该国际法庭说,第一部到第四部《日内瓦公约》共同第3条,把人道原则(the principle of humanity)扩展到非国际冲突。因此,不同的术语不能使任何实质性的不同得到正当化。"——译者注)《日内瓦公约(一)》到《日内瓦公约(四)》共同第3条的目的,就是把人道的基本原则扩展到非国际冲突中。因此,这些不同的术语不能说明在内容上的偏离是正当的。这个观点符合了通常的司法判决,参见,例如,*JStGH*, Urt. v. 3. März 2000 (*Blaškić*, TC), para. 181; *JStGH*, Urt. v. 26. Februar 2001 (*Kordić und Čerkez*, TC), para. 233; *JStGH*, Urt. v. 31. März 2003 (*Naletilić und Martinović*, TC), para. 248; *JStGH*, Urt. v. 31. Juli 2003 (*Stakić*, TC), paras. 585 f.; *JStGH*, Urt. v. 1. September 2004 (*Brđanin*, TC), para. 380; *JStGH*, Urt. v. 17. Januar 2005 (*Blagojević und Jokić*, TC), para. 556。

[239] 参见《国际刑事法院规约》第7条第1款,以及 *Prosecutor v. Mucić* et al., ICTY (Trial Chamber), judgment of 16 November 1998, para. 422; *Prosecutor v. Kordić and Čerkez*, ICTY (Trial Chamber), judgment of 26 February 2001, para. 236。详见边码675以下。

[240] 参见对《国际刑事法院规约》的《犯罪要件》第8条第2款第1项第1目,第1点和对《国际刑事法院规约》的《犯罪要件》第8条第2款第3项第1目,第1点。"杀人"和"造成死亡"这些词都被《犯罪要件》所采纳,以明确间接杀人,例如使用营养不良的手段杀害战犯,也能够满足这个犯罪的定义,参见 K. Dörmann, in R. S. Lee (ed.), *The International Criminal Court, Elements of Crimes and Rules of Procedure and Evidence* (2001), p. 124,也指出这个事实:这两个词都在这个特别国际法庭的判决书中出现了,例如,*Prosecutor v. Mucić* et al., ICTY (Trial Chamber), judgment of 16 November 1998, para. 424 为一方面,而 *Prosecutor v. Blaškić*, ICTY (Trial Chamber), judgment of 3 March 2000, para. 153 为另一方面。关于受保护人员的概念,参见边码859以下。

[241] 参见边码872以下。

原因）。[242]

在国际武装冲突中的典型犯罪行为，是未经事前公正的审判就杀害战俘或者被关押的平民，由于饥荒而减少对战俘的食物配给，以及虐待战俘，当然都导致了死亡。[243] 在非国际武装冲突中杀害捕获的战斗人员，也是真正的犯罪。然而，在敌对行动中，一名战斗人员杀死另一名战斗人员就不能满足这个犯罪的要求，因为战斗人员不是日内瓦公约项下的受保护人员，并且，因为战斗人员在非国际的和国际的武装冲突中也是不受保护的。 877

在心理性因素方面，并且，在一种偏离《国际刑事法院规约》第 30 条的一般要求中，在这里，如果行为人以“不管人的生命的轻率”来严重地伤害了被害人，这就足够了。[244] 这个解释根据的是国际人道法的基础性规范。[245] 878

三　杀害和伤害没有卷入战斗的人员

《国际刑事法院规约》第 8 条第 2 款第 2 项第 6 目规定的犯罪是，杀害或者伤害在国际武装冲突中已经放下武器和无条件投降的人员。这个条文是以《海牙规定》第 23 条第 3 款为基础的。日内瓦法也包含了相关的条文。《第一附加议定书》第 41 条规定，处于战斗之外的人员不可以受到攻击。根据《第一附加议定书》第 85 条第 3 款第 5 项，这种攻击是对议定书的严重违反。所有这些规则根据的原则是，战争行为的合理目标是削弱对方的军事力量。这种禁止性规定最后有利于双方，因为人们不能想象，放下武器处于无武装状态的部队将更可能会战斗到死。[246] 879

---

[242] *Prosecutor v. Mucić* et al. , ICTY（Trial Chamber）, judgment of 16 November 1998, para. 424.

[243] 参见 K. Kittichaisaree, *International Criminal Law*（2001）, p. 142。

[244] 参见 *Prosecutor v. Mucić* et al. , ICTY（Trial Chamber）, judgment of 16 November 1998, para. 439。在卢旺达国际法庭的判例法项下，行为人必须已经认识到，对被害人施加的损害有可能造成他或她的死亡，参见 *Prosecutor v. Akayesu*, ICTR（Trial Chamber）, judgment of 2 September 1998, para. 589；确定的情况，参见 *RStGH*, Urt. v. 27. Januar 2000（*Musema*, TC）, para. 215；类似的，参见 *JStGH*, Urt. v. 31. Januar 2005（*Strugar*, TC）, para. 236；*JStGH*, Urt. v. 30. November 2005（*Limaj* et al. , TC）, para. 241。这种对一般心理性要求的偏离，是《国际刑事法院规约》第 30 条明确允许的，参见边码 310 以下。对于在国际冲突中的杀人，“蓄意”的标准（《国际刑事法院规约》第 8 条第 2 款第 1 项第 1 目）保留着对这种解释的一个指示：必须符合国际人道法和习惯性国际法的基础性规范。根据 *Prosecutor v. Blaškić*, ICTY（Trial Chamber）, judgment of 3 March 2000, para. 182，对于违反第一部到第四部《日内瓦公约》共同第 3 条，轻率也足够了；也见 *Prosecutor v. Stakić*, ICTY（Trial Chamber）, judgment of 31 July 2003, para. 587，在这里，这个国际法庭认为，在《日内瓦公约》共同第 3 条项下的谋杀罪所具有的心理性因素方面，间接故意就足够了。这与美国刑法中的轻率的概念是联系在一起的。也见边码 857 以下。

[245] 参见，例如，B. Zimmermann, in Y. Sandoz, C. Swinarski and B. Zimmermann（eds.）, *Commentary on the Additional Protocols*（1987）, marginal no. 3474。

[246] 参见 M. Cottier, in O. Triffterer（ed.）, *Commentary on the Rome Statute of the International Criminal Court*（1999）, Art. 8, marginal no. 58。

880　在《国际刑事法院规约》项下，战斗人员在放下武器之后或者不再抵抗和已经无条件投降之后，是受保护的。战斗人员是指那些准备好直接参加敌对行动的人（《第一附加议定书》第43条第2款）。战斗人员根据《关于陆地战争的法律和习惯的公约》第1条和第2条，《日内瓦公约（三）》第4条和《第一附加议定书》第43条产生。* 一个人，如果停止战斗并且表明了停止敌对状态的意图，尤其是交出对自己的武器的控制之后，就是在《国际刑事法院规约》第8条第2款第2项第6目的意义上交出了自己的武器。一个人，如果不再处于提出武装抵抗的位置，尤其是因为他不再控制自己的武器之后，就是在该条意义上的不再抵抗。一个人，如果希望停止敌对状态，并且不再抗拒被对方带去关押，就是无条件地投降。[247]

881　在可疑的情况下，《第一附加议定书》第41条可以被参考，以帮助解释。这个条文谈论的是处于战斗之外，但是，这个词在实质上符合的是在《国际刑事法院规约》中的说明。[248] 根据《第一附加议定书》** 第41条第2款，一个人，如果处于对方的权力之中，明确表示了投降的意图，或者由于丧失意识、伤病而不能防卫自己，就是处于战斗之外，条件是，这个人放弃了任何敌对行为并且不试图逃跑。

882　这里的心理性因素要求，在行为人方面至少是轻率。这首先是从《第一附加议定书》第85条第3款第5项引来的，该条规定了一个相当的规则，使用"蓄意杀人"来说明这个心理因素。[249] 其次，这个犯罪与杀人的一般战争罪的相似点表明，在这里，在习惯性国际法项下，对这个行为心理性因素的要求也是低于《国际刑事法院规约》第30条的。[250]

883　关于禁止杀害和伤害处于战斗之外人员的规定没有时间上的限制，因此，战俘也包括在其中的保护之中，[251]并且，这种禁止与日内瓦法的规则是重合的。[252] 在这里讨论的规则，

---

* 对此，比较 Ipsen，in：Ipsen，*Völkerrecht*，5. Aufl.（2004），§ 68 Rn. 33 ff.。（作者在德文第2版中新增加的注释。——译者注）

[247] 参见 M. Cottier，in O. Triffterer（ed.），*Commentary on the Rome Statute of the International Criminal Court*（1999），Art. 8，marginal nos. 61 et seq.。

[248] 参见 M. Cottier，in O. Triffterer（ed.），*Commentary on the Rome Statute of the International Criminal Court*（1999），Art. 8，marginal no. 60。

** 原文为《第二附加议定书》，作者已改正。——译者注

[249] 关于"蓄意"的概念，参见边码857以下。

[250] 关于杀人罪的主观性要求，参见边码878；关于《国际刑事法院规约》第30条项下的心理性因素的一般要求，以及通过习惯性国际法的方法或者《犯罪要件》可能发生的偏离，参见边码310以下。

[251] 参见 J. de Preux，in Y. Sandoz，C. Swinarski and B. Zimmermann（eds.），*Commentary on the Additional Protocols*（1987），marginal no. 1602。

[252] 关于《第一附加议定书》的基础性规则，参见 J. de Preux，in Y. Sandoz，C. Swinarski and B. Zimmermann（eds.），*Commentary on the Additional Protocols*（1987），marginal no. 1605。尤其是杀害或者伤害战犯，已经由蓄意杀人和故意施加重大痛苦或者对身体的完整性或者健康的严重损害。与《国际刑事法院规约》第8条第2款第2项第12目（不纳降）之间，存在着重合。在这个犯罪上，第二次世界大战之后的多数法理学，都参考了在《海牙规定》第23条第3款中加以犯罪化的杀害战犯；参见，例如，British Mili-

首先对于保护处在战斗员身份和确定的战俘身份之间的中间阶段的人员，具有单独的意义。

《国际刑事法院规约》并不包含单独的关于非国际武装冲突的规则。然而，杀害或者伤害已经放下武器的人员或者其他停止参加敌对行动的人员，作为《国际刑事法院规约》第 8 条第 2 款第 3 项第 1 目项下的一种违反日内瓦公约共同第 3 条的行为，是犯罪的，因此，对于非国际冲突来说，就存在着一种同等的保护。 884

四 虐待罪

南斯拉夫国际法庭把酷刑的战争罪、蓄意造成巨大痛苦、严重伤害身体的完整性或者健康，以及残酷的或者非人道的待遇结合在一起，置于“未导致死亡的虐待罪”这个标题之下。[253]与这些犯罪紧密联系在一起的是断肢和进行医学或者科学试验。在这个犯罪群组中，存在着广泛的重合。 885

虐待罪规定在《国际刑事法院规约》第 8 条第 2 款第 1 项第 2 目和第 3 目，第 2 项第 10 目，第 3 项第 1 目和第 4 项第 11 目之中。在适用这些犯罪的定义时，有关人员的受保护种类是有些不同的，必须在具体案件中加以确定。[254] 886

(一)酷刑

在虐待罪中，酷刑是最特别地加以定义了。[255]禁止酷刑的有所有四部日内瓦公约以及共同第 3 条中的严重违法条文。在所有情况下，要求都是一样的。[256]在《国际刑事法院规约》中，酷刑这种战争罪被规定在第 8 条第 2 款第 1 项第 2 目之中，第一个选择是为国际武装冲突的，并且，在第 8 条第 2 款第 3 项第 1 目中，第四个选择是为非国际武装冲突的。 887

---

tary Court Hamburg, judgment of 3 September 1947 (*Max Wielen*, so-called Stalag Luft III Trial), in United Nations War Crimes Commission, *Law Reports of Trial of War Criminals* XI, pp. 30 et seq.; Canadian Military Court Aurich, judgment of 28 December 1945 (*Kurt Meyer*, so-called Abbaye Ardenne Trial), in United Nations War Crimes Commission, *Law Reports of Trials of War Criminals* IV, pp. 97 et seq.。迄今为止，联合国的刑事法庭还没有对这个犯罪做出决定。

[253] *Prosecutor v. Mucić* et al., ICTY (Trial Chamber), judgment of 16 November 1998, paras. 440 et seq.

[254] 详见边码 859 以下。

[255] *Prosecutor v. Mucić* et al., ICTY (Trial Chamber), judgment of 16 November 1998, para. 442.

[256] 参见 *Prosecutor v. Mucić* et al., ICTY (Trial Chamber), judgment of 16 November 1998, paras. 442 et seq., 452 et seq.; *Prosecutor v. Musema*, ICTR (Trial Chamber), judgment of 27 January 2000, para. 285。也见《南斯拉夫国际法庭规约》第 2 条第 2 款；《卢旺达国际法庭规约》第 4 条第 1 款。

酷刑是施加严重的肢体性或者心理性痛苦。[257] 这个定义符合 1984 年 12 月 10 日的
888 《禁止酷刑和其他残忍、不人道或有辱人格的待遇或处罚公约》。[258] 与这部《禁止酷刑公约》相比较,行为人不需要以官员身份进行行为。[259] 这反映了酷刑作为《国际刑事法院规约》第 7 条第 1 款第 6 项下的危害人类罪所具有的法律地位。[260]

889 作为战争罪应当受到惩罚的酷刑,这种虐待必须是为《禁止酷刑公约》第 1 条第 1 款规定的特定目的服务。这就区分了作为战争罪的酷刑和作为危害人类罪的酷刑。[261] 在《禁止酷刑公约》中列出的目的是不是结论性的,还没有在国际法庭的判决中得到统一的确定。[262]《犯罪要件》的用语反对一种结论性的列举。[263] 列举出的酷刑目的不需要行为人具有唯一的或者原来的动机。对他们来说,只要是一大堆动机中的一个就足够了。[264]

890 《国际刑事法院规约》第 30 条统治着这里的心理性因素,涉及被禁止的行为及其结果。[265]

---

[257] 关于作为危害人类罪的酷刑,参见边码 710 以下。也见对《国际刑事法院规约》的《犯罪要件》第 8 条第 2 款第 1 项第 2 目之一,第 1 点,第 2 点。

[258] 1465 *UNTS* (1987), p. 112.

[259] *Prosecutor v. Kunarac* et al., ICTY (Trial Chamber), judgment of 22 February 2001, para. 496。这个观点符合了通常的司法判决,例如,参见 *JStGH*, Urt. v. 2. November 2001 (*Kvočka* et al., TC), para. 139; *JStGH*, Urt. v. 15. März 2002 (*Krnojelac*, TC), para. 188;(作者删除了"肯定的,"——译者注)参见 *Prosecutor v. Kunarac* et al., ICTY (Appeals Chamber), judgment of 12 June 2002, para. 148; *JStGH*, Urt. v. 1. September 2004 (*Brđanin*, TC), paras. 488 f.; *JStGH*, Urt. v. 28. Februar 2005 (*Kvočka* et al., AC), para. 283; *JStGH*, Urt. v. 30. November 2005 (*Limaj* et al., TC), para. 240。官员身份的要求也没有包括在《犯罪要件》中,因为令人担心的是这将过分地限制这个犯罪的范围,参见 K. Dörmann, *Elements of War Crimes* (2002), pp. 45 et seq.。在早些的决定中,南斯拉夫国际法庭已经肯定了以官员身份行为的要求。然而,它的判例法也包括了这些情形,在这里,官方的人员在刑事起诉酷刑中被动地作为或者不作为,参见 *Prosecutor v. Mucić* et al., ICTY (Trial Chamber), judgment of 16 November 1998, para. 474。在非国际武装冲突中,冲突的非国家方中的代理人也是包括的,参见 *Prosecutor v. Mucić* et al., ICTY (Trial Chamber), judgment of 16 November 1998, para. 473; *JStGH*, Urt. v. 21. Juli 2000 (*Furundžija*, AC), para. 111。

[260] 参见边码 716。

[261] 参见边码 711。

[262] 在 *Akayesu* 判决书中,卢旺达国际法庭认为,这是一个结论性的列举,参见 *Prosecutor v. Akayesu*, ICTR (Trial Chamber), judgment of 2 September 1998, para. 594。相比之下,南斯拉夫国际法庭承认,作为酷刑的一个目的,不仅有被害人的惩罚,而且还有对他或者她的羞辱,参见 *Prosecutor v. Furundžija*, ICTY (Trial Chamber), judgment of 10 December 1998, para. 162。对于这不是结论性的列举的观点,也见 *Prosecutor v. Mucić* et al., ICTY (Trial Chamber), judgment of 16 November 1998, para. 470; *JStGH*, Urt. v. 1. September 2004 (*Brđanin*, TC), para. 487。

[263] 对《国际刑事法院规约》的《犯罪要件》第 8 条第 2 款第 1 项第 2 目(原文是"第 1 目之一第 2 点"。作者已改正。——译者注),并没有继续使用这个来自《禁止酷刑公约》的列举,而是用"例如"或者"notamment(这是法文"例如/尤其是"。——译者注)"这样的词来引导它。

[264] 参见 *Prosecutor v. Mucić* et at., ICTY (Trial Chamber), judgment of 16 November 1998, para. 470; *Prosecutor v. Kunarac* et al., ICTY (Trial Chamber), judgment of 22 February 2001, para. 486; *JStGH*, Urt. v. 1. September 2004 (*Brđanin*, TC), para. 487。

[265] 关于心理性因素的一般要求,参见边码 294 以下,尤其是边码 304 以下。也见 *Prosecutor v. Kunarac* et al., ICTY (Appeals Chamber), judgment of 12 June 2002, para. 153,在这里,南斯拉夫国际法庭的上诉庭认为,"一名行为人是否故意以在事件通常的过程中会造成严重痛苦的方式行为",是决定性的。

（二）造成痛苦或者对健康造成伤害（国际冲突）

在《国际刑事法院规约》第 8 条第 2 款第 1 项第 3 目中加以规定的战争罪，是蓄意造成巨大痛苦或者对身体或健康造成严重伤害，这已经被南斯拉夫国际法庭定义为一种故意导致严重心理或者身体疼痛或者痛苦的作为或者不作为。[266] 只有受日内瓦公约保护的人员才能被认为是被害人。这种被害人在过一种正常的、建设性的生活时，必须在能力方面经历巨大的痛苦[267]和遭受长期后果的折磨。[268] 然而，对这名被害人的损害不需要是不可挽回的。[269] 891

这种犯罪与作为战争罪的酷刑的主要区别在于，行为人不需要具有特别的施加目的和使人遭受痛苦的目的。因此，任何战争罪的酷刑也满足了蓄意施加巨大痛苦的定义。[270] 然而，仅仅侵犯被害人尊严的行为，并不处于这个定义之中。[271] 例如，对伤员实施断肢、对战俘施加不必要和无意义的痛苦，[272]以及强奸。[273] 然而，这种犯罪包括的不仅是身体性的而且是心理性的痛苦，因此，不允许的纪律措施或者独自关押，也能作为施加巨大痛苦而受到惩罚。[274] 892

这种心理性因素要求的至少是轻率。[275] 这是从这个犯罪的定义中所使用的“蓄意”这个词中推导出来的。[276] 893

这个犯罪仅仅适用于国际武装冲突。在非国际武装冲突中，相当的案件可以归类于 894

---

[266] *Prosecutor v. Mucić* et al. , ICTY (Trial Chamber), judgment of 16 November 1998, para. 511，参考了《南斯拉夫国际法庭规约》第 2 条第 3 款。肯定的，参见 *JStGH*, Urt. v. 3. März 2000 (*Blaškić*, TC), para. 156; *JStGH*, Urt. v. 26. Februar 2001 (*Kordić und Čerkez*, TC), para. 245。在这个意义上，还有对《国际刑事法院规约》的《犯罪要件》第 8 条第 2 款第 1 项第 3 目，第 1 点。

[267] *Prosecutor v. Mucić* et al. , ICTY (Trial Chamber), judgment of 16 November 1998, para. 510.

[268] *Prosecutor v. Krstić*, ICTY (Trial Chamber), judgment of 2 August 2001, para. 513，依据了在卢旺达国际法庭对 *Akayesu* 判决中，说明了造成严重身体或者心理损害作为灭绝种族罪一部分的方法。南斯拉夫国际法庭认为，这个途径能够进一步适用于战争罪，参见 *Prosecutor v. Naletilić and Martinović*, ICTY (Trial Chamber), judgment of 31 March 2003, para. 342。

[269] *Prosecutor v. Akayesu*, ICTR (Trial Chamber), judgment of 2 September 1998, para. 502; *JStGH*, Urt. v. 31. März 2003 (*Naletilić und Martinović*, TC), para. 341.

[270] *Prosecutor v. Mucić* et al. , ICTY (Trial Chamber), judgment of 16 November 1998, para. 442.

[271] *Prosecutor v. Kordić and Čerkez*, ICTY (Trial Chamber), judgment of 26 February 2001, para. 245.

[272] W. J. Fenrick 的例子，参见 O. Triffterer (ed.), *Commentary on the Rome Statute of the International Criminal Court* (1999), Art. 8, marginal no. 13。

[273] K. Kittichaisaree, *International Criminal Law* (2001), p. 147.

[274] R. Wolfrum, in D. Fleck (ed.), *The Handbook of Humanitarian Law in Armed Conflicts* (1999), no. 1209.

[275] 关于《国际刑事法院规约》第 30 条项下的心理性因素的一般要求，以及通过习惯性国际法的方法或者《犯罪要件》可能发生的偏离，参见边码 294 以下。

[276] 关于在战争罪法律中蓄意的概念，参见边码 857 以下。

残忍的待遇这个兜底的犯罪之中。[277]

(三)断肢

895 在冲突一方的权力下对人员的身体进行断肢所产生的刑事责任,对于国际武装冲突来说,规定在《国际刑事法院规约》第8条第2款第2项第10目,对于非国际武装冲突来说,规定在第8条第2款第3项第1目和第8条第2款第5项第11目之中。[278] 这些条文根据的是对几部日内瓦公约的附加议定书。[279] 关于禁止对身体断肢的规定,也规定在《日内瓦公约(一)》到《日内瓦公约(四)》的共同第3条,以及《日内瓦公约(三)》的第13条第1款和《日内瓦公约(四)》的第32条之中。在这些条文意义下的断肢,尤其是指行为人永久性地毁损被害人的外形、摘除内外部器官,或者使人永久性地残废了。[280] 因此,断肢的概念包括对身体完整性的任何严重的会导致永久性损害的侵犯。[281] 被害人的允许并不能使刑事责任无效。[282]

896 在国际武装冲突中,这个定义保护的是"处于对方权力之中的人",[283]也就是说,首先是战俘和被占领区的平民,但是,不包括自己人口中的成员。在非国际武装冲突中,应当参考日内瓦公约的共同第3条。[284]

897 在心理性因素方面,适用《国际刑事法院规约》第30条。[285]

(四)生物性、医学性或者科学性实验

898 在《国际刑事法院规约》第8条第2款第1项第2目中,进行生物性实验是不人道待

---

[277] 参见边码903。

[278] 虽然《国际刑事法院规约》第8条第2款第3项第1目并没有谈到身体断肢,但是,在意思上并不存在什么区别,因为断肢在定义上就要求了一种对被害人身体的行动,也见 A. Zimmermann, in O. Triffterer (ed.), *Commentary on the Rome Statute of the International Criminal Court* (1999), Art. 8, marginal no. 273。

[279] 参见第11条第2款第1项和第2项,与《第一附加议定书》第11条第4款和《第二附加议定书》第4条第2款第1项和第5条第2款第5项相联系。在《第一附加议定书》第11条第4款项下,任何故意严重危害处于对方权力之下人员身体或者精神健康或者完整性的作为或者不作为,都是可以作为严重违反这部议定书而加以惩罚的。断肢也被包括在《南斯拉夫国际法庭规约》第4条第1款之中。

[280] 对《国际刑事法院规约》的《犯罪要件》第8条第2款第2项第10目之一,第1点。《南斯拉夫国际法庭规约》第2条第2项也包括了生物实验。

[281] R. Wolfrum, in D. Fleck (ed.), *The Handbook of Humanitarian Law in Armed Conflicts* (1999), no. 1209.

[282] 参见对《国际刑事法院规约》的《犯罪要件》第8条第2款第5项第11目之一,第3点,注释68。

[283] 《国际刑事法院规约》第8条第2款第2项第10目。

[284] 详见边码872以下。

[285] 关于主观性要求,通常参见边码294以下。

遇中的一种。这个条文根据的是日内瓦公约的严重违法条文。然而,生物性实验的概念在日内瓦公约、《国际刑事法院规约》或者《犯罪要件》中,都没有得到定义。在任何案件中都需要的是,这种实验不是为治疗的目的服务的,也不是为了被害人的理由而进行的。[286] 如果一项医学性干涉不是被害人的健康状态所要求的,或者这种干涉不符合一般接受的医学标准,并且可以在相应的情况下对使用权力找到这名被害人那一方的公民适用,那么,就是一种实验。[287] 这名被害人的允许对实验来说是不重要的。[288]《犯罪要件》明确了国际刑事责任的门槛:这种性质的实验,只有在它们严重危害了被害人的身体或者心理的健康或者完整性时,才是犯罪的。[289]

《国际刑事法院规约》第 8 条第 2 款第 2 项第 10 目和第 8 条第 2 款第 5 项第 11 目,包含了类似的条文。在那里,在对方的权力之下,对人进行医学和科学的实验是能够受到惩罚的。这是不人道或者残忍待遇的战争罪的一种形式,[290]因此,这种犯罪也是一种虐待。 899

进行医学和科学实验,如果不是为治疗的目的服务,而仅仅是为了获得医学或者科学知识,就是违法的。这与生物性的实验之间的界限并不清楚。[291] 在《国际刑事法院规约》和《犯罪要件》中,这个术语在这里的解释不会比对生物性实验更清楚。有关法庭的判决仅仅在战后刚刚结束的年代里才能见到。因此,例如,实施阉割和绝育、对怀孕的堕胎、激素注射,[292]以及使用疟疾制剂、毒药、斑疹伤寒制剂、高压、极限温度和芥子气,都是要受到刑事追究的。[293] 900

这种行为必须造成被害人的死亡或者对其身体或者心理健康造成严重的危险。这个门槛是这个犯罪本身的法定定义的一部分,与之相比,《国际刑事法院规约》第 8 条第 2 901

[286] 对《国际刑事法院规约》的《犯罪要件》第 8 条第 2 款第 1 项第 2 点之三,第 3 点。

[287] 参见,例如,《日内瓦公约(三)》第 13 条;《第一附加议定书》第 11 条。这些解释很不幸地没有被采纳进《犯罪要件》参见 M. Bothe, in A. Cassese, P. Gaeta and J. R. W. D. Jones (eds.), *The Rome Statute of the International Criminal Court*, VoL 1 (2002), p. 379 at p. 393。

[288] K. Kittichaisaree, *International Criminal Law* (2001), p. 146.

[289] 对《国际刑事法院规约》的《犯罪要件》第 8 条第 2 款第 1 项第 2 目之三,第 2 点。

[290] A. Zimmermann, in O. Triffterer (ed.), *Commentary on the Rome Statute of the International Criminal Court* (1999), Art. 8, marginal no. 100.

[291] A. Zimmermann, in O. Triffterer (ed.), *Commentary on the Rome Statute of the International Criminal Court* (1999), Art. 8, marginal no. 108。关于进行医学实验的战争罪,参见 US Military Tribunal, Nuremberg, judgment of 20 August 1947 (*Brandt* et al., so-called Medical Trial), in *Trials of War Criminals* II, pp. 171 et seq.。

[292] 参见 *Prosecutor v. Hoess*, Supreme National Tribunal of Poland, judgment of 2 April 1947, in United Nations War Crimes Commission, *Law Reports of Trials of War Criminals* VII, p. 11 at pp. 14 et seq.。

[293] 参见 US Military Tribunal, Nuremberg, judgment of 17 April 1947 (*Milch*, so-called Milch Trial), in *Trials of War Criminals* VII, pp. 355 et seq.; US Military Tribunal Nuremberg, judgment of 20 August 1947 (*Brandt* et al., so-called Medical Trial), in *Trials of War Criminals* II, pp. 171 et seq.。

款第1项第2目项下的生物性实验犯罪的门槛,仅仅是在《犯罪要件》中才规定了。对于被害人不需要有实际的伤害,只要对健康具有达到某种严重程度的具体危险就可以了。对这种评价的根据,是对被害人健康的可以看见的后果。[294] 这种危险应当由行为人造成,这是需要的。行为对被害人实际造成了损害,当然包括在这个定义之下。[295] 犯罪性医学实验和必要的医疗照顾之间的界限,经常是有问题的。[296] 关键的要素是,在自己的平民中,可以采取的医疗照顾措施是什么。[297]

902 行为人必须至少是以轻率进行行为。因此,这个心理性因素的要求,低于《国际刑事法院规约》第30条第2款所需要的。[298] 这来自《第一附加议定书》第11条第4款,其中使用的词是"蓄意",这也是《国际刑事法院规约》中定义的基础。尽管事实是,这个词没有在《国际刑事法院规约》第8条第2款第1项第2目或者第2款第2项第10目中得到沿用,但是,体现了习惯性国际法的《第一附加议定书》的基础性条文[299]必须得到尊重。

(五)不人道或者残忍的待遇

903 不人道或者残忍的待遇,在《国际刑事法院规约》第8条第2款第2项,第二个选择中为国际武装冲突进行了犯罪化,在第8条第2款第3项第1目,第三个选择中为非国际武装冲突进行了犯罪化。这种战争罪是以四部日内瓦公约的严重违法条文以及它们的共同第3条为基础的。尽管在第8条第2款第2项,第二个选择中的术语("不人道待遇")和在第8条第2款第3项第1目,第三个选择中的术语("残忍的待遇")不同,但是,这两个犯罪具有同样的要求。[300]

---

[294] Sandoz, in Y. Sandoz, C. Swinarski and B. Zimmermann (eds.), *Commentary on the Additional Protocols* (1987), marginal no. 493.

[295] A. Zimmermann, in O. Triff-terer (ed.), *Commentary on the Rome Statute of the International Criminal Court* (1999), Art. 8, marginal no. 111.

[296] 因此,例如,截肢能够代表一种被害人健康状态所要求的正当化的断肢,参见 Y. Sandoz, in Y. Sandoz, C. Swinarski and B. Zimmermann (eds.), *Commentary on the Additional Protocols* (1987), marginal no. 480。

[297] R. Wolfrum, in D. Fleck (ed.), *The Handbook of Humanitarian Law in Armed Conflicts* (1999), no. 1209.

[298] 关于《国际刑事法院规约》第30条项下的心理性因素的一般要求,以及通过习惯性国际法的方法或者《犯罪要件》可能发生的偏离,参见边码294以下、边码313以下。

[299] 关于在战争罪的法律中的"蓄意"的概念,参见边码857以下,以及 K. Dörmann, *Elements of War Crimes* (2002), pp. 74 and 239。

[300] *Prosecutor v. Mucić et al.*, ICTY (Trial Chamber), judgment of 16 November 1998, para. 551; *Prosecutor v. Naletilić and Martinović*, ICTY (Trial Chamber), judgment of 31 March 2003, para. 246; A. Zimmermann, in O. Triffterer (ed.), *Commentary on the Rome Statute of the International Criminal Court* (1999), Art. 8, marginal no. 274。《南斯拉夫国际法庭规约》第2条第2款包括了不人道的待遇;《卢旺达国际法庭规约》第4条第1款包括了残酷的待遇。

不人道待遇是一个兜底的犯罪,包括了各种其他严重的伤害。[301] 因此,例如,在一个行为不完全满足酷刑的定义时,它就会发挥作用。[302] 除了酷刑的所有形式之外,这个定义也包括了故意施加巨大痛苦或者严重伤害身体完整性或者健康的所有犯罪,这些规定在《国际刑事法院规约》第8条第2款第1项第3目之中。此外,特别的还有对人类尊严的攻击。[303] 在南斯拉夫国际法庭的观点中,作为不人道或者残忍待遇的结果,对身体或者精神痛苦要求的数量,要小于对酷刑犯罪的案件;这种行为的结果在严重程度方面,符合了造成巨大痛苦的结果。[304] 904

与酷刑相比较,在人权文件中没有不人道待遇的定义。因此,南斯拉夫国际法庭以禁止不人道行为的日内瓦公约的条文为基础,第一次作出了解释。[305] 这个法庭把人道性描述为几部日内瓦公约的基本支柱。[306] 它指出,造成严重心理或者身体痛苦的作为或者不作为,[307]代表了一种对身体或者精神完整性的严重攻击,或者其他与人道原则背道而驰的不人道的、与人道概念不一致的行为。[308] 这包括侵犯人类的尊严。如果行为人使被害人处于不人道的条件下,那么,他对不人道待遇也是有罪的。[309] 然而,哪种条件算作不人道 905

---

[301] *Prosecutor v. Mucić* et al., ICTY (Trial Chamber), judgment of 16 November 1998, paras. 442, 543 et seq.(对这些犯罪的定义的深入讨论,参见边码512以下);肯定的,参见 *Prosecutor v. Blaškić*, ICTY (Trial Chamber), judgment of 3 March 2000, paras. 154 et seq.; *JStGH*, Urt. v. 31. März 2003 (*Naletilić und Martinović*, TC), para. 246。

[302] *Prosecutor v. Mucić* et al., ICTY (Trial Chamber), judgment of 16 November 1998, para. 542。酷刑是不人道待遇的严重形式。

[303] *Prosecutor v. Mucić* et al., ICTY (Trial Chamber), judgment of 16 November 1998, para. 544。这个观点符合了通常的司法判决,例如,参见 *JStGH*, Urt. v. 3. März 2000 (*Blaškić*, TC), paras. 154 f.; *JStGH*, Urt. v. 24. März 2000 (*Aleksovski*, AC), para. 26; *JStGH*, Urt. v. 26. Februar 2001 (*Kordić und Čerkez*, TC), para. 256; *JStGH*, Urt. v. 31. März 2003 (*Naletilić und Martinović*, TC), para. 246; *JStGH*, Urt. v. 29. Juli 2004 (*Blaškić*, AC), para. 665; *JStGH*, Urt. v. 17. Dezember 2004 (*Kordić und Čerkez*, AC), para. 39; *JStGH*, Urt. v. 30. November 2005 (*Limaj* et al., TC), para. 231; *JStGH*, Urt. v. 15. März 2006 (*Hadžihasanović und Kubura*, TC), paras. 32 ff.。

[304] *Prosecutor v. Naletilić and Martinović*, ICTY (Trial Chamber), judgment of 31 March 2003, para. 246; *Prosecutor v. Kvočka* et al., ICTY (Trial Chamber), judgment of 2 November 2001, para. 161.

[305] 参见,例如, Geneva Convention II, Art. 12; Geneva Convention III, Arts. 13, 20, 46; Geneva Convention IV, Arts. 27, 32; Geneva Convention I – IV, Art. 3; Additional Protocol I, Art. 75(1) and Additional Protocol II, Arts. 4(1) and 7(2)。

[306] *Prosecutor v. Mucić* et al., ICTY (Trial Chamber), judgment of 16 November 1998, para. 532。也见 R. Wolfrum, in D. Fleck (ed.), *The Handbook of Humanitarian Law in Armed Conflicts* (1999), no. 1209:"人道待遇的义务,在实践中,是四部《日内瓦公约》的指导性主题。"

[307] 相类似地,对《国际刑事法院规约》的《犯罪要件》第8条第2款第1项第2目之二,第1点;对《国际刑事法院规约》的《犯罪要件》第8条第2款第3项第1目之三,第1点。

[308] *Prosecutor v. Aleksovski*, ICTY (Trial Chamber), judgment of 25 June 1999, paras. 56 et seq.;肯定的,参见 *Prosecutor v. Naletilić and Martinović*, ICTY (Trial Chamber), judgment of 31 March 2003, para. 246。

[309] *Prosecutor v. Mucić* et al., ICTY (Trial Chamber), judgment of 16 November 1998, para. 558.

的,不能一概而论,但是,必须根据具体案件的具体情况来加以确定。[310]

906 对于心理性因素,适用《国际刑事法院规约》第30条。[311]

五 性暴力

参考书目:

907 Kelly Dawn Askin: *War Crimes Against Women* (1997); Kelly Dawn Askin: Comfort Women – Shifting Shame and Stigma from Victims to Victimizers, *International Criminal Law Review* 1 (2001) 5 ff.; Anne-Marie L. M. de Brouwer: *Supranational Criminal Prosecution of Sexual Violence: The ICC and the Practice of the ICTY and the ICTR* (2005); Christine Chinkin: Rape and Sexual Abuse of Women in International Law, 5 *European Journal of International Law* (1994), pp. 326 et seq.; Rhodna Copelon: Gender Crimes as War Crimes: Integrating Crimes Against Women into International Criminal Law, 46 *McGill Law Journal* (2000 – 2001), pp. 217 et seq.; Rosalind Dixon: Rape as a Crime in International Humanitarian Law: Where to from Here?, 13 *European Journal of International Law* (2002), pp. 697 et seq.; Helen Durham: Women, armed conflict and international law, 84 *International Review of the Red Cross* (2002), pp. 655 et seq.; Kate Fitzgerald: Problems of Prosecution and Adjudication of Rape and Other Sexual Assaults under International Law, 8 *European Journal of International Law* (1997), pp. 336 et seq.; Gabrielle McDonald: Crimes of Sexual Violence: The Experience of the International Criminal Tribunal, 39 *Columbia Journal of Transnational Law* (2000 – 2001), pp. 1 et seq.; Eve La Haye: The Elements of War Crimes-Rape, Sexual Slavery, Enforced Prostitution, Forced Pregnancy, Enforced Sterilisation, and Sexual Violence, in Roy S. Lee (ed.), *The International Criminal Court, Elements of Crimes and Rules of Procedure and Evidence* (2001), pp. 184 et seq.; Theodor Meron: Rape as a Crime under International Humanitarian Law, 87 *American Journal of International Law* (1993), pp. 424 et seq.; Navanethem Pillay: The Role of International Humanitarian Jurisprudence in Redressing Crimes of Sexual Violence, in Lal Chand Vohrah et al. (eds.), *Man's Inhumanity to Man* (2003), pp. 685 et seq.; Patricia Vi-

---

[310] *Prosecutor v. Mucić* et al., ICTY (Trial Chamber), judgment of 16 November 1998, para. 544; 肯定的,参见 *Prosecutor v. Blaškić*, ICTY (Trial Chamber), judgment of 3 March 2000, para. 155。

[311] 关于心理性因素的一般要求,参见边码294以下,尤其是边码304以下。也见 K. Dörmann, *Elements of War Crimes* (2002), pp. 69 et seq.。

seur Sellers: The Context of Sexual Violence: Sexual Violence as Violations of International Humanitarian Law, in Gabrielle Kirk McDonald and Olivia Swaak-Goldman (eds.), *Substantive and Procedural Aspects of International Criminal Law-The Experience of International and National Courts*, Vol. 1 (2000), pp. 263 et seq.

《国际刑事法院规约》第8条第2款第2项第22目,为国际武装冲突规定的犯罪有: 908
强奸、性奴役、强迫从事妓女、强迫怀孕、强迫绝育,以及代表严重违反日内瓦公约的其他形式的性暴力。为非国际武装冲突规定的相应规则,包括在《国际刑事法院规约》第8条第2款第5项第6目之中,其中包括了同样的特定实施方法以及代表了严重违反日内瓦公约共同第3条的其他性暴力形式。

虽然性暴力的各种犯罪在过去被反复用来作为战争的手段,但是,在国际刑事法院创 909
立之前的国际条约法中,并没有把性暴力作为一种单独的战争罪,而是仅仅作为一种对个人荣誉或者尊严的攻击。这种分类无法公平对待对被害人造成的身体和精神上的伤害。[312]《日内瓦公约(四)》第27条第2款,《第一附加议定书》第75条第2款和第76条第1款,以及《第二附加议定书》第4条第2款第5项,都把强奸、强迫从事妓女和"任何其他形式的下流攻击(indecent assault)",作为对被害人荣誉的攻击;它们并不被特别地列为严重违反日内瓦公约及其附加议定书。

《卢旺达国际法庭规约》接受了这个方法,并且把强奸、强迫从事妓女和其他形式的性暴力,列入侵 910
犯个人尊严的暴行一类。[313]《南斯拉夫国际法庭规约》完全没有给予这个国际法庭明确的权力,去起诉作为战争罪的性暴力犯罪,[314]虽然在波斯尼亚的冲突中,性暴力被用来作为一种进行战争的方法。因此,这个国际法庭被迫在日内瓦公约的严重违法条文或者其他违反战争法律和习惯的基础上,来起诉作为战争罪的性暴力。[315]

把关于性暴力的犯罪的分散条文合并入《国际刑事法院规约》关于战争罪的章节 911

---

[312] M. Cottier, in O. Triffterer (ed.), *Commentary on the Rome Statute of the International Criminal Court* (1999), Art. 8, marginal nos. 200 et seq.

[313] 参见《卢旺达国际法庭规约》第4条第5款。

[314] 然而,这个国际法庭能够起诉作为危害人类罪的性暴力,参见《南斯拉夫国际法庭规约》第5条第7款。

[315] 参见,例如,*Prosecutor v. Furundžija*, ICTY (Trial Chamber), judgment of 10 December 1998, para. 172,在这里,这个国际法庭承认,除了是一种危害人类罪和一个灭绝种族的行为之外,强奸还可以体现为严重违反《日内瓦公约》和违反了战争的法律和习惯。也见 *Prosecutor v. Mucić* et al., ICTY (Trial Chamber), judgment of 16 November 1998, paras. 476 et seq.。*JStGH*, Urt. v. 10. Dezember 1998 (*Furundžija*, TC), paras. 163 f.; *JStGH*, Urt. v. 2. November 2001 (*Kvočka* et al., TC), para. 145; *JStGH*, Urt. v. 12. Juni 2002 (*Kunarac* et al., AC), paras. 150 f.; *JStGH*, Urt. v. 1. September 2004 (*Brđanin*, TC), para. 485(作为酷刑的强奸)。

中,就明确承认了这些在有组织暴力的背景下实施的犯罪,应当算作最严重的犯罪。[316] 在《国际刑事法院规约》项下,不再需要为了起诉这些性犯罪而退回到不太合适的定义上去。[317]

(一)强奸

912 作为战争罪的强奸的定义,与作为危害人类罪的强奸定义的不同之处,仅仅在于这种犯罪实施的背景方面。[318] 因此,上面的解释,对于这个犯罪的各种要求来说,就是可以参考的。[319]

913 在心理性因素方面,适用《国际刑事法院规约》第 30 条。[320]

(二)性暴力的其他严重形式

914 除了实施的背景之外,可以作为战争罪进行惩罚的其他形式的性暴力(强迫从事妓女、强迫怀孕、强迫绝育)的定义,与相关的危害人类罪的定义相称。这也表现在《犯罪要件》之中,在那里也是完全一致的,除了行为的背景之外。因此,在这里,上面的解释也可以参考。[321]

915 这个兜底的条款包括的是《国际刑事法院规约》第 8 条第 2 款第 2 项第 22 目,最后一个选择,以及第 8 条第 2 款第 5 项第 6 目中的"性暴力的任何其他形式",但是,这个条款的用语会造成误解。对于这个行为,也必须构成对"日内瓦公约的一种严重违反"或者对"日内瓦四公约的共同第 3 条的一种严重侵犯"。这看来是对解脱性暴力的犯罪提出了怀疑;很明显,这总是在要求审查一种性暴力是否也会被认为是对日内瓦公约的一种侵犯。但是,这样一种解释就不能公平评价这部公约的目的,同时,《犯罪要件》也指出了一种不同的方向。指向日内瓦公约仅仅是一种保证性手段,只有性暴力的可以比较的严重

---

[316] E. La Haye, in R. S. Lee (ed.), *The International Criminal Court, Elements of Crimes and Rules of Procedure and Evidence* (2001), pp. 185 et seq.

[317] 在各种可能性中,特别包括禁止不人道待遇或者酷刑(《国际刑事法院规约》第 8 条第 2 款第 1 项第 2 目),禁止故意施加巨大痛苦或者对身体的完整性或者健康造成严重损害(《国际刑事法院规约》第 8 条第 2 款第 1 项第 3 目),以及禁止凌辱(outrages)个人尊严(《国际刑事法院规约》第 8 条第 2 款第 2 项第 21 目,第 8 条第 2 款第 3 项第 2 目)。

[318] 参见 K. Kittichaisaree, *International Criminal Law* (2001), p. 182。

[319] 参见边码 723。

[320] 关于心理性因素的一般要求,参见边码 294 以下,尤其是边码 304 以下。

[321] 参见边码 729 以下。

形式，才会作为战争罪被惩罚。[322] 通过与《国际刑事法院规约》第7条第1款第7项，最后一个选择的比较，这个解释得到了肯定：即使作为危害人类罪，性暴力的其他形式也只有在它们与在定义中明确列出的性犯罪"具有可以比较的严重程度"时，才是可以惩罚的。[323]

在心理性因素方面，适用《国际刑事法院规约》第30条。[324] 916

六　侮辱性和有辱人格的待遇

《国际刑事法院规约》第8条第2款第2项第21目包括了在国际武装冲突中实施的 917
对个人尊严的暴行，尤其是侮辱性和有辱人格的待遇。《国际刑事法院规约》第8条第2款第3项第2目对非国际武装冲突规定了类似的规则。[325] 这些要求，对于两种冲突来说都是一致的。[326] 习惯性国际法承认了侮辱性和有辱人格的待遇作为战争罪的地位。[327]

这个定义根据的是《日内瓦公约（一）》至《日内瓦公约（四）》的共同第3条第1款第3项。《第一附 918
加议定书》第75条第2款第2项和《第二附加议定书》第4条第2款第5项，也包含了对侮辱性和有辱人格待遇的禁止。[328] 保护人类的尊严是《日内瓦公约（四）》第27条第1款的目的。这个条文要求尊重一个人的人身、荣誉、家庭权利、宗教信仰和实践。尊重人身的权利应当加以宽泛的理解，并且覆盖所有与人的存在无法分离的全部权利，尤其是身体、精神和智力完整性的权利。[329] 这样一来，实施这种犯罪就有许多方法。[330]

---

[322] 对《国际刑事法院规约》的《犯罪要件》第8条第2款第2项第21目之六，第2点；对《国际刑事法院规约》的《犯罪要件》第8条第2款第5项第6目之六，第2点。也见 M. Cottier, in O. Triffterer (ed.), *Commentary on the Rome Statute of the International Criminal Court* (1999), Art. 8, marginal nos. 207 et seq.，在这里指出，把这个条文限制在同时严重违反的行为上，将违背这部规约作为严重违反这些条文之外对性犯罪进行起诉的意愿。关于对第8条第2款第5项第6目的不同观点，参见 A. Zimmermann, in O. Triffterer (ed.), *Commentary on the Rome Statute of the International Criminal Court* (1999), Art. 8, marginal no. 302，在这里要求，存在着在事实上可以在第一部至第四部《日内瓦公约》共同第3条项下进行惩罚的行为。

[323] 参见边码734。

[324] 关于心理性因素的一般要求，参见边码294以下，尤其是边码304以下。

[325] 也见《卢旺达国际法庭规约》第4条第5项。

[326] A. Zimmermann, in O. Triffterer (ed.), *Commentary on the Rome Statute of the International Criminal Court* (1999), Art. 8, marginal no. 276.

[327] 参见 P. Viseur Sellers, in O. Triffterer (ed.), *Commentary on the Rome Statute of the International Criminal Court* (1999), Art. 8, marginal no. 192。

[328] 第一部至第四部《日内瓦公约》共同第3条第1款第3项，包含了一项禁止"凌辱个人尊严，尤其是羞辱性和贬低性待遇"的规定；除了羞辱性和贬低性待遇之外，在《附加议定书》中的用语还包括了，作为被禁止行为的例子，强迫卖淫和任何形式的猥亵性攻击。

[329] 参见 J. S. Pictet (ed.), *Geneva Convention IV, Commentary* (1958), p. 201。

[330] 参见 P. Viseur Sellers, in O. Triffterer (ed.), *Commentary on the Rome Statute of the International Criminal Court* (1999), Art. 8, marginal nos. 195 et seq.。

919 根据《犯罪要件》,如果一个人以屈辱、侮辱或者其他方式侵害了另一个人的尊严,这个定义就得到了满足。[331] 被害人不需要知道自己的尊严受到了侵害;已经去世人的尊严也受保护。这种侵害必须具有公认为暴行的严重性。[332]

920 根据南斯拉夫国际刑事法庭的意见,这个犯罪的条件不需要具有持续一段时期的痛苦,对于严重的侮辱性和有辱人格的待遇来说,即使被害人相当迅速地克服了各种后果,这个定义也得到了满足。[333] 根据南斯拉夫国际法庭的判决,以侮辱这名被害人或者使之处于被愚弄境地的目的而实施的不作为,也满足了这个定义。[334] 在缪斯马案(Musema)的决定中,卢旺达国际法庭把侮辱性和有辱人格的待遇定义为损害自我尊严的行为。对个人尊严的损害可以看成是酷刑的初步阶段。[335]

921 在心理性因素方面,适用《国际刑事法院规约》第30条。[336] 不要求侮辱的特别故意。[337]

922 这个犯罪和其他类似犯罪之间的关系,尤其是与虐待犯罪之间的关系,还是不清楚的。与《第一附加议定书》第75条第2款第2项相联系,一些人建议,侮辱性和贬低性的待遇"是指这样一些行为,它们并不直接地造成对人的完整性、身体和心理健康的损害,而是为了侮辱或者愚弄他们,甚至是为了强迫他们作有辱人格的行为"。[338] 如果这个概念被用在战争犯罪的法律之中,那么,这个定义将不会由于使用身体性暴力而得到满足。但是,这样一种观点并不能从南斯拉夫和卢旺达的国际法院的法理学中得出,两个法庭已经在许多决定中对这种犯罪表明了自己的立场。[339] 事实上,在亚历克索夫斯基案(Ale-

---

[331] 对《国际刑事法院规约》的《犯罪要件》第8条第2款第2项第21目,第1点;对《国际刑事法院规约》的《犯罪要件》第8条第2款第3项第2目,第1点。*JStGH*, Urt. v. 12. Juni 2002 (*Kunarac* et al., AC), para. 161;类似的,参见 *Prosecutor v. Kunarac* et al., ICTY (Trial Chamber), judgment of 22 February 2001, para. 507。

[332] 对《国际刑事法院规约》的《犯罪要件》第8条第2款第2项第21目,第2点;对《国际刑事法院规约》的《犯罪要件》第8条第2款第3项第2目,第2点。

[333] *Prosecutor v. Kunarac* et al., ICTY (Trial Chamber), judgment of 22 February 2001, paras. 501, 503。相比之下,参见 *Prosecutor v. Aleksovski*, ICTY (Trial Chamber), judgment of 25 June 1999, para. 56。

[334] *Prosecutor v. Aleksovski* ICTY (Trial Chamber), judgment of 25 June 1999, paras. 55 et seq.

[335] *Prosecutor v. Musema*, ICTR (Trial Chamber), judgment of 25 June 1999, para. 285.

[336] *Prosecutor v. Kunarac* et al., ICTY (Trial Chamber), judgment of 22 February 2001, para. 514。对于行为人来说,知道自己的行为会羞辱其被害人就足够了,参见 *Prosecutor v. Kunarac* et al., ICTY (Trial Chamber), judgment of 22 February 2001, paras. 512 et seq.。也见 K. Dörmann, *Elements of War Crimes* (2002), pp. 323 et seq.;关于心理性因素的一般要求,参见边码294以下,尤其是边码304以下。

[337] *JStGH*, Urt. v. 25. Juni 1999 (*Aleksovski*, TC), para. 56; *Prosecutor v. Kunarac* et al., ICTY (Trial Chamber), judgment of 22 February 2001, para. 509; *JStGH*, Urt. v. 12. Juni 2002 (*Kunarac* et al., AC), paras. 164 ff.

[338] C. Pilloud and J. S. Pictet, in Y. Sandoz, C. Swinarski and B. Zimmermann (eds.), *Commentary on the Additional Protocols* (1987), marginal no. 3047.

[339] 《南斯拉夫国际法庭规约》并没有明确包含一条羞辱性或者贬低性待遇的条文,但是,用上诉庭的眼光来看,这个国际法庭能够根据该规约第3条,把它作为违反第一部至第四部《日内瓦公约》共同第3条的行为来起诉。该规约第3条授予该国际法庭起诉违反战争的法律和习惯的管辖权,参见 *Prosecutor v. Tadić*, ICTY (Appeals Chamber), decision of 2 October 1995, paras. 65 et seq.。《卢旺达国际法庭规约》第4条第5款包含了这种犯罪,该条文跟随了《附加议定书》的用语,列举了性暴力的犯罪作为以羞辱性和贬低性待遇来实施的各种形式的例子。另一方面,在《国际刑事法院规约》中,性暴力的犯罪是作为单独的条文加以包括的,参见第8条第2款第2项第22目。

ksovski)的决定中,南斯拉夫国际法庭强调,《日内瓦公约(一)》至《日内瓦公约(四)》共同第3条第1款的总目的,是为了保护尊严和保证人道待遇。[340] 这个国际法庭把侮辱性和有辱人格的待遇看成是不人道待遇的一种情况,尤其是那种导致严重的痛苦并且能够伴随着身体性暴力的一种情况。[341]

这个犯罪与性暴力犯罪的关系也是不清楚的。南斯拉夫国际法庭认为,有待于把性暴力包括在侮辱性和有辱人格的待遇之中。[342] 卢旺达法庭在阿卡耶苏决定中认为,任何被迫的性行为都满足了这个犯罪的定义。[343] 这个法理学是否被国际刑事法院采纳,还是有问题的。与这两个特别法庭的规约不同,《国际刑事法院规约》把战争罪中的性暴力和强奸包含在不同的条文中。这些条文比那些侮辱性和有辱人格待遇的犯罪条文更专门。[344] 923

七 强迫在军事力量和战争行动中服务(国际冲突)

(一)强迫在敌对力量的军队中服务

《国际刑事法院规约》第8条第2款第1项第5目包括了强迫受保护人员[345]在一支敌对力量的军队中服务的条文。这个条文的范围特别与强迫参加战争行动的战争罪相重合。[346] 与习惯性国际法相一致,这个条文仅仅扩展到国际武装冲突之中。[347] 它根据的是 924

---

[340] *Prosecutor v. Aleksovski*, ICTY (Trial Chamber), judgment of 25 June 1999, para. 49.

[341] *Prosecutor v. Aleksovski*, ICTY (Trial Chamber), judgment of 25 June 1999, para. 56。这个国际法庭采取的观点是:这个犯罪必须基于行为人对被害人尊严的藐视上。直接攻击被害人的身体或者精神的福利是不必要的;作为羞辱或者愚弄的结果,行为造成被害人事实上的、持续的痛苦就足够了。为了不使其犯罪地位完全依靠被害人的感受,那样就会随着他心理状态的变化而变化,这个行为必须由一名合理的观察者来认定为是一种凌辱。这个行为的特别严重性能够从这个事实中产生:一个本来本身不是凌辱的行为被重复了多次。除此之外,暴力的种类,行为的持续时间,所造成的痛苦的等级,在决定羞辱性是否达到了犯罪性的门槛时,都是关键性的,参见 *Prosecutor v. Aleksovski*, ICTY (Trial Chamber), judgment of 25 June 1999, para. 57。这个国际法庭认为,在监狱营地的情况中,具有身体性暴力的特点,并且,使用囚犯作为人体盾牌和在危险的地区挖掘壕沟,都是严重侵害个人尊严的,参见 *Prosecutor v. Aleksovski*, ICTY (Trial Chamber), judgment of 25 June 1999, paras. 228 et seq.;上诉庭在下文中作出了这样的肯定:"在任何情况下,被害人在这种情况下所遭受的对个人尊严的凌辱,必须是严重的。被害人不仅仅是不便利或者不舒服——那是他们必须忍耐的,最主要的,是在身体上和心理上受到的每一个人本来都会经历过的滥用和凌辱本身。"参见 *Prosecutor v. Aleksovski*, ICTY (Appeals Chamber), judgment of 24 March 2000, para. 37。

[342] *Prosecutor v. Furundžija*, ICTY (Trial Chamber), judgment of 10 December 1998, para. 183.

[343] *Prosecutor v. Akayesu*, ICTR (Trial Chamber), judgment of 2 September 1998, para. 688.

[344] 也见 P. Viseur Sellers, in O. Triffterer (ed.), *Commentary on the Rome Statute of the International Criminal Court* (1999), Art. 8, marginal nos. 195 et seq.。

[345] 关于受保护人员的概念,参见边码859以下。

[346] 参见边码929以下。

[347] 因此,德国对《国际刑事法院规约》的贯彻,是基于这个认识的:犯罪性被限制于国际武装冲突之中了,参见 Sec. 8(3) no. 3 (German) Code of Crimes Against International Law [*Völkerstrafgesetzbuch*, *VStGB*] and Explanatory Memorandum of the (German) Code of Crimes Against International Law, *BT-Drs*. 14/8524, p. 29。这个条文也包括在《南斯拉夫国际法庭规约》第2条第5款之中了。

《海牙规定》第 23 条第 8 款,该条禁止冲突一方强迫对方成员参加"以反对他们自己国家为目的的战争行动"。根据《日内瓦公约(三)》第 130 条和《日内瓦公约(四)》第 147 条,强迫战俘或者受《日内瓦公约(四)》保护的人员在敌对力量的军队中服务,是严重违反日内瓦公约的。

925 对《国际刑事法院规约》的《犯罪要件》明确了这个定义:首先,强迫受保护人员在敌对武装力量中服务是犯罪的;[348]其次,强迫他们参加反对自己国家的军事行动是犯罪的,不管这是否包括加入到敌对力量之中。[349] 这个条文的目的是保护在对方力量中的人员避免忠诚性冲突。[350] 如果战俘自愿参加反对自己原来国家的战斗,那么,招募战俘就不受禁止。[351]

926 没有把人并入敌对力量之中,仅仅迫使他们为敌对力量服务,是否满足这种犯罪的定义,这是有争论的。对《德国违反国际法的犯罪法典》的解释认为,在运输军事物资中强迫提供帮助,没有实际加入军事力量的,并不充分满足这个犯罪的定义。[352] 但是,其他人认为,关键的问题在于《海牙规定》第 52 条背后的主要思想。根据这个条文,被占领土上的人口是不可以被强迫参加"反对自己国家的军事行动的",这就包括为了军事目的的强迫劳动。[353]

927 这个回答可以从这个法定条文所依据的几部《日内瓦公约》的条文中得出。开始之点是承认几部《日内瓦公约》仅仅允许在特定情况下进行服务的要求。在《日内瓦公约(三)》第 49 条以下,关押状态可以要求战俘从事特定种类的工作;类似的规则可以见《日内瓦公约(四)》第 51 条对被占领土平民的规定。《日内瓦公约(三)》第 50 条第 6 款规定,战俘仅仅可以为了不具有军事性质或者委派性质的公共服务中被使用,[354]并且,根据《日内瓦公约(四)》第 51 条,占领军不可以强迫受保护人员在其武装力量或者军事行动

---

[348] 在《第一附加议定书》第 43 条项下,武装力量包括了"所有有组织的武装力量、团体和单位,它们都处于一个对该方为其下级的行为负责的指挥之下",也见 W. J. Fenrick, in O. Triffterer (ed.), *Commentary on the Rome Statute of the International Criminal Court* (1999), Art. 8, marginal no. 15。

[349] 对《国际刑事法院规约》的《犯罪要件》第 8 条第 2 款第 1 项第 5 目,第 1 点。

[350] M. Bothe, in A. Cassese, P. Gaeta and J. R. W. D. Jones (eds.), *The Rome Statute of the International Criminal Court*, Vol. 1 (2002), p. 379 at p. 394.

[351] US Military Tribunal, Nuremberg, judgment of 14 April 1949 (*von Weizsäcker* et al., so-called Ministries Trial), in *Trials of War Criminals* XIV, pp. 308 et seq.

[352] Explanatory Memorandum of the (German) Code of Crimes Against International Law, *BT-Drs.* 14/8524, p. 29。这种行为最多能够被战争罪中的强迫参加战争行动所包括,参见边码 929 以下。

[353] R. Wolfrum, in D. Fleck (ed.), *The Handbook of Humanitarian Law in Armed Conflicts* (1999), no. 1209.

[354] 具有军事特征的公共服务是那些在具有军事权威的指挥下实施的,与此同时,没有统一的具有军事目的的服务定义。在任何情况下,不可以在专门服务于军事利益的活动中使用战俘,但是,战俘可以用于在通常情况下服务于维持平民生活的工作,即使军事单位碰巧也会从中获得利益,参见 J. S. Pictet (ed.), *Geneva Convention III*, *Commentary* (1960), pp. 267 et seq. 。

中服务。[355] 因此，可以得出结论：为了军事目的强迫劳动的，能够满足这个条文。然而，如果劳动的使用被包括在日内瓦公约之中，那么，就不构成应受惩罚的强迫参加军事行动了。

关于心理性因素，适用《国际刑事法院规约》第 30 条。[356] 928

（二）强迫参加战争行动

《国际刑事法院规约》第 8 条第 2 款第 2 项第 15 目包括了强迫属于敌方的人员参加 929 反对自己国家的战争行动。如果被害人在战争爆发之前就已经属于冲突方的力量了，那么，可以没有强迫。这个条文的目的，仅仅适用于国际武装冲突，也是为了防止忠诚性冲突。这个条文直接根据了《海牙规则》第 23 条第 2 句。

这项禁止保护的是位于冲突方控制的领土上的敌方所有成员。这些人是战俘还是平 930 民，是来自被占领国家或者其他冲突方，都是不重要的。[357] 在这个条文是否也覆盖了不是军事行动直接部分的强制性行为方面，并没有达成一致意见。在文献中，有一种观点主张，这项禁止至少扩展到了直接与战争努力相联系的那些工作上了，[358]但是，预备委员会认为，惩罚应当限制在强迫参加军事行动。[359] 因此，《犯罪要件》正确地要求以行为或者威胁为基础的强迫从事军事行动以反对自己的国家或者军事力量。[360]

关于心理性因素，适用《国际刑事法院规约》第 30 条。[361] 931

八　奴役

在《第二附加议定书》第 4 条第 2 款第 4 项下，“奴役和奴隶贸易的所有形式”都是被 932 禁止的。在第 4 条第 2 款第 4 项中的禁止奴役，适用于“所有没有直接参加或者已经停止

---

[355] 关于这个规则，详见 *Prosecutor v. Naletilić and Martinović*, ICTY (Trial Chamber), judgment of 31 March 2003, paras. 250 et seq. 。

[356] 关于心理性因素的一般要求，参见边码 294 以下，尤其是边码 304 以下。也见 K. Dörmann, *Elements of War Crimes* (2002), p. 99。

[357] M. Cottier, in O. Triffterer (ed.), *Commentary on the Rome Statute of the International Criminal Court* (1999), Art. 8, marginal no. 164.

[358] M. Cottier, in O. Triffterer (ed.), *Commentary on the Rome Statute of the International Criminal Court* (1999), Art. 8, marginal no. 165.

[359] H. Boddens Hosang, in R. S. Lee (ed.), *The International Criminal Court, Elements of Crimes and Rules of Procedure and Evidence* (2001), p. 174 at p. 175.

[360] 对《南斯拉夫国际法庭规约》的《犯罪要件》第 8 条第 2 款第 2 项第 15 目，第 1 点。

[361] 关于心理性因素的一般要求，参见边码 294 以下，尤其是边码 304 以下。

参加敌对行动的人员,不管他们的自由是否已经受到限制”。[362] 虽然《第二附加议定书》仅仅适用于非国际武装冲突,但是,奴役在国际武装冲突中也是被禁止的,因为这会侵犯人道待遇的基本原则,这个原则规定在诸如几部《日内瓦公约》的共同第 3 条,《日内瓦公约(三)》第 13 条,《日内瓦公约(四)》第 27 条和《第二附加议定书》第 4 条第 1 款之中。[363]

933 根据禁止奴役的基本性质,南斯拉夫国际法庭在 2002 年 3 月 15 日的判决中认为,在武装冲突中实施的奴役能够作为战争罪加以惩罚。[364] 关于这个战争罪的要件,南斯拉夫国际法院认为与危害人类罪的奴役状态中的要件是一样的;[365]因此,可以参考对于那个犯罪的讨论。[366]

934 《国际刑事法院规约》第 8 条第 2 款并没有规定战争罪的奴役本身。然而,因为奴役状态是“对一人行使附属于所有权的任何或一切权力”,[367]所以,这种行为就能够等同于“对人的尊严的暴行”的一种表现,一种《国际刑事法院规约》第 8 条第 2 款第 2 项第 21 目和第 3 项第 2 目项下的战争罪。[368]

九 强迫劳动*

在 2003 年 3 月 31 日的决定中,南斯拉夫国际法庭认为,只要《日内瓦公约(三)》和《日内瓦公约(四)》的条款没有得到遵守,在武装冲突中的强迫劳动就是一种战争罪。[369] 在南斯拉夫国际刑事法庭的这个案件中,所做决定涉及的是在危险的条件下(在靠近前沿的地方挖掘壕沟,在敌方的火力下用沙包堵塞窗户),[370]召集囚犯进行军事辅助性工作。南斯拉夫国际法庭认为,强迫囚犯参加掠夺的范围,让他们搬家具和家用电器,以及在长达两个月的时间里,强迫他们在非常困难的条件和没有报酬的条件下,为被告人安装水

---

[362] Article 4(1) of Additional Protocol II. 参见 S. Ŝ. Junod, in Y. Sandoz, C. Swinarski and B. Zimmermann (eds.), *Commentary on the Additional Protocols* (1987), marginal no. 4520。

[363] 参见 S. S. Junod, in Y. Sandoz, C. Swinarski and B. Zimmermann (eds.), *Commentary on the Additional Protocols* (1987), marginal no. 4523。

[364] 参见 *Prosecutor v. Krnojelac*, ICTY (Trial Chamber), judgment of 15 March 2002, paras. 351 et seq. 。

[365] 参见 *Prosecutor v. Krnojelac*, ICTY (Trial Chamber), judgment of 15 March 2002, para. 356. 。

[366] 参见边码 684 以下。

[367] 参见《国际刑事法院规约》第 7 条第 2 款第 3 项。

[368] 参见边码 917 以下。

* 边码 935、936 和 937 三段作者在德文第 2 版中改写了边码 935 与 936 两段,删除了边码 937 以及其中的原注释。详见本书“译后记”。——译者注

[369] 参见 *JStGH*, Urt. v. 31. März 2003 (*Naletilić und Martinović*, TC), para. 250; *JStGH*, Urt. v. 17. Oktober 2003 (*Simić* et al., TC), paras. 83 ff. 。(作者在德文第 2 版中修改过的注释。——译者注)

[370] 参见 *JStGH*, Urt. v. 31. März 2003 (*Naletilić und Martinović*, TC), paras. 268, 302。(作者在德文第 2 版中修改过的注释。——译者注)

管,也满足了行为构成。[371] 根据南斯拉夫国际刑事法庭的观点,被害人的同意通常排除刑事可罚性。[372]

《国际刑事法院规约》第8条第2款没有明确地把强迫劳动作为战争罪进行惩罚。但是,无论如何,对于国际武装冲突来说,在强迫涉及军事性帮助工作时,《国际刑事法院规约》第8条第2款第1项第5目通常都是有关的。*

十 未经正常审判的惩罚

(一)国际冲突

《国际刑事法院规约》第8条第2款第1项第6目保证战俘和其他受保护人员拥有公正和正常审判的权利。这个条文根据的是《日内瓦公约(三)》第130条和《日内瓦公约(四)》第147条;《南斯拉夫国际刑事法院规约》第2条第6款也包含了这样一项规则。剥夺"本公约中规定的公正和正常审判的权利",是对这些公约的一种严重违反。这个原则通过《第一附加议定书》第85条第4款第5项,已经扩展到《日内瓦公约(一)》至《日内瓦公约(四)》意义内的所有受保护人员了。在定义公正审判时,《犯罪要件》参考了《日内瓦公约(三)》和《日内瓦公约(四)》中规定的保障。[378] 938

这些包括对一个独立而公正的法庭的权利(《日内瓦公约(三)》第84条第2款),由关押国及时告知战俘进行任何审判计划的权利(《日内瓦公约(三)》第104条),对有关指控的立即信息的权利(《日内瓦公约(三)》第104条和《日内瓦公约(四)》第71条第2款),禁止集体性惩罚(《日内瓦公约(三)》第87条第3款和《日内瓦公约(四)》第33条),合法性原则(《日内瓦公约(三)》第99条第1款,[379]《日内 939

---

[371] 参见 *JStGH*, Urt. v. 31. März 2003 (*Naletilić und Martinović*, TC), paras. 322 ff.。(作者在德文第2版中修改过的注释。——译者注)

[372] 参见 *JStGH*, Urt. v. 31. März 2003 (*Naletilić und Martinović*, TC), paras. 258 f.。也见 para. 308,在那里,南斯拉夫国际刑事法庭的解释是:战俘可能作出的同意参加掠夺的态度,是不重要的,因为这种掠夺本身在过去就是违法的。这个观点是不能说服人的,因为在《日内瓦公约(三)》和《日内瓦公约(四)》中关于强迫劳动的条文,目的并不是防止受保护人员免于自愿参加犯罪。(作者在德文第2版中修改过的注释。——译者注)

* 作者在德文第2版中删除了注释[373]—[377]。——译者注

[378] 参见对《国际刑事法院规约》的《犯罪要件》第8条第2款第1项第6目。对《国际刑事法院规约》的《犯罪要件》第8条第2款第1项第6目,第1点中的用语("尤其是"),就清楚地表明,即使超出了《日内瓦公约》的法律范围,也必须包括其他国际承认的程序性保障,参见 K. Kittichaisaree, *International Criminal Law* (2001), p. 151。有待考虑的条文包括在《第一附加议定书》中的保障(例如证明有罪之前无罪原则)和各种人权条约(例如《公民权利和政治权利国际公约》、《欧洲人权公约》、《美洲人权公约》)。

[379] 在《日内瓦公约(三)》第99条第1款项下,战俘不会为在行为实施时还没有被关押国的现行法律或者国际法明确禁止的行为而被起诉或者定罪。这种规则也可以在《日内瓦公约(四)》第67条中见到。

瓦公约(四)》第67条),一事不再理原则(the ne bis in idem principle)(《日内瓦公约(三)》第86条,《日内瓦公约(四)》第117条第3款),对关押上诉或者申诉可能性的信息的权利(《日内瓦公约(三)》第106条,《日内瓦公约(四)》第73条),提出辩护和得到合格律师帮助的可能性(《日内瓦公约(三)》第99条第3款),及时获得指控和其他审判文件并且使用可以理解的语言的权利(《日内瓦公约(三)》第105条第1款),被告人由自己选择的律师进行代理的权利(《日内瓦公约(三)》第105条第1款,《日内瓦公约(四)》第72条第1款),[380]被告人提出必要证据,尤其是召唤和询问证人的权利(《日内瓦公约(三)》第105条第1款,《日内瓦公约(四)》第72条第1款),对翻译服务的权利(《日内瓦公约(三)》第105条第1款,《日内瓦公约(四)》第72条第3款)。还有,死刑只能在特殊情节下才能适用(《日内瓦公约(三)》第100条,《日内瓦公约(四)》第68条),战俘必须在审判关押国武装力量成员的同一法庭和根据同一程序来进行审判(《日内瓦公约(三)》第102条)。在《第一附加议定书》第75条第3款和第4款中,包含了公正法官必须遵守的公认的正常审判原则的一览表,其中部分超出了日内瓦公约的一些条文。[381]

940 在国际法项下,剥夺基本诉讼权利所具有的犯罪地位,在许多战后的审判中都得到了承认。被告人作为战争罪犯被认定有罪,因为他们应当对那些使用假起诉书和伪造的证据进行的审判负责,或者,在这些审判中,被指控人对辩护律师或者翻译的权利被拒绝了。[382] 在这个背景下,应当注意纽伦堡司法审判。[383] 在那场审判中的问题里,就包括了这种情况:在德国占领领土上的平民被驱逐到帝国的领土上去,在那里举行了专横的审判,经常就是以死刑和立即执行结束的。

941 在这场司法审判的判决书中,这个法庭解释了这些审判为什么不能被认为是正常的审判:

"这些审判……甚至不是一种外表公正的审判或者正义。被指控者……被逮捕之后,被秘密地运送到德国和其他国家接受审判。他们要求出示证据、与证人对质、自己出示证据的权利都被拒绝了。他们被秘密审判,他们自己选择律师的权利被拒绝了,其他律师的帮助偶尔也被拒绝了。在许多审判中,没有提出起诉书,被指控人仅仅在审判前的那一会儿,才知道自己被指控并且将受到审判的犯罪是什么性质的。整个程序从头到尾都是秘密的,不允许对之制作任何公开的记录。"[384]

---

[380] 在《日内瓦公约(四)》第72条第2款项下,必须至少向被告人提供由法庭指定的律师。这名辩护律师必须有权接触会见被告人和证人。

[381] W. J. Fenrick, in O. Triffterer (ed.), *Commentary on the Rome Statute of the International Criminal Court* (1999), Art. 8, marginal no. 16,建议包括在那里列明的所有原则。但是,在这个列表超出《日内瓦公约》的条文时,这一点就必须被拒绝,因为《国际刑事法院规约》第8条第2款第1项第6目并不指向《第一附加议定书》。

[382] US Military Commission Shanghai, judgment of 15 April 1946 (*Sawada*), United Nations War Crimes Commission, *Law Reports of Trials of War Criminals* V, p. 1 at pp. 12 et seq.

[383] US Military Tribunal Nuremberg, judgment of 4 December 1947 (*Altstötter* et al., so-called Justice Trial), *Trials of War Criminals* III, p. 954 at pp. 1046 et seq.

[384] US Military Tribunal Nuremberg, judgment of 4 December 1947 (*Altstötter* et al., so-called Justice Trial), *Trials of War Criminals* III, pp. 954 et seq.

对于犯罪的实施来说，行为人的行动不需要是对一名受保护人员适用惩罚的原因。942
因此，如果这名被害人在执行判决之前自杀了，那这个定义也得到了满足。[385] 另一方面，如果这名被告人由于审判中发生的错误而被宣告无罪，那么，这个定义就没有得到满足。在这种情况下，这个行为并没有获得国际法项下的一种犯罪所需要的严重程度。[386]

心理性因素要求的至少是轻率，这在“蓄意”这个词的使用上得到了表示。[387] 943

（二）非国际冲突

《国际刑事法院规约》第 8 条第 2 款第 3 项第 4 目包括与非国际武装冲突相联系的，944
“未经具有公认为必需的司法保障的正规组织法庭判决的刑罚判处和死刑执行。”[388]这个条文根据的是《日内瓦公约（一）》至《日内瓦公约（四）》的共同第 3 条第 1 款第 4 项。[389]

《犯罪要件》区分了三种不同的犯罪行为：未经审判的死刑执行，由非正规组织的法 945
庭作出的刑罚判处，侵犯了重要的司法保障。[390] 在考虑所有情况的前提下，这个审判必须一般地表现出不公正。[391]《犯罪要件》指出，《国际刑事法院规约》中关于参加的各种形式的规则不受影响，因此，行为人不需要已经对他适用刑罚。[392]

有必要明确在审理中公认的法律保障。这些是不能从《犯罪要件》中引导出来的。946
然而，由于用语机会是一致的，因此，《第二附加议定书》第 6 条第 2 款可以在解释《日内瓦公约》的共同第 3 条第 1 款第 4 项时加以参考，并且，因此还有《国际刑事法院规约》第 8 条第 2 款第 3 项第 4 目。[393]《第二附加议定书》第 6 条第 2 款包含了一个非排他性的最低保障一览表，甚至在非国际武装冲突中适用刑罚或者执行死刑之前，都必须遵守这些保

---

[385] K. Dörmann, in R. S. Lee (ed.), *The International Criminal Court, Elements of Crimes and Rules of Procedure and Evidence* (2001), p. 124 at pp. 135 et seq.

[386] 与《国际刑事法院规约》第 8 条第 2 款第 3 项第 4 目的一个比较，也将违反法律权利加以犯罪化了，这个比较支持了这个解释，因为那个条文至少要求一项定罪。

[387] 关于蓄意的概念，参见边码 857 以下。也见边码 320。关于《国际刑事法院规约》第 30 条项下的心理性因素的一般要求，以及通过习惯性国际法的方法或者《犯罪要件》可能发生的偏离，参见边码 294 以下，尤其是边码 304 以下。

[388] 也见《卢旺达国际法庭规约》第 4 条第 2 款和第 7 款。

[389] 在用语上仅有的区别表现在这个事实中：《日内瓦公约》指的是被“文明人民”（civilized peoples）所承认的法律保护。在起草《国际刑事法院规约》期间，这个用语被认为是旧式的（antiquated），因此被替换了。参见 E. La Haye, in tLS. Lee (ed.), *The International Criminal Court, Elements of Crimes and Rules of Procedure and Evidence* (2001), p. 207 at p. 212.

[390] 对《国际刑事法院规约》的《犯罪要件》第 8 条第 2 款第 3 项第 4 目，第 4 点。

[391] 对《国际刑事法院规约》的《犯罪要件》第 8 条第 2 款第 3 项第 4 目，第 5 点，注释 59。

[392] 对《国际刑事法院规约》的《犯罪要件》第 8 条第 2 款第 3 项第 4 目，第 1 点，注释 58。

[393] 参见 C. Pilloud and J. S. Pictet, in Y. Sandoz, C. Swinarski and B. Zimmermann (eds.), *Commentary on the Additional Protocols* (1987), marginal no. 3084; A. Zimmermann, in O. Triffterer (ed.), *Commentary on the Rome Statute of the International Criminal Court* (1999), Art. 8, marginal no. 282。

障。这包括了下面这些保障:立即通知被指控人受到指控的罪行的特征,提供所有的权利和辩护手段,禁止集体性惩罚,禁止溯及性惩罚,无罪推定直至被证明有罪,出席审判的权利,以及不被迫自证其罪的权利。

947 就像《日内瓦公约(一)》至《日内瓦公约(四)》的第3条第1款第4项一样,《国际刑事法院规约》第8条第2款第3项第4目要求正规组织的法庭。各种特别法庭都被禁止。[394] 当冲突的非国家各方,例如各种叛乱组织,受到了影响,因为他们不能建立正规的法庭时,这些用语就产生了各种问题。[395]《第二附加议定书》第6条要求的不是正式组织的法庭,而是一家为独立性和公正性提供实质保障的法院。[396] 不幸的是,这些条文并没有合并入《国际刑事法院规约》。

948 国家权威保留着对战士或者平民在(内部)武装冲突中实施的犯罪提起刑事起诉的权利。[397] 在可适用的国内法允许和国际法对特定案件不禁止死刑的情况下,他们也可以适用死刑。[398]

949 与国际武装冲突中的战争罪一样,心理性因素要求至少轻率。[399]

十一 非法关押(国际冲突)

950 非法关押受保护人员包括在《国际刑事法院规约》第8条第2款第1项第7目,第三选择之中。这个犯罪根据的是《日内瓦公约(四)》的各个条文。在《日内瓦公约(四)》第147条项下,非法关押平民是对公约的一种严重违反。在非国际武装冲突中,无论是在《国际刑事法院规约》项下或者在习惯性国际法中,非法关押都不是一种战争罪。[400]

---

[394] 参见 H.-P. Gasser, in D. Fleck (ed.), *The Handbook of Humanitarian Law in Armed Conflict* (1999), no. 576。

[395] 参见 A. Zimmermann, in O. Triffterer (ed.), *Commentary on the Rome Statute of the International Criminal Court* (1999), Art. 8, marginal no. 281。

[396] 参见 S. S. Junod, in Y. Sandoz, C. Swinarski and B. Zimmermann (eds.), *Commentary on the Additional Protocols* (1987), marginal no. 4600。

[397] 参见 S. S. Junod, in Y. Sandoz, C. Swinarski and B. Zimmermann (eds.), *Commentary on the Additional Protocols* (1987), marginal no. 4597。

[398] 在国际法项下禁止死刑的一个例子,参见《第二附加议定书》第6条第4款,该条禁止对犯罪时不满18岁的人适用死刑,禁止对有幼儿的母亲或者怀孕的妇女执行死刑。第一部到第四部《日内瓦公约》共同第3条没有包括这样的禁止性规定。

[399] 参见边码943。

[400] Explanatory Memorandum of the (German) Code of Crimes Against International Law, *BT-Drs.* 14/8524, p. 28.

《日内瓦公约(一)》至《日内瓦公约(三)》也包括了详细的规则,禁止关押受保护人员。[401] 然而,违反这些条文并不是对公约的一种严重违反。因此,在这三部公约中定义的违法关押受保护人员——也就是说,受伤、生病和战俘——并没有在《国际刑事法院规约》第 8 条第 2 款第 1 项第 7 目项下得到犯罪化。[402] 951

在姆纪奇判决中,南斯拉夫国际法庭根据《日内瓦公约(四)》的相关条文来解释非法关押。[403] 这个国际法庭认为,这个定义包括了两种情况。首先,关押受保护人员本身就是非法的和引发刑事责任的。原则上,平民的人身自由,即使在武装冲突中,也毕竟应当受到保护。然而,在特定的情况下,对受保护人员的关押本来是能够得到正当化的,例如,如果一名平民用自己的行为威胁了冲突一方,或者,如果存在着可能的原因可以相信他会这样做。[404] 但是,在这里,关押也仅仅可以作为最后的手段被允许。[405] 在任何情况下,一名平民都不可以仅仅由于他的政治意见、国籍或者性别被关押,也不可以使用关押作为一种集体性惩罚。[406] 其次,如果在合法关押期间,牵涉到的人的程序性权利受到了侵犯,那么,这个定义就得到了满足。[407]《日内瓦公约(四)》第 43 条规定了一个对关押进行正式审查的制度,这是公约的主要支柱。[408] 952

对《国际刑事法院规约》第 8 条第 2 款第 1 项第 7 目,第三选择的《犯罪要件》,也应当根据姆纪奇等判决加以理解。这个要件明确了,不仅非法关押,而且保持关押,都能满足这个犯罪的定义。第二选择特别参考了与关押一起发生的侵犯程序性权利的各种情 953

---

[401] 不仅关押的条件,而且囚犯受保障的权利,都是有规范的。在《日内瓦公约(一)》第 28 条项下,来自对方的随军教士和医务人员都只有在健康状态、精神需要和战俘人数需要的情况下,才能被关押。在任何情况下,"一旦送回他们的路线开通并且军事上的考虑允许"(第 32 条),就必须将他们送回。《日内瓦公约(一)》第 32 条禁止关押来自中立国的医务人员。在《日内瓦公约(二)》第 36 条项下,医院船上的宗教、医务和医院人员,是不可以被扣作囚犯的。如果他们被抓住,这些有关人员就必须立即根据第 37 条被送回。《日内瓦公约(三)》包含了关于关押战俘的详细规则。第 21 条允许收容战俘,但是禁止在封闭的关押条件中扣留他们,除非这是保护他们的健康所需要的。在第 22 条项下,只能在陆地的设施中进行关押,同时提供各种卫生和健康保障。第 118 条建立的是,在停止敌对状态之后,战俘必须毫不迟延地被释放和遣返。

[402] 也见边码 955 以下。

[403] 参见,尤其是《日内瓦公约(四)》的条文,第 5、27、41 – 43、78 条。

[404] *Prosecutor v. Mucić* et al., ICTY (Trial Chamber), judgment of 16 November 1998, para. 576, 确定的,参见 *JStGH*, Urt. v. 20. Februar 2001 (*Mucić* et al., AC), paras. 320 ff.; *JStGH*, Urt. v. 17. Dezember 2004 (*Kordić und Čerkez*, AC), paras. 69 ff.。在这部国际法庭的观点中,这些行动种类首先包括了破坏和间谍。

[405] *Prosecutor v. Mucić* et al., ICTY (Trial Chamber), judgment of 16 November 1998, para. 576. W. J. Fenrick, in O. Triffterer (ed.), *Commentary on the Rome Statute of the International Criminal Court* (1999), Art. 8, marginal no. 18, 认为,由于留给冲突各方的裁量权,非法关押罪是很难证明的。

[406] *Prosecutor v. Mucić* et al., ICTY (Trial Chamber), judgment of 16 November 1998, paras. 567, 577.

[407] *Prosecutor v. Mucić* et al., ICTY (Trial Chamber), judgment of 16 November 1998, paras. 583, 1135.

[408] *Prosecutor v. Mucić* et al., ICTY (Trial Chamber), judgment of 16 November 1998, paras. 579 et seq., esp. paras. 1135 and 1141.

况。[409] 因此，如果关押原来的原因在后来不存在了，并且关押还在继续，那么，这会引起刑事责任。

954 关于心理性因素，适用《国际刑事法院规约》第 30 条。[410]

十二 拖延遣返（国际冲突）

955 在《第一附加议定书》第 85 条第 4 款第 2 项下，一种严重违反议定书的行为，因此也是一种战争罪，就是不正当地拖延遣返国际武装冲突的战俘和平民。这个条文没有并入《国际刑事法院规约》之中。然而，不正当地拖延遣返平民的情况，经常可以被看成是[411]非法关押。[412] 因此，拖延遣返战俘就没有包含在《国际刑事法院规约》的任何条文之中了；[413] 在这里，这部规约落在习惯性国际法之后了。在非国际武装冲突中，不存在这种习惯性国际法项下的战争罪。[414]

956 《第一附加议定书》第 85 条第 4 款第 2 项跟随的是日内瓦公约的条文。《日内瓦公约（三）》第 109 条第 1 款要求冲突各方遣返那些受伤严重和患病严重的战俘。在《日内瓦公约（三）》第 118 条第 1 款项下，所有的战俘都应当在敌对状态结束时立即遣返；一个对关押的平民适用的规则，可以在《日内瓦公约（四）》第 134 条中找到。在《日内瓦公约（四）》第 35 条第 1 款项下，不可以拒绝位于冲突敌对方领土上的平民离开这块领土。如果这个条文在没有正当理由的情况下被违反了，那么，拖延遣返的定义就得到了满足。[415]

957 心理性因素要求至少轻率，就像在《第一附加议定书》第 85 条第 4 款中使用的"蓄

---

[409] 参见 H. von Hebel, in R. S. Lee (ed.), *The International Criminal Court, Elements of Crimes and Rules of Procedure and Evidence* (2001), p. 138。

[410] 关于心理性因素的一般要求，参见边码 294 以下，尤其是边码 304 以下。

[411] Explanatory Memorandum of the (German) Code of Crimes Against International Law, *BT-Drs*. 14/8524, p. 29.

[412] 参见上文边码 950。

[413] 拖延遣返战俘也没有包括在《国际刑事法院规约》第 8 条第 2 款第 1 项第 7 目第 3 选择（非法关押）之中，因为这个条文仅仅保护平民。《日内瓦公约（三）》并不承认非法关押是一种严重违反，参见 W. J. Fenrick, in O. Triffterer (ed.), *Commentary on the Rome Statute of the International Criminal Court* (1999), Art. 8, marginal no. 7；关于不同的德国规则，参见 Explanatory Memorandum of the (German) Code of Crimes Against International Law, *BT-Drs*. 14/8524, p. 29。

[414] 由于这个原因，在《（德国）违反国际法的犯罪法典》项下，拖延遣返也只有在国际冲突中才是犯罪，参见 Explanatory Memorandum of the (German) Code of Crimes Against International Law, *BT-Drs*. 14/8524, p. 28。

[415] B. Zimmermann, in Y. Sandoz, C. Swinarski and B. Zimmermann (eds.), *Commentary on the Additional Protocols* (1987), marginal no. 3508.

意”这个词所表明的那样。[416]

十三 劫持人质

劫持人质,对于国际武装冲突来说,包含在《国际刑事法院规约》第8条第2款第1项第8目之中,对于非国际武装冲突来说,包含在第8条第2款第3项之中。对这两种冲突类型来说,要求都是一样的。[417] 958

《日内瓦公约(四)》第34条第4款和《第一附加议定书》第75条第2款第3项,包含了与国际武装冲突有关的禁止劫持人质。在《日内瓦公约(四)》第147条项下,这种劫持人质是一种严重违反公约的行为。《日内瓦公约(一)》至《日内瓦公约(四)》的共同第3条和《第二附加议定书》第4条第2款也禁止在非国际武装冲突中劫持人质。原来,只有杀害人质被看成是一种战争罪,[418]并且只有在特定的情况下才能得到正当化。[419] 然而,在《日内瓦公约(四)》中,劫持人质本身就被规定为一种严重违反公约的行为。[420] 这个用语也在《第一附加议定书》第75条中得到了采纳。南斯拉夫国际刑事法庭在布拉斯基奇案件中认定被告人有罪,不仅由于杀害了人质,而且由于劫持人质本身,劫持是以迫使释放在押人犯和强迫敌对方停止军事行动的故意进行的。[421] 959

在《犯罪要件》项下,这个罪行要求,行为人抓住一名或者多名人员,把他们作为人犯关押或者以其他方式扣为人质。[422] 劫持人质并不当然需要违背人质的意愿,只要冲突一方已经控制了人质,故意以这种方式迫使对方作出让步即可。[423] 在国际武装冲突中,首先 960

---

[416] 关于蓄意的概念,参见边码857以下。关于《国际刑事法院规约》第30条项下的心理性因素的一般要求,以及通过习惯性国际法的方法或者《犯罪要件》可能发生的偏离,参见边码304以下、313以下。

[417] 也见《南斯拉夫国际法庭规约》第2条第8款和《卢旺达国际法庭规约》第4条第3款。南斯拉夫国际法庭规定,这些要求对于两种冲突都是“相似的”,参见 *Prosecutor v. Blaškić*, ICTY (Trial Chamber), judgment of 3 March 2000, para. 158. A. Zimmermann, in O. Triffterer (ed.), *Commentary on the Rome Statute of the International Criminal Court* (1999), Art. 8 marginal no. 277,也注意了《国际刑事法院规约》第8条第2款第1项第8目对《国际刑事法院规约》第8条第2款第3项第3目的要求。《犯罪要件》对两种犯罪都是一样的,除了受保护的团体之外。

[418] 参见 IMT Statute, Art. 6(b)。纽伦堡国际军事法庭说明,这项禁止性规定是在《海牙规定》第46条中表明的战争法律和习惯的一部分;关于这一点和关于这个条文的发展,参见 K. Kittichaisaree, *International Criminal Law* (2001), p. 155。

[419] 参见 US Military Tribunal Nuremberg, judgment of 19 February 1948 (*List* et al., so-called Hostage Trial), in *Trials of War Criminals* XI, pp. 1248 et seq.。

[420] 也见 J. S. Pictet (ed.), *Geneva Convention IV, Commentary* (1958), pp. 600 et seq.,明确了劫持人质本身就是一种严重的行为。

[421] *Prosecutor v. Blaškić*, ICTY (Trial Chamber), judgment of 3 March 2000, para. 701.

[422] 应当注意到,关押受保护人员在特定情况下可以是合法的,例如为了保护平民或者作为一种安全措施, *Prosecutor v. Blaškić*, ICTY (Trial Chamber), judgment of 3 March 2000, para. 158。

[423] 参见 C. Pilloud and J. S. Pictet, in Y. Sandoz, C. Swinarski and B. Zimmermann (eds.), *Commentary on the Additional Protocols* (1987), marginal nos. 3051 et seq.。

是平民受到保护，因为劫持人质仅仅是严重违反了《日内瓦公约（四）》。在非国际冲突中受保护人员的类别，是由《日内瓦公约（一）》至《日内瓦公约（四）》的共同第3条确定的，因此，令人惊奇地更加宽广，因为它也包括过去的战士。[424]

961 另外，行为人必须威胁杀死或者伤害被害人，或者，把他们保持在监禁状态之中。

在对这个犯罪的物质性因素的一般心理性要求之外（《国际刑事法院规约》第30
962 条），[425]作为一种特别的主观标准，心理性因素还要求行为人方面具有目的，以胁迫一个国家、国际组织、自然人或者法人或者人员团体，以特定的方式行为或者不去行为，作为一种对安全、持续的身体完整性[426]或者释放被害人的明示或者默示的条件。[427]因此，行为人必须期待着通过这种方法获得让步或者一种好处。[428]这个特别的主观性标准不是产生于这部规约本身，而是产生于《犯罪要件》，跟随的又是1979年12月17日的《反对劫持人质的国际公约》第1条第1款。[429]

十四　驱逐或者强制转移

参考书目：

963 Jean Marie Henckaerts: Deportation and Transfer of Civilians in Time of War, 26 *Vanderbilt Journal of Transnational Law* (1993), pp. 469 et seq.; Theodor Meron: *Deportation of Civilians as a War Crime under Customary Law*, in Theodor Meron, *War Crimes Law Comes of Age* (1998), pp. 142 et seq.

---

[424] 参见边码872以下。

[425] 关于心理性因素的一般要求，参见边码294以下，尤其是边码304以下。

[426] 参见 W. J. Fenrick, in O. Triffterer (ed.), *Commentary on the Rome Statute of the International Criminal Court* (1999), Art. 8, marginal no. 19。

[427] 对《国际刑事法院规约》的《犯罪要件》第8条第2款第1项第8目，第1点以下。对《国际刑事法院规约》的《犯罪要件》第8条第2款第3项第3目，第1点以下。在这里，《犯罪要件》限制了这个犯罪的范围，这是《国际刑事法院规约》第30条允许的，参见边码310以下。

[428] 参见 *Prosecutor v. Blaškić*, ICTY (Trial Chamber), judgment of 3 March 2000, para. 158。

[429] 18 *ILM* (1979), p. 1456。这部公约并不是产生于国际人道法的背景，并且，一般地不被看成是习惯性国际法的一部分，参见 K. Dörmann, in R. S. Lee (ed.), *The International Criminal Court, Elements of Crimes and Rules of Procedure and Evidence* (2001), pp. 138 et seq.。这部公约第1条第1款规定："任何人抓住、关押或者威胁杀害、伤害或者继续关押其他人（下面称'人质'），以便强迫第三方，例如，国家、国际政府间组织、自然人或者法人、人员团体，去做或者不做任何行为，作为明示或者默示的释放人质的条件，就是实施了本公约意义下的劫持人质罪（'劫持人质'）。"

(一)国际冲突

《国际刑事法院规约》第8条第2款第1项第7目,第一选择和第二选择,为非法驱逐或者转移受保护人员创设了刑事责任。这是一种严重违反《日内瓦公约(四)》的行为,[430]因此,只有平民,不包括战俘或者伤员,是受保护的。一个带有同样内容的规则,在《国际刑事法院规约》第8条第2款第2项第8目,第二选择之中。[431] 与这些条文紧密并列的是危害人类罪中的驱逐或者强制转移人口(《国际刑事法院规约》第7条第1款第4项),[432]用以对付第二次世界大战中的驱逐行为。[433] 与这个犯罪首先有关的是冲突一方占领的领土是哪里。[434] 964

驱逐和转移这两个概念表示的都是非自愿的、非法把受保护人员移出他们的祖国:出了该国边境的是驱逐,处于边境之内的是转移。[435] 驱逐或者转移一名个人的就足以满足这个犯罪的定义。[436] 驱逐或者转移什么时候会被认为是非法的,什么时候能够在例外情况下得到正当化,都能够特别根据《日内瓦公约(四)》第45条和第49条加以确定。如果被转移人提出同意,刑事责任就会没有根据。然而,在伴随武装冲突的情况下,总是需要仔细地审查这名被害人是否真正处于提出同意的位置。[437] 965

在《日内瓦公约(四)》第45条第1款和第2款项下,不可以把受保护人员移交给不是该公约缔约方的国家,除非是在敌对状态结束之后遣送回原住处。受保护人员只能被移交给其他缔约方,只要关押国已经确信"被转移国家愿意并且有能力适用现行公约"(第45条第3款)。在任何情况下,受保护人员都不可以被转移到那种他们有理由害怕自己会由于政治或者宗教信仰而受到起诉的国家(第45条第4款)。根据《日内瓦公约(四)》第49条第1款,"禁止对人员或者群众的强迫性转移,以及把受保护人员从被占领土上驱逐到占领国的领土上或者其他国家的领土上,无论是否被占领,无论其中的动机是什 966

---

[430] 参见《日内瓦公约(四)》第147条。也见《南斯拉夫国际法庭规约》第2条第7款,第一选择。

[431] 这个条文根据的是《第一附加议定书》第85条第4款第1项,根据该条,重新安置一方自己的人口,被宣布为一种严重违反(参见边码971以下),但是,驱逐或者转移对方的人口被再次规定了,虽然这个规则与《日内瓦公约(四)》的规则并没有不同,参见 B. Zimmermann, in Y. Sandoz, C. Swinarski and B. Zimmermann (eds.), *Commentary on the Additional Protocols* (1987), marginal nos. 3503 et seq.。这也解释了在《国际刑事法院规约》第8条第2款第1项和第2项中条文的重复。

[432] 参见边码696以下。

[433] 参见 J. S. Pictet (ed.), *Geneva Convention IV, Commentary* (1958), p. 599。

[434] 参见 W. J. Fenrick, in O. Triffterer (ed.), *Commentary on the Rome Statute of the International Criminal Court* (1999), Art. 8, marginal no. 17。

[435] *Prosecutor v. Krstić*, ICTY (Trial Chamber), judgment of 2 August 2001, para. 521; *JStGH*, Urt. v. 31. März 2003 (*Naletilić und Martinović*, TC), paras. 519 ff.; 也见 *JStGH*, Urt. v. 3. Mai 2006 (*Naletilić und Martinović*, AC),特别意见,参见 Schomburg。

[436] 参见对《国际刑事法院规约》的《犯罪要件》第8条第2款第1项第7目之一,第1点。

[437] *Prosecutor v. Naletilić and Martinović*, ICTY (Trial Chamber), judgment of 31 March 2003, para. 519.

么。"然而,在第49条第2款项下,"在一个特定地区进行部分或者全部疏散"是允许的,只要这保护了人口的安全或者是迫切的军事原因所要求的。一旦这些根据不再存在,这些人口就必须立即转移回来。还有,在《日内瓦公约(四)》第49条第3款项下,在这种临时性疏散的情况下,占领国必须保证合适的住宿、卫生条件、安全和食物。

967 关于心理性因素,适用《国际刑事法院规约》第30条。[438]

(二)非国际冲突

968 《国际刑事法院规约》第8条第2款第8项,作为在非国际武装冲突中的一种犯罪,包含了"基于与冲突有关的理由下令平民人口迁移,但是因所涉平民的安全或因迫切的军事理由而有需要的除外"。这个条文直接来自《第二附加议定书》第17条第1款,并且以支持《日内瓦公约(四)》第49条第2款的原则为根据。《第二附加议定书》第17条第2款包含了禁止由于冲突而强迫平民离开他们的领土。《国际刑事法院规约》第8条第2款第8项的宽泛用语也包括了这个禁止性规定。[439] 与国际武装冲突相比,在内战中,只有转移人口的命令被犯罪化了,而不是转移本身。[440] 转移是强制性地重新安置人口。[441] 这个定义仅仅包括了导致从一块领土上转移人口的行动命令。目的仅仅是间接地逐出平民人口的行动,例如以造成人口离开该领土的饥荒,就没有被包括。[442] 就像"平民人口"这个词的使用所表明的,这个定义只有在命令转移许多平民时才能得到满足。[443]

969 关于心理性因素,适用《国际刑事法院规约》第30条。[444]

970 转移平民人口的命令只有在例外的情况下才能得到正当化:只有为了保护平民人口的安全,或者由于迫切的军事理由,才可以发生。如果转移命令不是出于与武装冲突有关

---

[438] 关于心理性因素的一般要求,参见边码294以下,尤其是边码304以下。在《第一附加议定书》第85条第4款中使用"蓄意"这个词,与第30条相比较,并没有降低对主观性的要求,参见 *Prosecutor v. Naletilić and Martinović*, ICTY (Trial Chamber), judgment of 31 March 2003, paras. 520 et seq.;关于蓄意的概念,参见边码857以下。

[439] A. Zimmermann, in O. Triffterer (ed.), *Commentary on the Rome Statute of the International Criminal Court* (1999), Art. 8, marginal no. 313.

[440] 对命令行为的限制,从对《国际刑事法院规约》的《犯罪要件》第8条第2款第5项第8目,第1和第3点中,也得到了明确。《(德国)违反国际法的犯罪法典》第8条第1款第6项采取了一个不同的方法,甚至把在非国际武装冲突中的驱逐出境或者转移也加以犯罪化了。

[441] 参见 S. S. Junod, in Y. Sandoz, C. Swinarski and B. Zimmermann (eds.), *Commentary on the Additional Protocols* (1987), marginal nos. 4851 et seq.。

[442] 参见 A. Zimmermann, in O. Triffterer (ed.), *Commentary on the Rome Statute of the International Criminal Court* (1999), Art. 8, marginal no. 310。

[443] 参见 A. Zimmermann, in O. Triffterer (ed.), *Commentary on the Rome Statute of the International Criminal Court* (1999), Art. 8, marginal no. 312。

[444] 关于心理性因素的一般要求,参见边码294以下,尤其是边码304以下。

的理由,例如,由于自然灾害或者瘟疫,那么,这个定义就不能得到满足。[445]

十五 转移一方自己的平民人口(国际冲突)

占领国转移自己的平民人口到其所占领的领土上,在《国际刑事法院规约》第8条第2款第2项第8目,第一选择项下被加以犯罪化了。这是一种习惯性国际法项下的犯罪;[446]对它的惩罚仅仅扩展到国际武装冲突中。[447] 971

禁止占领国派遣或者运送其部分平民人口到被占领土上,已经包括在《日内瓦公约(四)》第49条第6款之中了;然而,违反这个规定的并不是对这部公约的一种严重违反。这个禁止性规定是对许多国家在第二次世界大战中所作所为的一种反应,它们把自己的人口转移到被占领土上,以便把那里开拓成殖民地。这些措施,对于已经在那里生活的人民来说,是一种生存的威胁。[448]《第一附加议定书》第85条第4款第1项,部分地是以以色列在被占巴勒斯坦领土上的安置政策的经验为基础创设的。[449] 该条宣布,"占领国转移部分自己的平民人口到其所占领的领土上……违反了《日内瓦公约(四)》第49条",由于对地方人口造成的严重后果,因此是对该议定书的一种严重违反。[450]《国际刑事法院规约》在作出轻微修改之后,采纳了这个条文。《国际刑事法院规约》明确指出,转移可以是直接的或者间接的;[451]它并没有明确地指向《日内瓦公约(四)》第49条。 972

这个条文的目的是保护冲突一方,避免通过在对方领土上安置自己的人口来改变那里的人口统计和政治的现实,以便创设和强化对被占领土的政治或者领土要求。[452] 另外, 973

---

[445] 参见 A. Zimmermann, in O. Triffterer (ed.), *Commentary on the Rome Statute of the International Criminal Court* (1999), Art. 8, marginal nos. 315 et seq.。

[446] 参见 M. Cottier, in O. Triffterer (ed.), *Commentary on the Rome Statute of the International Criminal Court* (1999), Art. 8, marginal no. 86。

[447] 参见 Explanatory Memorandum of the (German) Code of Crimes Against International Law, *BT-Drs.* 14/8524, p. 29。

[448] 参见 J. S. Pictet (ed.), *Geneva Convention IV, Commentary* (1958), p. 283。

[449] 详见 K. Partsch, in M. Bothe, K. Partsch and W. A. Solf (eds.), *New Rulesfbr Victims of Armed Conflicts* (1982), Art. 85 Additional Protocol I, marginal no. 2. 19。

[450] 参见 B. Zimmermann, in Y. Sandoz, C. Swinarski and B. Zimmermann (eds.), *Commentary on the Additional Protocols* (1987), marginal no. 3504。

[451] 然而,多数国家不将此看成是这个范围的一种扩张,而是作为一种明确,参见 H. von Hebel, in R. S. Lee (ed.), *The International Criminal Court, Elements of Crimes and Rules of Procedure and Evidence* (2001), p. 158 at pp. 159 et seq.。

[452] 如果一块领土在事实上处于对方力量的手中,那么,在《海牙规定》第42条项下,它就被认为是被占领了,条件是,占领方是否能够在实际上行使占领权威,参见 H.-P. Gasser, in D. Fleck (ed.), *The Handbook of Humanitarian Law in Armed Conflicts* (1999), no. 526。

这种安置使得难民的回归和被没收财产的归还变得更加困难。[453] 这也侵犯了国际人道法的基本原则：占领国的统治具有有限的期间，[454]同时伴随着对主权权利的极大限制。由于这个规范保护的仅仅是居住在被占领土上的人口，因此，这些人口是被迫还是自愿被重新安置的，并没有什么关系。[455] 另外，仅仅少量人员的转移就足够了。[456] 重新安置的动机是不重要的。[457]

974 占领国的行动是一项必要的要求：人员的转移必须是可以归因于占领国政府的。"转移"这个词应当根据国际人道法来进行解释。[458] 在占领国政府对部分人口的安置中可以见到直接转移，而间接转移就可以采取各种形式了。政府在被占领土上提供诸如补贴或者免税等财政鼓励。那些使居住在例如官方允许区域内的原居民吃亏的歧视性行政工作，也可以视为间接转移。[459]

975 对于禁止转移一方自己的平民人口的例外，规定在《第一附加议定书》第 78 条之中。该条允许在严格的条件下，出于健康和医疗的原因，向外国和被占领土送儿童。

976 在心理性因素方面，轻率就足够了，就像这个罪的定义中使用的"蓄意"这个词所表明的那样。[460] 轻率在间接转移平民人口中，将是最重要的。

十六 使用儿童士兵

参考书目：

---

[453] M. Cottier, in O. Triffterer (ed.), *Commentary on the Rome Statute of the International Criminal Court* (1999), Art. 8, marginal no. 95.

[454] 参见，例如，H. -P. Gasser, in D. Fleck (ed.), *The Handbook of Humanitarian Law in Armed Conflicts* (1999), nos. 531 and 552。

[455] 参见 M. Cottier, in O. Triffterer (ed.), *Commentary on the Rome Statute of the International Criminal Court* (1999), Art. 8, marginal no. 96。

[456] 参见 Explanatory Memorandum of the (German) Code of Crimes Against International Law, *BT-Drs.* 14/8524, p. 29; K. Kittichaisaree, *International Criminal Law* (2001), p. 169。

[457] 参见 M. Cottier, in O. Triffterer (ed.), *Commentary on the Rome Statute of the International Criminal Court* (1999), Art. 8, marginal no. 95。

[458] 对《国际刑事法院规约》的《犯罪要件》第 8 条第 2 款第 2 项第 8 目，第 1 点第 1 小点，注释 44。原来与问题有关的是《日内瓦公约（四）》和《第一附加议定书》的条文，参见 H. von Hebel, in R. S. Lee (ed.), *The International Criminal Court, Elements of Crimes and Rules of Procedure and Evidence* (2001), p. 158 at p. 162。

[459] 参见 M. Cottier, in O. Triffterer (ed.), *Commentary on the Rome Statute of the International Criminal Court* (1999), Art. 8, marginal no. 97。

[460] 关于蓄意这个词，参见边码 857 以下。关于《国际刑事法院规约》第 30 条项下的心理性因素的一般要求，以及通过习惯性国际法的方法或者《犯罪要件》可能发生的偏离，参见边码 304 以下和边码 313 以下。

Geraldine van Bueren: The International Legal Protection of Children in Armed Conflicts, 43 *International and Comparative Law Quarterly* (1994), pp. 809 et seq.; Daniel Helle: Optional Protocol on the involvement of children in armed conflict to the Convention on the rights of the child, 82 *International Review of the Red Cross* (2000), pp. 797 et seq.; Sandrine Valentin: Trafficking of Child Soldiers: Expanding the United Nations Convention on the Rights of the Child and its Optional Protocol on the Involvement of Children in Armed Conflicts, 9 *New England Journal of International and Comparative Law* (2003), pp. 109 et seq.; Sarah L. Wells: Crimes Against Child Soldiers in Armed Conflict Situations: Application and Limits of International Humanitarian Law, 12 *Tulane Journal of International and Comparative Law* (2004), pp. 287 et seq. 977

《国际刑事法院规约》第8条第2款第2项第26目包括,在国际武装冲突中,征召或者征募不满十五岁的儿童加入武装力量,或者使用他们积极参加敌对行动;《国际刑事法院规约》第8条第2款第5项第7目为非国际冲突规定了相应的规则。这是在国际法中第一次明确地对这个行为进行了犯罪化。然而,这个禁止性规定根据的是现行的国际人道主义和人权法的条文。在《国际刑事法院规约》项下的这个犯罪化,是否完全反映了习惯性国际法,或者,这个习惯性国际法项下的犯罪的范围是否限制在特别严重的招募方法和使用儿童士兵之上,还是不清楚的。[461] 然而,考虑到被当作士兵使用的儿童通常遭受的严重后果,应当认为,习惯性国际法是综合性地对儿童士兵的招募和使用进行了犯罪化。[462] 978

《第一附加议定书》第77条第2款和《第二附加议定书》第4条第3款第3项,禁止缔约方在其武装力量中征募不满十五岁的儿童或者允许他们参加敌对行动。[463] 1989年11月20日的《儿童权利公约》(Convention on the Rights of Child)第38条第3款[464]肯定了这项禁止,由于这部公约已经获得了191个国家的批准,因此,禁止使用儿童士兵已经成为了习惯性国际法。2000年通过的《儿童权利公约任择议定书》,[465]把儿童参加武装冲突 979

---

[461] 参见 the statement of the UN Secretary-General on the Statute of the Sierra Leone Tribunal, UN Doc. S/2000/915, paras. 17 et seq.; K. Kittichaisaree, *International Criminal Law* (2001), p. 187。然而,塞拉利昂特别法庭的上诉庭认为,招募孩子一直是在习惯性国际法项下被犯罪化的,在1996年11月,如果不是更早,参见 *Prosecutor v. Norman*, Special Court for Sierra Leone (Appeals Chamber), decision of 31 May 2004, para. 53;也见 *Prosecutor v. Norman*, Special Court for Sierra Leone (Appeals Chamber), decision of 31 May 2004, Robertson 法官的不同意见,第47段,指出:"在1997年的《罗马条约》之前,非强迫性地招募孩子的犯罪并没有进入国际刑法。"

[462] 关于习惯性国际法项下违反国际人道法的犯罪性标准,参见边码806以下。

[463] 如果冲突各方招募了15岁和18岁之间的年轻人,那么,根据《第一附加议定书》第77条第2款第2句,他们就有义务先征募年纪最大的,只要有可能。然而,这个要求并没有伴随着刑事惩罚。

[464] 1577 *UNTS* (1990), p. 43.

[465] UN Doc. A/RES/54/263.

的年龄限制提高到18岁。[466] 然而，这个规则仍然还只是获得了习惯法的地位，并且没有被并入《国际刑事法院规约》。[467]

980 禁止使用儿童士兵被包括在《国际刑事法院规约》之中，原因有许多。首先，儿童参加武装冲突会造成特别严重的创伤。他们使用暴力的意愿会得到极大的增强，他们的教育会被打断。[468] 因此，这个条文保护儿童免遭他们自己国家的无情的*招募。[469] 其次，儿童士兵代表了对其他人员的一种特别的危险，因为，儿童的行为经常是无法预见的。[470]

981 关于客观性因素，《国际刑事法院规约》第8条第2款第2项第26目和第5项第7目，包括了强迫征收和自愿征募儿童进入武装力量。[471] 国家的武装力量，就像在《国际刑事法院规约》第8条第2款第2项第26目中所指出的那样，是一个国家的官方力量；在这里，《第一附加议定书》第43条可以用来作为参考。[472] 在非国际武装冲突中，《国际刑事法院规约》第8条第2款第5项第7目包括了对任何武装力量或者团体的征收或者招募。这符合《第二附加议定书》第4条第3款所使用的语言，并且保证了由暴动分子进行征募儿童士兵的行为也是一种犯罪。[473]

982 这个犯罪的第三个选择，使用儿童积极参加敌对行动，是有点问题的。例如，"积极参加"敌对行动的含义是什么，就是不清楚的。在预备委员会的观点中，这个词不仅包括了直接参加敌对行动，而且包括了积极参加其他军事活动，这些其他军事活动是与敌对行动紧密联系在一起的，例如，作为秘探、信使进行活动，在军事检查站工作，从事与情报、间谍或者破坏有关的活动。直接的支持，例如在前线运送补给品或者其他活动，也将被包括在内。相比之下，与敌对状态没有联系的各种活动，例如向一个空军基地提供食物或者在

---

[466] 参见 D. Helle, 82 *International Review of the Red Cross* (2000), pp. 797 et seq.。

[467] 参见 K. Kittichaisaree, *International Criminal Law* (2001), p. 187。

[468] 参见 M. Cottier, in O. Triffterer (ed.), *Commentary on the Rome Statute of the International Criminal Court* (1999), Art. 8, marginal no. 225。

* 原文是 reckless，但是，作者已经修改为 ruthless。——译者注

[469] 参见 C. Pilloud and J. S. Pictet, in Y. Sandoz, C. Swinarski and B. Zimmermann (eds.), *Commentary on the Additional Protocols* (1987), marginal no. 3191。

[470] 参见 C. Pilloud and J. S. Pictet, in Y. Sandoz, C. Swinarski and B. Zimmermann (eds.), *Commentary on the Additional Protocols* (1987), marginal no. 3183。

[471] 参见 M. Cottier, in O. Triffterer (ed.), *Commentary on the Rome Statute of the International Criminal Court* (1999), Art. 8, marginal no. 228; C. Garraway, in R. S. Lee (ed.), *The International Criminal Court, Elements of Crimes and Rules of Procedure and Evidence* (2001), p. 205。

[472] 参见 *IStGH*, Beschl. v. 29. Januar 2007 (*Lubanga*, PTC), paras. 268 ff.; M. Cottier, in O. Triffterer (ed.), *Commentary on the Rome Statute of the International Criminal Court* (1999), Art. 8, marginal no. 231; H. von Hebel and D. Robinson, in: R. S. Lee (ed.), *The International Criminal Court, The Making of the Rome Statute* (1999), p. 79 at p. 118。

[473] 参见 A. Zimmermann, in O. Triffterer (ed.), *Commentary on the Rome Statute of the International Criminal Court* (1999), Art. 8, marginal no. 306; H. von Hebel and D. Robinson, in R. S. Lee (ed.), *The International Criminal Court, The Making of the Rome Statute* (1999), p. 79 at p. 119。

一名军官的宿舍中进行家务工作，根据预备委员会的意见，就不能包括在内。[474]

相比之下，卢旺达国际法庭已经在不同的背景下，根据《日内瓦公约（一）》至《日内瓦公约（四）》共同第3条项下的直接参加的概念，对积极参加这个概念给出了定义，这个定义因此更加狭窄。[475] 在这个国际法院的意见中，积极参加所包含的是，由于其性质和目的可能损害敌方武装力量的人员或者装备的各种行为。[476] 然而，这个决定是否也能适用于使用儿童士兵这个犯罪，仍然是很可疑的。[477] 如果在共同第3条方面使用直接参加的一种更狭窄的概念，那么，通过扩大共同第3条（平民）所保护的团体，就有助于保护儿童了。相比之下，对于使用儿童士兵这个犯罪来说，积极参加的狭窄概念就限制了对儿童的保护——一种很难反映这个条文目的的结果。 983

除此之外，有些情况是否也能包括在内是很可疑的，在这里，儿童是自愿地积极参加了敌对行动，因此，他们不是在这个词的狭窄意义上"被使用的"。但是，对这个词的狭义解释与这个事实相矛盾：在《第二附加议定书》第4条第3款第3项中，关于禁止儿童参加敌对行动是被理解为绝对的，[478]并且，冲突各方通常在《第一附加议定书》第77条第2款项下有义务防止儿童自愿参加军事行动。[479] 最后，军事指挥官有义务阻止儿童参加敌对行动或者从事直接的支持性活动；[480]否则，他们可以受到不作为的指控。 984

关于心理性因素，在武装力量中招募儿童和在军事行动中使用儿童，都要求行为人知道儿童不满15岁。根据《犯罪要件》，可能知道就足够了。[481] 因此，那些有目的地无视儿童年龄的人也是在故意行为——例如，没有对儿童的年龄进行询问，即使这名儿童从外表上看就是小于15岁的，[482]因此，与《国际刑事法院规约》第30条的一般性规则相比较，《犯罪要件》是降低了主观方面的要求。[483] 985

---

[474] 参见对《国际刑事法院规约草案》（1998年）第5条的注释12。

[475] *Prosecutor v. Akayesu*, ICTR (Trial Chamber), judgment of 2 September 1998, para. 629, on Additional Protocol II, Art. 4(1).

[476] *Prosecutor v. Rutaganda*, ICTR (Trial Chamber), judgment of 6 December 1999, para. 100.

[477] 但是，参见 K. Kittichaisaree, *International Criminal Law* (2001), p. 187。

[478] 参见 S. S. Junod, in Y. Sandoz, C. Swinarski and B. Zimmermann (eds.), *Commentary on the Additional Protocols* (1987), marginal no. 4557。

[479] 详见 C. Pilloud and J. S. Pictet, in Y. Sandoz, C. Swinarski and B. Zimmermann (eds.), *Commentary on the Additional Protocols* (1987), marginal nos. 3184 et seq.。

[480] 参见 M. Cottier, in O. Triffterer (ed.), *Commentary on the Rome Statute of the International Criminal Court* (1999), Art. 8, marginal no. 232。

[481] 参见对《国际刑事法院规约》的《犯罪要件》第8条第2款第2项第26目，第3点；对《国际刑事法院规约》的《犯罪要件》第8条第2款第5项第2目，第3点。

[482] M. Cottier, in O. Triffterer (ed.), *Commentary on the Rome Statute of the International Criminal Court* (1999), Art. 8, marginal no. 232.

[483] 关于《国际刑事法院规约》第30条项下的心理性因素的一般要求，以及通过习惯性国际法的方法或者《犯罪要件》可能发生的偏离，参见边码304以下，尤其是边码313以下。

第四节 侵犯财产和其他权利的战争罪

986 在《国际刑事法院规约》中，有5个条文直接把剥夺财产或者毁坏财产规定为犯罪。[484]在《国际刑事法院规约》第8条第2款第1项第4目项下，国际武装冲突中的“无军事上的必要，非法和恣意地广泛毁坏和侵占财产”，是应当受到刑事惩罚的。这个条文根据的是对几部日内瓦公约的严重违反。《国际刑事法院规约》第8条第2款第2项第13目也包括了在国际武装冲突中的“破坏或者没收敌人的财产，除非这种毁坏或者没收是战争需要所迫切要求的。”这个禁止性规定几乎逐字逐句地在第8条第2款第5项第12目中得到重复，适用于非国际武装冲突。最后，《国际刑事法院规约》第8条第2款第2项第16目还对在国际武装冲突中掠夺城镇和地方进行了犯罪化，第8条第2款第5项第5目对非国际武装冲突也作了相同的规定。《国际刑事法院规约》第8条第2款第2项第14目包含了剥夺敌方国民的权利和请求权。

一 剥夺罪

（一）行为

987 在战争罪项下，《国际刑事法院规约》第8条第2款第1项第4目，第二选择，第8条第2款第2项第13目，第二选择，第8条第2款第5项第12目，第二选择，以及最后的第8条第2款第2项第16目和第2款第5项第5目，都是剥夺罪的几种形式。在这些条文中，行为被规定为侵占、没收或者掠夺。

988 在侵占和没收之间没有实质上的区别。侵占和没收都需要排除权利人对某些东西的持有，时间不少于一段不是不重要的期限，并且是违背那个人的意志或者不经他的同

[484] 有一批其他犯罪至少是间接地保护财产的。它们特别包括了攻击非军事目标和特定建筑的战争罪（参见第8条第2款第2项第2目，第3目，第4目，第5目，第9目和第24目，第2款第5项第2目）。对于这些犯罪来说，保护财产不是首要重要的；这个归罪的行为是一种被禁止的战争方法。关于这些犯罪，参见边码1008以下。也见《南斯拉夫国际法庭规约》第2条第4款，第3条第5款和《卢旺达国际法庭规约》第4条第6款。

意。[485] 对于战争罪中的侵占来说,行为人还不需要持有这件被剥夺的东西,或者,在任何情况下,不需要他故意这样做。在没收和侵占之间的这样一种区别是有问题的,因为在国际人道法中,这两者经常是作为同义语使用的。[486] 从实质上说,这样一种区别也会有矛盾。侵占,作为一种严重违反《国际刑事法院规约》第 8 条第 2 款第 1 项第 4 目,第二选择,要求的是,这个行为应当"广泛地"得到实施。相比之下,在《国际刑事法院规约》第 8 条第 2 款第 2 项第 13 目,第二选择项下的没收,是可以在没有满足这个条件的情况下受到惩罚的,[487]尽管没收相对于侵占来说,如果人们想如所建议的那样区分这两者,对被害人的处分权的侵犯要轻一些。

掠夺与侵占和没收的区别,仅仅在于行为人具有获得财产为私人或者个人使用的目的。[488] 因此,与《国际刑事法院规约》第 30 条相比较,这个心理性要求就提高了。[489] 南斯拉夫国际法庭也表明,对于掠夺来说,必须具有一个暴力的要素。[490] 989

(二)行为对象

战争罪中的剥夺犯罪仅限于受到特别危害并需要保护的特定对象。有关的条文选择了不同的方式来限制行为对象的等级。《国际刑事法院规约》第 8 条第 2 款第 1 项第 6 目仅仅适用于国际武装冲突,依据的是严重违反日内瓦第一、第二和第四公约的条文。[491] 这个行为的对象只能保护在这些公约中规定的财产。在日内瓦第一、第二和第四公约项下特别受保护的对象,是医院、医疗船只和飞机,以及其他医务上需要的物资。[492] 990

战俘的财产不适合作为这个犯罪的对象。[493]《日内瓦公约(三)》第 18 条虽然保护战俘个人持有的物品,但是,定义严重违反的《日内瓦公约(三)》第 130 条并没有提到对财 991

---

[485] 参见 K. Kittichaisaree, *International Criminal Law* (2001), p. 148; ICRC Study on ICC Statute, Art. 8 (2)(a)(iv), p. 18, pp. 21 et seq. 。

[486] 参见,例如,K. Kittichaisaree, *International Criminal Law* (2001), p. 148; J. S. Pictet (ed.), *Geneva Convention II, Commentary* (1960), p. 269。

[487] 但是,参见边码 994 以下。

[488] 参见,对《国际刑事法院规约》的《犯罪要件》第 8 条第 2 款第 2 项第 16 目,第 2 点;也见 H. Boddens Hosang, in R. S. Lee (ed.), *The International Criminal Court, Elements of Crimes and Rules of Procedure and Evidence* (2001), p. 176 at p. 177, fn. 99。

[489] 关于在《犯罪要件》对犯罪性范围的限制,参见边码 324 以下。

[490] *Prosecutor v. Mucić* et al., ICTY (Trial Chamber), judgment of 16 November 1998, para. 591.

[491] 参见 Geneva Convention I, Art. 50, Geneva Convention II, Art. 51 and Geneva Convention IV, Art. 147。

[492] 参见,尤其是 Geneva Convention I, Arts. 19, 20, 33 – 36, Geneva Convention II, Arts. 22 – 28, 38, 39, Geneva Convention IV, Arts. 18, 21, 22, 也见 *JStGH*, Urt. v. 31. März 2003 (*Naletilić und Martinović*, TC), para. 575; *JStGH*, Urt. v. 1. September 2004 (*Brđanin*, TC), para. 586。

[493] 对于不同的观点,参见 K. Dörmann, in R. S. Lee (ed.), *The International Criminal Court, Elements of Crimes and Rules of Procedure and Evidence* (2001), p. 124 at p. 132。

产的侵犯,这与其他公约中相同条文的规定不一样。[494] 由于这个原因,属于被关押平民的财产是否受到保护,也是有疑问的。《日内瓦公约(四)》第 97 条并没有建立处理被关押人员个人持有物品的规则,但是,这个条文符合《日内瓦公约(三)》第 18 条的事实,是反对在受保护财产的标题项下包括这些持有物品的。

992 没收作为第 8 条第 2 款第 2 项第 13 目或者第 2 款第 5 项第 13 目项下的战争罪,也仅仅限于特定的对象。只有敌人的财产是受保护的,因此,是不包括属于在冲突中行为人一方的财产或者属于第三国的财产。然而,国家和私人的敌方财产都是受保护的,虽然在这里,保护的等级也有不同。在有关国家领土上的财产,即使属于对方的成员,也是不受保护的,因为在海牙法和几部日内瓦公约中都没有这样的条文。[495]

993 掠夺罪(the crime of pillaging)并没有在可能的对象方面包括明确的限制。然而,在这里,在行为人自己一边的人员所有的财产,也不受保护。这产生于基础性人道主义法的保护性目的,仅仅保护敌方;除了一些例外之外,[496]直接保护行为人一方的利益并不是其目的。

(三)剥夺的范围

994 只有《国际刑事法院规约》第 8 条第 2 款第 1 项第 6 目才明确要求侵占必须是"广泛的"。但是,即使在剥夺的其他战争犯罪方面,偶尔的侵犯财产权利是不够的。[497] 对于掠夺来说,从这个条文本身的用语看,这一点是很清楚的。它要求,一个城镇或者地方必须被掠夺;如果只有一间房子被掠夺,那么,对于掠夺的要求就没有得到满足。一种个人的侵犯,也不足以构成《国际刑事法院规约》第 8 条第 2 款第 2 项第 13 目,第二选择,或者第 2 款第 5 项第 12 目项下的没收。从条文上看,这一点不是立即就清楚的,但是,从《国际刑事法院规约》的结构上看,这是很清楚的。在《国际刑事法院规约》第 5 条第 1 款第 1 句项下,国际刑事法院的管辖权仅限于"整个国际社会关注的最严重犯罪"。一个单独的非法没收并不满足这个要求。[498] 这种行为的确违反国际人道法,并且可以是国内法项下的犯罪。但是,国际社会的利益并没有受到它的影响。

---

[494] 不过,"受保护的财产"这个词出现在《日内瓦公约(三)》第 130 条第 1 句中这个事实,是一个编辑错误,参见 J. S. Pictet (ed.), *Geneva Convention III*, *Commentary* (1960), p. 626。

[495] 参见 A. Zimmermann, in O. Triff-terer (ed.), *Commentary on the Rome Statute of the International Criminal Court* (1999), Art. 8, marginal no. 144。

[496] 在这里应当注意的是,禁止使用儿童战士,其目的首先是保护儿童,不管他们是否属于冲突一方。也见边码 978 以下。

[497] 类似的,参见 G. Dahm, J. Delbrück and R. Wolfrum, *Völkerrecht*, Vol. I/3, 2nd edn. (2002), p. 1064。

[498] 关于涉及《南斯拉夫国际法庭规约》第 3 条的同样问题,参见 *Prosecutor v. Tadić*, ICTY (Appeals Chamber), decision of 2 October 1995, para. 94。南斯拉夫国际法庭认为,例如,"盗窃一块面包",就不能进入其管辖之中。

在这个背景下,南斯拉夫国际法庭认为,在判断一项侵犯的严重性时,必须考虑对被害人产生的结果。这个国际法庭认为,自己对于盗窃在波斯尼亚的一个营地中的珠宝、金钱或者其他有价值的东西没有管辖权,因为对受影响人造成的结果并不具有重大意义。[499] 在这个判决的基础上,对于侵犯财产的范围提出的要求就相当高了。行为人是否为了个人的好处来实施这个行为,或者,它是不是有系统地在经济上剥削被占领土的一个组成部分,就不重要了。[500] 然而,在后一种情况下,这种违反的必要范围可能会更迅速地达到了。 995

(四)心理性因素

在国际武装冲突中的心理性因素要求的至少是轻率。[501] 这种与《国际刑事法院规约》第30条相比而较低的主观性要求,产生于在《国际刑事法院规约》第8条第2款第1项第6目中使用的"恣意地"(wantonly)这个词。[502] 这个评价适用于剥夺的所有犯罪。但是,对于主观要求的这种降低是否也适用于非国际性武装冲突,还是没有得到确定的。[503] 996

(五)军事需要

在武装冲突中,没收外国财产在任何情况下都不受禁止。因此,例如,一个占领当局本身在原则上允许使用对方的武器、军火和其他战争物资。[504] 在特定情况下,国际法也允许使用私人的财产,因此,这种行为不会作为战争罪受到惩罚。这在《国际刑事法院规约》的条文用语中也得到了表达。只要剥夺能够"在军事需要上证明是正当的"或者"为战争所必需的",那么,它就不是《国际刑事法院规约》第8条第2款第1项第4目或者第 997

---

[499] *Prosecutor v. Mucić* et al., ICTY (Trial Chamber), judgment of 16 November 1998, para. 1154;确定的,参见 *JStGH*, Urt. v. 26. Februar 2001 (*Kordić und Čerkez*, TC), para. 352; *JStGH*, Urt. v. 31. März 2003 (*Naletilić und Martinović*, TC), paras. 613 f.; *JStGH*, Urt. v. 17. Oktober 2003 (*Simić* et al., TC), para. 101; *JStGH*, Urt. v. 17. Dezember 2004 (*Kordić und Čerkez*, AC), para. 82;在上述最后一个决定的 para. 83 中,上诉法院强调,"在面对大量群众进行侵占的情况下,就能够认为是一种严重的违反,即使对于每一个个人并不存在着严重的结果。在这种案件中,构成严重违反的是对平民人口产生的总的效果和所实施罪行的大量性。"

[500] *Prosecutor v. Mucić* et al., ICTY (Trial Chamber), judgment of 16 November 1998, para. 590.

[501] 关于心理性因素的一般要求,参见边码 294 以下,尤其是边码 304 以下。

[502] 参见, *Prosecutor v. Naletilić and Martinović*, ICTY (Trial Chamber), judgment of 31 March 2003, para. 577; A. Eser, in A. Cassese, P. Gaeta and J. R. W. D. Jones (eds.), *The Rome Statute of the International Criminal Court*, Vol. 1 (2002), p. 889 at p. 899;也见边码 320。不同的观点,参见 W. J. Fenrick, in O. Triffterer (ed.), *Commentary on the Rome Statute of the International Criminal Court* (1999), Art. 8, marginal no. 14。

[503] 对于一种较低的门槛,甚至对于非国际武装冲突适用,参见 *Prosecutor v. Blaškić*, ICTY (Trial Chamber), judgment of 3 March 2000, para. 182。

[504] 参见《海牙规定》第53条,该条以占领当局具有这个权利为前提。

8 条第 2 款第 2 项第 13 目项下的犯罪。另外,《国际刑事法院规约》第 8 条第 2 款第 2 项的引导性句子说明,与法律和习惯的联系适用于武装冲突。在解释各种犯罪时,必须考虑这个框架。[505]

998 国际人道法是否允许一项剥夺,必须通过两个步骤加以证实。首先,必须确定有关行为到底是不是可以允许的。例如,掠夺就在《海牙规定》第 47 条中毫无例外地受到了明确的禁止,因此,就不属于这种情况。在这里,不可能在军事需要的基础上存在什么正当化理由。[506] 对于没收重要的文化财产也一样,对于这一点,《第一附加议定书》第 53 条第 1 款和《第二附加议定书》第 16 条规定,不得指向"敌对行动"。[507] 民用医院只能在例外的情况下加以没收(《日内瓦公约(四)》第 57 条)。[508] 根据《海牙规定》第 46 条第 2 款,占领当局不可以没收私人财产。然而,这虽然在第一眼上看起来是这样的,但是,这个禁止性规定并不是绝对的,这在《海牙规定》的后续条文中变得清楚了。根据第 53 条第 2 款,对战争性努力具有重要意义的特定私人所有的财产可以被没收。然而,对战争性努力不重要的私人财产,并不是绝对受保护的。

999 如果没收财产还没有被一个特别条款所禁止,那么,在第二步中,就必须审查这个剥夺是否能得到军事需要的正当化。《国际刑事法院规约》第 8 条第 2 款第 1 项* 第 4 目和第 2 款第 2 项第 13 目或者第 2 款第 5 项第 12 目的用词,在等级上是有区别的。在前一种情况下,简单的"军事需要"被提到了,在后面的条文中谈到了"绝对要求的(imperatively demanded)……冲突的需要"。这种语言上的区别并不反映一种实质上的区别,因为这两种情况都仅仅采纳了国际人道法的基础性条文中的用语。[509] 在实质上,这些要求经常在国际人道法的特别规则中得到具体化;在这里,与前面讨论过的在特定行为的基本许可性问题之间,存在着一定程度的重合。人们必须牢记的是,并不是每一项在军事上看起来合理的措施,例如,这种措施能够增强武装力量的安全性,都因此能够被认为是一种军事需要。更准确地说,条件是,它在符合军事需要的要求中,应当是最后的依靠。[510]

---

[505] 关于军事需要的一般情况,参见边码 479 以下。

[506] 因此,《国际刑事法院规约》第 8 条第 2 款第 2 项第 16 目和第 8 条第 2 款第 5 项第 5 目,并没有指出军事需要的掠夺。

[507] 参见 K.-J. Partsch, in D. Fleck (ed.), *The Handbook of Humanitarian Law in Armed Conflicts* (1999), nos. 919 et seq.。这种对没收的绝对禁止,与对文化财产的攻击一样,是与禁止为了军事目的使用文化财产并列的,参见 Additional Protocol I, Art. 53 (b); Additional Protocol II, Art. 16。

[508] 关于整个问题,参见 H.-P. Gasser, in D. Fleck (ed.), *The Handbook of Humanitarian Law in Armed Conflicts* (1999), nos. 556 et seq.。

* 原文漏加"第 1 项",作者已经补正。——译者注

[509] Geneva Convention I, Art. 50; Geneva Convention II, Art. 51 and Geneva Convention IV, Art. 147 为一方,Hague Regulations, Art. 23(g) 为另一方。

[510] 参见 A. Zimmermann, in O. Triffterer (ed.), *Commentary on the Rome Statute of the International Criminal Court* (1999), Art. 8, marginal no. 155。

二 毁坏罪

通过包含着战争手段的罪行来毁坏财产的,也应受到刑罚惩罚。[511] 然而,重合在相当大的程度上是不存在的。《国际刑事法院规约》第 8 条第 2 款第 1 项第 4 目把刑事责任限制在《日内瓦公约》意义上的受保护财产上。具有特别重要意义的是《日内瓦公约(四)》第 53 条,这一条禁止的不仅是平民的财产,而且还有国家的财产。然而,这个条文适用的范围,仅仅是冲突一方占领的领土。因此,例如,对民用目标的空中袭击,就不会由于严重违反《日内瓦公约》而成为犯罪,因为冲突的这一方并没有占领被攻击的领土。[512] 然而,如果攻击指向的是像医院这样的目标,由于其本身不管是否存在占领都是受保护的,那么,就会存在与其他罪行重合的现象了。[513] 1000

在《国际刑事法院规约》第 8 条第 2 款第 2 项第 13 目和第 2 款第 5 项第 12 目项下,作为战争罪的毁坏的范围是不清楚的。这个用语覆盖了对敌人财产的全部毁坏或者没收,只要不是绝对必需所要求的。然而,这个罪行所依据的《海牙规定》第 23 条第 7 款,在实施敌对行为这一节中,建议把这个范围限制在军事行动背景下的毁坏或者剥夺之中。然而,一直建议的是,这个条文的范围应当限制在这些情况下:财产处于行为人所属的一方的掌管之中。[514] 这个观点应当得到肯定。如果把这个范围扩展到军事行动上,那么,在 1001

---

[511] 参见边码 1008 以下。

[512] 参见 J. S. Pictet (ed.), *Geneva Convention IH*, *Commentary* (1958), p. 601。然而,这种攻击能够作为攻击民用对象的例子而受到惩罚(《国际刑事法院规约》第 8 条第 2 款第 2 项第 2 目)。

[513] 与涉及攻击民用对象的战争罪相重合,是特别可以想象的。也见 *Prosecutor v. Kordić and Čerkez*, ICTY (Trial Chamber), judgment of 26 February 2001, paras. 335 et seq.; *Prosecutor v. Naletilić and Martinović*, ICTY (Trial Chamber), judgment of 31 March 2003, para. 575。*JStGH*, Urt. v. 1. September 2004 (*Brđanin*, TC), para. 586。《(德国)违反国际法的犯罪法典》使得与这些犯罪的重合在很大程度上是不可能的,因为《(德国)违反国际法的犯罪法典》第 9 条第 1 款仅仅惩罚毁坏处于行为人自己一方手中的对象。因此,从远方进行攻击就被排除了,参见 Explanatory Memorandum of the (German) Code of Crimes Against International Law, *BT-Drs.* 14/8524, p. 31。

[514] 参见 A. Zimmermann, in O. Triffterer (ed.), *Commentary on the Rome Statute of the International Criminal Court* (1999), Art. 8, marginal nos. 141 et seq. 。这也是《(德国)违反国际法的犯罪法典》第9条第1款采用的方向。(作者在德文第2版中删除的内容是:"但是,参见 *Prosecutor v. Kordić and Čerkez* (Trial Chamber), judgment of 26 February 2001, paras. 346 et seq.; *Prosecutor v. Naletilić and Martinović*, ICTY (Trial Chamber), judgment of 31 March 2003, para. 580,在这里,南斯拉夫国际法庭把《南斯拉夫国际法庭规约》第3条第4款项下的恣意毁坏罪(the crime of wanton destruction)项下的保护,扩展到了不是处于行为人控制之下的财产上了。"——译者注)相反,南斯拉夫国际法庭把保护扩展到不处于冲突方手中掌握的财产上去了,这些财产虽然不属于行为人,但是,却被在《南斯拉夫国际法庭规约》第3条第2款以及第3条第4款的意义上使用了,参见 *JStGH*, Urt. v. 26. Februar 2001 (*Kordić und Čerkez*, TC), paras. 346 ff.; *JStGH*, Urt. v. 31. März 2003 (*Naletilić und Martinović*, TC), para. 580; *JStGH*, Urt. v. 31. Januar 2005 (*Strugar*, TC), paras. 290 ff.; *JStGH*, Urt. v. 15. März 2006 (*Hadžihasanović und Kubura*, TC), paras. 39 ff. 。

与攻击所禁止的目标相联系的罪行之间，就会经常发生重合了。[515] 因此，《（德国）违反国际法的犯罪法典》就把这个罪行限制在从冲突一方的手中找到的财产上了。[516]

（一）行为

1002 《国际刑事法院规约》第 8 条第 2 款第 1 项第 4 目，第一选择，第 8 条第 2 款第 2 项第 13 目，第一选择，以及第 8 条第 2 款第 5 项第 12 目，第一选择，全都把毁坏财产作为犯罪行为加以包括了。只有毁坏财产，而不是单纯的损坏财产，才加以包括。第二次世界大战之后的法国法庭就把损坏财产看成是战争犯罪，但是，这些决定是在法国法的基础上作出的。法国法就是惩罚损坏财产的。[517] 因此，这些决定不能对《国际刑事法院规约》的解释导出任何结论。

（二）犯罪的对象和范围与军事需要

1003 在被保护的对象和犯罪的范围方面，可以参考上面的讨论。只有毁坏受保护的财产才是犯罪；这种毁坏也必须达到一个确定的广泛程度。同时，关于军事需要的问题，应当考虑的是国际人道法的规则，其中一些规则建立了一种绝对的禁止。因此，例如，医疗单位就总是在《日内瓦公约（一）》第 19 条第 1 款项下受到保护的。毁坏它们，就不能使用军事需要来进行辩护了。[518] 军事需要可以使毁坏特定财产得到正当化的原则，表现在例如《日内瓦公约（四）》第 53 条中。根据该条，如果绝对必需，那么，毁坏敌人（国家和私人）的财产就是允许的。然而，如果军事目的可以通过没收或者类似的手段得到实现，那么，毁坏就是不允许的，因为它就是不符合比例的。

（三）心理性因素

1004 《国际刑事法院规约》第 30 条对于心理性因素具有实质的决定性意义。[519] 如果毁坏

---

[515] 参见 A. Zimmermann, in O. Triffterer (ed.), *Commentary on the Rome Statute of the International Criminal Court* (1999), Art. 8, marginal no. 143。

[516] 参见 (German) Code of Crimes Against International Law [*Völkerstrafgesetzbuch, VStGB*], Sec. 9 (1) and Explanatory Memorandum of the (German) Code of Crimes Against International Law, *BT-Drs.* 14/8524, p. 31。

[517] 参见 ICRC Study on Art. 8 (2) (a) (iv), p. 20。

[518] 关于其他条文，参见 J. S. Pictet (ed.), *Geneva Convention I, Commentary* (1957), p. 372; ICRC Study on Art. 8 (2) (a) (iv), p. 19。

[519] 关于一般性要求，参见边码 294 以下。

财产发生在国际性武装冲突之中,行为人不顾毁坏可能性的轻率就足够了。[520] 这种降低对心理性因素的要求是否也适用于非国际武装冲突中的毁坏,还是有待决定的。[521]

三 对其他权利的侵犯

根据《国际刑事法院规约》第8条第2款第2项第14目,“宣布取消、停止敌方国民的权利和诉讼权,或在法院中不予执行”是一种犯罪行为。这个条文采纳的是《海牙规定》第23条第8款的用语。这个犯罪的范围和准确的意思是不清楚的;这种不清楚并没有被《犯罪要件》消除。 1005

这个条文的目的,一方面是防止在被占领土上全部或者部分地停止司法工作。[522] 然而,应当牢记的是,一个占领当局在管理被占领土方面,拥有范围广大的权力,这种权力也扩展到司法方面。[523] 另一方面,干涉敌方国民在交战方的国家领土上提起诉讼的权利或者财产权利是否本身就是犯罪,也是很可疑的,并且,在《海牙规定》第23条第8款方面,还是有争论的。[524] 然而,这个条文的用语允许作出这种广泛的解释,并且,这种行为的犯罪性质是不容抵赖的。因此,人们可以认为,这种犯罪就扩展到了这些情况之中。在任何情况下,这种侵犯必须是相当广泛的,因为较小的对财产权利的干涉,[525]是很难被认为处于“整个国际社会关注的最严重犯罪”之中的。[526] 1006

---

[520] 参见*JStGH*, Urt. v. 26. Februar 2001 (*Kordić und Čerkez*, TC), para. 341; *Prosecutor v. Naletilić and Martinović*, ICTY (Trial Chamber), judgment of 31 March 2003, para. 577, on ICTY Statute, Art. 2 (d). *JStGH*, Urt. v. 1. September 2004 (*Brđanin*, TC), para. 593。建立不同于《国际刑事法院规约》第30条(边码310以下)的主观性要求的开始之点,是《国际刑事法院规约》第8条第2款第1项第4目中“恣意”的标准。也见 A. Eser, in A. Cassese, P. Gaeta and J. R. W. D. Jones (eds.), *The Rome Statute of the International Criminal Court*, Vol. 1 (2002), p. 889 at p. 899。关于通过习惯性国际法的方法或者《犯罪要件》可能发生的偏离,参见边码313以下。

[521] *Prosecutor v. Blaškić*, ICTY (Trial Chamber), judgment of 3 March 2000, paras. 151, 182.

[522] M. Cottier, in O. Triffterer (ed.), *Commentary on the Rome Statute of the International Criminal Court* (1999), Art. 8, marginal no. 159.

[523] 参见 H.-P. Gasser, in D. Fleck (ed.), *The Handbook of Humanitarian Law in Armed Conflicts* (1999), nos. 547 et seq.。

[524] 详见, G. von Glahn, *The Occupation of Enemy Territory* (1957), pp. 108 et seq.; M. Cottier, in O. Triffterer (ed.), *Commentary on the Rome Statute of the International Criminal Court* (1999), Art. 8, marginal no. 157; and the explanation in the ICRC Study on ICC Statute, Art. 8(2)(b)(xiii), pp. 58 et seq.。

[525] 这在《(德国)违反国际法的犯罪法典》是很清楚的:根据《(德国)违反国际法的犯罪法典》,取消或者停止提出主张的权利,只有在影响了敌方全体或者一个重要部分成员时,才是犯罪。也见 Explanatory Memorandum of the (German) Code of Crimes Against International Law, *BT-Drs.* 14/8524, p. 31。

[526] 《国际刑事法院规约》第5条第1款第1句。

关于心理因素,适用《国际刑事法院规约》第30条。[527]

1007 心理性因素方面要求的是指向目标的行为。*

第五节 使用禁止性战争方法

一 引言

(一)攻击非军事目标

1008 在涉及使用禁止性战争方法的战争罪中,第一类是由攻击非军事目标组成的。《国际刑事法院规约》第8条第2款第2项第1、2、4和24目,以及第8条第2款第5项第1、2和4目,为直接攻击平民、平民目标和类似目标创设了责任。《国际刑事法院规约》第8条第2款第2项第4目包括了不相称的附带性损害。攻击不设防的地点,[528]是一种攻击非军事目标的特殊情况。在《国际刑事法院规约》第8条第2款第2项第3目和第5项第3目中的犯罪,对攻击承担人道主义救援任务和联合国维持和平任务的行为加以犯罪化。这些犯罪与在这里将进行讨论的犯罪是紧密联系在一起的。[529]

禁止伤害平民和非军事目标,是一种最古老最基本的战争法。[530] 对敌人的伤害必须
1009 限制在军事需要的范围内(有限制的战争方式)。中世纪的经院哲学家们就已经在战斗人员和平民之间作出了区分,并且要求广泛保护平民人口。[531] 自从19世纪以来,区分不

---

[527] 关于心理性因素的一般要求,参见边码294以下,尤其是边码304以下。

* 参见对《国际刑事法院规约》的《犯罪要件》第8条第2款第2项第14目第3点。在这里,涉及的是一种——由《国际刑事法院规约》第30条所允许的——对刑事可罚性范围的压缩,对此,参见边码371以下,边码385以下。(作者在德文第2版中新增加的注释。——译者注)

[528] 《国际刑事法院规约》第8条第2款第2项第5目;对于详细的讨论,参见下文边码1049以下。

[529] 对于这个犯罪的彻底讨论,参见边码1134以下。

[530] *JStGH*, Urt. v. 17. Dezember 2004 (*Kordić und Čerkez*, AC), para. 54;也见 C. Pilloud and J. S. Pictet, in Y. Sandoz, C. Swinarski and B. Zimmermann (eds.), *Commentary on the Additional Protocols* (1987), marginal no. 1863.

[531] 关于历史发展,参见 I. Detter, *The Law of War*, 2nd edn. (2000), pp. 286 et seq.; S. Oeter, in D. Fleck (ed.), *The Handbook of Humanitarian Law in Armed Conflicts* (1999), nos. 401 et seq.; C. Pilloud and J. S. Pictet, in Y. Sandoz, C. Swinarski and B. Zimmermann (eds.), *Commentary on the Additional Protocols* (1987), marginal nos. 1822 et seq.。

同战争方式的要求一直被承认为习惯性国际法的一部分。[532] 这个原则在《第一附加议定书》第48条中得到了法典化：

"为了保证对平民人口和民用目标的尊重和保护，冲突各方应当在任何时候都对平民人口和战斗人员作出区分，对民用目标和军用目标作出区分，并且因此指示自己的行动只应当针对军事目标。"

这个原则，在《第一附加议定书》第50条以下，提高了进一步精确的规定。各部《日内瓦公约》和各部《附加议定书》，以及其他一系列国际人权法的条文，为一系列人员和对象提高了类似的保护性条文。[533] 在这里，问题也是保护不是军事目标的人员和对象。这些都是对平民和民用对象不应当受到攻击这个一般原则的进一步精确化。 1010

然而，保护平民和民用对象免受军事行动的侵害并不是绝对的。对军事目标的攻击而导致的对平民或者民用对象的附带性损害，就不是绝对被禁止的。[534] 然而，它们要服从比例原则。只有在所谓的民事附带性损害与通过攻击而获得的军事好处相比，不是不合理地严重时，攻击才是允许的。这个基本原则规定在《第一附加议定书》第57条第2款和第3款之中。 1011

（二）其他禁止性方法

与使用禁止性战争方法有关其他战争罪，涉及更狭窄意义上的战争方式和手段。背叛性杀人和不恰当地使用军事标志（insignia）的犯罪性，是以禁止背信弃义（perfidy）为基础的。这种禁止性规定依据的是中世纪的骑士法典。[535] 它禁止为了获得军事上的好处而违背所给予的信任。[536] 这种关于背信弃义的禁止性规定的目的，是间接地在保护国际人道法的规则。在战争方式中可以允许的欺骗手段（subterfuges），必须小心地与在国际法项下受到禁止的背信弃义类行为加以区分。 1012

---

[532] 参见 S. Oeter, in D. Fleck (ed.), *The Handbook of Humanitarian Law in Armed Conflicts* (1999), nos. 401 and 404。

[533] 详见，边码1017、1030以下、1036以下。

[534] 参见*JStGH*, Urt. v. 17. Dezember 2004 (*Kordić und Čerkez*, AC), paras. 52 ff.; W. J. Fenrick, in O. Triffterer (ed.), *Commentary on the Rome Statute of the International Criminal Court* (1999), Art. 8, marginal nos. 24 et seq.。

[535] 参见 J. de Preux, in Y. Sandoz, C. Swinarski and B. Zimmermann (eds.), *Commentary on the Additional Protocols* (1987), marginal nos. 1485, 1498; S. Oeter, in D. Fleck (ed.), *The Handbook of Humanitarian Law in Armed Conflicts* (1999), no. 472; M. Cottier, in O. Triffterer (ed.), *Commentary on the Rome Statute of the International Criminal Court* (1999), Art. 8, marginal no. 114。

[536] 参见 M. Cottier, in O. Triffterer (ed.), *Commentary on the Rome Statute of the International Criminal Court* (1999), Art. 8, marginal no. 118。

1013 威胁或者命令进行不纳降的战争方式，也是一种《国际刑事法院规约》第 8 条第 2 款第 2 项第 12 目项下的“传统的”战争犯罪。这种命令或者威胁增加了使受伤人员和其他无法战斗的人员被杀的危险，并且使敌人处于恐怖之中。[537]

1014 《国际刑事法院规约》第 8 条第 2 款第 2 项第 25 目和第 8 条第 2 款第 2 项第 23 目，关心的是饿死平民人口和使用人体盾牌，这些战争方法主要会影响那些没有卷入敌对状态的人员。

二 攻击平民人口

1015 《国际刑事法院规约》第 8 条第 2 款第 2 项第 1 目，跟随着习惯性国际法，处理的是攻击平民人口本身或者攻击没有卷入敌对状态的个人平民。对于非国际性武装冲突，《国际刑事法院规约》第 8 条第 2 款第 5 项第 1 目规定了同样的规则。

1016 这个犯罪依据的是《第一附加议定书》第 51 条第 2 款和《第二附加议定书》第 13 条第 2 款。根据《第一附加议定书》第 85 条第 3 款第 1 项，攻击平民人口或者个人平民是严重违反附加议定书的，只要造成被害人死亡或者严重伤害。在《国际刑事法院规约》项下，发动攻击就足以承担刑事责任了。[538]

1017 物质性因素要求对平民的一种攻击。根据《第一附加议定书》第 49 条第 1 款，攻击是指任何进攻性的或者防御性的向对手使用暴力。* 然而，这个定义指的仅仅是军事行动；[539]这是从《第一附加议定书》第 49 条第 3 款引导来的，讲的是“战争方式”。谁是平民？这可以使用国际人道法的有关规则加以确定。根据《第一附加议定书》第 50 条第 2 款，“平民人口”这个词包括了所有平民。根据《第一附加议定书》第 50 条第 1 款，平民是任何不是战斗人员的人。[540] 最后，第 50 条第 3 款规定，一些战斗人员的在场，并不能改变必

---

[537] 参见 M. Cottier, in O. Triffterer (ed.), *Commentary on the Rome Statute of the International Criminal Court* (1999), Art. 8, marginal no. 134。

[538] 参见 K. Dörmann, 83 *International Review of the Red Cross* (2001), p. 461 at p. 467; D. Frank, in R. S. Lee (ed.), *The International Criminal Court, Elements of Crimes and Rules of Procedure and Evidence* (2001), p. 140 at p. 142; 参见南斯拉夫国际法庭的偏离性司法判决, Urt. v. 17. Dezember 2004 (*Kordić und Čerkez*, AC), paras. 55 ff. 。

* 对此，参见 *JStGH*, Urt. v. 17. Dezember 2004 (*Kordić und Čerkez*, AC), para. 47; *JStGH*, Urt. v. 31. Januar 2005 (*Strugar*, TC), para. 282; *JStGH*, Urt. v. 5. Dezember 2003 (*Galić*, TC), para. 52。（作者在德文第 2 版中新增加的注释。——译者注）

[539] C. Pilloud and J. S. Pictet, in Y. Sandoz, C. Swinarski and B. Zimmermann (eds.), *Commentary on the Additional Protocols* (1987) marginal no. 1880, 谈论的是“战斗行动”。

[540] 也见，在这个路线上，*Prosecutor v. Blaškić*, ICTY (Trial Chamber), judgment of 3 March 2000, para. 180; *Prosecutor v. Kayishema and Ruzindana*, ICTR (Trial Chamber), judgment of 21 May 1999, para. 179。

须把一群平民看成是平民人口的事实。只有在一个人参加进敌对状态之后,他才会失去平民的身份。[541]《日内瓦公约(四)》第4条第1款为了该公约的目的,对受保护人员作了定义。与该条相比,《第一附加议定书》第51条并不关心被害人的国籍。[542]

心理性因素要求,行为人必须以攻击平民的目的进行行为。[543] 这不仅能够从判定这 1018
个犯罪的标准("故意地")和《犯罪要件》("故意")的用语中得到确定,[544]而且首先能够从两种规范之间的相互作用中得到确定,一种是将直接攻击非军事对象加以犯罪化的规范,另一种是《国际刑事法院规约》第8条第2款第2项第4目项下的战争罪。后一个条文还把对非军事对象造成的过分的附带性损害也加以犯罪化了。如果一个攻击导致的附带性损害并不过分,那就不能适用《国际刑事法院规约》第8条第2款第2项第4目。[545]这个反映了国际人道法一项原则的结果,如果把对非军事目标的无目的的附带性损害也在这里考虑的规范项下加以犯罪化,那么,就会有矛盾了。[546]

三 针对平民人口的恐怖

在《第一附加议定书》第51条第2款第2句和《第二附加议定书》第13条第2款第2 1019
句项下,"以在平民人口中散布恐怖为首要目的的暴力行为或者威胁",在国际和非国际的武装冲突中,是"被禁止的"。这些条文并不直接地符合在《国际刑事法院规约》第8条第2款中列举的任何犯罪。

在加利奇(Galić)案件中,南斯拉夫国际法庭的审判庭讨论了这个问题:是否以及在 1020

---

[541] 参见 Additional Protocol I, Art. 51 (3) 和 *JStGH*, Urt. v. 30. November 2006 (*Galić*, AC), paras. 135 ff.。

[542] 参见 C. Pilloud and J. S. Pictet, in Y. Sandoz, C. Swinarski and B. Zimmermann (eds.), *Commentary on the Additional Protocols* (1987), marginal no. 1909。

[543] 《国际刑事法院规约》第30条允许本规约和《犯罪要件》对心理性因素的要求作出不同的规定,参见边码310以下。

[544] 参见 K. Ambos, *Der Allgemeine Teil des Völkerstrafrechts* (2002), pp. 803 et seq.。

[545] 详见边码1040以下。

[546] (作者在德文第2版中删除了:"但是,参见 *Prosecutor v. Galić*, ICTY (Trial Chamber), judgment of 5 December 2003, para. 55,在这里,本审判庭认为,如果行为人应当已经知道攻击对象的平民身份,这就足够了。应当注意到,本审判庭——根据《第一附加议定书》第85条第3款第1项——要求这种攻击产生严重的结果。这说明了在心理性因素方面降低要求的正当性。因为《国际刑事法院规约》第8条第2款第2项第4目并没有要求这种严重结果,所以,这种对心理性因素要求的降低就会是不合适的。"——译者注)参见 *JStGH*, Urt. v. 31. Januar 2005 (*Strugar*, TC), para. 283。从《第一附加议定书》第85条第3款中的"蓄意"(wilfully)这个概念的使用中,也不能得出其他的含义,因为《第一附加议定书》第85条第3款第1项中的这个表述是一种特别的规定;但是,参见 W. J. Fenrick, in O. Triffterer (ed.), *Commentary on the Rome Statute of the International Criminal Court* (1999), Art. 8, marginal no. 21。关于"蓄意"的概念,参见边码857以下。

什么条件下，针对平民人口的恐怖是一种战争罪，对此，该国际法庭根据《南斯拉夫国际法庭规约》第3条拥有管辖权。[547] 该审判庭的大多数人认为，针对平民人口的恐怖引起的是个人的刑事责任，至少在暴力行为已经实施（有别于仅仅的暴力威胁）并且造成平民死亡或者对身体或者健康造成严重损害这种结果的情况下。* 南斯拉夫国际法庭上诉庭已经肯定了一审法庭的这个意见。**

1021 涅托·纳维亚（Nieto-Navia）法官持有不同意见，他认为，这个审判庭的大多数人并没有建立起在习惯性国际法项下引起个人刑事责任的违反《第一附加议定书》第51条第2款第2句和《第二附加议定书》第13条第2款第2句，并且认为，指向条约性国际法是不能成为这样一种结论的基础的。[549]

1022 在这个审判庭所建议的这种犯罪的限制性定义的观点中，大多数人的意见是有说服力的。严重违反《第一附加议定书》第85条的条文所具有的犯罪性是毫无疑问的。这个审判庭把这个犯罪等同于这种违反的事实，有力地支持了这样一种评价的观点。在任何情况下，接受这样一种战争罪将会仅仅限制了起诉严重违反人道主义法的影响。这个犯罪的范围在很大程度上与针对平民人口本身的攻击或者针对平民个人的攻击相重合，后两种犯罪规定在《国际刑事法院规约》第8条第2款第2项第1目和第5项第1目之中。只要这些“暴力行为”由军事手段实施（这就是加利奇案件的情况），那么，这个行为就也能成为《国际刑事法院规约》这些条文含义中的“攻击”。[550] 然而，针对平民人口的恐怖的战争罪，就像南斯拉夫国际法庭的这个审判庭所解释的那样，还有一些额外的因素，也就是作为禁止性行为所产生的结果的平民的死亡或者严重伤害和——作为一种特定的心理性因素——散布恐怖的首要目的。这导致这个审判庭在加利奇案件中撤销了对攻击平民的指控，因为它认为，针对平民人口的恐怖这个犯罪是更特别的。[551] 对平民人口而不是军事攻击施加的暴力行为，[552]经常就会成为针对人员的战争罪，[553]并且因此也不会逃脱惩

---

[547] 参见 *Prosecutor v. Galić*, ICTY (Trial Chamber), judgment of 5 December 2003, paras. 63 et seq.; *JStGH*, Urt. v. 30. November 2006 (*Galić*, AC), paras. 86 ff.。

* 作者在德文第2版中删除了这里的部分内容以及注释[548]。详见本书“译后记”。——译者注

** 参见 *JStGH*, Urt. v. 30. November 2006 (*Galić*, AC), paras. 86 ff.。（作者在德文第2版中新增加的注释。——译者注）

[549] *Prosecutor v. Galić*, ICTY (Trial Chamber), judgment of 5 December 2003, separate and partially dissenting opinion of Judge Nieto-Naiva, paras. 108 et seq.

[550] 参见边码1025。

[551] 参见 *Prosecutor v. Galić*, ICTY (Trial Chamber), judgment of 5 December 2003, paras. 162 and 769。关于对数罪的指控和定罪，参见上文边码528以下。

[552] 这种行为能够，例如，构成对平民的酷刑；被引证的例子，参见 *Prosecutor v. Galić*, ICTY (Trial Chamber), judgment of 5 December 2003, para. 114：“重复的、通常的和长期的酷刑和/或不人道待遇。”

[553] 在这些案件中，被害人一般会发现自己处于敌方的手中，因此，是受《日内瓦公约（四）》中禁止严重违反的条文和《国际刑事法院规约》第8条第2款第1项的相应条文保护的。

罚。

应当注意的是,针对平民人口本身的暴力行为,是不能在国际刑事法院的程序中作为战争罪起诉的;如上所说,这个犯罪并不包括在《国际刑事法院规约》第8条第2款的结论性清单之中。 1023

四 攻击平民对象

(一)国际冲突

《国际刑事法院规约》第8条第2款第2项第2目,紧密地与《国际刑事法院规约》第8条第2款第2项第1目相联系,处理的是平民对象的国际性攻击。这个战争罪依据的是《第一附加议定书》第52条第1款,根据这个规定,"平民对象不应当成为攻击的对象或者报复的对象。"然而,违反这个禁止性规定的,与对平民人口的攻击不同,并不是严重违反这个议定书的行为。 1024

客观性因素要求一种对平民对象的攻击,这定义在《第一附加议定书》第49条第1款中。在这部议定书第52条第1款第2句项下,这些全都不是军事目标。第52条第2款定义了军事目标。[554] 定义的困难尤其存在于对那些能够或者正在同时为民用和军事目的使用的对象之中,例如桥梁或者发电厂。[555] 在这里必须考虑,在具体情况下,这个对象的使用及其所具有的军事意义。[556] 在有怀疑的情况下,根据这部议定书第52条第3款,这个对象就被认定为是民用的。 1025

心理性因素要求有目的的行动。[557] 1026

---

[554] 对于更多的信息,参见 C. Pilloud and J. S. Pictet, in Y. Sandoz, C. Swinarski and B. Zimmermann (eds.), *Commentary on the Additional Protocols* (1987), marginal nos. 2021 et seq.;也见 *JStGH*, Urt. v. 17. Dezember 2004 (*Kordić und Čerkez*, AC), para. 53; *JStGH*, Urt. v. 5. Dezember 2003 (*Galić*, TC), para. 51。

[555] 详见, I. Detter, *The Law of War*, 2nd edn. (2000), pp. 280 et seq.; Excerpt of the Report prepared by the International Committee of the Red Cross for the 28th International Conference of the Red Cross and the Red Crescent, Geneva, December 2003, 86 *International Review of the Red Cross* (2004), p. 213 at pp. 222 et seq.; S. Oeter, in D. Fleck (ed.), *The Handbook of Humanitarian Law in Armed Conflicts* (1999), nos. 442 et seq.。

[556] 参见 C. Pilloud and J. S. Pictet, in Y. Sandoz, C. Swinarski and B. Zimmermann (eds.), *Commentary on the Additional Protocols* (1987), marginal nos. 2021 et seq.。

[557] 参见边码1018;这种对较低的一般主观性要求的偏离,是《国际刑事法院规约》第30条明确允许的,参见边码310以下。

(二)非国际冲突

1027 《国际刑事法院规约》没有包括为非国际武装冲突准备的符合第8条第2款第2项第2目的条文。这可以归因于这个事实:《第二附加议定书》没有包括相当于《第一附加议定书》第52条第1款的条文,因此,在罗马大会上,看来很可疑的是,禁止在非国际武装冲突中攻击民用对象就具有了习惯法的地位。[558] 然而,这个限制落后于习惯性国际法目前的状态。南斯拉夫国际法庭已经强调了在国际以及非国际武装冲突中保护平民和民用对象的重要性;它已经建立了绝对禁止攻击这些对象。[559]

1028 心理性因素要求有目的的行动。[560]

五 攻击特殊保护的对象

1029 在《国际刑事法院规约》第8条第2款第2项第2目项下的一种特别情况,由于受保护的价值具有特别重要的意义而单独处于刑事惩罚之下,[561]因此,被规定在《国际刑事法院规约》第8条第2款第2项第9目中,反映了习惯性国际法。这些特别受保护的对象包括那些"奉献于宗教、教育、艺术、科学或者慈善目的"的建筑物,以及"历史纪念物、医院以及收容病人和伤员的各种场所"。如果对象在国际人道法项下被认为是一个军事目标,那么,就不能适用这种通过刑事惩罚来提供的保护了。

1030 医院和艺术作品,在1863年《利伯法典》第35条项下就已经得到保护了。[562] 这个犯罪,在其现代的

---

[558] A. Zimmermann, in O. Triffterer (ed.), *Commentary on the Rome Statute of the International Criminal Court* (1999), Art. 8, marginal no. 292; D. Frank, in R. S. Lee (ed.), *The International Criminal Court, Elements of Crimes and Rules of Procedure and Evidence* (2001), p. 140 at p. 143.

[559] *Prosecutor v. Kupreškić* et al., ICTY (Trial Chamber), judgment of 14 January 2000, paras. 521 et seq.,(作者在德文第2版中删除了"根据这个判例法,《(德国)违反国际法的犯罪法典》已经把这种战争罪的范围扩展到非国际武装冲突。"——译者注)确定的,参见 *JStGH*, Urt. v. 31. Januar 2005 (*Strugar*, TC), para. 224。

[560] 参见边码1018;这种对较低的一般主观性要求的偏离,是《国际刑事法院规约》第30条明确允许的,参见边码310以下。

[561] D. Pfirter, in R. S. Lee (ed.), *The International Criminal Court, Elements of Crimes and Rules of Procedure and Evidence* (2001), p. 162;类似的,参见 G. Dahm, J. Delbrück and R. Wolfrum, *Völkerrecht*, Vol. I/3, 2nd edn. (2002), p. 1062。

[562] *Instructions for the Government of Armies of the United States in the Field*, Prepared by Francis Lieber, promulgated as General Orders No. 100 by President Lincoln, of 24 April 1863, 重印于 D. Schindler and J. Toman (eds.), *The Laws of Armed Conflicts* (1973), pp. 3 et seq.。关于《利伯法典》的更多信息,参见边码781。

形式中,依据的首先是《海牙规定》第27条和第56条。前者规定,在围攻和轰击期间,奉献于宗教、教育、艺术、科学或者慈善目的的建筑物,以及历史纪念物、医院以及收容病人和伤员的各种场所,享有特别的保护,除非它们被用于军事目的。被围攻者有义务在这些建筑物或者收容所上放置标识,并且事先告知敌方。根据该规定第56条,没收、故意毁坏或者损害这些奉献于宗教、慈善、教育、艺术或者科学的机构,以及没收、故意毁坏或者损害历史纪念物、艺术性或者科学性的作品,是被禁止的。这种禁止性规定是习惯性国际法的一部分。[563] 另外,这种犯罪是基于各部《日内瓦公约》及其《第一附加议定书》的条文,来规范对医院以及收容病人和伤员的各种场所的保护的。[564]《南斯拉夫国际法庭规约》第3条第4款包含了类似的条文。

《第一附加议定书》第53条第1款禁止针对历史纪念物、艺术作品或者"构成人民文化或者精神遗 1031
产"的礼拜场所采取敌对性行为。[565] 在《第一附加议定书》第85条第4款第4项下,造成广泛毁坏历史纪念物、艺术作品或者礼拜场所的攻击,是严重违反该议定书的,只要这些对象不是用于军事目的,并且,不是位于直接临近军事目标的地方。关于保护文化财产的更详细的规则,规定在1954年5月14日《武装冲突情况下保护文化财产公约》及其议定书之中。[566] 在这部公约第4条第1款之中,各方同意尊重文化财产,尤其是同意不对这种财产采取敌对行动。[567] 在第4条第2款项下,对这种禁止的例外,只有在紧迫的军事需要的情况下,才是可能的。1999年3月26日对这部公约的《第二附加议定书》第6条第1款,进一步限制了这项例外。只有在文化财产被用于军事目的,并且,只有在没有其他可行的替代措施可以用来实现所希望的军事好处时,才能允许攻击。[568]

客观性因素要求一种对所列举的对象的攻击。在这里,"攻击"这个词也必须以《第 1032
一附加议定书》第49条第2款为根据。这个对象不可以是一个军事目标。在区分民用对

---

[563] ICRC Study on ICC Statute, Art. 8(2)(b)(ix), p. 36.

[564] 它们特别是指 Geneva Convention I, Arts. 19 to 23; Geneva Convention II, Arts. 22, 23, 24 and 35; Geneva Convention IV, Arts. 14, 18 and 19; Additional Protocol I, Arts. 12 and 85(4)。

[565] 参见 C. F. Wenger, in Y. Sandoz, C. Swinarski and B. Zimmermann (eds.), *Commentary on the Additional Protocols* (1987), marginal nos. 2063 et seq.。由于这部公约在文化财产上有限的可适用性,在起草这部《附加议定书》期间,人们看到需要包括这种材料,因此,就帮助它赢得了广泛的可适用性,参见 K.-J. Partsch, in D. Fleck (ed.), *The Handbook of Humanitarian Law in Armed Conflicts* (1999), before no. 901。

[566] 249 *UNTS* (1955), p. 215.

[567] 在这部公约第1条中,文化财产被定义为"对每个民族的文化遗产具有巨大重要性的动产或者不动产,例如纪念建筑,艺术性的或者历史性的,宗教性的或者世俗性的;考古地点,具有历史或者艺术利益的作为一个整体的建筑群;艺术作品;具有艺术、历史或者考古利益的手稿、书籍和其他对象;以及书籍、档案或者复制品的科学文集和重要的选集。"处于这个定义之中的还有这种建筑物,其"主要的和有效的目的是保存或者展示文化财产,例如博物馆、大型图书馆和档案的贮藏处,以及为了在武装冲突事件中庇护文化财产的避难所;还有,包含了大量文化财产的纪念中心"。冲突各方也有义务通过不使用这种财产、不使用保护这种财产的设施,以及不使用目的是为了使其在武装冲突事件中免受毁坏或者损坏的周围的直接环境,来保护文化财产。这一点的目的是为了防止攻击把文化财产作为盾牌中的文化财产。

[568] 这个《议定书》第15条第1款将对文化财产的攻击加以犯罪化了,并且,创设了成员国进行起诉的义务。根据第15条第1款第1项,这适用于受到增强保护的对象。文化财产的一个有限种类,能够被置于特殊保护之中,例如,避难所(《保护文化财产公约》第1条第2款),纪念中心(该公约第1条第3款)和"具有非常巨大重要性的"可移动的文化财产(该公约第8条)。更多信息,参见 V. Mainetti, 86 *International Review of the Red Cross* (2004), pp. 337 et seq.; K.-J. Partsch, in D. Fleck (ed.), *The Handbook of Humanitarian Law in Armed Conflicts* (1999), nos. 905 et seq.。

象和军事目标时,可以参考上述的讨论。[569]

1033 《国际刑事法院规约》第 8 条第 2 款第 5 项第 4 目为非国际武装冲突包括了一个相同的条文。虽然《海牙规定》不适用于内战,但是,它们关于攻击受保护对象的规则已经并入了《武装冲突情况下保护文化财产公约》之中,也适用于非国际武装冲突。另外,《第二附加议定书》第 11 条还保护医疗单位和运输。这部议定书第 16 条禁止在非国际武装冲突中对历史纪念物、艺术作品或者"构成人民文化或者精神遗产"的礼拜场所采取敌对行动。因此,《国际刑事法院规约》通过第一次明确地把这种攻击定义为战争犯罪,引入了一项重要的创新。[570] 这个条文反映了习惯性国际法。

1034 心理性因素要求,在国际和非国际冲突中的行为人方面,都必须有目的。[571]

六 攻击使用《日内瓦公约》标志的人员和对象

1035 《国际刑事法院规约》第 8 条第 2 款第 2 项第 24 目加以犯罪化的是,在国际武装冲突中,攻击根据国际法使用醒目的《日内瓦公约》标志的人员和对象。《国际刑事法院规约》第 8 条第 2 款第 5 项第 2 目为非国际武装冲突包括了一个相同的条文。"攻击"这个词与攻击平民人口的犯罪相一致。一个对象什么时候可以合法地在自己身上标示这样一种标志,是详细地由各部《日内瓦公约》和《第一附加议定书》加以规范的。[572]

1036 在《日内瓦公约(一)》第 38 条之中列举了得到承认的各种标志。它们是:红十字标志,与瑞士的军徽(coat of arms)正相反;红新月标志;红狮子和红太阳标志;以及最近提出的*红水晶。[573] 以色列使用的红大卫星是在事实上被接受的,但是,并没有被正式承认为第四种**标志。[574]《第一附加议定书》引入了其他识别身份的符号和识别受保护对象的方

---

[569] 参见边码 1025。

[570] 参见 A. Zimmermann, in O. Triffterer (ed.), *Commentary on the Rome Statute of the International Criminal Court* (1999), Art. 8, marginal no. 297。

[571] 参见边码 1018;这种对《国际刑事法院规约》第 30 条一般要求的偏离,是允许的,参见边码 310 以下。

[572] 参见,例如,Geneva Convention I, Arts. 24 – 27, 36, 39 – 44; Geneva Convention II, Arts. 42 – 44; Geneva Convention IV, Arts. 18 – 22。

* 参见 2005 年 12 月 8 日"对 1949 年 8 月 12 日《日内瓦公约》的《关于采纳一个新增特殊标志的附加议定书》(《第三附加议定书》)"。(作者在德文第 2 版中新增加的注释。——译者注)

[573] 受保护标志的样式,参见《第一附加议定书》的附件一第 3 条和《第三附加议定书》的附件第 1 条。

** 原文为"第三种",作者作了更正。——译者注

[574] 参见 W. Rabus, in D. Fleck (ed.), *The Handbook of Humanitarian Law in Armed Conflicts* (1999), no. 637。

法，例如，救护车使用的蓝光、其他信标和电台信号，以及电子识别方式。[575]

那些根据各部《日内瓦公约》获得授权可以佩戴这种保护性标志的人员是：医务人员、医疗单位和设施的管理人员、随军教士、为红十字或者红新月国内组织服务的工作人员和来自中立国救援组织的雇员、接受训练成为卫生员的武装部队成员。可以这样认定的对象和机构包括各种医疗机构和设施，例如医院、医疗车辆、医疗船只和飞机、医院船和执行海岸救援任务的船舶和飞机。[576] 根据《第二附加议定书》第12条，这些保护性标志也可以适用于非国际武装冲突；《第二附加议定书》第11条第1款禁止攻击医疗单位和医疗运输。[577] 根据对《国际刑事法院规约》第8条第2款第2项第24目的《犯罪要件》，这个罪行要求，行为人必须攻击根据国际法和通过在各部《日内瓦公约》项下的一种保护性标志或者通过其他识别方式可以识别为受保护对象的人员、建筑物、医疗单位和运输，或者其他对象。[578] 因此，应当考虑的还有在《第一附加议定书》中规定的各种识别方法。[579] 1037

心理性因素与攻击的其他罪行相同。[580] 1038

七 攻击导致不成比例的附带性损害

参考书目：

Leslie Claude Green: The Environment and the Law of Conventional Warfare, 29 *Canadian Yearbook of International Law* (1991), pp. 222 et seq.; Matthias Reichart: *Umweltschutz durch völkerrechtliches Strafrecht* (1999); Heike Spieker (ed.), *Naturwissenschaftliche und v ölkerrechtliehe Perspektiven für den Schutz der Umwelt im bewaffneten Konflikt* (1996). 1039

---

[575] 参见 Additional Protocol I, Arts. 12 et seq., 15, 18, 23 and 24, in conjunction with Arts. 5 – 8 of Annex 1 of Additional Protocol I。

[576] 参见 W. J. Fenrick, in O. Ttiffterer (ed.), *Commentary on the Rome Statute of the International Criminal Court* (1999), Art. 8, marginal nos. 212 et seq.。

[577] 参见 A. Zimmermann, in O. Triffterer (ed.), *Commentary on the Rome Statute of the International Criminal Court* (1999), Art. 8, marginal nos. 293 et seq.。

[578] 对《国际刑事法院规约》的《犯罪要件》第8条第2款第2项第24目，第1点以下。

[579] D. Pfirter, in R. S. Lee (ed.), *The International Criminal Court, Elements of Crimes and Rules of Procedure and Evidence* (2001), pp. 201 et seq.

[580] 参见边码1018。对《国际刑事法院规约》的《犯罪要件》第8条第2款第2项第24目的结构，与对攻击的其他犯罪的《犯罪要件》不同。这并没有导致在主观性要求方面的一种实质性改变；这可能是一个编辑错误，参见 K. Dörmann, 83 *International Review of the Red Cross* (2001), p. 461 at pp. 479 et seq.。

(一)国际冲突

1040 《国际刑事法院规约》第8条第2款第2项第4目包括了知道攻击会对平民或者民用对象造成损害,或者知道会对自然环境造成广泛的、长期的和严重的损害,虽然这种损害与预计的具体和直接的总的军事好处相比是明显过分的,而仍然发动这种攻击。在实践中,实际发生这种损害将是通常的情况,但并不绝对是这种犯罪所要求的。[581] 与攻击非军事目标的犯罪相比较,[582]这个犯罪并不要求把非军事对象作为直接的目标。尤其是,它包括了行为人在攻击一个军事目标时,具有特定的造成过分附带性损害的期待这种情况。在有目标地攻击平民或者非军事对象时,如果还没有达到损害的程度,那么,这个条文就只有在能够期待对平民或者民用对象造成过分的附带性危害时,才能发生效力。

1041 这个条文把《第一附加议定书》第35条第3款,第51条第4款和第5款,第83条第3款第2项和第85条第3款第2项都联系在一起了。主要的类似之处是在于最后提到的那个条文。在那里,不加区别的攻击被定义为严重违反《第一附加议定书》,只要这些攻击是在知道会对平民造成过分危害和会对民用对象造成过分损害的情况下发动的。然而,与第85条第3款第2项不同,《国际刑事法院规约》第8条第2款第2项第4目要求,所"期待的"损害,与预计的"总的"军事好处相比,必须是"明显"过分的。[583]

1042 这个条文也包括"预计的"对环境的毁坏和危害,只要它是广泛的、长期的和严重的。使用能够带来这种环境损害的战争方法和方式,在《第一附加议定书》第35条第3款项下,是被禁止的;这个禁止性规定在《第一附加议定书》第55条中得到了肯定。[584] 在习惯性国际法项下,冲突各方也被禁止通过军事行动对环境造成过分的损害。[585]

1043 在《第一附加议定书》和《国际刑事法院规约》第8条第2款第2项第4目中使用的术语,是基于1976年12月10日的《禁止为军事或任何其他敌对目的使用改变环境的技术的公约》(《禁止改变环境

---

[581] 关于在起草《犯罪要件》过程中对这个问题的讨论,参见 K. Dörmann,83 *International Review of the Red Cross* (2001),p. 461 at pp. 470 et seq.。

[582] 参见 ICC Statute,Art. 8(2)(b)(i),(ii),(iii),(xxiv) and Art. 8(2)(e)(i),(ii),(iii),(iv)。

[583] 对这种犯罪性上的高门槛所提出的批评性观点,参见 A. Cassese,*International Criminal Law* (2003),pp. 60 et seq.。

[584] 参见 S. Oeter,in D. Fleck (ed.),*The Handbook of Humanitarian Law in Armed Conflicts* (1999),no. 403;J. de Preux,in Y. Sandoz,C. Swinarski and B. Zimmermann (eds.),*Commentary on the Additional Protocols* (1987),marginal nos. 1440 et seq.。

[585] ICRC Study on ICC Statute,Art. 8(2)(b)(iv),p. 14;L. C. Green,*Canadian Yearbook of International Law* 1991,pp. 222 et seq.;G. Dahm,J. Delbrück and R. Wolfrum,*Völkerrecht*,Vol. I/3,2nd edn. (2002),p. 1060,然而,怀疑对环境的损害是习惯性国际法项下的犯罪,就像今天规定的这样。

公约》,简称 ENMOD)。[586] 这部公约的第1条禁止作为战争方式使用那些对环境具有广泛的、长期的和严重影响的改变环境的技术。联合国裁军委员会(the UN Disarmament Committee)进一步明确了这个概念:如果影响了一个几百平方公里的区域,那么,环境损害就是广泛的。如果损害持续了几个月或者大约达到了一个季节,那么,这种损害就是长期的。最后,如果对人的生命、自然或者经济资源或者其他资产造成了严重的或者具有重大意义的瓦解或者损害,那么,这些影响就是严重的。[587]

在《国际刑事法院规约》第8条第2款第2项第4目项下的对环境的损害,只有在能够预计是"广泛的、长期的和严重的损害"时,才是犯罪的。与《禁止改变环境公约》第1条相比,《第一附加议定书》第35条第3款也包含了这个很高的门槛。这能够通过下面这个事实得到解释,《国际刑事法院规约》和《第一附加议定书》的条文也包括了对环境造成的附带性损害。[588] 因为在任何种类的战争方式中,环境损害都能够作为一种附带性的结果被期待,因此,这些要求就在与《禁止改变环境公约》的那些条文的比较中提出来了。[589]《国际刑事法院规约》第8条第2款第2项第4目把包含在这部《附加议定书》中的各个条文与符合比例性的原则联系在一起了。[590] 1044

"平民人口"、"民用对象"和"攻击"这些词,与《国际刑事法院规约》第8条第2款第2项第1目和第2目项下对战争罪的相应标准,并没有什么不同,因此,在这个方面,可以参考上面的讨论。这个犯罪并不要求预计的损害应当在事实上发生。[591] 1045

比例性的要求是指这个犯罪的所有三种种类。[592] 对平民人口、民事对象或者环境所预计的损害,必须"与预计的具体和直接的总的军事好处相比是明显过分的"。因此,比例性的这个要求,与《第一附加议定书》中的基础性规范相比,就很清楚地是提高了。[593]《犯罪要件》清楚地表明,这种军事上的好处不需要在时间上和地域上与攻击的对象相联 1046

---

[586] 16 *ILM* (1977), p. 88.

[587] UN Doc. CCD/520 of 3 September 1976, Annex A. 也见 S. Oeter, in D. Fleck (ed.), *The Handbook of Humanitarian Law in Armed Conflicts* (I 999), no. 403.

[588] J. de Preux, in Y. Sandoz, C. Swinarski and B. Zimmermann (eds.), *Commentary on the Additional Protocols* (1987), marginal no. 1453.

[589] S. Oeter, in D. Fleck (ed.), *The Handbook of Humanitarian Law in Armed Conflicts* (1999), no. 403, 涉及的是《第一附加议定书》的条文。

[590] 不清楚的是,这是否产生了这个限制于面对《第一附加议定书》第35条第3款的犯罪。可疑的是,对环境的广泛的、长期的和严重的破坏也能够由军事上的好处加以正当化。

[591] 参见边码1017和 D. Pfirter, in R. S. Lee (ed.), *The International Criminal Court, Elements of Crimes and Rules of Procedure and Evidence* (2001), p. 147 at p. 149; K. Kittichaisaree, *International Criminal Law* (2001), p. 164。

[592] 这确立在对《国际刑事法院规约》的《犯罪要件》第8条第2款第2项第4目,第2点之中。

[593] 参见 Additional Protocol I, Art. 51(5)(b) and Additional Protocol I, 57(2)(a)(iii),这些条文不要求清晰的违反比例性原则。W. J. Fenrick, in O. Triffterer (ed.), *Commentary on the Rome Statute of the International Criminal Court* (1999), Art. 8, marginal no. 51,采取的是这样的观点:这个条文的范围很难缩减为一种结果,因为无论如何,仅仅是特别清楚的违反比例性原则是会被起诉的。

系。[594] 更准确地说,它必须与总的军事行动一起考虑,超过并超出具体的攻击。[595]

1047 对于心理性因素,《国际刑事法院规约》第 30 条是决定性的。[596] 行为人必须已经是在故意攻击特别的目标,并且已经是在知道自己会造成这个犯罪的定义所指明的那种过分损害的情况下行为的,这种损害与预计的军事好处相比是"明显过分的"。[597] 在《国际刑事法院规约》第 8 条第 2 款第 2 项第 4 目要求的行为人必须"故意地"行为这个范围内,这并没有偏离心理性因素的标准要求。

(二)非国际冲突

1048 在习惯性国际法项下,对平民或者民事对象造成不合比例的附带性损害,也是一种在非国际武装冲突中的犯罪;只有对环境造成不成比例的损害这种犯罪,才限制在国际武装冲突之中。《国际刑事法院规约》没有为非国际性武装冲突提供相应的条文,因此,部分地落后于习惯性国际法了。[598]

八 对不设防的非军事对象的攻击

(一)国际冲突

1049 《国际刑事法院规约》第 8 条第 2 款第 2 项第 5 目包括了"使用任何手段攻击或者轰击不设防的和不是军事对象的城镇、乡村、住宅或者建筑物。"《南斯拉夫国际法庭规约》第 3 条第 3 款包含了一个类似的条文。这个带有"不是军事对象的"补充性修饰词的条文,来自《海牙规定》第 25 条。《第一附加议定书》第 59 条第 1 款禁止攻击不设防的地

---

[594] 对《国际刑事法院规约》的《犯罪要件》第 8 条第 2 款第 2 项第 4 目,第 2 点,注释 36。

[595] 《第一附加议定书》的许多签字国在起草《犯罪要件》期间都主张这种解释,参见 D. Pfirter, in R. S. Lee (ed.), *The International Criminal Court, Elements of Crimes and Rules of Procedure and Evidence* (2001), p. 147 at p. 148;但是,参见 Excerpt of the Report prepared by the International Committee of the Red Cross for the 28th International Conference of the Red Cross and the Red Crescent, Geneva, December 2003, 86 *International Review of the Red Cross* (2004), p. 213 at p. 224。

[596] 关于一般性要求,参见边码 294 以下,尤其是边码 304 以下。

[597] 参见*JStGH*, Urt. v. 5. Dezember 2003 (*Galić*, TC), para. 59;也见 Explanatory Memorandum of the (German) Code of Crimes Against International Law, *BT-Drs.* 14/8524, p. 34。

[598] 参见 Explanatory Memorandum of the (German) Code of Crimes Against International Law, *BT-Drs.* 14/8524, pp. 33 et seq.。

方。这个条文的目的是防止攻击这样的地方,在那里,由于不设防,因此敌人本来可以不先经过攻击就加以占领;那样,使用军事力量就会是不成比例的。在《犯罪要件》中,这个联系就被规定清楚了。[599]

一个地方在什么时候应当被认为是不设防的?这可以从《第一附加议定书》第59条第2款中得到结论。这个地方必须有人居住、处于战争区域之中,并且面临着被敌方所占领。[600] 如果必要,必须采取实际措施,以使敌方有可能进行这样一种占领;例如,障碍或者地雷必须加以清除。[601]《第一附加议定书》第59条第2款还规定当局应当向敌人宣布这个地方是不设防的。[602] 在这个议定书第59条第3款项下,即使这个地方还存在着有权根据各部《日内瓦公约》和《第一附加议定书》得到特别保护的人员,或者,警察力量为了维持法律和秩序的目的还留在那里,这样的地方也仍然可以被认为是不设防的。[603] 这个说明首先是指武装部队的伤员和病人,以及在各种医疗设施中被救治的战俘。军事医务人员和随军教士也包括在这个规则之中。穿制服的警察力量,根据《第一附加议定书》第43条第1款,是武装力量的一部分,因此,这种明确说明在这里就是必要的。[604] 1050

不是处于直接战斗区域中的地方或者临近的地方,不算不设防的地方,因为它们不能 1051
轻易地为敌人所占领。[605] 因此,攻击敌人战线之后的对象,就不能满足这个犯罪的定义。[606] 例如,如果一个在内地的地方受到来自空中的袭击,那么,这就不是攻击不设防地点;然而,这个行为可以通过其他途径加以惩罚,例如,作为攻击民用对象被惩罚。在《国际刑事法院规约》第8条第2款第2项第5目项下,不设防地方不可以是军事对象。[607] 然而,这个标准极其可能被归结为不具有什么独立的意义:[608]不设防地方通常在开始的时候不是

---

[599] 对《国际刑事法院规约》的《犯罪要件》第8条第2款第2项第5目,第2点。

[600] 《第一附加议定书》第59条第2款第1项到第4项列举了必须满足的要求。所有的战斗人员,可移动的武器和不可移动的装备都必须从这个地点移除。现存的可移动军事装备或者设施,都不可以用于敌对行动;官员和平民都不可以进行敌对行动。最后,不可以进行任何支持战争努力的活动,例如,通过军火生产,或者单纯的电信联系和运输服务,参见 S. Oeter, in D. Fleck (ed.), *The Handbook of Humanitarian Law in Armed Conflicts* (1999), no. 459。

[601] C. Pilloud and J. S. Pictet, in Y. Sandoz, C. Swinarski and B. Zimmermann (eds.), *Commentary on the Additional Protocols* (1987), marginal no. 2268.

[602] 官方的宣布只具有一种宣布的功能;只要所列举的要求得到满足,即使没有官方的宣布,也发生保护的效力,参见 S. Oeter, in D. Fleck (ed.), *The Handbook of Humanitarian Law in Armed Conflicts* (1999), no. 459。

[603] 这个说明也被采纳进入对《国际刑事法院规约》的《犯罪要件》第8条第2款第2项第5目,注释38。

[604] C. Pilloud and J. S. Pictet, in Y. Sandoz, C. Swinarski and B. Zimmermann (eds.), *Commentary on the Additional Protocols* (1987), marginal no. 2278.

[605] S. Oeter, in D. Fleck (ed.), *The Handbook of Humanitarian Law in Armed Conflicts* (1999), no. 459.

[606] D. Pfirter, in R. S. Lee (ed.), *The International Criminal Court, Elements of Crimes and Rules of Procedure and Evidence* (2001), p. 147 at p. 152.

[607] 军事对象的概念在《国际刑事法院规约》第8条第2款第2项第2目中得到了解释。

[608] 然而,这个标准被再一次地提到,参见对《国际刑事法院规约》的《犯罪要件》第8条第2款第2项第5目,第3点。

军事对象,因为敌人已经不在上面进行自己的军事努力了,而所希望的军事成功本来可以通过简单的占领来实现。[609] 在《第一附加议定书》第49条项下,任何进攻性的或者防御性的使用武力来对付敌人,都被算作攻击。从"使用任何手段"这个用语中,很清楚的是,《国际刑事法院规约》第8条第2款第2项第5目也包括了诸如来自空中的攻击,只要这种攻击是以不保护的地点为目标的。[610]

1052 与惩罚直接攻击非军事目标的其他战争罪的条文不同,在这里,《国际刑事法院规约》本身和《犯罪要件》都不要求行为人有目的地以不设防地方为目标。因此,心理性因素的标准就还是《国际刑事法院规约》第30条的一般要求。[611]

(二)非国际冲突

1053 《国际刑事法院规约》没有包含任何条款,类似于与非国际武装冲突相联系的第8条第2款第2项第5目。在这里,这部规约落后于习惯性国际法的目前状态。南斯拉夫国际法庭已经强调了保护平民和民用对象的重要性,不仅是在国际冲突中,而且是在非国际冲突中,并且强调了绝对禁止攻击这些对象。[612] 与这个案例法相一致,《(德国)违反国际法的犯罪法典》把这个犯罪的范围,扩展到了非国际的武装冲突之中。[613]

九 背信弃义地杀人或者伤害

(一)国际冲突

1054 《国际刑事法院规约》第8条第2款第2项第11目包括了在国际武装冲突中"背叛性"地杀害或者伤害敌对国家或者军队的成员。这个条文体现了习惯性国际法。[614] 这个

---

[609] S. Oeter, in D. Fleck (ed.), *The Handbook of Humanitarian Law in Armed Conflicts* (1999), no. 458.

[610] 参见 ICRC Study on ICC Statute, Art. 8(2)(b)(v), p. 18。

[611] 详见,边码294以下,尤其是边码304以下。

[612] *Prosecutor v. Kupreškić* et al., ICTY (Trial Chamber), judgment of 14 January 2000, paras. 521 et seq.

[613] 参见《(德国)违反国际法的犯罪法典》第11条第1款第2点。对法律的这个解释也参考了 *the UN Resolution on the Protection of the Civilian Population in Armed Conflicts* of 17 September 1999, UN Doc. S/RES/1265,在这里,保护民用对象与在所有类型的冲突中保护平民人口联系在一起了,参见 Explanatory Memorandum of the (German) Code of Crimes Against International Law, *BT-Drs.* 14/8524, p. 33。

[614] 参见,例如,*Prosecutor v. Tadić*, ICTY (Appeals Chamber), decision of 2 October 1995, para. 125。

并入《国际刑事法院规约》之中的规则，在实质上依据的是《海牙规定》第23条第2款和《第一附加议定书》第37条；其本身的用语是来自《海牙规定》。[615]

1055 《犯罪要件》谈论的是在这种犯罪中所包括的两种欺诈方式：行为人必须欺骗被害人，使之相信自己在国际法可以适用的这场冲突中，[616]有义务尊重进行保护的主张，或者使之相信被害人自己有权主张保护。[617] 在实践中，首先涉及的是这样的案件：行为人主张自己受保护的权利——例如，作为一名被认为已经负伤的人。[618]

1056 因此，对手的任何欺诈不是都受到禁止的，仅仅是欺诈性地滥用通过违反国际法的特别行为而获得的信任才受到禁止。[619] 关键的要素是，行为人通过假装成一种国际法项下的保护状态来欺骗敌人。这一点可以直接从这个规范本身的目的获得。这项禁止性规定保护着国际法的基本规则；[620]只有与这些

---

[615] C. Garraway, in R. S. Lee (ed.), *The International Criminal Court, Elements of Crimes and Rules of Procedure and Evidence* (2001), pp. 167 et seq.。在《国际刑事法院规约》的条文和《第一附加议定书》第37条第1款之间，存在着两个主要的区别。第一，《第一附加议定书》的条文加以犯罪化的，不仅是杀害或者伤害被害人，而且还有他们的俘虏。没有把这个犯罪中的各种行为种类合并入《国际刑事法院规约》第8条第2款第2项第11目的禁止背信弃义之中，主要地可以通过这个事实来加以解释：只有在国际法项下的最严重犯罪才会被包含在这部规约之中，参见 C. Garraway, in R. S. Lee (ed.), *The International Criminal Court, Elements of Crimes and Rules of Procedure and Evidence* (2001), p. 167 at p. 168。第二，与背叛性杀人和伤害相联系的未遂的犯罪地位，仍然是有争论的。这种争论产生于《第一附加议定书》第37条第1款中的不清楚的用语，在那里规定的是，只有"杀人、伤害或者俘获(行为)"才是犯罪。对于历史原因，有些人的结论是：这些未遂并不处于禁止背信弃义的范围之内，参见 S. Oeter, in D. Fleck (ed.), *The Handbook of Humanitarian Law in Armed Conflicts* (1999), no. 472。其他持对立性观点的意见，指出了这个规范的目的，主张应当包括未遂，参见 K. Ipsen, in R. Bernhardt (ed.), *Encyclopedia of Public International Law*, Vol. 3 (1997), p. 978 at pp. 979 et seq.; J. de Preux, in Y. Sandoz, C. Swinarski and B. Zimmermann (eds.), *Commentary on the Additional Protocols* (1987), marginal no. 1492。《国际刑事法院规约》第25条第3款第6项现在已经明确，对这种战争罪的未遂，也是犯罪。

[616] 包括在国际法中可以对武装冲突适应的，尤其是所有有关的国际条约，以及习惯性国际法的规则；这就是，例如，在下面这些法律中建立了个人主张保护的条文：Geneva Conventions and their Additional Protocols, the Hague Regulations, the Convention for the Protection of Cultural Property in the Event of an Armed Conflict of 14 May 1954, 249 *UNTS* (1955), p. 215(边码1031), and the ICC Statute。

[617] 对《国际刑事法院规约》的《犯罪要件》第8条第2款第2项第11目，第1点；参见，另外，the commentary to Additional Protocol I, Art. 37(1) by K. Ipsen, in M. Bothe, K. Ipsen and K. J. Partsch, 38 *Heidelberg Journal of International Law* (1978), p. 1 at pp. 24 et seq.。最后提到的那种犯罪种类首先是指这些案件，在这里，行为人对被害人假装成自己将会尊重被害人现有的受保护的权利。在这里，经常会与其他战争罪存在重合。

[618] 参见 Additional Protocol I, Art. 37。禁止背信弃义的特殊形式包括禁止不恰当地使用受承认的保护性标志和中立国的制服，以及停战旗，参见 K. Ipsen, in M. Bothe, K. Ipsen and K. J. Partsch, 38 *Heidelberg Journal of International Law* (1978), p. 1 at pp. 24 et seq.。这个行为是由《国际刑事法院规约》在第8条第2款第2项第7目中单独加以规定的，参见边码1064。

[619] 参见 Explanatory Memorandum of the (German) Code of Crimes Against International Law, *BT-Drs.* 14/8524, pp. 34 et seq.。

[620] 参见 S. Oeter, in D. Fleck (ed.), *The Handbook of Humanitarian Law in Armed Conflicts* (1999), no. 472。

基本规则相联系的欺诈才是犯罪行为。其他欺诈——所谓的战争谋略——都是允许的。[621] 在这方面包括,例如,欺骗敌人自己军队的力量或者军事单位的地点,假装进攻或者撤退,设立假设防位置,为敌人的情报网提供假情报。[622] 这些措施可以麻痹敌人,促使敌人采取草率的行动,从而使之处于不利的位置。但是,这些措施都不能构成被禁止的背信弃义行为。[623] 使用间谍或者秘密工作者都不属于禁止背信弃义的范围,因为这些获得情报的手段是国际法所承认的。[624] 使用宣传手段来挫败敌人的士气也不违反这个禁止性规定。[625] 最后,在海战中使用虚假船旗的情况,适用的是特别的规则。[626]

1057 在《国际刑事法院规约》项下的潜在被害人,是敌国或者敌军的成员——也就是说,包括平民和战斗人员。[627] 行为人必须通过利用被害人相信或者信任了一种国际法项下的保护状态,并且已经杀死或者伤害了这名被害人。[628]

1058 《国际刑事法院规约》第 8 条第 2 款第 2 项第 11 目包括的是一种特别故意的要求,超过了《国际刑事法院规约》第 30 条对故意的一般要求。[629] 根据《犯罪要件》,这种犯罪要求行为人以违反灌输给敌人的信任的故意,来进行行为。[630] 这名行为人是否从一开始就故意利用这种信任,还是在行为创设了这种信任之后才发展了这种故意,是不重要的,因为

---

[621] 《第一附加议定书》第 37 条第 2 款第 2 句对可允许的战争谋略的定义,是"意图误导对方或者引诱其采取鲁莽行动的行为,但是,这种行为没有侵害可以对武装冲突适用的国际法原则,并且,这种行为不是背叛性的,因为它们并没有邀请对方相信在那部法律项下的保护";也见 Hague Regulations, Art. 24; M. Cottier, in O. Triffterer (ed.), *Commentary on the Rome Statute of the International Criminal Court* (1999), Art. 8, marginal no. 119。

[622] 《第一附加议定书》第 37 条第 2 款作为战争谋略的古典例子列明的是,伪装、引诱、虚假行动和误导性信息(misinformation)。参见 J. de Preux, in Y. Sandoz, C. Swinarski and B. Zimmermann (eds.), *Commentary on the Additional Protocols* (1987), marginal nos. 1520 et seq.; L. C. Green, *The Contemporary Law of Armed Conflict*, 2nd edn. (2000), pp. 146 et seq.。

[623] 如果这名敌人首先(仅仅)发现自己由于这种谋略而处于一种很不利的战术情况之中,但是,只要这种情况后来导致了杀人和伤害,那么,这就应当也适用;参见 K. Ipsen, in M. Bothe, K. Ipsen and K. J. Partsch, 38 *Heidelberg Journal of International Law* (1978), p. 1 at p. 25; J. de Preux, in Y. Sandoz, C. Swinarski and B. Zimmermann (eds.), *Commentary on the Additional Protocols* (1987), marginal no. 1492。

[624] 参见 Hague Regulations, Art. 24("……使用取得关于这个敌人和这个国家的信息所需要的措施,被认为是允许的"),以及 Additional Protocol I, Art. 39(3)。参见 J. de Preux, in Y. Sandoz, C. Swinarski and B. Zimmermann (eds.), *Commentary on the Additional Protocols* (1987), marginal no. 1766 and H. McCoubrey and N. D. White, *International Law and Armed Conflict* (1992), p. 229。国内刑法对叛国罪或者间谍罪的接受,并不受这一点的影响。

[625] 参见 I. Detter, *The Law of War*, 2nd edn. (2000), p. 306; M. Gimmerthal, *Kriegslist und Perfidieverbot* (1990), pp. 170 et seq.; S. Oeter, in D. Fleck (ed.), *The Handbook of Humanitarian Law in Armed Conflicts* (1999), no. 474。

[626] 参见 Additional Protocol I, Art. 39(3); 更多的信息,参见 M. Gimmerthal, *Kriegslist und Perfidieverbot* (1990), pp. 173 et seq.; L. C. Green, *The Contemporary Law of Armed Conflict*, 2nd edn. (2000), pp. 177 et seq.; I. Detter, *The Law of War*, 2nd edn. (2000), pp. 304 et seq., with additional references。

[627] 对《国际刑事法院规约》的《犯罪要件》第 8 条第 2 款第 2 项第 11 目,第 5 点。

[628] 对《国际刑事法院规约》的《犯罪要件》第 8 条第 2 款第 2 项第 11 目,第 3 点和第 4 点。

[629] 在这里,《犯罪要件》规定了允许偏离《国际刑事法院规约》第 30 条第 1 款;参见边码 310 以下。

[630] 对《国际刑事法院规约》的《犯罪要件》第 8 条第 2 款第 2 项第 11 目,第 2 点。

在这两种情况中，都提出了不尊重国际法的基本保护规则的威胁。如果一个人是为了活着从敌人的攻击中逃生，或者为了从战俘营中逃跑，因此假装死了，或者假装成一名敌军成员，那么，他仍然没有实施一种战争罪。[631]

（二）非国际冲突

《国际刑事法院规约》第8条第2款第5项第9目包括了在非国际武装冲突中实施的 1059
背叛性杀人和伤害。与在国际武装冲突中的犯罪状态相比，这个规定的实质性区别在于受保护人员的等级方面：在非国际武装冲突中，关于背信弃义的禁止性规定不仅扩展到了敌方的战斗人员，而且还扩展到了平民。[632]

与在非国际武装冲突中禁止背信弃义相联系，特别实际的问题会在游击战争方面产 1060
生。在这种冲突中，在战士和平民之间作出区别是特别困难的，因为游击部队的单位，一般都不是在结构上显而易见的，并且，没有国际法上的义务要穿制服。因为游击战士经常无法与平民区别开来，所以，杀死或者伤害对方的游击战士，一直都被通过伪装成平民身份而违反禁止背信弃义认为是有罪的。为了避免这个结果，《第一附加议定书》第44条第3款规定，游击战士如果在任何军事行动中都公开携带武器，包括准备攻击时，那么，就对背信弃义行为是无罪的。[633] 这个立场在适用于禁止非国际冲突中的背信弃义时，也是很重要的。

十　不恰当地使用军事标志

（一）国际冲突

《国际刑事法院规约》第8条第2款第2项第7目包括了不恰当地使用停战旗，敌方 1061

---

[631] 参见 M. Cottier, in O. Triffterer (ed.), *Commentary on the Rome Statute of the International Criminal Court* (1999), Art. 8, marginal no. 130; K. Ipsen, in R. Bernhardt (ed.), *Encyclopedia of Public International Law*, Vol. 3 (1997), p. 978 at p. 980; S. Oeter, in D. Fleck (ed.), *The Handbook of Humanitarian Law in Armed Conflicts* (1999), no. 472; J. de Preux, in Y. Sandoz, C. Swinarski and B. Zimmermann (eds.), *Commentary on the Additional Protocols* (1987), marginal no. 1502。

[632] 对于在国际武装冲突中的一个背信弃义案件的例子，参见 *Prosecutor v. Pius Nwaoga*, Supreme Court of Nigeria, judgment of 3 March 1972, in 52 *ILR* (1979), pp. 494 et seq.。

[633] 关于这个问题，尤其参见 J. de Preux, in Y. Sandoz, C. Swinarski and B. Zimmermann (eds.), *Commentary on the Additional Protocols* (1987), marginal nos. 1506 et seq.。

或者联合国的旗帜、军事标志和制服,以及各部《日内瓦公约》中规定的独特标记,只要这导致了死亡或者严重伤害。这个条文是第8条第2款第2项第11目背信弃义的战争罪中的一个特殊形式。这种滥用在国际法项下受保护标记的犯罪地位,反映了习惯性国际法。[634]

1062 这个规约的条文依据的是《海牙规定》第23条第6款,在那里,不恰当地使用所有在《国际刑事法院规约》第8条第2款第2项第12目中列明的对象就已经得到了禁止,唯一的例外是联合国的标志。不恰当地使用联合国的标志,是在《第一附加议定书》第37条第1款第4项、第38条第2款和第85条第3款第6项中加以禁止的。红十字标记的使用在各部《日内瓦公约》的许多条文中都有规定,因此,不恰当地使用红十字标记是严重违反《第一附加议定书》的第85条第3款第6项,只要有一个人被杀死或者被严重伤害的结果。然而,不恰当地使用《第一附加议定书》第39条第2款项下的敌人标志、标记或者制服,并不是严重违反这部议定书或者《日内瓦公约》的。

1063 不恰当地使用保护性标记的犯罪,在任何情况下都包括在《第一附加议定书》第37条中定义的背叛性使用这些标记。[635] 除此之外,还有什么行为代表了不恰当的使用,就只能分别根据不同的受保护标志加以决定。在禁止不恰当地使用停战旗和国际性标记为一边,与禁止不恰当地使用敌人的标志为另一边之间,必须作出区别。前一种禁止不仅涉及具体情况下对人的生命的威胁,而且涉及一般接受这些标记和这些标记的合法性会受到损害这样的危险。这些标记对特定行动所提供的保护,结果就会丧失了。在不恰当的使用敌方标志中,这一点担心是不起作用的。[636]

1. 不恰当地使用停战旗

1064 使节——也就是得到授权与敌人进行谈判的人——有权根据《海牙规定》第32条第2句不受侵犯,并且,不可以受到攻击或者被扣为俘虏。他们使用一面白旗表明自己的身份,表示的是愿意进行谈判。这个犯罪禁止的是在展示停战旗时攻击敌人。[637]

1065 关于心理性因素,适用的是《国际刑事法院规约》第30条。[638] 修改是在两个方向上作出的。第一,《犯罪要件》规定,如果一名行为人本来已经承认了禁止使用停战旗了,那就

[634] 参见 M. Cottier, in O. Triffterer (ed.), *Commentary on the Rome Statute of the International Criminal Court* (1999), Art. 8, marginal no. 70; C. Greenwood, in D. Fleck (ed.), *The Handbook of Humanitarian Law in Armed Conflicts* (1999), no. 230, 关于滥用停战旗。

[635] 参见 K. Kittichaisaree, *International Criminal Law* (2001), p. 166。

[636] 参见 M. Cottier, in O. Triffterer (ed.), *Commentary on the Rome Statute of the International Criminal Court* (1999), Art. 8, marginal nos. 72 et seq. 。

[637] 参见对《国际刑事法院规约》的《犯罪要件》第8条第2款第2项第7目之一,第1点,第2点。

[638] 详见对心理性因素的一般要求,参见边码294以下,尤其是边码304以下。

足够了。[639] 第二,《犯罪要件》要求,这名行为人的行为是"为了"冒充愿意进行谈判。[640] 在这两种情况下,这些对一般要求的偏离,根据《国际刑事法院规约》第 30 条第 1 款,都是允许的。[641]

2. 不恰当地使用敌人的旗帜、标志和制服

关于战争的国际法并不像禁止不恰当地使用国际保护性标记那样严格地禁止不恰当地使用敌人的旗帜、标志和制服。《第一附加议定书》第 39 条第 2 款禁止"在进行进攻或者为了隐蔽、有利于、保护或者阻碍军事行动时,利用对方的旗帜、军事标记、标志或者制服。"在习惯法项下,至少,它们在军事行动中的直接使用,是被禁止的,但是,在导致敌对状态中使用敌人标志的,有时会被认为是许可的。[642] 因此,《犯罪要件》也把这种犯罪限制在以违反战争的国际法的方式进行攻击时不恰当地使用上了。 1066

关于心理性因素,适用《国际刑事法院规约》第 30 条。[643]《犯罪要件》指出,行为人必须已经或者本来就承认了使用敌人标志是被禁止的。[644] 与不恰当地使用停战旗的战争罪不同,这里的犯罪性不要求行为人方面的故意欺骗。 1067

3. 不恰当地使用《日内瓦公约》的保护性标记

《日内瓦公约》中承认的保护性标记,在《日内瓦公约(一)》第 38 条项下,是红十字、红新月、红狮子和红太阳,所有的标记都是白底的。[645] 这些信号指示的是医务人员和神职人员,以及医疗设施和运输、医疗区和医疗设备。[646] 因此,这些保护性标记在原则上就只能由那些本身没有参加到敌对状态之中,而是从事人道主义任务的人员来使用。[647] 这些 1068

---

[639] 参见对《国际刑事法院规约》的《犯罪要件》第 8 条第 2 款第 2 项第 7 目之一,第 3 点。

[640] 参见对《国际刑事法院规约》的《犯罪要件》第 8 条第 2 款第 2 项第 7 目之一,第 2 点。

[641] 参见边码 310 以下。

[642] 参见 M. Cottier, in O. Triffterer (ed.), *Commentary on the Rome Statute of the International Criminal Court* (1999), Art. 8, marginal nos. 81 et seq.。

[643] 参见边码 294 以下,尤其是边码 304 以下。

[644] 对《国际刑事法院规约》的《犯罪要件》第 8 条第 2 款第 2 项第 7 目之二,第 3 点。

[645] 对保护性标记的详细说明,参见《第一附加议定书》附件一,第 3 条。由伊朗王(the Shah of Iran)引入的红狮子和红太阳的标记,在 1980 年伊朗革命之后,就一直没有被使用过。参见 W. Rabus, in D. Fleck (ed.), *The Handbook of Humanitarian Law in Armed Conflicts* (1999), no. 637, fn. 55。

[646] 参见 W. Rabus, in D. Fleck (ed.), *The Handbook of Humanitarian Law in Armed Conflicts* (1999), no. 637。

[647] 参见 J. de Preux, in Y. Sandoz, C. Swinarski and B. Zimmermann (eds.), *Commentary on the Additional Protocols* (1987), marginal no. 1538。

可以使用保护性标记的特别条件,能够在各部《日内瓦公约》和《第一附加议定书》的有关条文中找到。[648]《犯罪要件》这样明确了这个犯罪:不恰当地使用必须为军事目的服务。[649]

1069 关于心理性因素,在前面的讨论中对这个犯罪的其他种类已经说过的,在这里也适用。[650] 例外在于,与滥用停战旗的战争罪不同,这里的犯罪性并不要求行为人方面的故意欺骗。

4. 不恰当地使用受保护的联合国标志

1070 不恰当地使用联合国的标志会特别影响国际社会的利益。这种犯罪与对联合国维持和平的使团进行犯罪性攻击紧密地联系着。[651] 这里的标志包括蓝色的联合国旗和联合国及其附属组织的其他标志和制服。根据对《国际刑事法院规约》第 8 条第 2 款第 2 项第 7 目的《犯罪要件》,这些标志必须在一种由战争的国际法所禁止的方式中被使用。[652] 根据这个条文的用语,只有联合国的军事标志被包括了。然而,这一点被看成是一种编辑上的错误,原因是不适当地把国际标记和敌人的标志结合在一个犯罪之中了。不能认为,《国际刑事法院规约》的起草者们本来是想在这个犯罪的范围中,排除由非军事行动人员所使用的标志的。[653]《国际刑事法院规约》依据的是《第一附加议定书》第 37 条第 1 款第 4 项和第 38 条第 2 款,在这里并没有区分军事的和非军事的标志。

1071 关于心理性因素,适用《国际刑事法院规约》第 30 条。[654]《犯罪要件》规定,行为人必须已经知道禁止使用这种标志。[655] 这个要求把这种行为与这种犯罪的其他行为区分开了,在其他行为那里,有行为人"已经知道"就足够了。在这里考虑的事实是,关于使用联合国标志的条文并不总是很容易地为那些位于联合国系统之外的人所获得。[656]

---

[648] 列表,参见 J. de Preux, in Y. Sandoz, C. Swinarski and B. Zimmermann (eds.), *Commentary on the Additional Protocols* (1987), marginal nos. 1528 et seq.。

[649] 参见对《国际刑事法院规约》的《犯罪要件》第 8 条第 2 款第 2 项第 7 目之四。在《犯罪要件》注释 42 项下,这个措施在与军事行动的直接联系中使用。

[650] 在这里,《犯罪要件》也包含了对这项要求的一项参考:行为人已经知道或者应当已经知道这种不恰当的使用,参见对《国际刑事法院规约》的《犯罪要件》第 8 条第 2 款第 2 项第 7 目之四,第 3 点。

[651] 参见边码 1134 以下。

[652] 参见对《国际刑事法院规约》的《犯罪要件》第 8 条第 2 款第 2 项第 7 目之三,第 1 点,第 2 点。

[653] 参见 M. Cottier, in O. Triffterer (ed.), *Commentary on the Rome Statute of the International Criminal Court* (1999), Art. 8, marginal no. 76。

[654] 详见关于心理性因素的一般要求,边码 294 以下,尤其是边码 304 以下。

[655] 参见对《国际刑事法院规约》的《犯罪要件》第 8 条第 2 款第 2 项第 7 目之三,第 3 点。

[656] 参见 C. Garraway, in R. S. Lee (ed.), *The International Criminal Court, Elements of Crimes and Rules of Procedure and Evidence* (2001), p. 154 at p. 158。

5. 严重结果

根据《国际刑事法院规约》第 8 条第 2 款第 2 项第 7 目,上述规定的这种行为,只有在导致一名人员死亡或者严重伤害时,才是犯罪的。如果一个人的身体完整性受到了重大损害或者长期受到侵害,那么,他就是受到了严重的伤害。[657] 这名被害人不需要是对方军队的成员;这个犯罪的定义也能通过杀害或者伤害平民或者其他失去战斗力的人员来得到满足。[658] 然而,一般来说,一个人自己的国民,不是受保护人员类别中的一部分,因为在战争的国际法项下,并没有这样的禁止性规定。[659] 1072

(二)非国际冲突

《国际刑事法院规约》把犯罪限制在国际武装冲突上;然而,根据习惯性国际法,在非国际武装冲突中不恰当地使用承认的受保护标记,也是犯罪的。对于不恰当地使用标记来说,各国的实践都不根据冲突的类型来作出区别。这表现在,例如,毫无异议地谴责攻击人道主义使团,不管这种行为发生在什么类型的冲突之中。[660] 因此,《(德国)违反国际法的犯罪法典》也正确地把在非国际武装冲突中不恰当地使用承认的保护性标记加以犯罪化了。[661] 1073

十一 不纳降

《国际刑事法院规约》第 8 条第 2 款第 2 项第 12 目把在国际武装冲突中宣布不接受投降加以犯罪化了。这个条文的用语符合了《海牙规定》第 23 条第 4 款。在《第一附加 1074

---

[657] 参见 B. Zimmermann, in Y. Sandoz, C. Swinarski and B. Zimmermann (eds.), *Commentary on the Additional Protocols* (1987), marginal no. 3474。

[658] 参见 M. Cottier, in O. Triffterer (ed.), *Commentary on the Rome Statute of the International Criminal Court* (1999), Art. 8, marginal no. 84。

[659] 但是,参见边码 869 以下。

[660] 参见 UN Doc. S/PRST/2000/4 of 9 February 2000 and the underlying debate on protection of humanitarian relief personnel, UN Doc. A/RES/52/167 of 16 December 1997。The Convention on the Safety of United Nations and Associated Personnel of 9 December 1994, 2051 *UNTS* (1999), p. 391, 也没有基于冲突的类型作出区分。

[661] 参见 (German) Code of Crimes Against International Law [*Völkerstrafgeserzbuch*, *VStGB*], Sec. 10(2) and Explanatory Memorandum of the (German) Code of Crimes Against International Law, *BT-Drs.* 14/8524, pp. 32。

议定书》第40条中可以找到类似的条文。[662] 虽然《第二附加议定书》没有类似的条文,但是,《国际刑事法院规约》第8条第2款第5项第10目为非国际武装冲突包括了一个相同的条文。[663] 这个规约的规则反映了习惯性国际法。

1075 这个犯罪涵盖了"不抓俘虏"的战争方式。另一种观点认为,不纳降的情况,在交战一方使用了一种使敌人没有机会活下去的武器时,就已经存在了;这被认为是对拒绝纳降的一种类推。[664] 但是,这个解释把符合比例的标准与对这个特定犯罪的要求相混淆了。主流的观点,以及国家的实践都认为,不要求战斗人员为对方战士提供活下去的机会。[665]

1076 《国际刑事法院规约》第8条第2款第2项第12目过分宽广的用语禁止"宣布"不纳降。《犯罪要件》这样明确了这个犯罪:要求一名指挥官("行为人处于对下属部队进行有效命令或者控制的位置")给出"宣布或者命令"。[666] 只有在这些准确的情况下,这个犯罪才会在国际法项下成为犯罪,作为一种有组织地使用毫不怜悯的战争方式。[667] 由一名普通士兵,或者甚至是一名平民作出这种不纳降的战争方式的威胁,就不能创设刑事责任了。

1077 《国际刑事法院规约》第8条第2款第2项第12目处理了两个可能的形态。一种是公开作出的宣布(例如,一种公开威胁),一种是保留在内部的事项(例如,一个处于一个部队单位内部的命令)。[668] 在前一种情况下,目的是通过特别的毫不怜悯给对手造成恐怖

---

[662] 更多信息,参见 J. de Preux, in Y. Sandoz, C. Swinarski and B. Zimmermann (eds.), *Commentary on the Additional Protocols* (1987), marginal nos. 1588 et seq. 。

[663] 这种犯罪已经赢得了实践性的意义:在第二次世界大战结束之后,有一些德国官员在军事审判中由于发动不纳降的战争而被定罪,参见 British Military Court Hamburg, judgment of 20 October 1945 (*Eck* et al., so-called Peleus Trial), in United Nations War Crimes Commission, *Law Reports of Trials of War Criminals* I, pp. 1 et seq.;关于这个案件,参见 K. Zemanek, in R. Bernhardt (ed.), *Encyclopedia of Public International Law*, Vol. 4 (2000), pp. 977 et seq. 。参见 United States Military Commission Rome, judgment of 12 October 1945 (Dostler), in United Nations War Crimes Commission, *Law Repons of Trials of War Criminals* I, pp. 22 et seq.; Canadian Military Court Aurich, judgment of 28 December 1945 (*Meyer*, so-called Abbaye-Ardenne Trial), in United Nations War Crimes Commission, *Law Reports of Trials of War Criminals* IV, pp. 97 et seq. 。

[664] 参见 J. de Preux, in Y. Sandoz, C. Swinarski and B. Zimmermann (eds.), *Commentary on the Additional Protocols* (1987), marginal no. 1598。

[665] 参见 M. Cottier, in O. Triffterer (ed.), *Commentary on the Rome Statute of the International Criminal Court* (1999), Art. 8, marginal no. 136。

[666] 对《国际刑事法院规约》的《犯罪要件》第8条第2款第2项第12目,第1点、第2点和第3点,都包含了"宣布或者命令"这些词。参见在《(德国)违反国际法的犯罪法典》第11条第1款第6点中的"命令或者威胁"(Anordnung oder Androhung)的表述。对这个法律的解释指明,这是为了准确的目的而故意偏离《国际刑事法院规约》的用语,参见 Explanatory Memorandum of the (German) Code of Crimes Against International Law, *BT-Drs*. 14/8524, p. 34。

[667] 《(德国)违反国际法的犯罪法典》也把这种犯罪限制在由指挥官下达的命令上,参见(German) Code of Crimes Against International Law [*Völkerstrafgeserzbuch*, *VStGB*], Sec. 11(1) no. 6 and Explanatory Memorandum of the (German) Code of Crimes Against International Law, *BT-Drs*. 14/8524, p. 34。

[668] 参见《第一附加议定书》第40条,在该条项下,受到禁止的不仅是宣布使用毫不怜悯的战争方法来威胁对手,而且还有以这种形式进行敌对行动。这种翻译不能在《国际刑事法院规约》中直接找到,但是,在对《国际刑事法院规约》的《犯罪要件》第8条第2款第2项第12目第2点中得到了采纳。

或者挫败对手的士气。用这种方式给对手造成恐怖，是在国际法中不能允许的。[669] 另外，敌人可能会更强烈地进行抵抗，这就会导致不必要的被害人。[670] 在第二种情况下，情况就不同了。敌人没有受到恐怖，因为这种宣布没有公开。敌人最多是间接地发现这个不纳降的命令的。在这里，这个犯罪行为是教唆行为人自己的士兵，去杀死那些失去战斗力并且违反了国际人道法的人。[671]

一旦作出有关的宣布或者给出这种命令，不纳降的犯罪就得到了满足。如果在实际 1078
上不纳降，并且，如果不再进行战斗的人最终被杀死了，那么，在有关的犯罪方面，就会产生刑事责任，尤其是《国际刑事法院规约》第 8 条第 2 款第 2 项第 6 目。

关于心理性因素，在这种宣布或者命令和行为人的权威方面，适用《国际刑事法院规 1079
约》第 30 条。[672] 另外，《犯罪要件》[673]要求，宣布的作出必须具有（"为了"）威胁敌人或者在这个基础上实施敌对状态的故意。[674]

十二 饿死平民人口

参考书目：

Waldemar Solf: Siege, in Rudolf Bernhardt (ed.), *Encyclopedia of Public International Law*, 1080
Vol. 4 (2000), pp. 414 et seq.

（一）国际冲突

《国际刑事法院规约》第 8 条第 2 款第 2 项第 25 目包括了饿死平民这种进行战争的 1081

---

[669] 参见 S. Oeter, in D. Fleck (ed.), *The Handbook of Humanitarian Law in Armed Conflicts* (1999), no. 450。

[670] 参见 M. Cottier, in O. Triffterer (ed.), *Commentary on the Rome Statute of the International Criminal Court* (1999), Art. 8, marginal no. 134。

[671] 参见在 Canadian Military Court Aurich, judgment of 28 December 1945 (*Meyer*, so-called Abbaye-Ardenne Trial), in United Nations War Crimes Commission, *Law Reports of Trials of War Criminals* IV, p. 97 at p. 100中，检察官提出的可以比较的观点。

[672] 关于心理性因素的一般要求，参见边码 294 以下，尤其是边码 304 以下。

[673] 对《国际刑事法院规约》的《犯罪要件》第 8 条第 2 款第 2 项第 12 目，第 2 点。

[674] 参见 C. Garraway, in R. S. Lee (ed.) *The International Criminal Court, Elements of Crimes and Rules of Procedure and Evidence* (2001), p. 167 at p. 170。关于偏离《国际刑事法院规约》第 30 条，参见边码 310 以下。

方法。这个规则首先是基于《第一附加议定书》第 54 条,并且反映了习惯性国际法。[675] 然而,它并不是一种严重违反《第一附加议定书》或者各部《日内瓦公约》的行为。

1082 在这个背景下,《日内瓦公约(四)》第 23 条和第 55 条也应当加以注意。第 23 条规定,所有运送药品、医务人员和指定给平民人口的宗教礼拜必需品,以及必要的食物、衣物、为需要特别保护的人群提供的滋补用品,应当保证其安全通行。[676] 第 55 条规定,占领当局有义务保证全体人口的食物和药品供应。[677] 这个义务在《第一附加议定书》第 69 条至第 71 条中扩展为满足基本需要的其他对象,包括睡眠用品和紧急情况下的食宿供应。占领当局有义务向被占领土提供这些供应,只要在当地不能获得充分的数量。[678] 另外,《海牙规定》第 23 条第 7 款和《日内瓦公约(四)》第 53 条禁止毁坏动产和不动产。这些规则表示的原则是,平民人口和个人平民应当享有免受军事行动带来的危险的一般保护。平民人口生活所依赖的各种设施、设备和对象,都应当加以维持。

1083 "饿死"这个词,首先就要求一个更准确的定义。根据文字解释,只有不给食物才能适用。但是,这个犯罪的用语表明,不能基于这样一种狭窄的饿死概念。《国际刑事法院规约》第 8 条第 2 款第 2 项第 25 目也包括了不给必需的对象,例如药品、毯子和衣物。[679] 不需要平民通过这种不提供供应而实际上被伤害,或者甚至遭到危险,尽管情况经常就是这样的。

1084 《国际刑事法院规约》第 8 条第 2 款第 2 项第 25 目能够通过各种途径完成。如果行为人拿走或者毁坏了重要的供应,那么,这个犯罪的定义就得到了满足。[680] 如果平民以及敌军的食物都很缺乏,那么,攻击就是被禁止的,只要这会有危及平民人口生存的危险,除非这种攻击是必要的军事需要所要求的。[681] 在有怀疑的情况下,必须认为,有关的供应将

---

[675] 参见 M. Cottier, in O. Triffterer (ed.), *Commentary on the Rome Statute of the International Criminal Court* (1999), Art. 8, marginal no. 214; D. Frank, in R. S. Lee (ed.), *The International Criminal Court, Elements of Crimes and Rules of Procedure and Evidence* (2001), p. 203。

[676] 这些规则首先是由于第二次世界大战中的事件的启发,在第二次世界大战期间,虽然有保护战俘和被关押平民的条文,但是,没有授权为被占领区的平民提供救济供应品的规则,参见 J. S. Pictet (ed.), *Geneva Convention I, Commentary* (1958), pp. 319 et seq.。

[677] 这是对《海牙规定》第 43 条的一项主要发展,该条仅仅使占领当局承担义务,维持公共安全和秩序,参见 J. S. Pictet (ed.), *Geneva Convention IV, Commentary* (1958), p. 309。

[678] 参见 Y. Sandoz, in Y. Sandoz, C. Swinarski and B. Zimmermann (eds.), *Commentary on the Additional Protocols* (1987), marginal no. 2779。

[679] 参见 D. Frank, in R. S. Lee (ed.), *The International Criminal Court, Elements of Crimes and Rules of Procedure and Evidence* (2001), p. 203 at p. 204; M. Cottier, in O. Triffterer (ed.), *Commentary on the Rome Statute of the International Criminal Court* (1999), Art. 8, marginal no. 218。

[680] 参见《第一附加议定书》第 54 条第 2 款,该条包括了所有可以想象的对食品和其他条文的影响,参见 C. Pilloud and J. de Preux, in Y. Sandoz, C. Swinarski and B. Zimmermann (eds.), *Commentary on the Additional Protocols* (1987), marginal no. 2101。

[681] 这一点来自《第一附加议定书》第 54 条第 3 款和第 5 款,并且来自比例性原则。关于第 54 条第 5 款的例外,见 C. Pilloud and J. de Preux, in Y. Sandoz, C. Swinarski and B. Zimmermann (eds.), *Commentary on the Additional Protocols* (1987), marginal nos. 2104 et seq.; M. Cottier, in O. Triffterer (ed.), *Commentary on the Rome Statute of the International Criminal Court* (1999), Art. 8, marginal no. 221。这种情况与那些毁坏的条文不同,那些条文仅仅是对于敌方军队的。这些是一些合理的军事目标。

被用于平民人口。

在这里被包括的还有通过毁坏农田、农业区或者其他设施来防止食物的生产,只要这些行动会损害人民的营养。[682] 这一条把所谓的"焦土"(scorched earth)战术加以犯罪化了,利用这种战术,军队所过之处,所有的食物供应都被摧毁了。[683] 这种犯罪的另一个种类是在《国际刑事法院规约》第8条第2款第2项第25目中指出的:阻碍根据《日内瓦公约》规定提供救济物品。[684] 最后,没有履行国际法项下的供应义务,也能构成一种犯罪。在起草《犯罪要件》中,预备委员会强调了将不作为加以犯罪化的重要性。[685] 这个犯罪种类在占领外国领土中具有特别重大的意义,因为《第一附加议定书》第69条使占领者承担义务,保证为占领区的平民人口提供各种供应。[686] 1085

除了对心理性因素的一般要求(《国际刑事法院规约》第30条)之外,[687]行为人必须已经"故意把饿死平民作为一种战争方法。"[688]换句话说,行为人的目的必须已经是使用饿死作为针对人口的一种武器。因此,那些毁坏食物仅仅是那种在其他情况下属于合法军事行动的附属性结果的情况,就没有被犯罪化了,因为行为人在这些情况下并不是为了必要 1086

[682] 这些例子列举在《第一附加议定书》第54条第2款之中;在《犯罪要件》的历史中,原来在一条单独的注释中强调了饿死的广阔概念,参见 D. Frank, in R. S. Lee (ed.), *The International Criminal Court, Elements of Crimes and Rules of Procedure and Evidence* (2001), p. 203。

[683] 然而,根据《第一附加议定书》第54条第5款,这并不影响那些武装冲突的一方清理自己领土一部分的案件。在"强制性军事需要"(imperative military necessity)情况下,焦土战术还是在《第一附加议定书》项下是允许的,参见 L. C. Green, *The Contemporary Law of Armed Conflict*, 2nd edn. (2000), p. 144; C. Pilloud and J. de Preux, in Y. Sandoz, C. Swinarski and B. Zimmermann (eds.), *Commentary on the Additional Protocols* (1987), marginal nos. 2118 et seq.; W. A. Solf, in R. Bernhardt (ed.), *Encyclopedia of Public International Law*, Vol. 4 (2000), p. 414 at p. 415; 对于一种怀疑的观点,参见 K. Kittichaisaree, *International Criminal Law* (2001), p. 186。

[684] 在这个背景下,值得注意的最重要的条文是《日内瓦公约(四)》第59条至第62条,这些条文使占领当局承担义务,保护向被占领领土的平民提供的救济品运输的安全。详细情况,参见 J. S. Pictet (ed.), *Geneva Convention IV, Commentary* (1958), pp. 319 et seq.。《第一附加议定书》第70条也具有同样的目的。它的条文,除了其他内容之外,包括了允许中立的人道救济供应通行的义务,详见, Y. Sandoz, in Y. Sandoz, C. Swinarski and B. Zimmermann (eds.), *Commentary on the Additional Protocols* (1987), marginal nos. 2823 et seq.。《日内瓦公约(四)》第23条也包含了关于向儿童和孕妇提供医药救济供应的特殊规则。如果这样一种分发工作受到冲突一方的阻碍,那么,这就满足了饿死这种犯罪的物质性因素。

[685] 参见 D. Frank, in R. S. Lee (ed.), *The International Criminal Court, Elements of Crimes and Rules of Procedure and Evidence* (2001), p. 203 at p. 204; 对于一种明确的对不作为犯罪性的肯定,参见 M. Cottier, in O. Triffterer (ed.), *Commentary on the Rome Statute of the International Criminal Court* (1999), Art. 8, marginal no. 223。

[686] 详见 Y. Sandoz, in Y. Sandoz, C. Swinarski and B. Zimmermann (eds.), *Commentary on the Additional Protocols* (1987), marginal nos. 2779 et seq.。

[687] 关于心理性因素的一般要求,参见边码294以下,尤其是边码304以下。

[688] 参见对《国际刑事法院规约》的《犯罪要件》第8(2)(b)(xxv) ICC Statute, num. 2。

的目的而行动的。[689]

1087 通过毁坏生活必需的各种设施、设备或者对象来饿死平民,在特定的情况下,也能够满足攻击平民人口的定义。[690] 在这种类型中,《国际刑事法院规约》第8条第2款第2项第25目,与《国际刑事法院规约》第8条第2款第2项第1目相比,就是一个更特殊的条文了。重合,例如与《国际刑事法院规约》第8条第2款第1项第3目项下的蓄意给身体的完整性或者健康施加巨大的痛苦或者严重的伤害之间,或者与侵犯财产的战争罪之间,就也有可能发生了。[691]

(二)非国际冲突

1088 在非国际武装冲突的过程中饿死平民人口,并没有在《国际刑事法院规约》的条文中加以包括,虽然在罗马的谈判中,许多代表团呼吁把这个犯罪扩展到非国际武装冲突中的饿死之中去。[692] 这个条文的界限不能在实质上加以正当化,[693]并且,它落后于最新的习惯性国际法了。[694] 最近,根据许多要求,国际社会已经表明了自己的法律意见:对非国际武装冲突中受影响的平民人口,必须无条件地给予获得救济物质的途径。[695] 因此,《(德国)违反国际法的犯罪法典》为在两种类型的冲突中饿死平民人口的犯罪性,规定了一个统一的规则。[696]

《第二附加议定书》第14条禁止毁坏、迁移食物和生产食物的农业区、庄稼、牲畜、饮用水装置和供

---

[689] 参见 D. Frank, in R. S. Lee (ed.), *The International Criminal Court, Elements of Crimes and Rules of Procedure and Evidence* (2001), p. 203 at p. 205。

[690] R. Wolfrum, in D. Fleck (ed.), *The Handbook of Humanitarian Law in Armed Conflicts* (1999), no. 1209.

[691] M. Cottier, in O. Triffterer (ed.), *Commentary on the Rome Statute of the International Criminal Court* (1999), Art. 8, marginal no. 217.

[692] 在这部规约通过之前的谈判过程中,许多代表团都主张,把该规约关于饿死的条文扩大到非国际武装冲突中,参见 M. Cottier, in O. Triffterer (ed.), *Commentary on the Rome Statute of the International Criminal Court* (1999), Art. 8, marginal no. 216。

[693] 参见《第二附加议定书》第14条,并且,对这个条文的讨论,参见 S. S. Junod, in Y. Sandoz, C. Swinarski and B. Zimmermann (eds.), *Commentary on the Additional Protocols* (1987), marginal nos. 4790 et seq.。

[694] 参见 Explanatory Memorandum of the (German) Code of Crimes Against International Law, *BT-Drs.* 14/8524, p. 34。

[695] 参见 UN Doc. A/RES/54/179 of 17 December 1999 (刚果); UN Doc. A/RES/54/185 of 17 December 1999 (阿富汗); 参见 Explanatory Memorandum of the (German) Code of Crimes Against International Law, *BT-Drs.* 14/8524, p. 34。

[696] 参见(German) Code of Crimes Against International Law [*Völkerstrafgesetzbuch, VStGB*], Sec. 11(1) no. 5。

应，以及灌溉工程，或者使之不能使用。这个清单指出，“饿死”这个词，在非国际武装冲突中，必须比在国际武装冲突中看得更狭窄一些。《第二附加议定书》第14条仅仅覆盖了那些使平民面临饥荒的行为，但是，并不包括不提供其他重要供应。[697] 1089

十三　使用人体盾牌

（一）国际冲突

在《国际刑事法院规约》第8条第2款第2项第23目项下，使用平民和其他受保护的人作为人体盾牌是犯罪。这个条文根据的是《日内瓦公约（三）》第23条第1款，《日内瓦公约（四）》第28条和《第一附加议定书》第51条第7款。这个公约的条文首先是以后面的规范为导向的，[698]但是，它结合了所有这些条文，尤其是在受这个规范保护的人员方面。[699] 使用人体盾牌不是严重违反《日内瓦公约》或者《第一附加议定书》的行为。 1090

作为一项规则，受保护的人员是不可以受到攻击的。在这里的有关犯罪也服务于保护平民人口和其他需要加以保护的人员。同时，这个犯罪是直接保护平民规则的另一面。这种保护不能为了军事目的被滥用。使用人体盾牌并没有免除对方支持国际人道法各项规则的义务。尤其是，在攻击人体盾牌包围的对象时，一方仍然要受符合比例原则的约束，以便使得这种对太多平民的杀害或者伤害能够接下来满足一个战争罪的定义。[700] 在第二次世界大战中，孤立的滥用平民作为盾牌的偶然事件就已经发生过了；[701]最近，尤其是在前南斯拉夫的冲突中，这种犯罪大量发生。在南斯拉夫国际法庭上，许多人由于使用平民作为人体盾牌受到起诉。[702] 在1991年的海湾战争中，伊拉克军队也把受保护的人员置于战略 1091

---

[697] 在这个方向，参见 S. S. Junod, in Y. Sandoz, C. Swinarski and B. Zimmermann (eds.), *Commentary on the Additional Protocols* (1987), marginal no. 4791。

[698] 参见 D. Frank, in R. S. Lee (ed.), *The International Criminal Court, Elements of Crimes and Rules of Procedure and Evidence* (2001), p. 199 at p. 201。《犯罪要件》大多数反映了《第一附加议定书》第51条第7款的用语。

[699] 参见 W. J. Fenrick, in O. Triffterer (ed.), *Commentary on the Rome Statute of the International Criminal Court* (1999), Art. 8, marginal no. 211。因此，《日内瓦公约（三）》第23条仅仅指向保护战俘，《日内瓦公约（四）》第28条影响了在本公约项下的受保护人员，《第一附加议定书》第51条第7款影响了平民人口。更多信息，参见 C. Pilloud and J. de Preux, in Y. Sandoz, C. Swinarski and B. Zimmermann (eds.), *Commentary on the Additional Protocols* (1987), marginal nos. 1986 et seq.。

[700] 参见 W. J. Fenrick, in O. Triffterer (ed.), *Commentary on the Rome Statute of the International Criminal Court* (1999), Art. 8, marginal no. 211。

[701] 参见 J. S. Pictet (ed.), *Geneva Convention IV, Commentary* (1958), p. 208；也见 *Prosecutor v. Student*, British Military Court Lüneburg, trial of 6 – 10 May 1946, in United Nations War Crimes Commission, *Law Reports of Trials of War Criminals* IV, pp. 118 et seq.。

[702] *Prosecutor v. Karadžić and Mladić*, ICTY (Trial Chamber), indictment of 24 July 1995, paras. 46 et seq.; *Prosecutor v. Blaškić*, ICTY (Trial Chamber), judgment of 3 March 2000, paras. 709 et seq.; *JStGH*, Urt. v. 26. Februar 2001 (*Kordić und Čerkez*, TC), para. 256；在这里，南斯拉夫国际法庭把使用人体盾牌看成是不人道和残忍待遇的战争罪。

要地，以保护这些目标免遭攻击。[703]

1092 在《国际刑事法院规约》第8条第2款第2项第23目中列举为一种犯罪的，有使用平民或者其他受保护人员在场，以保护特定要点、区域或者军事力量免遭军事攻击。这个罪使用“受保护的人员”这个词，采纳的是《日内瓦公约》和《第一附加议定书》中的术语。然而，与《国际刑事法院规约》第8条第2款第1项下的犯罪不同，它并没有明确指向这些公约。《犯罪要件》谈的是受国际人道法保护的人员。[704] 受保护的地位通常产生于《日内瓦公约》和《第一附加议定书》的有关条文，并且，在特定情况下，国际人道法的其他条文也会发生作用。[705]

1093 《第一附加议定书》第51条第7款区分了两种情形。一是，会被认为是军事目标的对象，不可以故意置于受保护的环境中，以便从对禁止对受保护人员的攻击中获取一种军事上的好处。二是，在可能的军事目标前，不可以使用平民作为盾牌，或者使用平民保护军事行动。因此，行为人是否在自己想保护的地区中放置了一个对象，或者他是否把受保护人员带进了这个对象，就都是没有关系的。这反映在《犯罪要件》中。[706] 即使受保护的人员出于自己的动机进行活动，因此被一方出于保护性的目的而加以使用，这个犯罪的定义也得到了满足。[707] 这种情况可以是这样的，例如，在大群平民逃离一个战争区域时，军事组织使用装载难民的列车来装运士兵以蒙蔽敌人。

1094 关于心理性因素，在这个犯罪的物质性因素方面适用《国际刑事法院规约》第30条。[708] 另外，行为人必须行动，以保护、帮助或者防止一种军事目的或者军事行动。[709] 这个

---

[703] 参见 H.-P. Gasser, in D. Fleck (ed.), *The Handbook of Humanitarian Law in Armed Conflicts* (1999), no. 506。

[704] 对《国际刑事法院规约》的《犯罪要件》第8条第2款第2项第23目，第1点。

[705] W. J. Fenrick, in O. Triffterer (ed.), *Commentary on the Rome Statute of the International Criminal Court* (1999), Art. 8, marginal no. 210，支持了这个观点：甚至受保护的医务设备都不能用于作为盾牌。这个条文的这种扩展是不能接受的。

[706] 关于这一点，对《国际刑事法院规约》的《犯罪要件》第8条第2款第2项第23目第1点指出：“行为人移动或者以其他方式利用了一名或者多名平民的好处……”；参见 D. Frank, in R. S. Lee (ed.), *The International Criminal Court, Elements of Crimes and Rules of Procedure and Evidence* (2001), p. 199 at p. 200。

[707] 在这里，《国际刑事法院规约》，通过《犯罪要件》，吸收了《第一附加议定书》第51条第7款，也包括了平民出于自己的动机进行的活动，参见 D. Frank, in R. S. Lee (ed.), *The International Criminal Court, Elements of Crimes and Rules of Procedure and Evidence* (2001), p. 199 at p. 200；关于《第一附加议定书》第51条第7款，参见 C. Pilloud and J. S. Pictet, in Y. Sandoz, C. Swinarski and B. Zimmermann (eds.), *Commentary on the Additional Protocols* (1987), marginal no. 1988。

[708] 关于心理性因素的一般要求，参见边码294以下，尤其是边码304以下。

[709] 对《国际刑事法院规约》的《犯罪要件》第8条第2款第2项第23目，第2点，参见 D. Frank, in R. S. Lee (ed.), *The International Criminal Court, Elements of Crimes and Rules of Procedure and Evidence* (2001), p. 199 at pp. 200 et seq.。然而，在任何情况下，在《第一附加议定书》和几部《日内瓦公约》中的早些时候的规则都支持了这种故意的要求。这就缩减了犯罪性的范围，这是《国际刑事法院规约》第30条允许的（参见边码323以下）。

目的的证明总是会很容易进行的。军事指挥中心或者战争工业经常就会被发现处于平民人口中心，军队经常在冲突的时候就是通过城市加以派遣的。[710]

(二)非国际冲突

《国际刑事法院规约》并没有把在非国际冲突中使用人体盾牌加以犯罪化。然而，在 1095
习惯性国际法有了最新发展的情况下，对这两种冲突的形式分别对待，也不存在着明显的正当性。这些发展寻求在所有的冲突种类中都综合性地保护平民。[711] 南斯拉夫国际法庭已经正确地认为，使用人体盾牌是习惯性国际法项下的犯罪，即使是在非国际武装冲突之中。[712] 因此，《(德国)违反国际法的犯罪法典》已经把使用人体盾牌的犯罪性，扩展到了非国际的武装冲突之中了。[713]

第六节　使用禁止性战争手段

参考书目：

Michael Bothe: Chemical Warfare, in Rudolf Bernhardt (ed.), *Encyclopedia of Public International Law*, Vol. 1 (1992), pp. 566 et seq.; Michael Bothe: *Das völkerrechtliche Verbot des Einatzes chemischer und biologischer Waffen* (1973); Yoram Dinstein: Ratification and Universality, in Daniel Bardonnet (ed.), *La Convention sur l'Interdiction et l'Elimination des Armes Chimiques* (1995), pp. 151 et seq.; Jozef Goldblat: The Biological Weapons Convention-An overview, 79 *International Review of the Red Cross* (1997), pp. 251 et seq.; Josef L. Kunz: Gaskrieg und Völkerrecht, 6 *Archiv des Öffentlichen Rechts* (1927), pp. 73 et seq.; Elmar Ranch: Biological Warfare, in Rudolf Bernhardt (ed.), *Encyclopedia of Public International Law*, Vol. 1 (1992), pp. 404 et seq.; Dietrich Rauschning: Nuclear Warfare and Weapons, in Rudolf Bernhardt (ed.), *Encyclopedia of Public International Law*, Vol. 3 (1997), pp. 730 et 1096

---

[710] 参见 W. J. Fenrick, in O. Triflrterer (ed.), *Commentary on the Rome Statute of the International Criminal Court* (1999), Art. 8, marginal no. 210。

[711] 参见边码 812 以下。

[712] *Prosecutor v. Blaškić*, ICTY (Trial Chamber), judgment of 3 March 2000, paras. 709 et seq.

[713] 参见(German) Code of Crimes Against International Law [*Völkerstrafgeserzbuch, VStGB*], Sec. 11 (1) no. 4 and Explanatory Memorandum of the (German) Code of Crimes Against International Law, *BT-Drs.* 14/8524, p. 34。

seq.;Natalino Ronzitti:Relations between the Chemical Weapons Convention and Other Relevant International Norms, in Daniel Bardonnet (ed.), *La Convention sur l'Interdiction et l'Elimination des Armes Chimiques* (1995),pp. 167 et seq.

一 引言

1097 甚至在国际人道法发展的早期阶段,各国都承认,虽然特定的武器和战争方法可以有效地用于同敌人的战斗,但是,由于它们的使用对受到影响的士兵或者人口的结果会是如此严重,以至于应当对它们的使用加以限制。[714] 除了禁止在许多条约中加以规范的特别武器之外,[715]在禁止性战争方式方面,一般原则也得到了发展:如果它们的使用会导致不必要的痛苦,或者它们作用的性质是不加区别的——如果它们的结果,也就是说,不能限制于敌方战斗人员——那么,它们就不可以加以利用。这些规则被法典化于《海牙规定》第23条第5款和《第一附加议定书》第54条第4款第2项。

1098 《国际刑事法院规约》关于使用禁止性战争手段的战争罪的条文,是政治妥协的结果。在关于《国际刑事法院规约》的谈判中,是否应当禁止使用具有大规模毁灭性威力的核武器、化学武器和生物武器,就是特别有争议的。[716] 最后,决定禁止使用的只有毒药、[717]毒气,[718]以及特定的弹药。[719] 这些条文反映了长期以来得到承认的在国际法项下对战争手段的禁止。除此之外,《国际刑事法院规约》第8条第2款第2项第20目加以犯罪化的还

---

[714] 参见边码776以下。

[715] 参见,例如,the St. Petersburg Declaration of 1868 (*Declaration Renouncing the Use, in Times of War, of Explosive Projectiles under* 400 *Grammes Weight* of 29 November/11 December 1868,重印于D. Schindler and J. Toman (eds.), *The Laws of Armed Conflicts* (1973),pp. 95 et seq.;也见 < http://www.icrc.org/ihl >; the Poison Gas Protocol of 1925 (*Protocol for the Prohibition of the Use in War of Asphyxiating, Poisonous or Other Gases, and of Bacteriological Methods of Warfare* of 17 June 1925,见 < http://www.icrc.org/ihl >);the Biotoxin Weapons Convention of 1972 (*Convention on the Prohibition of the Development, Production and Stockpiling of Bacteriological (Biological) and Toxin Weapons and on Their Destruction* of 10 April 1972,1015 *UNTS* (1972),p. 163) and the UN Weapons Convention and its five(原文是four,作者作了订正。——译者注) protocols (*Convention on Prohibitions or Restrictions on the Use of Certain Conventional Weapons Which May be Deemed to be Excessively Injurious or to Have Indiscriminate Effects* vom 10. Oktober 1980,1342 *UNTS* (1980), p. 137)。

[716] 详见,H. von Hebel and D. Robinson, in R. S. Lee (ed.), *The International Criminal Court, The Making of the Rome Statute* (1999),p. 79 at pp. 113 et seq.;P. Kirsch and J. T. Holmes, 93 *American Journal of International Law* (1999),p. 2 at pp. 7 et seq.;M. Cottier, in O. Triffterer (ed.), *Commentary on the Rome Statute of the International Criminal Court* (1999),Art. 8, marginal nos. 179 et seq.。

[717] 参见ICC Statute, Art. 8(2)(b)(xvii)。

[718] 参见ICC Statute, Art. 8(2)(b)(xviii)。

[719] 参见ICC Statute, Art. 8(2)(b)(xix)。

有，使用具有造成过分伤害或者不必要痛苦的性质，或者在本质上是不加区别的战争手段，因此，这个条文采纳的是前面提到的一般规则。但是，在第8条第2款第2项第20目项下的一个额外要求是，这些战争手段必须规定在一个清单之中，以便由成员国大会发布。因此，这种犯罪目前就多少还处于被预约的状态之下，在这份禁止性清单被采纳之前，[720]还要通过这部规约长期而复杂的修改过程。[721]

前面提到的所有条文，都普遍具有这样一种事实：仅仅是使用了禁止性战争手段就被 1099
犯罪化了。刑事责任并不依赖于对人员的杀害和伤害以及他们在具体案件中遭受的危险。关于禁止性战争手段的全部条文，在《国际刑事法院规约》中都限制在国际武装冲突上，因此，都已经落后于习惯性国际法了（参见后文三）。

二 国际冲突（《国际刑事法院规约》）

（一）使用毒药或者有毒武器

《国际刑事法院规约》第8条第2款第2项第17目，将使用毒药或者有毒武器加以犯 1100
罪化了。《南斯拉夫国际法院规约》第3条第1款包含了一个类似的条文。这个条文的用语依据的是《海牙规定》第23条第1款。它把在武装冲突中任何对毒药的使用都加以正当化了。毒药是否自己被使用还是与一种武器一起被使用，是不重要的，例如，毒药可以装在子弹或者弹药中。[722] 国际刑法项下的刑事责任所关心的，仅仅是行为人“是否”，而不是“如何”使用毒药。毒药的生产和储存并不包括在这个犯罪之中。

《国际刑事法院规约》第8条第2款第2项第17目创设的禁止性规定，是不存在例外 1101
情况的。即使敌人和平民人口受到了警告，并且不可能遭受危险，使用毒药也是犯罪。[723]使用毒药也不能通过军事需要来加以正当化。[724]

关于心理性因素，适用《国际刑事法院规约》第30条。[725] 1102

---

[720] 对于一种批评性的意见，参见 A. Cassese, *International Criminal Law* (2003), p. 60。

[721] 《国际刑事法院规约》第121条和第123条。

[722] 参见对《国际刑事法院规约》的《犯罪要件》第8条第2款第2项第17目，第1点：“行为人使用了一种物质或者一种发射这种物质的武器……。”

[723] *British Military Manual The Law of War on Land being Part III of the Manual of Military Law* (1958), p. 42; K. Kittichaisaree, *International Criminal Law* (2001), p. 177; 对于一种更怀疑的观点，参见 M. McDougal and F. P. Feliciano, *The International Law of War* (1994), pp. 619 et seq. 。

[724] 参见边码479。

[725] 关于这个心理性因素的一般性要求，参见边码294以下，尤其是边码304以下。

1.“毒药”

1103 《犯罪要件》对“毒药”的定义是：在普通事件的过程中，由于其毒性而造成死亡或者对健康造成严重损害的各种物质。[726] 在这里，《犯罪要件》使用的是毒药的狭义概念：它不包括那些只能对环境或者动物产生有害影响的物质，也不包括那些只能对健康造成较轻损害的物质。[727]

1104 在国际人道法的基础性规范方面，对于这个限制并不是没有争论的。[728] 有人主张毒药的更广的概念，把那些只能对人造成短期或者较轻伤害的物质（例如所谓的使人丧失能力的药剂或者催泪瓦斯），或者对环境造成损害的物质，也加以包括。[729] 由于违反禁止使用毒气是要作为国际法项下的犯罪而受到更严厉的惩罚的，因此，在《犯罪要件》中的限制性解释就必须得到肯定。[730] 还有，把定义限制在造成严重结果的物质上，也考虑了合法性原则。[731] 除此之外，那些虽然无毒，但是通过自然热能或者放射性起作用的物质，是不包括在“毒药”这个词之中的。[732] 如果毒性效果仅仅是一种非故意的附带性效果，那也不能作为一种武器包括在这个词之中，因为与武器的主要效果相比，这是不重要的。[733]

---

[726] 对《国际刑事法院规约》的《犯罪要件》第 8 条第 2 款第 2 项第 17 目，第 2 点。

[727] 对于一种更怀疑的观点，参见 M. Bothe, in A. Cassese, P. Gaeta and J. R. W. D. Jones (eds.), *The Rome Statute of the International Criminal Court*, Vol. 1 (2002), p. 379 at p. 407。

[728] *Convention on the Prohibition of the Development, Production, Stockpiling and Use of Chemical Weapons and on their Destruction* of 13 January 1993, 1975 *UNTS* (1997), p. 469, Art. 2(2)，包括（仅仅）影响动物的有毒物质。

[729] 参见，例如，M. Bothe, *Das völkerrechtliche Verbot des Einsatzes chemischer und biologischer Waffen* (1973), pp. 16 et seq.；但是，参见，例如，M. McDougal and F. P. Feliciano, *The International Law of War* (1994), pp. 636 et seq.；H. Meyrowitz, 10 *Annuaire Français de Droit International* (1964), pp. 89 et seq.。

[730] 关于《犯罪要件》在这个问题上的谈判，参见 K. Dörmann, in H. Fischer, C. Kress and S. R. Lüder (eds.), *International and National Prosecution of Crimes under International Law* (2001), p. 95 at pp. 128 et seq.。

[731] 参见 C. Garraway, in R. S. Lee (ed.), *The International Criminal Court, Elements of Crimes and Rules of Procedure and Evidence* (2001), p. 178。

[732] 关于核武器问题，参见 ICJ, advisory opinion of 8 July 1996 (Legality of the Threat or Use of Nuclear Weapons), *ICJ Rep*. 1996, p. 226, para. 55；也见边码 1118 中的讨论。

[733] 参见 S. Oeter, in D. Fleck (ed.), *The Handbook of Humanitarian Law in Armed Conflicts* (1999), no. 434。在今天受到越来越多讨论的一个特别情况，是使用含铀的穿甲弹。人们怀疑，在这些发射物中的贫铀仍然会给接触它的人造成长期的损害。但是，这些武器的有毒性质还没有得到充分确定的证明。仅仅由于这个原因，使用含铀的弹药还不能被犯罪化。然而，在任何情况下，这种武器都不可能被算作是《国际刑事法院规约》第 8 条第 2 款第 2 项第 17 目意义上的毒药，因为这些发射物的主要目的并不是毒害人民，而是用来对付装甲的。如上所述，仅仅是弹药的辅助性效果，并不足以把一种武器归入毒药的类别之中。

2. 毒气作为毒药?

在是否把禁止使用毒药也扩展到使用毒气上,并没有达成一致的意见。第一眼看来, 1105
这些物质对身体造成了毒物学上的损害,看来就没有什么怀疑了。主张排除毒气的意见主要是历史上的。在《海牙规定》第 23 条第 1 款中禁止毒药的规定,把习惯性国际法加以法典化了,其中,本来就没有包括任何关于像毒气这样的现代战争方法的规则,因为那时人们还不知道这种方法。[734] 这个问题最后与国际刑法无关,因为《国际刑事法院规约》第 8 条第 2 款第 2 项第 18 目为使用毒气创设了一个特殊的规则("使用……有毒……气体")。因此,在《国际刑事法院规约》第 8 条第 2 款第 2 项第 17 目中的犯罪扩展到毒化食物、弹药或者类似方法时,第 8 条第 2 款第 2 项第 18 目就包括了毒气的使用。[735]

3. 大规模毁灭性的化学和生物武器

有一点需要澄清,大规模毁灭性的化学和生物武器[736]是否包括在禁止使用毒药上。
《国际刑事法院规约》没有包括明确的禁止性规定,虽然在罗马大会接到的一些建议中,[737] 1106
提到了 1993 年《禁止化学武器公约》[738]和 1972 年《禁止生物武器公约》[739]。大规模毁灭性的武器是包括在《国际刑事法院规约》第 8 条第 2 款第 2 项第 20 目之中的,加以犯罪化的是使用具有无区别效果的武器,但是,这个规定还没有生效。这个条文依据的是缔约各方的妥协:由于禁止使用核武器的规定在核大国的反对下失败了,因此,使用其他大规模毁灭性武器就不会被直接加以犯罪化。当时决定,使用大规模毁灭性武器的犯罪性问题,将

---

[734] 综合性证据,参见 M. Bothe, *Das völkerrechtliche Verbot des Einsatzes chemischer und biologischer Waffen* (1973), pp. 5 et seq. , and I. Detter, *The Law of War*, 2nd edn. (2000), pp. 252 et seq. ;参见 S. Oeter, in D. Fleck (ed.), *The Handbook of Humanitarian Law in Armed Conflicts* (1999), no. 434,在这里,在《毒气议定书》中仅仅见到对已经存在的禁止毒气的确认。

[735] 在《(德国)违反国际法的犯罪法典》中的条文更清楚,在第 12 条第 1 点和第 2 点对使用毒气和使用生物和化学武器进行了区别;参见 G. Werle and V. Nerlich, *Humanitäres Völkerrecht-Informationsschriften* 2002, p. 124 at p. 133。

[736] 关于武器和大规模毁灭的概念,参见 I. Detter, *The Law of War*, 2nd edn. (2000), pp. 234 et seq. 。

[737] 证据,参见 H. von Hebel and D. Robinson, in R. S. Lee (ed.), *The International Criminal Court, The Making of the Rome Statute* (1999), p. 79 at pp. 113 et seq. 。

[738] *Convention on the Prohibition of the Development, Production, Stockpiling and Use of Chemical Weapons and on their Destruction* of 13 January 1993, 1975 *UNTS* (1997), p. 469。关于这部公约,参见边码 1119。

[739] *Convention on the Prohibition of the Development, Production and Stockpiling of Bacteriological (Biological) and Toxin Weapons and on Their Destruction* of 10 April 1972, 1015 *UNTS* (1972), p. 163。关于这部公约,参见边码 1120。

在以后处理。[740] 因此,这就与《国际刑事法院规约》第8条第2款第2项的结构和谈判历史相矛盾了,本来在《国际刑事法院规约》第8条第2款第2项第17目中,就应当包括使用大规模毁灭性的化学和生物武器的。从国际法律政策的立场看来,这个结果是令人遗憾的,但也是不可避免的。然而,使用大规模毁灭性的生物或者化学武器是习惯性国际法项下的犯罪。[741]

(二)使用毒气和类似的物质

1107 《国际刑事法院规约》第8条第2款第2项第18目的基础,是1925年日内瓦《毒气议定书》,[742]禁止的是使用窒息性、有毒或者以类似方式作用的战争手段。《犯罪要件》把这种犯罪更紧密地带到禁止使用毒药上了。行为人必须使用气体、液体或者其他物质,由于其窒息性或者毒性性质,造成死亡或者对健康造成严重损害。[743] 因此,使用刺激性气体就不是犯罪,只要它不会造成重大的身体损害。在1925年日内瓦《毒气议定书》的基础性条文方面,对这个限制性解释是有争论的,[744]但是,这在国际刑法项下是合适的,因为我们在这里谈论的不仅是一种指向国家的规范,而且是一种对犯罪的禁止性规定。

1108 对于这个犯罪来说,也会产生它是否包括使用现代的化学武器这个问题。历史和结构的理由又一次起作用了,否则,在《国际刑事法院规约》第8条第2款第2项第20目中达成的妥协就会受到破坏。然而,《国际刑事法院规约》第8条第2款第2项第18目的清楚用语和对作为基础的1925年日内瓦《毒气议定书》所做的没有争议的广阔解释,[745]都不

---

[740] 参见 H. von Hebel and D. Robinson, in R. S. Lee (ed.), *The International Criminal Court, The Making of the Rome Statute* (1999), p. 79 at p. 116。

[741] 参见边码1119以下。

[742] *Protocol for the Prohibition of the Use in War of Asphyxiating, Poisonous or Other Gases, and of Bacteriological Methods of Warfare* of 17 June 1925,参见 < http://www.icrc.org/ihl >。

[743] 对《国际刑事法院规约》的《犯罪要件》第8条第2款第2项第18目,第2点。

[744] 参见 I. Detter, *The Law of War*, 2nd edn. (2000), pp. 255 et seq.; A. Boserup, in Stockholm International Peace Research Institute (ed.), *The Problem of Chemical and Biological Warfare*, Vol. 3 (1973), pp. 57 et seq.; N. Ronzitti, in D. Bardonnet (ed.), *La Convention sur l'Interdiction et l'Elimination des Armes Chimiques* (1995) p. 167 at p. 173。在武装冲突中使用催泪瓦斯,至少明显地在《禁止化学武器公约》第1条第5款与第2条第7款的联系中加以禁止了。对使用刺激性毒气的禁止性规定,也见 a General Assembly resolution of 16 December 1969, UN Doc. A/RES/24/2603。《犯罪要件》的一个注释明确了,在那里选择的解释不应当干扰对武器禁止的进一步发展。这考虑了在一些代表团中所作的相应保留,参见 C. Garraway, in R. S. Lee (ed.), *The International Criminal Court, Elements of Crimes and Rules of Procedure and Evidence* (2001), p. 179 at p. 180。

[745] 参见 M. Bothe, *Das völkerrechtliche Verbot des Einsatzes chemischer und biologischer Waffen* (1973), pp. 23 et seq.; K. Dörmann, in H. Fischer, C. Kress and S. R. Lüder (eds.), *International and National Prosecution of Crimes under International Law* (2001), p. 95 at pp. 128 et seq.; C. Garraway, in R. S. Lee (ed.), *The International Criminal Court, Elements of Crimes and Rules of Procedure and Evidence* (2001), p. 179。

允许排除现代的武器。[746] 因此,这个在罗马大会上实现的妥协,就在实质上无效了。[747]

1109 另一方面,在《国际刑事法院规约》第 8 条第 2 款第 2 项第 18 目中,是否包括生物武器也是有疑问的。的确,1925 年日内瓦《毒气议定书》把使用毒气扩展到了使用细菌的战争方式。[748] 然而,这部议定书的通过,并没有并入《国际刑事法院规约》。因此,考虑到总的规定制度的历史和结构,细菌和其他生物武器就必须排除出第 8 条第 2 款第 2 项第 18 目的范围。[749]

1110 关于心理性因素,适用《国际刑事法院规约》第 30 条。[750]

(三)使用禁止性弹药

1111 《国际刑事法院规约》第 8 条第 2 款第 2 项第 19 目把使用在人体内易于膨胀或变扁的子弹加以犯罪化了。禁止性弹药的例子是那种外壳坚硬而不完全包裹弹芯或外壳经切穿的子弹(所谓的达姆弹)。这个条文依据的是 1899 年 7 月 29 日《关于禁止使用在人体内易于膨胀或变扁的子弹的宣言》。[751] 这种弹药本身是否使用这些技术特征生产的,或者常规弹药是否在后来由手工准备的,都是不重要的。[752] 最重要之点仅仅在于,这种禁止性子弹与通常的子弹相比,能产生更大的对人体的伤害力。这个条文是一般禁止造成不必要痛苦的战争手段的一个形式。[753]

1112 除了在《国际刑事法院规约》第 8 条第 2 款第 2 项第 19 目中列举的例子之外,在什么

---

[746] 类似的,M. Bothe, in A. Cassese, P. Gaeta and J. R. W. D. Jones (eds.), *The Rome Statute of the International Criminal Court*, Vol. 1 (2002), p. 379 at p. 407; M. Cottier, in O. Triffterer (ed.), *Commentary on the Rome Statute of the International Criminal Court* (1999), Art. 8, marginal no. 183。德国的立法也认为,《国际刑事法院规约》第 8 条第 2 款第 2 项第 18 目包含了化学武器,参见 Explanatory Memorandum of the (German) Code of Crimes Against International Law, *BT-Drs*. 14/8524, p. 35。

[747] M. Cottier, in O. Triffterer (ed.), *Commentary on the Rome Statute of the International Criminal Court* (1999), Art. 8, marginal no. 183,怀疑在罗马大会上,一些代表团不知道对 1925 年《毒气议定书》的这个解释。

[748] 参见 Poison Gas Protocol of 1925, para. 5。

[749] 参见 M. Cottier, in O. Triffterer (ed.), *Commentary on the Rome Statute of the International Criminal Court* (1999), Art. 8, marginal no. 183, fn. 311。在这里,德国立法在《(德国)违反国际法的犯罪法典》第 12 条第 1 款第 2 点中,参考了习惯性国际法,采取了一种不同的方向(下文边码 1116);也见 Explanatory Memorandum of the (German) Code of Crimes Against International Law, *BT-Drs*. 14/8524, p. 35。

[750] 关于心理性因素的一般性要求,参见边码 294 以下,尤其是边码 304 以下。

[751] 参见 < http://www.icrc.org/ihl >。

[752] 参见 M. Cottier, in O. Triffterer (ed.), *Commentary on the Rome Statute of the International Criminal Court* (1999), Art. 8, marginal no. 184。

[753] 参见 M. Bothe, in A. Cassese, P. Gaeta and J. R. W. D. Jones (eds.), *The Rome Statute of the International Criminal Court*, Vol. 1 (2002), p. 379 at p. 408; S. Oeter, in D. Fleck (ed.), *The Handbook of Humanitarian Law in Armed Conflicts* (1999), no. 407。

弹药应当被禁止方面,经常存在着不一致。[754] 在适用这个条文时,在具体案件中必须确定,所使用的弹药是否造成了所规定的结果,并且,对所涉及弹药的禁止性规定是否能够在国际法中找到。[755]

1113 关于心理性因素,适用《国际刑事法院规约》第30条。[756] 这些主观性要求在《犯罪要件》中进一步得到了明确。它们要求行为人必须知道这种弹药的特殊危险性质。[757]

(四)《国际刑事法院规约》第8条第2款第2项第20目的兜底犯罪

1114 在《国际刑事法院规约》第8条第2款第2项第17目到第19目中所禁止的战争手段,依据的是一种单独的基础性思想:使用造成不必要痛苦的战争手段,或者使用不能控制因此具有无区别效果的战争手段,是在国际武装冲突中不允许的。这些国际人道法的基本禁止性规定已经表明在,尤其是,《海牙规定》第23条第5款,《第一附加议定书》第35条第2款和第51条第4款,以及《南斯拉夫国际法院规约》第3条第1款,并且为《国际刑事法院规约》第8条第2款第2项第20目所采纳,该条在一个兜底犯罪中包括了对这种战争手段的使用。这个条文定义为战争罪的是"违反武装冲突的国际法,使用具有造成过分伤害或者不必要痛苦的性质,或者在本质上是无区别的武器、射弹、装备和作战方法。"[758]

1115 这种对造成特别痛苦的战争手段的禁止,原先保护的是那些直接卷入敌对状态的人员,同时,对具有无区别效果武器的禁止,原先保护的是非参加敌对状态的人员。哪一些战争手段包括在这个禁止性规定之中,必须在具体案件具体分析的基础上进行考察。这种犯罪导致的不确定性,在《国际刑事法院规约》中得到了减轻,在第8条第2款第2项第20目项下规定,禁止性战争手段将在一个清单中加以列举。然而,这样的结果是,这个犯罪就不能适用于可以预见的将来,因为这个清单必须使用复杂的修改这部规约的程序才

---

[754] 可疑的情况有,例如,使用霰弹(pellet ammunition)或者所谓的高速子弹(high-velocity bullets),参见 I. Detter, *The Law of War*, 2nd edn. (2000), pp. 231 et seq.; S. Oeter, in D. Fleck (ed.), *The Handbook of Humanitarian Law in Armed Conflicts* (1999), no. 407。

[755] 参见 K. Dörmann, *Elements of War Crimes* (2002), pp. 295 et seq.。

[756] 关于心理性因素的一般要求,参见边码294以下,尤其是边码304以下。

[757] 对《国际刑事法院规约》的《犯罪要件》第8条第2款第2项第19目,第3点规定:"行为人知道,由于子弹的性质,其使用将不必要地加重痛苦或致伤效应。"详见,C. Garraway, in R. S. Lee (ed.), *The International Criminal Court, Elements of Crimes and Rules of Procedure and Evidence* (2001), p. 182。尤其需要防止的是,士兵虽然被认为应当对使用禁止性武器负责,但是,他们接到分发给他们的武器时,并不知道这种武器的性质,参见 K. Kittichaisaree, *International Criminal Law* (2001), p. 179。

[758] M. Bothe, in A. Cassese, P. Gaeta and J. R. W. D. Jones (eds.), *The Rome Statute of the International Criminal Court*, Vol. 1 (2002), p. 379 at pp. 408 et seq.; M. Cottier, in O. Triffterer (ed.), *Commentary on the Rome Statute of the International Criminal Court* (1999), Art. 8, marginal no. 186.

能加以制定。[759]《国际刑事法院规约》第 8 条第 2 款第 2 项第 20 目的一项进一步的要求是，这种战争手段必须是“一项综合性禁止的主题”。这个标准的意义是不清楚的。把一种战争手段置于禁止性战争手段的清单中，应当就足以标明一种综合性的禁止了。[760]

三　国际冲突（习惯性国际法）

《国际刑事法院规约》并没有包括在国际武装冲突中犯罪性地使用战争手段的全部情况。这个结果，首先是由于，如上所说，《国际刑事法院规约》第 8 条第 2 款第 2 项第 20 目的兜底犯罪还不能适用。这就提出了一个问题，在国际冲突中使用其他战争手段，在什么范围内是习惯性国际法项下的犯罪呢？ 1116

作出这样一种评价的出发点，是上面已经讨论过的禁止具有无区别效果和会造成不必要痛苦的武器，这已经在《海牙规定》第 23 条第 5 款和《第一附加议定书》第 35 条第 2 款和第 51 条第 4 款第 2 项中得到了法典化。这些规则使用非常一般化的用语，但对于刑法的目的来说是没有用处的。对于战争手段的各种形式来说，这些禁止性规定已经制定得更加具体了。下面，我们将讨论最重要的武器，看看使用它们是否能够建立起习惯性国际法项下的刑事责任。这种测试是分两个步骤进行的：首先，必须审查在特定的武器方面，无论在习惯性国际法或者国际条约中，是否存在着一种禁止性规定；其次，回答这个问题：违反这样一种禁止性规定，在习惯性国际法项下是不是犯罪。[761] 1117

（一）核武器

在国际法项下禁止使用核武器，是极其有争论的。对于一种可能的禁止性规定来说，出发点是在《海牙规定》和 1925 年的《毒气议定书》中对毒药的禁止。[762] 还有，许多国际条 1118

---

[759] 在《国际刑事法院规约》第 121 条第 1 款项下，这种建议只能在《国际刑事法院规约》生效 7 年之后才能提交，也就是说，要等到 2009 年 6 月 30 日之后才能提交。这份清单的通过，根据《国际刑事法院规约》第 121 条第 2 款，也要求特定的多数（a qualified majority），并且，只有在八分之七的缔约国批准该清单之后，才对这些国家有拘束力。

[760] M. Cottier, in O. Triffterer (ed.), *Commentary on the Rome Statute of the International Criminal Court* (1999), Art. 8, marginal no. 187.

[761] 关于战争罪的结构，一般参见边码 803。

[762] 国际法院（the ICJ）并不认为应当涉及禁止毒药或者毒气，因为核武器的原来效果并不是指向毒害的，参见 ICJ, advisory opinion of 8 July 1996 (Case Concerning the Legality of the Threat or Use of Nuclear Weapons), *ICJ Rep.* 1996, p. 226, para. 55；也见 D. Rauschning, in R. Bernhardt (ed.), *Encyclopedia of Public International Law*, Vol. 4 (2000), p. 730 at pp. 733 et seq.。

约都限制核武器的扩散和生产。[763] 然而,核大国们一直坚持,使用这些武器在本质上是不受制于在国际法项下的禁止性规定的。在一项有争论的咨询性意见中,国际法院在1996年作出结论,指出:使用核武器在有限的情况下是允许的。[764] 因此,在习惯性国际法项下,不全面禁止核武器的使用可以被认为是得到承认的。然而,使用核武器通常将违反禁止使用具有无区别效果的武器,并且,由于这个原因而成为犯罪。在习惯性国际法项下对战争手段的禁止,在原则上也适用于核武器。[765]

(二)化学武器

1119 在1993年1月13日《关于禁止发展、生产、储存和使用化学武器及销毁此种武器的公约》(《禁止化学武器公约》)第1条第1款第3项下,[766]使用化学武器是在任何情况下都被禁止的。《禁止化学武器公约》已经得到了188个*国家的签署和182个**国家的批准,包括美国和俄罗斯;[767]禁止使用化学武器,体现的是习惯性国际法。[768] 因此,在国际法项下

---

[763] 例如,the *Treaty Banning Nuclear Weapon Tests in the Atmosphere, Outer Space and Under Water* of 5 August 1963, 480 *UNTS* (1963), p. 43; the *Treaty on Principles Governing the Activities of States in the Exploration and Use of Outer Space, Including the Moon and Other Celestial Bodies* (Outer Space Treaty) of 27 January 1967, 610 *UNTS* (1967), p. 205; the *Treaty for the Prohibition of Nuclear Weapons in Latin America* of 14 February 1967, 6 *ILM* (1967), p. 521; the *Treaty on the Non-Proliferation of Nuclear Weapons* of 1 July 1968, 729 *UNTS* (1968), p. 169; the *Treaty on the Prohibition of the Emplacement of Nuclear Weapons and Other Weapons of Mass Destruction on the Sea Bed and the Ocean-Floor and in the Subsoil thereof* (Sea Bed Treaty) of 11 February 1971, 955 *UNTS* (1971), p. 115; the *South Pacific Nuclear Free Zone Treaty* of 6 August 1985, 24 *ILM* (1985), p. 1440; the *Treaty Between The United States of America and The Union of Soviet Socialist Republics on the Elimination of Their Intermediate-Range and Shorter-Range Missiles* (INF Treaty) of 8 December 1987, 27 *ILM* (1987), p. 84; the *Treaty on the Final Settlement with respect to Germany* (2 + 4 Treaty) of 12 September 1990, 29 *ILM* (1990), p. 1186; the *Treaty on the Reduction and Limitation of American and Soviet Strategic Offensive Arms* (START I Treaty) of 31 July 1991; 参见 < http://www.state.gov/documents/organization/27360.pdf >, and its "Lisbon" Protocol of 23 May 1992, 参见 < http://www.state.gov/documents/organization/27389.pdf >。

[764] ICJ, advisory opinion of 8 July 1996 (Case Concerning the Legality of the Threat or Use of Nuclear Weapons), *ICJ Rep*. 1996, p. 226.

[765] 参见ICJ, advisory opinion of 8 July 1996 (Case Concerning the Legality of the Threat or Use of Nuclear Weapons), *ICJ* Rep. 1996, p. 226, paras. 85 et seq.; 也见S. Oeter, in D. Fleck (ed.), *The Handbook of Humanitarian Law in Armed Conflicts* (1999), nos. 428 et seq., with additional cites; C. Pilloud and J. S. Pictet, in Y. Sandoz, C. Swinarski and B. Zimmermann (eds.), *Commentary on the Additional Protocols* (1987), marginal no. 1843。

[766] 1975 *UNTS* (1997), p. 469.

* 原文是"176个",作者在德文第2版中作了订正。——译者注

** 原文是"151个",作者在德文第2版中作了订正。——译者注

[767] (原文是"截止于2003年4月23日",作者在德文第2版中作了订正。——译者注)截至2007年4月。

[768] 参见Y. Dinstein, in D. Bardonnet (ed.), *La Convention sur l'Interdiction et l'Elimination des Armes Chimiques* (1995), p. 151 at pp. 162 et seq.; 对于《禁止化学武器公约》生效之前的法律状态,参见S. Oeter, in D. Fleck (ed.), *The Handbook of Humanitarian Law in Armed Conflicts* (1999), nos. 434 et seq.。

禁止使用化学武器这个原来规范的合法性,是不存在问题的。

在第二位的规范方面,在习惯性国际法项下使用化学武器的刑事责任,这种法律状态 1120
也是清楚的。的确,如上所述,各国在罗马大会上不能同意包括使用化学武器。[769] 但是,在这个大会上,争论的实际要点并不是在习惯性国际法项下使用化学武器的刑事责任,而是这个国际刑事法院审判这个犯罪的管辖权。除此之外,《禁止化学武器公约》第7条第1款第1项使条约各方承担义务,保证通过刑事惩罚来遵守这部公约。如同前面讨论的那样,使用化学武器无论如何可以包括在禁止使用毒气之中。最后,上面列举的把违反国际人道法加以犯罪化的标准,是有利于习惯性国际法项下对使用化学武器的刑事责任的,因为使用化学武器通常都会给大量的人员带来具体的危害。[770]

在习惯性国际法项下要求一种心理性因素。过失是不够的。[771] 1121

(三)生物武器

生物武器也是受到全面禁止的。1972年4月10日《禁止细菌(生物)及毒素武器的 1122
发展、生产及储存以及销毁这类武器的公约》(《禁止生物武器公约》),[772]禁止所有缔约方发展、生产、储存或者取得生物或者毒素武器。[773] 然而,《禁止生物武器公约》并没有包括对使用的明确禁止。这一点只能间接地从禁止持有生物武器中得出结论。[774]《禁止生物武器公约》的前言也提到,禁止使用是该公约的目的。[775] 最后,1925年的《毒气议定书》禁止使用细菌武器。使用生物武器因此是受到国际法的禁止的。[776]

使用这些武器在习惯性国际法项下得到了犯罪化,也是不存在严重怀疑的。禁止使 1123
用生物武器没有被《国际刑事法院规约》所采纳,仅仅是因为各方不能同意对使用核武器的评价。[777]

---

[769] 参见边码1098 and M. Cottier, in O. Triffterer (ed.), *Commentary on the Rome Statute of the International Criminal Court* (1999), Art. 8, marginal no. 181; H. von Hebel and D. Robinson, in R. S. Lee (ed.), *The International Criminal Court, The Making of the Rome Statute* (1999), p. 79 at pp. 115 et seq.。

[770] 参见边码809。

[771] 关于心理性因素的一般要求,参见边码294以下,尤其是边码304以下。

[772] 1015 *UNTS* (1972), p. 163.

[773] Biotoxin Weapons Convention, Art. 1; 参见 J. Goldblat, 79 *International Review of the Red Cross* (1997), p. 251 at pp. 253 et seq.。

[774] I. Detter, *The Law of War*, 2nd edn. (2000), p. 260.

[775] Biotoxin Weapons Convention, Preamble, paras. 9, 10.

[776] 也见 S. Oeter, in D. Fleck (ed.), *The Handbook of Humanitarian Law in Armed Conflicts* (1999), no. 438。除此之外,使用生物武器将违反禁止滥杀滥伤战争方式的规定,因为传染性的生物物质通常并不能限制被害人的目标或者数量,参见 S. Oeter, in J. Hasse, E. Müller and P. Schneider (eds.), *Humanitäres Völkerrecht* (2001), p. 78 at p. 101。

[777] 对使用化学武器所具有的犯罪性的相关讨论,参见边码1119以下。

1124 在习惯性国际法项下要求一种心理性因素。过失是不够的。[778]

(四)常规武器

1125 除了在第8条第2款第2项第19目中禁止达姆弹之外,《国际刑事法院规约》没有包括对常规武器的禁止性规定;在《国际刑事法院规约》中试图将使用对人地雷和致盲性激光武器加以犯罪化的努力,也没有成功。[779] 但是,有一些常规性武器也是处于国际法律的禁止性规定之下。首先是1980年10月10日《禁止或者限制使用某些可被认为具有过分伤害力或滥杀滥伤作用的常规武器公约》(《特定常规武器公约》)。[780] 在对《特定常规武器公约》的五部*议定书中,有一些武器是被禁止的:《第一议定书》禁止的是,那些首要效果在于产生处于人体中无法为X光发现因此无法取出的碎片的武器。[781]《第二议定书》限制使用地雷和诱杀装置(booby-traps)。[782]《第三议定书》禁止对平民和位于人口集中区中的军事目标使用燃烧性武器。[783]《第四议定书》禁止使用致盲性激光武器。[784] 在2006年11月12日生效的《第五议定书》规定的条文,是关于在武装冲突结束之后,清除残余的爆炸性战斗工具。**

1126 因此,在那里存在这一系列国际法项下的文件,禁止使用特定的全部或者部分常规武

---

[778] 详见,关于心理性因素的一般要求,边码294以下,尤其是边码304以下。

[779] 参见 *Decisions taken by the Preparatory Committee at its Session held from* 11 *to* 21 *February* 1997, UN Doc. A/AC. 249/1997/L. 5, pp. 10 et seq.; *Decisions taken by the Preparatory Committee at its Session held from* 1 *to* 12 *December* 1997, UN Doc. A/AC. 249/1997/L. 9/Rev. 1, pp. 8 et seq.; *Report of the Intersessional Meeting from* 19 *to* 30 *January held in Zutphen*, UN Doc. A/AC. 249/1998/L. 13; *Report of the Preparatory Committee on the Establishment of an International Criminal Court, Draft Statute and Final Act*, UN Doc. A/Conf. 183/2/Add. 1 (1998)。所有列出的文件都重印于 M. C. Bassiouni (ed.), *The Statute of the ICC-A Documentary History* (1998)。也见 C. K. Hall, 91 *American Journal of International Law* (1997), pp. 177 et seq.; C. K. Hall, 92 *American Journal of International Law* (1998), pp. 125 et seq. and pp. 331 et seq.。

[780] 1342 *UNTS* (1980), p. 137.

* 原文是四部,作者在德文第2版中作了订正。——译者注

[781] *Protocol on Non-Detectable Fragments* (*Protocol I*) of 10 October 1980, 1342 *UNTS* (1980), p. 168.

[782] *Protocol on Prohibitions or Restrictions on the Use of Mines, Booby-Traps and Other Devices* (*Protocol II*), 1342 *UNTS* (1980), p. 168, amended version, 3 May 1996, 参见 < http://www.icrc.org/ihl >。这部议定书的修改文本仅仅在很有限的情况下才允许使用地雷。彻底禁止使用地雷规定在 Art. 1 (1)(a) of the *Convention on the Prohibition of the Use, Stockpiling, Production and Transfer of Anti-Personnel Mines and on their Destruction* of 18 September 1997, 2056 *UNTS* (1999), p. 241。然而,一些像美国这样的重要国家还没有加入这部公约。

[783] *Protocol on Prohibitions or Restrictions on the Use of Incendiary Weapons* (*Protocol III*) of 10 October 1980, 1342 *UNTS* (1980), p. 171.

[784] *Protocol on Blinding Laser Weapons* (*Protocol IV*) of 13 October 1995, 2024 *UNTS* (1998), p. 167.

** *Protokoll über explosive Kampfmittelrückstände* (*Protokoll V*) vom 28. November 2003, BGBl. 2005 II, 122。对此,参见 Maresca, *International Review of the Red Cross* 86 (2004), 815 ff.。(作者在德文第2版中新增加的注释。——译者注)

器。然而,对使用这些武器的禁止,看来并不处于习惯性国际法的刑事惩罚之下。的确,这些行为通常都一起与对生命和肢体的具体危险同时进行。但是,这些公约仅仅对一小部分国家有拘束力。[785] 在罗马大会上,是否对使用特定常规武器进行犯罪化的问题,如前所述,是有争论的。[786] 在习惯性国际法项下使用常规武器的犯罪性有问题之处,仔细审查国际的禁止性规定和每一个具体案件的犯罪性,因此就是不可省略的。只有在《国际刑事法院规约》的缔约国决定采纳一个禁止性清单之后,如同《国际刑事法院规约》第 8 条第 2 款第 2 项第 20 目所要求的那样,才能取得更清楚的明确性。

四 非国际冲突(习惯性国际法)

《国际刑事法院规约》没有包含在非国际武装冲突中禁止的武器,[787]因为各国认为自 1127
己的主权会在这个领域中受到特别的威胁。[788] 相比之下,在习惯性国际法中使用特定的武器,甚至在非国际武装冲突中也是犯罪。通常,在战争罪中,为了证明一种习惯性国际法项下的犯罪,必须首先表明一项国际性法律禁止性规定的存在,其次,在习惯性国际法项下,这是要受到刑事惩罚的。

一开始,国际法在非国际冲突中禁止使用武器方面,是非常克制的。像在《海牙规 1128
定》第 23 条第 1 项和 1925 年的《毒气议定书》中禁止使用毒气这样的重要规定,仅仅适用于国际冲突。在《日内瓦公约》和《第二附加议定书》中都没有包括任何在内战中对武器的禁止性规定。

更近一些的条约正确地不再作这种克制了。在非国际冲突中禁止使用生物武器产生 1129
于 1972 年的《禁止生物武器公约》。因为该公约禁止成员国在任何情况下发展、生产和储存生物武器,所以,它们不可以被用于内战。这在该公约前言第 9 段中受到强调,在这里,这些缔约方声明,它们决定"完全排除把(生物制剂)用作武器的可能性"。1993 年的

---

[785] (作者对本注释中的数字作了最新的订正。——译者注)《特定常规武器公约》目前约束着 102 个国家,对这部公约的《第一议定书》约束着 100 个国家,《第二议定书》约束着 89 个国家(截至 1997 年 5 月 3 日),在其修正本中是 87 个国家,《第三议定书》约束着 95 个国家,《第四议定书》是 84 个国家(截至 2004 年 10 月),《第五议定书》是 29 个国家(截至 2007 年 4 月)。

[786] 参见边码 1098 and M. Cottier, in O. Triffterer (ed.), *Commentary on the Rome Statute of the International Criminal Court* (1999), Art. 8, marginal no. 188。

[787] 对于一个批评性的观点,参见 A. Cassese, 10 *European Journal of International Law* (1999), p. 144 at pp. 152 et seq.; A. Cassese, *International Criminal Law* (2003), pp. 61 et seq.; C. Kress, 30 *Israel Yearbook on Human Rights* (2001), p. 103 at p. 136。

[788] 关于对这一点的争论,参见 P. Kirsch and J. T. Holmes, 93 *American Journal of International Law* (1999), p. 2 at p. 7; C. Kress, 30 *Israel Yearbook on Human Rights* (2001), p. 103 at p. 136。

《禁止化学武器公约》也禁止在任何种类的冲突中使用化学武器；[789]在非国际冲突中使用化学武器是在习惯性国际法项下被禁止的。[790]

1130 此外，目前出现了一种在非国际冲突中朝向禁止其他战争手段的趋势。《特定常规武器公约》经过修改的《第二议定书》禁止使用地雷，这也适用于非国际武装冲突。[791] 同样的情况还有，1997 年12 月 3 日/4 日*《关于禁止使用、储存、生产和转让杀伤人员地雷及销毁此种武器的公约》。[792] 虽然在 2001 年 12 月 21 日《特定常规武器公约》第 1 条中有变化，但是，这部公约及其几部议定书都是可以对非国际武装冲突适用的。然而，这项修正案还没有生效。[793] 2004 年 5 月 18 日，对《特定常规武器公约》第 1 条的一项修改生效了。现在，根据这项修改，这部公约连同其议定书也可以适用于非国际武装冲突了。**

1131 如果对特定武器的禁止能够表明存在于非国际武装冲突中，那么，证明它服从于习惯性国际法项下的刑事惩罚就不会有什么问题了。违反这些武器禁令通常都是严重的，并且，它们在国际冲突中的犯罪性都是没有问题的；因此，对于这种禁止性规定在习惯性国际法项下的犯罪状态的要求，就得到了满足。[794] 使用毒药、化学和生物武器，以及所谓的达姆弹的犯罪状态，因此就在非国际冲突以及国际冲突中得到了确定。结果，《(德国)违反国际法的犯罪法典》就规定，使用这些武器的是一种刑事犯罪，不管冲突的形式是什么。[795]

1132 在习惯性国际法项下要求一种心理性因素。过失是不够的。[796]

---

[789] 《禁止化学武器公约》在其前言第 5 段中，也指出了完全结束使用化学武器的目标。

[790] *Prosecutor v. Tadić*, ICTY (Appeals Chamber), decision of 2 October 1995, paras. 120 et seq.

[791] 参见 Art. 1(2) of the *Protocol on Prohibitions or Restrictions on the Use of Mines, Booby-Traps and Other Devices* (*Protocol II*), as amended on 3 May 1996，参见 < http://www.icrc.org/ihl >。

* 原文是“1997 年 9 月 18 日”，作者在德文第 2 版中作了订正。——译者注

[792] 2056 *UNTS* (1999), p. 241. Art. 1(1)(a) of the Convention 禁止在任何情况下使用地雷，包括在非国际武装冲突中。

[793] 在《特定常规武器公约》中，在第 8 条第 1 款第 2 项与第 5 条第 1 款相联系的情况下，一项修改发生效力的时间，必须是在对该项修改的第 20 个批准之后的 6 个月。在 2003 年 4 月，只有 9 个国家批准了这项修改。

** 这项变化，现在已经得到 50 个成员国的批准(截至 2007 年 4 月)。(作者在德文第 2 版中新增加的注释。——译者注)

[794] 参见边码 803 以下，但是，在涉及使用特定常规武器的犯罪性之处，在边码 1126 中表示的保留应当相应地适用。

[795] 参见(German) Code of Crimes Against International Law [*Völkerstrafgeserzbuch*, *VStGB*], Sec. 12(1) and Explanatory Memorandum of the (German) Code of Crimes Against International Law, *BT-Drs.* 14/8524, pp. 35 et seq.。

[796] 关于心理性因素的要求，详见边码 294 以下，尤其是边码 304 以下。

第七节　侵犯人道主义行动的战争罪

参考书目：

Evan T. Bloom: Protecting Peacekeepers: The Convention on the Safety of United Nations and Associated Personnel, 89 *American Journal of International Law* (1995), pp. 621 et seq.; M.-Christiane Bourloyannis-Vrailas: Crimes Against United Nations and Associated Personnel, in Gabrielle Kirk McDonald and Olivia Swaak-Goldman (eds.), *Substantive and Procedural Aspects of International Criminal Law, The Experience of International and National Courts*, Vol. 1 (2000), pp. 337 et seq.; Zdzisaw Galicki: Atteintes à la securitédu personnel des Nations Unies et des personells associés, in Hervé Ascensio, Emmanuel Decaux and Alain Pellet (eds.), *Droit International Pénal* (2000), pp. 493 et seq. 1133

《国际刑事法院规约》第8条第2款第2项第3目规定： 1134

"故意指令攻击依照《联合国宪章》执行人道主义援助或维持和平行动所涉及的人员、设施、物资、单位或车辆，只要这些人员和物体有权得到武装冲突国际法给予平民和民用对象的保护。"[797]

《国际刑事法院规约》第8条第2款第5项第3目为非国际武装冲突规定了一个相同的条文。这些条文是对近几十年来多次攻击联合国及其关联人员的反应，[798]这些攻击特别严重地影响了国际社会的利益，同时，这种威胁还削弱了参加帮助任务的意愿。这种犯罪反映了习惯性国际法。

这个犯罪在很大程度上与对平民和民用对象的犯罪性攻击，[799]以及对侵犯人员的战争罪相重合。因此，这些犯罪主要就具有象征性的特征，防止在特定的边缘领域中出现犯罪性的空隙。[800] 1135

---

[797] 《犯罪要件》基本上把自己限制在重述这个犯罪的要件上。

[798] 参见 M.-C. Bourloyannis-Vrailas, in G. Kirk McDonald and O. Swaak-Goldman (eds.), *Substantive and Procedural Aspects of International Criminal Law*, Vol. 1 (2000), pp. 337 et seq.。

[799] 参见 D. Frank, in R. S. Lee (ed.), *The International Criminal Court, Elements of Crimes and Rules of Procedure and Evidence* (2001), p. 145。

[800] 这个犯罪原先是为了防止使攻击执行这种使命的非军事成员逃脱惩罚，因为被害人——例如，由于其国籍——会成为不是《日内瓦公约(四)》含义中的受保护人员，所以，在《国际刑事法院规约》第8条第2款第1项中的这种犯罪就不能适用。

1136 《第一附加议定书》第71条第2款要求,在救援行动中的参加者应当受到尊重和保护。相比之下,《日内瓦公约》没有为联合国维持和平使命的成员规定特别的保护性条文。《国际刑事法院规约》是明确地把攻击联合国及其相关人员定义为战争罪的第一部多边条约。[801] 20世纪90年代初期以来,攻击联合国人员的数量急剧增加。[802] 在这些对联合国行动的攻击的影响下,1994年的联合国大会,一致通过了《关于联合国人员和有关人员安全公约》,[803]这部公约于1999年1月15日生效。在这部公约的影响下,联合国国际法委员会在1996年起草的《关于反和平和危害人类安全之犯罪的法典草案》第19条中,规定了以"危害联合国及其相关人员的犯罪"为标题的犯罪。然而,这种行为不被认为是一种战争罪,而被认为是一种反和平和危害人类安全的单独犯罪种类。[804] 联合国国际法委员会强调,攻击联合国人员是一种极其严重的暴力犯罪,不仅对被害人造成了严重后果,而且对整个国际社会造成了严重后果。这种攻击会造成个人不愿意与维持和平和人道主义的行动合作,而且会造成各国不愿意提供合适的人员。[805]

1137 在《国际刑事法院规约》第8条第2款第2项第3目中,包括了两种不同的实施方法——攻击人道主义救援使命和攻击维持和平使命。《国际刑事法院规约》避免更清楚地定义这些标准。在下面的《联合国秘书长1992年和平纲领》中,规定了维持和平的概念:

"维持和平是在一个地区部署一种联合国的存在,迄今为止,这是得到所有有关各方的同意的,并且,通常涉及联合国军事的和/或警察人员,经常还涉及平民。维持和平是一种技术,扩展了防止冲突和实现和平的可能性。"[806]

1138 因此,维持和平包括的行动,一般是由临时部署的军事人员组成,以便在紧张的形势下防止爆发敌对行动,在这种情况下,大规模的军事行动就不能或者不再能够发生。一项维持和平的使命,也可以仅仅由一些观察员组成。在任何情况下,这种使团的成员都必须是中立的,不可以在自卫的必要限度之外,加入敌对行动之中。维持和平的概念,因此必须与《联合国宪章》第七章项下的强制性联合国军事措施区分开来,那种措施是由安理会

---

[801] 参见 D. Frank, in R. S. Lee (ed.), *The International Criminal Court, Elements of Crimes and Rules of Procedure and Evidence* (2001), p. 145。

[802] 截至1994年3月,在联合国人员中,死亡人数一共是1074人,仅仅在1993年,就有202名联合国工作人员被杀。尤其是在索马里和南斯拉夫的冲突中,就发生了大量的攻击事件;因此,在1994年晚些时候,波斯尼亚的塞族军队就把400名联合国雇员扣为人质,参见 M.-C. Bourloyannis-Vrailas, in G. Kirk McDonald and O. Swaak-Goldman (eds.), *Substantive and Procedural Aspects of International Criminal Law*, Vol. 1 (2000), p. 337 at p. 338, fns. 6 et seq.。

[803] 2051 *UNTS* (1999), p. 391. 关于这个条约,参见 Z. Galicki, in H. Ascensio, E. Decaux and A. Pellet (eds.), *Droit International Pénal* (2000), pp. 493 et seq.; E. Bloom, 89 *American Journal of International Law* (1995), pp. 621 et seq.; M.-C. Bourloyannis-Vrailas, in G. Kirk McDonald and O. Swaak-Goldman (eds.), *Substantive and Procedural Aspects of International Criminal Law*, Vol. 1 (2000), p. 337 at pp. 339 et seq.。

[804] 参见 J. Allain and J. R. W. D. Jones, 8 *European Journal of International Law* (1997), pp. 100 et seq.。

[805] *Draft Code* 1996, commentary on Art. 19, para. 2.

[806] UN Secretary-General, *Agenda for Peace* of 17June 1992, UN Doc. A/47/277 - S/24111, para. 20.

决定的，并且包括了军事力量的使用。[807]

关于人道主义救援使命的含义，可以从《第一附加议定书》第 70 条和第 71 条中得出 1139
结论。《第一附加议定书》第 70 条第 1 款第 1 句规定：

"如果处于非占领当局的冲突一方控制之下的任何领土上的平民人口，不能恰当地获得……供给……那么，具有人道主义和公正性质，并且在没有任何有害条件进行的救援行动，就应当得到保证，但是要与在这种救援行动中有关的各方达成一致。"

因此，人道主义救援使命关心的首先是使人口获得供给，尤其是武装冲突的被害人， 1140
但是不包括与发展援助有关的长期性措施。人道主义救援使命必须公正地分配救助品。[808] 执行这种使命不可以使用暴力，除非必要的自卫。[809] 这种行动通常是由非政府组织和国家间组织进行的，包括联合国的下属机构，例如，联合国难民事务高级专员署（UNHCR），联合国儿童基金会（UNICEF），联合国教科文组织（UNESCO）和联合国粮食与农业组织（FAO）。红十字会和红新月会进行的人道主义行动，也受《国际刑事法院规约》第 8 条第 2 款第 2 项第 24 目的保护。[810]

在这个犯罪的意义中，攻击不仅是《第一附加议定书》第 49 条第 1 款项下的军事行 1141
动，而且包括任何使用武力侵害人道主义救援组织和维持和平使命的行动。这一点来自作为基础的《联合国人员和有关人员安全公约》。该公约第 9 条要求，除了其他事项之外，缔约各方还有义务对下列行为加以犯罪化：杀害、绑架和其他攻击联合国人员的生命和自由的行为，以及使用威胁生命和自由的暴力，[811]攻击联合国人员的官方基地、私人住宿或者运输车辆的行为。在第 9 条中的这份清单，可以用来明确"攻击"这个词的含义。[812]

---

[807] B. -O. Bryde, in B. Simma (ed.), *The Charter of the United Nations*, Vol. 1, 2nd edn. (2002), Art. 44, marginal nos. 1 and 8; M. Bothe, in B. Simma (ed.), *The Charter of the United Nations*, Vol. 1, 2nd edn. (2002), Peace-Keeping, marginal nos. 72 et seq.

[808] K. Kittichaisaree, *International Criminal Law* (2001), p. 161.

[809] M. Cottier, in O. Triffterer (ed.), *Commentary on the Rome Statute of the International Criminal Court* (1999), Art. 8, marginal no. 33.

[810] M. Cottier, in O. Triffterer (ed.), *Commentary on the Rome Statute of the International Criminal Court* (1999), Art. 8, marginal no. 34.

[811] 这部公约第 1 条对联合国人员作了这样的定义："由联合国秘书长聘用或部署担任联合国行动的军事、警察或文职部门的成员的人……由联合国或其专门机构或国际原子能机构派遣、在进行联合国行动的地区具有正式身份的其他官员和专家。"有关人员也受到保护，根据该公约第 1 条第 2 款，这些人包括由一国政府或政府间组织根据联合国负责机关的批准派遣的人；由联合国秘书长、联合国专门机构或国际原子能机构聘用的人；根据联合国秘书长、联合国专门机构或国际原子能机构的批准从事支持性活动以完成联合国使命的人。

[812] 参见 K. Kittichaisaree, *International Criminal Law* (2001), pp. 160 et seq.; M. Cottier, in O. Triffterer (ed.), *Commentary on the Rome Statute of the International Criminal Court* (1999), Art. 8, marginal no. 48, 表示了怀疑。

1142 在《国际刑事法院规约》第8条第2款第2项第3目项下,对人道主义救援和维持和平使命的攻击,只有在这种使命是"有权根据武装冲突的国际法向平民或者民用对象提供保护"时,才是犯罪。《第一附加议定书》第51条第3款指出,没有直接参加敌对行动的平民才是受保护的。在《第一附加议定书》第52条第2款项下,只要民用对象不是用于军事目的,就是受保护的。因此,对于《国际刑事法院规约》第8条第2款第2项第3目项下的犯罪来说,如果人道主义和维持和平使命的成员参加了敌对行动,那么,他们就是不受保护的。不过,如果他们仅仅行使了自卫,那么,他们就并没有丧失自己的平民身份。

1143 在心理性方面,无论国际冲突还是非国际冲突,都是以指向目标的行为为条件的。[813]

第八节 数罪竞合问题

1144 战争罪可以同时满足灭绝种族罪和危害人类罪的定义。[814] 这些犯罪可以同时适用,因为在这些犯罪中,没有哪一种犯罪是特别法。因此,对所有犯罪的定罪就总是必需的,以便恰当地表示这种错误性。

1145 在特别的战争罪之间的竞合关系方面,并不存在着判例法。南斯拉夫国际法庭的确指出,在《南斯拉夫国际法庭规约》第2条与该规约第3条之间存在着一种特别法的关系;[815]然而,这不能不加考虑地转给《国际刑事法院规约》中的战争罪条文。详细情况,见上述对各种犯罪的讨论。[816]

1146 如果同一名行为人在不同的地点和不同的时间实施了不同的战争罪,那么,这些行为一般就是独立的行为,每一个行为都能够单独地予以起诉。虽然各种犯罪行为与同一个灭绝种族故意的联系,或者与同一个对平民人口的攻击的联系,能够把这些行为转变成一个综合的灭绝种族罪或者危害人类罪,但是,仅仅与同一个武装冲突的联系,并不足以把几个孤立的战争罪转变为一个综合性的"总的犯罪"。[817]

---

[813] 参见对《国际刑事法院规约》的《犯罪要件》第8条第2款第2项第3目和第8条第2款第5项第3目,都是第3点。在这里涉及的是一种——由《国际刑事法院规约》第30条明确允许的——对刑事可罚性范围的压缩,对此,参见边码371以下,边码385以下。(作者在德文第2版中新增加的注释。——译者注)

[814] 参见边码528以下。

[815] *Prosecutor v. Mucić* et al., ICTY (Appeals Chamber), judgment of 20 February 2001, paras. 414 et seq.; *JStGH*, Urt. v. 26. Februar 2001 (*Kordić und Čerkez*, TC), paras. 821 ff.; *JStGH*, Urt. v. 31. März 2003 (*Naletilić und Martinović*, TC), paras. 734 f.; 也见 Hünerbein, *Straftatkonkurrenzen im Völkerstrafrecht* (2005), 138 ff.。

[816] 参见,例如,边码904、922以下、1029、1061、1078、1087。

[817] 参见边码523。

第六章　侵略罪

参考书目：

Kai Ambos/Jörg Arnold (Hrsg.): *Der Irak-Krieg und das Völkerrecht* (2004); Stanimir A. Al- 1147
exandrov: *Self-Depense Against the Use of Force in International Law* (1996); M. Cherif Bassiouni and Benjamin B. Ferencz: The Crime Against Peace, in M. Cherif Bassiouni (ed.), *International Criminal Law*, Vol. 1, 2nd edn. (1999), pp. 313 et seq.; James Nicholas Boeving: Aggression, International Law, and the ICC: An Argument for the Withdrawal of Aggression from the Rome Statute, *Columbia Journal of Transnational Law* 43 (2005), 557 ff.; Bengt Broms: The Definition of Aggression, 154 Recueil des Cours (1977), Vol. 1, pp. 229 et seq.; Ian Brownlie: *International Law and the Use of Force by States* (1963); Thomas Bruha: *Die Definition der Aggression* (1980); Allegra Carrol Carpenter: The International Criminal Court and the Crime of Aggression, 64 *Nordic Journal of International Law* (1995), pp. 223 et seq.; Antonio Cassese: *International Criminal Law* (2003), pp. 111 et seq.; Grant M. Dawson: Defining Substantive Crimes Within the Subject Matter Jurisdiction of the International Criminal Court: What Is the Crime of Aggression?, *New York Law School Journal of International and Comparative Law* 19 (2000), 413 ff.; Yoram Dinstein: *War, Aggression and Self-Defence*, 3rd edn. (2001); Yoram Dinstein: The Distinctions between War Crimes and Crimes Against Peace, 24 Israel Yearbook on Human Rights (1994), pp. 1 et seq.; Joachim von Elbe: The Evolution of the Concept of the Just War in International Law, 33 *American Journal of International Law* (1939), pp. 665 et seq.; Paula Escarameia: The ICC and the Security Council on Aggression: Overlapping Competencies?, in Mauro Politi and Giuseppe Nesi (eds.), *The International Criminal Court and the Crime of Aggression* (2004), pp. 133 et seq.; Benjamin B. Ferencz: *Defining International Aggression: The Search for World Peace, A Documentary History and Analysis* (1975); Benjamin B. Ferencz: The Crime of Aggression, in Gabrielle Kirk McDonald and Olivia Swaak-Goldman (eds.), *Substantive and Procedural Aspects of International Criminal Law, The Experience of International and National Courts*, Vol. 1 (2000), pp. 33 et seq.; Benjamin B. Ferencz: Aggression, in Rudolf Bernhardt (ed.), *Encyclopedia of Public International Law*, Vol. 1 (1992), pp. 58 et seq.; Benjamin B. Ferencz: Can Aggression Be Deterred by Law? in 10 *Pace*

International Law Review (1999), pp. 341 et seq.; George A. Finch: The Nuremberg Trial and International Law, 41 *American Journal of International Law* (1947), pp. 20 et seq.; Giorgio Gaja: The Long Journey towards Repressing Aggression, in Antonio Cassese, Paola Gaeta and John R. W. D. Jones (eds.), *The Rome Statute of the International Criminal Court: A Commentary*, Vol. 1 (2002), pp. 427 et seq.; Pietro Gargiulo: States' Obligations of Cooperation and the Role of the Security Council, in Flavia Lattanzi and William A. Schabas (eds.), *Essays on the Rome Statute of the International Criminal Court*, Vol. 1 (1999), pp. 67 et seq.; Stefan Glaser: Culpabilité en Droit International Pénal, 99 *Recueil des Cours* (1960), Vol. 1, pp. 465 et seq.; Richard L. Griffiths: International Law, the Crime of Aggression and the Ius Ad Bellum, 2 *International Criminal Law Review* (2002), pp. 301 et seq.; Frederik Harhoff: Unauthorized Humanitarian Interventions, Armed Violence in the Name of Humanity?, 70 *Nordic Journal of International Law* (2001), pp. 65 et seq.; Justin Hogan-Doran and Bibi T. van Ginkel: Aggression as a Crime under International Law and the Prosecution of Individuals by the proposed International Criminal Court, 43 *Netherlands International Law Review* (1996), pp. 321 et seq.; Martin Hummrich: *Der völkerrechtliche Straftatbestand der Aggression Historische Entwicklung Geltung und Definition im Hinblick auf das Statut des Internationalen Strafgerichtshofes* (2001); Hans-Heinrich Jescheck: *Die Verantwortlichkeit der Staauorgane nach Völkerstrafrecht, Eine Studie zu den Nürnberger Prozessen* (1952); Hans-Peter Kaul: The Crime of Aggression: Definitional Options for the Way Forward, in Mauro Politi and Giuseppe Nesi (eds.), *The International Criminal Court and the Crime of Aggression* (2004), pp. 97 et seq.; Kriangsak Kittichaisaree: International Criminal Law (2001), pp. 206 et seq.; Claus Kress: The Iraqi Special Tribunal and the Crime of Aggression, in 2 *Journal of International Criminal Justice* (2004), pp. 347 et seq.; Josef L. Kunz: Bellum Iustum and Bellum Legale, 45 *American Journal of International Law* (1951), pp. 528 et seq.; Peter Malanczuk: Monroe Doctrine, in Rudolf Bernhardt (ed.), *Encyclopedia of Public International Law*, Vol. 3 (1997), pp. 460 et seq.; Hilaire McCoubrey and Nigel D. White: *International Law and Armed Conflict* (1992); Werner Meng: War, in Rudolf Bernhardt (ed.), *Encyclopedia of Public International Law*, Vol. 4 (2000), pp. 1334 et seq.; Theodor Meron: Defining Aggression for the International Criminal Court, *Suffolk Transnational Law Review* 25 (2001), 1 ff.; Hermann Meyer-Lindenberg: Saavedra Lamas Treaty (1933), in Rudolf Bernhardt (ed.), *Encyclopedia of Public International Law*, Vol. 4 (2000), pp. 273 et seq.; Irina Kaye Müller-Schieke: Defining the Crime of Aggression Under the Statute of the International Criminal Court, 14 *Leiden Journal of International Law* (2001), pp. 409 et seq.; Fritz Münch: War, Laws of, History, in Rudolf Bernhardt (ed.), *Encyclopedia of Public Interna-*

tional Law, Vol. 4 (2000), pp. 1386 et seq.; Mauro Politi: The Debate within the Preparatory Commission for the International Criminal Court, in Mauro Politi and Giuseppe Nesi (eds.), *The International Criminal Court and the Crime of Aggression* (2004), pp. 43 et seq.; Albrecht Randelzhofer: Use of Force, in Rudolf Bernhardt (ed.), *Encyclopedia of Public International Law*, Vol. 4 (2000), pp. 1246 et seq.; Ahmed M. Rifaat: *International Aggression: A Study of the Legal Concept its Developments and Definition in International Law* (1979); William A. Schabas: A Origins of the Criminalization of Aggression: How Crimes against Peace Became the "Supreme International Crime," in Mauro Politi and Giuseppe Nesi (eds.), *The International Criminal Court and the Crime of Aggression* (2004), pp. 17 et seq.; F. B. Schick: The Nuremberg Trial and the International Law of the Future, 41 *American Journal of International Law* (1947), pp. 770 et seq.; Matthias Schuster: The Rome Statute and the Crime of Aggression: A Gordian Knot in Search for a Sword, 14 *Criminal Law Forum* (2003), pp. 1 et seq.; Julius Stone: Hopes and Loopholes in the 1974 Definition of Aggression, 71 *American Journal of International Law* (1977), pp. 224 et seq.; Cynthia D. Wallace: Kellogg-Briand Pact (1928), in Rudolf Bernhardt (ed.), *Encyclopedia of Public International Law*, Vol. 3 (1997), pp. 76 et seq.; Gerd Westdickenberg and Oliver Fixson: Das Verbrechen der Aggression im Römischen Statut des Internationalen Strafgerichtshofs, in Jochen Frowein et al. (eds.), *Festschrift für Eitel* (2003), pp. 483 et seq.; Quincy Wright: Legal Positivism and the Nuremberg Judgment, 42 *American Journal of International Law* (1948), pp. 405 et seq.; Herman von Hebel and Darryl Robinson: Crimes within the Jurisdiction of the Court, in Roy S. Lee (ed.), *The International Criminal Court, The Making of the Rome Statute* (1999), pp. 81 et seq.; Antonio Yáñez-Barnuevo: The Exercise of the International Criminal Court's Jurisdiction over the Crime of Aggression: Short Term and Long Term Prospects, in Mauro Politi and Giuseppe Nesi (eds.), *The International Criminal Court and the Crime of Aggression* (2004), pp. 109 et seq.; Andreas Zimmermann: ICC Statute, Article 5, in Otto Triffterer (ed.), *Commentary on the Rome Statute of the International Criminal Court – Observer's Notes, Article by Article* (1999), pp. 97 et seq.

对侵略的犯罪化直接影响了国家的主权，因此，在《国际刑事法院规约》的谈判中，对侵略罪的定义和在国际刑事法院中进行刑事起诉的条件有很大的争论，这就不令人奇怪了。最后，在侵略罪的要求或者安全理事会在追究这种犯罪中的角色方面，也都不能达成一致意见。鉴于这种情形，许多代表团都希望，《国际刑事法院规约》不要完全不规定侵略罪，从而在可以预见的将来，对侵略罪完全不予以规范。 1148

这个结果就是导致一项妥协，规定在《国际刑事法院规约》第5条第1款第2项和第 1149

2 款中。① 一方面，这个条文给予国际刑事法院审判侵略罪的管辖权，因此承认了这种犯罪本身。另一方面，这个法院又只能在侵略罪被定义以及它与《联合国宪章》的关系被明确之后，才能行使这项权威。在《国际刑事法院规约》项下，侵略因此是一种处于"未定状态"(abeyance)的犯罪。② 除此之外，还有这样的问题：在习惯性国际法项下，侵略行为是否以及在什么程度上是犯罪。

1150 下面，首先处理的是对侵略的国际性法律禁止规定（第一节）。然后，审查违反这种禁止性规定是否和在什么程度上可以在习惯性国际法项下加以刑事惩罚；在这里将展示的是，只有侵略战争才在国际法项下被直接犯罪化了（第二节）。这个分析将以对国际法律政策的展望结束（第三节）。

第一节　在国际法项下的禁止侵略

一　第二次世界大战前的发展

1151 在国际法项下禁止战争，是对个人刑事责任的一项要求，但是，这项规定的历史还不长。③ 在 19 世纪和 20 世纪初期，战争被认为是一种合理的政策性工具。每一个主权国家在追求自己利益的过程中，都可以发动战争。④ 国际性法律限制仅仅涉及发动战争的

---

① 关于这些谈判的更多信息，参见 G. Gaja, in A. Cassese, P. Gaeta and J. R. W. D. Jones (eds.), *The Rome Statute of the International Criminal Court*, Vol. 1 (2002), p. 427 at pp. 430 et seq.; H. von Hebel and D. Robinson, in R. S. Lee (ed.), *The International Criminal Court, The Making of the Rome Statute* (1999), pp. 81 et seq.。

② 根据 C. Tomuschat, 73 Die *Friedens-Warte* (1998), p. 335 at p. 337。对于批评《国际刑事法院规约》采取的办法，参见 M. Schuster, 14 *Criminal Law Forum* (2003), p. 1 at p. 17; R. Wedgwood, 10 *European Journal of International Law* (1999), p. 93 at p. 105。

③ 然而，在古代罗马，战争的国际法已经受到一些条件的约束了。在中世纪发展起来的正义战争的信条(the doctrine of just war)，只有正义战争是可以允许的。然而，随着国家结构的出现，这个信条受到了更加严格的限制。一般情况，参见 S. A. Alexandrov, *Self-Defense Against the Use of Force in International Law* (1996), pp. 1 et seq.; M. C. Bassiouni and B. B. Ferencz, in M. C. Bassiouni (ed.), *International Criminal Law*, Vol. 1, 2nd edn. (1999), pp. 313 et seq.; Y. Dinstein, *War, Aggression and Self-Defence*, 3rd edn. (2001), pp. 59 et seq.; J. von Elbe, 33 *American Journal of International Law* (1939), pp. 665 et seq.; J. L. Kunz, 45 *American Journal of International Law* (1951), p. 528 at pp. 529 et seq.。

④ 参见，例如，Y. Dinstein, *War, Aggression and Self-Defense*, 3rd edn. (2001), pp. 71 et seq.; J. von Elbe, 33 *American Journal of International Law* (1939), p. 665 at pp. 682 et seq.; W. Meng, in R. Bernhardt (ed.), *Encyclopedia of Public International Law*, Vol. 4 (2000), pp. 1334 et seq.; 也见 S. A. Alexandrov, *Self-Defense Against the Use of Force in International Law* (1996), pp. 9 et seq.。

方法和手段，即所谓的战时法，⑤而不是发动战争本身的权利，即所谓的发动战争法。在1899年和1907年海牙和平大会的过程中，国家不受限制地发动战争的权利首先受到了谨慎的怀疑，但是，还没有产生一个清楚的禁止性规定。在1899年⑥和1907年⑦的《海牙和平解决国际争端公约》第1条项下，各方都有义务尽可能和平地解决冲突。该公约第2条在任何诉诸武器之前，引入了一个可以采用的调解过程。然而，这只有在条件许可的情况下才能使用。

第一次世界大战之后，国际社会试图进一步限制作为一种政策性工具的战争。《国际联盟公约》在前言中⑧强调，该条约各方有义务“不诉诸战争”，以保护国际和平和安全。在该公约第10条中，各方同意尊重各国的“领土完整和现存的政治独立性”。为了解决本来能够导致战争的争端，引入了一种仲裁制度——根据争端的性质——由仲裁法庭或者国际联盟理事会提供一项决定。⑨ 如果一个国家同意一名仲裁员的决定，那么，就不能发动战争反对他的决定。对于理事会的一致决定，也是这样。在任何情况下，在仲裁员或者理事会的决定与敌对状态的发生之间，必须经过三个月。⑩ 如果一个国家拒绝遵守这个争端解决制度，那么，该公约第16条规定就可以进行主要是经济性的惩罚。然而，总的来说，在《国际联盟公约》中的禁止战争是不完整的。甚至侵略战争也没有得到无条件的禁止。⑪《国际联盟公约》也反映了一个传统的战争概念，特别地要求国家必须具有一种引起战争状态的故意。⑫ 因此，各国可以通过主张诸如冲突缺乏发动战争的故意，因此战争不是正式意义上的战争，来规避自己在该公约项下的义务。⑬ 1152

《国际联盟公约》的这些缺陷在1924年10月2日的《日内瓦议定书》中被改正了，⑭ 1153
在第2条中，全面禁止战争得到了规定。该议定书第10条规定，违反该议定书条文的国家是侵略者。同时，该公约的争端解决制度被大大扩张了，得到一种集体安全制度的补充（见第11条），但是，由于缺乏足够的批准数量，《日内瓦议定书》从来就没有生效。

---

⑤ 关于在这个方面的发展，参见 F. Münch, in R. Bernhardt (ed.), *Encyclopedia of Public International Law*, Vol. 4 (2000), pp. 1386 et seq.。

⑥ 重印于 J. B. Scott, *The Hague Peace Conferences of 1899 and 1907*, Vol. II: Documents (1909), pp. 80 et seq.。

⑦ 重印于 J. B. Scott, *The Hague Peace Confirences of 1899 and 1907*, Vol. II: Documents (1909), pp. 308 et seq.。关于海牙和平大会，参见 A. Randelzhofer, in R. Bernhardt (ed.), *Encyclopedia of Public International Law*, Vol. 4 (2000), p. 1246 at p. 1247。

⑧ 重印于 Sir G. Butler, *A Handbook to the League of Nations* (1919), pp. 49 et seq.。

⑨ 参见 *Covenant of the League of Nations*, Arts. 13 and 15。一个由仲裁员作出的决定，主要考虑了在法律问题上的争议。国际联盟理事会应当决定的主要是政治性冲突。

⑩ *Covenant of the League of Nations*, Art. 12(1) sentence 2.

⑪ 参见 I. Brownlie, *Principles of Public International Law*, 6th edn. (2003), p. 697 and I. Brownlie, *International Law and the Use of Force by States* (1963), pp. 55 et seq.。

⑫ 参见 I. Brownlie, *International Law and the Use of Force by States* (1963), pp. 26 et seq.。

⑬ 参见 I. Brownlie, *International Law and the Use of Force by States* (1963), pp. 59 et seq. and pp. 384 et seq.。

⑭ *Protocol on the Pacific Settlement of International Disputes*, International Legislation II (1922–1924), pp. 1378 et seq.。参见 B. Broms, 154 *Recueil des Cours* (1977), Vol. I, pp. 306 et seq.。

1154 在《国际联盟公约》中的防止战争制度，在地区层面上得到了扩展。在《洛加诺条约》中，[15]德国和法国，以及德国与比利时，都同意在它们的双边关系中和平地解决冲突。武力的使用，只有在行使自卫权和作为国际联盟惩罚的一部分时，才是允许的。[16]

1155 在向全面禁止战争发展中的一个决定性步骤，是在1928年8月27日的所谓《白里安－凯洛格公约》中实现的，[17]这个公约在今天仍然有效。[18] 在这部公约的前言中，各成员国宣告，它们相信“应当坦率地放弃战争作为国家政策工具的时代已经来临”。这种放弃在这部公约的条文中得到了规定。然而，《白里安－凯洛格公约》也有一些弱点：与《国际联盟公约》一样，这部公约对战争手段的禁止性规定，依据的是一种明显狭窄的正式的战争概念。[19] 还有，作为国际联盟集体措施的一部分，使用交战性武力仍然是允许的，因为战争仅仅是作为国家政策的工具被放弃了，但不是作为国际政策的工具被放弃的。[20] 除此之外，通过签署该公约时提交的宣言，各方都清楚地表明，这部公约并不限制自己的自卫权。由于《白里安－凯洛格公约》本身没有包含合法自卫措施的定义，因此，这就留下了滥用自卫权的危险。[21]

1156 在这个背景下，美国相信，自卫权使自己有可能支持[22]所谓的门罗主义（Monroe Doctrine）。[23] 英国

---

[15] The *Treaties of Locarno* of 16 October 1925, 54 UNTS (1949), p. 290，组成的是这样一部条约，签署的有德国、比利时、法国、英国和意大利，在这里，德国、法国和比利时同意相互放弃战争，进入一个有约束力的仲裁程序。这个条约得到了德国和比利时以及德国和法国的仲裁协定的补充，还有德国和波兰以及德国和捷克斯洛伐克的仲裁条约的补充。参见 B. Broms, 154 *Recueil des Cours* (1977), Vol. 1, pp. 307 et seq.。

[16] 参见 Art. 2 of the *Treaties of Locarno* of 16 October 1925, 54 UNTS (1949), p. 290。

[17] *Treaty for the Renunciation of War as an Instrument of National Policy* of 27 August 1928。这部条约的文本可以见 < http://www.yale.edu/lawweb/avalon/imt/kbpact.htm >。关于这部条约的历史，参见 C. D. Wallace, in R. Bernhardt (ed.), *Encyclopedia of Public International Law*, Vol. 3 (1997), pp. 76 et seq.。

[18] 参见 I. Brownlie, *International Law and the Use of Force by States* (1963), p. 75 at pp. 113 et seq.; R. L. Griffiths, 2 *International Criminal Law Review* (2002), p. 301 at p. 304; A. Randelzhofer, in R. Bernhardt (ed.), *Encyclopedia of Public International Law*, Vol. 4 (2000), p. 1246 at p. 1248。

[19] 参见 H. McCoubrey and N. D. White, *International Law and Armed Conflict* (1992), p. 22；然而，对于一种比较性的观点，参见 I. Brownlie, *International Law and the Use of Force by States* (1963), pp. 84 et seq.。

[20] 参见 Y. Dinstein, *War, Aggression and Self-Defence*, 3rd edn. (2001), p. 79。

[21] 参见 B. Broms, 154 *Recueil des Cours* (1977), Vol. 1, pp. 308 et seq.; I. Brownlie, *International Law and the Use of Force by States* (1963), pp. 235 et seq.; Y. Dinstein, *War, Aggression and Self-Defence*, 3rd edn. (2001), pp. 78 et seq.。

[22] 参见 I. Brownlie, *International Law and the Use of Force by States* (1963), pp. 245 et seq.，这里指出，美国宣布不作官方保留，并且，只有参议院对外关系委员会的报告指出了门罗原则。

[23] 门罗原则是美国总统詹姆斯·门罗（James Monroe）在1823年12月2日对美国国会的一次讲话中提出来的。当时的情况是，欧洲大国继续在南北美洲进行殖民努力。美国反对这样做，宣布自己将行使自卫权，不仅反对对自己领土的直接攻击，而且反对欧洲对美洲大陆的干涉。结果，其他国家也主张了自卫权，即使自己的领土没有受到军事行动的直接攻击。参见 P. Malanczuk, in R. Bernhardt (ed.), *Encyclopedia of Public International Law*, Vol. 3 (1997), pp. 460 et seq.。

主张为特定的英国利益范围作出这样的解释。[24] 记住这一点，有时就能听到这样的观点：在《白里安－凯洛格公约》中对战争的禁止是如此的有限，以至于它并没有为成员国提供什么法律上的约束义务。[25] 更有说服力的是看看那些仅仅指向自卫权的解释，完全不涉及法律义务了。[26] 缔约国提出来的对自卫权的这种宽广解释是否为这部公约所包括，就是很可疑的，但是，在这里并不需要加以明确。

截至1939年，在67个国家中，有63个批准了《白里安－凯洛格公约》，使这部公约几乎具有了全世界的可适用性。[27] 这部公约经常得到国家实践的确认，[28]并且构成了其他涉及双边或者多边禁止战争条约的基础。[29] 尽管在事实上，《白里安－凯洛格公约》不能防止第二次世界大战的爆发，侵略性政权是有意地无视自己在国际法上的义务而发动战争的，但是，没有什么疑问的是，在20世纪30年代末期，国际法对待战争的立场已经急剧地改变了：侵略战争不再被视为一种合理的政策性工具，而是受到了相当大的限制，如果不是已经完全丧失了法律上的地位（outlawed）。 1157

二　目前的状态

第二次世界大战之后，禁止侵略在《联合国宪章》中得到了重大的扩展。这部宪章从传统的战争概念中解放出来，如上所述，这为各国滥用这个概念留下了空间。在第2条第 1158

㉔ 参见 I. Brownlie, *International Law and the Use of Force by States* (1963), pp. 235 et seq.; C. D. Wallace, in R. Bernhardt (ed.), *Encyclopedia of Public International Law*, Vol. 3 (1997), p. 76 at p. 78。

㉕ 参见 C. Schmitt, in H. Quaritsch (ed.), *Das international rechtliche Verbrechen des Angriffskrieges und der Grundsatz "Nullum crimen, nulla poena sine lege"* (1994), pp. 45 et seq.，带有额外的引文。

㉖ 参见 I. Brownlie, *International Law and the Use of Force by States* (1963), pp. 244 et seq.。

㉗ 在第二次世界大战之前，当时存在的国家中，只有4个国家（阿根廷、玻利维亚、萨尔瓦多和乌拉圭）不是《白里安－凯洛格公约》的成员国，参见 I. Brownlie, *International Law and the Use of Force by States* (1963), p. 75, fn. 2。然而，约束这些国家的是 the *Saavedra Lamas Treaty* of 10 October 1933, 163 *LNTS*, p. 393，以一种类似于《白里安－凯洛格公约》成员国的方式，参见 H. Meyer-Lindenberg, in R. Bernhardt (ed.), *Encyclopedia of Public International Law*, Vol. 4 (2000), pp. 273 et seq.; A. Randelzhofer, in R. Bernhardt (ed.), *Encyclopedia of Public International Law*, Vol. IV (2000), p. 1246 at p. 1248。

㉘ 一个例子是所谓的史汀生主义（Stimson Doctrine）。当时的情况是，日本入侵满洲（1931年），美国国务卿亨利·史汀生宣布，美国将不承认违反《白里安－凯洛格公约》的领土改变。这个思想在国际联盟决议和一些国际条约中得到了采纳。今天，史汀生主义被认为是习惯性国际法，并且，使各国有义务不承认通过违反国际法而发生的使用暴力对其他国家领土的改变，参见 C. D. Wallace, in R. Bernhardt (ed.), *Encyclopedia of Public International Law*, Vol. 3 (1997), p. 76 at p. 78。

㉙ 除了前面提到的 *Saavedra Lamas Treaty*（边码1157，注释㉗）之外，许多地区性条约后来也肯定了《白里安－凯洛格公约》，参见 I. Brownlie, *International Law and the Use of Force by States* (1963), p. 76, fn. 1 中的引文。这部公约在国际联盟内部也被提到，不仅是在第二次世界大战开始时。最后，在1945年，它成为《纽伦堡宪章》第6条第1款的法律基础，参见 I. Brownlie, *International Law and the Use of Force by States* (1963), pp. 76 et seq.。《联合国宪章》第2条第4款也是基于这部公约中的原则的，参见 C. D. Wallace, in R. Bernhardt (ed.), *Encyclopedia of Public International Law*, Vol. 3 (1997), p. 76 at p. 78。

4 款中，该宪章禁止“使用威胁或武力，或以与联合国宗旨不符之任何其他方法，侵害任何会员国或国家之领土完整或政治独立”。对这个禁止使用武力的最重要的例外，是规定在这部宪章的第 51 条之中，该条承认各国对武力攻击采取单独或者集体自卫的权利，只要安全理事会没有采取必要的办法。除此之外，这部宪章还创设了一种集体安全制度，授予安全理事会广泛的垄断性武力。在威胁和平、破坏和平或者侵略行为（第 39 条）中，第 42 条授权安全理事会采取军事措施。㉚ 安全理事会也可以授权个别国家或者国家集团使用军事力量。㉛

1159 在侵略行为方面，《联合国宪章》使用了三个紧密联系的概念：《联合国宪章》第 2 条第 4 款禁止威胁或者使用武力；该宪章第 39 条授权安全理事会，在发生侵略行为时，根据该宪章第七章采取措施；第 51 条承认了对武装攻击的自卫权。在《联合国宪章》中使用的这些概念所具有的准确含义，以及它们之间的相互关系，仍然是有争论的。㉜

1160 在《联合国宪章》第 39 条中使用的“侵略行为”这个词，在 1974 年 12 月 14 日联合国大会第 3314（XXIX）号决议的附件中得到了解释（所谓的《联合国侵略定义》）。㉝ 在这个《联合国侵略定义》第 1 条项下，一个侵略行为是指“一个国家使用军事武力侵害另一个国家的主权、领土完整或者政治独立”。第 3 条列举了侵略的例子，㉞包括武装力量的攻击、占领和轰击、海上封锁和支持其他国家的武装团队（armed bands）。因此，“侵略行为”这个词也包括了不如战争那么激烈和重大的行为。同样，在《联合国宪章》第 2 条第 4 款中的武力概念也是这样。㉟ 如果一个国家通过武器供应和后勤帮助来支持另一个国家中

㉚ 军事行动通常可以被看成是最后的手段，除此之外，安全理事会也会要求其他措施，提出建议，并且适用非军事性的，尤其是经济性的制裁；详见 M. N. Shaw, *International Law*, 5th edn. (2003), pp. 1124 et seq.。

㉛ 参见 M. N. Shaw, *International Law*, 5th edn. (2003), pp. 1133 et seq.。

㉜ 尤其是自从 2003 年在美国领导下的联军侵入（invasion）伊拉克以来，在国际关系中禁止使用武力的准确范围，就一直是广泛讨论的主题，参见，例如，Attorney-General of the United Kingdom, 52 *International and Comparative Law Quarterly* (2003), pp. 811 et seq.; I. H. Daalder, 16 *Leiden Journal of International Law* (2003), pp. 171 et seq.; R. A. Falk, 97 *American Journal of International Law* (2003), pp. 607 et seq.; R. N. Gardner, 97 *American Journal of International Law* (2003), pp. 585 et seq.; Legal Department of the Ministry of Foreign Affairs of the Russian Federation, 52 *International and Comparative Law Quarterly* (2003), pp. 1059 et seq.; W. M. Reissman, 97 *American Journal of International Law* (2003), pp. 83 et seq.; M. Sapiro, 97 *American Journal of International Law* (2003), pp. 599 et seq.; J. E. Stromseth, 97 *American Journal of International Law* (2003), pp. 628 et seq.; W. H. Taft IV and T. F. Buchwald, 97 *American Journal of International Law* (2003), pp. 557 et seq.; C. Tomuschat, 58 *Die Friedens-Warte* (2003), pp. 141 et seq.; J. Yoo, 97 *American Journal of International Law* (2003), pp. 563 et seq.；也见在边码 1172，注释㉑中引用的参考书。

㉝ 关于《联合国侵略定义》，参见 J. Stone, 71 *American Journal of International Law* (1977), pp. 224 et seq.。

㉞ 参见《联合国侵略定义》第 4 条。

㉟ M. N. Shaw, *International Law*, 5th edn. (2003), p. 1018; A. Randelzhofer, in B. Simma (ed.), *The Charter of the United Nations*, 2nd edn. (2002), Art. 2 (4), marginal nos. 22 et seq.。然而，对于暴力的禁止是否也包括了政治的和经济的制裁，仍然还存在着不一致的意见，参见 A. C. Carpenter, 64 *Nordic Journal*

的反叛团体，就违反了禁止使用武力的规定。㊱威胁使用这种武力也受到了第2条第4款的禁止。

第二节　习惯性国际法项下的刑事责任（侵略战争）

如上所述，在国际法中的禁止侵略是由禁止侵略战争构成的，虽然这不是这项禁止性规定的全部内容。在下文中试图确定，违反国际法项下的禁止侵略是否会导致国际法项下的直接刑事责任，并且，这对什么样的违反行为适用。我们将展示的是，一个刑事责任的区域的确是存在的，但是，它明显地小于国际法所禁止的范围。只有侵略战争，作为一种特别严重和明显的侵略形式，才在习惯性国际法项下加以犯罪化了。 1161

一　纽伦堡和侵略战争的犯罪性

《纽伦堡宪章》第6条第1款宣布，反和平罪是指"计划、准备、提出和发动侵略战争，或者违反国际条约、协定或者保证的战争，或者参加为了实现任何前述事项的共同计划或者共谋"。这是第一次在一部国际条约中，为发动侵略战争建立起国际刑法项下的个人责任。㊲在纽伦堡审判主要战争罪犯时，所有22名被告人都受到了反和平罪的指控，其中，12名㊳被认定对这个犯罪有罪。《纽伦堡宪章》第6条第1款的用语，被《东京宪章》第5条第1款原封不动地采纳了。在东京审判中，28名被告人受到了反人类罪的指控，25名被认定有罪。㊴《管制理事会法》第10号第2条第1款第1项，在规范反人类罪中，遵 1162

of International Law (1995), p. 223 at p. 230; R. L. Griffiths, 2 *International Criminal Law Review* (2002), p. 301 at p. 317; A. Randelzhofer, in B. Simma (ed.), *The Charter of the United Nations*, 2nd edn. (2002), Art. 2 (4), marginal nos. 17 et seq.。

㊱ *Nicaragua v. USA*, ICJ, judgment of 27 June 1986（案件涉及在尼加拉瓜从事敌对性军事和准军事活动），*ICJ Rep.* 1986, p. 14, paras. 106 et seq.。关于这个决定，参见 M. C. Bassiouni and B. B. Ferencz, in M. C. Bassiouni (ed.), *International Criminal Law*, Vol. 1, 2nd edn. (1999), pp. 334 et seq.；也见 C. Gray, 14 *European Journal of International Law* (2003), pp. 867 et seq.。

㊲ 关于这个条文的历史，参见 W. A. Schabas, in M. Politi and G. Nesi, *The International Criminal Court and the Crime of Aggression* (2004), p. 17 at pp. 22 et seq.。

㊳ 他们是：赫尔曼·W·戈林（Hermann W. Göring），鲁道夫·赫斯（Rudolf Hess），约阿西姆·冯·里宾特洛普（Joachim von Ribbentrop），威廉·凯特尔（Wilhelm Keitel），阿尔弗雷德·罗森贝格（Alfred Rosenberg），威廉·弗里克（Wilhelm Frick），瓦尔特·丰克（Walther Funk），卡尔·邓尼茨（Karl Dönitz），埃里希·雷德（Erich Raeder），阿尔弗雷德·约德尔（Alfred Jodl），阿图尔·赛斯－因夸特（Arthur Seys-Inquart）和康斯坦丁·冯·诺伊拉特（Konstantin von Neurath）。

㊴ 参见 P. Osten, *Der Tokioter Kriegsverbrecherprozess und die japanische Rechtswissenschaft* (2003), p. 30 and marginal nos. 15 et seq.。

循了《纽伦堡宪章》第 6 条第 1 款。在纽伦堡随后进行的审判中,有许多对反人类罪的附加性起诉书,是在这个基础上提起的,[40]但是,只有两名其他被告人被定罪。[41]

1163 对轴心国方面为反和平罪负责的人进行的刑事惩罚,遇到了相当的批评。尤其是这种观点:反和平罪是有溯及既往地适用法律,因此,违反了公正的原则。[42] 这个批评是正确的,因为在第二次世界大战爆发之前,发动战争并没有被明确地加以犯罪化。如上所述,战争被广泛地规定,但是,并没有要求对负责的人进行刑事起诉的条文。[43] 纽伦堡审判通过一个实质性的观点,为使用刑罚禁止侵略战争的重要步骤作了正当性辩护:面对这些严重的后果,发动侵略战争是所有犯罪中最严重的。为了执行对战争的禁止,那些负责人必须受到惩罚。该法庭指出,在国际法项下的犯罪,不是由国家自己实施的,而是由人实施的,这些人需要承担责任。[44] 因此,这个法庭从发动侵略战争在过去就是应当受到惩罚和需要受到惩罚的事实中得出结论,它在事实上就是犯罪性的。

1164 这个观点在表面上是说得通的。即使在第二次世界大战之前,就已经有了把侵略战争加以犯罪化的长期努力。例如,《凡尔赛条约》第 227 条就规定起诉德国皇帝发动了第一次世界大战。[45] 前面提到的 1924 年 10 月 2 日《日内瓦议定书》,把侵略战争定义为一种国际犯罪,[46]这个规定被国际联盟的决议[47]和第六届泛美大会所接受。[48] 因此,无论如

---

[40] 对反和平罪的起诉书曾经提出来了,参见 US Military Tribunal Nuremberg, judgment of 30 July 1948 (*Krauch* et al., so-called IG Farben Trial), in *Trials of War Criminals* VIII, pp. 1081 et seq., US Military Tribunal Nuremberg, judgment of 31 July 1948 (*Krupp* et al., so-called Krupp Trial), in *Trials of War Criminals* IX, pp. 1327 et seq., US Military Tribunal Nuremberg, judgment of 14 April 1949 (*von Weizsäcker* et al., so-called Ministries Trial), in *Trials of War Criminals* XIV, pp. 308 et seq., and US Military Tribunal Nuremberg, judgment of 28 October 1948 (*Wilhelm von Leeb* et al., so-called High Command Trial), in *Trials of War Criminals* XI, pp. 462 et seq.。一般情况参见, PCNICC/2002/WGCA/L. 1, paras. 118 et seq.。

[41] 参见 US Military Tribunal Nuremberg, judgment of 14 April 1949 (*von Weizsäcker* et al., so-called Ministries Trial), in *Trials of War Criminals* XIV, pp. 308 et seq.。威廉·开普勒(Wilhelm Keppler)和汉斯·海因里希·拉莫斯(Hans Heinrich Lammers)被定罪了。对恩斯特·魏茨泽克(Ernst von Weizsäcker)和恩斯特·韦尔曼(Ernst Wörmann)原来也认定了反和平罪,但是,他们的定罪在上诉中被推翻了。一般情况参见, PCNICC/2002/WGCA/L. 1, paras. 209, 225。

[42] 对于当时批评的彻底讨论,参见 G. A. Finch, 41 *American Journal of International Law* (1947), pp. 25 et seq.; F. B. Schick, 41 *American Journal of International Law* (1947), pp. 770 et seq.; Q. Wright, 42 *American Journal of International Law* (1948), pp. 405 et seq.。对于今天观点的综述,参见 S. Jung, *Die Rechtsprobleme der Nümberger Prozesse* (1992), pp. 137 et seq.。

[43] 也见边码 27。

[44] IMT, judgment of 1 October 1946, in *The Trial of German Major War Criminals. Proceedings of the International Military Tribunal Sitting at Nuremberg Germany*, Part 22, p. 447.

[45] 对于彻底的讨论,参见 Y. Dinstein, *War, Aggression and Self-Defence*, 3rd edn. (2001), p. 106。也见边码 6 以下。

[46] "前言"第 3 段。但是,这部议定书从来没有生效过;参见边码 1153。

[47] 引文参见 I. Brownlie, *International Law and the Use of Force by States* (1963), pp. 71 et seq.。

[48] 引文参见 I. Brownlie, *International Law and the Use of Force by States* (1963), pp. 73 et seq.。

何,侵略战争的个人刑事责任,在第二次世界大战之前,就已经作为重视战争的“逻辑结果”[49]而安排好了。对将侵略战争犯罪化的合法性的任何其他怀疑,从今天的眼光看来,都可以通过这个事实加以消除,甚至溯及既往的起诉本来也是允许的:这种溯及既往的禁止性规定,并没有防止使国家领导人为他们实施的违反国际法的犯罪承担责任。[50]

今天,纽伦堡和东京的宪章,以及明确这个犯罪的这些国际法庭的判决,组成了将侵 1165
略战争加以犯罪化的基础。[51] 在这些宪章中,尤其是在纽伦堡的判决中的这些犯罪,是建立发动侵略战争是犯罪这种国际社会在法治上所需要的行为的出发点。在1946年12月11日的联合国大会第95(1)号决议中,发动侵略战争的犯罪性得到了明确的“肯定”。因此,国际社会表明了这样的观点:这种犯罪的有效性是一般的,并不仅仅限于第二次世界大战的轴心国。[52] 后来,《联合国侵略定义》第5条第2款第1句和所谓的《和平关系宣言》[53]第一原则第2点,都明确地把侵略战争定义为一种侵害国际和平的犯罪。在1991年和1996年,国际法委员会提出了两份报告,每一份都包含了侵略罪。[54] 最后,在《国际刑事法院规约》中包括侵略罪,是一种相信其在习惯性国际法项下具有犯罪性的表示。[55]

纽伦堡和东京审判都反映了创设习惯性国际法所需要的国家实践,[56]这种实践通过 1166
国家的正式声明加以肯定,例如,还与《联合国侵略定义》联系在一起。没有其他涉及发

---

[49] 参见 G. Dahm, J. Delbrück and R. Wolfrum, *Völkerrecht*, Vol. I/3, 2nd edn. (2002), p. 1035。

[50] 参见 *European Convention for the Protection of Human Rights and Fundamental Freedoms*, Art. 7(2), and *International Covenant on Civil and Political Rights*, Art. 15(2);也见边码28。

[51] R. L Griffiths, 2 *International Criminal Law Review* (2002), p. 301 at p. 308.

[52] 参见 I. Brownlie, *International Law and the Use of Force of States* (1963), p. 190; G. Westdickenberg and O. Fixson, in J. Frowein et al. (eds.), *Festschrift für Eitel* (2003), p. 483 at pp. 487 et seq. 。

[53] *Declaration on Principles of International Law concerning Friendly Relations and Co-operation among States in accordance with the Charter of the United Nations*, UN Doc. A/RES/2625 of 24 October 1970.

[54] 参见1991年《法典草案》第15条以下和1996年《法典草案》第16条。1991年草案包含了一个影响深远的条文,这个条文在本质上依据的是1974年《联合国侵略定义》,因此,跟随的是1954年的草案,参见 J. Hogan-Doran and B. T. van Ginkel, 43 *Netherlands International Law Review* (1996), p. 321 at p. 335; G. Westdickenberg and O. Fixson, in J. Frowein et al. (eds.), *Festschrift für Eitel* (2003) p. 483 at pp. 491 et seq. 。相比之下,1996年《法典草案》第16条是在纽伦堡模式的基础上,跟随了更有限制性的概念,因此,就肯定了自从第二次世界大战结束以来得到承认的可以受到刑事惩罚的侵略的范围,参见 *Yearbook of the International Law Commission* 1996 II/2, p. 43; M. C. Bassiouni and B. B. Ferencz, in M. C. Bassiouni (ed.), *International Criminal Law*, Vol. 1, 2nd edn. (1999), p. 313 at pp. 337 et seq. ; G. Westdickenberg and O. Fixson, in J. Frowein et al. (eds.), *Festschrift für Eitel* (2003), p. 483 at pp. 491 et seq. 。

[55] 相似的是, G. Gaja, in A. Cassese, P. Gaeta and J. R. W. D. Jones (eds.), *The Rome Statute of the International Criminal Court*, Vol. 1 (2002), p. 427 at p. 431。

[56] 参见 A. C. Carpenter, 64 *Nordic Journal of International Law* (1995), p. 223 at pp. 225 et seq. ; M. Hummrich, *Der völkerrechtliche Straftatbestand der Aggression* (2001), pp. 128 et seq. , esp. p. 137,在这里,包括了作为独立国家实践的纽伦堡后续审判,因此,在从1945年到1949年期间,见到了“一种重复的特定因素”(p. 130)。结果, Hummrich 得出这个结论:“纽伦堡和东京审判的实践,以及在第二次世界大战结束时伴随着国际社会的国际法治所需要的行为,创设了新的习惯性国际法”;参见 M. Hummrich, *Der völkerrechtliche Straftatbestand der Aggression* (2001), p. 139。

动侵略战争的审判这个事实，并不与这一点相矛盾，因为犯罪规范已经被违反而没有受到惩罚的事实，并不能使这些犯罪规范的合法性受到怀疑。[57] 因此，例如，南斯拉夫国际法庭对起诉侵略战争不享有管辖权的反对性观点，是不具有说服力的。[58]

1167 总而言之，可以说的是，侵略战争是习惯性国际法项下的犯罪。[59] 这个犯罪的范围必须在迄今为止唯一的先例基础上加以确定，这就是纽伦堡和东京的判决。[60] 然而，没有证据表明，没有达到侵略战争激烈程度的侵略行为也是习惯性国际法项下的犯罪。[61] 国家实践在表明这一点上是不够充分的。还有，在《国际刑事法院规约》上的艰苦谈判表明，[62] 在这个领域中，不存在一般的国际法治所需要的行为。

---

[57] 也见 I. Brownlie, *International Law and the Use of Force by States* (1963), p. 175。南斯拉夫国际法庭已经给予语言文字的行动以决定性的意义，参见 *Prosecutor v. Tadić*, ICTY (Appeals Chamber), decision of 2 October 1995, paras. 96 et seq.，以便建立起在一国之内的武装冲突的国际人道法的核心规范。对于上诉庭来说，各国的官方声明和国家军事手册的内容就足以为习惯性国际法的出现表明足够的实践。

[58] 但是，参见 C. Tomuschat, in Y. Dinstein and M. Tabory (eds.), *War Crimes in International Law* (1996), p. 41 at p. 53; C. Tomuschat, *Europäische Grundrechte-Zeitschrift* 1998, p. 1 at p. 5. G. Gaja, in A. Cassese, P. Gaeta and J. R. W. D. Jones (eds.), *The Rome Statute of the International Criminal Court*, Vol. 1 (2002), p. 427 at p. 430，相比之下，正确地注意到，南斯拉夫国际法庭和卢旺达国际法庭的创设就是对危害人类罪和战争罪的一种回应，因此，缺乏侵略罪就是不令人奇怪的。

[59] 对于类似的观点，参见 Y. Dinstein, *War, Aggression and Self-Defence*, 3rd edn. (2001), p. 109 at pp. 113 et seq.; Y. Dinstein, 24 *Israel Yearbook on Human Rights* (1994), p. 1 at p. 2; R. L. Griffiths, 2 *International Criminal Law Review* (2002), p. 301 at p. 308; I. K. Müller-Schieke, 14 *Leiden Journal of International Law* (2001), p. 409 at pp. 414 et seq.；但是，对于一种对立的观点，参见 H. -H. Jescheck, *Goltdammer's Archiv für Strafrecht* 1981, p. 49 at pp. 53 et seq.; W. G. Grewe, in K. Hailbronner, G. Ress and T. Stein (eds.), *Festschrift für Doehring* (1989), p. 229 at pp. 242 et seq.; C. Tomuschat, in Y. Dinstein and M. Tabory (eds.), *War Crimes in International Law* (1996), p. 41 at p. 53。

[60] 1996 年《法典草案》，对第 16 条的评论指出："(5)……这部宪章和纽伦堡国际法庭的判决，在侵略行为的个人刑事责任方面，是权威性的主要来源。"也见 A. C. Carpenter, 64 *Nordic Journal of International Law* (1995), p. 223 at pp. 225 et seq.; R. L. Griffiths, 2 *International Criminal Law Review* (2002), p. 301 at p. 314; M. Schuster, 14 *Criminal Law Forum* (2003), p. 1 at pp. 10 et seq.。

[61] 对于不同的观点，参见 A. Cassese, *International Criminal Law* (2003), p. 113，他在决定可适用的习惯法时，参考了《联合国侵略定义》。

[62] 参见边码 1184 以下。在 *R v Jones* et al., 4 *All England Law Reports* (2004), p. 956 at p. 970，这个英国上诉法院认为，侵略罪不是英国法项下的犯罪，因为它们是"尚未牢固地建立了侵略罪的，因此能够作为一种犯罪被翻译成国内法的确定的国际法规则"。这个上诉法院根据的观点是，在《国际刑事法院规约》的缔约国之间，对于联合国安全理事会的作用，还缺乏一致的看法。这个法院的结论是有问题的，因为关于安全理事会作用的争论是与这个国际刑事法院行使的管辖权有关，而不是与侵略战争是不是现代国际法项下的一种犯罪的问题有关。

二　物质性因素

(一)侵略战争

《纽伦堡宪章》第6条第1款加以犯罪化的是,计划、准备、提出和发动侵略战争,或者违反国际条约、协定或者保证的战争。这产生了这样的印象:反和平罪能够通过侵略战争或者违反国际条约的战争来实现。纽伦堡国际法庭彻底地讨论了侵略战争罪,并且,在违反国际条约发动战争这个主题上,仅仅指出,这一点不需要深入考虑,因为侵略战争已经得到了证明。[63] 从这里,可以推论出,即使在纽伦堡国际法庭看来,有两个不同的辅助性的犯罪共同组成了反和平罪。然而,这个犯罪不应当被分裂为两部分,一方面是侵略战争,另一方面是发动战争违反了国际条约。侵略战争作为在国际法项下被禁止的一种战争,被犯罪化了。[64] 在这个方向上,《管制理事会法》第10号谈的是"违反国际法和条约的侵略战争"。 1168

因此,从术语的立场看来,一场"侵略"战争,只有在这场战争违反国际法时,才能认为是存在的。这种违反是基于犯罪时流行的国际法律状况;因此,从定义上说,在《联合国宪章》第七章项下的联合国措施或者在该宪章第51条项下的自卫,就都没有侵略战争的存在。[65] 1169

纽伦堡和东京的先例表明,在国际法项下,战争的非法性本身不足以使其成为一场侵略战争。在第二次世界大战之后受到谴责的那些战争,都是以全部或者部分吞并有关国家的领土或者征服这些国家为目的的。在第二次世界大战后作为侵略战争加以犯罪化的这些情况,都具有这样的特征:攻击者的目的是征服其他国家和为了攻击国的利益来使用其资源。仅仅在这个基础上,才产生了习惯性国际法。[66] 因此,为了区分侵略战争和其他违反国际法的战争,就有必要使用一个额外的侵略性因素。一场战争的侵略性目的,一般 1170

---

[63] IMT, judgment of 1 October 1946, in *The Trial of German Major War Criminals. Proceedings of the International Military Tribunal Sitting at Nuremberg Germany*, Part 22, p. 445.

[64] H. -H. Jescheck, *Die Verantwortlichkeit der Staatsorgane nach Völkerstrafrecht* (1952), p. 348,指出:侵略战争的定义"不过是一种对在国际法项下加以禁止的战争的通俗说法"。

[65] 参见 R. L. Griffiths, 2 *International Criminal Law Review* (2002), p. 301 at pp. 320 et seq.。

[66] 这些国际法庭在作出这种评价是令人怀疑的情况下,也把一些情况归类于侵略战争。不过,这个事实是另外一个问题,并且,这不会引起人们对侵略战争罪已经制定的因素的怀疑。关于各种令人怀疑的案件,参见,例如,H. -H. Jescheck, *Die Verantwortlichkeit der Staatsorgane nach Völkerstrafrecht* (1952), pp. 351 et seq.,以及边码27以下。

是由这个政府发动这场战争来确定的，并且，可以通过例如政治领导人的声明来加以证明；[67]行为人自己不需要提出战争的侵略性目的或者参与制定这种目的。

1171 因此，鉴于这种目的，为了防止灭绝种族或者严重侵犯人权的所谓人道主义干涉，[68]就不能包括在这个犯罪的定义之中。救援一个国家自己国民的军事行动也不能。[69]

1172 那种反伊拉克的“自愿联盟”（Coalition of the Willing），是否能够在国际法项下作为一种清除一个侵犯人权的政权的干涉力量而得到正当化，是很可疑的。美国和英国主要依靠联合国安全理事会过去的决议来为自己行动的正当化辩护。[70] 这个观点是有争论的。[71] 然而，即使人们同意这个行动违反了国际法，这也不是一场犯罪性的侵略战争，因为联军对吞并或者征服伊拉克并不感兴趣。这场战争缺乏在习惯性国际法项下，使一场战争成为一场侵略战争所必要的特定的侵略性因素。

1173 各种交战性地使用军事力量也不是一种侵略“战争”。相反，使用武力必须达到一个特定的等级和激烈程度，才能称得上是战争。[72] 为了确定军事力量的必要程度，必须主要借助纽伦堡的判决。这些决定不创设侵略战争的抽象定义，但是从与案件有关的讨论中，

---

[67] 因此，纽伦堡国际法庭认为，希特勒的“主要战争”已经包括了一种“不会令人误解的对侵略的态度”，接着，这种态度对德意志帝国作出了标记，并且被判决为构成了准备侵略战争，参见 IMT，judgment of 1 October 1946，in *The Trial of German Major War Criminals. Proceedings of the International Military Tribunal Sitting at Nuremberg，Germany*，Part 22，pp. 422 et seq.。这个国际法庭看见了希特勒及其最高官员在 1937 年到 1939 年举行了四次秘密会议，将其作为德国攻击计划的重要证据。在这些计划会议上，希特勒告诉他的党羽们，他进行交战的意图，并且清楚地说明了他的政权的侵略目的，IMT，judgment of 1 October 1946，in *The Trial of German Major War Criminals. Proceedings of the International Military Tribunal Sitting at Nuremberg，Germany*，Part 22，pp. 423 et seq.。

[68] 关于人道干涉的一般情况，参见 S. A. Alexandrov，*Self-Defence Against the Use of Force in International Law*（1996），pp. 204 et seq.；T. J. Farer，25 *Human Rights Quarterly*（2003），pp. 382 et seq.；R. L. Griffiths，2 *International Criminal Law Review*（2002），p. 301 at pp. 338 et seq.。关于北大西洋公约组织（NATO）在 1999 年初对南斯拉夫联邦共和国（科索沃）的军事行动，参见 V. D. Degan，in L. C. Vohrah et al.（eds.），*Man's Inhumanity to Man*（2003），pp. 232 et seq.；F. Harhoff，70 *Nordic Journal of International Law*（2001），pp. 65 et seq.；R. Kolb，85 *International Review of the Red Cross*（2003），pp. 119 et seq.；R. Zacklin，in L. C. Vohrah et al.（eds.），*Man's Inhumanity to Man*（2003），pp. 935 et seq.；K. Zemanek，in L. C. Vohrah et al.（eds.），*Man's Inhumanity to Man*（2003），pp. 953 et seq.。

[69] 一个国家在未经他国允许的情况下救援本国驻该国国民的权利，在过去，一直是以《联合国宪章》第 51 条项下的自卫权为根据的。然而，这是有问题的；讨论情况，参见 S. A. Alexandrov，*Self-Defense Against the Use of Force in International Law*（1996），pp. 188 et seq.，pp. 202 et seq.。

[70] 参见 C. Greenwood，4 *San Diego International Law Journal*（2003），p. 7 at pp. 26 et seq.。

[71] 关于这个问题和美国提出的其他正当化根据，参见，例如，M. Bothe，14 *European Journal of International Law*（2003），pp. 227 et seq.；E. de Wet，*Humanitäres Völkerrecht-Informationsschriften*（2003），pp. 233 et seq.；M. Sapiro，97 *American Journal of International Law*，pp. 599 et seq.；S. P. Shamra，43 *Indian Journal of International Law*（2003），pp. 215 et seq.；A. D. Sofaer，14 *European Journal of International Law*（2003），pp. 209 et seq.；R. Wedgwood，97 *American Journal of International Law*（2003），pp. 576 et seq.；也见上文在边码 1159 注释㉜中引用的参考书。

[72] 也见 R. L. Griffiths，2 *International Criminal Law Review*（2002），p. 301 at pp. 319 et seq.；G. Westdickenberg and O. Fixson，in J. Frowein et al.（eds.），*Festschrift für Eitel*（2003），p. 483 at p. 508。

可以推论出关键性的标准。在纽伦堡审理的德国对邻国的攻击，一般都是由大量的军队在广阔的战线上发动的；这种攻击导致全部或者部分地占领这些被害国家。侵略战争的犯罪要求在类似的等级上使用军事力量。

开始具有特定激烈程度的敌对状态，对于战争的存在是有必要的，而不是明确的宣战。以各方创设一种战争状态的意愿为基础的战争的正式概念，在第二次世界大战之前就已经证明是不可行的。纽伦堡国际法庭把德意志帝国对丹麦的占领看成是一种侵略战争，[73]即使德国和丹麦政府在德国国防军入侵丹麦之后，都坚持说不存在战争状态。[74]《东京宪章》明确规定，宣战是不重要的，因此，放弃了战争的传统概念。[75] 1174

（二）其他侵略行为

“侵略战争”这个词的定义，也决定性地定义了在习惯性国际法项下被犯罪化的侵略行为的范围。因此，刑事责任的门槛是很高的。具有较低激烈程度的侵略行为不是犯罪，即使它们违反了《联合国宪章》第2条第4款，或者触犯了第51条项下的自卫权。在《联合国侵略定义》中提到的许多侵略行为，因此在习惯性国际法项下都不能引起刑事责任。人们可以从国际法律政策的立场上来痛惜对这个犯罪的狭窄限制；然而，国际社会不仅缺乏国际法治所需要的行为，而且缺乏扩展习惯性国际法项下的犯罪化所需要的国家实践。[76] 这个刑事责任是否在对《刑事法院规约》的侵略罪进行谈判的过程中得到扩展还有待观察。[77] 1175

（三）行为人

根据纽伦堡和东京的原则，侵略罪在今天被正确地定义为一种“领导人犯罪”。[78] 无论在《纽伦堡宪章》、《东京宪章》还是《管制理事会法》第10号中，都没有包括对行为人类 1176

---

[73] IMT, judgment of 1 October 1946, in *The Trial of German Major War Criminals. Proceedings of the International Military Tribunal Sitting at Nuremberg, Germany*, Part 22, p. 437.

[74] 参见 I. Brownlie, *International Law and the Use of Foree by States* (1963), p. 211 at p. 389。

[75] 《东京宪章》第5条第1款规定：“宣告了或者没有宣告侵略战争。”《纽伦堡宪章》第6条第1款还没有包括这个用语。

[76] 对于这些问题的讨论，参见 G. Westdickenberg and O. Fixson, in J. Frowein et al. (eds.), *Festschrift für Eitel* (2003), p. 483 at pp. 505 et seq. 。

[77] 关于《联合国侵略定义》，参见边码1160。

[78] 参见 G. Westdickenberg and O. Fixson, in J. Frowein et al. (eds.), *Festschrift für Eitel* (2003), p. 483 at p. 503。从关于《国际刑事法院规约》的谈判中，参见 the final discussion paper by the coordinator of 11 July 2002 (PCNICC/2002/WGCA/RT. 1/Rev. 2)，根据这份文件，这是一个“处在有效行使或者指导一个国家的政治或者军事行动位置上的”人的问题。

型的限制。[79] 但是,从纽伦堡和东京的判决中可以推论出,只有政治的或者军事的领导人才能被认为是反和平罪的行为人。[80] 因此,在纽伦堡审判主要战争罪犯中,德国政府、军队和纳粹党的重要高级代表受到了审判,并且为他们参加侵略战争而被认定为有罪。侵略罪的行为人等级,因此就限制在一个比较小的军事和政治领导人的小组之中。[81] 关键的因素是有效控制或者领导的可能性,而不是法律位置。[82] 行为人不需要对战争和和平作出实际决定,但是,必须参加在准备、提出或者发动侵略战争有主要意义的活动。[83]

1177 在对本罪的限制中,有意思的首先是在纽伦堡国际法庭上对威廉·凯特尔将军的定罪。作为德国国防军高级指挥员的领导人,凯特尔,根据这个国际军事法庭本身的说法,并不拥有对德国国防军具体单位的军事权威,但是却卷入了攻击和军事行动的计划。这就足以对他定罪了。[84] 德国潜艇部队司令和后来的海军司令,海军元帅卡尔·邓尼茨也为参加侵略战争被定罪了。在这里,这个国际法庭作出决定所依据的事实是:他对德国的战争努力具有相当大的重要性,并且,希特勒定期征求他的意见。[85] 另一方面,被告人巴尔杜尔·冯·希拉赫(Baldur von Schirach)被宣告无罪。这个国际法庭认为,作为帝国的青年领袖,他并没有直接参与战争的准备。[86] 前帝国银行行长和部长希加尔马·沙赫特(Hjalmar Schacht)也被宣告无罪。他仅仅参加了德国的重整军备,这个国际法庭认为,这本身不是一种犯罪。[87]

---

⑲ 参见 Nuremberg Charter, Art. 6(a), Tokyo Charter, Art. 5(a), and Control Council Law No. 10, Art. II (1)(a)。

⑳ 综述,参见 E. Brand, 26 *British Yearbook of International Law* (1949), p. 414 at pp. 419 et seq.。

㉑ 在所谓的高级指挥员审判(High Command Trial)中,也就是在第 12 个纽伦堡后续审判中,美国的军事法庭指出:"如我们已经指出的那样,战争,不管它合法还是不合法,都是在贯彻一个国家的政策。如果提出战争的这个政策,在其故意和目的上是犯罪的,那么,这场战争就是犯罪的,因为处于政策制定层面的那些个人,在决定这项政策时就具有了犯罪的故意和目的。如果战争是赢得犯罪目标的手段,那么,发动这场战争就不过是这项政策的一种贯彻手段,并且,附属于发动侵略战争的那种犯罪性,就应当约束那些在政策层面上参加这场战争的人",参见 US Military Tribunal Nuremberg, judgment of 28 October 1948 (*von Leeb* et al., so-called High Command Trial), in *Trials of War Criminals* XI, p. 462 at p. 486。

㉒ 关于讨论,参见 Y. Dinstein, *War, Aggression and Self-Defence*, 3rd edn. (2001), pp. 121 et seq.; Y. Dinstein, 24 *Israel Yearbook on Human Rights* (1994), p. 1 at pp. 4 et seq.; G. Gaja, in A. Cassese, P. Gaeta and J. R. W. D. Jones (eds.), *The Rome Statute of the International Criminal Court*, Vol. 1 (2002), p. 427 at pp. 437 et seq.; R. L. Griffiths, 2 *International Criminal Law Review* (2002), p. 301 at pp. 368 et seq.; I. K. Müller-Schieke, 14 *Leiden Journal of International Law* (2001), p. 409 at pp. 419 et seq.; G. Westdickenberg and O. Fixson, in J. Frowein et al. (eds.), *Festschrift für Eitel* (2003), p. 483 at pp. 503 et seq.。

㉓ 也见 Y. Dinstein, *War, Aggression and Self-Defence*, 3rd edn. (2001), pp. 122 et seq.; E. Brand, 26 *British Yearbook of International Law* (1949), p. 414 at pp. 420 et seq.。目前在《国际刑事法院规约》项下对侵略罪的谈判中,也存在着一致的认识:侵略罪的行为人只能是一个国家的政治和军事领导人,参见 PCNICC/2002/L. 1/Rev. 1, p. 22。因此,习惯性国际法就在这个背景下得到了确认。

㉔ IMT, judgment of 1 October 1946, in *The Trial of German Major War Criminals. Proceedings of the International Military Tribunal Sitting at Nuremberg; Germany*, Part 22, pp. 491 et seq.

㉕ IMT, judgment of 1 October 1946, in *The Trial of German Major War Criminals. Proceedings of the International Military Tribunal Sitting at Nuremberg; Germany*, Part 22, p. 507.

㉖ IMT, judgment of 1 October 1946, in *The Trial of German Major War Criminals. Proceedings of the International Military Tribunal Sitting at Nuremberg; Germany*, Part 22, p. 511.

㉗ IMT, judgment of 1 October 1946, in *The Trial of German Major War Criminals. Proceedings of the International Military Tribunal Sitting at Nuremberg; Germany*, Part 22, pp. 504 et seq.

还有,他不属于“那个围绕着希特勒的直接涉及(占领奥地利和捷克斯洛伐克)共同计划的内部圈子”。[88]

(四)犯罪行为

在《纽伦堡宪章》第6条第1款项下,计划、准备、提出或者发动一场侵略战争是犯罪。除此之外,共谋发动侵略战争也被犯罪化了,但是,纽伦堡国际军事法庭对此作了非常严格的解释,因此,这个犯罪并没有获得什么独立的重要意义。[89]《东京国际军事法庭宪章》和《管制理事会法》第10号采纳了《纽伦堡宪章》的这些用语。[90] 在这个犯罪中所规定的行为,在实质上是以这个犯罪的不同发展阶段为导向,从计划、准备、提出到最后发动侵略战争。在侵略战争开始之后才参加的事实,对于这个犯罪就足够了,这表现在这个犯罪的一部分涉及了“发动”侵略战争。这个立场也通过先例得以建立起来。因此,纽伦堡国际法庭对邓尼茨反和平罪的定罪,就是以他参加了发动战争为基础的;他并没有卷入战争的计划、准备或者提出。[91] 1178

这项定罪一直受到批评,因为邓尼茨没有机会停止这场战争。[92] 这种批评是正确的,因为侵略战争刑事责任的开始点在于提出战争,所以,仅仅卷入发动战争的行为人就没有直接的责任。同时,在这里,刑事责任的确看起来是正当的,因为这名行为人处于最高层,是整个侵略战争计划的一部分,并且使当时的错误性变得更糟。 1179

计划和准备侵略战争,只有在实际上导致提出了敌对状态时,才是犯罪的。一种狭窄的有限例外,适用于在大规模军事优势的保护下主要以非暴力手段占领一个国家的情况。这一点可以从纽伦堡判决中推论出来。纽伦堡国际法庭认为占领丹麦和卢森堡是侵略战争,即使对这些国家的征服并没有使用重要的军事力量。[93] 占领捷克斯洛伐克和奥地利 1180

---

[88] IMT, judgment of 1 October 1946, in *The Trial of German Major War Criminals. Proceedings of the International Military Tribunal Sitting at Nuremberg; Germany*, Part 22, p. 506.

[89] 参见 H. -H. Jescheck, *Die Verantwortlichkeit der Staatsorgane nach Völkerstrafrecht* (1952), p. 352。

[90] 《东京宪章》第5条第1款规定:“反和平罪:也就是说,计划、准备、提出或者发动一场宣告的或者不宣告的侵略战争,或者一场违反国际法、国际条约、国际协议或者国际保证的战争,或者参加一项共同计划或者共谋,以完成前面所说的任何事项。”相比之下,参见《管制理事会法》第10号,第2条第1款第1项:“反和平罪。违反国际法和条约,提出入侵其他国家和提出侵略战争,包括但不限于计划、准备、提出或者发动一场侵略战争,或者一场违反国际条约、协议或者保证的战争,或者参加一项共同计划或者共谋,以完成前面所说的任何事项。”

[91] IMT, judgment of 1 October 1946, in *The Trial of German Major War Criminals. Proceedings of the International Military Tribunal Sitting at Nuremberg; Germany*, Part 22, p. 507.

[92] H. -H. Jescheck, *Die Verantwortlichkeit der Staatsorgane nach Völkerstrafrecht* (1952), pp. 353 et seq.

[93] 参见 IMT, judgment of 1 October 1946, in *The Trial of German Major War Criminals. Proceedings of the International Military Tribunal Sitting at Nuremberg, Germany*, Part 22, pp. 437 et seq.。也见《管制理事会法》第10号,第2条第1款第1项。

仅仅被这个国际法庭称为“侵略行动”，并且作为计划侵略的一部分加以审查。[94] 这些侵略行动是作为德意志帝国侵略政策的证据加以使用的，但是，本身并不是责任的根据。[95]

三 心理性因素

1181 计划、准备、提出或者发动侵略战争，必须是故意实施的。[96] 尤其是，行为人必须知道战争的侵略目的，并且仍然继续工作，进行战争的计划、提出和发动。如果行为人知道了战争的目的后仍然实施行为，那么，他就是把这些目的作为自己的目的加以采纳，并且是以攻击的故意进行行为的。[97] 在行为人方面的目的是不需要的，是不为纽伦堡国际法庭所要求的。[98]

四 管辖权

1182 审判侵略战争的权威，应当处于一个国际刑事法院之中。只要《国际刑事法院规约》

---

[94] 参见 IMT, judgment of 1 October 1946, in *The Trial of German Major War Criminals. Proceedings of the International Military Tribunal Sitting at Nuremberg, Germany*, Part 22, p. 493 and p. 519。

[95] 这在被告人卡尔滕布鲁纳(Kaltenbrunner)身上变得特别清楚。卡尔滕布鲁纳直接卷入了对奥地利的占领。由于法庭没有看到证明被告人参加了其他计划战争的证据，因此，宣告他在这件事上无罪，并且作了这样的解释：“对[奥地利]的吞并，虽然是一个侵略行为，但是，并不被指控为一场侵略战争”，参见 IMT, judgment of 1 October 1946, in *The Trial of German Major War Criminals. Proceedings of the International Military Tribunal Sitting at Nuremberg; Germany*, Part 22, p. 493；对于评论，参见 I. K. Müller-Schieke, 14 *Leiden Journal of International Law* (2001), p. 409 at pp. 417 et seq.。

[96] 参见 Y. Dinstein, War, *Aggression and Self-Defence*, 3rd edn. (2001), p. 124。

[97] 对于心理性因素的证明，纽伦堡国际法庭首先依赖于这样的事实：尽管这些被告人被彻底地告知了希特勒的计划，但还是实施了行为；参见 IMT, judgment of 1 October 1946, in *The Trial of German Major War Criminals. Proceedings of the International Military Tribunal Sitting at Nuremberg, Germany*, Part 22, p. 425 and pp. 489 et seq., pp. 491 et seq., 也见 pp. 495 et seq., and p. 499, p. 507, pp. 523 et seq. and p. 526。在被告人沙赫特身上，纽伦堡国际法庭作了这样的评论：“针对沙赫特的案件，因此就依赖于这样的推理：沙赫特的确在事实上知道了纳粹的侵略计划”(第 506 页)。同样，在对博尔曼的判决所作的评论也是这样的：“证据并没有表明，博尔曼知道希特勒计划进行准备、提出或者发动侵略战争……这种知道也不能确定地从他所具有的位置上推论出来”(第 527 页)。被告人施特赖歇尔被宣告对反和平罪是无罪的，因为该法院没有找到证据来证明他已经知道政府的政治计划(第 501 页)。综述参见 A. Cassese, *International Criminal Law* (2003), p. 115。

[98] 也见 Y. Dinstein, *War, Aggression and Self-Defence*, 3rd edn. (2001), p. 126; R. L. Griffiths, 2 *International Criminal Law Review* (2002), p. 301 at pp. 369 et seq.; J. Hogan-Doran and B. T. van Ginkel, 43 *Netherlands Internatianal Law Review* (1996), p. 321 at pp. 337 et seq.; A. Cassese, *International Criminal Law* (2003), pp. 115 et seq., 提出了怀疑；然而，关押故意的要求，参见 S. Glaser, 99 *Recueil des Cours* (1960), p. 465 at pp. 504 et seq.。

不发生重大的扩展,[99]那么,这种可能性就存在于通过联合国安全理事会来创设一个特别法庭上。这个法庭能够根据犯罪发生时有效的习惯性国际法进行审判。

另一个问题是各国所具有的起诉侵略罪的权威范围。如果涉及的是一个国家自己的国民参加了由那个国家开始的战争,那么,这种权威是没有问题的。[100] 在刑事惩罚的一般原则项下,一个国家也必须给予起诉参与发动用来反对该国的侵略战争的权威,虽然在被害国家方面缺乏中立性的情况下,人们会对这个做法有一些保留。鉴于侵略战争罪的政治性质,由第三国进行起诉并不是一个理想的解决方案。在任何情况下,在审判进行之前,联合国安全理事会或者联合国大会都应当作出基本的决定:一场侵略战争已经发生。[101] 1183

第三节 《国际刑事法院规约》中的侵略罪——展望

对于国际法律政策来说,在《国际刑事法院规约》中对侵略罪定义持续进行的谈判,具有重大的意义。在其最后的行动中,罗马大会授权预备委员会准备一个提案,供审查性会议(the Review Conference)考虑。在2002年,《国际刑事法院规约》的成员国大会建立了一个特别工作组来继续预备委员会的工作。[102] 这份提案也应当建立起可以行使管辖权的条件。[103] 1184

在《国际刑事法院规约》第123条第1款项下,在《国际刑事法院规约》生效之后7年之内(也就是在2009年7月1日之前),不可以举行审查性会议来考虑采纳这样一个条文。在《国际刑事法院规约》第121条以下规定的程序中,哪一个可以适用于这件事,还是有争论的。* 除此之外,侵略罪定义和在起诉这些犯罪中安全理事会的作用,还都是有争议的。** 1185

---

[99] 参见边码1184。

[100] 例如,伊拉克特别法庭对于"滥用地位和追求会导致战争威胁或者使用伊拉克武装力量反对一个阿拉伯国家的政策"的犯罪,具有管辖权,参见《伊拉克特别法庭规约》第14条第3款。这个条文根据的是伊拉克刑法;关于这一点,参见 C Kress, 2 *Journal of International Criminal Justice* (2004), pp. 347 et seq.。

[101] 关于联合国大会在保障和平中的权威,参见 M. N. Shaw, *International Law*, 5th edn. (2003), p. 1105。

[102] 参见 ICC - ASP/1/Fes. 1 Continuity of work in respect of the crime of aggression。

[103] 关于对预备委员会迄今为止在侵略罪方面的工作的讨论,参见 R. L. Griffiths, 2 *International Criminal Law Review* (2002), p. 301 at pp. 364 et seq.; M. Schuster, 14 *Criminal Law Forum* (2003), p. 1 at pp. 19 et seq.。

* 参见 Report of the inter-sessional meeting of the Special Working Group on the Crime of Aggression, held at the Liechtenstein Institute on Self-Determination, Woodrow Wilson School, at Princeton University, New Jersey, United States of America, from 21 to 23 June 2004 (ICC - ASP/3/25 Annex II), paras. 10 ff.。(作者在德文第2版中新增加的注释。——译者注)

** 目前讨论的情况反映在 Discussion paper on the crime of aggression proposed by the Chairman (ICC

一 侵略罪的定义

1187 关于侵略所具有的犯罪性界限的讨论,具有重大的政治后果。⑯在谈判中,大多数国家反对把国际刑事法院的管辖权仅仅限制在起诉侵略战争上;这个法院也应当有权审判侵略的其他行为,只要这些行为与侵略战争在严重程度上相当。* 主张扩展刑事责任的意见,尤其提出以在《联合国侵略定义》第3条中列举的行为为基础,这样,例如,甚至违反国际法的海上封锁也能够受到惩罚。⑰这样一种对犯罪性的扩展,虽然在法律上有可能,但是,在取得一致意见上却会是更困难的。⑱

- ASP/5/SWGCA/2) v. 16. Januar 2007 中,这是 Working Group on the Crime of Aggression 的主席向《国际刑事法院规约》成员国大会提交的。这份供讨论的文件替代了过去的文件,也就是那份预备委员会(Preparatory Commission)在结束自己的工作时提出来的文件(参见 Definition of the crime of aggression and conditions for the exercise of jurisdiction: Discussion paper proposed by the Coordinator, UN Doc. PCNICC/2002/L. 1/Rev. 1)。(作者在德文第2版中新增加的注释。——译者注)

另外,作者在德文第2版中删除了边码为1186的段落,因此正文中缺少边码1186以及注释⑭和⑮。——译者注

⑯ 对于一种引导性的观察,参见 *Preliminary list of possible issues relating to the crime of aggression, Discussion Paper proposed by the Coordinator* (29 March 2001), UN Doc. PCNICC/2000/WGCA/RT. 1, pp. 1 et seq.。

* 参见 Discussion paper on the crime of aggression proposed by the Chairman (ICC - ASP/5/SWGCA/2), Annex, Abschnitt I; Report of the Special Working Group on the Crime of Aggression (ICC - ASP/5/SWGCA/1), para. 8; Informal inter-sessional meeting of the Special Working Group on the Crime of Aggression, held at the Liechtenstein Institute on Self-Determination, Woodrow Wilson School, Princeton University, United States of America, from 8 to 11 June 2006 (ICC - ASP/5/SWGCA/INF. 1), paras. 21 ff.。也见 ZStW 115 (2003), 294, 302 ff., 他在这里指出,在这场谈判中同样加以讨论的明确性标准(只有"公然"或者"明显"地违反《联合国宪章》才是应受刑罚惩罚的,参见 Discussion paper on the crime of aggression proposed by the Chairman (ICC - ASP/5/SWGCA/2), Annex, Abschnitt I)也同样得出了这个结论,包括了同时也是"掩盖"了"侵略战争罪的特定不法内容"(306)。(作者在德文第2版中新增加的注释。——译者注)

⑰ 在这个路线上,参见,例如,阿拉伯国家提出的建议,UN Doc. PCNICC/1999/DP. 11。1991年《法典草案》就已经以《联合国侵略定义》第3条中的定义作为这个犯罪的基础,并因此颠倒了侵略定义的结构——如同 G. Westdickenberg and O. Fixson, in J. Frowein et al. (eds.), *Festschrift für Eitel* (2003), p. 483 at pp. 491 et seq. ——因为它仅仅把侵略战争定义为犯罪。对于把这个犯罪限制于在习惯性国际法项下加以犯罪化的范围中,参见,例如,俄罗斯的建议,UN Doc. PCNICC/1999/DP. 12,它仅仅提到了发动或者准备侵略战争;对于一般性讨论,也见德国的建议,UN Doc. PCNICC/2000/WGCA/DP. 4, paras. 13 et seq.。

⑱ 罗马大会的主要目的,是通过在这部规约中广泛接受习惯性国际法所承认的条文这个方法,来实现最大可能的接受国际刑事法院,参见 M. H. Arsanjani, 93 *American Journal of International Law* (1999), p. 22 at p. 25; H. - P. Kaul, in M. Politi and G. Nesi (eds.), *The International Criminal Court and the Crime of Aggression* (2004), pp. 97 et seq.。

二　联合国安全理事会的作用

在谈判中,另一个争论的要点是安全理事会在国际刑事法院起诉这种犯罪中的作用。[109] 在《联合国宪章》第24条中,安全理事会本来是负责维护世界和平的。得到广泛同意的是,安全理事会应当先作出确定:一场侵略战争已经发生。因此,作为一项规则,国际刑事法院应当仅仅在安全理事会已经处理了这种情形和作出这样一种确定之后,才来起诉侵略。[110] 1188

即使安全理事会出于政治的原因拒绝对一场侵略战争的存在作出一项确定,在国际刑事法院是否仍然应当采取行动方面,存在着不同的意见。[111] 为了防止安全理事会妨碍国际刑事法院,有一种意见建议,即使在一定的时期之后,安全理事会仍然不作出决定,国际刑事法院仍然应当能够开始进行调查。在这种情况下,也可以指定其他组织作出这种 1189

---

[109] 根据各国提出的建议,预备委员会也为安全理事会的条文起草了一些可能的选择性。参见 *Proceedings of the Preparatory Commission at its first, second and third sessions* (16－26 February, 26 July－13 August and 29 November－17 December 1999), UN Doc. PCNICC/1999/L. 5/Rev. 1, pp. 27 et seq.; *Proceedings of the Preparatory Commission at its fourth session* (13－31 March 2000), UN Doc. PCNICC/2000/L. 1/Rev. 1, pp. 39 et seq.; *Proceedings of the Preparatory Commission at its fifth session* (12－30 June 2000), UN Doc. PCNICC/2000/L. 3/Rev. 1, pp. 10 et seq.; *Proceedings of the Preparatory Commission at its sixth session* (27 November－8 Decemher 2000), UN Doc. PCNICC/2000/L. 4/Rev. 1, pp. 15 et seq.; *Proceedings of the Preparatory Commission at its seventh session* (26 February－9 March 2001), UN Doc. PCNICC/2001/L. 1/Rev. 1, pp. 19 et seq.; *Proceedings of the Preparatory Commission at its eighth session* (8－24 September 2001), UN Doc. PCNICC/2001/L. 3/Rev. 1, pp. 15 et seq.; *Proceedings of the Preparatory Commission at its ninth session* (8－19 April 2002), UN Doc. PCNICC/2002/L. 1/Rev. 1, pp. 19 et seq.。也见 G. Gaja, in A. Cassese, P. Gaeta and J. R. W. D. Jones (eds.), *The Rome Statute of the International Criminal Court*, Vol. 1 (2002), p. 427 at p. 433; R. L. Griffiths, 2 *International Criminal Law Review* (2002), p. 301 at pp. 310 et seq.。

[110] 国际刑事法院预备委员会的文件(the PCNICC documents)讲的全部都是"安全理事会的首要责任",参见 *Proceedings of the Preparatory Commission at its first, second and third sessions* (16－26 February, 26 July－13 August and 29 Novemher－17 December 1999), UN Doc. PCNICC/1999/L. 5/Rev. 1, p. 30; *Proceedings of the Preparatory Commission at its fourth session* (13－31 March 2000), UN Doc. PCNICC/2000/L. 1/Rev. 1, p. 41; *Proceedings of the Preparatory Commission at its fifth session* (12－30 June 2000), UN Doc. PCNICC/2000/L. 3/Rev. 1, p. 12; *Proceedings of the Preparatory Commission at its sixth session* (27 November－8 December 2000), UN Doc. PCNICC/2000/L. 4/Rev. 1, p. 17; *Proceedings of the Preparatory Commission at its seventh session* (26 February－9 March 2001), UN Doc. PCNICC/2001/L. 1/Rev. 1, p. 21; *Proceedings of the Preparatory Commission at its eighth session* (24 September－5 October 2001), UN Doc. PCNICC/2001/L. 3/Rev. 1, p. 17; *Proceedings of the Preparatory Commission at its ninth session* (8－19 April 2002), UN Doc. PCNICC/2002/L. 1/Rev. 1, p. 23。

[111] 联合国人权委员会在"国际法委员会的国际刑事法院规约草案"(1994年)第23条第2款中提出的建议,参见 UN Doc. A/CN. 4/L. 491/Rev. 2, p. 17,规定:国际刑事法院未经安全理事会的事前确定不得参与。这将授予安全理事会至少具有程序优先性的作出决定的权威。这是否会伴随着作出最后决定的实质性权威,还是不清楚的;参见 G. Westdickenberg and O. Fixson, in J. Frowein et al. (eds.), *Festschrift für Eitel* (2003), p. 483 at pp. 494 et seq.。

决定,[112]例如,联合国大会或者国际刑事法院。[113] 不过,哪一种意见最终会得到普遍的支持,还是不一定的事情。

---

[112] 一般情况,参见 G. Westdickenberg and O. Fixson, in J. Frowein et al. (eds.), *Festschrift für Eitel* (2003), p. 483 at pp. 517 et seq.。

[113] 参见 *Proceedings of the Preparatory Commission at its ninth session* (8 – 19 April 2002), UN Doc. PCNICC/2002/L. 1/Rev. 1, p. 18。

附录一：重要文件

一 《国际刑事法院规约》*
（《国际刑事法院罗马规约》）
节 选

序 言

本规约缔约国，

意识到各国人民唇齿相依，休戚与共，他们的文化拼合组成人类共同财产，但是担心这种并不牢固的拼合随时可能分裂瓦解，

注意到在本世纪内，难以想象的暴行残害了无数儿童、妇女和男子的生命，使全人类的良知深受震动，

认识到这种严重犯罪危及世界的和平、安全与福祉，

申明对于整个国际社会关注的最严重犯罪，绝不能听之任之不予处罚，为有效起诉[1]罪犯，必须通过国家一级采取措施并加强国际合作，

决心使上述犯罪的罪犯不再逍遥法外，从而有助于预防这种犯罪，

以及各国有义务对犯有国际罪行的人行使刑事管辖权，

重申《联合国宪章》的宗旨及原则，特别是各国不得以武力相威胁或使用武力，或以与联合国宗旨不符的任何其他方法，侵犯任何国家的领土完整或政治独立，

---

* 本规约的翻译以"国际刑事法院"网站上提供的文本为基础。虽然《国际刑事法院规约》第50条规定中文是该法院的正式语文，但是，由于中国尚未加入这部规约，并且，目前这部规约的中文本中的确存在着许多译者认为与英文本不相一致的重要之处，因此，本译文将这些相关之处中最重要的部分进行校正，同时在注释中注明。——译者注

〔1〕 英文原文是"prosecution"，中文原文为"惩治"。——译者注

强调本规约的任何规定不得解释为允许任何缔约国干涉[2]他国的武装冲突或内政，

决心为了这些[3]目的并为了今世后代设立一个独立的常设国际刑事法院，与联合国系统建立关系，对整个国际社会关注的最严重犯罪具有管辖权，

强调根据本规约设立的国际刑事法院对国内刑事管辖权起补充作用，

决心保证永远尊重并执行国际正义，

议定如下：

第一编　法院的设立

第一条　法院

兹设立国际刑事法院（“本法院”）。本法院为常设机构，有权就本规约所提到的、受到国际关注的最严重犯罪对个人行使其管辖权，并对国家刑事管辖权起补充作用。本法院的管辖权和运作由本规约的条款加以规定。

第二条　法院与联合国的关系

本法院应当以一项经过本规约缔约国大会批准之后由院长代表本法院缔结的协定，与联合国建立关系。[4]

第三条　法院所在地

（一）本法院设在荷兰（“东道国”）海牙。

（二）本法院应当在缔约国大会批准后，由院长代表本法院与东道国缔结总部协定。

（三）本法院根据本规约规定，在其认为适宜时，可以在其他地方开庭。

---

〔2〕 英文原文是“intervene in”，中文原文为“插手”。——译者注

〔3〕 英文原文是“to these ends”，中文原文是“为此目的”。——译者注

〔4〕 中文原文是“本法院应当以本规约缔约国大会批准后，由院长代表本法院缔结的协定与联合国建立关系。”——译者注

第四条 法院的法律地位和权力

(一)本法院具有国际法律人格,并享有为行使其职能和实现其宗旨所必需的法律行为能力。

(二)本法院根据本规约规定,可以在任何缔约国境内,或以特别协定在任何其他国家境内,行使其职能和权力。

第二编 管辖权、可受理性和适用的法律

第五条 法院管辖权内的犯罪

(一)本法院的管辖权限于整个国际社会关注的最严重犯罪。本法院根据本规约,对下列犯罪具有管辖权:

1. 灭绝种族罪;
2. 危害人类罪;
3. 战争罪;
4. 侵略罪。

(二)一旦依照第一百二十一条和第一百二十三条通过一个条文,界定侵略罪的定义,并且规定本法院对这一犯罪行使管辖权的条件后,本法院就应当对侵略罪行使管辖权。这样一种条文应符合《联合国宪章》有关规定。[5]

第六条 灭绝种族罪

为了本规约的目的,"灭绝种族罪"是指故意[6]全部或部分地[7]消灭一个[8]国

---

〔5〕 中文原文是:"在依照第一百二十一条和第一百二十三条制定条款,界定侵略罪的定义,及规定本法院对这一犯罪行使管辖权的条件后,本法院即对侵略罪行使管辖权。这一条款应符合《联合国宪章》有关规定。"——译者注

〔6〕 英文原文是"intent",中文原文是"蓄意"。——译者注

〔7〕 中文原文是"局部"。在下文中,作同样的改正。——译者注

〔8〕 中文原文是"某一"。——译者注

家[9]、民族[10]、种族或宗教团体而实施的下列任何一种行为：

1. 杀害该团体的成员；

2. 致使该团体的成员在身体上或精神上遭受严重伤害；

3. 有意识地[11]使该团体处于某种生活状况下，毁灭其全部或部分的生命；

4. 强制施行办法，意图防止该团体内的生育；

5. 强迫转移该团体的儿童至另一团体。

第七条　危害人类罪

（一）为了本规约的目的，"危害人类罪"是指在广泛或有系统地针对任何平民人口进行的攻击中，在明知这一攻击的情况下，作为攻击的一部分而实施的下列任何一种行为：

1. 谋杀；

2. 消灭；[12]

3. 奴役状态；[13]

4. 驱逐出境或强行迁移人口；

5. 违反国际法基本规则，监禁或以其他方式严重剥夺人身自由；

6. 酷刑；

7. 强奸、性奴役、强迫卖淫、强迫怀孕、强迫绝育或其他任何具有相当严重程度的性暴力形式[14]；

8. 基于政治、种族、国家、民族、文化、宗教、在第三款中[15]界定的性别，或根据公认的国际法所不允许[16]的其他理由，对任何可以识别的团体或集体进行迫害，而且与任何一种本款提及的行为或任何一种本法院管辖权内的犯罪结合发生；

9. 强迫人员失踪；

10. 种族隔离罪；

11. 故意造成重大痛苦，或对人体或身心健康造成严重伤害的其他性质相同的不人道

〔9〕 英文原文是"national"，中文原文是"民族"。在下文中，作同样的改正。——译者注
〔10〕 英文原文是"ethnical"，中文原文是"族裔"。在下文中，作同样的改正。——译者注
〔11〕 英文原文是"deliberately"，中文原文是"故意"。——译者注
〔12〕 英文原文是"extermination"，中文原文是"灭绝"。在下文中，作同样的改正。——译者注
〔13〕 英文原文是"enslavement"，中文原文是"奴役"。在下文中，作同样的改正。——译者注
〔14〕 中文原文是"或严重程度相当的任何其他形式的性暴力"。——译者注
〔15〕 中文原文是"第三款所"。——译者注
〔16〕 中文原文是"公认为国际法不容的"。——译者注

行为。

(二)为了第一款的目的:

1."针对任何平民人口进行的攻击"是指根据国家或组织攻击平民人口的政策,或为了推行这种政策,针对任何平民人口多次实施第一款所述行为的行为过程;

2."消灭"包括故意施加某种生活状况,尤其是[17]断绝粮食和药品来源,打算造成[18]毁灭部分的人口;

3."奴役状态"是指对一人行使附属于所有权的任何或一切权力,包括在贩卖人口,特别是贩卖妇女和儿童的过程中行使这种权力;

4."驱逐出境或强行迁移人口"是指在缺乏国际法容许的理由的情况下,以驱逐或其他胁迫行为,强迫有关的人迁离其合法留在的地区;

5."酷刑"是指故意致使在被告人羁押或控制下的人的身体或精神遭受重大痛苦;但酷刑不应包括纯因合法制裁而引起的,或这种制裁所固有或附带的痛苦;

6."强迫怀孕"是指以影响任何人口的民族构成的目的,或以进行其他严重违反国际法的行为的目的,非法禁闭被强迫怀孕的妇女。本定义不得以任何方式解释为影响国内关于怀孕[19]的法律;

7."迫害"是指违反国际法规定,针对某一团体或集体的特性,故意和严重地剥夺基本权利;

8."种族隔离罪"是指一个种族团体对任何其他一个或多个种族团体,在一个有计划地实行压迫和统治的体制化制度下,实施性质与第一款所述行为相同的不人道行为,意图[20]是维持该制度的存在;

9."强迫人员失踪"是指国家或政治组织进行的,或在其授权、支持或默许下,[21]逮捕、羁押或绑架人员,继而拒绝承认这种剥夺自由的行为,或拒绝透露有关人员的命运或下落,意图是将其在一个被拖延的期间里[22]置于法律保护之外。

(三)为了本规约的目的,"性别"一词应被理解为是指社会上的男女两性。"性别"一词仅反映上述意思。

---

〔17〕 英文原文是"inter alia",中文原文是"如"。——译者注

〔18〕 英文原文是"calculated to bring about",中文原文是"目的是"。——译者注

〔19〕 英文原文是"pregnancy",中文原文是"妊娠"。——译者注

〔20〕 英文原文是"with the intention of",中文原文是"目的"。在下文中,作同样的改正。——译者注

〔21〕 英文原文是"by,or with the authorization,support or acquiescence of",中文原文是"直接地,或在其同意、支持或默许下"。——译者注

〔22〕 英文原文是"for a prolonged period of time",中文原文是"长期"。——译者注

第八条 战争罪

（一）本法院对战争罪具有管辖权，特别是对于作为一项计划或政策的一部分所实施的行为，或作为在大规模实施这些犯罪中所实施的行为。

（二）为了本规约的目的，“战争罪”是指：

1. 严重违反[23] 1949 年 8 月 12 日《日内瓦公约》的行为，即对有关的《日内瓦公约》条文[24]保护的人或财产实施下列任何一种行为：

(1) 蓄意[25]杀害；

(2) 酷刑或不人道待遇，包括生物学实验；

(3) 蓄意使身体或健康遭受重大痛苦或严重伤害；

(4) 无军事上的必要，非法和恣意地广泛破坏和侵占财产；

(5) 强迫战俘或其他被保护人在敌国部队中服役；

(6) 蓄意剥夺战俘或其他被保护人应享的公正与正常[26]审判的权利；

(7) 非法驱逐出境或迁移或非法禁闭；

(8) 劫持人质。

2. 严重违反国际法既定框架[27]内适用于国际武装冲突的法律和习惯[28]的其他行为，即下列任何一种行为：

(1) 故意指令攻击平民人口本身或未直接参加敌对行动的个别平民；

(2) 故意指令攻击民用对象[29]，即非军事目标的对象；

(3) 故意指令攻击依照《联合国宪章》执行的人道主义援助或维持和平行动的所涉人员、设施、物资、单位或车辆，如果这些人员和物体有权得到武装冲突国际法规给予平民和民用物体的保护；

(4) 故意发动攻击，知道[30]这种攻击将附带造成平民伤亡或破坏民用物体或致使自然环境遭受广泛、长期和严重的破坏，其程度与预期得到的具体和直接的整体军事利益相比显然是过分的；

---

〔23〕 英文原文是“grave breaches”，中文原文是“严重破坏”。——译者注

〔24〕 英文原文是“the provisions”，中文原文是“规定”。——译者注

〔25〕 英文原文是“wilful”，中文原文是“故意”。在本项下作同样的修改。——译者注

〔26〕 英文原文是“fair and regular”，中文原文是“公允及合法”。——译者注

〔27〕 英文原文是“framework”，中文原文是“范围”。在下文中，作同样的改正。——译者注

〔28〕 英文原文是“laws and customs”，中文原文是“法规和惯例”。在下文中，作同样的改正。——译者注

〔29〕 英文原文是“objects”，中文原文是“物体”。在下文中，作同样的改正。——译者注

〔30〕 英文原文是“knowledge”，中文原文是“明知”。在下文中，作同样的改正。——译者注

(5)以任何手段攻击或轰击非军事目标的不设防城镇、村庄、住所或建筑物;

(6)杀、伤已经放下武器或丧失自卫能力并已无条件投降的战斗员;

(7)不当使用休战旗、敌方或联合国旗帜或军事标志和制服,以及《日内瓦公约》所订特殊标志,致使人员死亡或重伤;

(8)占领当局[31]将部分己方[32]平民人口间接或直接迁移到其占领的领土,或将被占领领土的全部或部分人口驱逐或迁移到被占领领土内或外的地方;

(9)故意指令攻击奉献[33]于宗教、教育、艺术、科学或慈善事业的建筑物、历史纪念物、医院和伤病人员收容所,除非这些地方是军事目标;

(10)致使在敌方权力下的人员遭受断肢[34],或对其进行任何种类的医学或科学实验,而这些实验既不具有有关人员在医学、牙医学或住院治疗上的正当理由[35],也不是为了该人员的利益而进行的,并且导致这些人员死亡或严重危及其健康;

(11)以背信弃义的方式杀、伤属于敌国或敌军的人员;

(12)宣告决不纳降;

(13)摧毁或没收敌方财产,除非是基于战争的必要;

(14)宣布取消、停止敌方国民的权利和诉讼权,或在法院中不予执行;

(15)强迫敌方国民参加反对他们本国的作战行动,即使这些人在战争开始前,已为该交战国服役;

(16)掠夺[36]即使是突击攻下的城镇或地方;

(17)使用毒药[37]或有毒武器;

(18)使用窒息性、有毒或其他气体,以及所有类似的液体、物质或器件;

(19)使用在人体内易于膨胀或变扁的子弹,如外壳坚硬而不完全包裹弹芯或外壳经切穿的子弹;

(20)违反武装冲突国际法规,使用具有造成过分伤害或不必要痛苦的性质,或具有固有的不加区别属性的[38]武器、射弹、装备和作战方法,但这些武器、射弹、装备和作战方法应当已被全面禁止,并已依照第一百二十一条和第一百二十三条的有关规定以一项修

---

〔31〕 英文原文是“the Occupying Power”,中文原文是“占领国”。——译者注

〔32〕 中文原文是“本国”。——译者注

〔33〕 英文原文是“dedicated to”,中文原文是“专用”。在下文中,作同样的改正。——译者注

〔34〕 英文原文是“mutilation”,中文原文是“肢体遭受残伤”。在下文中,作同样的改正。——译者注

〔35〕 英文原文是“justified by”,中文原文是“不具有医学、牙医学或住院治疗有关人员的理由”。在下文中,作同样的改正。——译者注

〔36〕 英文原文是“pillaging”,中文原文是“抢劫”。在下文中,作同样的改正。——译者注

〔37〕 英文原文是“poison”,中文原文是“毒物”。——译者注

〔38〕 英文原文是“inherently indiscriminate”,中文原文是“基本上为滥杀滥伤的”。——译者注

正案的形式列入本规约的一项附件内；

(21)损害个人尊严，特别是侮辱性和有辱人格的待遇；

(22)强奸、性奴役、强迫卖淫、第七条第二款第6项所界定的强迫怀孕、强迫绝育或任何其他构成严重违反《日内瓦公约》的性暴力形式[39]；

(23)将平民或其他被保护人置于特定[40]地点、地区或军事部队，利用其存在使该地点、地区或军事部队免受军事攻击；

(24)故意指令攻击依照国际法使用《日内瓦公约》所订特殊标志的建筑物、装备、医疗单位和运输工具及人员；

(25)故意使平民无法取得生存必需的物品，包括蓄意阻碍根据《日内瓦公约》规定提供救济物品，将断绝平民食物作为战争方法[41]；

(26)征募不满十五岁的儿童加入国家武装部队，或利用他们积极参与敌对行动。

3. 在非国际性武装冲突中，严重违反1949年8月12日四部[42]《日内瓦公约》共同第三条的行为，即对不积极参加[43]敌对行动的人，包括已经放下武器的武装部队人员，及因病、伤、拘留或任何其他原因而失去战斗力的人员，实施下列任何一种行为：

(1)对生命与人身施以暴力，特别是各种谋杀、断肢、虐待及酷刑；

(2)损害个人尊严，特别是侮辱性和有辱人格的待遇；

(3)劫持人质；

(4)未经具有公认为必需的司法保障的正规组织的法庭宣判，径行判罪和处决。

4. 第二款第3项适用于非国际性武装冲突，因此不适用于内部动乱和紧张局势，如暴动、孤立和零星的暴力行为或其他性质相似[44]的行为。

5. 严重违反国际法既定框架内适用于非国际性武装冲突的法律和习惯的其他行为，即下列任何一种行为：

(1)故意指令攻击平民人口本身或未直接参加敌对行动的个别平民；

(2)故意指令攻击按照国际法使用《日内瓦公约》所订特殊标志的建筑物、装备、医疗单位和运输工具及人员；

(3)故意指令攻击依照《联合国宪章》执行的人道主义援助或维持和平行动的所涉人

---

[39] 中文原文是“构成严重破坏《日内瓦公约》的任何其他形式的性暴力”。在下文中，作同样的改正。——译者注

[40] 英文原文是“certain”，中文原文是“某些”。——译者注

[41] 中文原文是“故意以断绝平民粮食作为战争方法，使平民无法取得其生存所必需的物品，包括故意阻碍根据《日内瓦公约》规定提供救济物品”。——译者注

[42] 中文原文是“四项”。——译者注

[43] 英文原文是“no active part”，中文原文是“不实际参加”。——译者注

[44] 英文原文是“similar”，中文原文是“相同”。——译者注

员、设施、物资、单位或车辆，如果这些人员和物体有权得到武装冲突的国际法[45]给予平民和民用对象的保护；

（4）故意指令攻击奉献于宗教、教育、艺术、科学或慈善事业的建筑物、历史纪念物、医院和伤病人员收容所，除非这些地方是军事目标；

（5）掠夺即使是突击攻下的城镇或地方；

（6）强奸、性奴役、强迫卖淫、第七条第二款第6项所界定的强迫怀孕、强迫绝育以及任何其他构成严重违反《日内瓦公约》共同第三条的性暴力形式；

（7）征募不满十五岁的儿童加入武装部队或集团，或利用他们积极参加敌对行动；

（8）基于与冲突有关的理由下令平民人口迁移，但因所涉平民的安全或因迫切的军事理由而有需要的除外；

（9）以背信弃义的方式杀、伤属敌对方战斗员；

（10）宣告决不纳降；

（11）致使在冲突另一方权力下的人员遭受断肢，或对其进行任何种类的医学或科学实验，而这些实验既不具有有关人员在医学、牙医学或住院治疗上的正当理由，也不是为了该人员的利益而进行的，并且导致这些人员死亡或严重危及其健康；

（12）摧毁或没收敌对方的财产，除非是基于冲突的必要。

6. 第二款第5项适用于非国际性武装冲突，因此不适用于内部动乱和紧张局势，如暴动、孤立和零星的暴力行为或其他性质相同的行为。该项规定适用于在一国境内发生的武装冲突，如果政府当局与有组织武装集团之间，或这种集团相互之间长期进行武装冲突。

（三）第二款第3项和第5项的任何规定，均不影响一国政府以一切合理[46]手段维持或恢复国内法律和秩序，或保卫国家统一和领土完整的责任。

第九条　犯罪要件

（一）本法院在解释和适用第六条、第七条和第八条时，应由《犯罪要件》协助[47]。《犯罪要件》应由缔约国大会成员三分之二多数通过。

（二）下列各方可以对《犯罪要件》提出修正案：

1. 任何缔约国；

---

〔45〕 英文原文是“the international law of armed conflict”，中文原文是“武装冲突国际法规”。在下文中，作同样的改正。——译者注

〔46〕 英文原文是“legitimate”，中文是“合法的”。——译者注

〔47〕 英文原文是“assist”，中文是“辅助”。——译者注

2. 以绝对多数行事的法官；

3. 检察官。

这种修正案[48]应由缔约国大会成员三分之二多数通过。

（三）《犯罪要件》及其修正应符合本规约。

第十条

除为了本规约的目的以外，本编的任何规定不得解释为限制或损害现有或发展中的国际法规则。

第十一条　属时管辖权

（一）本法院仅对本规约生效后实施的犯罪具有管辖权。

（二）对于在本规约生效后成为缔约国的国家，本法院只能对在本规约对该国生效后实施的犯罪行使管辖权，除非该国已根据第十二条第三款提交声明。

第十二条　行使管辖权的先决条件

（一）一国成为本规约缔约国，即接受本法院对第五条所述犯罪的管辖权。

（二）对于第十三条第1项或第3项的情况，如果下列一个或多个国家是本规约缔约国或依照第三款接受了本法院管辖权，本法院即可以行使管辖权：

1. 有关行为在其境内发生的国家，或者，[49]如果犯罪发生在船舶或飞行器上，该船舶或飞行器的注册国；

2. 犯罪被告人的国籍国。

（三）如果一个非本规约缔约国的国家要求根据第二款的规定接受本法院的管辖权，[50]该国可以向书记官长提交声明，接受本法院对有关犯罪行使管辖权。该接受国应依照本规约第九编规定，不拖延并无例外地与本法院合作。

---

〔48〕 英文原文是"such amendments"，中文原文是"修正案"。——译者注

〔49〕 英文原文是"or,"，中文原文是"；"。——译者注

〔50〕 英文原文是"If the acceptance of a State which is not a Party to this Statute is required under paragraph 2，……"，中文原文是"如果根据第二款的规定，需要得到一个非本规约缔约国的国家接受本法院的管辖权，……"。——译者注

第十三条 行使管辖权

在下列情况下,本法院可以依照本规约的规定,就第五条所述犯罪行使管辖权:

1. 缔约国依照第十四条规定,向检察官提交显示一项或多项犯罪已经发生的情势;

2. 安全理事会根据《联合国宪章》第七章行事,向检察官提交显示一项或多项犯罪已经发生的情势;或

3. 检察官依照第十五条开始调查一项犯罪。

第十四条 缔约国提交情势

(一) 缔约国可以向检察官提交显示一项或多项本法院管辖权内的犯罪已经发生的情势,请检察官调查该情势,以便确定是否应指控某个人或某些人实施了这些犯罪。

(二) 提交情势时,应尽可能具体说明相关情节,并附上提交情势的国家所掌握的任何辅助文件。

第十五条 检察官

(一) 检察官可以自行根据有关本法院管辖权内的犯罪的信息[51]开始调查。

(二) 检察官应分析所收到的信息的严肃性。为此目的,检察官可以要求国家、联合国机构、政府间组织或非政府组织,或检察官认为适当的其他可靠来源提供进一步信息,并可以在本法院所在地接受书面或口头证言。

(三) 检察官如果认为有合理根据进行调查,应向预审分庭提出授权调查的请求,并附上收集到的任何支持性[52]材料。[53] 被害人可以依照《程序和证据规则》向预审分庭作出陈述。

(四) ——(六)(省略)

---

〔51〕 英文原文中重要的词是"information",中文原文是"有关本法院管辖权内的犯罪的资料"。在下文中,对"资料"作同样的改正。——译者注

〔52〕 英文原文是"supporting",中文原文是"辅助"。——译者注

〔53〕 中文原文是"应请求预审分庭授权调查,并附上收集到的任何辅助材料"。——译者注

第十六条 推迟调查或起诉

如果安全理事会根据《联合国宪章》第七章通过决议,向本法院提出要求,在其后十二个月内,本法院不得根据本规约开始或进行调查或起诉;安全理事会可以根据同样条件延长该项请求。

第十七条 可受理性问题

(一) 考虑到序言第十段及第一条,在下列情况下,本法院应确定案件为不可受理[54]:

1. 对案件具有管辖权的国家正在对该案件进行调查或起诉,除非该国不愿意或不能够切实进行调查或起诉;

2. 对案件具有管辖权的国家已经对该案进行调查,而且该国已决定不对有关的人进行起诉,除非这项决定的作出[55]是由于该国不愿意或不能够切实进行起诉;

3. 有关的人已经由于作为控告理由的行为受到审判,根据第二十条第三款,本法院不得进行审判;

4. 案件缺乏足够的严重程度,本法院无采取进一步行动的正当[56]理由。

(二) 为了确定特定[57]案件中是否有不愿意的问题,本法院应根据国际法承认的正当程序原则,考虑是否存在可以适用的下列一种或多种情况[58]:

1. 已经或正在进行的诉讼程序,或一国所作出的决定,是为了包庇有关的人,使其免负第五条所述的本法院管辖权内的犯罪的刑事责任;

2. 诉讼程序发生不当延误,而根据实际情况,这种延误不符合将有关的人绳之以法的目的;

3. 已经或正在进行的诉讼程序,没有以独立或公正的方式进行,而根据实际情况,采用的方式不符合将有关的人绳之以法的目的。

(三) 为了确定某一案件中是否有不能够的问题,本法院应考虑,一国是否由于本国

---

〔54〕 中文原文是"应断定案件不可受理"。——译者注

〔55〕 中文原文是"作出这项决定"。——译者注

〔56〕 英文原文是"justify",中文原文是"充分"。——译者注

〔57〕 英文原文是"a particular",中文原文是"某一"。——译者注

〔58〕 英文原文中的重要词句是"as applicable",中文原文是"酌情考虑是否存在下列一种或多种情况"。——译者注

司法系统完全瓦解、[59]实际上瓦解或者并不存在，因而无法拘捕被告人或取得必要的证据和证言，或在其他方面不能进行本国的诉讼程序。

第十八条—第十九条（省略）[60]

第二十条 一罪不二审

（一）除本规约规定的情况外，本法院不得就本法院已经据以判定某人有罪或无罪的行为审判该人。

（二）对于第五条所述犯罪，已经被本法院判定有罪或无罪的人，不得因该犯罪再由另一法院审判。

（三）对于第六条、第七条或第八条所列的行为，已经由另一法院审判的人，不得因同一行为受本法院审判，除非该另一法院的诉讼程序有下列情形之一：

1. 是为了包庇有关的人，使其免负本法院管辖权内的犯罪的刑事责任；或

2. 没有依照国际法承认的正当程序原则，以独立或公正的方式进行，而且根据实际情况，采用的方式不符合将有关的人绳之以法的目的。

第二十一条 适用的法律

（一）本法院应适用的[61]为：

1. 第一位的[62]，是[63]本规约、《犯罪要件》和本法院的《程序和证据规则》；

2. 第二位的[64]，在恰当的情况下，可适用的[65]条约及国际法原则和规则，包括武装冲突的国际法中的确定原则[66]；

3. 无法适用上述法律时，[67]本法院从世界各法系的国内法，包括在恰当时，[68]从通

〔59〕 中文原文为“，或”。——译者注
〔60〕 这个省略的说明是译者补充的。——译者注
〔61〕 取消中文原文中的“法律依次”，英文原文中无此规定。——译者注
〔62〕 英文原文为“In the first place”，中文原文为“首先”。——译者注
〔63〕 中文原文为“适用”。——译者注
〔64〕 英文原文为“In the second place”，中文原文是“其次”。——译者注
〔65〕 英文原文是“where appropriate”，中文原文是“视情况适用可予适用的”。——译者注
〔66〕 中文原文是“确定的原则”。——译者注
〔67〕 删除“适用”两字。——译者注
〔68〕 英文原文是“as appropriate”，中文原文是“适当时”。——译者注

常对该犯罪行使管辖权的国家的国内法中得出的一般法律原则,但这些原则不得违反本规约、国际法和国际承认的规范和标准。

(二) 本法院可以适用其以前的裁判所阐释的法律原则和规则。

(三) 依照本条适用和解释法律,必须符合国际承认的人权,而且不得根据第七条第三款所界定的性别、年龄、种族、肤色、语言、宗教或信仰、政见或其他见解、国家、民族或[69]社会出身、财富、出生或其他身份等作出任何不利区别。

第三编 刑法的一般原则

第二十二条 法无明文不为罪

(一) 只有当一个人[70]的有关行为在发生时构成本法院管辖权内的犯罪,这个人[71]才应[72]根据本规约负刑事责任。

(二) 犯罪定义应予以严格解释,不得通过类推扩展[73]。含义不明时,对定义作出的解释应有利于被调查、被起诉或被定罪的人。

(三) 本条不影响依照本规约以外的国际法将任何行为定性为犯罪行为。

第二十三条 法无明文不处罚[74]

被本法院定罪的人,只可以依照本规约受处罚。

第二十四条 无溯及既往的属人理由[75]

(一) 个人不对本规约生效以前发生的行为负本规约规定的刑事责任。

(二) 如果在最终判决以前,适用于特定[76]案件的法律发生改变,应当适用对被调

---

〔69〕 英文原文是"or",中文原文是"、"。——译者注
〔70〕 中文原文是"某人"。在下文中,作同样的改正。——译者注
〔71〕 中文原文是"该人"。在下文中,作同样的改正。——译者注
〔72〕 英文原文是"shall"。——译者注
〔73〕 英文原文是"extended by analogy",中文原文是"类推延伸"。——译者注
〔74〕 中文原文是"法无明文者不罚"。——译者注
〔75〕 英文原文是"Non - retroactivity ratione personae",中文原文是"对人不溯及既往"。——译者注
〔76〕 英文原文是"given",中文原文是"某一"。——译者注

查、被起诉或被定罪的人较为有利的法律。

第二十五条　个人刑事责任

（一）本法院根据本规约对自然人具有管辖权。

（二）实施本法院管辖权内的犯罪的人,应依照本规约的规定负个人责任,并受到处罚。

（三）有下列情形之一的人,应依照本规约的规定,对一项本法院管辖权内的犯罪负刑事责任,并受到处罚:

1. 单独、与他人共同或者通过[77]不论是否负刑事责任的另一人,实施这一犯罪;

2. 命令、唆使、引诱实施这一在事实上发生的或未遂的犯罪[78];

3. 为了便利实施这一犯罪,帮助、教唆或以其他方式协助实施或企图实施这一犯罪,包括提供犯罪手段;

4. 通过以共同目的行动的团伙,以任何其他方式为实施或企图实施这一犯罪作出贡献。[79] 这种贡献[80]应当是故意的,并且符合下列情况之一:

(1)是为了促进这一团伙的犯罪活动或犯罪目的,而这种活动或目的涉及实施本法院管辖权内的犯罪;

(2)知道这一团伙实施该犯罪的意图;

5. 就灭绝种族罪而言,直接公然煽动他人实施[81]灭绝种族;

6. 已经以实际步骤着手采取行动,试图[82]实施犯罪,但由于其意图[83]以外的情况,犯罪没有发生。但放弃实施犯罪的努力[84]或[85]以其他方式防止犯罪完成的人,如果完

---

〔77〕 英文原文是"jointly with another or through another . . .",中文原文是"伙同他人、通过……"。——译者注

〔78〕 中文原文是"这一犯罪,而该犯罪事实上是既遂或未遂的",英文原文中的重要词句是"in fact occurs"。——译者注

〔79〕 英文原文是"In any other way contributes to the commission or attempted commission of such crime by a group of persons acting with a common purpose",中文原文是"以任何其他方式支助以共同目的行事的团伙实施或企图实施这一犯罪"。——译者注

〔80〕 英文原文是"contribute",中文原文是"支助"。——译者注

〔81〕 英文原文有"commit"一词。——译者注

〔82〕 英文原文是"attempt",中文原文是"意图"。译者特别说明:刑法下的"attempt"一词,在作动词用的时候,一般译为"试图",在作名词用的时候,一般译为"未遂"。——译者注

〔83〕 英文原文是"intentions",中文原文是"意志"。——译者注

〔84〕 英文原文是"abandons the effort to commit the crime",中文原文是"放弃实施犯罪"。——译者注

〔85〕 英文原文是"otherwise prevents",中文原文是"防止"。——译者注

全和自愿地放弃这个[86]犯罪目的，不按犯罪未遂根据本规约受处罚。

（四）本规约关于个人刑事责任的任何规定，不影响国家依照国际法所负的责任。

第二十六条　排除对不满十八周岁的人的管辖权[87]

对于实施被控告犯罪时不满十八周岁的人，本法院不具有管辖权。

第二十七条　官方身份的无关性

（一）本规约对任何人一律平等适用，不得因官方身份而差别适用。特别是作为国家元首或政府首脑、政府成员或议会议员、选任代表或政府官员的官方身份，在任何情况下都不得免除个人根据本规约所负的刑事责任，其本身也不得构成减轻刑罚的理由。

（二）根据国内法或国际法可能赋予一个人[88]官方身份的豁免或特别程序规则，不妨碍本法院对该人行使管辖权。

第二十八条　指挥官和其他上级的责任

除根据本规约规定[89]对本法院管辖权内的犯罪负刑事责任的其他理由以外：

（一）军事指挥官或以军事指挥官身份有效行事的人，如果对在其有效指挥和控制下的，或者在其有效权威和控制下的部队，无论在哪一种情况下，没有行使适当的控制，[90]在下列情况下，应对这些部队实施的本法院管辖权内的犯罪负刑事责任：

1. 该军事指挥官或该人知道，或者由于当时的情况理应知道，部队正在实施或即将实施这些犯罪；和

2. 该军事指挥官或该人未采取在其权力范围内的一切必要而合理的措施，防止或制止这些犯罪的实施，或报请主管当局就此事进行调查和起诉。

（二）对于第1项未述及的上下级关系，上级人员如果未对在其有效权威[91]或控制下

[86]　英文原文是"the"，中文原文是"其"。——译者注

[87]　中文原文是"对不满十八周岁的人不具有管辖权"。——译者注

[88]　英文原文是"a person"，中文原文是"某人"。——译者注

[89]　中文原文是"须"，英文原文无此字。——译者注

[90]　英文原文是"under his or her effective command and contral，or effective authority and control as the case may be，as a result of his or her failure to exercise"，中文原文是"如果未对在其有效指挥和控制下的部队，或在其有效管辖和控制下的部队适当行使控制"。——译者注

[91]　英文原文是"authority"，中文原文是"管辖"。——译者注

的下级人员适当行使控制,在下列情况下,应对这些下级人员实施的本法院管辖权内的犯罪负刑事责任:

1. 该上级人员知道下级人员正在实施或即将实施这些犯罪,或有意地[92]不理会明确反映这一情况的情报;

2. 犯罪涉及该上级人员有效负责和控制的活动;和

3. 该上级人员未采取在其权力范围内的一切必要而合理的措施,防止或制止这些犯罪的实施,或报请主管当局就此事进行调查和起诉。

第二十九条　不适用时效

本法院管辖权内的犯罪不适用任何时效。

第三十条　心理要件

(一)除另有规定外,只有当一个人在故意和知道的[93]情况下实施犯罪的物质要件,该人才对本法院管辖权内的犯罪负刑事责任,并受到处罚。

(二)为了本条的目的,有下列情形之一的,一个人就具有故意[94]:

1. 就行为而言,这个人的意思是[95]从事该行为;

2. 就结果而言,个人的意思是造成该结果,或者认识[96]到在事件的一般过程中将[97]产生该结果。

(三)为了本条的目的,"知道"是指认识到存在某种情况,或者在事件的一般过程中将产生某种结果。"知道"和"知道地"应当作相应的解释。

第三十一条　排除刑事责任的理由

(一)除本规约规定的其他排除刑事责任的理由外,实施行为时处于下列状况的人不

---

〔92〕 英文原文是"consciously",中文原文是"故意"。——译者注

〔93〕 英文原文是"knowledge",中文原文是"明知的"。在下文中,作同样的改正。——译者注

〔94〕 英文原文是"a person has intent where",中文原文是"即可以认定某人具有故意"。——译者注

〔95〕 英文原文是"that person means to",中文原文是"该人有意"。在下文中,作同样的改正。——译者注

〔96〕 英文原文是"is aware",中文原文是"意识"。在下文中,作同样的改正。——译者注

〔97〕 英文原文是"it will occur in the ordinary course of events",中文原文是"事态的一般发展会"。在下文中,作同样的改正。——译者注

负刑事责任：

1. 一个人患有精神病或精神缺陷[98]，因而丧失判断其行为的违法性[99]或性质的能力，或控制其行为以符合法律规定的能力；

2. 一个人处于醉态，因而丧失判断其行为的违法性或性质的能力，或控制其行为以符合法律规定的能力，除非这个人在这种[100]情况下自愿地[101]进入醉态，知道自己进入醉态后，有可能从事构成本法院管辖权内的犯罪的行为，或者[102]不顾可能发生这种情形的危险；

3. 一个人以合理行为防卫本人或他人，或者在战争罪案件中[103]，防卫本人或他人生存所必需的财产，或防卫完成一项军事任务所必需的财产，以避免紧迫地和不合法地[104]使用的武力，而且采用的防卫方式与被保护的本人或他人或财产所面对的危险程度是相称的。这个人参与部队进行的防御行动的事实，本身并不构成本项规定的排除刑事责任的理由；

4. 被控告构成本法院管辖权内的犯罪的行为，[105]是一个人或他人面临紧迫的[106]死亡的威胁或面临持续的或紧迫的[107]严重人身伤害的威胁而被迫实施的，这个人为避免这一威胁采取必要而合理的行动，条件是[108]必须没有[109]造成比寻求[110]避免的伤害更为严重的伤害故意。上述威胁可以是：

（1）他人造成的；或

（2）这个人无法控制的其他情况所构成的。

（二）对于审理中的案件，本法院应确定本规约规定的排除刑事责任的理由的可适用性。

（三）审判时，除可以考虑第一款所列的排除刑事责任的理由外，本法院还可以考虑其他排除刑事责任的理由，但这些理由必须以第二十一条规定的适用的法律为依据。

---

〔98〕 英文原文是"defect"，中文原文是"精神不健全"。——译者注

〔99〕 英文原文是"unlawfulness"，中文原文是"不法性"。在下文中，作同样的改正。——译者注

〔100〕 英文原文是"such"，中文原文是"某种"。——译者注

〔101〕 英文原文是"voluntarily"，中文原文是"自愿地"。——译者注

〔102〕 删除中文原文中的"该人"。——译者注

〔103〕 英文原文是"case"，中文原文是"方面"。——译者注

〔104〕 英文原文是"imminent and unlawful"，中文原文是"即将不法"。——译者注

〔105〕 中文原文无逗号。——译者注

〔106〕 英文原文是"imminent"，中文原文是"即将"。在下文中，作同样的改正。——译者注

〔107〕 英文原文是"continuing or imminent"，中文原文是"继续或即将"。删除此后中文原文的"遭受"二字。——译者注

〔108〕 英文原文是"provided"，删除中文原文的"但"字。——译者注

〔109〕 英文原文是"does not intend"，中文原文是"无意"。——译者注

〔110〕 英文原文是"sought to"，中文原文是"设法"。——译者注

《程序和证据规则》应规定考虑这种理由的程序。

第三十二条 事实错误或法律错误

（一）事实错误只在否定构成犯罪所需的心理要件时,才可以作为排除刑事责任的理由。

（二）关于一个特定种类的[111]行为是否属于本法院管辖权内的犯罪的法律错误,不得作为排除刑事责任的理由。法律错误如果否定构成这种[112]犯罪所需的心理要件,或根据第三十三条的规定,可以作为排除刑事责任的理由。

第三十三条 上级命令和法律规定

（一）一个人奉政府命令或军职或文职上级命令行事而实施本法院管辖权内的犯罪的事实,并不免除该人的刑事责任,但下列情况除外:

1. 这个人有服从有关政府或上级命令的法律义务;

2. 这个人不知道命令为违法的;和

3. 命令的违法性不明显。

（二）为了本条的目的,实施灭绝种族罪或危害人类罪的命令是明显不合法的。

〔111〕 英文原文是“a particular type of”,中文原文是“某一类”。——译者注

〔112〕 英文原文是“such a”,中文未译。——译者注

二 《南斯拉夫国际法庭规约》（《前南斯拉夫国际刑事法庭规约》）节选

第一条 本国际法庭的权限

本国际法庭有权根据本规约的条文，起诉对1991年以来在前南斯拉夫领土内实施的严重违反国际人道法的负责人员。

第二条 严重违反1949年的日内瓦四公约

本国际法庭有权起诉实施或者命令实施严重违反1949年8月12日的日内瓦四公约的人员，即下列侵犯受有关日内瓦公约条文保护的人员或者财产的行为：

1. 蓄意杀害；
2. 酷刑或者非人道待遇，包括生物学实验；
3. 蓄意造成重大痛苦或者身体或者健康的严重伤害；
4. 广泛的毁坏或者侵占财产，不能为军事需要证明是正当的并且是非法和恣意地进行的；
5. 强迫战俘或者平民在敌对力量的军队中服务；
6. 蓄意剥夺战俘或者平民公正和正常审判的权利；
7. 非法驱逐、转移或者非法关押平民；
8. 劫持平民作为人质。

第三条 违反战争的法律和习惯

本国际法庭有权起诉违反战争的法律和习惯的人员。这种违反应当包括但不限于：

1. 使用有毒武器或者其他打算造成不必要痛苦的武器；
2. 恣意毁坏城市、乡镇或者村庄，或者不能为军事需要证明是正当的毁灭行为；
3. 使用任何方式攻击或者轰击不设防的乡镇、村庄、住房或者建筑；

4. 夺取、毁坏或者蓄意破坏奉献给宗教、慈善和教育、艺术和科学、历史纪念的机构以及艺术和科学作品;

5. 劫掠*公共或者私人财产。

第四条 灭绝种族

(一)本国际法庭有权起诉实施在本条第2款中定义的灭绝种族或者实施在本条第3款中列举的其他任何行为的人员。

(二)灭绝种族是指下列任何行为本身,具有全部或者部分毁灭一个国家、一个民族、一个种族或者一个宗教团体的故意:

1. 杀害这个团体的成员;

2. 造成这个团体中的成员严重的身体或者心理伤害;

3. 有意识地使一个团体处于这种生活条件中,打算造成其全部或部分生命的毁灭;

4. 采取措施,意图在该团体中防止生育;

5. 强制把儿童从一个团体转移到另一个团体中。

(三)下列行为应当受到刑事惩罚:

1. 灭绝种族;

2. 共谋实施灭绝种族;

3. 直接公开地煽动实施灭绝种族;

4. 试图实施灭绝种族;

5. 在灭绝种族中的共同犯罪。

第五条 危害人类罪

本国际法庭有权起诉对下列犯罪负责的人,只要这些犯罪是在国际还是国内性质的武装冲突中实施的,并且是针对任何平民人口实施的:

1. 谋杀;

2. 消灭;

3. 奴役状态;

4. 驱逐;

5. 监禁;

---

* 英文原文是 plunder。——译者注

6. 酷刑；

7. 强奸；

8. 基于政治、种族和宗教的理由进行的迫害；

9. 其他不人道的行为。

（第六条省略）

第七条　个人刑事责任

（一）计划、唆使、命令、实施本规约第二条至第五条中提到的犯罪，或者以其他方式在计划、准备或者执行这些犯罪中帮助和教唆的人，应当对这种承担个人责任。

（二）任何被控告人的官方地位，不论是国家元首和政府首脑还是负责的政府官员，都不应当免除这个人的刑事责任，也不应当减轻惩罚。

（三）在本规约第二条至第五条中提到的任何行为是由下级实施的事实，不能免除其上级的刑事责任，只要这名上级知道或者有理由知道，这名下级正要实施或者已经实施这些行为，而他没有采取必要和合理的措施来防止这些行为或者惩罚这些行为人。

（四）被控告人是根据一项政府命令或者上级命令行为的事实，不应当使其免除刑事责任，但是，可以在减轻惩罚中加以考虑，只要本国际法庭确定，这是正义所要求的。

第八条　属地和属时管辖权

本国际法庭的属地管辖权应当扩展到前南斯拉夫社会主义联邦共和国的领土，包括它的领土、领空和领水。本国际法庭的属时管辖权应当扩展到 1991 年 1 月 1 日以来的期间。

第九条　并存管辖权

（一）本国际法庭和国内法庭对于起诉自 1991 年 1 月 1 日以来在前南斯拉夫领土内实施了严重违反国际人道法的人员，具有并存管辖权。

（二）本国际法庭对于国内法院具有优先地位。在程序的任何阶段上，本国际法庭都可以正式要求国内法院根据本规约和本国际法庭的《程序与证据规则》，服从本国际法庭的权限。

三 《卢旺达国际法庭规约》（《卢旺达国际刑事法庭规约》）节选

第一条 卢旺达国际法庭的权限

卢旺达国际法庭有权根据本规约的条文,起诉在1994年1月1日至1994年12月31日期间对在卢旺达领土内实施的严重违反国际人道法负责的人员和对在邻国领土上实施的这种违反行为负责的卢旺达公民。

第二条 灭绝种族

(一)卢旺达国际法庭有权起诉实施在本条第2款中定义的灭绝种族或者实施在本条第3款中列举的其他任何行为的人员。

(二)灭绝种族是指下列任何行为本身,具有全部或者部分毁灭一个国家、一个民族、一个种族或者一个宗教团体的故意:

1. 杀害这个团体的成员;
2. 造成这个团体中的成员严重的身体或者心理伤害;
3. 有意识地使一个团体处于这种生活条件中,打算造成其全部或部分的身体性毁灭;
4. 采取措施,意图在该团体中防止生育;
5. 强制把儿童从一个团体转移到另一个团体中。

(三)下列行为应当受到刑事惩罚:

1. 灭绝种族;
2. 共谋实施灭绝种族;
3. 直接公开地煽动实施灭绝种族;
4. 试图实施灭绝种族;
5. 在灭绝种族中的共同犯罪。

第三条　危害人类罪

卢旺达国际法庭有权起诉对下列犯罪负责的人，只要这些犯罪是在国际还是国内性质的武装冲突中实施的，并且是针对任何平民人口实施的：

1. 谋杀；

2. 消灭；

3. 奴役状态；

4. 驱逐；

5. 监禁；

6. 酷刑；

7. 强奸；

8. 基于政治、种族和宗教的理由进行的迫害；

9. 其他不人道的行为。

第四条　违反日内瓦四公约共同条款第3条和《第二附加议定书》

卢旺达国际法庭有权起诉实施或者命令实施严重违反为“保护战争受害者”的1949年8月12日的日内瓦四公约共同条款第3条和1977年6月8日的《第二附加议定书》的人员。这些违反行为包括但不限于：

1. 对人的生命、健康和身体或者心理良好状态*的暴力，特别是谋杀以及残酷待遇，例如，酷刑、断肢或者任何形式的人身性惩罚；

2. 集体性惩罚；

3. 劫持人质；

4. 恐怖主义行为；

5. 对个人尊严的凌辱，特别是侮辱性和贬低性待遇、强奸、强迫卖淫和任何形式的猥亵性攻击**；

6. 掠夺；

7. 未经具有文明民族认为必需的司法保障并正常组成的法庭事先公布的判决，径行判罪和处决。

---

* 英文原文是 well - being。——译者注

** 英文原文是 indecent assault，或者称为非礼。——译者注

(第五条省略)

第六条 个人刑事责任

(一)计划、唆使、命令、实施本规约第二条至第四条中提到的犯罪,或者以其他方式在计划、准备或者执行这些犯罪中帮助和教唆的人,应当对此承担个人责任。

(二)任何被控告人的官方地位,不论是国家元首和政府首脑还是负责的政府官员,都不应当免除这个人的刑事责任,也不应当减轻惩罚。

(三)在本规约第二条至第四条中提到的任何行为是由下级实施的事实,不能免除其上级的刑事责任,只要这名上级知道或者有理由知道,这名下级正要实施或者已经实施这些行为,而他没有采取必要和合理的措施来防止这些行为或者惩罚这些行为人。

(四)被控告人是根据一项政府命令或者上级命令行为的事实,不应当使其免除刑事责任,但是,可以在减轻惩罚中加以考虑,只要卢旺达国际法庭确定,这是正义所要求的。

第七条 属地和属时管辖权

卢旺达国际法庭的属地管辖权应当扩展到卢旺达的领土,包括它的领土和领空,以及在卢旺达公民实施的严重违反国际人道法方面,包括邻国的领土。卢旺达国际法庭的属时管辖权应当扩展到1994年1月1日至1994年12月31日之间的期间。

第八条 并存管辖权

(一)卢旺达国际法庭和国内法庭对于起诉在1994年1月1日至1994年12月31日期间,在卢旺达领土内实施了严重违反国际人道法的人员,以及在邻国实施这种违反行为的卢旺达公民具有并存管辖权。

(二)卢旺达国际法庭对于各国的国内法院都具有优先地位。在程序的任何阶段上,卢旺达国际法庭都可以正式要求国内法院根据本规约和卢旺达国际法庭的《程序与证据规则》,服从其权限。

四 《伦敦协议》
(《关于起诉和惩罚欧洲轴心国主要战争罪犯的协议》)
节 选

美利坚合众国政府
法兰西共和国临时政府
大不列颠及北爱尔兰联合王国政府
和苏维埃社会主义共和国联盟
对于起诉和惩罚欧洲轴心国主要战争罪犯的协议

鉴于联合国已经一直宣告自己将把战争罪犯绳之以法的意愿;

并且,鉴于《1943年10月30日关于在被占领欧洲的德国暴行的莫斯科宣言》指出,这些应当对各种暴行和犯罪负责或者赞同性地参与其中的德国官员、人员和纳粹党员,将被送回那些犯下这种可恶行为的国家,以便根据这些得到解放国家及在其中创建的自由政府的法律对他们进行审判和惩罚;

并且,鉴于这部宣言指出,毫无偏见地*对待罪行没有特别地理性地点的主要罪犯的案件,对他们的惩罚将由同盟国政府的共同决定作出。

因此,现在,美利坚合众国政府,法兰西共和国临时政府,大不列颠及北爱尔兰联合王国政府和苏维埃社会主义共和国联盟(以下简称"缔约国"),为了联合国整体的利益,并且,由它们正式授权的代表,签署本协议。

第 一 条

在与"对德国管制理事会"协商之后,应当建立一个国际军事法庭,审判那些所犯罪行没有特别地理性地点的战争罪犯的案件,无论他们是作为个人被指控,还是作为各种组织或者团体的成员的身份被指控,或者是以两种身份被指控。

---

* 英文原文是"to be without prejudice",不仅有毫无偏见的意思,而且有不损害(被告人)合法权利的意思。——译者注

五 《纽伦堡宪章》
（《纽伦堡国际军事法庭宪章》* ）
节 选

第 六 条

本法庭根据在第一条中提到的协议建立，以审判和惩罚欧洲轴心国的主要战争罪犯。本法庭有权审判和惩罚那些为了欧洲轴心国的利益而实施了下列任何犯罪的人员，无论他们是作为个人还是作为各种组织的成员。

下列行为，或者其中的任何行为，都是本法庭管辖权之内应当承担个人责任的犯罪：

1. 反和平罪：也就是说，计划、准备、提出或者发动侵略战争，或者违反国际条约、协议或者保证的战争，或者参加完成任何前述战争的共同计划或者共谋；

2. 战争罪：也就是说，违反战争的法律或者习惯。这种违反应当包括但不限于对平民或者在占领区中的谋杀、虐待或者驱逐去作奴隶劳动或者任何目的，谋杀或者虐待战俘或者海上人员，杀害人质，劫掠公私财产，恣意毁坏城市、乡镇或者村庄，或者进行不能为军事需要证明为正当的毁灭。

3. 危害人类罪：也就是说，对任何平民人口进行谋杀、消灭、奴役状态、驱逐和其他不人道的行为，无论是在战争之前还是在战争期间，或者在执行本法庭管辖权内的任何犯罪或者在与之相联系中进行的基于政治、种族和宗教理由的迫害，无论是否违反实施地国家的国内法。

领导人、组织者、唆使者和参加制定或者执行实施任何前述犯罪的共同计划或者共谋的同谋者**，应当对执行这种计划中的任何人所实施的全部行为负责。

---

* 英文原文是“Charter of the International Military Tribunal”，简称“IMT Charter”。从字面上看，“IMT”没有纽伦堡的字样，但是，在国际刑法界，这个英文词是公认的“纽伦堡国际军事法庭”的缩写。在中文翻译中，为了避免不必要的误解，译者在必要的地方，都加上了“纽伦堡”三个字，以便与其他国际军事法庭区别。——译者注

** 英文原文是“accomplices”。在下文中作同样的翻译。——译者注

第 七 条

被告人的官方地位，不论是作为国家元首还是政府部门中的负责官员，都不应当作为免除他们的责任或者减轻惩罚来加以考虑。

第 八 条

被告人根据自己政府或者上级命令行为的事实，不应当免除他的责任，但是可以在减轻惩罚中加以考虑，只要本国际法庭确定，这是正义所要求的。

六 《东京宪章》
(《远东国际军事法庭宪章》)
节 选

第五条 对人员和罪行的管辖权

本法庭有权审判和惩罚那些无论是作为个人还是作为各种组织的成员被指控了包括反和平罪在内的罪行的远东战争罪犯。

下列行为,或者其中的任何行为,都是本法庭管辖权之内应当承担个人责任的犯罪:

1. 反和平罪:也就是说,计划、准备、提出或者发动了宣布或者不宣布的侵略战争,或者违反国际法、条约、协议或者保证的战争,或者参加完成任何前述战争的共同计划或者共谋;

2. 战争罪:也就是说,违反战争的法律或者习惯;

3. 危害人类罪:也就是说,对任何平民人口进行谋杀、消灭、奴役状态、驱逐和其他不人道的行为,无论是在战争之前还是在战争期间,或者在执行本法庭管辖权内的任何犯罪或者在与之相联系中进行的基于政治、种族和宗教理由的迫害,无论是否违反实施地国家的国内法。领导人、组织者、唆使者和参加制定或者执行实施任何前述犯罪的共同计划或者共谋的同谋者,应当对执行这种计划中的任何人所实施的全部行为负责。

第六条 被指控人的责任

无论是被指控人在任何时候的官方地位,还是被指控人根据自己政府或者上级命令行为的事实,本身都不足以免除这名被指控人对其控告所应承担的责任,但是,这种情节可以在减轻惩罚中加以考虑,只要本国际法庭确定,这是正义所要求的。

七　《管制理事会法》第10号（《同盟国管制理事会法第10号，惩罚对战争罪、反人类罪和危害人类罪有罪的人员》）节　选

第　二　条

（一）下列行为中的每一项都被承认为是一种犯罪：

1. 反和平罪：提出入侵其他国家和违反国际法和条约的侵略战争，包括但不限于计划、准备、提出或者发动侵略战争，或者违反国际条约、协议或者保证的战争，或者参加完成任何前述战争的共同计划或者共谋；

2. 战争罪：构成违反战争的法律或者习惯的侵害人员或者财产的暴行或者罪行，包括但不限于对来自占领区的平民的谋杀、虐待或者驱逐去作奴隶劳动或者任何目的，谋杀或者虐待战俘或者海上人员，杀害人质，劫掠公私财产，恣意毁坏城市、乡镇或者村庄，或者进行不能为军事需要证明为正当的毁灭。

3. 危害人类罪：暴行或者罪行，包括但不限于对任何平民人口进行谋杀、消灭、奴役状态、驱逐、监禁、酷刑、强奸或者其他不人道的行为，或者基于政治、种族和宗教理由的迫害，无论是否违反实施地国家的国内法。

4. 处于由纽伦堡国际军事法庭宣布为犯罪的犯罪团体或者组织种类中的身份。

（二）任何人，无论他行为时的国籍或者身份，都被认为已经实施了在本条第1款中定义的犯罪，只要他是

1. 主犯；

2. 在实施任何这种犯罪中的从犯*，或者命令、帮助了这些行为；

3. 赞同性地参加其中；

4. 与涉及其实施的计划或者行业相联系；

5. 与实施任何这种犯罪相联系的任何组织或者团体的成员；或者

6. 涉及第1款第1项，只要他在德国或者其盟国、共同交战国或者卫星国中具有高

---

* 英文原文是“accessory”。——译者注

级政治、民事或者军事(包括总参谋部)地位,或者在任何这些国家的金融、工业或者经济生活中具有高级地位。

(三)任何对上述犯罪被定罪的人,根据有罪决定,可以受到应当由法庭确定为公正的惩罚。这种惩罚可以由下列一项或者多项组成:

1. 死刑。

2. 无期徒刑或者有期徒刑,带有或者不带有苦役*。

3. 罚金,以及替代罚金的带有或者不带有苦役的监禁。

4. 没收财产。

5. 赔偿错误地取走的财产。

6. 剥夺一些或者全部公民权利**。

法庭宣布剥夺的或者命令赔偿的任何财产,都应当交给"对德国管制理事会",由其决定加以处置。

(四)1. 任何人的官方地位,不论是作为国家元首还是政府部门中负责的官员,都不免除这个人对犯罪的责任,也不使他有权减轻惩罚。

2. 任何人根据自己政府或者上级命令行为的事实,不免除其对犯罪的责任,但是,可以在减轻惩罚中加以考虑。

在对这里提到的犯罪进行任何审判或者起诉中,被指控人不应当有权享受在1933年1月30日至1945年7月1日期间的任何时效法律的好处,同时,纳粹政权给予的任何豁免、赦免或者大赦,都不允许成为审判或者惩罚的障碍。

---

* 英文原文是"hard labor"。——译者注

** 英文原文是"civil rights"。——译者注

八 《纽伦堡原则》

原 则 一

任何实施了构成国际法项下犯罪的人，都要因此承担责任并受惩罚。

原 则 二

内国法*对构成国际法项下的行为不施加惩罚的事实，不能免除实施了这个行为的人国际法项下的责任。

原 则 三

实施了构成国际法项下犯罪的人是以国家元首或者负责的政府官员进行行为的事实，不能免除他在国际法项下的责任。

原 则 四

一个人根据自己政府或者上级命令行为的事实，不能免除他在国际法项下的责任，条件是他在事实上有可能作出道德上的选择。

原 则 五

一个受到国际法项下犯罪的指控的人，享有在事实和法律的基础上受到公正审判的权利。

* 英文原文是“internal law”。——译者注

原　则　六

下列犯罪是可以作为国际法项下的犯罪进行惩罚的：

1. 反和平罪：

(1)计划、准备、提出或者发动侵略战争，或者违反国际条约、协议或者保证的战争；

(2)参加完成任何在前项中提到的任何行为的共同计划或者共谋；

2. 战争罪：违反战争的法律或者习惯，包括但不限于对平民或者在占领区中的谋杀、虐待或者驱逐去作奴隶劳动或者任何目的，谋杀或者虐待战俘或者海上人员，杀害人质，劫掠公私财产，恣意毁坏城市、乡镇或者村庄，或者进行不能为军事需要证明为正当的毁灭。

3. 危害人类罪：对任何平民人口进行谋杀、消灭、奴役状态、驱逐和其他不人道的行为，或者进行基于政治、种族和宗教理由的迫害，只要这些行为或者这种迫害是在执行任何反和平罪或者任何战争罪中或者与之相联系中实施的。

原　则　七

实施原则六规定的反和平罪、战争罪或者危害人类罪中的共同犯罪*，是一种国际法项下的犯罪。

---

* 英文原文是“complicity”。——译者注

九 《(德国)违反国际法的犯罪法典》(Völkerstrafgesetzbuch, VStGB)

第一编[①] 总则

第一条 适用范围

本法适用于所有违反本法指明的国际法的刑事犯罪和在其中指明的重罪[②],即使这种重罪是在国外实施的,并且与德国没有关系。[③]

第二条 一般性法律的适用

一般性刑法根据本法对各种犯罪适用,只要本法没有在第一条和第三条至第五条中作出特别的规定。

第三条 根据命令行为

在执行军事命令或者在实际拘束力上相似的命令中,实施了第八条至第十四条罪行的人,只要行为人没有认识到命令是违法的*并且它也不是明显违法的,他就应当是无罪责地行为的人。

---

① 这是布赖恩·达菲特(Brian Duffet)的非官方翻译,重印得到了德国联邦司法部亲切的许可。

② 在德国法中,"重罪(Verbrechen)"这个词被用来表示可以受到一年以上监禁惩罚的刑事犯罪(Straftaten)。减轻(和加重)情节——例子规定在第八条第5款中——在这里是不予以考虑的。结果,在《违反国际法的犯罪法典》中的全部刑事犯罪就都是"重罪",唯一的例外是在第十三条和第十四条中的那些罪。请注意,在"刑事犯罪"和"重罪"之间的术语性区别,由于技术上的原因,不能在本翻译中的每一个地方都得到反映。

③ 也见《(德国)刑事诉讼法典》第153f条,重印于边码265,注释470。

* 英文原文是"unlawful",德文原文是"rechtswidrig"。根据德文的意思,这里的"违法的"是与事物本身的错误性相联系的。——译者注

第四条　军事指挥员和其他上级的责任

（一）军事指挥员或者民事上级通过不作为而不去防止自己的下属实施本法规定的犯罪，应当与那种由下属实施犯罪的行为人一样受到惩罚。在这种案件中，不适用《刑法典》第13条第2款。

（二）在一个单位中有效发布命令或者执行命令和进行控制的人，应当认为等同于军事指挥员。在一个民事组织或者一个企业*中有效执行命令和进行控制的人，应当认为等同于民事上级。

第五条　时效法律的不可适用性

根据本法起诉重罪和执行对各罪判处的刑罚，不应当服从任何时效法律。

第二编　违反国际法的犯罪

第一章　灭绝种族罪和危害人类罪

第六条　灭绝种族罪

（一）一个人，具有全部或者部分毁灭一个国家、一个民族、一个宗教团体或者一个种族本身的故意：

1. 杀害这个团体的成员，

2. 造成这个团体成员严重的身体或者心理伤害，特别是在《刑法典》第226条中指出的那种伤害**，

3. 使一个团体处于这种生活条件中，打算造成其全部或部分的身体性毁灭，

4. 采取措施，意图在该团体中防止生育，

5. 强制把儿童从一个团体转移到另一个团体中，应当处无期徒刑。

---

* 英文原文是"enterprise"，德文原文是"Unternehme"，意思是各种企业和单位中的一种单位。——译者注

** 《德国刑法典》第226条规定的是"严重身体伤害（Schwere Körperverletzung）"。——译者注

(二)在较不严重的第1款第2项至第5项的案件中,应当处五年以上有期徒刑。

第七条 危害人类罪

(一)一个人,作为一种广泛或者有体系的攻击任何平民人口的一部分,

1. 杀害一个人,

2. 以毁灭一种人口的全部或者部分的故意,使这种人口或者其中的部分人口处于这种生活条件中,打算造成其全部或部分的身体性毁灭,

3. 买卖个人,特别是妇女或者儿童,或者任何人以其他方式使人成为奴隶或者在此过程中自己对这名个人主张所有权,

4. 违反国际法的一般原则,使用逐出或者其他胁迫行为,驱逐或强行转移一名合法处于该地区的人到其他国家或者其他地区,

5. 在羁押一个人或者以其他方式控制一个人时,对其进行酷刑,造成其实质性的身体或者精神伤害或者痛苦,只要这种伤害或者痛苦不是单纯地从符合国际法的惩罚中产生的,

6. 性胁迫,强奸,强迫卖淫或者剥夺一名男性或者女性的生育能力,或者以影响任何人口的民族构成的故意,关押一名妇女并强迫其怀孕,

7. 以在一个拖延的期间内取消一个人的法律保护的故意,造成一名个人被强迫失踪,

(1)通过代表或者得到国家或者一个政治组织的批准,或者通过其他严重剥夺这个人的身体自由,诱拐那个人,随后在询问时不立即提供关于这个人命运和下落的真实信息,或者

(2)代表国家或者一个政治组织,或者违反法律义务,拒绝立即提供关于这个在上述第1项提到的情节中被剥夺身体自由的人的命运和下落的真实信息,或者提供假信息,

8. 造成另一个人身体或者心理严重伤害,特别是在《刑法典》第226条中指出的那种伤害,

9. 违反国际法的一般原则,严重剥夺一个人的身体自由;或者

10. 基于政治、种族、国家、民族、文化、宗教、性别或者根据公认的国际法一般原则所不允许的其他理由,通过剥夺任何可以识别的团体或集体的基本人权,或者在实质上限制这种权利来迫害这个团体或集体,

应当受到惩罚,在第1项和第2项提到的案件中,处无期徒刑;在第3项至第7项提到的案件中,处五年以上有期徒刑;在第8项至第10项提到的案件中,处三年以上有期徒

刑。

(二)在较不严重的第1款第2项的案件中,惩罚应当是五年以上有期徒刑;在较不严重的第1款第3项至第7项的案件中,处二年以上有期徒刑;在较不严重的第1款第8项至第9项的案件中,处一年以上有期徒刑。

(三)行为人通过第1款第3项至第10项规定的犯罪造成一个人死亡的,在第3项至第7项的案件,应当处无期徒刑或者十年以上有期徒刑,在第8项至第10项的案件,应当处五年以上有期徒刑。

(四)在较不严重的第3款案件中,对第1款第3项至第7项应当处五年以上有期徒刑;在第1款第8项至第10项的案件中,处三年以上有期徒刑。

(五)任何人以维持由一个种族团体对另一个种族团体进行有系统的压迫和统治的制度化政权的故意,实施第1款项下的犯罪,应当处五年以上有期徒刑,只要这个犯罪不会根据第1款或者第3款受到更严重的惩罚。在较不严重的案件中,惩罚应当是三年以上有期徒刑,只要这个犯罪不会根据第2款或者第4款受到更严重的惩罚。

第二章 战争罪

第八条 侵害人员的战争罪

(一)任何人在与国际性武装冲突或者与不具有国际性质的武装冲突的联系中,

1. 杀害一名在国际人道法项下受保护的人员,

2. 劫持一名在国际人道法项下受保护的人员为人质,

3. 通过造成实质性身体或心理伤害或者痛苦,尤其是通过酷刑或者断肢的方法,残酷地或者不人道地对待一名在国际人道法项下受保护的人员,

4. 对一名在国际人道法项下受保护的人员进行性胁迫、强奸、强迫卖淫或者剥夺生育能力,或者以影响任何人口的民族构成的故意,关押一名妇女并强迫其怀孕,

5. 征募不满十五岁的儿童加入武装部队,将他们编入武装部队或者团体,或者利用他们积极参与敌对行动,

6. 违反国际法的一般原则,使用逐出或者其他胁迫行为,驱逐或强行转移一名在国际人道法项下受保护的并合法处于该地区的人到其他国家或者其他地区,

7. 未经具有国际法要求的司法保障的公正和正常审判的量刑,对一名在国际人道法项下受保护的人适用或者执行一项实质性量刑,尤其是死刑或者有期徒刑,

8. 通过下列行为,使一名在国际人道法项下受保护的人暴露在死亡或者严重损害健

康的风险中，

(1)未经这个人事先自愿和明确的同意就对他进行实验，或者，这些有关的实验既没有医学上的必要性也不是为了这个人的利益而进行的，

(2)为了移植的目的，从这个人身上提取组织或者器官，只要这不构成符合公认的医学原则为了治疗目的的抽取血液或者割去皮肤，并且，有关人员事先没有自愿和明确地表示同意，或者

(3)在从医学观点看来没有必要性和未经有关人员事先自愿和明确表示同意的情况下，对这个人使用在医学上没有得到承认的治疗措施，

9. 用严重侮辱性或者贬低性的方法，对待一名在国际人道法项下受保护的人，应当受到惩罚，在第1项所指的案件中，处无期徒刑；在第2项所指的案件中，处五年以上有期徒刑；在第3项至第5项所指的案件中，处三年以上有期徒刑；在第6项至第8项所指的案件中，处二年以上有期徒刑；在第9项所指的案件中，处一年以上有期徒刑。

(二)任何人在与国际武装冲突联系中，或者在与不具有国际性质的武装冲突的联系中，在对方武装力量成员或者在对方战斗人员已经无条件投降或者以其他方式失去战斗能力之后，伤害一名这种人员的，处3年以上有期徒刑。

(三)任何人在与国际武装冲突联系中，

1. 不合法地将一名在第6款第1项的意义上的受保护人员扣为俘虏或者不正当地阻碍其回家，

2. 作为一名占领当局的成员，将其自己平民人口的一部分转移到被占领土上，

3. 使用暴力或者可以感觉到的损害威胁，强迫一名在第6款第1项的意义上的受保护人员在敌对当局的军队中服务，或者

4. 使用暴力或者可以感觉到的损害威胁，强迫一名对方国民参加反对自己国家的战争行动，

处2年以下有期徒刑。

(四)在行为人通过第1款第2项至第6项造成被害人死亡时，在第1款第2项指出的案件中，处无期徒刑或者十年以上有期徒刑；在第1款第3项至第5项指出的案件中，处五年以上有期徒刑；在第1款第6项指出的案件中，处三年以上有期徒刑。在第1款第8项指出的行为造成死亡或者严重身体伤害的，处三年以上有期徒刑。

(五)在较不严重的第1款第2项指出的案件中，处二年以上有期徒刑；在较不严重的第1款第3项和第4项以及第2款指出的案件中，处一年以上有期徒刑；在较不严重的第1款第6项以及第3款第1项指出的案件中，处六个月以上五年以下有期徒刑。

(六)那些应当在国际人道法项下受保护的人员是：

1. 在国际武装冲突中：受日内瓦四公约和日内瓦公约《第一附加议定书》(《第一议

定书》)(……)的目的保护的人员,也就是说,伤员、病人、沉船人员、战俘和平民;

2. 在不具有国际特征的武装冲突中:伤员、病人、沉船人员,以及那些在对方力量下没有积极参加敌对状态的人员;

3. 在国际武装冲突中和在不具有国际特征的武装冲突中:已经放下武器或者没有其他抵抗手段的对方军队人员和战斗人员。

第九条　侵犯财产和其他权利的战争罪

(一)任何人在与国际武装冲突联系中,或者在与不具有国际性质的武装冲突的联系中,违反国际法,掠夺或者,除非武装冲突需要所绝对要求的之外,以其他形式大规模地破坏、侵占或者没收*处于行为人一方力量下的对方财产,处一年至十年有期徒刑。

(二)任何人在与国际武装冲突的联系中,违反国际法地宣布,在法庭中取消、停止或者不允许敌方国民行使全部或者实质部分的权利和诉讼权,处一年至十年有期徒刑。

第十条　侵犯人道主义行动和标志的战争罪

(一)任何人在与国际武装冲突的联系中,或者在与不具有国际性质的武装冲突的联系中,

1. 故意指令攻击依照《联合国宪章》执行人道主义援助或维持和平行动所涉及的人员、设施、物资、单位或车辆,只要这些人员和物体有权得到国际人道法给予平民和民用对象的保护,或者

2. 故意指令攻击使用符合国际人道法的在各部《日内瓦公约》中规定的独特标记的人员、建筑、物资、医疗单位和运输,

处三年以上有期徒刑。在较不严重的案件中,尤其是在攻击不是通过军事手段进行的情况下,处一年以上有期徒刑。

(二)任何人在与国际武装冲突的联系中,或者在与不具有国际性质的武装冲突的联系中,不恰当地使用各部《日内瓦公约》规定的独特标记、停战旗、敌方或者联合国的旗帜、军事标志或者制服,因此造成人员死亡或者严重伤害(《刑法典》第226条)的,处五年以上有期徒刑。

---

* 英文原文是"seize",德文原文是"beschlagnahmen"。——译者注

第十一条 构成使用禁止性战争方法的战争罪*

（一）任何人在与国际武装冲突的联系中，或者在与不具有国际性质的武装冲突的联系中，

1. 指令使用军事手段攻击平民本身或者攻击没有直接参加敌对状态的平民个人，

2. 指令使用军事手段攻击民用对象，只要这些对象本身是受国际人道法保护的，也就是说，是奉献于宗教、教育、艺术、科学或慈善目的的建筑物、历史纪念物、医院和伤病人员收容所，或者攻击不设防的城镇、乡村、住宅或者建筑物，或者攻击非军事区或者包含有危险力量的设备和设施，

3. 使用军事手段进行攻击，并且明确地预计到这个攻击将给平民造成的死亡或者伤害，或者将给民用对象造成的损失，超出了可以预计的具体和直接的总的军事好处的比例。

4. 使用在国际人道法项下受保护的一个人作为盾牌，阻止敌对方对特定目标进行战争行动，

5. 通过剥夺平民赖以生存的物品，或者通过违反国际人道法地阻止提供救济品，使用饿死平民作为战争手段，

6. 作为指挥官，命令或者威胁不纳降，或者

7. 背信弃义性地杀害或者伤害敌对武装力量的成员或者敌方的战斗人员，

处三年以上有期徒刑。在较不严重的第 2 项指明的案件中，应当处以一年以上有期徒刑。

（二）在行为人通过第 1 款第 1 项至第 6 项规定的罪行，造成一名平民或者在国际人道法项下受保护的人死亡或者严重伤害（《刑法典》第 226 条）时，应当处五年以下有期徒刑。在行为人故意造成死亡时，处无期徒刑或者十年以上有期徒刑。

（三）任何人在与国际武装冲突的联系中，使用军事手段进行攻击，并且明确地预计到这个攻击将给自然环境造成广泛、长期和严重的损害，超出了可以预计的具体和直接的总的军事好处的比例的，处三年以上有期徒刑。

---

* 英文原文是“War crimes constituting in the use of prohibited methods of warfare”，德文原文是“Kriegsverbrechen des Einsatzes verbotener Methoden der Kriegsführung”。感兴趣的读者请注意与下一个注释进行比较。——译者注

第十二条 构成运用禁止性战争手段的战争罪*

(一)任何人在与国际武装冲突的联系中,或者在与不具有国际性质的武装冲突的联系中,

1. 运用毒药或者毒物武器,

2. 运用生物或者化学武器,或者

3. 运用在人体内易于膨胀或变扁的子弹,尤其是那种外壳坚硬而不完全包裹弹芯或外壳经切穿的子弹,

应当处三年以上有期徒刑。

(二)在行为人通过第1款规定的罪行,造成一名平民或者在国际人道法项下受保护的人死亡或者严重伤害(《刑法典》第226条)时,应当处五年以下有期徒刑。在行为人故意造成死亡时,处无期徒刑或者十年以上有期徒刑。

第三章 其他犯罪

第十三条 违反监管义务

(一)一名军事指挥员故意或者过失地不作为,不恰当地监管自己命令或者自己有效控制的下级,在下级实施了本法规定的犯罪时,应当由于违反监管义务而受惩罚,只要这种犯罪的即刻实施是这名指挥员可以看出的,并且,他本来能够对此加以防止。

(二)一名民事上级故意或者过失地不作为,不恰当地监管自己权威下的或者自己有效控制的下级,在下级实施了本法规定的犯罪时,应当由于违反监管义务而受惩罚,只要这种犯罪的即刻实施是这名指挥员立即可以看出的,并且,他本来能够对此加以防止。

(三)第4条第2款应当在作出必要修正的情况下加以适用。

(四)故意违反监管义务的,处五年以下有期徒刑;过失违反监管义务的,处三年以下有期徒刑。

---

* 英文原文是"War crimes constituting in employment of prohibited methods of warfare",德文原文是"Kriegsverbrechen des Einsatzes verbotener Mittel der Kriegsführung"。与前一个注释比较,英文原文不同的是"use"(使用)和"employment"(运用),德文原文不同的是"Methoden"(方法)和"Mittel"(手段)。这里的翻译兼顾了两者。——译者注

第十四条　不报告犯罪

（一）一名军事指挥员或者一名民事上级不立即使负责调查或者起诉本法规定的犯罪的机构注意到下级已经实施了一项犯罪，对这种不作为应当处五年以下有期徒刑。

（二）第4条第2款应当在作出必要修正的情况下加以适用。

附录二:案例表

（文中的数字是指边码数字,包括其中的注释。）

一　南斯拉夫国际法庭

二 卢旺达国际法庭

三 纽伦堡国际军事法庭

四 远东国际军事法庭(东京)

五 永久性国际法院/国际法院

cerning Questions of Interpretation and Application of the 1971 Montreal Convention Arising from Aerial Incident at Lockerbie, Libyan Arab Jamahiriya v. United Kingdom), in *ICJ* Reports 1992, paras. 3 et seq.:	
ICJ, judgment of 11 July 1996 (Case Concerning Application of the Convention on the Prevention and Punishment of the Crime of Genocide, Bosnia and Herzegovina v. Yugoslavia), in *ICJ Reports* 1996, paras. 13 et seq.:	99, 174
ICJ, Advisory Opinion of 8 July 1996 (Case Concerning the Legality of the Threat or Use of Nuclear Weapons), in *ICJ Reports* 1996, pp. 226 et seq.:	1104, 1118
ICJ, judgment of 12 December 1996 (Case concerning Oil Platforms, Iran v. USA), in *ICJ Reports* 1996, paras. 803 et seq.:	158
ICJ, judgment of 14 February 2002 (Case Concerning the Arrest Warrant of 11 April 2000, DR Congo v. Belgium), available at < http://www.icj-cij.org/icjwww/idocket/iCOBE/icobejudgment/icobe _ ijudgment _ 20020214.PDF >	171-172, 235, 513, 515, 519, 525

六　美国在纽伦堡的军事审判庭

Karl Brandt et al. (so-called Medical Trial) US Military Tribunal Nuremberg, judgment of 20 August 1947, in *Trials of War Criminals before the Nuremberg Military Tribunals under Control Council Law* No. 10, Vol. II, pp. 171 et seq.:	38, 372, 436, 489, 508, 733, 767, 900

al)

US Military Tribunal Nuremberg, judgment of 19 February 1948, in *Trials of War Criminals before the Nuremberg Military Tribunals under Control Council Law* No. 10, Vol. XI, pp. 1230 et seq.:	38, 372, 382, 455, 959
Ulrich Greifelt et al. (so – called RuSHA Trial)	
US Military Tribunal Nuremberg, judgment of 10 March 1948, in *Trials of War Criminals before the Nuremberg Military Tribunals under Control Council Law* No. 10, Vol. V, pp. 88 et seq.:	38
Otto Ohlendorf et al. (so – called Einsatzgruppen Trial)	
US Military Tribunal Nuremberg, judgment of 10 April 1948, in *Trials of War Criminals before the Nuremberg Military Tribunals under Control Council Law* No. 10, Vol. IV, pp. 411 et seq.:	38, 295, 377, 455
Alfred Krupp et al. (so – called Krupp Trial)	
US Military Tribunal Nuremberg judgment of 31 July 1948, in *Trials of War Criminals before the Nuremberg Military Tribunals under Control Council Law* No. 10, Vol. IX, pp. 1327 et seq.:	38, 1162
Wihelm von Leeb et al. (so – called High Command Trial)	
US Military Tribunal Nuremberg, judgment of 28 October 1948, in *Trials of War Criminals before the Nuremberg Military Tribunals under Control Council Law* No. 10, Vol. XI, pp. 462 et seq.:	38, 372, 455, 489, 508, 1162, 1176

七 美洲人权法院(Inter – American Court of Human Rights)

八 各国法院

(一)澳大利亚

(二)加拿大

Canadian Military Court Aurich, judgment of 28 December 1945, in UNWCC, *Law Reports of Trials of War Criminals*, Vol. IV, pp. 97 et Seq.: 883, 1074, 1077

(三)法国

Klaus Barbie

Cour de Cassation, judgment of 6 October 1983, in 78 *ILR* (1988), pp. 124 et seq.: 43, 155

Cour de Cassation, judgment of 26 January 1984, in 78 *ILR* (1988), pp. 126 et seq.: 43, 155, 553

Cour de Cassation, judgment of 20 December 1985, in 78 *ILR* (1988), pp. 136 et seq.: 43, 155, 640

Cour de Cassation, judgment of 3 June 1988, in 100 *ILR* (1995), pp. 331 et seq.: 43, 155, 640

Paul Touvier

Cour de Appelle de Paris, judgment of 13 April 1992, in 100 *ILR* (1995), pp. 338 et seq.: 155

Cour de Cassation, judgment of 27 November 1992, in 100 *ILR* (1995), pp. 357 et seq.: 155

Moammar Qaddafi

Cour de Cassation, judgment of 13 March 2001, in *Bulletin des arrets de la Cour de Cassation* (2001), pp. 218 et seq.: 525

(四)英国

Heinz Eck ct al. (so – called Peleus Trial)

British Military Court Hamburg, judgment of 20 October 1945, in UNWCC, *Law Reports of Trials of War Criminals*, Vol. I, pp. 1 et seq.: 1074

Erich Heyer et al. (so – called Essen Lynching Trial)

British Military Court Essen, judgment of 10 852

(五)以色列

(六)荷兰

(七)尼日利亚

(八)波兰

(九)西班牙

(十)美国

九 德国法院

(一)在英占区的最高法院

(二)联邦宪法法院(Bundesverfsssungsgericht)

(三)联邦最高法院(Bundesgerichtshof)

(四)其他法院

(五)德意志民主共和国

附录三：国际规约和国际文件一览表

（文中的数字是指边码数字，包括其中的注释。）

5.《南斯拉夫国际法庭规约》(ICTY Statute):

二 国际条约与公约

693

9. 1971 年 9 月 23 日《制止危害民用航空安全的非法行为的公约》(Convention for the Suppression of Unlawful Acts Against the Safety of Civil Aviation):

100

10. 1988 年 3 月 10 日《制止危及海上航行安全非法行为公约》(Convention for the Suppression of Unlawful Acts Against the Safety of Maritime Navigation):

100

11. 1970 年 12 月 16 日《关于制止非法劫持航空器的公约》(Convention for the Suppression of Unlawful Seizure of Aircraft):

100

12. 1963 年 9 月 14 日《关于在航空器内犯罪和其他某些行为的公约》(Convention on Offenses and Certain Other Acts Committed on Board Aircraft)

100

13. 1971 年 2 月 21 日《精神药物公约》(Convention on Psychotropic Substances):

100

14. 1980 年 10 月 10 日《禁止或者限制使用某些可被认为具有过分伤害力或滥杀滥伤作用的常规武器的公约》(Convention on Prohibitions or Restrictions on the Use of Certain Conventional Weapons Which May be Deemed m be Excessively Injurious or to Have Indiscriminate Effects)(《特定常规武器公约》):

788, 1097, 1125 – 1126

Art. 1: 1130

Art. 5(1), Art. 8(1): 1130

15. 1969 年 12 月 8 日《关于特别使命的公约》(Convention on Special Missions):

Arts. 21, 31:513

16. 1979 年 12 月 18 日《消除对妇女一切形式歧视公约》(Convention on the Elimination of all Forms of Discrimination Against Women):

Art. 1: 751

Art. 6: 693

17. 1958 年 4 月 29 日《公海公约》(Convention on the High Seas):

100

18. 1973 年 12 月 14 日《关于防止和惩处侵犯受国际保护人员包括外交代表的罪行的公约》(Convention on the Prevention and Punishment of Crimes against Internationally Protected Persons, including Diplomatic Agents):

100

19. 1948 年 12 月 9 日《防止及惩治灭绝种族罪公约》(Convention on the Prevention and Punishment of the Crime of Genocide)(《禁止灭绝种族公约》):

42, 58, 147, 184, 240, 557, 559 – 560, 577,581,583, 586, 594, 599

Art. II:345, 562, 571,585, 590

Art. III(b): 489

Art. III(c): 623

20. 1976 年 12 月 10 日《禁止为军事或任何其他敌对目的使用改变环境的技术的公约》(Convention on the Prohibition of

30. 1907 年 10 月 18 日《关于战争开始的公约(三)》(Convention [III] Relative to the Opening of Hostilities)：

774

31. 1907 年 10 月 18 日《关于陆地战争的法规与习惯的公约(四)》(Convention [IV] respecting the Laws and Custom, of War on Land)：

636, 787, 791

Art. 3, Sentence 2：849

32. 1907 年 10 月 18 日《对海上战争适用日内瓦公约原则的公约(十)》(Convention [X] for the Adaptation to Maritime Warfare of the Principles of the Geneva Convention)：

783

33. 1919 年 6 月 28 日《国际联盟公约》(Covenant of the League of Nations)：

1152 – 1155

Art. 10：1152

Art 12(1)：1152

Arts. 13, 15：1152

Art. 16：1152

34. 1899 年 7 月 29 日《关于禁止使用在人体内易于膨胀或变扁的子弹的宣言》(Declaration on the Use of Bullets Which Expand or Flatten Easily in the Human Body)：

1111

35. 1868 年 12 月 11 日《放弃在战争期间使用400 克以下的爆炸性抛射物的宣言》(Declaration Renouncing the Use, in Times of War, of Explosive Projectiles under 400 Grammes Weight)(《圣彼得堡宣言》[St. Petersburg Dedarafion])：

786, 1097

36. 1974 年 1 月 25 日《关于对危害人类罪和战争罪不适用时效规定的欧洲条约》(European Convention on the Non – Applicability of Statutory Limitations to Crimes Against Humanity and War Crimes)：

553

37. 1950 年 11 月 4 日《关于保护人权和基本自由的欧洲公约》(European Convention on the Protection of Human Rights and Fundamental Freedoms)(《欧洲人权公约》)：

938

Art. 1：181

Art. 4(3)：690

Art. 7：91

Art. 7(2)：1164

Art. 13：181

Arts. 32 et seq.：111

38. 1977 年 1 月 27 日《制止恐怖主义的欧洲公约》(European Convention on the Suppression of Terrorism)：

100

39. 1864 年 8 月 22 日《关于改善战地伤病员条件的(日内瓦)公约》([Geneva] Convention for the Amelioration of the Condition of the Wounded and Sick in Armed Forces in the Field)：

782

40. 1906 年 7 月 6 日《关于改善战地军人伤病员条件的(日内瓦)公约》([Ge-

三 各国立法

1. 德国立法

Code [Reichsstrafgesetzbuch, RStGB]):
Sec. 9:7

2. 其他国家立法

(1)2002 年 8 月 2 日《美国军人保护法》(American Servicemembers´ Protection Act)(美国):
66

(2)2000 年《危害人类罪和战争罪法》(Crimes Against Humanity and War Crimes Act 2000)(加拿大):
Sec. 4:223

(3)《东德刑法典》(East German Criminal Code [East Germany]):
640

(4)《英国刑法典草案》(English Draft Criminal Code Bill)(英国):
Sec. 18(b)(ii):306
Sec. 18(c):330

(5)《芬兰刑法典》(Finnish Criminal Code):
Chapter 11:228

(6)2000 年《国际犯罪和国际刑事法院法》(International Crimes and International Criminal Court Act 2000)(新西兰):
Sec. 9:223

(7)1863 年 4 月 24 日《利伯法典》(Lieber Code)(美国):
781
Art. 35:1030
Art. 44:796

(8) Loi du 16 juin 1993 relative à la répression des infractions graves aux conventions internationales de Genève du 12 août 1949 et aux protocoles I et II du 8 juin 1977, additionnels à ces conventions(《1993 年 6 月 16 日关于惩罚严重违反 1949 年 8 月 12 日日内瓦四公约和 1997 年 6 月 8 日对这些公约的第一和第二附加议定书的行为》)(比利时):
798

(9)《模范刑法典》(Model Penal Code)(美国):
Sec. 2.02(1):297
Sec. 2.02(2)(c):330
Sec. 2.06:354, 363
Sec. 2.08:474
Sec. 3.02:421
Sec. 4.01:467
Sec. 5.01:495

(10)《军事法庭规则》(Rules of Courts – Martial)(美国):
Rule 916(h):429
Rule 916(k):474

(11)《南非宪法》(South African Constitution):
Sec. 232:222

(12)《西班牙刑法典》(Spanish Criminal Code):
Art. 20(2):474

(13)《伊拉克特别法庭规约》(Statute of the Iraqi Special Tribunal):
Art. 14(c):1183

(14)《1996 年战争罪法》(War Crimes Act of 1996)(美国):
798

四 草案与原则

五 联合国安全理事会和联合国大会的决议(Resolutions of the UN Security Council and of the UN General Assembly)

附录四：索引

（文中的数字是指边码数字，包括其中的注释。）

---

* 原文是738，作者已经改正。——译者注

** 本索引中的“规约一览表”，指的就是本书附录三《国际规约和国际文件一览表》。——译者注

---

* 在英文版中,这个词是"nemo tenetur principle",在德文版中,这个词是"Grundsatz nemo tenetur se ipsum accusare"。——译者注

附录五：互联网上的国际刑法

一　规约和国际文件

《国际刑事法院规约》

http://www.un.org/law/icc/statute/romefra.htm

《国际刑事法院程序与证据规则》

http://www.icc-cpi.int/library/about/officialjournal/Rules_of_Proc_and_Evid_070704-EN.pdf

国际刑事法院《犯罪要件》

http://www.icc-cpi.int/library/about/officialjournal/Elements_of_Crimes_120704EN.pdf

《南斯拉夫国际法庭规约》,《南斯拉夫国际法庭程序与证据规则》

http://www.un.org/icty/legaldoc/index.htm

《卢旺达国际法庭规约》,《卢旺达国际法庭程序与证据规则》

http://www.ictr.org/default.htm

《纽伦堡宪章》,《纽伦堡国际军事法庭程序规则》

http://www.yale.edu/lawweb/avalon/imt/imt.htm

国际人道法(海牙规定,日内瓦公约及其议定书,以及其他条约和公约)

http://www.icrc.org/ihl

《防止及惩治灭绝种族罪公约》

http://www.unhchr.ch/html/menu3/b/p_genoci.htm

国际法委员会,草案与评论

http://www.un.org/law/ilc/convents.htm

二　各种国际刑事法院与法庭

国际刑事法院

www.icc-cpi.int

南斯拉夫国际法庭[1]

---

[1] 该网址包括了在国际法庭中做出的全部判决。

www. un. org/icty

卢旺达国际法庭[②]

www. ictr. org

塞拉利昂特别法庭

www. sc – sl. org

三　其他有用的链接

(非政府性的)推动设置国际刑事法院联盟(Coalition for the International Criminal Court)

http://www. iccnow. org

红十字国际委员会(International Committee of the Red Cross)

http://www. icrc. org

大赦国际(Amnesty International)

http://web. amnesty. org/web/web. nsf/pages/ICChome

贯彻《国际刑事法院规约》的国内立法的链接

http://www. legal. coe. intlcriminal/icc

http://www. iuscrim. mpg. de/forsch/straf/projekte/natstraf2_mat. html

② 该网址包括了在国际法庭中做出的全部判决。

《国际刑法学原理》人名一览表*

Aleksovski,亚历克索夫斯基
Akayesu,Jean Paul,让·保罗·阿卡耶苏
Altstötter,阿尔特施托特尔

Bagilishema,巴季里舍马
Barayagwiza,Jean Bosco,让·博斯科·巴拉亚格维扎
Barbie,Klaus,克劳斯·巴比
Bensouda,Fatou,法图·班苏达
Blaškić,布拉斯基奇
Bormann,Martin,马丁·博尔曼
Brammertz,Serge,泽格·布拉默茨
Brandt,勃兰特
Burchards,Wulf,武尔夫·布尔夏德斯
Burghardt,Boris,鲍里斯·布格哈特

Čelebići,切雷比奇
Čerkez,采尔凯兹
Cooper,Belinda,贝林德·库珀

Demjanjuk,德米洋鲁克
Dieng,Adama,阿达马·迪昂
Dönitz,Karl,卡尔·邓尼茨
Duffet,Brian,布赖恩·达菲特
Dunant,Henry 亨利·杜南特
Dyilo,Thomas Lubanga,托马斯·卢邦哥·迪亚罗

Eichmamn,Adolf,阿道夫·艾克曼
Erdemović,Drazen,德拉震·埃尔戴莫维奇

Field,菲尔德
Finta,芬塔
Fischer,Horst,霍斯特·菲舍尔
Flick,弗利克
Frank,弗兰克
Frick,Wilhelm,威廉·弗里克
Fritsche,弗里切
Funk,Walther,瓦尔特·丰克
Furundžija,福荣季亚

Galić,加利奇
Goebbels,戈培尔
Göring,Hermann W.,赫尔曼·W.戈林
Grotius,格劳修斯
Greifelt,格赖费尔特

Hagenbach,Peter von,彼得·冯·哈根巴赫
Hess,Rudolf,鲁道夫·赫斯
Hitler,Adolf,阿道夫·希特勒
Holthuis,Hans,汉斯·霍尔特胡依斯

Jallow,Hassan Bubacar,哈桑·布巴卡尔·贾洛
Jessberger,Florian,弗洛里安·杰斯博格

---

* 在本人名一览表中,英文人名的译法根据的是新华通讯社译名资料组编:《英语姓名译名手册》(第二次修订本),商务印书馆,1996 年;德文人名的译法根据的是新华通讯社译名室编:《德语姓名译名手册》(修订本),商务印书馆,1999 年;南斯拉夫人名的译法参考了《跨世纪的海牙审判——记联合国前南斯拉夫国际法庭》(凌岩著,法律出版社,2002 年 1 月第 1 版)中的译法,卢旺达人名的译法参考了《国际刑事法院导论》(威廉·A.夏巴斯著,黄芳译,中国人民公安大学出版社,2006 年 3 月第 1 版)中的译法。这些文献中没有提到的以及其他国家的人名,根据习惯用法和有关字母发音的一般规则译出。本人名一览表是按照姓的英文字母顺序排列的,其中包含的仅仅是本书正文中出现的人名,在注释中出现的人名原则上没有包括。——译者注

Jodl, Alfred, 阿尔弗雷德·约德尔

Kaltenbrunner, 卡尔滕布鲁纳
Kambanda, Jean, 让·坎班达
Karadžić, Radovan, 拉多旺·卡拉季奇
Kayishema, 卡伊舍马
Keitel, Wilhelm, 威廉·凯特尔
Kirsch, Philippe, 菲利普·克施
Kordić, 科尔蒂奇
Krauch, 克劳赫
Krstić, 克尔斯蒂奇
Krupp, Gustav, 古斯塔夫·克虏伯
Kunarac, Dragoljub, 德拉戈留布·库纳拉奇
Kupreškić, 库普雷斯基奇

Langbein, Stefan, 斯特凡·朗拜因
Leeb, von, 冯·莱布
Lemkin, Raphael, 拉斐尔·莱姆金
Ley, Robert, 罗伯特·莱
List, 利斯特
Lüders, Barbara, 芭芭拉·吕德斯

Monroe, James, 詹姆斯·门罗
Meron, Theodor, 西奥多·默龙
Meseke, Stephan, 斯特凡·梅泽克
Milch, Erhard, 埃哈德·米尔希
Milošević, Slobodan, 斯洛博丹·米洛舍维奇
Mladić, 姆拉蒂奇
Møse, Erik, 埃里克·莫泽
Mucić, 姆纪奇
Musema, 缪斯马

Nahimana, Ferdinand, 菲迪南德·那赫曼纳
Ngeze, Hassan, 哈桑·尼戈兹
Navia, Nieto, 涅托·纳维亚
Nerlich, Volker, 福尔克尔·内利希
Neurath, Konstantin von, 康斯坦丁·冯·诺伊拉特

Ocampo, Luis Moreno, 路易斯·莫雷诺·奥坎坡
Ohlendorf, 奥伦多尔夫

Papen, von, 冯·巴本
Peterson, Ines, 伊内斯·彼得松
Pinochet, Augusto, 奥古斯托·皮诺切特
Pocar, Fausto, 福奥斯托·波卡尔
Pohl, 波尔
Pol Pot, 波尔布特
Ponte, Carla del, 卡拉·德尔·庞特

Raeder, Erich, 埃里希·雷德
Ribbentrop, Joachim von, 约阿西姆·冯·里宾特洛普
Rosenberg, Alfred, 阿尔弗雷德·罗森贝格
Ruggiu, 鲁吉乌
Rutaganda, 鲁塔甘达
Ruzindana, 鲁金达纳

Sander, Camill, 卡米尔·桑德尔
Sauckel, 绍克尔
Seys - Inquart, Arthur, 阿图尔·赛斯 - 因夸特
Schacht, Hjalmar, 希加尔马·沙赫特
Schepke, Anja, 安雅·舍普克
Schirach, Baldur von, 巴尔杜尔·冯·希拉赫
Semanza, 舍曼扎
Speer, 施佩尔
Stakić, 斯塔蒂奇
Stalin, 斯大林
Streicher, 施特赖歇尔
Suarez, Gregoria Palomo, 格雷戈里亚·帕洛莫·祖阿里兹

Tadić, Dusko, 杜斯科·塔迪奇
Tito, Josip Broz, 约瑟普·布罗兹·铁托
Touvier, 杜维耶

Weizsäcker, von, 冯·魏茨泽克
William II, 威廉二世

译 后 记

德国同事格哈德·韦勒教授的这部《国际刑法学原理》翻译完了,我长出了一口气。这本书,加上我最近在中国人民公安大学出版社出版的《现代国际刑法学原理》一书,我终于完成了对当代国际刑法学原理的研究。通过这两部书,我把当代国际刑法学界的成果比较完整地呈现在我国读者面前了。

我国国际法学、刑法学方面的科学工作者,目前正在积极地创建我国的国际刑法学理论体系。无论人们对创建中国的国际刑法学理论体系有什么主张,完整地了解国际同行的想法,借以了解国际刑法原理的发展趋势,对于我们的事业是有重要意义的。由于这个认识,我在翻译和出版本书时,有了一个特别的安排。因为本书是先在参考德文第1版的情况下根据英文2005年版(以下称英文版)翻译出来,然后根据正在出版中的德文第2版加以修改补充的,所以,我在本书正文部分载明的是本书的最后成果,来自德文第2版的最新情况用下划线标明,删除的英文版中的部分在注释中以译者注的形式表明。我认为,书是为读者服务的。对于那些想直接了解国际刑法学目前状况的读者来说,可以毫无困难地通过阅读正文满足自己的愿望;对于那些想了解本书英文版原貌的研究工作者来说,尤其是对于那些希望使用英文对照中文进行学习或者研究的准高级研究工作者来说,可以通过查阅书中的译者注来实现这个目的。这样,这一部书就能发挥不止一部书的作用了!在本书中,这个安排只有两个例外。第一个例外在本书第372页。该页第1个译者注中提到的被删除的英文版边码935、936和937三段的原文(包括原注释)是这样的。

由战俘或者平民进行的强迫劳动并没有被人道主义法完全禁止。[369]《日内瓦公约(四)》第51条规定了占领军可以强迫平民工作的各种条件。《日内瓦公约(三)》第49条以下包含了管理战俘劳动的详细规则。这些条文只有在国际武装冲突中才可以得到适用。强迫劳动本身不是《国际刑事法院规约》第8条项下的一种战争罪。 935

在2003年3月31日的决定中,南斯拉夫国际法庭认为,强迫受保护人员劳动是一种习惯性国际法项下的战争罪.这个国际法庭认为,所有违反《日内瓦公约(三)》和《日内瓦公约(四)》中关于强迫劳动的条文,都产生了个人的刑事责任。[370] 从其中一些条文所具有的非常技术性的观点看来——例如,《日 936

---

[369] 应当注意的是,并不是每一种强迫劳动的形式都等同于奴役;参见边码667以下。

[370] 参见 *Prosecutor. v. Naletelić and Martinović*, ICTY (Trial Chamber), judgment of 31 March 2003, para. 250。

内瓦公约(四)》第51条第3款第4句规定,被占领国家关于初级训练的立法应当可以适用——这个判决结果并不完全是有说服力的。[371]

然而,南斯拉夫国际法庭认定被告人有罪是有说服力的,理由是:他们强迫战俘"在极端危险的条件
937 下完成军事支持性任务,例如在靠近前沿的地方挖掘壕沟,用沙包堵塞暴露的窗户和地区,或者其他构筑防御工事的工作。"[372]这种待遇将符合强迫受保护人员在敌对力量的军队中服务,一种《国际刑事法院规约》第8条第2款第1项第5目项下的战争罪。[373] 这个国际法庭也认为,被告人强迫战俘参加掳掠民居,让他们抬走家具、家居用品和其他东西,[374]并且在长达2个多月的时间里,强迫他们在非常困难的条件下,仅仅提供一点水和食物,没有报酬,在被告人的私人院子里为埋设水管挖掘壕沟,犯有强迫劳动这种战争罪。[375] 这种举止行为并不总会是符合《国际刑事法院规约》第8条第2款项下的战争罪的,[376]并且,这种行为是否已经严重到足以等同于严重违反日内瓦公约的程度,也还是有问题的。[377]

第二个例外在本书第400页。该页第1个译者注中提到的被删除的英文版中的原文(包括原注释548)是这样的:

对于后者,这个审判庭使用了在《第一附加议定书》第85条第3款中的严重违反的语言。在加利奇判决中,这个审判庭提出了下列作为战争罪的针对平民人口的恐怖所必须具备的因素:

"1. 暴力行为指向平民人口或者没有直接参加敌对状态的个人平民,在平民人口中造成死亡或者对身体或者健康的严重损害。

2. 犯罪人蓄意使平民人口或者没有直接参加敌对状态的个人平民成为这些暴力行为的对象。

3. 上述罪行是以在平民人口中散布恐怖为首要目的的。"[548]

稍微细心和有一点编辑知识的读者会发现,这种例外是由于被删除部分与正文的部分重复以及删除部分过长而引起的编辑上的困难。俗话说,书到用时方恨少。我希望,各位方家能够在完整掌握到资料之余宽容这一点小小的阅读上的不便。

是为记。

王世洲

---

[371] 关于违反人道主义法的个人刑事责任的标准,参见边码803以下。也见 A. Cassese, *International Criminal Law* (2003), p. 51:"简单的等同,把违反国际法等同于一种战争罪,会是不够的。"

[372] *Prosecutor v. Naletelić and Martinović*, ICTY (Trial Chamber), judgment of 31 March 2003, paras. 268, 302.

[373] 参见边码924以下。

[374] *Prosecutor v. Naletelić and Martinović*, ICTY (Trial Chamber), judgment of 31 March 2003, paras. 307 et seq.。在那个决定的第308段中,这个审判庭认为,在任何情况下,战俘同意帮助抢掠都是无关的,因为"[实施]抢掠本身就是一种犯罪,囚犯的同意就不会合法地提供这种劳动了。"这个观点是不能说服人的,因为在《日内瓦公约(三)》和《日内瓦公约(四)》中关于强迫劳动的条文,目的并不是防止受保护人员免于自愿参加犯罪。如果人们跟随这个审判庭的观点,那么,一名受保护人员自愿参加一项非法行为,就会使得主要行为人对该行为承担强迫劳动的战争罪。

[375] *Prosecutor v. Naletelić and Martinović*, ICTY (Trial Chamber), judgment of 31 March 2003, paras. 322 et seq.

[376] 尤其是,凌辱个人尊严的战争罪(《国际刑事法院规约》第8条第2款第2项第21目和第3项第2目)就能够得到考虑;参见边码917以下。

[377] 也见边码809。

[548] 参见 *Prosecutor v. Galić*, ICTY (Trial Chamber), judgment of 5 December 2003, para. 133。

图书在版编目(CIP)数据

国际刑法学原理/(德)韦勒著;王世洲译.—北京:
商务印书馆,2009
ISBN 978-7-100-05826-1

Ⅰ.国…　Ⅱ.①韦…②王…　Ⅲ.国际刑法学　Ⅳ.D997.9

中国版本图书馆CIP数据核字(2008)第053813号

国际刑法学原理

〔德〕格哈德·韦勒　著

王世洲　译

商　务　印　书　馆　出　版

(北京王府井大街36号　邮政编码 100710)

商　务　印　书　馆　发　行

北京瑞古冠中印刷厂印刷

ISBN 978-7-100-05826-1

2009年5月第1版　　开本787×1092　1/16

2009年5月北京第1次印刷　　印张37¼

定价:61.00元